야웨 하나님

야웨 하나님

2014년 5월 26일 초판 1쇄 발행
2015년 3월 7일 초판 2쇄 발행

지은이 | 허호익
펴낸이 | 김영호
펴낸곳 | 도서출판 동연
등 록 | 제1-1383호(1992. 6. 12.)
주 소 | (우 121-826) 서울시 마포구 월드컵로 163-3
전 화 | (02) 335-2630
팩 스 | (02) 335-2640
이메일 | yh4321@gmail.com

ISBN 978-89-6447-238-4 93200

야훼 하나님

성서의
앞선 신관의
신론적 이해

허호익 지음

יהוה

동연

머 리 말

　신에 대한 질문은 인간이 피해 갈 수 없는 '궁극적인 관심'이다. 그래서 인간은 나름대로 신을 경배하고 자신들이 섬기는 신에 대하여 기록하여 왔다. 신에 대한 기록은 다양한 신화의 형태로 전승되었으나, 이러한 신화의 차원을 넘어서 철학의 형태로 논의한 것이 플라톤과 아리스토텔레스의 제1철학으로서 형이상학이다.

　신화와 철학을 넘어서서 '역사적 신앙 고백'이라는 관점에서 히브리의 하나님 야웨에 관한 전승을 기록한 것이 구약성서이다. 그럼에도 불구하고 중세까지의 서구 기독교신학은 철학의 영향에서 크게 벗어나지 못했기 때문에, 여전히 성서의 하나님을 철학적인 방법으로 논증하려고 하였다. 그 대표적인 사례가 토마스 아퀴나스의 『신학대전』이다. 아퀴나스는 하나님은 존재와 본성을 철학적으로 다루었다. 그는 신이 존재하는가에 대해 묻고 저 유명한 이성을 통해 자연을 추론하여 신을 아는 다섯 가지 길을 제시하였다. 그리고 하나님의 단순성, 완전성, 선성善性, 무한성, 불변성, 영원성, 단일성을 신의 본성이라고 설명하였다. 대부분의 전통적인 조직신학자들은 이러한 정통적 신론의 범주와 방법에서 크게 벗어나지 못했다.

　그런데 파스칼을 『팡세』에서 "아브라함의 하나님, 이삭의 하나님, 야곱의 하나님은 철학자들이나 학자들의 하나님이 아니다"라고 하였다. 따라서 이 책은 "성서에 고백된 아브라함, 이삭, 야곱의 하나님은 어떤 분인가?" 하는 질문에서 출발한다. 신론적인 입장에서 구약성서의 하나님이 어떤 점에서 철학자들의 하나님과 다른지를 살펴보려고 하는 것이다.

이를 위해 구약성서의 신론과 관련된 주제들을 당시의 주변 종교의 평균적 의식에 비추어 그 깊은 뜻과 전향적 의미를 차례대로 살펴보기 위해서 이 책에서 채택한 서술 내용과 방법은 다음과 같다.

첫째, 성서의 하나님이 어떤 분인지에 대해 구약성서신학의 분석적 연구 결과를 조직신학적으로 종합하여 아래의 내용들을 중심으로 다루어 보려고 한다.

1) 먼저 야웨 엘로힘으로 알려진 성서의 하나님의 이름에 관한 신론적인 쟁점들을 살펴본다.

2) 하나님이 천지와 인간을 창조했다는 창조전승에는 창조의 하나님이라는 창조 신관과 함께 창조의 인간관과 자연관이 어떻게 드러나고 고백되어 있는지를 알아본다.

3) 이스라엘 백성들을 이집트의 종살이에서 해방시킨 '히브리 노예들의 하나님'이 바로 아브라함과 이삭과 야곱의 하나님 즉 조상들의 하나님 야웨이며, 이 야웨 하나님께서 이스라엘 백성과 계약을 맺고 가나안 땅을 분배하고 초기 이스라엘 계약공동체를 만들어 나가시는 역사가 기록되어 있다. 여기에서 등장하는 조상들의 하나님, 히브리 노예들의 하나님, 땅을 분배하신 하나님, 계약을 맺으신 하나님의 의미를 밝힌다.

4) 초기 이스라엘 계약공동체가 다른 종교와 달리 지성소에 두었던 십계명 두 돌판과 만나 항아리와 아론의 지팡이가 지닌 상징은 각

각 초기 이스라엘 계약공동체의 종교제도와 경제제도와 정치제도의 이상을 드러내는 표상으로 해석한다.

5) 마지막으로 이스라엘 역사를 통해 범죄한 이스라엘이 징계를 받았지만 회개하고 돌아오면 구원해 주시는 '역사적 심판과 구원의 하나님'과 새 하늘과 새 땅과 새 사람의 비전을 통해 종말론적 심판과 구원의 희망을 보여 주신 하나님에 대하여 살펴본다.

둘째, 브루지만은 "성서는 하나님의 백성과 하나님의 땅 사이의 관계에 대한 이야기"라고 하였다.[1] 스텍 역시 "성경은 하나님과 인간을 땅으로부터 분리한 채 언급하지 않으며, 또한 땅을 하나님과 인간으로부터 분리한 채 언급하지 않는다"[2]라고 했으며, 따라서 "하나님, 인간, 땅의 셋은 성경의 위대한 삼중적 조화를 이룬다"[3]라고 하였다.

그러나 이 셋 중 하나님을 어떻게 신앙하느냐에 따라 나머지 둘인 인간과 자연(또는 물질)에 대한 이해가 달라진다. 그리고 신을 제사의 대상으로 보느냐, 순종의 대상으로 믿느냐에 따라서 종교제도가 달라진다. 물질을 공유의 대상으로 보느냐 독점의 대상으로 보느냐에 따라 경제제도가 달라진다. 그리고 인간을 지배의 대상으로 보느냐 섬김의 대상으로 보느냐에 따라 정치제도가 달라진다. 따라서 성서적 신관에 비추어 자연관과 인간관을 살피고 이어서 초기 이스라엘 계약공동체의 종교제도, 경제제도, 정치제도를 분석하려고 한다.

셋째, 프로이트는 인간의 의식을 공간의 축으로 구분하여 현재의식, 잠재의식, 무의식으로 나누었으나, 윌버는 인간의 의식을 시간의 축으로

---

1) W. Brueggemann(1992), 『성서로 본 땅』(서울: 나눔사), 24.
2) John H. Steck(2000), 『구약신학』(서울: 솔로몬), 170.
3) John H. Steck(2000), 169.

나누어 시대에 앞선 생각으로서의 전향적 의식advanced consciousness과 시대에 편승하는 평균적 의식average consciousness으로 나누었다.[4] 따라서 이 책에서는 구약성서의 가르침과 초기 이스라엘 계약공동체의 이상은 그 당시의 고대 근동종교의 '평균적인 의식'과 비교해 볼 때 '전향적인 의식'이라는 점을 조목조목 밝히고, 그 시대에 앞선 세계관과 패러다임이 지금도 여전히 전향적 의식이라는 점을 돋보이게 하려고 한다.

넷째, 스텐달은 좀 더 포괄적인 의미에서 '성서 해석은 본문이 무엇을 의미했는가?What it meant?'와 '본문은 무엇을 의미하는가?What it means?'를 종합하는 것이라고 하였다.[5] 이 책에서 양자의 조화롭게 다루기 위하여 성서의 앞선 생각이 지금 우리 시대에는 무엇을 의미하는지 우리 시대의 쟁점과 과제들과 관련시켜 밝히려고 하였다.

다섯째, 무엇보다도 최소한 3000년 전후부터 신앙고백으로 전승되고 기록된 구약성서를 이해하기 위해서는 '이해의 기술'이라고 정의되는 '해석학'이 요청된다. 일찍이 슐라이어마허가 『해석학과 비평』에서 고문서를 해석하는 것은 문자적 의미만을 해독하는 것이 아니라 '저자와 독자 사이의 공감'이 필요한데, 그것을 심리학적 해석이라고 하였다. 다시 말하면 성서의 신관을 이해하려면 성서기자의 신관이 기록된 역사적 배경에 대한 지식과 더불어 그들이 '직관적으로 고백한 창조신앙'에 대한 '신학적 해석 과정'을 거쳐 개념적으로 재정리하여야 우리 시대의 독자에도 공감대를 형성할 수 있을 것으로 생각된다.[6]

---

4) Ken Wilber(1981), *Up From Eden: A Transpersonal View of Human Evolution*(New York: Anchor Press), 319-328; 김상일(2003), "켄 윌버의 초인격심리학과 한국무속", 「한국무속학」 6, 237.

5) Krister Stendahl(1962), "Biblical Theology, Contemporary", *Interpreters Dictionary of the Bible*, Vol. 1.(New York and Nashville: Abingdon), 419.

6) F. Schleiermacher(2000), 『해석학과 비평: 신약성서와의 특별한 관계를 중심으로』 (서울: 철학과현실사).

여섯째, 성서의 신관과 관련된 주제에 대하여 오늘날 새롭게 제기되는 반문들을 살핀다. 창조는 역사적 사실인가? 창조는 과학적 사실인가? 왜 선악과를 만들고는 따먹지 말라 했는가? 왜 선악과를 따먹는 것을 막지 않았나? 선악과를 따먹을 줄 몰랐는가? 거짓된 악은 어디서 어떻게 왔는가? 선악과를 따먹은 것이 왜 원죄인가? 하는 현대인들의 의문들에 대하여 가능한 대답의 실마리를 모색하려고 하였다.

마지막으로, 성서의 전향적인 신관과 인간관과 자연관에 따라 이스라엘 공동체가 전향적인 종교제도, 정치제도, 경제제도를 실현하려고 한 역사적 궤적으로 통해 성서적 신앙의 골자가 하나님과의 수직적-영성적 관계, 인간과의 수평적-연대적 관계, 그리고 자연 또는 물질과의 친화적-순환적 관계를 지향하는 것이라는 점을 밝혀 보려고 하였다. 이러한 기본 논지는 저자가 전개해 온 천지인 신학의 성서적 · 신론적 기초가 될 수 있으리라 기대한다.

그리고 성경을 한 번도 읽어 본 적이 없는 독자라도 성경본문을 확인하지 않고도 그 내용과 줄거리를 파악할 수 있도록 다루는 주제에 대해 가능한 한 성경본문 전체나 이를 요약하여 간략하게 제시하였음을 밝혀 둔다.

아울러 이 책은 필자의 저서 『성서의 앞선 생각 1』(대한기독교서회, 1998)을 기초로 하여 신론적인 관점에서 새롭게 보완하고 증보하여 저술한 것임을 밝힌다. 그리고 부록에 「한국조직신학논총」 제35집(2013)에 발표한 "용비어천가에 함축된 하느님 신관"을 수록하여 성서의 하나님 신앙과 한국인의 하느님 신관을 비교해 볼 수 있는 자료로 삼으려고 하였다. 아무쪼록 야웨 엘로힘 하나님을 바로 알고자 하는 진지한 사람들에게 성서의 하나님이 고대 근동의 여러 신들과는 얼마나 다른지 살펴볼 수 있는 이정표가 되었으면 하는 바람이 간절하다.

이 책을 잘 품위 있게 편집하고 꼼꼼히 교정을 보고 아름답게 디자인하여 이렇게 보기 좋은 책으로 서둘러 출판해 준 동연의 김영호 사장님과 직원 여러분 그리고 교정을 도와준 김태영 전도사에게 감사드린다.

2014년 5월

허 호 익

차 례

제1장

야웨라는 이름을
알려 주신 하나님

"아브라함의 하나님, 이삭의 하나님, 야곱의 하나님 여호와라 하라

이는 나의 영원한 이름이요 대대로 기억할 나의 표호니라."

(출애굽기 3:15)

01
하나님의
여러 이름

    성서의 하나님에 관한 논의는 하나님의 이름이 무엇이며, 무슨 뜻인가 하는 질문에서 출발할 수밖에 없다. 세상에는 신들도 많고 그 신들은 각기 고유한 이름이 있기 때문이다. 그러나 그 무수한 신명神名은 인간이 작명한 것에 지나지 않는다. 신이 자신의 이름을 직접 인간에게 알려 주었다는 기술도 성서 외에는 거의 발견되지 않는다. 성서가 고백하는 '야훼 하나님'은 이처럼 그 이름부터가 전향적인 의미를 담고 있으므로, 이 성서의 신명과 관련된 논의들을 살펴보려고 한다.

    유대인들은 구약성서에 나타난 70가지의 하나님의 이름을 열거하였지만, 제롬은 하나님의 이름을 열 가지로 제한하였다.[1]

    "엘El, 엘로힘Elohim, 엘로아Eloha, 사바옷Sabaoth, 엘룐Elyon, 에세르 에흐예Esher ehye, 아도나이Adonay, 야Yah, 여호와YHWH, 샤다이Shaddai"

---

1) H. Bavink(1990), 『신론』(서울: 양문출판사), 141-142.

그러나 구약성서의 나타나는 신명을 크게 나눠 보면 엘로힘 신명과 여호와 엘로힘 신명과 여호와 신명으로 대별된다. 여호아 엘로힘 복합신명이 9개, 엘로힘Elohim 계열 복합신명 32개 그리고 여호와 계열 복합신명 41개로 대별된다.

1) 여호와 엘로힘 복합신명

구약성서에 나타난 하나님의 이름 가운데 여호와 엘로힘 복합신명은 모두 9개인데, 다음과 같다.[2]

> 여호와 엘 엘로힘: 신의 신이신 여호와(수 22:22).[3]
>
> 여호와 엘로힘: 여호와 하나님(창 2:4, 3:9-13, 21).
>
> 여호와 엘로헤이 아보테이켐: 너희 조상의 하나님 여호와(출 26:7).
>
> 여호와 엘 엘론: 지극히 높으신 하나님 여호와(창 14:22).
>
> 여호와 엘 에메트: 진리의 하나님 여호와(시 31:5).
>
> 여호와 엘 게뮬로트: 보복의 하나님 여호와(렘 51:56).
>
> 여호와 엘로힘 체바오트: 만군의 하나님 여호와(시 59:5).
>
> 여호와 엘로헤이 예수아티: 내 구원의 하나님 여호와(시 88:1).
>
> 여호와 엘로헤이 이스라엘: 이스라엘 하나님 여호와(시 41:13).

---

2) E. L. Towns(1994), 『구약성서에 나타난 하나님의 이름들』(서울: 생명의말씀사), 190.

3) '엘 엘로힘 야웨'(수 22:22)에 대한 번역은 다양하다. 우리말 개역성서는 "전능하신 자, 하나님, 여호와"라고 번역하였고 신구교 공동번역은 "가장 높으신 하나님 야웨"라고 하였으며 표준새번역은 "주 하나님은 전능하십니다"라고 하였다.

2) 엘로힘 계열 복합신명

구약성서에 나타난 하나님의 이름 가운데 엘로힘 복합신명 32개인데, 다음과 같은 엘, 엘로힘, 엘로헤이 복합신명이 모두 여기에 포함된다.[4]

엘로힘: 하나님(창 1:1).

엘로힘 바샤마임: 하늘에 계신 하나님(수 2:11).

엘 벧엘: 하나님의 집의 하나님(창 35:7).

엘로헤이 하스디: 내게 인자를 베푸시는 하나님(시 59:10).

엘 엘로헤이 이스라엘: 하나님, 이스라엘의 하나님(창 33:20).

엘 엘론: 지극히 높으신 하나님(창 14:18).

엘 하네에만: 신실하신 하나님(신 7:9).

엘 깁보르: 능하신 하나님(사 9:6).

엘 하카보드: 영광의 하나님(시 29:3).

엘 하이: 사시는 하나님(수 3:10).

엘 하야: 내 생명의 하나님(시 42:8).

엘로힘 케도쉼: 거룩하신 하나님(수 24:19).

엘 카나: 질투하는 하나님(출 20:5).

엘 카노: 질투하는 하나님(수 24:19).

엘로헤이 마우지: 나의 힘이 되신 하나님(시 43:2).

엘로힘 마하세 라누: 하나님 우리의 피난처(시 62:8).

엘리 말르키: 하나님 나의 왕(시 68:24).

엘 마롬: 지극히 높으신 하나님(마 6:6).

엘 네카모트: 보수하시는 하나님(시 18:47).

---

4) E. L. Towns(1994), 190-191.

엘 노세: 용서하신 하나님(시 99:8).

엘로헤이누 올람: 우리의 영원하신 하나님(시 48:14).

엘로힘 오제르 리: 하나님 나의 돕는 자(시 54:4).

엘 라이: 나를 감찰하시는 하나님(창 16:13).

엘 살리: 하나님, 나의 반석(시 42:9).

엘 샤다이: 전능하신 하나님(창 17:1, 2).

엘로힘 쇼프팀 바-아레츠: 땅에서 판단하시는 하나님(시 :11).

엘 시므하트 길리: 하나님 나의 극락極樂(시 43:4).

엘로힘 체바오트: 만군의 하나님(시 80:7).

엘로헤이 티슈아티: 내 구원의 하나님(시 18:46, 51:14).

엘로헤이 치드키: 내 의의 하나님(시 4:1).

엘로헤이 야곱: 야곱의 하나님(시 20:1).

엘로헤이 이스라엘: 이스라엘의 하나님(시 59:5).

3) 여호와 복합신명

구약성서에 나타난 하나님의 이름 가운데 여호와 복합신명이 가장 많
으며, 모두 41개나 된다.5)

여호와: 여호와(출 6:2, 3).

아도나이 여호와: 주 여호와(창 15:2).

여호와 아돈 콜 하-아레츠: 여호와, 온 땅의 주(수 3:11).

여호와 보레: 여호와 창조주(사 40:28).

여호와 헤레브: 여호와의 검(신 33:29).

---

5) E. L. Towns(1994), 191-192.

여호와 엘리: 여호와 나의 하나님(시 18:2).

여호와 엘룐: 지극히 높으신 하나님(창 14:18-20).

여호와 깁보르 밀카마: 전쟁에 능한 여호와(시 24:8).

여호와 마기네누: 여호와 우리의 방패(시 89:18).

여호와 골레크: 여호와 네 구속자(사 49:26, 60:16).

여호와 하쇼페트: 심판하시는 여호와(삿 11:27).

여호와 호쉬아: 여호와여 구원하소서(시 20:9).

여호와 임므카: 여호와께서 너와 함께 하신다(삿 6:12).

여호와 이주즈 베깁보르: 강하고 능한 여호와(시 24:8).

여호와-이레: 여호와께서 준비하심(창 22:14).

여호와 카보디: 여호와 나의 영광(시 3:3).

여호와 카나 세모: 질투라 이름하는 여호와(출 34:14).

여호와 케렌-이스이: 여호와 나의 구원의 뿔(시 18:2).

여호와 마흐시: 여호와 나의 피난처(시 91:9).

여호와 마겐: 여호와, 방패(신 33:29).

여호와 마케: 치시는 여호와(겔 3:9).

여호와 마우잠: 여호와 저희의 산성(시 37:39).

여호와 마우지: 여호와 나의 보장(렘 16:19).

하-멜렉 여호와: 왕이신 여호와(시 98:6).

여호와 멜렉 올람: 영원한 왕이신 여호와(시 10:16).

여호와 메팔티: 나를 건지시는 여호와(시 18:2).

여호와 메카디스켐: 너희를 거룩케 하는 여호와(출 31:13).

여호와 메추다티: 여호와 나의 요새(시 18:2).

여호와 미쉬가비: 여호와 나의 산성(시 18:2).

여호와 모쉬에크: 여호와 네 구원자(사 49:26, 60:16).

여호와 닛시: 여호와 나의 깃발(출 17:15).

여호와 오리: 여호와 나의 빛(시 27:1).

여호와 우시: 여호와 나의 힘(시 28:7).

여호와 로페: 여호와 (우리의) 치료자(출 15:26).

여호와 로이: 여호와 나의 목자(시 23:1).

여호와 사바오트(체바오트): 만군의 여호와(삼상 1:3).

여호와 살리: 여호와 나의 반석(시 18:2).

여호와 살롬: 여호와 (우리의) 평강(삿 6:24).

여호와 삼마: 여호와께서 거기 계시다(겔 48:35).

여호와 치드케누: 여호와 우리의 의(렘 23:6).

여호와 추리: 나의 힘이신 여호와여(시 19:14).

성서에 나타나는 하나님의 이름이 이렇게 다양하고 많은 것은 구약성서의 신명이 일의적인 명사로 표현할 수 없는 다의적 의미를 지닌 존재임을 드러낸다.

02
엘로힘 신명의 복수형의 의미와
번역상의 문제

창세기 1장 1절에는 "태초에 하나님(אֱלֹהִים)이 천지를 창조하였다"고 기록하고 있다. 하나님으로 번역된 '엘로힘'(אֱלֹהִים) 신명은 '엘'(אֵל) 신명의 복수형으로 성서에 2500회 정도 등장한다. 엘은 에티오피아를 제외하고는 모든 셈 언어를 사용하는 사회에서 하나님을 표시하는 공통된 보통명사였다. 고대 근동지방에서 흔히 사용된 보통명사로서 엘El, 일라Illa, 알라Alla, 엘로아Eloah 등으로 음운이 변천하였다.[6] 그 뜻은 비록 그 말의 어원은 불확실하다고 하여도 '강함, 힘, 능력'(Strong 또는 Power)을 의미하는 것으로 추론한다.

엘은 구약성서에서 3가지 형태로 사용되었다. 첫째, 고유명사 엘은 가나안의 최고신을 지칭하였다. 둘째, '조상들의 하나님'의 경우처럼 보통명사와 고유명사를 모두 사용한 경우이고, 셋째, 보통명사로 '신'에 대한 호칭으로 사용되고 있다.[7]

---

6) 강사문(1999), 『구약의 하나님』(서울: 한국성서학연구소), 20-21.
7) 김이곤(1995), "야웨와 엘", 「한신논문집」 제12권, 9.

1) 엘로힘 신명의 복수형의 의미

하나님으로 번역된 히브리어 엘로힘(אֱלֹהִים)은 엘(אֵל)의 복수형이다. '임'(ים)은 히브리어의 복수 어미이므로, 엘로힘은 실제로 '신들gods'을 의미할 수 있다.8) 또한 엘로힘은 형태적으로는 엘의 복수형일 뿐 아니라 '우리가 사람을 만들자'(창 1:26)는 구절의 주어가 복수형이므로 창세기의 유일신 신앙의 배경에서 볼 때 이 복수형의 문제가 제기되었다.

이레네우스를 비롯한 초대 교부들은 복수형의 신명을 삼위일체의 신비를 드러내는 것이라고 해석하였다. 18세기에 와서 가불러J. Ph. Gabler는 '셈족의 다신론의 잔재'라는 해석을 제시하였다. 그러나 창세기 자체가 다신론을 전적으로 거부하는 강력한 유일신론을 전제하기 때문에 유사한 사례가 바벨론 신화에 등장한다 하여 무리하게 창세기에 적용할 수 없다는 반론이 제기되었다.

그리고 창세기 1장 1절의 "하나님이 천지를 창조하였다"는 구절에 해당하는 히브리어 본문은 "베레쉬트 바라 엘로힘"(בְּרֵאשִׁית בָּרָא אֱלֹהִים)이다. 여기서 사용된 '바라'(בָּרָא)라는 동사는 3인칭 단수형이다. 만약 엘로힘이 복수를 뜻하는 단어라면, 복수 형태의 동사인 '바루'(בָּרְאוּ)를 써야 했을 것이다. 주어 엘로힘은 복수형이지만 동사 '바라'는 단수형이라는 것에 주목해야 한다.

따라서 엘로힘은 단수의 의미를 갖는 복수형 이름으로서 '신격God-head의 복수형 단수'를 의미한다. '엘로힘'과 '우리'의 복수형에 대해서는 숙고의 복수형, 강조의 복수형, 존엄의 복수형, 역설의 복수형 등 다양한 해석이 제시되어 왔다.

---

8) 하나님에 대한 복수 용어(전 12:1, 욥 35:10, 사 54:5)는 여러 곳에서 표현되어 있다.

(1) 루터는 '숙고의 복수형Pluralis deliberationis'으로 해석하였다. "우리가 사람을 만들자"라는 한 것은 인간을 창조하기 전에 하나님께 스스로에게 자문자답하거나 스스로 숙고하는 언사言辭라는 것이다. 말하자면 창세기의 'Let us make'는 영어의 'Let's see!'와 같이 하나님께서 스스로에게 하신 말씀이라는 것이다. 이런 언사를 사용한 것은 인간을 창조하신 하나님에 대한 "우리의 신앙의 비밀을 강화"하기 위한 것이라고 하였다.9)

(2) 히브리에는 단수의 의미를 지녔는데 복수형으로 표기하는 단어들이 다수 등장한다. '지혜'(חָכְמוֹת)는 통상 단수로 쓰이는데 잠언 1장 20절에서는 복수로 나온다. 이와 유사한 복수형으로 하늘(שָׁמַיִם), 물(מַיִם), 생명(חַיִּים) 역시 히브리어 복수형 어미 '임'(ים)이 붙어 있다.10) 이는 사물의 본성 또는 성격을 강조하는, 이른바 '강조의 복수pluralis intensitatis'인데, 엘로힘도 이런 유형에 속한다는 것이다.

(3) 폰 라드는 엘로힘을 '존엄의 복수형pluralis majastatis'으로 해석하였다. 고대 동방에서는 그것이 인간이건 신이건 공동체의 대표자를 복수로 나타내는 습관이 있었다. 이런 복수는 숫적 다수보다도 오히려 힘과 탁월성과 존엄의 복수를 나타내기 위함이었다고 한다. 하나님의 위엄과 충만성(골 1:19, 2:9)을 나타내기 위해서 '엘로힘'이라는 복수형으로 표현하였다는 것이다.11)

하나님의 이름을 함부로 부르는 것을 금지한 제3계명(출 20:7)에 따라 후대의 이스라엘 사람들은 야웨라는 신명을 '아도나이'(אֲדֹנָי)로 고쳐서 읽거나 표기하였다. 그런데 아도나이 역시 '주Lord'를 뜻하는 '아돈'(אָדוֹן)

---

9) Otto Kaiser(2012), 『구약성서신학 I』(서울: 한우리), 119-120.
10) 엄원식(2000), 『히브리 성서와 고대 근동문학의 비교연구』(서울: 한들), 575.
11) 성서와함께(1993), 『어서 가라 - 출애굽기 해설서』(왜관: 분도출판사), 43-44.

의 복수형이다. 복수형 아도나이는 전능하신 창조주 하나님께 사용된 단어인 반면에, 아돈은 하나님께도 사용되는 경우가 있지만 신하가 군주를, 노예가 주인을, 아내가 남편을 칭할 때도 좀 더 폭넓게 사용되었다. '아도나이' 역시 복수형일 때에는 존엄하신 하나님을 지칭한다는 것이다.

(4) 렌트로프는 "엘로힘은 다신의 의미가 아니다. 하나밖에 없는 유일한 신을 복수형으로 표현한 것은 최초의 유일신 종교가 보여 주는 역설이다"[12]라고 하였다. 하나님의 이름이 복수형으로 쓰이게 된 것은 이전에 많은 신들(엘로힘)이 섬김을 받던 성소에 히브리인들이 유일신 야웨의 제의를 세운 결과라고 설명한다. "야웨 외에 다른 신을 섬기지 말라"(출 20:3 참조)는 명령에 대한 순종을 확실하게 하기 위해서 '신들 중의 신'이라는 의미의 복수형 단수 칭호로서 유일신 신관을 표명했다는 것이다.

아이히로트 역시 엘로힘이라는 명칭을 거의 독점적으로 야웨에게만 적용한 것은 "야웨는 단지 하나의 '엘'이 아니라 '엘로힘', 모든 신들의 총합, 즉 단 한 분의 신Godhead이기 때문에, 어쨌든 이스라엘에서 야웨는 다른 모든 신들을 배제한다"는 의미라고 하였다.[13] 따라서 성서에 여러 번 등장하는 '나 외에 다른 신이 없다'거나 '신들의 신'(단 11:36, 신 10:7)이라는 관용어와 관련해 볼 때 엘로힘 신명의 복수형은 '야웨가 유일한 엘로힘'이라는 역설적 표현이라고 한다.[14]

2) 엘로힘 신명의 번역의 문제

엘로힘 계열의 신명은 보통명사로서 희랍어의 데오스(θεός), 영어의

---

12) R. Rentroff(2008), 『구약정경신학』(서울: 새물결플러스), 46.
13) W. Eichrodt(1998), 『구약성서신학 I』(서울: 크리스챤다이제스트), 194.
14) 황성일(2006), "구약의 신들", 「광신논단」 15집, 31.

God, 독어의 Gott, 한자의 神에 해당한다.

한글성서 번역사에서 처음으로 논쟁이 된 것은 엘로힘 신명의 번역이다. 성서의 엘로힘이 영어로 번영된 God에서 중역重譯되는 과정에서 하느님(하ᄂᆞ님) 또 하나님으로 번역되었다.[15]

정하상의『上帝上書』의 한글 번역서(1839)에는 하ᄂᆞ님으로, 존 로스는『예수셩교문답』(1881)에서는 하느님으로,『예수셩교셩서 누가복음뎨자힝젹』(1883)에서는 하나님으로 표기하였다.

1894년 상임성서실행위원회에서 사복음서와 사도행전을 번역하던 중 신명이 쟁점이 되어 한문 천주天主로 번역할 것인지 한글 하ᄂᆞ님으로 번역할 것인지를 결정하지 못한 채, '텬쥬판' 500부와 '하ᄂᆞ님판' 1000부를 간행하였다.

1911년 선교사번역 위원회의『신약전서』는 '유일하고 큰 분이란 뜻'으로 하ᄂᆞ님이라 번역하였다.

1933년 이후 한글맞춤법 통일안의 제정으로 아래아 표기가 폐지되자 1937년에 나온 개역『성경전서』에서는 종전의 '하ᄂᆞ님'이라는 유일신 인격신 사상을 잘 표상하는 '하나님'으로 표기하였다. 하ᄂᆞ님은 하늘(heaven)에서 유래한 한글 표준어법의 신명이지만, 하나님은 ᄒᆞ나(one)라는 유일신적 의미와 '님'이라는 인격적 신적 의미로 조합한 신조어라고 할 수 있다. 당시의 번역자들이 '하나님'을 선호한 것은 민중 속에 전승되어 온 무속종교에서 사용된 천지신명 하ᄂᆞ님과 기독교의 야웨 엘로힘 사이의 차별성을 두어 종교혼합을 막으려는 의도가 있었다. 그리고 일제의 신사참배를 반대하기 위해 유일신 신앙을 강조할 필요가 절실하기 때문이다.

---

15) 옥성득(1993), "개신교 전래기의 '신' 명칭 용어 논쟁 - 구역성경(1893-1911)을 중심으로",「기독교사상」10월호, 200-222; 곽노순(1971), "한국교회의 하나님 칭호 I-II",「기독교사상」2-3월호; 임승필(1996), "하느님의 이름 어떻게 옮길 것인가",「사목」1월호, 204.

1977년 신구교『공동번역 성서』을 번역할 당시 엘로힘 신명의 표기 문제가 다시 제기되었다.

(1) 초기 한글 번역에서 엘로힘 신명이 하느님과 하나님 등으로 번역되기는 했지만 한글의 보통명사로서 신명의 표준어는 하늘(heaven)에서 유래한 '하느님'이 되어야 하며, 하느님을 정서법으로 표기하면 하느님이 된다는 것이다.

(2) 하느님 또는 하느님이 방언으로 하늘님, 하날님, 하나님으로 표기되었을 뿐이며, 여기서 하나는 '하나님'은 하느님(heaven)을 뜻하는 것이지 'ᄒᆞ나님'(one)을 뜻하는 것이 아니다. 사실상 한글성경 번역에는 한 번도 ᄒᆞ나님이 등장하지 않는다.16)

(3) 한글학자 최현배는 "하나님은 말이 안 된다"는 글에서 하느님이라고 부른 것은 하나의 뜻이 아니고 하늘의 뜻이며, 어법상 수사數詞인 '하나'(一)가 인격화될 수 없다고 주장하였다.17) 따라서 '하느(天)님'을 '하나(一)님'으로 표기할 수 없다고 보았다.

(4) 엘로힘을 '하나+님'이라는 신조어로 표기할 경우 플로티누스 등의 유출설에서 신을 '일자─者, Oneness'로 표현한 것과 유사하여 범신론적 일신숭배monolatry에 빠질 우려가 있다는 지적이다.18) 성서의 하나님의 다의적인 본질과 속성 그리고 그 신비를 '유일성과 인격성'이라는 한정된 의미로 축소시키는 한계가 있다는 문제점이 제기되었다. 그래서 엘로힘 신명을 '하느님'으로 번역하였으나 '하나님'에 익숙한 많은 한국 기독교인들의 반대에 부딪혔다. 그리하여 재래종교의 '하느님'과 성서의 '하나님'을 구별하려는 여론에 밀리어 1993년『표준새번역 성경전서』와

---

16) 김광식(1999), "하느님과 ᄒᆞ나님", 「신학논단」 27집, 119.
17) 이장식(1980), "'하나님' 칭호의 신학적 근거", 「기독교사상」 24(8), 129.
18) 김광식(1999), 123.

1998년 『개역개정판 성경전서』에서는 다시 '하나님'으로 번역하였다.

엘로힘 신명의 번역

구 분	연 도	역 본	Elohim
문서	1839	정하상의 상제상서	하느님
	1882	로스의 예수성교문답	하느님
개인역	1883	로스 역 예수성교성서	하나님
	1894	로스 역 사복음서, 사도행전	텬주
공인역	1900	신약전서	하나님
	1911	성경전서	하나님
	1938	개역성경	하나님
	1952	개역한글	하나님
	1967	새번역	하나님
	1971	공동번역	하느님
	1977	공동번역 개정	하느님
	1993	표준새번역	하나님
	1998	개역개정	하나님

엘로힘 신명의 번역상의 문제는 두 가지로 압축된다. 하나는 문법 또는 어법에 충실할 것이냐, 아니면 신앙적·신학적 의미에 충실할 것인가 하는 점이다. 예를 들면 "낙타가 바늘 귀로 들어가는 것이 부자가 하나님의 나라에 들어가는 것보다 쉬우니라"(눅 18:25)는 말씀의 영어번역에는 모두 '바늘 눈eye'으로 되어 있다. 서양 사람들은 관용적으로 '바늘 눈'으로 표현하지만, 한국어로 직역하면 한국인들에게 의미가 전달되지 못한다. 그래서 한글번역은 모두 의역하여 '바늘 귀ear'라고 하였다. 이처럼 언어적 상황에 따라 직역이 더 잘 소통될 때도 있지만, 그렇지 않을 경우

에는 의역이 불가피한 것이다.

성서번역의 가능한 직역을 피하고 의역을 취한다고 한다. 공동번역 서문에서 "축자적 번역이나 형식적 일치Formal Correspondence를 피하고 내용의 동등성Dynamic Equivalence을 취한다"[19]라고 하였다. 그러나 이런 관점에서 보면 '하느님'이라는 표기는 전자에 해당하는 것으로 어법상 표준어로 표기한 직역直譯이고, '하나님'이라는 표기는 후자에 해당하는 것으로 성서의 엘로힘의 유일성과 인격성의 의미를 드러내어 재래종교와의 차별성을 의도한 의역意譯이라고 정리할 수 있을 것이다. 따라서 둘 중에 어는 것이 정당한가 하는 질문은 의미가 없다.

---

19) 『공동번역 성서』(서울: 대한성서공회, 1977), 머리말.

03

하나님께서 알려 주신
יהוה(야웨) 신명의 여러 쟁점[20]

창세기 2장 4절에는 여호와 신명이 처음 등장하는데, "여호와 하나님이 천지를 창조한 대략은 이러하다"고 하였다. 출애굽 직전 미디안 광야 타는 떨기나무 불꽃 가운데서 모세를 불러 "너희 조상의 하나님 여호와 곧 아브라함의 하나님, 이삭의 하나님, 야곱의 하나님께서 나를 너희에게 보내셨다 하라 이는 나의 영원한 이름이요 대대로 기억할 나의 칭호니라"(출 3:15, 개역개정판)고 자신의 이름을 알려 주신 것이 기록되어 있다.

그리고 "야웨, 바로 그가 참 엘로힘이시다(신 4:35, 39; 6:4; 7:9; 10:17; 32:39)는 관용적 표현도 보인다. 이 표현은 이스라엘의 긴 제의의 역사를 통하여 면면히 전승傳承되어 온 '야웨 신앙고백'의 중심 내용이다. 또한 이스라엘의 신神 인식의 본질이며 이스라엘 예배의 핵심적 송영focusing doxology이다.[21]

구약성서에서 빈도수가 가장 많은 단어로서 6,800회 이상 등장하는

---

20) 장영일(1997), "야웨(Yahweh) 이름의 기원과 의미", 「장신논단」 제13집, 131-136. 이 주제에 관한 자세한 참고문헌을 참고할 것.
21) 김이곤(1996), "야웨 · 후 · 하 엘로힘", 「신학연구」 제37집, 113-114.

יהוה(요드 헤 바브 헤)는 히브리 종교의 고유한 신명이다. 그러나 히브리어로 모음이 없는 자음 네 글자로 יהוה(YHWH)로 기록되어 있어 엘로힘 신명과 달리 이 신명은 그 발음부터 문제가 되었다.[22] 그리고 이 신명의계시 시기, 신명의 유래와 기원, 신명의 번역 그리고 신명의 의미에 관한여러 논쟁을 야기했다. 먼저 이러한 יהוה 신명의 쟁점들을 간략하게 정리하고 구약성서 신학적 배경에서 이러한 신명이 함축하는 신론적 의미를살펴보려고 한다.

1) יהוה 신명의 발음과 번역의 문제

יהוה 신명의 정확한 발음이 유실되어 신명의 본래의 발음이 무엇인가하는 것이 오랫동안 논란이 되었다. 아마도 어떤 종교에서도 있을 수 없는 일이라고 여겨진다.

유대인들은 제3계명의 나타난 "하나님의 이름을 망령되이 일컫지 말라"(출 20:7)는 명령에 따라 성전에서 아주 특별한 때에만 이 신명을 사용하였으며, 성전 멸망 후 회당에서는 일체 사용하지 못했다. 그래서 그 당시에 기록된 전도서와 에스더서는 יהוה 신명이 한 번도 나타나지 않는다.이런 전통에 따라 서기전 3세기에 히브리어 구약성서를 희랍어로 번역한 70인역에서도 יהוה를 '나의 주(主)'라는 뜻의 히브리어 '아도나이'(אֲדֹנָי)로 읽었고 그런 까닭에 같은 뜻의 희랍어 큐리오스(κύριο“)로 번역하였다.[23]

9세기 말경에 유대교의 맛소라 학파에 의해 히브리어 자음으로 표기

---

22) 민영진(1992), "여호와를 주로 번역함", 「신학논단」 제20집, 296. 구약성서에 나타나는 여호와(야웨) 이름의 빈도수에 관하여, *BDB*는 6,823번으로, *IDB*는 6,800번으로, 그리고 압바[R. Abba, "The Divine Name of Yahweh", *JBL* 80(1961): 320-328]는 5,346번으로 계산하였다.

23) G. von Rad(1979), 『구약성서신학 1』(왜관: 분도출판사), 191-193.

된 유대교 공인본이 확정되었다.24) 그리고 1200년경 맛소라 학파가 히브리어 자음 성경에 모음을 붙이는 작업을 하면서 יהוה의 정확한 모음을 알 수 없어 "발음할 수 없는 이름"25)으로 불렀다. 맛소라 본문Masoratic Text의 난외주에는 성경을 읽다가 히브리어 יהוה 신명이 나오면, '나의 주'를 뜻하는 '아도나이'로 바꾸어 읽도록 명시하였다. 이는 선조의 이름을 함부로 부르지 않고 함자衛字로 부르며 기휘忌諱한 것과 유사하다.

초대 교부들 역시 יהוה라는 신명을 '성사문자聖四文字, Tetra-gramm-aton'라 하여 "말해지지 않는 이름, 말로 표현할 수 없는 이름"으로 여겼다. 종교개혁 직전까지 יהוה 신명의 정확한 모음을 알지 못해 '아도나이'로 대신 읽었다. 그러다가 1518년에 갈라티누스Petrus Galatinus가 처음으로 이 존귀한 이름의 발음을 Adonay의 라틴어식 발음에서 모음 'e(a), o, a'를 차용하여 YeHoWaH라 하였다.26) 후에 미국『표준번역 성서』(1901)가 예호바Yehovah로 번역하였다. 우리말『성경전서』(1911, 1938, 1956)는 중국어 성경의 야화화耶華和와 미국 표준번역의 예호바Yehovah를 따라서 한글 '여호와'로 번역하였다.27)

히브리 학자 빌헬름 게제니우스(1786-1842)는 초기 그리스어 사본 등에 나타난 신명에 대한 연구를 바탕으로 יהוה의 원래의 실제 발음이 야웨Yahweh라고 제안하였다. 이어서 구약성서의 여러 사례에 대한 내적 증거와 고대 근동지역의 고고학적 증거와 초대교회의 교부들의 저술에 표기된 신명에 대한 외적 증거들을 통해 신명의 발음 문제를 규명하려고 노력한 결과 게제니우스의 주장이 타당성이 있다고 여겨졌다. 그리하여

---

24) N. K. Gottwald(1987),『히브리성서 I』(서울: 한국신학연구소), 153-156.
25) H. Bavink(1990), 148.
26) L. F. Hartman, "God. Names of", *Encyclopedia Judaica*, Vol. VII, 679; H. O. Thomson, "Yahweh", *Anchor Bible Dictionary*, Vol. IV, 1011.
27) 민영진(1992), 298-300.

다수의 성서학자들은 이를 광범위하게 수용하여 학계에서 일반적으로 쓰이게 되었다.[28] 그러나 영어로 번역된 *Jerusalem Bible*(『예루살렘 성경』, 1966)에 의해 처음으로 'Yahweh'가 공식 채용되었고, 우리나라에서는 『공동번역 성서』(1971)에서 처음으로 이를 수용하여 '야훼'로 번역하였다. 최근에는 '야웨'로 표기하는 학자들이 더 많아졌다. 이러한 결론에 이르게 된 증거들을 정리하면 다음과 같다.

첫째, 성서 내적 증거이다.[29] 구약성서에는 יהוה의 신명의 축약어로서 Ya 또는 Yah(출 15:2, 17:16, 시 68:4, 77:11 등)가 등장하고 인명과 결합된 엘리야(나의 '하나님'은 '야'다), 예레미야('야'를 찬양하라), 헤즈기야('야'는 강하게 하신다) 등이 있다.

접미형 형태는 시편에 자주 언급되는 할렐루야(야웨를 찬양하라)가 있고, Yahu의 형태로는 이사야후(왕하 19:2 등), 예레미야후(왕하 23:31 등), 아하시야후(왕상 22:24 등) 그리고 시드기야후(왕상 22:24 등) 등이 있다.

접두형 형태로 되면서 Yo 또는 Ye로 음운이 변천한 것으로 Jonathan(야웨께서 주셨다), Yesua(야웨가 구원이시다) 등이 있다. 이 모든 증거로 보아 יהוה(YHWH)의 원래 발음이 Yahweh이고 그 단축형이 Yah라고 추정한다.

둘째, 고고학적으로 다음과 같은 증거들이 제시된다.[30] 1868년에 사해 동쪽에서 약 13마일 떨어진 디반Diban에서 발굴된 서기전 830년경에 만들어진 모압 비문Moabite Stone 15-19줄에 메사Mesha 왕의 언급에

---

28) Samuel P. Tregelles ed.(1949), *Gesenius's Hebrew and Chaldee Lexicon to the Old Testament Scriptures*(Grand Rapids: W. M. B. Eerdmans Pub.), 337; F. Brown & S. R. Dive & C. A. Briggs ed.(1951), *Hebrew and English Lexicon of the Old Testament*(Oxford: Clarendon Pr.), 218.
29) 장영일(1997) "야웨(Yahweh) 이름의 기원과 의미", 「장신논단」 12집, 108-110.
30) 김성(1995), "고고학과 이스라엘 종교: 야웨(Yahwism)교의 기원의 고고학적 배경", 「종교신학연구」 제8집, 221-225.

"그리고 내가 거기서 יהוה의 기구들을 취하여 케모스 앞에 끌어 왔다"는 내용이 나온다.

서기전 800년경 쿤틸렛 아즈루드Kuntillet 'Ajrud의 항아리에 기록된 יהוה라는 표현이 나온다.

서기전 2세기경에 기록된 쿰란 사본 중 이사야사본(1Q IS)과 시편사본(11Q Psalms)에도 יהוה가 기록되어 있다.

셋째, 초기 희랍 교부들의 글에서 יהוה를 희랍어 야오웨(Ιαουε)로 음역의 흔적을 찾을 수 있다.[31] 희랍 교부 클레멘트는 야오웨(Ιαουε)라는 표기했고, 에피파니우스는 야웨(Ιαυε)라는 표기하였다. 데오도레트는 יהוה를 사마리아 사람들은 야웨(Ιαυε)로 읽었다고 하였다.

라틴 교부 중에서는 히브리어 성경을 라틴어로 번역한 제롬은 יהוה를 Yaho로 발음할 수 있다고 하였다. 비블리우스Philo Biblius는 Ieuō로, 시쿨루스Siculus는 Iaō로, 오리겐은 Iaē로 음역하였다. 그리고 플로리스의 요하킴은『영원한 복음』에서 그 이름을 Yewe로 발음하였다. 이 모든 사례는 고대의 발음이 Yahweh를 가르치는 것으로 보인다.

야웨 신명의 번역도 큰 쟁점이 되었다. 앞서 언급한 것처럼 서기전 3세기경 알렉산드리아에서 히브리어 구약성서를 희랍어로 번역한 70인역(LXX)에서도 יהוה를 '나의 주'라는 뜻의 아도나이(אֲדֹנָי)로 읽었고 그런까닭에 희랍어로 큐리오스(κύριο")로 번역하였다.[32] 다른 번역도 이 예를따랐다. 라틴어 불가타역은 도미누스Dominus로, 루터는 독일어역(1534)역시 'der Herr'(주)로 번역하였다.[33] 영어로 번역된 킹 제임스역(1611)은 거의 6,800번이나 등장하는 야웨 신명 중 단지 네 구절(출 6:3, 시 83:

---

31) H. Bavink(1990), 148-149; 장영일(1997), 108; 정규남(2003), "하나님의 이름 יהוה 의 발음과 의미",「광신논단」12집, 6-10.

32) G. von Rad(1979),『구약성서신학』제I권, 191.-193

33) 민영진(1992), 229. 화란어는 Heere로, 불어는 l'Eternal로 번역되었다.

18, 사 12:2, 26:4)을 제외하고 모두 'God'과 'Lord'로 번역하였다. 그러나 여호와를 '주'로 번역하는 데에 대하여서는 여호와의 증인들에 의해 큰 반론이 제기되었다.

"여호와께서는 성서에서 자기 이름을 삭제하는 사람들을 어떻게 보십니까? 만일 당신이 저자라면, 당신이 저술한 서적에서 서슴없이 당신의 이름을 삭제한 사람에 대해 어떻게 느낄 것입니까? 우주에서 가장 위대하신 분의 이름을 그분의 영감 받은 책에서 삭제함으로써 결국 중대한 문제를 야기하고 만 것입니다."[34]

킹 제임스역 외에는 대부분의 영역본 성경에서는 성사문자聖四文字를 Yehovah로 번역하였기 때문에 1933년 이후 이 영역본에서 중역重譯한 한글번역본에서는 Yehovah를 '여호와'로 번역하였다. 그런 1966년의 영어로 번역된 『예루살렘 성경Jerusalem Bible』이 처음으로 Yawheh 신명을 채용한 이후 이 전례에 따라 이 신명에 가까울 것이라 하여, 1971년에 출판된 『공동번역 성경전서』에서 이를 '야웨'로 번역하여 공식적으로 사용하게 되었다. 그러나 '여호와'에 익숙한 한국 기독교인들의 반발과 더불어 야훼와 야웨 중 어느 것으로 표기할 것인지도 논란이 되어, 1993년에 출판된 『표준새번역 성경전서』는 70인역 성서번역의 전통에 따라 6,800번 이상 등장하는 '여호와'를 모두 '주'로 번역하였다. 그러나 여호와 신명한 익숙한 다수 기독교인들의 뜻을 반영하여 1998년의 『개정개역판 성경전서』에는 다시 '여호와'라는 표현으로 환원하였다.[35] 2008년 10월 로마 교황청은 성사문자의 한글번역을 '주님' 또는 '하느님'으로 표

---

34) 위치타워성서책자협회 편(1991), 『영원히 존속할 하나님의 이름』, 27.
35) 민영진(1992), 300.

기하도록 지침을 내렸다고 한다.

그러나 יהוה의 본래 발음이 여호와가 아닌 것은 논의의 여지가 없이 확실하여졌다. 그러나 야웨라는 발음이 가장 가능성이 높은 가설이어서 수용할 만하다. 이 책에서는 문맥에 따라 야웨와 여호와를 다 사용할 것이다.

한글 신명번역 대조표

연 도	역 본	Elohim	Yahweh
1911	성경전서	하나님	여호와
1938	개역성경	하나님	여호와
1952	개역한글	하나님	여호와
1967	새번역	하나님	주 하나님
1971	공동번역	하느님	야훼
1977	공동번역 개정	하느님	야훼
1993	표준새번역	하나님	주 하나님
1998	개역개정	하나님	여호와

2) 야웨 신명 계시의 시기와 기원

첫째, 야웨 신명이 언제부터 알려졌는지 그 시기에 대해서도 성서는 다 기록하고 있어 쟁점이 되고 있다.[36]

J문서(남왕조)는 족장시대 이전 셋의 아들 에노스 때에 "사람들이 비로소 여호와의 이름을 불렀더라"(창 4:26)고 하였다. 노아는 홍수 후에 "셈의 하나님 여호와를 찬양하리로다"(창 9:26)고 축복하였다. 아브라함도

---

36) 구덕관(1989), "하나님의 이름", 「신학과 세계」 18집, 123-124; 장영일(1997), 110-111.

벧엘과 아이 중간에 장막을 치고 "그곳에서 여호와께 제단을 쌓고 여호와의 이름"(창 12:8)을 불렀다고 한다. 그러나 족장 설화들에서는 야웨를 포함하는 고유명사, 즉 앞에서 살펴본 '야웨 복합신명'이 전혀 나타나지 않는다. 예를 들면 '이스마엘' 등과 같이 모든 고유명사는 엘을 포함하고 있다고 한다.37)

북왕국에서 전승된 엘로힘 문서는 족장시대에는 '조상들의 하나님' (창 31:53 등)으로 알려진 그들의 신이 출애굽 직전 미디안 광야에서 처음으로 모세에게 '야웨'로 계시되었다고 한다(출 3:13).

반면에 포로후기의 제사장 문서는 이 두 입장을 종합하여 족장시대 이전에는 엘로힘 또는 엘로, 그리고 족장시대에는 엘 샤다이(창 17:1, 28:3, 35: 11, 43:14, 48:3, 49:25)로 자신을 알려 주셨다가, 모세에 이르러서는 '야웨'로 계시하였다고 한다.

신명기 문서는 "너는 네 하나님 여호와의 이름을 망령되게 부르지 말라"(출 20:7, 레 24:11)고 하였다. 포로후기에는 신명 발음을 금기시하였으며 '나의 주'를 뜻하는 '아도나이'(אֲדֹנָי)로 대치하여 발음하게 함으로써 마침내 신명을 원래 발음조차 잊어버리게 되었다.

둘째, 모세에게 야웨 신명이 처음으로 알려졌다는 전제에서 이 신명의 기원과 유래에 관한 여러 가설이 제시되었다.

(1) 모세가 미디안에 피신하여 미디안 제사장의 딸과 결혼하였고(출 2:21f), 그곳에서 처음으로 여호와를 만났다(출 3:1-15). 출애굽 후 다시 그곳에 들렀을 때 그의 장인 미디안 제사장이 여호와의 위업을 찬양했으며 함께 희생제사를 드렸다(출 18:11-12). 이에 근거하여 여호와는 본래 미디안 족속의 성소인 시내산에 거처하던 신이었는데 모세가 그 성소의

---

37) Albertz Rainer(2003), 『이스라엘종교사 1』(서울: 크리스챤다이제스트), 69.

제사장인 그의 장인을 통해 이 신을 알게 되었다는 미디안 가설이 제시되었다.

(2) 모세의 장인이 겐족으로 언급된 것(삿 1:16, 4:11)과 겐족이 가인의 후예이며(창 4:15), 여호와 신앙에 열심이었던 레갑족이 겐족이었다는 점(대상 2:55)을 들어 겐족 가설이 주장되었다.[38]

겐족이나 미디안족이 유일신관이나 우상금지신관 그리고 인격적이고 역사적인 계약신관을 가지고 있었다는 다른 증거가 없다. 단지 모세가 그들과 접촉하였고 그들의 지역에서 야웨 신명을 계시받았다고 해서, 그들의 종교에서 기원하였다고 단정지을 수 없는 것이다.[39] 슈미트는 미디안 가설 혹은 겐족 가설은 분명하게 입증할 수 없는 것으로 단정하였다.[40]

(3) 지그문트 프로이트를 비롯한 일부 학자들은 이집트의 여러 신들의 제사를 폐지하고 태양신 아톤Aton만을 신으로 숭배한 아케나톤 왕 Akhenaton(1364-1347)의 일신교(Atonism)의 영향을 받은 모세가 야웨 일신교를 발전시켰다는 가설을 주장하였다.

그러나 갓월드는 "두 종교의 내용이나 사회 구조면에서 볼 때 아톤숭배와 야웨숭배 사이를 연결시킬 수 있는 교량을 생각할 수 없다"[41]라고 하였다. 브라이트도 "야웨신앙은 본질적 구조에 있어서 도무지 이집트 종교와 닮을 수 없었다"라고 반론하였다.[42] 무엇보다도 모세시대(서기 전 약 1210-1290)에는 이미 아켄나톤의 개혁의 흔적이 바로의 궁전에서 사라진 이후이므로, 이 역시 역사적 근거가 없는 것으로 반박되었다.

---

38) W. H. Schmidt(1983),『역사로 본 구약신앙』(서울 나눔사), 97-104.
39) 구덕관(1989), 126.
40) W. H. Schmidt(1983), 103.
41) N. K. Gottwald(1985),『히브리 성서』(서울: 한국신학연구소), 238-239.
42) J. Bright(1978),『이스라엘 역사 1』(왜관: 분도출판사), 240.

(4) 마리 문서의 발굴로 이 문서에 등장하는 인명 중에 야휘yawhi나 야후yahu 복합어가 많은 것에 착안하여, 여호와(야웨)는 원래 우르 제3왕조 때부터 아모리인들이 섬기던 신이라는 가설이 주장되었다. 그러나 아람어의 야휘yawhi나 야후yahu는 고유명사의 신명이 아니라 'be' 동사의 미래명령형일 뿐이라는 반론이 제기되었다.[43]

그 외에도 여호와가 14세기 이전에 에돔의 신으로 숭배되었다는 주장도 제기되기도 하였다.[44]

3) 야웨 신명의 의미

야웨 신명의 정확한 의미에 대한 논쟁은 더욱 복잡하다. 성서에서 야웨 신명의 의미에 대해 설명이 단 한 번 등장한다. 모세를 택하여 자기 백성을 바로의 압제에서 구출하러 가도록 파송하면서 "조상들의 하나님 야웨라"는 것을 알려 준 다음 이름을 다시 묻는 모세에게 하나님은 이렇게 대답한다.

> "나는 스스로 있는 자니라. …
> 이는 나의 영원한 이름이요
> 대대로 기억할 칭호니라."(출 3:13-14, 개역개정판)

따라서 야웨 신명의 의미가 "나는 스스로 있는 자"라는 구절의 히브리어 "에흐예 에세르 에흐예"(אֶהְיֶה אֲשֶׁר אֶהְיֶה)의 뜻과 관련이 있기 때문에 이 문장의 의미를 밝히면 야웨의 뜻도 밝혀질 것으로 기대하고 다양한

---

43) 김성(1995), 226.
44) 장영일(1997), 111. 주 25를 참고할 것.

시도가 있어 왔다. 분명해진 것은 '에흐예'(אֶהְיֶה: I be)라는 단어가 히브리어 '하야'(הָיָה: to be) 동사에서 파생된 형태이므로, 에흐예를 어떤 시제로 보느냐에 따라 다양한 해석이 제시되었다.[45]

(1) 현재형의 의미로 해석하면 '나는 스스로 있는 자'는 뜻이 된다. 에흐예를 하야 동사의 단순동사 미완료형인 현재형으로 번역하면 '나는 스스로 있는 자(I am who I am)'가 된다. 70인역은 이런 의미에서 야웨 신명을 '나는 스스로 있는 자'(ἐγώ εἰμι ὁ ὤν)로 번역하였고, 희랍 교부들은 이러한 번역에 기초하여 야웨는 자존자自存者임을 의미한다고 보았다.

(2) 미래형 의미로 해석하면 '나는 스스로 있을 자로 있을 자'라는 뜻이 된다. 폰 라트G. von Rad는 에흐예를 하야 동사의 미래형으로 보면 '나는 스스로 있을 자로 있을 자I will be that which I will be'라는 해석이 가능하다고 하였다. 따라서 야웨라는 이름의 뜻은 정태적 존재가 아니라 역동적인 존재로서 '활동하는 존재'이며 '영원히 존재하게 될 자'를 뜻한다고 하였다.[46] 그리고 "나의 영원한 이름이요 대대로 기억할 나의 칭호니라"(출 3:15)는 말씀과 관련하여 미래에도 영원히 존재할 자라는 의미를 함축한다는 것이다. 아울러 이 이름은 심지어 종말론적인 차원도 지니고 있어, 포로기의 예언자들을 야웨를 가리켜 '처음이자 나중'(사 44:6)이라고 하였다는 것이다.

(3) 사역형 의미로 해석하면 '나는 있게 하는 자'라는 의미가 된다. 알브라이트는 '하야' 동사를 미완료 사역형으로, "나는 나다"라는 문장은 '나는 존재하게 하는 자'(the one who causes to become) 즉 창조자, 성취자라는 뜻이 된다고 한다.[47] 존 브라이트도 하야 동사를 미완료 사역형

---

45) N. K. Gottwald(1987), 257-260; 장영일(1987), 114-128; 정규남(2003), 18-33.

46) G. von Rad(1976), 185-188.

47) W. F. Albright(1940), *From the Stone Age to Christianity*(Baltimore: Johns Hopkins),

로 보아 '나는 존재하게 하는 자(I causes to be what comes in to existence)'
로 번역하고, 야웨는 '만물을 존재하게 하는 분'으로서 창조자의 뜻이 된
다고 하였다.48) 이것은 군주시대 이전의 이스라엘에서는 강하게 부각되
지 않았던 일반적인 창조의 개념을 함축하는 것으로 해석되었다.

(4) 동행과 협조의 의미로 해석하면 '나는 함께 있을 자'라는 뜻이 된
다. 마틴 부버는 모세의 질문에 대한 답변으로 "정말로 내가 너와 함께
있을 것이다"고 한 야웨의 동행의 약속(출 3:12, 4:12, 15, 6:7, 33:19)과 관
련시켜 "나는 스스로 있는 자"(אֶהְיֶה אֲשֶׁר אֶהְיֶה)라는 구절에 등장하는 '에흐
혜'(אֶהְיֶה)를 '하야'(הָיָה) 동사의 미래시제로 해석하여 '내가 너와 함께 일
을 것이다(I will be with You)'로 번역하였다.49) 폰 라트 역시 야웨의 일
차적 의미는 "내가 너희와 함께 하리라"(출 3:12 3:7; 삿 6:12)라고 하였
다.50)

한편 고스츠는 "내가 정녕 너와 함께 있으리라"(출 3:12)는 동행 약속
과 "내가 네 입과 그의 입에 함께 있어 너의 행할 일을 가르치리라"(출
4:15) 하신 도움의 약속을 연결하여 '나는 나다'를 '나는 함께 있을 자'로
번역할 것을 제안한다. 따라서 야웨는 존재하시는 그가 함께하시고 도우
신다는 뜻에서 약속의 보증자요 동행자로 해석하였다.51)

이런 의미에서 '하나님이 우리와 함께'라는 뜻의 '임마누엘'(사 7:14)
이라는 고유명사를 연상할 수 있다. 임마누엘은 "함께 있으리라"(출 3:12)
는 구절의 히브리어 '예흐예 임카'(אֶהְיֶה עִמָּךְ) 어순을 뒤집어 표현한 것이
다.52) 임마누엘은 수태고지에서 태어날 예수의 이름으로 지칭되었고(마

258-261.

48) J. Bright(1978), 235-236.
49) M. Buber(1968), *Moses*(London: East & West Library), 51-55.
50) G. von Rad, *Old Testament Theology* I, 180.
51) 성서와함께(1993), 98.

1:23), 지상명령에서는 예수는 세상 끝 날까지 그의 제자들과 언제나 '함께할 것'(마 28:20)이라고 약속한 것에 상응한다.[53]

(5) 제의적 의미로 해석하면 '오, 그대여'를 의미한다. 야웨 신명의 어원을 동사에 찾는 것을 거부하고 제의에서 사용한 감탄사 '오, 그대여'(Ya-hu)에서 유래하였다는 주장도 제기되었다.[54] 고대 아람어 감탄사 '야'(Ya: 오!)와 3인칭 남성대명사 '후'(Hu: 그분!)의 결합 형태인 Ya-hu의 고대 형태인 Yahuwa가 축소되어 Yahwea/Yahweh라는 신명이 생겨났다는 것이다.[55]

모빙켈은 야웨의 이름을 '그분'으로 규명하는 것은 신상을 금지한 이스라엘의 계명과도 일치한다고 여긴다. 그러므로 야웨의 이름은 "우리가 발음할 수도 파악할 수도 없는 그분"이라고 하였다.[56] 야웨 신명은 본래부터 특별한 의미를 갖지 않았다는 것이다. 감히 어떤 고유명사로 표현할 수 없어 단순한 감정적 외침이나 제의적인 부르짖음으로 표현하였을 것이라고 한다. 이에 대해 맥카시는 "어떻게 예배 때에 사용된 신에 대한 감탄사 겸 인칭대명사가 신의 이름을 대신할 수 있는가?"라는 반론을 제기하였다.[57]

(6) 침멀리Walther Zimmerli는 "나는 나 야웨이다"라는 자기소개문형은 역설적으로 "나 외에 다른 신이 없다"(사 45:5 등)는 야웨의 유일성에 관한 자기정체성을 밝혀 주는 역할을 한다고 하였다.[58] 이처럼 "야웨, 바로

---

52) 조철수(2000),『메소포타미아와 히브리 신화』(서울: 길), 255.
53) Ralph L. Smith(1993),『구약신학』(서울: 크리스챤다이제스트), 137.
54) N. K. Gottwald(1987), 259-260; 장영일(1997), 114-115. 이런 주장을 한 이는 G. R. Driver, R. Otto, S. Mowinckel이라고 한다.
55) Ya라는 단어는 히브리 성서에 25번 등장한다.
56) S. Mowinckel(1961), "The Name of the God of Moses", *HUCA* 32: 121-133.
57) D. J. MaCarthy(1978), "Exod. 3:14: History, Philosophy and Theology", *CBQ* 40: 313.

그가 참 신神이시다"라는 확신은 다름 아닌 "야웨, 바로 그가 유일신唯一神이시다"라는 확신 그 자체였다고 한다.[59]

드보 또한 야웨는 자신의 정체를 더욱 분명히 이스라엘 백성들에게 알리기 위하여 야웨 신명을 계시한 것으로 해석한다. 그러므로 '나는 나다'를 '나는 참으로 유일하게 존재하시는 분(I am the truly, only existing One)'으로 번역할 것을 제안한다. 이 구절을 출애굽기 33장 19절과 관련시켜 하나님은 자신을 "은혜 줄 자에게 은혜를 주고 긍휼히 여길 자에게 긍휼을 베푸는 자"로서 참으로 유일하게 존재하는 하나님인 것을 분명히 알려 주었다고 하였다.[60]

(7) 링그렌은 '나는 나다'라는 대답은 약간 회피적으로 들린다고 하였다. "우리는 여기서 하나님이 자신의 이름을 인간에게 밝혀 주려고 하지 않는 듯한 인상을 받게 된다"는 것이다.[61] 하나님께서 얍복 강에서 야곱과의 씨름을 하면서 야곱의 요구에도 불구하고 자신의 이름을 밝히지 않은 사례가 있기 때문이다(창 32:29). 갓월드 역시 야웨의 어원은 완곡한 표현으로 "의도적으로 모호하게 되어 있고 신비에 싸여 있으며 아마도 그렇게 함으로써 이스라엘의 하나님의 침묵과 신비를 주장하는 것"[62] 같다고 하였다.

이처럼 야웨 신명의 의미에 대해서 다양한 주장이 제기된 것은 야웨 신명이 일의적 명사가 아니라 다의적 동사 형태로 알려졌기 때문이다. 야웨 신명의 계시와 관련된 전향적인 신론적 의미는 4절 "야웨 신명에

---

58) 김이곤(1996), "야웨 · 후 · 하엘로힘", 120.

59) 김이곤(1996), 116.

60) R. de Vaux(1978), *The Early History of Israel*(Philadelphia: Westminster Pr.), 352-357.

61) H. Linggren(1990), 『이스라엘 종교사』(서울: 성바오로출판사), 55-56.

62) N. K Gottwald(1985), 『히브리 성서 1』(서울: 한국신학연구소), 260

대한 신론적 이해"에서 더욱 자세히 다루려고 한다.

4) 야웨와 아세라에 관한 최근 쟁점

최근 고고학적 발굴에 의해 이스라엘 종교에서 아세라의 기능에 대한 논의는 새롭게 활기를 띠게 되었다. 성서를 통해 이방의 여신 정도로 생각되었던 아세라는 고고학 발굴로 인해 이스라엘에서도 숭배되었던 여신이라는 것이 밝혀졌다.

아세라는 고대 근동지역에서 널리 숭배되었고, 이스라엘도 예외가 아니었다는 것이다. 이스라엘의 아세라 숭배는 가나안 정착 이후부터 시작되었고, 가나안 농경문화가 제공하는 풍요와 다산의 신 바알을 숭배하는 가운데 자연스럽게 그의 배우자로 여겨지던 아세라도 숭배하게 되었다는 것이다.

앗시리아와 바벨론 신화의 이쉬타르Ishtar, 이집트의 아스타르Astarte, 우가릿의 아티랏Atirat 그리고 페니키아와 시돈의 지방의 아스타롯Astarott 이나 아스토렛Astoreth은 모두 아세라에 상응하는 매우 활동적인 주요 여신으로 알려져 있다.[63] 구약에는 아세라Ashera 신명이 40회, 아스다롯Astarott 신명이 15회 등장한다. 아세라의 용례를 분류해 보면 여신의 이름을 뜻하는 경우가 7번이며, 제의 상징물로써 '아세라 목상'이라는 표현이 31번 나온다.[64] 그리고 '바알과 아세라'(삿 3:7, 왕상 18:19, 왕하 17:16, 대하 33:3 등)처럼 부부신명으로 11회, '바알과 아스다롯'(삿 2:13, 10:6, 삼상 7:4, 12:10)은 4회 등장한다.

이들의 공동된 특징은 풍요와 성, 출산과 죽음, 때로는 전쟁을 관장하

---

63) 김은규(2009), 『하느님 새로보기』(서울: 동연), 164-167.
64) 강성렬(2003), 『고대 근동세계와 이스라엘 종교』(서울: 한들출판사), 205-206.

는 신으로서 고대 근동지역에서 광범위하게 숭배되었다. 고대 근동의 가부장적 배경 속에서도 남신에 종속적이기보다는 독립적인 최고의 여신으로 등장한다. 그러나 성서에 등장하는 아세라 신명은 거의 모두가 아래와 같은 '반反아세라 본문'에서 나타난다.

"그들의 제단을 허물고 석상들을 부수고
아세라 목상을 찍어버리고 우상들을 불살라라."(신 7:5, 참고 출 34:13)

남왕국에서도 유다의 아사 왕(서기전 913-873)의 어머니 마아가는 아세라을 위해 우상을 만들었으며(왕상 15:13), 므낫세 왕(서기전 687-642)은 야웨의 성전에 아세라의 조각상을 세웠다(왕하 21:7).

특히 북왕국 이스라엘의 아합 왕(서기전 869-850)은 두로(페니키아)의 공주 이세벨을 자기 신부로 데려오기 위해 사마리아에 바알의 신당을 짓고 아세라 여신상을 세워 놓았다(왕상 16:32-33). 그의 궁전에는 "이세벨 왕비에게서 녹을 받아 살고 있는 바알의 예언자 사백오십 명과 아세라의 예언자 사백 명"(왕상 18:19)에 달하였다.

아합 왕 때에는 나라는 부강하였으나 계약공동체의 이상은 땅에 떨어졌다. 가장 큰 문제는 우상숭배와 종교혼합이었다. 북이스라엘은 남 유다처럼 야웨종교의 중심인 예루살렘 성전이 없었기 때문에 우상숭배가 성행하였고, 아합 왕 때에 그 절정에 달하였다. 그리하여 예언자들은 한결같이 아세라 숭배를 규탄한다.

아합왕의 이세벨 왕비는 바알종교의 조장을 국가시책으로 삼고 이에 저항하는 야웨종교 신봉자들을 뿌리 뽑을 심산으로 야웨의 제단을 부수고, 야웨의 예언자들을 학살하자 예언자들이 지하로 숨었다(왕상 18:4). 야웨종교가 최대의 위기를 맞이한 것이다.

이때 예언자 엘리야가 등장한다.[65] 엘리야는 모세처럼 아합 왕에게 나아가 담판을 벌인다. 마침 사마리아 전역에 큰 가뭄이 닥친다. 엘리야는 왕이 "바알을 섬겨 이스라엘을 망치고 있다"고 경고하고 바알 선지자와 아세라 선지자들을 갈멜산에 모은다. 그리고 각자 제단을 쌓고 어느 제단에 불길이 임하는가를 보아 바알과 야웨 중 누가 참 하나님인가 판가름하자고 제안한다. 그리고 백성들에게 양자택일을 촉구한다.

> "만일 야웨가 하느님이라면 그를 따르고,
> 바알이 하느님이라면 그를 따르시오."(왕상 18:21, 공동번역)

바알과 아세라의 예언자들은 하루 종일 바알 신의 이름을 부르며 춤을 추고 소리를 지르며 몸에 칼을 찔러 피를 내도 아무 응답이 없었다. 저녁때가 되어 엘리야는 "아브라함과 이삭과 이스라엘의 하나님 여호와가 참으로 이스라엘 중에서 하나님이신 것을 알게 하여 달라"(왕상 18:36)고 간청한다. 여호와의 응답이 있어 엘리야의 제단에 하나님의 불길이 임함으로써 바알 선지자의 거짓이 드러나고 엘리야는 백성들을 시켜 그들을 모두 진멸(herem)하게 한다.

이 대결 후 큰 폭풍이 일어나고 큰 비가 내린다. 폭풍의 신 바알이 아니라 천지를 지으신 하나님이 비와 바람을 관장하는 참된 주님인 것을 표적으로 보여 준 것이다. 목숨을 걸고 지켜야 할 계약의 법을 어기면 야웨의 무서운 진노와 심판이 임한다는 것을 보여 준 것이다.

이러한 갈멜산 이야기는 당시의 야웨종교의 타락상과 이방종교와의 혼합Syncretism 상황을 잘 보여 주는 사건이다. 그리고 이스라엘 백성들

---

65) 엘리야는 '야웨는 나의 하나님이다'는 뜻이다.

은 야웨신앙과 '바알과 아세라' 신앙 사이에 양다리를 걸치고 있었던 것이 분명하다.

그리고 230여 년이 지나 요시아 왕이 종교개혁(서기전 621)의 일환으로 이전에 성전에 하나님의 언약궤와 함께 두었던 바알과 아세라 그리고 일월성신과 관련되는 모든 기구를 불사르고, 성전 가운데 있던 미동美童의 집 즉 "여인들이 아세라를 위하여 휘장을 짜는 처소였던 남창의 집"(왕하 23:7)을 헐어 버린다. 요시아 왕의 신명기 개혁 이전까지는 아세라 여신 숭배가 합법적으로 통용된 것으로 보여 주는 증거이다.

그 결정적인 증거가 고고학적 발굴을 통해 드러난다. 1967년 헤브론과 라기쉬 사이의 키르벳 엘 콤에서 발견된 서기전 8세기로 추정되는 비문에는 다음과 같은 표현이 나온다.

"우리야후Uriyahu에게 야웨YHWH와 그의 아세라의 명복을 빕니다."[66]

1975년 시나이 사막 쿤틸렛 아즈루드Kuntillet 'Ajrud에서 발견된 서기전 8세기의 것으로 추정되는 도자기에는 다음과 같은 글이 각인되어 있었다.[67]

"나는 사마리아의 야웨YHWH와 그의 아세라의 축복이 너에게 임하길 빕니다."[68]

---

66) Tilde Binger, *Asherah*, Ch. 5. "Asherah in Israel", 95-96. 참조: 김은규(2009), 170에서 재인용.
67) 키르벳 엘-콤 무덤의 비문들은 모두 도굴범이나 시체를 해하려는 자들에 대한 저주와 경고를 포함한다.
68) William. G. Dever(1984), "'Asherah, Consort of Yahweh? New Evidence from Kuntillet 'Ajrud", *Bulletin of the American Schools of Oriental Research*, no. 255, 21-37; Ze'eV Meshel(1979), "Did Yalhweh Have a consort?" *Biblical Archaeology Review*

"야웨와 그의 아세라"라는 관용어가 표기된 위에서 인용한 고고학적 증거가 발표되었을 때, 성서학계는 엄청난 충격을 받았다. 사실 아세라는 서기전 2천년대 후반까지(청동기시대) '엘의 배우자'였다. 2천년대 말기(철기시대)에 폭풍우의 신 바알이 만신전 최고신이 되면서 '바알의 배우자'로 바뀌었다. 그런데 이스라엘의 민중들은 한 걸음 더 나아가 야웨 하나님도 배우자가 있고, 그 배우자가 바알의 배우자인 아세라로 여겼다는 고고학적 증거가 드러난 것이다.[69] 위의 자료들은 가나안 지역에서는 아세라가 바알의 배우자 신으로 숭배되었듯이, 이스라엘의 민간신앙에서도 야웨종교와 바알종교가 혼합되어 마치 아세라를 야웨의 배우자신으로 여기는 사례들이 빈번하였음을 보여 준다.

　이스라엘에서는 아세라 여신 숭배가 예후(서기전 839-822)와 히즈기야(727-699) 그리고 요시야(641-609)의 종교개혁을 통해 점차적으로 사라져 갔다. 서기전 9세기부터 서기전 7세기 사이에 출토된 자료를 중심으로 엘과 바알과 야웨 신명이 포함되어 있는 이름들을 찾아보면, 엘이 들어 있는 이름의 수효는 77개, 야웨(야후, 야, 요)의 경우 557개에 이르는 데 반해 바알을 포함한 이름은 5개뿐이다.[70]

　아세라 여신을 제거한 것은 이스라엘 백성은 야웨 하느님 한 분만을 섬겨야 한다는 유일신 신앙에 위배되었기 때문이었다. 그 후 신명기 사가에 의해 '한 민족, 한 예배 처소, 한 하나님'에 대한 고백이 이루어지면서, 아세라 여신 숭배는 바알 숭배와 함께 우상숭배로 규탄당했다. 아세라를 야웨의 성적인 파트너로 언급하는 것은 성서기자들에게 참을 수 없

5.2(1979): 24-34; "Kuntillet 'Ajrud", in *The Oxford Encyclopedia of Archaeology in the Near East*(Oxford Univ. Press, 1997), 310-312; 박준서(2004), "이스라엘 예언자와 규범적 야웨신앙",『교회 · 민족 · 역사』(솔내 민경배 박사 고희기념논문집), 386
69) 강성열(2003), 199-235.
70) 조철수(2000),『메소포타미아와 히브리 신화』(서울: 길), 235.

는 신성모독이었기 때문이다.

요시야 왕의 종교개혁을 통해 아세라 여신은 제거되고 이스라엘에서 여신숭배에 대한 공식적인 제의는 사라졌지만, 여신숭배는 민간신앙 가운데 여전히 남아 있었다. 바벨론 포로 후기시대에 비로소 사라졌던 것 같다. 그것은 고고학 자료에서 여신숭배에 사용되던 여러 작은 입상들이 페르샤 시대에 가서야 유다 땅에서 사라지게 되었다는 것을 보여 주기 때문이다.

통속적인 야웨신앙이 어느 정도 보편화되었는가 하는 것을 알려 주는 또 다른 고고학적 증거가 예루살렘 발굴 결과 드러났다. 예루살렘의 유다왕국 시대의 지층에서 서기전 8~6세기에 만들어진 것으로 추정되는 1000개 이상의 작은 신상神象이 발굴된 것이다. 더욱이 이들 신상들은 대부분 여신상女神象들이며 예루살렘 여자들이 다산을 기원하며 몸에 지니고 다니거나 집안에 모셨던 신상들로 추정된다. 이러한 고고학적 사실은 야웨신앙의 중심도시 예루살렘까지도 혼합종교로 깊이 오염되어 있었음을 보여 준다.[71] 이는 열심 있는 기독교 신자이면서도 점占을 보고 부적符籍을 지니는 것과 같은 현상이라 할 수 있다.

이처럼 고대 이스라엘 백성들은 일반적으로 알려진 것처럼 야웨 하나님만을 섬겼던 것이 아니라, 다양한 이방신들을 섬겼다는 것을 알 수 있게 되었다. 솔로몬 시대에 이미 이방신 숭배가 극에 달하여 솔로몬과 그의 이방인 아내들은 각종 이방신을 섬기는 일에 앞장선 것이다. 야웨께서 솔로몬에게 노하셨다. 그가 이스라엘의 하느님 야웨를 마음으로부터 저버렸기 때문이었다.

"솔로몬이 시돈 사람의 여신 아스다롯과

---

71) 박준서(2004), 387.

암몬 사람의 우상 밀곰(또는 '몰렉')을 따라가서,

주 앞에서 악행을 하였다. …

솔로몬은 예루살렘 동쪽 산에

모압의 혐오스러운 우상 그모스를 섬기는 산당을 짓고,

암몬 자손의 혐오스러운 우상 몰록을 섬기는 산당도 지었는데,

그는 그의 외국인 아내들이 하자는 대로,

그들의 신들에게 향을 피우며, 제사를 지냈다."(왕상 11:5-8 표준새번역)

　평민들도 아이의 출산과 양육을 주관하는 신은 메소포타미아와 가나안의 문화에서는 여신이었기 때문에, 이스라엘 여성들은 가족의 건강과 풍요를 위해 이러한 능력을 지닌 여신을 의지하였던 것이다. 이러한 이스라엘의 여신숭배는 가나안 정착 이후부터 남북왕정시대가 막을 내릴 때까지 오랜 세월 동안 계속되었다.72)

　바알종교에서는 음행이 남성신과 여성신 사이의 거룩한 결혼을 통한 풍요와 다산을 기원하는 종교적 행위의 일종으로 둔갑해서 신전 매음을 통해 공공연하게 행해진 것이다. 이렇게 바알종교는 성性과 종교가 밀착된 "음란종교"였고 이스라엘 사람들을 유혹했다. 예언자 호세아는 이스라엘 백성들이 "야웨를 떠나 크게 행음했다"고 꾸짖었다(호 1:2). 여기서 '행음'이란 이스라엘이 하나님을 버리고 바알 신을 섬기는 '신앙적 행음'을 의미할 뿐만 아니라, 그들이 유혹에 빠졌던 바알종교 자체가 실제로 신전 창기를 두고 남녀 간의 음행을 부추기는 종교였음을 말한다. 따라서 신전 창기는 호된 비판과 개혁의 대상이 되었다(호 4:14, 신 23:17, 왕상

---

72) 김영미(2002), "이스라엘의 아세라 여신숭배에 관한 연구", 이화여대 대학원석사학위논문, vii; 김명실(2011), "고대 이스라엘의 관점에서 본 아세라의 정체성과 그 예배학적 의의", 「한국기독교신학논총」 77집, 185-213.

14:24, 22:46, 왕하 23:7).[73]

그러므로 '야웨와 아세라'를 연결시키는 것을 음행이라고 규탄한 것은 바알과 아세라를 섬기는 농경종교의 핵심을 이루는 '다산과 풍요의 매개로써 성의 신성화'라는 신화적 표상이 강하였기 때문이다. 그리고 당시 농경신화에서 여신을 숭배한 것은 대지의 여신이 해마다 겨울에 죽고 봄에 다시 살아난다든 재생신화와도 결부되어 있었다. 그러나 유일신 야웨는 결코 바알처럼 여신을 성적 파트너를 갖고 있지 않았으며 재생신화와는 거리가 멀었다.

"야웨종교는 생산의 축복을 산출해 내기 위하여 성제의Sex cult를 용납하지는 않았다. 야웨는 초목신처럼 계절에 따라 죽음과 소생을 되풀이하지도 않았다."[74]

전체적 맥락에서 보면 출애굽 후 초기의 이스라엘 계약공동체의 야웨신앙은 '해방적인 야웨이즘'이었으나 사사시대를 거치면서 가나안 종교의 영향을 받아 왔다. 왕정시대에 이르면서 지배계층이 등장하였고 솔로몬의 성전 건축을 계기로 야웨신앙이 제의 중앙집중화를 통한 통치 이데올로기로 전락하면서 지배적 야웨이즘이 등장하였고 이에 대한 대안으로 아세라 여신 신앙이 남성중심의 지배적인 야웨신앙에 대립되는 여성중심의 민중종교로 자리 매김하였다는 주장을 펴는 학자들도 있다.[75]

야웨와 더불어 모신母神을 도입하고자 하는 시도가 있었다는 것은 '아스다롯' 또는 '아세라' 제의에 맞선 항의를 통해서 알 수 있다(왕상 14:23,

---

73) 강성렬(2003), 151.
74) 김이곤(1995), "야웨와 엘", 13-14.
75) 김은규(2009), 188-189.

15:13, 왕하 18:4, 23:6, 신 16:21, 렘 2:27 등). 그러나 앤더슨은 고대 종교의 두 가지 특징은 다신론과 "신의 영역에서의 성"이라고 하였다.[76] 만신전에는 수많은 신들이 있었을 뿐만 아니라, 모든 주요 신은 여신과 짝을 이루고 있었다. 가나안 만신전에서 신들의 아버지이며 가장 지고한 신인 엘은 아세라 여신의 짝이며, 폭풍과 비옥의 신인 바알의 배우자는 이쉬타르Ishtar이다.

따라서 앤더슨은 적어도 구약에 나타난 주요 흐름의 전승에서는 이런 성 모델은 거부되었고, "야웨는 부인이나 배우자가 없다"는 점에서 독특하다고 하였다.[77] 아이히로트 역시 야웨는 결코 여성 배우자를 가지고 있지 않으며, "히브리어에 '여신'을 뜻하는 단어가 없었다는 것은 매우 의미심장하다"라고 하였다.[78]

---

76) B. W. Anderson(2001), 『구약신학』(서울: 한들출판사), 124-125.

77) B. W. Anderson(2001), 129.

78) W. Eichrodt(1998), 『구약성서신학 I』(서울: 크리스챤다이제스트), 235-236.

04
야웨 신명에 대한
신론적 이해

세상에는 신들도 많고 그 신들은 각기 고유한 이름이 있지만, 그 무수한 신명은 인간이 작명한 것에 지나지 않는다. 신이 자신의 이름을 직접 인간에게 알려 주었다는 것도 성서 외에는 거의 발견되지 않는다. 구약 성서의 하나님은 자기 자신을 인간들에게 알려 주시는 분으로 등장한다. 따라서 "나는 …이라"는 신명 계시 어법formular이 여러 형태로 나타난다.[79] 하나님께서 모세에게 자신의 이름을 '야웨'이며 "나는 스스로 있는 자"(출 3:14)라고 알려 주었을 때에, 단지 신명의 의미를 알려 주신 것인가 아니면 스스로의 현존을 계시한 것인가? 아니면 모세에게 대답하기를 거부함으로써 회피하고 은폐한 것인가? 이러한 "스스로 있는 자"라는 야웨 신명의 의미와 관련하여 이를 신명 계시로 볼 것인지 아니면 신명의 은폐로 볼 것인지 그리고 그 양면성이 지닌 신론적 의미는 무엇인지에 대한 논의가 다양하게 전개되어 왔다.

---

79) 구덕관(1989), "하나님의 이름", 123.

1) 자신의 이름을 알려 주신 하나님

야웨 신명의 계시가 함축하고 있는 의미는 하나님의 이름은 우리 인간이 지어서 부른 이름이 아니고, 하나님 자신이 우리에게 알려 주신 이름이라는 사실이다.

성서에는 무수한 이방종교의 신명들이 등장한다. 가장 널리 사용된 엘El이라는 신명은 보통명사로서 권능power을 의미한다. 이처럼 가나안의 무수한 신들은 모두 고유한 명사적 의미를 지니고 있다. 바알Baal(민 22:41 등)은 주인 소유자 남편, 아스다롯Ashtaroth(삿 2:13 등)은 아내, 모압의 그모스Chemosh(민 21:29 등)는 불fire, 블레셋의 다곤Dagon(삿 16:23 등)은 고기fish, 바벨론의 마르둑 즉 무로닥Merodach(렘 50:2 등)은 담력, 몰렉Molech(레 18:21 등)은 통치자나 왕을 뜻한다.[80] 희랍과 로마의 데오스Deos와 제우스Zeus는 산스크리트어 div(빛나다)와 deva(빛나는 하늘)에서 유래했으며 그 외의 모든 신들의 명칭은 모두 명사적 의미를 지니고 있다. God과 Gott는 good 또는 gut에서 유래한 것으로 추정한다.[81] 천주天主나 하느님 역시 하늘을 뜻한다.

이처럼 종교의 모든 신명은 인간들에 의해 작명된 것으로 일의적으로 명사적이다. 천체나 자연현상의 실명을 차용하거나 '왕'과 같은 신인동형적인 성격을 지닌다. 윙엘은 이러한 천체나 자연현상을 신명으로 차용한 것이나 신인동형적 신명에 대한 비판은, 소크라테스 이전에 헤라클리투스Heraclitus와 크세노파네스Xenophanes에 의해 제기되었고, 위 디오니시우스, 다마스쿠스의 요한, 아퀴나스 등에 의해 이어졌다고 한다.[82]

---

80) 원용국(1992),『성서고고학』(서울: 세신문화사), 386-393. 이 책에서 원용국은 구약 성서에는 모두 28개의 이방 신명이 등장한다고 분석한다.
81) H. Bavink(1990),『신론』(서울: 양문출판사), 140-141.
82) E. Jüngel(1983), *God as the Mystery of the World*, ed. D. L. Guder(Grand Rapids: W.

앞에서 살펴본 것처럼 인간에게 알려 주신 야웨 신명의 "나는 나다"는 설명은 아주 특이한 형태와 의미를 지니고 있다. 그 형태에 있어서 일의적 명사가 아니고, 그 의미 역시 천체나 자연현상의 실명도 아니며, 신인동형적 상징도 아니다. 특이하게도 성서의 야웨 신명은 서술적인 동사형태이다. 그리고 그 이름의 의미 역시 앞 절에서 살펴본 것처럼 시제에 따라 현재형, 미래형, 사역형, 동행형 등 여러 의미를 함축하고 있는 점에서 예외적이고 독특하다.[83]

2) 말로 표현할 수 없는 하나님의 이름

야웨 하나님이 "나는 나다"라고 한 것은 '야웨 신명의 언표불가능성'(Yahweh's nameablity)의 의미로 이해되기도 한다. 아이스펠트는 고대인들이 자기 이름이 상대방에게 알려지는 것을 자기의 정체가 파악·정복되는 것으로 간주하는 경향(창 32:29, 삿 14:17-20)이 있었으므로, 하나님께서는 자신은 인간에게 파악될 수 없는 신비한 존재임을 드러내기 위해 "나는 나다"라는 동의어 반복tautology을 통해 그 의미를 그 누구도 알지 못하게 하신 것으로 해석하였다.[84]

포로기의 이사야는 "구원자 이스라엘의 하나님이여 진실로 주는 스스로 숨어 계시는 하나님이시니이다"(사 45:15)라고 말한다. 구약성서에는 "하나님께서 그의 얼굴을 감추신다"(신 31:1 등)는 표현이 26번 등장한다. 이는 "하나님을 아는 지식과 하나님과의 친교는 가능하지만, 하나님의 존재의 비밀은 결코 접근될 수 없다"[85]는 사실을 반증한다. 따라서 하나

B. Eerdmans Pub.), 232.

83) 불트만은 희랍적인 사유는 명사적이고 히브리적 사유는 동사적이라고 하였다.

84) O. Eissfeldt(1963), "Jahwe, der Gott der Vaeter", *Theologische Literaturzeitung*, 88: 483.

님의 이름은 피조물의 이름이 아니므로 영원하고 거룩하고 영광된 이름이며, 모든 이름 위에 뛰어난 이름이므로 '말로 표현할 수 없는 이름'이라는 것이다.86)

다마스쿠스의 요한은 "신이 누구인가를 말한다는 것은 불가능하다"라고 하였으며, 아퀴나스는 소크라테스의 무지지지無知之知, 즉 "나는 내가 무지하다는 것을 안다"라는 명제를 신 인식에 적용해 "인간이 신에 대하여 아무것도 모른다는 것을 아는 것이 인간의 최고의 신 인식이다"87)라고 하였다. 윙엘은 서양신학사의 이러한 전통에 근거하여 '하나님은 궁극적이고 진정한 세상의 신비'요 '언표불가능한 존재'라는 것을 역설하였다. 윙엘은 이성으로 신의 존재를 증명하려는 전통적 유신론이나, 이성으로 신의 존재를 반증하려는 현대의 무신론은 모두 인간이 이성을 통해 신의 존재를 사유하는 것이 가능하다는 신 사유 가능성에서 출발하는 것으로 여겼다. 따라서 현대의 무신론에 대응할 수 있는 신학적 가능성을 모색하기 위해 신에 대한 언표불가능성을 주장하였다.88)

브룬너는 야웨라는 거룩한 이름의 의미는 "나는 신비한 존재이며 그러한 존재로 남을 것이다. 왜냐하면 나는 나이기 때문이다. 나는 비교할 수 없는 자, 정의하거나 이름 붙일 수 없는 자"89)라는 뜻이라고 하였다. 베버는 구약성서의 하나님의 그의 이름 가운데서 신비한 존재로 남아 있는 분이므로 그의 이름이 거룩한 이름(시 103:1, 105:3, 111:9 등)으로 통칭된다고 하였다.90) 바빙크는 하나님의 이름의 계시를 통해 하나님의 존재

---

85) N. B. Ralph & L. Smith(1993), 『구약신학』(서울: 크리스챤다이제스트), 120.

86) K. Barth(1957), *Church Dogmatics*, II. 1, 59.

87) E. Jüngel(1983), 232.

88) E. Jüngel(1983), 246-261.

89) E. Brunner(1946), *Doctrine of God*, 120. "I am the mysterious One and I will to remain so; I AM THAT I AM. I am the Incomparable, therefore I cannot be defined nor named."

를 자체로 표현하는 이름은 없다는 것이 밝혀진다고 하였다. 따라서 유대인들이 "이는 나의 영원한 이름"(출 3:15)이라고 하는 대신에 "이것은 나의 비밀된 이름", 즉 문자대로 하면 "나의 이름은 감추어졌다"라고 읽었다고 한다.91)

바르트 역시 "나는 나다"라는 신명 계시는 사실상 그 내용에 있어서 "나는 그 누구도 언표할 수 없는 진실한 이름을 가진 자"라는 뜻이라고 한다. 하나님이 이름이 우리에게 알려졌다 하여도, 우리가 우리 자신이나 다른 사람을 그 이름을 통해 아는 방식으로 하나님의 이름을 통해서 그분을 알 수 있는 것이 아니다. 이런 의미에서 "계시된 이름은 참으로 계시된 하나님의 은폐됨(the hiddenness of the revealed God)이라는 사실"92)을 환기시킨다고 하였다.

진정한 신은 인간의 한정된 말로 다 표현할 수 없는 것이 사실이다. 노자는 "도를 도라고 할 수 있을 때 그것은 이미 변함없는 도가 아니다. 이름을 이름이라 부를 수 있을 때 그것은 이미 변함없는 이름이 아니다"(道可道非常道 名可名非常名)라고 하였다. 이처럼 야웨 신명이 신명으로서 특이한 것은 "나는 나다"라는 신명 자체 속에 신명의 언표불가능성이 함축되어 있기 때문이다.

3) 무명·익명·미지의 신과 이름이 있는 하나님 야웨

프롬Erich Fromm은 모세에게 신명神名으로 계시된 "스스로 있는 자라는 문장은 제2, 3계명과 관련시켜 내 이름은 無名이다"93)라고 번역하는

---

90) Otto Weber(1981), 417.
91) H. Bavink(1990), 148. 히브리어 자음에서 '감추어진'과 '영원히'는 같다. 그들은 레오람(leʿōlām) 대신에 레알렘(leʿallēm)으로 읽는다고 한다.
92) K. Barth(1957), *Church Dogmatics*, I-1, 317.

것이 가장 적절하다고 한다. 우상을 만들지 말라, 이름을 함부로 부르지 말라는 계명은 궁극적으로 그의 이름 말하기를 금하는 것을 하나의 목표로 지향하고 있다는 것이다. 우상의 참된 본질은 이름을 가지는 것이므로 우상숭배자는 이름이 없는 신을 도무지 이해하지 못한다. 따라서 야웨 신명은 "인간은 신에게 어떤 극한적인 한정사를 붙여도 안 된다는 원리를 제시한 것"이며, 신의 이름을 말하지 않는다는 것은 모든 존재의 기초에 있는 통합성과 관계되는 '이름이 없는 절대자'라는 성숙한 일신론의 표현이요 가장 발달한 단계의 신관이라고 하였다.[94]

이런 주장들은 일면 타당해 보인다. 그러나 제3계명은 하나님의 이름을 함부로 부르지 못하게 한 것이지, 이름을 알려 주지 않아 무명의 신이라는 뜻은 아니다. 왜냐하면 하나님은 자신의 이름이 야웨라고 구체적으로 알려 주신 신이기 때문이다. 성서의 하나님은 실제로 야웨라는 하나의 거룩하고 영원한 이름을 가진 신이다. 따라서 야웨 하나님은 아테네 사람들이 섬겼던 "알지 못하는 신"(행 17:23)이 아니고, 신비주의자들이 생각하는 '이름 붙일 수 없는 신'이 아니며, 그리고 미래주의자들이 상상하는 '아직 알려지지 않은 신'이 아니다. 성서의 하나님은 무명의 신, 익명의 신, 미지의 신이 아니다.[95] '야웨'라는 구체적인 이름을 자신의 이름으로 알려 주신 분이다. 그러므로 베버는 "구약성서의 하나님은 하나의 이름을 가지신 분이며, 하나의 이념이거나 궁극적으로 이름이 없는 존재가 아니다"[96]라고 하였다.

---

93) Erich Fromm(1987),『사랑에 관하여』(서울: 백조출판사), 110.
94) Erich Fromm(1987), 110-111.
95) 차정식(1998), "알려진, 알려질, 미지의 신을 위하여",「기독교사상」471, 62-68. 파우사니아스(Pausanias)와 필로스트라투스(Philostratus)의 기록에 의하면 고대 헬라의 팔레룸(Phalerum) 항구 근처의 아테네(Athens), 올림피아(Olympia) 등지에 이 '알려지지 않은 신들에게 바쳐진 제단'들이 실제로 있었다 한다.
96) Otto Weber(1981), 417.

하나님에 대해서 말로 다 표현할 수 없다 해서, 하나님에 대해 침묵할 수는 없는 것이다. 말로 다 표현할 수 없는 하나님이지만 믿음의 사람들은, 그가 믿는 하나님의 이름을 부르고 말로 표현해야 하는 것이다. 따라서 바빙크는 "하나님이 자신을 계시하는 이름이 바로 우리가 그를 부르는 이름"이 된다고 하였다. 구약성서는 "존재하다"(to be)와 "불러지게 된다"(to be called)는 다른 각도에서 보여지는 동일한 것을 가리킨다고 한다.97) 하나님이 존재하므로 우리는 그의 이름을 불러야 하는 것이다.

이런 뜻에서 판넨버그는 "출 3:15의 진술에 따르면 야웨라는 이름의 전달은 인간이 그 이름으로 하나님에게 호소할 수 있도록 한 것"98)이라고 단언하였다. 그러므로 바르트는 우리가 하나님을 하나의 이름으로 부를 때에는 그가 알려 주신 그 이름을 사용해야만 한다고 하였다. 하나님은 자신의 이름을 가지신 분일 뿐더러 자신의 이름을 알려 주심으로 그의 이름을 부르게 하고 그를 찬양하게 하였으며, 그의 이름으로 기도하게 하시며, 그리고 그의 이름으로 그와 계약을 맺을 수 있게 하신 것이다.99)

따라서 철학자들의 무명의 신이나, 신비주의자들의 익명의 신이나, 미래주의자들의 미지의 신은 사유의 대상이 될 뿐 기도와 찬양과 계약의 대상이 될 수 없기 때문이다. 그러므로 바울은 아테네 사람들이 '알지도 못하는 신에게 예배하는 것'을 허탄한 일로 비판한 것이다.100)

---

97) H. Bavink(1990), 119.
98) W. Pannenberg(1979), 『역사로서 나타난 계시』(서울: 한국신학대학출판부), 17.
99) K. Barth(1957), *Church Dogmatics*, II. 1, 59.
100) Otto Weber(1981), 417.

4) 이름을 통해 자신을 계시하고 은폐하시는 하나님

"나는 나다"라는 신명이 신명의 계시인지 아니면 신명의 은폐인지가 논쟁이 되어 왔다.

(1) 전통적으로 야웨 신명을 희랍철학의 존재론에 기초하여 자존자 自存者라는 뜻으로 번역하였다. 아리스토텔레스는 부동不動의 동자動者, 원동자原動者로서 스스로 존재하는 자존자를 신으로 여겼기 때문이다. 브룬너는 야웨 신명의 의미를 이처럼 존재론적으로 자존자 등으로 해석한 것은 치명적인 오해라고 말한다.[101] 야웨 신명은 그의 존재론적 속성을 밝히기 위한 의도로 알려진 것이 아니라, 하나님께서 자기 자신을 계시하려는 목적에서 알려 주신 것이므로 계시론적으로 조명해야 한다는 것이다.

부룬너는 'YHWH'라는 4문자는 그 존재 안에 존재하는 하나님의 존재를 강조한 것이 아니라, 계시를 통하여 알려지는 하나님의 존재를 강조한 것이며, "절대자 하나님이 아니라, 계시의 하나님을 강조한 것"[102]이라고 하였다. 따라서 하나님은 그가 자신의 이름을 알려 주시는 곳에서만 알려진다. 야웨 신명의 계시는 이러한 자기 계시를 떠나서는 그를 알 수 없다는 사실을 의미할 뿐이라고 하였다.[103]

바르트에 의하면 우리는 피조물에게 이름을 지어 주듯이 하나님에게 하나의 이름을 지어 줄 수 없다고 한다. 따라서 하나님의 이름의 뜻을 안다고 해서 하나님을 다 아는 것도 아니다. 하나님은 계시를 통해 자신에게 하나의 이름을 지으시고 그리고 그 이름을 통해 하나님 자신을 우리에

---

101) E. Brunner(1946), 129

102) E. Brunner(1946), 119.

103) E. Brunner(1946), 120.

게 계시한 것이라고 하였다.104) 하나님의 신명 계시는 그 자체가 하나의 계시 사건으로 이해되어야 한다. 바빙크도 "성경의 하나님의 이름은 그의 존재 자체를 가리키는 것이 아니라, ⋯ 하나님의 현존을 계시한다"라고 하였다.105)

(2) 반면에 희랍 교부들이 야웨라는 이름을 "I am He who is"로 정의한 것은 '정의할 수 없는 이름'이라는 개념으로 정의한 것으로 파악하였다. 역설적이게도 하나님의 이름은 이름할 수 없는 이름으로 알려졌다는 것이다. 하나님은 인간의 인식 대상의 범주에 들어오는 대상이 아니므로 개념적으로 정의할 수 없다는 사상은 아타나시우스, 힐라리, 나지안주스의 그레고리, 어거스틴 등에 의해 주장되었다.106)

드비히 쾰러Lidwig Köhler도 모세의 질문에 대하여 하나님께서 대답을 회피하신 것으로 해석하고 '하나님은 감추어진 신'(Deus absconditus)이라고 해석하였다. 뒤바를A. M. Dubarle 역시 하나님이 출애굽기 3장 14절에서 "나는 나다"라고 한 것은 모세에게 그의 이름을 계시하기를 거부하는 의미라고 말한다. 하나님께서 "나는 나다"라고 한 것은 "'너는 내 이름에는 관심을 갖지 말라"고 말씀하신 것으로 이해한다. 하나님은 야곱(창 32 :30)과 마노아(삿 13:17-18)에게 자신의 이름을 알려 주시기를 거부한 사례가 이를 증거한다고 하였다. 신의 이름을 알려 주게 되면 그것은 신으로서의 자유를 제한한 것이기 때문이라는 것이다.

침멀리Walter Zimmerli는 야웨의 자유는 그가 결코 단순히 객체가 되지 않는다는 것을 의미한다고 하였다. 하나님은 그의 이름을 거리낌 없이 계시하셨지만, "종교적인 남용"으로부터 그러한 자유를 보호하기 위

---

104) K. Barth(1957), *Church Dogmatics*, II. 1, 59.
105) H. Bavink(1990), 119.
106) E. Brunner(1946), 128-129.

하여 십계명 중의 제3계명을 주셨다고 한다.[107]

(3) 앞에서 살펴본 것처럼, 야웨 신명의 계시가 야웨 자체를 은폐하기 위한 것인지 드러내는 것이지 논쟁이 되었다. 루터는 십자가의 신학을 통해 십자가 사건 속에 계시된 하나님의 감춰진 의미를 밝히려 하였고, 바르트는 역시 신인식론을 통해 '계시된 하나님Deus Revelatus은 감춰진 하나님Deus Absconditus'이라는 역설을 강조하였다. 그리고 하나님의 계시성과 은폐성의 역설은 그의 이름 야웨 신명의 계시 속에서 더욱 원초적인 형태로 드러난다고 할 수 있다. 하나님의 이름은 함부로 부를 수 없는 이름으로, 그 뜻을 헤아려 알 수 없는 이름으로 계시되었기 때문이다.

야웨의 신명은 인간으로서는 하나님에 대한 언표가 불가능하지만, 하나님 자신이 인간에게 자신의 이름을 언표하여 주신 것이다. 따라서 야웨 신명의 계시를 통해 "이름 붙일 수 없는 자의 이름"이 비로소 알려진 것으로 해석할 수 있을 것이다. 여기에 야웨 신명의 '유명성有名性과 무명성無名性의 변증법적 역설'이 함축되어 있는 것이다.[108] 신의 무명성無名性이나 익명성匿名性에 근거하여 신에 대한 언표불가능성을 주장하는 철학과 신에 대한 언표가능성을 주장한 신인동형론적 시도 사이에서 야웨 신명의 계시는 이 양극단을 피하는 제3의 방식을 제시한다.

5) 이름을 통해 자신의 뜻을 알리시는 하나님

하나님께서 모세에게 자신의 이름 '야웨'를 알리신 목적은 모세에게 하나님의 현존을 증거하기 위함이 아니라 하나님의 구체적인 뜻을 알리

---

107) Ralph L. Smith(1993), 『구약신학』(서울: 크리스챤다이제스트), 137.
108) 김광식(1999), "하ᄂ님과 ᄒ나님", 117.

기 위함이었다는 견해도 제시되어 왔다. 모세를 바로에게 보내어 "이스라엘 자손을 이집트에서 인도"하여 그 백성을 해방하려는 하나님의 뜻을 알리기 위함이었다. 야웨 신명 계시의 상황은 모세를 부르시는 소명 사건과 야웨의 이스라엘 해방 사건이라는 역사적 배경하에서 이해되어야 한다는 것이다.[109]

하나님은 인간에게 자신을 알리실 때에는 항상 자신의 뜻을 구체적으로 알리시는 방법을 사용하였다. 아담과 하와를 창조하신 다음에 "생육하고 번성하라, 땅을 정복하라, 모든 생물을 다스리라"(창 1:27)고 하셨으며 "선악을 알게 하는 나무의 실과는 먹지 말라"(창 2:16)고 하셨다. 아브라함에게 나타나신 하나님은 "너는 너의 본토 아비 집을 떠나 내가 네게 지시할 땅으로 가라"(창 12:1)고 하셨다. 또 야곱에게는 "네 고향 네 족속에게로 돌아가라 내가 네게 은혜를 베풀리라"(창 32:9)고 하셨다.

하나님의 이름을 아는 것이 하나님의 계시에 바탕을 두고 있듯이 하나님의 뜻도 그의 계시와 동시에 알려진다. 이스라엘은 먼저 하나님을 알고 그 후에 하나님이 무엇을 원하는지를 발견한 것이 아니다. 하나님을 아는 것과 그 뜻을 아는 것은 동일하며, 둘 다 하나님의 자기 계시에 토대를 두고 있다. 하나님을 아는 지식이 없는 것은 하나님의 뜻에 불순종하는 것으로 묘사되며, 그것은 하나님의 진노를 불러일으킨다.[110] 따라서 구약에서 하나님을 이름을 아는 것은 신의 존재를 입증하거나 영적 각성이나 신비 체험이 아니다. 하나님의 이름으로 계시되는 하나님의 뜻을 알고 그 뜻에 순종하는 것이다.

---

109) Otto Weber(1981), 417.
110) Brevard S. Childs(1994), 『구약신학』(서울: 크리스챤다이제스트), 65.

6) 이름을 통해 인간과 대화하고 만나시는 하나님

하나님의 이름의 계시는 무엇보다도 하나님과 인격적 대화가 가능하여졌다는 의미이다. 하나님은 먼저 모세의 이름을 부른(출 3:4) 다음 그에게 이스라엘 자손을 이집트에서 인도하여 내게 할 것이라고 약속한 후 자신의 이름을 계시하여 주었다. 비로소 하나님은 모세의 이름을 부르고 모세는 하나님의 이름을 부르게 되는 것이다. 하나님과 모세가 서로 이름을 부르는 만남이 이루어진 것이다.

아이히로트는 하나님이 그 이름을 통해 자신을 인간에게 노출시킨 것은 하나님이 그의 "은밀한 장소에서 나와 우리와 교제를 갖기 위해 자신을 내어 준 것"과도 같다고 말한다.[111] 김춘수 시인의 〈꽃〉이라는 시에는 이러한 이름 부름의 의미가 잘 드러나 있다.

> 내가 그대의 이름을 불러 주기 전에는
> 그는 다만
> 하나의 몸짓에 지나지 않았다.
>
> 내가 그대의 이름을 불러 주었을 때
> 그는 나에게로 와서
> 꽃이 되었다. …

부룬너는 이처럼 야웨 하나님은 자신을 이름을 모세에게 알려 줌으로써 하나님과 모세 사이의 인격적 만남이 이루어진 것으로 해석한다. 야

---

111) 장일선(1990),『구약신학의 주제』(서울: 대한기독교출판사), 100.

웨는 하나의 사물(It)이 아니라 원형적인 당신(Thou)으로 모세에게 자신의 이름을 알려 주고 모세의 이름을 부른 것이다. 우리의 노력으로 사유하거나 인식할 수 있는 것은 사유와 인식의 대상이 된다. 그러나 그런 것들은 사유되는 사물이거나 인식되는 사물이므로 그것은 인격이 아니다. 인간도 서로 이름을 부르며 말할 때, 나와 당신으로서 인격적 만남이 이루어질 때 서로에게 인격이 되는 것이다.[112] 이름의 표명은 자신을 타인에게 드러내는 것이며, 이를 통해 인격적 관계와 교제가 이루어진다.

바빙크 역시 성경에서 이름은 인격의 묘사라고 하였다. 하나님은 그의 이름의 계시를 통해 자신과 우리 사이에 매우 분명하게 관계를 맺기를 원하시는 것이다. 따라서 모세의 소명과 신명의 계시를 통해 하나님은 모세의 이름을 부르고 모세는 하나님의 이름을 부름으로 둘 사이의 특수하고 긴밀한 인격적 만남과 교제가 이루어지게 된 것이다.

존 캅J. Cobb, Jr은 히브리인들이 '야웨'를 '나'(I)로 이해한 것은 인간의 수공에 의해 만들어져서 특정한 장소에 놓여 있는 신상神像과 다른 점을 드러내는 것이라고 말한다. 시편은 우상의 특징을 이렇게 설명한다.

"저희 우상은 은과 금이요 사람의 수공물이라.
입이 있어도 말하지 못하며 눈이 있어도 보지 못하며
귀가 있어도 듣지 못하며 코가 있어도 맡지 못하며
손이 있어도 만지지 못하며 발이 있어도 걷지 못하며
목구멍으로 소리도 못 하느니라.
우상을 만드는 자와 그것을 의지하는 자가
다 그와 같으리로다."(시 115:4-8)

---

112) E. Brunner(1946), 122.

그러나 인간이 제작한 우상과 달리 "하나님은 말하고, 행동하고, 생각하고, 결정하는 나(I)로서 이해되었다."[113) 말을 주고받는 것은 각자의 지식과 의지와 정서를 말로 표현함으로써 인격적인 관계를 맺을 수 있다는 점을 의미한다. 말도 못하는 신, 인간의 말을 알아듣지도 못하는 무능한 신은 인간에게 아무런 실제적 도움을 줄 수 없는 죽은 신인 것이다. 그래서 '나는 나'라고 인간에게 말을 거는 것 자체가 하나님의 인격성을 드러낸다.

특히 존 캅은 자신의 이름을 말로 알려 주고 인간이 그에 응답하는 야웨종교의 하나님과 인간 관계의 특이성을, '보여 주는 눈의 종교'와 '들려 주는 귀의 종교'의 차이라고 설명한다.

"야웨의 인간에 대한 관계는 구두口頭를 통해서였다. 명령하기도 하고 약속하기도 하면서, … 대화와 복종을 통하여 나타난다. 간단히 말해서 야웨는 보여지는 분이 아니고 들려지는 분이다."[114)

그래서 고대의 제사를 드리는 모든 종교가 그들이 제사드리는 대상과의 인격적인 만남과 무관하게 보여 주는 신전과 신상과 제사절차를 화려함을 보여 주기에 급급한 '눈의 종교'였다는 것이다. 그러나 야웨는 보여지는 분이 아니므로 야웨를 보는 자는 죽을 수도 있지만, 그의 말씀을 듣고 순종하는 자는 산다는 의미에서 야웨종교는 말씀을 듣고 응답하는 '귀의 종교'라고 하였다. 따라서 예언자들의 공식 문구인 "순종이 제사보다 중요"하다는 외침도 이런 의미를 함축한다는 것이다.

하나님의 말씀에 순종하는 것은 하나님은 한 분이시니 마음과 뜻과

---

113) J. Cobb(1980), 『존재구조의 비교연구』(서울: 전망사), 136.
114) J. Cobb(1980), 134.

힘과 정성을 다하여 그를 사랑하는 것이며(신 6:4-5), 하나님과의 인격적이고도 영적인 관계를 친밀하게 유지하는 것이다.

7) 계약의 당사자로 자신의 이름을 알리신 하나님

야웨 신명의 계시는 하나님과 이스라엘 백성 사이의 계약의 체결과 분리될 수 없다. 야웨는 이스라엘 역사 한가운데 동참하시는 하나님이며, 이스라엘 백성들과 역사적인 계약을 체결하신 하나님이다.[115] 모세를 불러서 모세에게 자신의 이름을 계시하신 하나님은 모세를 중재자로 하여 그와 동행할 것(출 3:12)과 그를 도와 줄 것(출 4:12 등)을 약속함으로써 이스라엘 백성들 전체를 해방시켜 그들을 계약의 상대자로 택하시려고 자신의 이름을 계시한다.

> "나는 너를 애굽 땅, 종 되었던 집에서 인도하여 낸
>
> 네 하나님 여호와니라."(출 20:1, 개역개정판)

신명 계시의 궁극적 목적은 이스라엘 백성을 애굽 땅 종살이에서 해방하시고 하나님 백성으로 택하기 위해 그들과 계약관계를 맺으시려는 하나님의 구원의 의지와 관계되어 있다. 따라서 야웨 신명의 계시는 판넨베르크가 비판한 것처럼 무시간적 하나님의 존재를 계시한 것이 아니라 역사적 계시의 성격을 지닌다고 할 수 있다.[116] 미디안 광야에 은둔 중인 모세를 구체적으로 만나고, 그를 통해 이스라엘 자손들의 해방의 역사를 이끌어 나가실 자로서 자신을 역사의 한가운데에 계시는 분으로

---

115) Otto Weber(1981), 418.
116) W. Pannenberg(1979), 26.

계시한 것이다. 그는 선택하고 부르시는 분이며, 거절하고 심판하시는 분이다.

따라서 이스라엘을 택하여 하나님의 백성으로 삼으시려는 결정적인 행동이 야웨의 신명 계시의 목적이라 할 수 있다. 이 이름을 통해 하나님은 그 백성들에게 자신이 그들의 하나님이라는 것을 알리려고 그의 이름을 계시한 것이다. 그는 모세를 통해 그들을 이집트에서 해방하실 것을 선언하신다. 그러므로 바르트는 하나님의 이름의 개념에 계약의 개념이 첨가되어야 한다고 주장한다.[117] 그의 백성과의 계약을 통해 "나는 그들의 하나님이 되고 그들은 나의 백성이 될 것이라"(렘 31:33)고 선언하신다. 이로서 하나님의 이름이 현실화된다. 그러므로 역사 안에서 이루어지는 모든 사건은 하나님의 이름으로 이루어지는 것이 된다. 하나님의 이름에 대한 지식을 갖게 되는 것은 그 정도로 하나님에 대한 지식을 갖는 것이 되고, 하나님의 계시에 참여하는 것이 된다. 그리고 마침내 하나님의 계약의 상대자가 되는 것이다. 야웨 하나님은 그에 의해 특별하게 택함을 받은 자와의 파트너 관계partnership를 맺으시고 그의 구체적인 활동을 통해 그 관계를 지속시켜 가신다.

따라서 신명의 계시는 시내산 계약이라는 구체적인 역사적 상황에서 알려진 계시로 이해되어야 한다. 자연종교에서는 풍요와 다산의 근원으로서의 자연을 신성화하고 홍수와 한발의 자연의 순환에 순응하였기 때문에 신인관계는 무시간적이다. 신인관계의 역사적 계기가 전무하다. 앤더슨은 "야웨는 태양신, 폭풍신, 풍요의 신들과 같은 자연의 신이 아니다. 역사가 바로 그분의 활동무대이다"[118]라고 하였다.

그러나 역사적 종교로 알려진 히브리 종교는 아브라함을 택하여 부르

---

117) K. Barth(1957), *Church Dogmatics*, I. 1, 318.
118) B. W. Anderson(1983), 『구약성서의 이해』(서울: 분도출판사), 122.

신 하나님의 역사적 소명에서 비롯된다. 시내산 계약은 하나님께서 출애굽 백성 전체를 부르신 역사적 소명사건이라고 할 수 있다. 역사의 활동무대에서 하나님과의 인간의 역사적 만남이 이루어진 것이다.

야웨 하나님과의 계약관계는 공동체적 관계이다. 하나님은 '이스라엘 백성의 하나님God of Israel'이 되고, 이스라엘은 '하나님의 백성People of God'이 된 것이다. 모세를 중재자로 야웨와 전체 백성이 계약을 맺은 것이다. 자연종교에서처럼 신의 편애를 받는 특출한 개인이 신에게 순응하는 개인적 의존관계가 아니라, 이스라엘 백성과 후손 전체와의 공동체적인 계약관계인 것이다.

또한 야웨 하나님과의 계약은 조건적이며 쌍무적인 관계이다. 이스라엘이 하나님의 백성이 되었기 때문에 하나님의 백성답게 살아야 하는 의무가 주어진다. 많은 종주권 조약의 사례처럼 하나님이 이스라엘 백성을 이집트의 종살이에서 해방시켜 구원하여 주신 무한한 은혜가 베풀어졌기 때문에 그 은혜(Gabe)에 응답하기 위해서는 하나님의 계명을 준수하여야 할 과제(Aufgabe)가 주어진 것이다.

또한 이 계약 안에서 배타적인 신인관계가 요구된다. 시내산 계약은 다른 신을 두지 말고 다른 신의 형상을 만들거나 섬기거나 절하지 말라고 하였다. 이 계약 체결 자체가 야웨를 섬기느냐 섬기지 않느냐의 결단의 촉구였다. 야웨 하나님은 그의 계약의 파트너에게 전인적이고 절대적이며 배타적인 헌신을 촉구하는 질투하시는 하나님으로 표현되었다.

"너는 다른 신에게 절하지 말라.
여호와는 질투라 이름하는 질투의 하나님임이니라."(출 34:14)

하나님과 이스라엘 계약공동체 사이의 이러한 특수한 계약적 신인 관계는 풍요와 다산을 기원하는 가나안 자연종교나 신성에의 참여를 갈구하는 희랍철학의 신인관계에서는 찾아볼 수 없는 계약공동체의 삶을 지향하는 전향적인 신인관계라고 할 수 있다.

제2장

천지와 인간을
창조하신 하나님

"태초에 하나님이 천지를 창조하시니라."(창세기 1:1)

"하나님이 자기 형상 곧 하나님의 형상대로 사람을 창조하시되

남자와 여자를 창조하시고…."(창세기 1:27)

01

바벨론의 창조이야기와
창세기의 창조주 하나님

구약성서의 첫 번째 책인 창세기는 이렇게 시작한다.

"태초에 하나님이 천지를 창조하시니라.
하나님이 가라사대 빛이 있으라 하시매 빛이 있었고
그 빛이 하나님의 보시기에 좋았더라."(창 1:1, 3-4)

하나님께서 천지와 인간을 창조하였다는 신앙은 이스라엘 계약공동
체의 뿌리 깊은 고백이었다. 이러한 창조신앙은 창조시편(시 8, 19, 104,
148편)이나 이사야서(40:12-31, 43:1-7, 45:9-13, 48:12-13)에도 기록으로
전승되어 있다. 그러나 창세기(1:1-2:4a)에 기록된 첫 번째 창조이야기
는 여러 방식으로 고백되고 전승되어 온 창조주 야웨 하나님에 대한 신앙
고백이 바벨론 포로의 경험을 새롭게 반영하여 서기전 587년 포로기 이
후에 현재의 형태로 최종 편집된 것으로 보인다. 그리고 이를 기록으로
남긴 이들이 포로로 잡혀갔던 이스라엘의 제사장 집단이라는 사실이 밝
혀지면서 이들이 기록한 창세기 1장을 제사장 문서Priest document라고

불리게 된 것이다.[1]

1) 창세기의 기록 연대와 역사적 배경

여호와 하나님이 말씀으로 천지만물과 인간을 지으셨다는 것은 바벨론에서 포로민의 처지에 있던 당시의 히브리인들에게 무엇을 의미하였는가? 그것은 한마디로 바벨론의 최고신인 마르둑Marduk이 천지를 창조한 것이 아니라, 이집트 땅에서 종살이하던 이스라엘 백성을 해방시킨 히브리의 하나님 야웨가 천지를 창조하였다는 고백이요 선언이다.[2] 그러므로 창세기의 인격적인 창조주 신관을 바르게 이해하려면 그 역사적 배경이 되는 바벨론 신화에 대한 전이해가 불가피하다.

바벨론에 포로로 잡혀 갔던 유대인들은 바벨론의 마르둑 신전 에사길라Esagila에서 매년 신년 축제 때마다 낭독되었던 〈에누마 엘리쉬Enuma Elish〉라는 서사시를 접하게 되었다. 이 서사시는 19세기 중반 영국의 고고학자 레이어드Austin H. Layard가 앗시리아 제국 수도였던 니네베(현재 이라크 모술 지방)의 아슈르바니팔Ashurbanipal 왕의 도서관 유적에서 발견해 세상에 공개하였다. 스미스George Smith가 1876년 이를 판독하여 『갈대아 창세기』라는 제목으로 출판하여 그 내용이 알려지게 되었다.[3]

바벨론의 창세기인 〈에누마 엘리쉬〉에 의하면 하늘도 땅도 아직 없었을 때 모든 신의 아버지인 압수Absu(단물)와 모든 신의 어머니 티아맛

---

1) W. H Schmidt(1988), 『역사로 본 구약성서』(서울: 나눔사), 225.
2) C. Westermann(1984), *Genesis* 1-11(Minneapolis: Augsburg Publishing House), 92.
3) "Enuma Elish"는 서기전 12-11세기에 형성된 서사시의 첫머리로서 "하늘이 아직 창조되지 않았을 때"라는 뜻이다. 이 서사시는 일곱 개의 점토판에 아카드어로 기록되어 있으며 총 1100행에 이르지만, 900행정도만 판독된 상태이다.

Tiamat(짠물)만이 있었는데, 이 둘 사이에서 라흐무Lahmu와 라하무Lahamu가 태어났다. 이들이 안사르Anshar(하늘의 끝)와 키사르Kishar(지평선)을 낳았고, 다시 이 둘 사이에서 안An(또는 Anu, 하늘 신)과 키사르를 낳았다. '안'은 에아Ea(지혜의 신)와 누디무드Nudimmud(지하수 신)를 낳았다.[4] 그리고 에아와 그의 아내 담키나Damkina 사이에서 눈이 네 개이고 귀가 네 개인 거구 마르둑Marduk이 태어나 신들의 왕이 된다.

신들의 자손들이 불어나자 그들 사이에 분쟁과 다툼으로 소란스러워졌고, 신들의 어머니 티아맛을 괴롭히고 신들의 아버지 압수를 공격하였다. 이에 압수는 그의 후손인 신들을 "모조리 죽여 버리고 소란을 끝내 버리려"는 계획을 세운다. 이를 알아챈 에아는 압수를 죽이고 그의 자리를 차지한다.

신들의 어머니 티아맛은 자신이 남편인 신들의 아버지 압수가 에아에 의해 살해된 것을 알고 원수를 갚기 위해 치밀한 계획을 세우고 킨구를 사령관으로 내세워 전쟁을 일으키지만, 결국은 활과 갑옷과 투구와 전차로 무장한 마르둑에 의해 살해된다. 마르둑은 티아맛의 시체를 둘로 쪼개어 하늘과 땅을 만들고 해와 달과 별을 만들었다.

> "그(Marduk)는 티아맛을 조개처럼 둘로 쪼개어서
> 그중의 하나를 세워 하늘을 만들고
> 칸을 내려 막고 파수꾼을 세워서
> 물들이 새어나오지 못하도록 금지한다."(제4토판 135-140행)[5]

---

4) 안성림·조철수(1995), 『사람이 없었다 신도 없었다』(서울: 서해문집), 123-136. "에누마 엘리쉬"의 번역본 참조.
5) 안성림·조철수(1995), 133. 여섯째 토판 33행.

그리고 마르둑은 에아에게 "비천하고 야만적인" 인간을 만들 계획을
제시한다.

"피를 조성하고 뼈대를 생기게 하여
비천하고 야만적인 피조물을 지어내겠습니다.
그의 이름은 인간이라 불릴 것입니다.
신들을 섬기는 일은 모두 인간에게 맡기고
신들로 하여금 쉬도록 하겠습니다.
신들 사이에 서열과 관계도 규정하여
신들이 다 같이 존경을 받겠지만, 두 부류로 나누겠습니다."[6]

이에 에아는 "신들 중에 하나를 제게 주십시오. 그를 죽여 사람을 만
들겠습니다"라고 청한다. 신들의 총회에서 "600명이나 되는 위대한 신
들"이 킨구를 죽이라고 주장한다.

"'싸움을 시작한 이는 킨구입니다.
티아맛을 선동하고 전쟁을 일으킨 이입니다.'
그들은 그를 묶어 에아에게 데려왔다.
그에게 처벌을 내려, 그의 피를 흘렸다.
그의 피로 사람을 만들었다.
신들의 노역을 감당시키고, 신들을 쉬게 했다."(제6토판 31-37행)[7]

하급신들의 노역을 대신하기 위해 인간이 만들어지자 하급신들은 마

---

6) 문희석(1984), 『성서고고학』(서울: 보이스사), 135-136
7) 안성림·조철수(1995), 133. 여섯째 토판 29-30행.

르둑을 종신토록 '신들의 왕'으로 삼았다. 그리고 그를 위하여 1년 동안 흙벽돌로 신전을 만들고 그 명칭을 '신들의 문'(bab-ili)이라는 뜻을 지닌 바벨론이라 칭하였다.

2) 바벨론의 창조신화와 창세기의 창조주 신관

〈에누마 엘리쉬〉의 판독으로 바벨론의 창조신화의 내용이 알려져서 기독교계에 큰 충격을 주었다. 그리하여 구약성서와 유사성과 차이성에 대한 소위 '바이블과 바벨Bible and Babel' 논쟁이 일어났다. 궁켈은 창조 기사는 이처럼 고대 바벨론 창조신화가 히브리 '시문학의 형태로 개정된 야웨 신화'를 거쳐서(잠 8:22-31, 욥 26, 38장) 창세기의 창조설화로 태동되었다고 하였다.[8] 창세기의 기자가 창조기사에서 하늘 위에 있는 물을, 별들이 있는 하늘을, 땅과 둘러싸인 바다로 이루어진 지구를, 그리고 땅 밑의 물을 말하는 것은 당연한 것이다. 창세기 1장의 기자는 서기전 2,000~3,000년경 고대 중동에 널리 퍼져 있던 우주의 형성설화를 폭넓게 사용한 것이기 때문이다.[9]

그러나 창조기사를 고대 중동의 신화들을 배경으로 자세히 읽어 보면 바벨론 신화들과 형태적 유사성이 있는 것으로 보이지만, 그 핵심 내용과 논지는 전적으로 다르다는 것을 알 수 있다. 창세기의 창조기사는 고대의 신화적 형태와 다른 독특한 장르라는 것도 알려지게 되었다. 무엇

---

8) H. Gunkel(1984), *Schöphng und Chaos in Uzeit und Endzeit*, 25-23: 왕대일(1993), "창조, 창조주, 창조 세계: 구약신학적 접근", 「신학과세계」 제27호(1993), 7. 궁켈이 말하는 혼동과의 투쟁 신화의 세 주제는 괴물로 상정된 형상화된 혼돈과의 싸움이 전개되고, 이 괴물을 물리친 신이 왕으로 등극하고, 이 '왕 되신 신'(divine-king)에게 궁전(성전)이 주어진다는 것이다.
9) John H. Steck(2000), 『구약신학』(서울: 솔로몬), 239-240.

보다도 하나님과 인간과 자연에 대한 핵심적인 패러다임을 비교해 보면 그 차이가 확연하게 드러난다는 사실을 알 수 있다. 왜냐하면 이스라엘 계약공동체는 고대 근동의 여러 종교가 주장하는 신관, 자연관, 인간관과 같은 평균적인 세계관과는 전적으로 다른 세계관을 신앙고백으로 담고 있기 때문이다.10) 그래서 폰 라트는 "창세기 1장을 읽는 모든 독자는… 그것이 신조라는 것을 알아야 한다"11)라고 하였다. 성경의 창조기사는 바벨론 포로기와 그 이후 시기에 이스라엘 제사장 그룹에 의해 분명히 서술적으로 표현된 '창조신앙의 고백'으로서 '제사장적 신조'이기 때문이다.12) 창조주 하나님에 대한 전향적인 신앙고백이 고대 근동의 평균적인 신관, 자연관, 인간관과 어떻게 다른지 그 창조신앙적 의미를 차례로 살펴보려고 한다.

(1) 무엇보다도 바벨론의 창조신화는 무수한 신들이 등장하는 다신론적 구조이다. 그렇기 때문에 고대 메소포타미아의 창조신화에는 인간 창조 이전에 신들이 생겨난 이야기와 그 계보가 자세히 기록되어 있다. 이에 반하여 창세기에는 신들의 계보에 대해서 말하지 않는다.

앞서 살펴본 것처럼 바벨론의 〈에누마 에리쉬〉에는 "600명이나 되는 위대한 신들"이 등장한다. 북부 팔레스타인 지역인 에블라에서 발굴된 에블라 문서(서기전 2500-2250)에도 500여 명의 잡다한 신들이 등장한다.13) 이집트의 다양한 피라미드 텍스트에서 언급된 신이 200명 이상이

---

10) John H. Steck(2000), 243.

11) John H. Steck(2000), 255. 또한 창조기사가 새해의 축제를 위해서 마련된 종교적 의식이라는 주장도 타당성이 없다.

12) John H. Steck(2000), 255; G. von Rad, *Genesis*, 45. 창세기 1:1-2:4a는 제사장 학자들에 의해서 유배기간 동안 그리고 유배기간 후에 재편집된 모세 오경의 일부였다는 편집비평가들의 일관된 의견에 대하여 폰 라트는 그것이 '제사장적인' 신조라고 말한다.

13) 엄원식(2000), 『히브리 성서와 고대 근동문학의 비교연구』(서울: 한들), 128-130,

었다.14) 서기전 18세기경 고대 바벨론 시대 수메르 제국의 '신들의 목록'에 의하면 신의 총수는 3,600명이나 된다고 한다.15)

고대 근동의 주요 신들의 성격과 계보

양 상	가나안	이집트	아카드
하늘(남신)	엘	라	아누
대지(여신)	아세라	테프누트	아루루
폭풍우(남신)	바알	세트	마르둑
다산(여신)	아나트	하토르	이슈타르
다산(여신)	아스다롯	이시스	이슈타르
지혜(여신)	코사르	프타	에아
지하세계(남신)	레세프	오시리스	네르갈
곡물(남신)	다곤	오시리스	다무쯔

바벨론 이전 수메르 신화나 이를 이어받은 아카드나 이집트와 가나안의 창조신화도 리빙스턴이 작성한 위의 표에서 볼 수 있는 것처럼 신명과 계보상의 차이가 있을 뿐, 다신론적 신관의 평균적 의식의 틀은 크게 다를 바 없었다.16) 스텍이 말한 것처럼 "신화들에는 하늘과 땅에, 바다와 땅 아래에 서로 다른 신들이 존재하지만, 하나님의 말씀에서는 오직 한 분이신, 창조주이며 동시에 구주인 야웨가 존재한다."17) 이들 신화들과 비교해 볼 때 창세기는 다신론적 신화를 극복하였다는 분명한 차이점이

137-138. 에블라 창조설화는 단일신론적인 성격을 띠고 있는 것으로 주장된다.

14) K. C. Davis(2005), 『세계의 모든 신화』(서울: 푸른숲), 94.

15) 김은규(2013), 『구약 속의 종교 권력』(서울: 동연), 50

16) G. H. Livingston(1990), 『모세 오경의 문화적 배경』(서울: 기독교문서선교회), 62-177 참조.

17) John H. Steck(2000), 241.

드러난다. 야웨 하나님은 오직 한 분뿐이기 때문이다.

(2) 고대 근동의 여러 신화에 등장하는 신들은 또한 성과 계급으로 구분되는 친족신관이요 계급신관이었다. 부신과 모신, 남신과 여신이 있어 그들 사이에 복잡한 친족관계를 형성하고 있다. 바벨론 신화는 그 자체가 신의 가계요 계보이다.

수메르 만신전에는 신들 사이에 위계가 있어 상급신과 하급신으로 구분된다. 수많은 신들 가운데 상급신들로서 50명의 아눈나키Anunnaki가 등장하고 그 가운데 제일 큰 신 일곱을 '운명을 결정하는 일곱 신'이라 했다. 일곱 신 가운데에서도 수메르의 가장 큰 네 신(안, 엔릴, 엔키, 닌후르 쌍)이 있었다.

슈메르 상급신들의 성격과 계보

순위	신 명	영 역	성별	도 시
1	안(하늘신)	하늘	남신	하늘
2	엔릴(바람신)	하늘과 땅 사이	남신	니푸르
3	엔키(지혜신)	지하수, 연못	여신	에리두
4	닌후르쌍(모신)	산	여신	키쉬
5	난나(달신)	달	여신	우르
6	우투(태양신)	태양	남신	씨파르
7	이난나(다산의 신)	금성	여신	우루크

이처럼 상급신 사이에도 세력의 서열이 분명하였다. 창조서사시 〈에누마 엘리쉬〉에는 상급신 아눈나키를 섬기는 하급신 '이기기Igigi'가 등장하는데 이들은 상급신을 섬기는 노동자 집단으로 잡신雜神에 속한다.[18)

따라서 무수한 신들의 계보를 따지는 다양한 신화들이 전승되었다.

그러나 창세기는 한 분 하나님만을 유일한 신으로 고백하기 때문에 '신들' 사이에 친족 관계나 계급이나 위계가 있을 수 없다. 따라서 고대 근동의 '신화적 표현'에 대한 거부와 배척이 고대 이스라엘 신관의 주요한 특징 중에 하나인 것이다.[19] 신화적 신관이라는 평균적 의식에서 벗어서 역사적 신 신앙의 체험을 고백하는 전향적인 신관이 비로소 등장하게 된 것이다.

(3) 앤더슨은 고대 종교의 두 가지 특징과 이스라엘이 이에 어떻게 반응했는지를 고려하면 야웨신앙의 독특성들은 분명해지는데 "첫째는 다신론이고 둘째는 신의 영역에서의 성"이라고 하였다.[20] 주변 국가에서는 많은 신들이 있을 뿐만 아니라, 모든 주요 신은 여신과 짝을 이루고 있다. 가나안에는 신들의 아버지이며 가장 지고한 신인 엘은 아세라 여신의 짝이며, 폭풍과 비옥의 신인 바알의 배우자는 이쉬타르Ishtar이다. 바벨론의 아누는 아내를 여럿 두었다. 그의 아내로 나오는 여신은 아누의 여성형인 '안투Antu'(하늘의 여신), 금성의 여신 '이쉬타르'(수메르의 '인안나') 그리고 이집트에는 땅의 여신 '키ki' 또는 '우라쉬uraš'가 있다.[21] 적어도 구약에 나타난 주요 흐름의 전승에서는 이런 성 모델은 거부되었다. 야웨는 부인이나 배우자가 없다.[22] 하나님을 남성적 요소와 여성적 요소로 나누는 일은 확고하게 배제되었으며 야웨 하나님은 양성을 초월하는 존재였다는 것은 주목할 가치가 있다.

(4) 위의 도표처럼 상급신들은 주요한 도시를 차지하고 그 도시를 대

---

18) 안성림 · 조철수(1996), 『수메르 신화 I』(서울: 서문해집), 32 도표 참조.
19) 노세영 · 박종수(2000), 『고대 근동의 역사와 종교』(서울: 대한기독교서회), 258-259.
20) B. W. Anderson(2001), 『구약신학』(서울: 한들출판사), 124-125.
21) 주원준(2012), 『구약성경과 신들: 고대 근동 신화와 고대 이스라엘의 영성』(서울: 한남성서연구소), 37.
22) B. W. Anderson(2001), 129.

표한다. 수메르의 중요한 신들은 특정 도시의 주신主神이다. 이 도시에는 주신들의 신상과 신전이 있었다. 제정일치 시대였으므로 왕은 대제사장으로 주기적으로 신들을 섬겼고, 남녀 제사장들이 신상과 성전을 관리하였다. 따라서 신들은 특정한 지역에서만 영향력을 발휘하는 국지신局地神의 한계를 벗어나지 못한다. 안An 신도 원래는 '우루크Uruk'의 주신主神이었지만, 아내이자 금성의 여신인 '인안나Inanna'에게 우루크를 맡기고 하늘로 올라가 버렸다. 만신전의 우두머리요 아눈나키의 수장이자, 모든 신들의 아버지요 운명을 결정하는 일곱 신 가운데 하나인 안An은 '하늘'을 맡았다.[23]

초기 이집트는 '노메스'라는 42개의 행정구역으로 나뉘어 있었는데, 각 노메스마다 섬기는 신이 따로 있었다. 또 도시나 마을마다 대개 그 지역신을 모시는 신전이 있었기 때문에, 신들의 수는 시간이 지나면서 수천으로 불어났다.[24]

이처럼 "신화들에서 땅 위에는 신전이나 신전의 연장으로서 신전을 간직한 도시가 특별히 성스러운 곳으로 인정되지만, 성경에서는 온 피조의 세계가 신성한 하나님의 나라이다."[25] 성서의 하나님은 우주의 삼라만상을 지으신 분이므로 어떤 특정 장소나 성전을 초월하여 존재하는 신으로 고백된다.

(5) 바벨론 창조신화에는 신들 사이의 갈등과 전쟁이 큰 줄거리로 등장한다. 태초에 존재한 신들의 아버지 압수와 신들의 어머니 티아맛이 그 자손 신들 에아와 마르둑에게 살해된다. 신바벨론 제국의 마르둑 사제들의 목적은 제국의 왕권신학을 정립하는 것이었다. 국가 간의 싸움은

---

23) 주원준(2012), 34-35
24) K. C. Davis(2005), 97.
25) John H. Steck(2000), 241.

신들의 싸움이 되고 이러한 '신들의 싸움theomachy'이라는 모티프가 창조신화의 주제로 등장한다. 그리하여 고대 근동세계에 잘 알려지지 않았던, 변방의 작은 신 마르둑이 최고신으로 등극하게 된 과정을 정당화하는 이데올로기로 삼은 것이다.

이처럼 신들이 서로 미워하고 질투하여 전쟁을 일으키고, 죽이고 죽기도 하며, 패배한 신은 역사에서 사라지고 승리한 신들의 계보가 신화로 전승되는 것은 성서의 창조신관으로 볼 때 아주 낯선 것이었다.

(6) 고대 근동지역의 평균적 신관은 리빙스턴의 분석처럼 '신적인 것, 자연적인 것, 인간적인 것' 사이의 경계가 모호하다는 것이 가장 큰 특징이다. 걸프만으로 흘러 들어가는 짠물(티아맛Tiamat)과 단물(압수Apsu)이 최초의 신으로 등장하고 신들도 인간처럼 행동하기 때문이다. "신적인 것이 자연대상물일 수도 있고 그 역도 가능하다. 인간적인 존재가 신적인 존재가 될 수 있고 그 역도 성립한다."[26]

이에 비추어 볼 때 창세기가 전승한 "야웨는 전적으로 다른 유형의 신이었다. 그는 어떠한 자연력과도 동일시되지 않았고, 또 하늘에서나 지상에서나 어떠한 지점에 국한되지도 않았다."[27] 그러므로 하나님이 천지와 인간을 창조하였다는 것은 창조주 하나님과 피조물인 자연 및 인간 사이에는 무한한 질적 차이가 있음을 선포한 것이다. 우주의 삼라만상은 창조주 하나님의 말씀으로 창조된 피조물에 불과하다는 것이다.

신은 인격적이고 절대적이며 무소부재하신 하나님 한 분뿐이고, 일월성신을 비롯한 자연현상이나 어떤 특별한 카리스마를 지닌 인간일지라도 더 이상 신이나 반신半神으로 숭배하거나 두려워해서는 안 된다는 혁명적인 선포이다. 그리고 생명을 창조하시고 생명을 주관하시는 창조주

---

26) G. H. Livingston(1990), 179.
27) J. Bright(1978), 『이스라엘 역사 상』(왜관: 분도출판사), 242.

하나님을 믿고 의지하고 고백하는 신앙을 통해 생명의 영원한 가치가 주어진다는 고백인 것이다. 구약성서는 이러한 창조주 하나님을 이렇게 고백하였다.

> "내가 야웨다. 누가 또 있느냐?
> 나밖에 다른 신은 없다.
> 너는 비록 나를 몰랐지만 너를 무장시킨 것은 나다.
> 이는 나밖에 다른 신이 없음을 해 뜨는 곳에서
> 해 지는 곳에까지 알리려는 것이다.
> 내가 야웨다. 누가 또 있느냐?
> 빛을 만든 것도 나요, 어둠을 지은 것도 나다.
> 행복을 주는 것도 나요, 불행을 조장하는 것도 나다.
> 이 모든 일을 나 야웨가 하였다."(사 45:5-7 공동번역)

(7) 일부 구약학자들은 아마도 바벨론 포로기에 다신론적 신화를 접하면서 그 대응으로 유일신 신앙에 대한 명시적인 고백이 온전히 형성된 것으로 보기도 한다. 그러나 초기의 야웨종교 안에는 주변 세계의 다신교적인 종교들과의 구별을 가능하게 하는 배타적인 야웨신앙이 잠재되어 있었음이 틀림없다. "이 점에서 볼 때, 야웨종교 안에 일신 숭배의 경향이 처음부터 내재되어 있었다"고 보는 학자들의 접근 방법은 여전히 긍정적으로 평가할 만한 것들을 많이 가지고 있는 셈이다.[28] 예언자 호세아는 유일신 신앙의 기초를 출애굽 사건의 핵심적인 종교 경험에서 찾았다.[29]

---

28) Albertz Rainer(2003), 『이스라엘종교사 1』(서울: 크리스챤다이제스트), 137.
29) Albertz Rainer(2003), 138.

"그러나 네가 애굽 땅에서 나옴으로부터 나는 네 하나님 여호와 하나님 밖에 네가 다른 신을 알지 말 것이라. 나 외에는 구원자가 없느니라."(호 13:4)

이러한 유일신 신앙은 신약성서에도 그대로 고백된다.

"하느님은 오직 한 분이시고 복되신 주권자이시며
왕 중의 왕이시고 군주 중의 군주이십니다.
그분은 홀로 불멸하시고 사람이 가까이 갈 수 없는 빛 가운데 계시며
사람이 일찍이 본 일이 없고
또 볼 수도 없는 분이십니다."(딤전 6:15-16, 공동번역)

(8) 창세기 1장이 증언하는 창조의 세계는 혼돈으로부터 조성되는 질서의 세계이다. 그것의 바벨론의 창조신화나 구약성서의 다른 창조기 사들(시 74:12-17, 사 51:9-11 등)과 비교할 때, '아무런 대적도 없이' 그리고 '아무런 싸움도 없이' 오직 '하나님 홀로'의 창조사역이라는 것을 증언한다.

구약에서 '바라'(בָּרָא)라는 단어는 '창조하다'를 의미하는 칼 형태와 니 팔 형태로 48번 사용된다. 이 단어는 구약성서 이외의 옛 셈어 문헌들에서는 발견되지 않았다.[30] 왜냐하면 여호와 하나님만이 유일하신 창조의 주재자이시라는 신앙고백 때문이었다. 그리고 '바라'가 '창조하다'라는 뜻으로 사용될 때, 주어는 언제나 하나님이다. 인간이 주어가 되어 '바라'라는 단어를 사용하는 것은 신성모독으로 들렸을 것이다.[31]

---

30) Ralph L. Smith(1993), 『구약신학』(서울: 크리스챤다이제스트), 212-213.
31) Ralph L. Smith(1993), 213.

02

말씀으로 창조하신
하나님

　창세기는 하나님이 천지를 말씀으로 창조하였다고 기록하고 있다. "빛이 있으라" 말씀하시니 그대로 되었다. 천지만물이 하나님의 말씀에 의해 말씀하신 그대로 만들어졌음을 반복하여 기록하고 있다(1:1, 9, 11, 15, 20, 24).

> "야웨의 말씀으로 하늘이 지음이 되었으며
> 그 만상이 그 입 기운으로 이루었도다. …
> 저가 말씀하시매 이루었으며
> 명하시매 견고히 섰도다."(시 33:6, 9)[32]

　스미스는 고대 근동신화에서 공통적으로 사용되었던 창조의 방식은 다음 네 가지로 구별되는데, 성서는 유독 말씀에 의한 창조를 강조하고 있다고 하였다.[33]

---

32) John H. Steck(2000), 223
33) Ralph L. Smith(1993), 210.

첫째, 어떤 종류의 분리나 활동을 통한 창조이다. 이집트 창조신화에는 대기의 신 슈Shu가 하늘의 여신 누트Nut와 땅의 남신 겝Geb을 분리시켜 하늘과 땅을 만들었다고 한다. 흙을 빚어 인간을 만들었다는 신화는 널리 퍼져 있다.

둘째, 잉태와 출생에 의한 창조이다. 수메르 신화는 하늘과 땅을 품고 있는 남무Nammu 여신으로부터 신들이 태어났고, 세상 만물과 직업들은 그것을 만든 신들의 탄생에서 생겨난 것으로 설명한다. 이집트 신화에서는 신들의 아버지 아툼은 바다에서 솟아 나왔다. 자신의 씨를 삼키고 재채기를 하여서 쌍둥이 오누이 슈(대기)와 테프누트를 내뱉었다. 이들이 부부가 되어 쌍둥이 오누이 게브(하늘)와 누트(땅)를 낳고, 다시 이들이 부부신이 되어 쌍둥이 오누이 오시리스와 이시스를 낳는다.34)

셋째, 투쟁을 통한 창조이다. 바벨론 창조서사시인 〈에누마 엘리쉬〉에서는 마르둑 신이 티아맛과 싸워 이긴 뒤 세계와 인간을 창조한다. 이처럼 혼동이나 괴물의 신과의 투쟁에서 승리하고 세계를 창조한 후에도 혼돈이나 괴물이 창조의 세계를 끊임없이 위협하는 것으로 되어 있다.35)

넷째, 말씀에 의한 창조이다.36) 말씀에 의한 창조는 고도를 발달된 형태의 창조설화이다. 이집트의 헤리오폴리스의 창조신 아툼Atum은 정액과 손으로 만물을 창조하였지만, 후대에 등장하는 멤피스의 창조신화에서는 프타Ptah 신에 속한 하위신들이 프타의 입술이 되어 프타가 각 창조물의 이름을 부르면 곧 그대로 창조되었다고 한다.37) 그러나 여전히 다신론을 극복하지 못했고, 하나님의 직접적인 말씀에 의한 창조와는 그 격이 한참 떨어진다.

---

34) K. C. Davis(2005), 101-102.
35) 성서와 함께(1993), 『보시니 참 좋았더라』(서울: 성서와함께), 31.
36) Ralph L. Smith(1993), 212.
37) 성서와 함께(1993), 33

고대 근동의 신화들과 다르게 창세기에서 우주는 하나님의 창조의 말씀에 의하여 만들어진 새로운 질서로 구성되어 있다고 설명한다.[38] 말씀을 통한 창조가 지니는 신학적인 의미를 살펴보자.

(1) 하나님의 말씀 자체가 사건을 불러일으키는 창조의 능력이다. 성서에서 하나님의 말씀은 아주 특별한 의미를 지닌다. 사람의 말은 말 그대로 말뿐이다. 말이 다 행동으로 옮겨지거나 사건으로 이루어지지 않는다. 그러나 하나님의 말씀은 다르다. 말씀은 실제 존재하는 사물로 간주되었다. 그 말씀은 모두 사건으로 이루어지고 행동으로 옮겨진다.

하나님의 말씀은 단지 말뿐인 것이 아니라 "구체적이고 실제적이며 적극적인 생동하는 사건(Sache)"[39]으로 이루어진다고 믿었다. 말씀을 뜻하는 히브리어 '다바르'(דָּבָר)의 독특한 의미에서도 분명히 드러난다. 다바르는 '말씀'이라는 뜻 외에도 행위나 사건이라는 뜻(창 24:66, 왕상 11:41)기 때문이다.[40]

특히 하나님의 말씀 자체가 생명의 새로운 질서를 창조하고 여러 사건들을 움직이는 힘이며(사 40:26, 48:13, 시 33:6, 147:15-18), 역사를 창조하는 말씀이다(사 9:7, 55:10, 왕상 2:27, 렘 23:29).

> "내 입에서 나가는 말도 헛되이 내게로 돌아오지 아니하고
> 나의 뜻을 이루며 나의 명하여 보낸 일에 형통하리라."(사 55:11)

하나님의 말씀은 인간의 말처럼 말이 말로 끝나는 것이 아니다. 하나님의 말씀을 그 차제가 창조의 능력이기 때문에 그 말씀은 그대로 사건을

---

38) John H. Steck(2000), 241.
39) T. Bomann(1975), 『히브리적 사유와 그리스적 사유의 비교』, 허혁 역(왜관: 분도출판사), 88.
40) T. Bomann(1975), 78.

일으키는 것이다. 그래서 성서는 "나 야웨는 말하고 그것을 행한다"(겔 17:24; 22:14; 36:36, 참조. 24:14, 37:14)고 하였다.

(2) 하나님이 말씀으로 창조하였다는 것은 창조가 하나님의 창조 의지요 하나님의 운명이라는 사실을 의미한다. 세계는 우연히 창조된 것이 결코 아니라는 하나님의 의지와 함께 시작되었다는 것이다. 유출설과 진화론은 이 점에서 창조신앙과 전적으로 다르다. 고대의 유출설은 유일한 신을 현존을 인정하고 그 신적 본질이 우연히 흘러 넘쳐서 세계가 조성되었다고 한다. 유출설은 신의 현존과 본질을 인정하지만 신의 의지가 개입할 여지가 없다. 근대의 진화론 역시 세계는 자연스러운 진화의 우연한 결과이므로 신의 의지와 신의 삶은 배제된다.

틸리히에 의하면 신적인 창조와 신적인 삶은 하나이다. 하나님은 창조를 결단하지 않았다. 창조 자체가 하나님의 영원한 의지요 하나님의 삶 그 자체로서 하나님의 운명이라고 하였다.

"창조는 하나님의 삶 속에 있는 사건이 아니라 바로 그 삶과 동일하다. 창조 는 우연도 아니고 필연도 아니면, 하나님의 운명이다."[41]

(3) 하나님이 말씀으로 천지를 창조하였지만 인간에게는 그 말씀이 위임되었다. 하나님의 말씀은 두 형식으로 되어 있다. "생육하고 번성하라"는 명령과 "선악과를 따먹지 말라"는 명령이다. 하나님께서 하라는 것은 하고, 하지 말라는 것은 하지 말아야 한다는 것이다. 최초의 범죄는 하나님의 이러한 명령에 불복종한 데서 출발한다. 죄가 하나님의 말씀에 대한 불순종이라면 의는 하나님의 말씀에 순종하는 것이 된다. 말씀을

---

41) J. Moltmann(1986),『창조 안에 계시는 하느님』, 108-109.

통해 명령하거나, 이 말씀을 듣고 이에 순종하는 것은 인격적인 존재에게만 가능한 일이다. 말을 통해 우리는 지식과 감정과 의지를 전달하는 것이다.

따라서 말을 주고받을 수 있는 존재만이 지정의를 지닌 인격적인 존재가 되는 것이다. 인격이라는 것은 지정의를 갖추는 것을 뜻하기 때문이다. 우리는 무지하고 어리석은 자를 인격자고 부르지 않는다. 어느 정도 지식과 지혜를 갖춘 자를 인격자라 칭하는 것이다. 그리고 몰인정하고 매정한 사람을 가리켜 인격자라 하지 않는다. 인정이 많고 감정이 풍부한 사람을 인격자라 부르는 것이다. 마찬가지로 악하고 불의한 자를 인격자라 하지 않고 의롭고 선한 사람을 인격자라 하는 것이다. 따라서 인격을 지녔다는 것은 지정의를 골고루 갖춘 사람을 말한다.

성서의 하나님이 인격적인 신인 이유가 바로 여기에 있다. 말씀으로 천지를 창조하시고 말씀을 인간에게 위임하시는 하나님은 말씀으로 존재하시는 하나님이시다.

(4) 요한은 이 태초의 말씀이 육신이 되어 이 땅에 오신 분이 그리스도라고 고백한다.

"태초에 말씀이 계시니라. 이 말씀이 하나님과 함께 계셨으니
이 말씀은 곧 하나님이시니라."(요 1:1)[42]

골로새서의 그리스도 찬가는 말씀이 육신이 되신 이 그리스도 '안에서' 그리스도를 '통해서' 그리스도를 '향해서' 만물이 창조되었다고 노래한다.

---

42) 허호익(2009), 『신앙, 성서, 교회를 위한 기독교 신학』(서울: 동연), 167-168.

"만물이 그에게서 창조되되 하늘과 땅에서

보이는 것들과 보이지 않는 것들과

혹은 왕권들이나 주권들이나 통치자들이나 권세들이나

만물이 다 그로 말미암고 그를 위하여 창조되었고

또한 그가 만물보다 먼저 계시고

만물이 그 안에 함께 섰느니라."(골 1:16-17)

이처럼 말씀이신 그리스도와 삼중적 관계를 통해 만물이 창조된 것이다. 따라서 초대교회의 창조신앙에 따르면 그리스도는 창조의 시원으로 창조의 '창시자'요, 창조의 통로로서 창조의 '유지자'요, 마지막 날에 가서 만물을 그리스도 안에서 화해시키고 새로운 창조를 완성하는 창조의 마지막 '목표자'이기도 하다.[43]

하나님만이 창조(בָּרָא)하실 수 있는 존재이다. 즉, 존재하지 않는 것에 명령하여 존재하도록 하실 수 있다. 그분은 말씀을 통해 "없는 것을 있는 것 같이 부르시는 이"(롬 4:17)시므로 "모든 세계가 하나님의 말씀으로 지어진 줄을 우리가 아는 것"(히 11:3)이다.

---

43) J. Moltmann(1986), 『창조 안에 계시는 하나님』(서울: 대한기독교서회), 250.

03
무로부터 창조하신
하나님

구약성서에서 '창조'로 번역된 원어 '바라'(בָּרָא)는 48번 나오는데 주어는 항상 하나님일 뿐 아니라 이제까지 존재하지 않던 것이 존재하게 된 하나님의 창조와 관련하여서만 사용된 단어이다. 성서의 창조기사는 하나님이 천지를 전혀 힘들이지 않고 아무런 재료도 없이 '절대무로부터 전적으로 새롭게 창조'했다고 고백한다.

그러나 성서와 달리 동시대의 많은 창조신화는 대부분 '유로부터의 창조'를 말하고 있다. 바벨론의 창조신화에는 마르둑 신이 티아맛의 시체를 마른 물고기 쪼개듯 쪼개어 하늘과 땅을 만들었다고 한다. 중국 고대의 반고盤高 신화도 예외가 아니다. 반고의 몸으로 천지가 만들어진 것이다.

"천지가 아직 생기기 전 혼돈 상태가 계속되었다. 혼돈이란 부화되기 전의 달걀과 같은 모양이었다. 때가 이르자 달걀은 깨지고 그 안에서 반고가 태어났다. 또한 달걀과 같은 혼돈의 혼탁한 부분은 땅을 형성했고 맑은 부분은 하늘을 형성했다."44)

"반고가 죽음에 임할 때 그 몸은 큰 변화를 일으켰다. 그의 숨(氣)은 바람과 구름이 되었고, 목소리는 우뢰로 화하였다. 왼쪽 눈은 태양이 되었고, 오른쪽 눈은 달이 되었다. 팔다리와 몸체는 대지의 사방과 동서남북 명산으로 화했다. 피는 강물이 되었고, 근육은 대지를 통하는 길로, 살은 전답으로 화하였다. 머리털과 수염은 밤하늘의 별이 되었고, 몸털은 풀과 나무로 화하였다. 이빨은 돌과 쇠로, 정액과 골수(骨髓)는 보석으로, 땀방울은 비나 이슬로 화했다."[45]

그러나 성서는 다르다. 구약성서는 결코 하나님이 어떤 물질로부터 어떤 것을 창조하였다고 말하지 않는다. '무로부터의 창조creatio ex nihilo'는 마카베오 2서에서 처음으로 명시적으로 등장하지만, 그 의미는 창세기 1장이 이미 함축되어 있는 것으로 보인다.[46]

> "하늘과 땅을 바라보아라.
> 그리고 그 안에 있는 모든 것을 살펴라.
> 하느님께서 무엇인가를 가지고
> 이 모든 것을 만들었다고 생각하지 말아라."(마카베오 하 7:28)

무로부터의 창조는 다음과 같은 신학적 의미를 지닌다.

1) 고대 근동의 신화들에서는 첫 세대의 신들이 '원시의 물(또는 바다)'에서 유래한 것으로 서술한다. 그러나 창세기에서는 하나님은 모든 것이 존재하기 이전에 존재하시며 창조 이전의 존재로 설정한 '원시의 바다'조차 하나님의 창조의 결과로 생겨난 피조물이라고 설명한다.[47]

---

44) 성서와 함께(1993), 67.
45) 성서와 함께(1993), 69. 재인용.
46) Ralph L. Smith(1993), 213; W. Zimmerli, *Old Testament Theology in Outline*, 35; G. von Rad, *Old Testament Theology*, I, 143

천지만물이 바벨론 신화처럼 신들의 투쟁과정에서 생긴 것도 아니다. 희랍 철학자들의 주장처럼 물, 불, 공기, 흙과 같은 만물의 근원적인 실재(arche)가 창조 이전에 존재한 것도 아니며, 신적 본질에서 유출流出하여 생긴 것도 아니다. 동양사상에서처럼 화생化生이나 변전變轉으로 생겨난 것도 아니고, 그리고 현대 과학자들의 주장처럼 진화와 같은 '맹목적 우연'의 산물도 아니다. 창세기에 의하면 만물은 전적으로 하나님의 창조의 산물이라는 전향적인 창조신앙을 고백한 것이다.

2) '무로부터의 창조'는 창조 이전에 긍정적이든 부정적이든 어떤 계기가 있었다거나 사건이 있었다는 전제 자체를 원천적으로 부정한다. 따라서 창조주 하나님은 전적으로 무로부터 창조하셨기 때문에 창조 이전과 창조 이후는 질적으로 다르고 창조와 피조물 사이에는 무한한 심연이 존재하며, 양자는 무한한 질적 차이를 지닌다는 신학적 의미를 함축하고 있다. 다시 말하면 창조의 유일한 원인과 계기는 하나님 자신뿐이며, 모든 피조물의 존재는 전적으로 창조주 하나님에 대해 의존적일 수밖에 없다는 창조신앙의 고백인 것이다.

3) '무로부터의 창조'는 창조가 전적으로 하나님으로부터 비롯되었다는 의미이다.[48] 이는 무에서 만유의 창조를 가능하게 하시는 창조주 하나님의 전능하심을 고백한 것이다. 창조주 하나님은 없는 데서 만물을 있게 하시는 분이며, 불가능한 것을 가능하게 하시는 분이다. 무로부터의 창조는 하나님의 창조가 전적으로 새로운 것을 새롭게 시작하신 하나님의 창조적 능력을 함축한다. 예레미야의 기도는 그 정곡을 지적하고 있다.

---

47) John H. Steck(2000), 241.
48) J. Moltmann(1986), 『창조 안에 계시는 하느님』(서울: 한국신학연구소), 99.

"주 여호와여, 주께서 큰 능과 드신 팔로 천지를 지으셨사오니,

주에게는 능치 못한 일이 없으시니이다."(렘 32:17)

전통적인 신학에서는 절대무와 상대무를 구분한다. 창세기에는 '창조하다'를 뜻하는 '바라'(בָּרָא)와 '만들다'를 뜻하는 '아사'(עָשָׂה)라는 단어를 의도적으로 구분하여 사용한다.[49] 전자는 절대무로부터 '창조'를 의미하며, 후자는 상대적인 무로부터 '창작'을 의미한다. 사람도 재료가 주어진다면 온갖 것을 만들 수 있다. 그러나 아무것도 없는 데서 그 무엇을 만들지는 못한다. 창조적 예술조차도 최소한 화선지나 오선지와 같은 '선재하는 그 무엇이 전제'되어 있어야 하는 것이다. 그러므로 인간의 모든 창작은 상대적인 무를 변용한 제작이나 제조에 지나지 않는다. 그런 의미에서 무로부터의 창조는 '절대무'로부터 세계와 인간을 창조하신 하나님의 절대성을 의미한다.

따라서 하나님을 창조주로 고백하는 것은 하나님의 창조의 무한한 능력을 믿고 의지하는 것이다. 하나님은 그분의 무한한 능력을 믿고 의지하는 자에게 한없는 생명의 능력을 주시는 분이기 때문이다.

"너는 알지 못하였느냐 듣지 못하였느냐

영원하신 하나님 여호와,

땅 끝까지 창조하신 자는 피곤치 아니하시며 곤비치 아니하시며

명철이 한이 없으시며 피곤한 자에게는 능력을 주시며

무능한 자에게는 힘을 더하시나니…

오직 여호와를 앙망하는 자는 새 힘을 얻으리니."(사 40:28-31상)

---

49) J. Moltmann(1986), 96-98.

04
보시기에 선하게 창조하신 하나님

　말씀에 의한 창조는 창조가 하나님의 선한 창조의지의 산물임을 드러 낸다.[50] 하나님이 천지를 말씀으로 창조하였을 뿐만 아니라, 말씀으로 지어진 피조세계가 "하나님의 보시기에 좋았더라"고 하였다(창 1:4, 10, 12, 18, 21, 25). 그리고 천지만물과 인간을 모두 창조하신 후에는 "하나님 이 그 지으신 모든 것을 보시니 보시기에 심히 좋았더라"(창 1:31)고 적고 있다. 여기서 '좋았다' 또는 '선하다'는 의미를 지닌 히브리어 '토브'는 '아 름답다'는 뜻도 포함한다. 따라서 하나님은 이 세상을 하나님 보시기에 선하고 아름답게 창조하신 것이다.

　하나님의 선미善美한 창조는 다음과 같은 신학적 의미를 함축한다.

　1) 창조된 세계가 심히 좋았다는 것은 이 세계가 선하게 창조되었다 는 의미이다. 고대 근동의 메소포타미아와 가나안의 신화들에서 현존한 세상의 질서는 창조자가 무질서의 신들을 이긴 뒤에 형성되고 그 후에도 계속해서 무질서의 신들의 도전을 받고 있어 이 세계는 선과 악이 공존하

---

50) G. von Rad(1981), 53.

는 세계라고 보았다. 신화들에서는 무서운 괴물들이 물 밑이나 바다 밑에 숨어 있다가 인간 세계로 넘어오기도 하지만, 하나님의 말씀에서 바다에는 단지 물고기 종류와 물 밑에서 노니는 생물들만이 있다고 설명한다.[51] 이처럼 창세기에서는 하나님이 창조의 주권으로 현존하는 세계를 창조하였고, 창조 이후에 그의 피조물을 해치는 어떠한 악한 신들이 창조주 하나님과 같이 공존할 수 없다. 이 세계는 '선신과 악신이 투쟁'하는 세계가 아니기 때문에 하나님께서 창조한 이 세상은 궁극적으로 선한 세계라는 고백하는 것이다.[52]

2) 하나님의 선한 창조라는 것은 이 세계를 선하게 창조하신 하나님의 관점에서 볼 때 심히 선미하다는 것을 의미한다. 베스터만은 모든 피조세계는 비록 우리가 보기에는 잔인하고 끔찍한 요소를 지니고 있지만 하나님 보시기에 선하고 아름다운 것이라고 한다.[53] 칼빈은 하나님은 절대 선한 의지를 가지신 분이므로 이 세상의 모든 악을 선으로 바꿀 수 있는 분이라고 하였다. 인간이 보기에 악한 세계라도 하나님은 '모든 것을 합력하여 선하고 아름답게 창조하시는 분'이라는 것을 고백한 것이다.

3) 아퀴나스는 하나님께서 세계와 인간을 창조하신 것은 세계와 인간을 얻기 위함이 아니라, 궁극적으로 세계와 인간을 통해 "하나님 자신의 선미善美하심을 드러내기 위함"이라고 하였다.[54] 인간을 포함하여 "세계는 하나님의 영광을 드러내기 위해 창조"[55]되었기 때문에 피조물들도 하나님의 영광을 드러내고 있으며, 이성적인 인간도 하나님의 선미함에 참여함으로써 하나님께 영광을 돌려 드린다고 하였다. 성경에는 '여호와

---

51) John H. Steck(2000), 242.
52) John H. Steck(2000), 241-242.
53) C. Westermann(1998), 『창세기 주석』(서울: 한들), 34.
54) T. Aquinas, *Sth* I, q. 44, a. 4.
55) 조정헌(1988), 『창조론』(왜관: 분도출판사), 197.

의 영광'이라는 관용적 표현이 61번 등장하고, '주의 영광'은 36번 등장한다. "사람의 제일 되는 목적은 하나님을 영화롭게 하고 영원토록 그를 즐거워하는 것"이라고 한 「요리문답」의 첫 번째 문답도 이런 배경에서 이해되어야 한다.

4) 칼 바르트는 선한 창조는 하나님의 친밀하심과 선하신 의지에 따라 하나님의 은혜 가운데서 창조되었다는 의미라고 한다. "피조물은 그처럼 근본적으로 친밀하게 은혜에서 창조되었다."[56] 창조 자체가 무한한 하나님의 은혜로운 말씀의 결과인 것이다. 그러므로 인간이 하나님의 말씀에 귀 기울일 때 인간은 새 생명을 얻고 그 생명을 풍성히, 그리고 영원히 누리는 것이다(요 10:10).

---

56) K. Barth, *Kirchliche Dogmatik*, III/I, 122.

05

신은 존재하는가?
누가 참 신인가?

창세기는 마르둑 신이 천지와 인간을 창조하였는가 아니면 야웨 하나님이 천지와 인간을 창조하였는가 하는 질문을 전제하고 있다. 그리고 야웨가 천지와 인간을 창조했다는 전향적인 창조신앙을 고백하였다.

그러나 고대 이후로 지금까지 많은 사람들은 "신이 실제로 존재하는가"라는 질문에 매달려 있다. 그동안 많은 사상가들이 신의 존재를 이성적으로 증명하려고 시도해 왔다. 그리하여 토마스 아퀴나스의 우주론적 신 존재 증명과 목적론적 신 존재 증명, 안셀름의 존재론적 신 존재 증명 그리고 칸트의 도덕적 신 존재 증명의 방식들이 논의되어 왔다.[57] 한편으로는 신의 부재를 이성적으로 반증하려는 무신론도 여러 형태로 주장되었다. 그리하여 포이에르바흐Feuerbach의 인간학적 무신론, 마르크스의 사회정치적 무신론, 프로이트의 심리학적 무신론, 니체의 형이상학적 무신론, 카뮈의 반항적 무신론이 제기되었다.[58]

그러나 이스라엘 백성들은 하나님이 존재하느냐 존재하지 않느냐는

---

57) N. Geisler(1982), 『종교철학개론』(서울: 기독교문사), 91-266.
58) S. P. Schilling(1982), 『무신론시대의 하나님』(서울: 대한기독교서회).

것을 문제 삼지 않았다. "그들은 세상이 하나님의 의하여 창조되었다는 것을 믿어야 한다고 명시적으로 말할 필요가 없었는데, 이것을 그들의 사고의 전제였기 때문이다."[59] 그들은 "누가 하나님이냐?" 즉, "야웨가 하나님이냐? 바알이 하나님이냐?"(왕상 18:21 참조)에 관심을 더 집중한다. 그리고 야웨가 할 수 있는 일과 바알이 할 수 있는 일을 비교한다.

이스라엘의 대적자들이 "네 하나님이 어디 있느냐?"(시 42:3)고 조롱할 때에도 그들은 그가 어디에 계시는지를 알려 하지 않고, 그의 도우시는 힘이 어떻게 나타나는지에 관해 알려고 하였다. 하나님에 관하여 의심이 생겨났을 때에도(습 1:12) 그들은 "하나님께서 과연 존재하시는가?"라고 묻지 않고 한결같이 어느 신이 우리를 사랑하고 우리를 인도하고 우리를 도울 수 있느냐고 묻는다. "그 신이 우리를 위해 무엇을 하실 수 있는가?"를 물었다(시 14편, 비교 10:4, 11).[60] 참 신이냐 아니냐의 문제도 신이 무엇을 할 수 있느냐 하는, 그의 능력의 성격에 따라 좌우된다고 믿었다.

> "우리 하느님은 하늘에 계시어 원하시는 모든 일을 하실 수 있다.
> 이방인들이 섬기는 우상은 사람이 은붙이, 금붙이로 만든 것,
> 입이 있어도 말을 못하고 눈이 있어도 보지 못하고
> 귀가 있어도 듣지 못하고 코가 있어도 맡지 못하고
> 손이 있어도 만지지 못하고 발이 있어도 걷지 못하고
> 목구멍이 있어도 소리를 내지 못한다.
> 이런 것을 만들고 의지하는 자들도 모두 그와 같으리라.
> 이스라엘 문중아, 야웨를 의지하여라.

---

59) R. Smith(2005), 208.
60) W. H. Schmidt(1988), 405.

그는 방패가 되어 너희를 도와주신다. …

높은 사람 낮은 사람 가리지 않고

야웨를 경외하는 자들에게 축복을 내리시리라.

너희와 너희 후손은 번성의 축복을 야웨께 받아라.

하늘과 땅을 만드신 야웨께 축복을 받아라."(시 115:3-15, 공동번역)

야웨 하나님이 참으로 진실하신지, 생명의 위협에 처한 인간에게 사랑을 베푸시는지, 그리고 하나님을 의지하는 자를 도울 수 있는지 없는지가 그들의 신앙의 근거가 되었다.

"내가 산을 향하여 눈을 들리라. 나의 도움이 어디서 올꼬?

나의 도움이 천지를 지으신 여호와에게서로다."(시 121:1-2)

"아사가 그의 하나님 여호와께 부르짖어 이르되

여호와여 힘이 강한 자와 약한 자 사이에는

주밖에 도와줄 이가 없사오니

우리 하나님 여호와여 우리를 도우소서."(대하 14:11)

그리고 그들은 하나님의 존재를 사색하기보다 하나님의 도우심을 현실적으로 체험하고 믿으며, 새로운 인생과 새로운 역사를 만들어 나갔다. 하나님은 사랑으로 돕는 능력이 있는 자로 고백되었다.

이처럼 창세기는 하나님의 전능하심에 따라 무로부터 창조하시고, 하나님께서 보시기 좋았듯이 선하게 아름답게 창조하시고, 하나님의 자유로운 의지에 따라 말씀으로 창조하였다고 고백한다.

제3장

자연의 새 질서를
창조하신 하나님

"히브리의 창조관은 하나님을 자연과 분리시키고

자연으로부터 인간을 구분한다.

이것은 마력을 풀어 놓는 시작이다."

(하비 콕스, 『세속도시』)

01

창조와
생명의 새로운 질서

창세기 기자는 창조주 하나님에 대한 신앙을 하나님께서 6일 동안 천지 만물을 창조했다고 직관적으로, 문자적으로 기록하여 우리에게 전승하였다. 따라서 현대인들이 이 기록을 이해하려면 슐라이어마허가 『해석학과 비평』에서 지적한 것처럼 '저자와 독자 사이의 공감'이 이루어져야 한다. 다시 말하면 창세기 기자들의 창조주 신앙에 대한 신앙적 공감대가 형성되어야 한다.[1] 그러한 공감대를 형성하려면 6일 동안의 창조 사건에 대한 문자적 의미 배후의 창조주 하나님에 대한 신앙과 창세기 저자들이 고백한 창조의 새로운 질서에 대한 신앙을 공감할 수 있어야 하는 것이다.

창세기는 하나님이 천지를 창조하신 후 존재하게 된 생명의 새로운 질서를 묘사하고 있다. 창조 이전과 이후의 상태가 확연히 구분된다. 창조 이전의 상태는 이렇게 묘사된다.

---

1) F. Schleiermacher(2000), 『해석학과 비평: 신약성서와의 특별한 관계를 중심으로』 (서울: 철학과현실).

"땅이 혼돈하고 공허하며 흑암이 깊음 위에 있고

하나님의 신은 수면에 운행하시니라."(창 1:2)

하나님께서 태초에 깊은 물을 가르신다. '원시의 물primordial vaters'
을 갈라 하늘 위의 공간과 땅의 바다에 가두어 놓으신다. 혼돈하고 황량
한 곳을 질서 있는 공간으로 조성하신다. 어둠 속에서 빛이 생겨나고, 하
늘과 땅과 물이 생겨났다.

그리고 하늘에는 해와 달과 별이 생기고, 공중에는 각종 조류들로 가
득 차게 된다. 물속에는 각종 어류로, 땅에는 온갖 식물과 동물 그리고
인간으로 충만하게 된 것이다.

창세기 1장 3-31절을 보면 하나님의 창조 방식은 "빛과 어두움을 나
누고"(1:3-5. cf. 14. 18)과 "깊은 물들을 궁창으로 가르시고"(1:6-8)과 "하
늘 아래 물들이 한곳에 모으시는"(1:9-10) 것으로 설명한다. 나누고, 가
르고, 모아 놓아 생긴 공간에 하나님께서 만물을 질서 있게 배열하신 후
사람을 만드신 것이다(1:16. 26. cf. 27).

이처럼 혼돈으로부터 조성된 창조의 새 질서는 "체계적으로 잘 짜여
진 질서 있는 공간"이다(시 33:4-9, 65:5-13, 74:12-17, 89:5-18, 136:4-9,
148:1). 생명의 새로운 질서가 확립된 것이다.

첫째 날: 빛과 어두움 ↔ **넷째 날**: 천체(해, 달, 별)

둘째 날: 창공과 물 ↔ **다섯째 날**: 조류와 어류

셋째 날: 땅과 식물 ↔ **여섯째 날**: 육상 동물과 인간(남녀)

일곱째 날: 생명의 안식

그리고 마지막으로 생명의 참된 안식이 창조된 것이다.

창조의 의미는 창조 이전 상태와 비교할 때 분명히 드러난다. 창조 이전의 상태를 '혼돈과 공허와 흑암'이라고 하였다. 이는 창조 이후의 '질서와 충만과 광명'과 대조를 이룬다. 창조를 통해 생명의 새로운 질서가 등장하게 된다. 생명의 참된 가치는 하나님이 베푸시는 질서와 충만과 광명 안에서 발휘되기 때문이다.

창조 이전의 상태		창조 이후의 상태(생명의 새로운 질서)
혼돈(tohu)	→	질서: 보시기에 심히 좋았더라(1:31)
공허(bohu)	→	충만: 생육, 번성, 땅에 충만하라(1:28)
깊은 흑암(thehum)	→	광명: 빛이 있으라(1:3)

1) 하나님은 혼돈에서 질서를 창조하신다. 하나님의 창조행위를 통해 모든 우주와 생명의 혼돈과 무질서가 질서 잡힌 것이다. 빛과 어두움, 하늘과 바다와 땅, 그리고 하늘의 해, 달, 별과 새, 바다의 물고기, 땅의 식물과 동물, 마지막으로 인간이 생명의 새 질서 안에 자리매김한다. 이 질서는 좋은 것이기에 창조 후 하나님은 "보시기에 심히 좋았더라"고 하신 것이다. 하나님은 우주와 생명의 질서를 세우시고 지키시는 분이시기 때문이다.

2) 하나님은 우주의 공허와 생명의 허무에서 충만과 충일을 창조하신다. 허무와 공허로 텅 비어 황량한 곳에 삼라만상으로 가득 채우신다. 그리고 그것들은 모두 하나님 보시기에 좋은 것이며, 심히 좋은 것들이다. 하나님은 마지막으로 인간을 지으시고 "그들에게 복을 주시며 그들에게 이르시되 생육하고 번성하여 땅에 충만하라"(창 1:28)고 하셨다. 하나님은 "헛되고 헛되며 헛되고 헛되니 모든 것이 헛되도다"(전 1:2)라고 탄식하는 공허한 인생들에게 생명의 "기쁨과 평강을 믿음 안에서 충만케 하

시는"(롬 15:13) 분이시다.

3) 하나님은 흑암 가운데서 광명을 창조하신다. 흑암 가운데서 "빛이 있으라" 하시니 빛이 있게 되어 순식간에 어둠과 빛이 갈라지게 된 것이다. 하나님 자신이 빛이시므로, 그에게는 어두움이 전혀 없으시다(요일 1:5). 죄와 악의 흑암 중에 행하던 백성이 생명의 큰 빛을 보게 된 것이다(사 9:2). 하나님의 아들로 오신 예수는 이렇게 말씀하신다. "나는 세상의 빛이니 나를 따르는 자는 어두움에 다니지 아니하고 생명의 빛을 얻으리라"(요 8:12).

창조 이전과 창조 이후의 상태를 비교할 때 창세기는 우주와 만물과 생명의 기원에 대한 관심보다도, 생명의 새로운 질서와 영원한 영적 가치에 관심이 집중되어 있음을 알 수 있다.

하나님을 창조주로 고백한다는 것은 실존적인 혼돈과 공허와 흑암 속에서 돌이켜 삶의 새 질서와 충만함과 광명을 되찾아 새로운 피조물로 거듭나는 것을 의미한다. 생명의 참된 가치를 상실한 옛 사람은 사라지고 삶의 영원한 가치를 발견한 새 사람으로 창조되었음을 고백하는 것이다(고후 5:18).

생명의 새로운 질서는 궁극적으로 '생명의 위협'에 처해 있는 이스라엘 백성에게 '생명의 축복'을 약속하는 말씀으로 고백되었다. 따라서 성서학자들은 창세기를 두 가지 창조 이야기로 구분한다. 첫 번째 창조 이야기(창 1:1-2:4)에서 창조 이전 상태는 온통 물로 가득 찬 곳이었던 바벨론에서의 홍수 범람의 상황을 반영하고, 두 번째 창조 이야기(창 2:4-25)에서 창조 이전 상태는 풀 한 포기 나지 않은 메마른 땅이었던 가나안에서의 한발의 상황을 반영한다고 설명한다. 따라서 창조는 생명을 위협하는 홍수와 한발을 제거하고 생명의 풍요를 누릴 수 있는 새로운 생명의 질서를 만든 것으로 묘사한다는 것이다.

브루지만은 창세기의 기본적인 관심이 '생명의 위협'에 대한 하나님의 '생명 보존의 선언'이라고 설명하였다. 약소민족 이스라엘 백성들이 바벨론 제국의 식민지 포로민으로 겪게 되는 여러 가지 생명의 위협을 반영한다는 것이다. 그들은 약소민족으로서 나라가 망하여 더 이상 국가 재건의 희망도 가지지 못하였으며, 바벨론의 포로로 잡혀가 정착촌을 벗어날 수 없는 유민留民의 신세가 되었으며, 강대국의 정치적 억압과 경제적 착취와 민족적 차별에 처하여 있었다. 이러한 역사적 배경에 비추어 보면 하나님은 인간을 자기 형상으로 지으시고 축복하신 말씀의 의미가 더욱 분명해진다.

> **생육하라**: 더 이상 약소민족이 되지 않을 것이다.
>
> **번성하라**: 더 이상 패망하지 않을 것이다.
>
> **온 땅에 퍼지라**: 더 이상 유민留民이 되지 않을 것이다.
>
> **정복하라**: 더 이상 억압당하지 않을 것이다.
>
> **다스려라**: 더 이상 착취당하지 않을 것이다.[2]

하나님이 천지와 인간을 창조하셨다는 창세기의 고백은 하나님이 생명을 위협하는 모든 것을 제거하고 생명의 참된 가치를 실현하시는 생명의 새 질서를 세우시는 생명의 주인이심을 선포한 것이라고 할 수 있다.

---

2) W. Brueggemann and H. W. Wloff(1979), 『구약성서의 중심사상』(서울: 대한기독교출판사), 18.

02
자연의 신격화와
자연의 비신성화

1) 고대 근동종교와 자연의 신격화

하나님께서 천지만물과 인간을 창조하였다는 창세기의 창조신앙은, 생명을 위협에 처해 있는 이스라엘 백성에게 생명의 축복을 주시기 위해 하나님과 자연과 인간 사이의 새로운 생명의 질서를 마련했음을 고백한 것을 의미한다. 이러한 창조주 하나님에 대한 신앙은 무엇보다도 우주에 있어서 자연과 인간의 위치를 새롭게 설정한 혁명적인 자연관을 함축하고 있다.

고대 근동 문명권에서는 예외 없이 천체天體를 숭배하여 신격화하였으며, 별들의 주기적 운행이 개인의 운명을 결정한다고 믿었다.[3] 애굽에서는 최고신으로서 태양신 레Re와 달신 나나Nana를 숭배하였다. 수메르의 최고신 아누Anu도 태양신이며, 신이라는 보통명사 딩기르Dingir는 '밝은' 또는 '빛나는'이라는 뜻이다. 제우스Zeus(Dios, Deos) 역시 '밝은',

---

3) G. von Rad(1981), 『창세기』(서울: 한국신학연구소), 58.

'낮(dies)', '비추다(div)'를 의미한다.[4] 가나안에서는 일월성신뿐만 아니라 목석을 숭배하기도 하였다. "나무를 향하여 너는 나의 아비라 하며 돌을 향하여 너는 나를 낳았다"(렘 2:27)고 하였던 것이다.

특히 북왕국 이스라엘이 서기전 722년 앗시리아 제국에 의해 멸망된 후 남왕국 유다 왕 아하스(서기전 735-715)는 앗시리아의 환심을 사기 위해 앗시리아 제국의 태양신상을 예루살렘과 각 성읍과 산당에 세워 분향하였다(대하 28:3). 므낫세 시대(서기전 687-642)에는 여호와의 성전 두 마당에 하늘의 일월성신日月星辰의 단을 쌓고 일월성신을 숭배하며 섬긴 것에 대하여 하나님이 진노하셨다는 기록(왕하 17:16, 참조 대하 33:3-6, 렘 8:2, 단 8:10)으로 보아, 이러한 천체숭배는 야웨신앙의 큰 위협이 되었다.[5]

무엇보다도 바벨론 신화에서는 이러한 천체숭배와 자연의 신격화가 요일 명으로 채택되어 일상화되어 있었다. 서기전 30~28세기에 수메르에서는 자연현상을 신격화한 주요한 일곱 신이 등장한다. 수메르 사람들은 이 일곱 신의 이름에 따라 날의 이름을 지었다. '태양신의 날', '달신의 날' 하는 식으로 부른 것이다. 그래서 일곱 날이 한 주기가 되어 큰 신들의 이름이 반복되는 시스템을 만들어 요일 명으로 삼았다. 일곱 신들의 날이 순환되는 '일주일'의 체계를 통해 자연을 신성화하는 천체숭배가 일상화되어 있었던 것이다.

이러한 '7일 시스템'의 전통은 워낙 견고하여 로마 시대로 이어졌다. 비록 이 일곱 신의 이름은 시대에 다라 조금씩 바뀌지만, 그들의 권위는 바벨론과 앗시리아 시대에도 변하지 않았다.[6] 로마는 로마식으로 이 체

---

4) M. Eliade(1996), 『종교형태론』(서울: 한길사), 129, 145, 162. 엘리아데는 최초의 신은 천신이었다고 한다.
5) 황성일(2006), "구약의 신들", 「광신논단」 15집, 36.
6) 조철수(1996), 『수메르 신화 1』(서울: 서해문집), 39; 주원준(2012), 『구약성경과 신

계를 '토착화'했다. 대응하는 로마 신들의 이름으로 일곱 날의 이름을 붙인 것이다. 그래서 '화, 금, 수, 목, 월, 일, 토'(Mars, Venus, Mercury, Jupiter, Moon, Sun, Saturn)의 '로마식 일주일 체계'를 사용했다.

토(土)=Saturn, 대기신(엔릴)

일(日)=Sol, 태양신 우투(샤마쉬)

월(月)=Lina, 달신(난나, 씬)

화(火)=Mars, 에라

수(水)=Mercury, 지하수신(엔키, 에아)

목(木)=Jupiter, 마르둑

금(金)=Venus, 금성(인인나, 이쉬타르)[7]

오랜 역사를 거치며 이 신들의 순서는 조금씩 바뀌어 유럽에서 정착되었고, 일본인들의 번역을 거쳐 우리나라도 '월화수목금토일' 체계를 사용한다.[8] 오늘날 우리는 이렇게 고대 근동 신들의 이름으로 날을 지칭하며 살고 있다.[9]

유일하신 창조주 신앙을 견지하고 있던 이스라엘 백성들은 요일 명에 등장하는 일곱 신에 대한 천체숭배의 일상화를 도저히 용납할 수 없었다. 그리고 그러한 요일 명을 입에 담는 것 자체가 우상숭배라고 여겼을 것이다. 따라서 유일신론적인 새로운 요일체계의 필요성이 절실하였다. 그래서 창세기 1장에서는 7일간의 창조를 고백하면서, 신명을 요일화한 것

들: 고대 근동신화와 고대 이스라엘의 영성』(서울: 한님성서연구소), 88-89

7) 조철수(2000), 『메소포타미아와 히브리 신화』(서울: 길), 57.

8) 조철수(1996), 47.

9) 주원준(2012), 『구약성경과 신들: 고대 근동신화와 고대 이스라엘의 영성』(서울: 한님성서연구소), 89.

과 전적으로 다른 대안적 요일 명을 제시한다. 그것이 첫째 날, 둘째 날…
로 표기한 이유이다.

> "저녁이 되며 아침이 되니 이는 첫째 날이니라…
>
> 저녁이 되며 아침이 되니 이는 둘째 날이니라…
>
> 저녁이 되며 아침이 되니 이는 셋째 날이니라…
>
> 저녁이 되며 아침이 되니 이는 넷째 날이니라…
>
> 저녁이 되며 아침이 되니 이는 다섯째 날이니라…
>
> 저녁이 되며 아침이 되니 이는 여섯째 날이니라…
>
> 그 지으시던 일이 다하므로 일곱째 날에 안식하시니라."(창 1:1-2:1)

이러한 창세기의 창조신관에 따라 현재 이스라엘인들은 지금도 일주
일의 이름을 월요일, 화요일이 아니라 '첫째 날', '둘째 날' 식으로 부른다
고 한다. 무슬림도 이런 체계를 사용한다.

그리고 창세기에는 특히 일곱째 날에 대해서는 다음과 같이 고백한다.

> "하나님이 일곱째 날을 복 주사 거룩하게 하셨으니
>
> 이는 하나님이 그 창조하시며 만드시던 모든 일을 마치시고
>
> 이 날에 안식하셨음이더라(창 2:1)

'안식'을 뜻하는 히브리어 '솨바트'(שָׁבַת)는 '쉬다'의 뜻이다. 아카디안
어로 '사바투sapattu'는 한 달의 중간에 들어 있는 보름날을 뜻하며, "신들
의 마음을 진정시키는 날"로 여겼다. 그러나 창세기는 제7일이 하나님의
안식일이라고 선언한다. 신들의 마음을 진정시키는 날이 아니라 하나님
이 인간을 비롯한 모든 피조물에게 자유롭게 쉬며 하나님의 안식에 참여

하도록 하신 날이다. 그리고 바벨론 월력에서는 7일, 14일, 21일, 28일은 액일厄日이라고 하였다.[10] 그러나 창세기는 제7일은 하나님의 안식에 참가하는 날이며 '복되고 거룩한 날'이라고 하였다.[11]

2) 창조신관과 자연의 비신성화

(1) 고대 근동에서는 하늘을 인격화 또는 신격화하여 하늘에 제물을 바치거나 하늘에 대고 맹세하는 민간신앙이 널리 퍼져 있었다. 그러나 이러한 숭배의 대상으로서의 하늘의 신격화를 구약성서는 배격한다. 창세기의 창조신앙은 단호하게 "하나님이 두 큰 광명을 만드사 큰 광명으로 낮을 주관하게 하시고 작은 광명으로 밤을 주관하게 하시며 또 별을 만드셨다"(창 1:16)고 선포하였다. 태양신 레Re와 월신 나나Nana의 신격神格은 탈락되고 의도적으로 인간을 비추는 '큰 빛과 작은 빛'이라고 표현함으로써 천체숭배의 성격을 배제한 것이다.[12]

무엇보다도 해와 달뿐 아니라 "하늘 위의 하늘"도 하나님의 피조물로서 하나님의 영광을 드러내고 찬양하기 위해 창조되었다.

> "해와 달아, 주님을 찬양하여라.
> 빛나는 별들아, 모두 다 주님을 찬양하여라.
> 하늘 위의 하늘아, 주님을 찬양하여라.
> 하늘 위에 있는 물아, 주님을 찬양하여라.
> 너희가 주의 명을 따라서 창조되었으니,

---

10) H. Linggren(1990), 『이스라엘 종교사』(서울: 성바오로출판사), 267.
11) 주원준(2012), 90.
12) 성서와함께(1993), 『보시니 참 좋았더라』(서울: 성서와함께), 53

너희는 그 이름을 찬양하여라.

너희에게 영원히 있을 자리를 정하여 주시고,

지켜야 할 법칙을 주셨다."(시 148:3-5)

(2) 셈족들에게 해, 달, 별은 수메르 시대부터 대제국의 주신主神들이었다. 태양은 신이었고, 별들이 인간의 생사화복의 운명을 지배한다고 여겼다. 그러나 성서는 해, 달, 별이 더 이상 신성을 지닌 신적 존재가 아니며, 인간의 운명의 주관자가 될 수 없음을 선언한다.13) 그러나 성서는 창조주 하나님께서 지키기 때문에 해도 달도 우리를 해칠 수 없다고 선언한다.

"주님은 너를 지키시는 분

주님은 너의 그늘 네 오른쪽에 계시다.

낮에는 해도, 밤에는 달도 너를 해치지 않으리라."(시 121:5-6)

그리고 해와 달과 별은 사람들의 운명을 지배하거나 숭배를 받기 위한 존재가 아니라, 사람들에게 단지 시간을 알려 주고 방향을 알려 주기를 위한 도구로서 하늘에 매달려 있을 뿐이라고 고백한다.

"그분께서 시간을 정하도록 달을 만드시고

제가 질 곳을 아는 해를 만드셨네."(시 104:19)

(3) 고대의 모든 종교들이 예외 없이 신격화시킨 이 '하늘' 역시 그 신

---

13) 일월성신 숭배에 대한 비판은 신명기 41:9, 예레미야 10:2, 욥기 3:26-17을 참고할 것.

격이 탈락되었다. 하나님이 창조한 '공간으로서의 하늘'은 단지 하나님이 계신 장소로만 이해된다. 하나님은 "하늘에 좌정하신 분"(시 2:4)이시고, "주님의 옥좌는 하늘에"(시 11:4) 있다. 솔로몬이 예루살렘에 성전을 지은 후 남긴 '솔로몬의 기도'(왕상 8:22-53)에서 이러한 하늘 개념이 잘 드러난다.[14)]

> "부디 당신께서는 계시는 곳 하늘에서 들어 주십시오…
> 당신께서는 하늘에서 들으시고 행동하시어…
> 당신께서는 하늘에서 들으시고
> 당신 백성 이스라엘의 죄를 용서하시어…."(왕상 8:30-34)

이처럼 구약성경의 저자는 하늘이 인격화되는 표현을 삼간다. 고대 근동의 종교심을 고려할 때, 인격화된 하늘은 곧장 신격화되기 쉽기 때문이다. 그래서 '하늘이 말하였다'고 표현하는 대신에 '하늘에서 하느님이 말씀하셨다'고 표현하는 것을 선호한다(느 9:3). 같은 이유로 '하늘이 심판한다'보다는 "당신께서 하늘로부터 심판을 선포하시니"로 표현한다(시 76:9).[15)]

이렇게 하늘을 장소로 이해한 까닭은 하늘이 하나님의 피조물이기 때문이다. 하나님의 명령으로 하늘은 열리기도 하고 닫히기도 한다(신 11:17, 왕상 8:35). 왜냐하면 하늘을 창조하신 분 그분께서 하나님이시기 때문이다(사 45:18, 시 8:4, 33:6, 잠 3:19, 8:27, 느 9:6).

(4) 구약성경의 저자들이 하늘을 비롯한 해와 달과 별 등의 천체나 자연현상에 대한 '의식적인 탈신화화'를 수행했던 것이다.[16)]

---

14) 주원준(2012), 46-47.
15) 주원준(2012), 48-49.

자연현상의 신격의 상실은 히브리어의 한 특징이 되었다.17) 예컨대 곡식의 신 다간Dagan은 단순히 '곡식'을 의미하고, 포도주의 신 티르수 Tirsu는 '포도주'를 의미하며, 바다의 여신 티아맛Tiamat은 창세기 1장 2절에서 단지 '흑암의 깊음'을 뜻하게 된 것이다.

하나님이 천지만물을 창조하였다는 것은 자연의 비신성화非神聖化와 비마성화非魔性化의 선언이다. 인간은 최근세까지 자연의 엄청난 위력 앞에 원시적 공포와 두려움을 느껴 왔다. 특히 성서시대의 평균적인 의식을 반영하는 원시 자연종교는 홍수와 한발, 비와 바람과 같은 자연의 위력을 두려워하고 숭배하였다. 자연의 위대한 마성적인 힘이 인간의 생명을 위협하고 인간의 운명을 좌우한다고 믿었다. 그러나 성서는 창조신관이 자연을 신성시하거나 마성시하는 것을 거부한다.

창세기 1장은 해, 달, 별과 같은 바벨론의 큰 신들을 한낱 피조물로 만들어 버렸다. 야웨 하나님은 대제국 바벨론에서 신으로 섬기는 천체들을 단 나흘 만에 친히 '만드신 분'이라고 고백한다. 바벨론 왕과 백성들에게는 아무리 그들의 신들의 권능이 대단해 보여도, 그것들은 그저 하나님의 피조물일 뿐이라고 선언한 것이다. 바벨론의 포로민으로 잡혀갔던 약소국 이스라엘의 사제계열 학자들은 이렇게 전향적인 신관을 대담하게 고백한 것이다.

(5) 이 점을 가장 명백히 밝힌 이는 하비 콕스이다. 그는 『세속도시』에서 "히브리의 창조관은 하나님으로부터 자연을 분리시키고, 자연으로부터 인간을 구분한다. 이것은 마력을 풀어놓는 시작이다"18)라고 하였다. 자연은 더 이상 인간의 생명을 위협하는 마력을 지닌 신적인 존재가

---

16) 주원준(2012), 49

17) G. H. Livingston(1990), 『모세오경의 문화적 배경』(서울: 기독교문서선교회), 248-249.

18) H. Cox(1971), 『세속도시』(서울: 대한기독교서회), 33.

될 수 없다.

몰트만 역시 "자연을 하나님의 창조로 이해하는 것은 자연을 신적인 것으로 보지 않고 악마적인 것으로도 보지 않고 오히려 '세계'로 파악함을 뜻한다"[19]라고 하였다. 자연현상은 단지 하나님의 피조세계에 지나지 않는다. 그러므로 인간은 더 이상 하나님의 피조물인 자연을 경배하거나 두려워해야 할 이유가 없다. 그리고 창세기는 세계가 인간을 위하여 창조되었다는 인상을 주기 때문에 인간은 비신화화된 세계 그 자체를 자유롭게 탐구할 수 있게 된 것이다.

"성서의 창조신앙은 적어도 세계를 '비신격화시키고, 비악마화시켰으며, 이방세계의 터부를 깨트리고' 그럼으로써 세계를 인간에게 맡기지 않았는가? 하나님과 '그의 손의 사역'으로 창조된 세계, 이 둘을 엄격히 구분함으로써 세계는 속화되었으며, 세계에 대한 인간의 연구가 자유로운 연구가 가능하지 않았는가?"[20]

이러한 기독교의 자연관을 배경으로 서구에서는 자연과학이 발전하여 오늘날과 같은 물질문명을 이룩하게 되었다. 아울러 인간 역시 피조물로 여겨졌기 때문에 인간에 대한 과학적 탐구와 해부학이 가능하였고 그리하여 현대의학으로 발전하게 된 것이다.

---

19) J. Moltmann(1986),『창조 안에 계신 하나님』(서울: 한국신학연구소), 56.
20) J. Moltmann(1986), 46-47.

03

자연숭배와
자연에 대한 통치권

1) 고대 근동의 자연숭배와 점성술

하늘의 현상은 언제나 인간이 경외심을 가지는 대상이었다. 고대 근동의 신화들에는 해와 달과 별과 같은 천체현상을 신격화하였고 이처럼 신격화된 천체현상이 인간을 지배한다는 의식이 강하였다. 특히 천체 중에서 시시때때로 변하는 별자리가 인간의 운명뿐 아니라 집단이나 국가의 운명을 결정한다는 천체숭배 사상에서 점성술이라는 민간신앙이 생겨나게 된 것이다.[21]

점성술Astrology이란 단어는 그리스어로 별을 뜻하는 'Astron'과 로고스Logos의 합성어로서, 별자리를 탐구한다는 뜻으로 천상의 돌발적인 현상이 지상에 미치는 영향을 살피는 기술이다. 점성술은 크게 천계의 변화가 지상에 영향을 미친다는 천변天變 점성술과 개인이 태어난 때의 해·달·행성들의 위치 관계에 따라 개인의 운명을 점치는 숙명 점성술이

---

21) John H. Steck(2000), 『구약신학』(서울: 솔로몬), 241.

있다고 한다.22)

　점성술은 서기전 3000년경에 메소포타미아에서 시작된 것으로 알려져 있다. 신들은 그들과 연관된 행성과 항성의 천체현상을 통해 자신들의 의지를 드러낸다고 믿었다. 어느 특정 행성에 부여된 천체의 흉악한 전조들은 행성이 표현하는 신의 불만 또는 소동의 징후로 보았다. 이러한 징후들은 신을 달래려는 시도와 그리고 신들의 표현이 왕과 그의 국가에 미치는 중대한 손해 없이 현실화될 수 있는 손쉬운 방법을 찾을 필요가 생겨난 것이다.23)

　이집트인들도 간접적으로 점성술의 발전에 공헌했다. 이들은 12개월을 각각 30일로 하고 연말에 5일을 덧붙이는 방식으로 달력을 만들었고, 훗날 그리스인들은 이 달력을 받아들여 천체 관측을 위한 표준으로 삼았다. 이집트인들은 별이 총총한 하늘을 시계로 이용하기 위해서 10일 간격으로 뜨는 밝은 별 36개를 선정했고, 각각의 별이 각각의 시간을 주관하는 영靈으로 생각했다. 훗날 이 별들은 12개의 상징들로 세분된 12궁도十二宮圖에 들어갔다.24)

　서양의 천문학과 점성술이 몽골 시대에 아라비아의 영향을 받아 중국에 전래되었을 때 그 자료들이 중국 점성술 체계에 통합되었다. 중국에서도 수 세기 동안 아기가 태어날 때나 인생의 중요한 시기에 천궁도를 가지고 점을 치는 것이 보편적인 관습이었다. 삼국지의 제갈량이 이 분야의 전문가로 나온다. 그는 별이 떨어지는 것을 보고 생사를 바로 안다.

　영어에서 불행이나 재앙을 뜻하는 'disaster'는 희랍어로 '나쁜 별'이라는 의미이고, '유행성 감기'를 뜻하는 'influenza'는 이탈리아어로 '별

---

22) 이현덕(2007), 『점성술: 고대부터 현재까지』(서울: 아스트롤로지아).
23) "점성술의 역사", http://ko.wikipedia.org.
24) "점성술", http://100.daum.net.

의 감응력'이란 의미이며, 영어의 숙고하다의 뜻인 'consider'는 '행성과 함께'라는 뜻이다. 이처럼 점성술은 인류 역사에 큰 영향을 끼쳐 왔다.

아직도 우리 주변에 있는 사주팔자를 보는 것이 세시풍습으로 이어져 오고 있는데, 사주팔자四柱八字를 따지는 사주명리학은 중국 당나라를 통해 우리나라에 들어왔다. 사주四柱는 태어난 '년·월·일·시'인데, 이를 갑자甲子, 을축乙丑과 같은 육십갑자로 치환하면 여덟 개의 문자, 즉 팔자八字된다. 이 팔자를 분석해 그 속에 있는 음양陰陽과 오행(木火土金水)이 얼마나 있는가를 살피고, 이를 다시 그 사람이 처한 시간과 공간이 어떠한 음양오행 상태인지를 알아내어 그 조화의 상생상극의 관계를 따져 개인의 생사화복의 운명을 판단하는 것이다. 명리학은 우주를 꿰뚫어 본 진리가 아니라 변화무쌍한 자연과 불확실한 미래를 두려워한 인간이 미래를 미리 예측하여 불행을 미연에 방지하고자 했던 바람으로 만들어 낸 산물인 것이다.

이지함李之菡(1517-78)이 저술했다는 『토정비결』은 사주四柱 중에서 생시生時를 제외하고 생년월일만으로 상중하上中下 3괘를 만드는 것이 그 형식적 차이이며, 역시 인간의 길흉화복을 중심으로 괘사가 꾸며져 있다. 월별月別의 길흉을 모두 6,480구로 풀어 놓고 있다. 9세기에 급속히 민간에 유포되어 세시풍속으로까지 정착된 것은 그 당대에 대한 사회심리학적인 분석을 필요로 한다고 할 수 있다.

점성술에 대한 신학적 비판은 어거스틴의 『고백론』 제4권에서 잘 나타나 있다. 어거스틴 자신이 9년 동안 마니교와 점성술에 유혹되어 속고 속이는 생활을 하였음을 고백한다. 마니교의 근본적인 가르침은 선악 간의 운명이 미리 정해져 있다는 숙명론에 기초해 있다. 그래서 어거스틴은 죄를 짓는 것도 이러한 운명의 결과인가 하는 문제를 해결하기 위해 마니교와 점성술에 심취하였던 것이다. 그의 고백을 들어보자.

"점성가들은 나에게 이렇게 말했습니다. '네가 죄를 짓게 된 것도 하늘이 준 운명적인 일이기 때문에 별 수 없다.' 그리고 이런 말도 하였습니다. '금성 아니면 토성이나 화성이 시킨 일이다.' 그러므로 피와 살밖에 없는 인간에게는 아무 책임도 없고 하늘과 별을 지은 조물주에게 있다는 것입니다."[25]

결국 이러한 숙명론과 점성술의 모순과 문제점을 세 가지 사례를 들어 거부한다.

첫째, 그의 친구 파르미누스가 자기 아버지에게서 들은 이야기라면서 자신이 태어난 같은 시간에 자신의 집 하녀도 아이를 낳았다는 이야기를 듣는다. 어거스틴은 두 아이가 별 자리가 똑 같은 순간에 태어났다면 운명도 같아야 하는데, "결국 한 아이는 귀족의 아들로, 한 아이는 노예의 자식으로 태어나" 서로 운명이 다른 것으로 보아 점성술을 더 이상 신뢰할 수 없게 되었다고 고백하였다.[26]

둘째, 쌍둥이의 경우 두 "아이가 태어나는 시간 차이가 다소 있었다 하더라도 사람의 관찰로써 별 자리의 차이"는 없으므로 같은 운명이어야 하는데 그렇지 않다고 하였다. 그 실례로서 "에서와 야곱의 경우를 보라"고 하였다.[27] 따라서 사람들은 점성술에 의해 속고 속이고 있다고 주장하였다.

셋째, 어거스틴은 16세 때에 친구들과 복숭아를 훔친 일의 동기를 분석하면서 그것이 불가피한 운명이었는지를 따진다. 마니교는 태초부터 우주에 빛과 어둠이 있듯이 선신과 악신이 있다고 가르치고 점성술에는 인간의 운명을 좌우하듯이 인간의 선악도 좌우한다고 하였다. 그러나 어

---

25) Augustine, *The Confessions*, IV, 3.
26) Augustine, *The Confessions*, VII, 6.
27) Augustine, *The Confessions*, VII, 6.

거스틴은 자신의 경험으로 볼 때 배가 고파서 운명적으로 복숭아를 훔친 것이 아니었다고 고백한다. 그래서 어거스틴은 자신이 봉숭아를 탐낸 것은 불가피한 운명이나, 자연적인 무지에서 비롯된 것이 아니라는 사실을 깨달았다. 그래서 선한 의지가 마비되어 죄악을 즐기는 것이 죄의 뿌리라고 여긴 것이다. 그래서 "내가 탐낸 것은 과일 맛이 아니라, 죄악의 달콤한 맛이었다"라고 고백하였다.[28]

따라서 창세기의 창조기사는 천체숭배나 점성술과 같은 민간신앙을 통해 자연이 인간을 지배한다는 그 당시의 평균적인 자연관을 거부한다. 인간에게 자연은 다스리고 정복하도록 위임한 것이 하나님의 창조질서라는 창조신앙을 통해 새로운 대안적이고 전향적인 자연관으로 제시한 것이다.

2) 인간에게 자연에 대한 통치권 위임

창세기는 자연이 인간을 지배하던 원시 자연종교의 질서를 인간이 자연을 다스리고 지배하는 창조적인 새 질서로 바꾸어 놓았다. 하나님이 천지만물을 창조한 다음, 마지막으로 하나님의 형상으로 인간을 지으시고, 그리고 인간에게 천지만물을 다스리도록 위임하였기 때문이다.

> "하나님이 그들에게 복을 주시며 그들에게 이르시되
> 생육하고 번성하여 땅에 충만하라,
> 땅을 정복하라,
> 바다의 고기와 공중의 새와 땅에
> 움직이는 모든 생물을 다스리라."(창 1:28)

---

28) Augustine, *The Confessions*, II, 4.

(1) 점성술의 기본적인 논리는 자연현상이 인간의 운명을 지배한다는 것이다. 그러나 창세기는 하늘에는 크고 작은 빛들이 별들과 함께 땅을 비추고 밤낮과 계절을 구분하게 하는 하나님의 피조물에 지나지 않는다. 해·달·별은 그 신성과 마성을 상실하였으므로 더 이상 인간의 운명을 지배할 수 없게 되었다.[29] 그것들은 더 이상 인간의 숭배 대상과 인간의 운명을 주관하는 세력도 될 수 없다. 인간이 비로소 자연의 몰인정하고 우연한 운명의 손아귀에서 벗어나 하나님의 섭리 안에서 참으로 자유할 수 있게 된 것이다.

(2) 인간은 자연의 마성적 위협에서 해방되었을 뿐만 아니라 자연을 다스리고 정복함으로써 자연을 통해 인간의 삶을 풍요롭게 할 수 있는 새 질서가 생겨나게 되었다. 인간은 비인격적인 자연을 숭배하는 대신 인격적인 창조주 하나님만을 섬기게 되었고, 그 대신 비인격적인 자연은 인간의 지배와 관리와 돌봄의 대상이 된 것이다.

(3) 창세기는 고대 근동의 원시 자연종교의 자연숭배 사상을 정면에서 거부한다. 해·달·별의 신격은 탈락되고 일체의 자연현상이 창조주 하나님의 피조물로 비신성화·비마성화되어 더 이상 숭배의 대상이 되지 못한다. 그대신 모든 자연을 '다스리고 정복하라'는 명령에 따라 인간이 자연을 정복하도록 위임받았다고 주장한다. 콕스는 『세속도시』에서 창세기는 자연을 비신성화했을 뿐 아니라 땅에 대한 지배를 인간에게 위탁하였다고 말한다. 따라서 세속화와 도시화뿐만 하니라 기술화와 문명화는 하나님이 인간에 위탁한 일을 수행하는 것으로 긍정하였다. 자연숭배 신앙에서 자연정복 사상으로 나아가지 않으며 기술화와 문명화가 어렵다고 여긴 것이다.

---

29) G. H. Livingston(1990), 34.

"아직도 세상을 거룩한 곳으로 보거나, 자연을 선한 세력이나 마귀의 거주지로 보고 빌거나 달래야 할 대상으로 이해하는 곳에서는 기술화가 이루어질 수 없다. 신앙의 대상과 자연 세계를 확실히 분리하는 것은 기술적 변화를 이루는 데 꼭 필요한 준비이다."[30]

(4) 우주 안에서의 자연과 인간의 위상의 전환이 이루어진 것이다. 창세기에 기초한 자연의 비신성화로 인하여 인류는 자연과 인체의 원시적 마성을 제거하고 그것을 거리낌 없는 탐구의 대상으로 삼게 되었다. 그리하여 자연을 신성시 여긴 동양문화보다 자연을 비신성화한 서양 기독교문화에서 자연과학과 의학이 발달하게 되었다.

(5) 동양에서는 자연뿐만 아니라 인체도 신성시하여 사체의 해부를 금기시하였다. 결과적으로 해부학에 기초한 의학의 발전이 크게 저조하게 된 것이 사실이다. 현대문명의 풍요로움은 이처럼 서구의 물질문명과 의학의 발전이 가져다 준 가장 큰 혜택이다. 이러한 혜택은 기독교 창조신앙에 기초한 자연의 비신성화로 인해 가능하게 된 것임을 부정할 수 없을 것이다.

---

30) 장도곤(2002), 『예수 중심의 생태신학』(서울: 대한기독교서회), 43 재인용.

04
생태계의 위기와
창조보전의 책임

1) 우리 시대의 생태위기와 생명의 위협

창세기가 기록될 당시에는 홍수와 한발과 같은 자연의 위력과, 인간의 운명을 지배하는 자연의 마력이 초래한 온갖 생명의 위협이 문제 상황이었다. 그러나 오늘날은 문명의 발전을 위해 자연을 무절제하게 파괴하고 오염시켜 생태계의 위기를 초래한 것이 생명을 위협하는 심각한 문제 상황으로 새롭게 대두되었다.

생태계의 위기는 인구의 증가와 산업화와 도시화 과정에서 인간이 자연의 착취자가 되어 생태계의 파괴와 오염을 확산시킨 결과이다.31) 멜더스는 『인구론』(1798)에서 모든 생물집단은 식량증가보다 더 빨리 증식하기 때문에 생존경쟁이 치열해진다고 하였다. 그리하여 300년 후에는 식량은 13배 증가하지만 인구는 4,096배로 증가할 것으로 예측하였다. 식량은 산술급수적으로 늘어나지만 인구는 기하급수적으로 늘어날 것

---

31) 김균진(1991), 『생태학의 위기와 신학』(서울: 대한기독교서회), 33-54.

을 경고하고, 그 대안으로 부국강병책과 인구억제책을 제시하였다.[32]

목사였던 아담 스미스는 멜더스의 문제제기에는 동감하였지만, 그 해결 방식으로서의 전쟁이나 질병을 통한 인구억제는 하나님의 뜻에 위배된다고 여겼다. 그리하여 생산성을 향상시킬 새로운 대안으로 분업을 제안하였다. 못을 제조할 때 한 사람이 18공정을 모두 담당하면 하루에 10~20개밖에 만들지 못하지만, 10명이 이를 분업하면 1인당 2,400개 이상을 제조할 수 있다고 하였다.[33]

분업은 산업화와 도시화를 촉발하는 계기가 되었다. 분업으로 기술이 숙달되고 기술의 축적이 가능하였다. 그리하여 생산성 향상을 위한 기계화와 동력화의 마인드가 확산되어 산업화를 가속하고 대량생산과 대량소비의 사회를 도래하게 하였다.

산업혁명 이후의 대량생산 구조로 자연자원의 대량착취가 불가피하였고, 화석에너지 사용이 폭발적으로 증가하였다. 대량생산은 대량소비를 부추기고, 대량생산과 소비에 비례하여 자원 고갈과 환경 파괴의 악순환이 계속되어 오염과 공해가 양산된 것이다.

결과적으로 엠페도클레스Empedocles(서기전 492-432)가 주장한 만물의 4원소인 물(수자원 고갈과 수질오염), 불(핵연료 폐기물), 흙(토양오염), 공기(대기오염)의 오염으로 인해 지구 온난화, 해수면 상승, 열대 산림의 파괴와 사막화 그리고 오존층 파괴와 엘리뇨 현상 등 지구의 재난이 현실로 다가온 것이다.

무엇보다도 하나님이 창조하신 창조질서의 보존이 심각한 신학적 문제로 제기되었다. 그도 그럴 것이 생태계의 파괴와 오염으로 200만 종의 생물종 중에서 매일 하나의 종이 멸종하고 있기 때문이다.[34]

---

32) 유시민(1992), 『부자의 경제학 빈자의 경제학』(서울: 푸른나무), 38-58.
33) 유시민(1992), 28-29.

1948년 창립된 세계자연보전연맹(IUCN)에서는 '멸종 위기에 처한 동식물 보고서'(RED LIST)를 발표하고 있는데, 최근 보고에 의하면 조류는 8종 중에서 1종이 멸종에 처해 있고, 포유류는 4종 중에 1종이 멸종에 처해 있다. 그리고 양서류는 3종 중에서 1종이, 해양거북은 7종 중에서 6종이 멸종에 처해 있다. 식물도 예외는 아닌데 특히 침엽수 4종 중에서 1종이 멸종위기에 처해 있는 실정이다.[35]

따라서 2만 934종의 동식물이 세계자연보전연맹(IUCN)의 멸종위기 목록에 올랐고 경제협력개발기구(OECD)는 2050년까지 전 세계 생물의 10%가 사라질 것으로 전망한다. 지구 전체적으로 보면 1970~2005년 사이에 생물개체군은 약 33%가 감소한 것으로 나타났다.[36] 이처럼 시간이 지날수록 멸종위기에 처하는 생명체들이 늘어가고 있는 실정이다.

2) 자연정복의 재해석과 자연친화 및 창조보전의 책임

생태계의 위기로 하나님이 창조한 인간을 포함한 무수한 생명들이 생존의 위기와 함께 멸종의 위협 앞에 놓이게 된 것이다. "피조물이 다 이제까지 함께 탄식하며 함께 고통하는 것"(롬 8:22)이 눈앞의 현실로 다가온 것을 직시하게 된 것이다. 이처럼 생태계의 위기로 인해 멸종위기종이 늘어나는 것 자체가 신학적 위기로 인식하게 된 것이다. 그리하여 신학자들은 자연을 정복하고 다스리라는 창조의 명령을 다시 검토하게 되었다.[37]

---

34) 세계개혁교회연맹(1989), 『정의 평화 창조질서의 보존』(서울: 대한기독교서회), 213-214.
35) 이찬우, "생물다양성 보존, 지구의 미래 위한 것", 「경남도민일보」, 2013. 4. 23.
36) 정성희, "노아의 경고", 「동아일보」, 2014. 4. 8.
37) J. Moltmann(1986), 35-71.

생태계의 위기의 신학적 원인은 "생육하고 번성하여 땅에 충만하라. 땅을 정복하라. … 모든 생물을 다스리라"(창 1:28)는 명령을 인간 중심적으로 일방적으로 해석한 데에서 기인한다.38)

(1) "땅을 정복하고 다스리라"는 말을 일방적으로 해석하여 인간이 자연을 이용하기 위하여 자연을 착취하고 파괴하는 것마저 정당화하는 방향으로 나아가게 되었다. 그리하여 자연의 마성적 지배로부터 해방된 인간이 이제는 자연의 폭군적 지배자가 되어 버린 것이다.

하나님이 천지를 창조하고 이를 인간에게 위임하였다는 것은 자연에 대한 인간의 권리와 동시에 자연에 대한 인간의 책임을 선언한 것이다. 그러나 기독교에 기초한 서구문명은 자연에 대한 인간의 권리만 강조하고 그 책임을 약화시켰다.

(2) "정복하고 다스리라"는 명령이 "생육하고 번성하여 땅에 충만하라"는 명령 다음에 주어진 것이라는 점을 착안하여야 한다. 생육과 번성을 위하여 자연을 적절히 이용하라는 명령이다. 자연을 정복하고 다스려서 인간의 번영은 고사하고 인간의 생존조차 위협할 정도로 자연을 파괴하거나 착취하는 것이 "자연을 정복하고 다스리라"는 하나님의 명령의 본의가 아님이 분명하다.

(3) 자연의 정복과 통치는 인간에게 주어진 하나님의 축복인데, 자연의 정복과 통치의 결과가 자연생태계를 파괴하고 그 안에 거하는 인간의 생존을 위협한다면 그것은 축복이 아니라 오히려 저주가 될 것이다. 따라서 자연을 파괴하는 것은 하나님의 창조의 선한 의지와도 위배되는 것이다.

(4) "정복하고 다스리라"에 해당하는 히브리어 '카바쉬(כָּבַשׁ)'와 라다

---

38) 김균진(1991), 100-107.

(רדה)'는 '관리와 돌봄'의 뜻으로 해석되어야 한다는 주장이 제기되었다.[39] 정복하고 다스리라는 말씀은 착취하고 파괴하여 자연을 훼손하라는 하나님의 명령이 아니라, 에덴동산을 잘 관리하고 돌봄을 통해 자연을 적절히 활용하고 새로운 생명의 창조질서를 보존하라는 하나님의 위임으로 해석해야 한다는 것이다. 하나님이 천지를 창조하시고 인간에게 그 통치를 위임한 것은 인간이 자연을 하나님의 선한 의지에 따라 선하게 활용하라는 것이며, 하나님이 보시기에 참 좋은 창조질서로 계속 보존하라는 명령인 것이다.

이처럼 최근의 세계 신학계는 하나님이 태초에 인간에게 자연의 관리권을 위임한 것을 새롭게 이해하게 되었다. 그리하여 창조의 보존을 기독교인들이 지향하여야 할 최고의 규범으로 제시하고 있다. 개인적으로 예수를 영접하는 신앙의 결단을 통해 복음화를 이루는 '개인구원'이나, 삶의 질을 향상하기 위해 사회 구조악을 혁파하고 인간화를 지향하는 '사회구원'보다도, 생태계의 위기를 극복하고 창조의 보존을 지향하는 '생태구원'의 필요성이 더 강조되고 있다.[40]

창세기가 기록될 당시에는 자연정복 사상이 자연숭배의 평균적 의식을 극복할 수 있는 대안으로서 그 시대의 앞선 생각이었다. 구약성서시대에는 자연의 마성화와 신성화로 인해 자연의 위력을 두려워하고 천체가 인간의 운명을 지배한다고 믿었기 때문에 인간의 생존과 자유로운 삶이 위협받았다. 그래서 창세기는 '인간에 대한 자연의 지배'를 거부하고 땅에 대한 지배를 인간에게 위탁한 것이다.

하지만 그동안 도시화와 산업화 과정에서 자연정복이라는 미명하게

---

39) J. Moltmann(1986), 46-47. 특히 창세기 2:15과 관련하여 지배의 명령이 아니라 "돌보고 유지하라"는 관리의 명령으로 이해해야 한다.
40) 서남동(1970), "생태학적 신학 서설",「기독교사상」11월호, 84.

자연을 마구 파헤치고 착취하여 그 결과 지구촌의 생태위기로 온 인류가 생존의 위협을 받고 있다. 따라서 생태파괴를 부추기는 자연정복 사상의 문제점이 새롭게 제기되고, 자연친화사상이 새로운 대안으로 요청된다. 자연친화란 달리 말하면, '자연과의 화해', 또는 '자연과 함께함', '사람과 땅 사이의 코이노니아'라고도 볼 수 있다. 모든 피조물과 인간이 공생적인 친화 관계를 이루어야 한다는 사상이다.

그리고 진화론이냐 창조론이냐는 생명의 기원에 대한 현학적인 질문보다 하나밖에 없는 지구의 모든 살아 있는 생명이 위협받고 있는 생태계의 위기의 현실을 직시하고 그 신앙적 대안을 마련해야 할 새로운 과제가 주어진 것이다. 그리하여 생태구원의 필요성이 제기되고 자연친화적인 신앙의 필요성이 제기된 것이다.

이런 배경에서 땅에 대한 인간의 지배에 성서적 근거가 된 '다스리고 정복하라'는 명령의 의미를 이러한 생태적인 위기 상황에 적용하여 새롭게 해석한다. 본문이 기록된 당시에는 자연숭배가 생명을 위협하는 상황에서 본문이 '자연정복을 의미하였지만' 오늘날 상황에서 본문이 무엇을 의미하는지 다시 묻게 되고 다스리고 정복하라는 명령을 '돌보고 보살피라'는 청지기적 위탁의 자연친화적인 의미로 해석하게 되는 것이다.

우리의 옛 농부들은 논두렁에 콩알을 세 개씩 심었다고 한다. 하나는 땅 속의 벌레나 땅 짐승이 먹고, 다른 하나는 자라서 공중의 새들이나 들 짐승이 먹고, 나머지 하나가 자란 것만 농부가 먹겠다는 생각에서였다고 한다. 생명 있는 모든 것은 더불어 살며 나누어 먹어야 한다는 정신이다.

그러나 오만하고 탐욕스러운 인간이 모든 소출을 최대한 늘리고 그것을 저 혼자서 독식獨食하기 위하여 과학의 도움을 받아 농약과 비료를 만든 것이다. 벌레와 곤충 같은 미물마저도 자신의 농산물을 먹지 못하게 하려고 엄청난 농약을 쏟아 붓고 이로 인해 산성화되어 지력이 떨어지자 이제는 땅에다 엄청난 비료를 쏟아 부었다. 대량생산이라는 명분하에 잔류 농약으로 오염된 농작물을 양산하고 땅과 물과 생명 있는 모든 것은 잔류 농약의 맹독으로 인해 힘이 다하여 서서히 썩어 가고 죽어 가고 있는 것이다.

해충과 익충이라는 것도 인간의 편견에 지나지 않는다. 자연의 생태계에서는 모두가 더불어 살아야 할 생명들인 것이다. 해충을 제거하려고 막대한 농약을 뿌리다 보니 생태계의 오염으로 모든 생명 있는 것이 생존의 위협을 받게 된 것이다.

예수시대의 세례 요한은 평생 소유하고 소비한 것은 약대 털옷과 가죽 띠와 메뚜기와 석청이었다(마 3:4). 그에 비해 우리는 너무 많은 것을 소유하고 소비하고 있다. 인간과 체중이 비슷한 양이 자연상태에서 소비하는 에너지의 40배를 인간이 소비하고 있다고 한다. 산업혁명 이후 대량생산과 소비를 부추겨 인간이 생산하고 소유하고 소비하는 그만큼 자원이 고갈되고 생태계의 파괴와 오염과 공해를 가중하는 것이다.

특히 IMF시대의 경제위기를 맞이한 현실을 비추어 볼 때, 많이 소유하고 많이 소비하는 것이 편리한 것이긴 하지만 더 이상 미덕일 수는 없다는 것을 자각하여야 한다. 따라서 많이 소유하고 많이 소비할 것을 미덕으로 부추기는 자본주의의 물신숭배는 우리 시대의 악령이요, 새로운 유행의 신제품이라는 이름으로 필요 이상의 소비를 부추기며 성적 모티브로 치장한 현란한 상품 광고는 우리 시대의 사탄의 유혹인 것을 알아야 할 것이다.

자연보호운동은 쓰레기를 줍거나 쓰레기를 효과적으로 줄이는 소극적인 방법으로는 그 한계가 있다. 한번 쓰레기는 영원한 쓰레기이기 때문이다. 따라서 적게 소유하고 적게 소비하려는 철저한 창조신앙적 결단이 요청된다.

제4장

하나님의 형상과 생기로
남녀를 창조하신 하나님

"여호와 하나님이 땅의 흙으로 사람을 지으시고
생기를 그 코에 불어넣으시니 사람이 생령이 되니라."

(창세기 2:7)

01
고대 근동신화의 인간관과
창세기의 인간 이해

창세기 1장에서는 인간 창조에 대하여 다음과 같이 고백하고 있다.

"하나님이 자기 형상, 곧 하나님의 형상대로 사람을 창조하시되
남자와 여자를 창조하시고."(창 1:27)

놀랍게도 십계명의 제2계명은 신의 형상을 만들지 못하게 금하고 있다. 위로 하늘에 있는 것이나 아래로 땅에 있는 것이나 땅 아래 물속에 있는 것의 아무 형상이든지 만들지 못하게 한 것이다(출 20:4). 그럼에도 불구하고 인간에게만 하나님의 형상이 부여되었다고 한다.[1]

1) 이집트의 왕조신화와 하나님의 형상으로 창조된 인간

그렇다면 도대체 신의 형상(Imago Dei)이 무엇인가? 일찍이 이레네우

---

[1] 허호익(2003), 『현대조직신학의 이해』(서울: 대한기독교서회). 이 주제에 관한 자세한 내용은 제2장 "하나님의 형상론의 관계론적 이해"를 참고할 것.

스Irenaeus 이래로 "우리의 형상을 따라 우리의 모양대로 우리가 사람을 만들고"(창 1:26)라는 구절에 근거하여 '형상'(צֶלֶם)과 '모습'(דְּמוּת)을 각각 라틴어로 '이마고imago'와 '시밀리튜드similitude'로 번역하였다. 그리고 양자의 의미를 구분하여 형상은 이성과 인격과 같은 인간의 자연적 특질을 말하며, 모습은 초자연적 은총을 통해 주어지는 영적 차원을 말한다고 하였다.[2] 그러나 최근의 성서학자들은 형상과 모습은 동의어의 반복을 나타내는 히브리 어법이지 내용적으로 다른 특징이라고 볼 수 없다고 말한다.[3]

어떤 신학자들은 하나님의 형상은 인간에게만 주어진 이성과 양심과 같은 내적·정신적·영적 특징을 나타낸다고 하였으나, 인간의 외형적·신체적인 유사성까지 포함한다는 반론도 제기되었다. 최근에는 구약성서시대에는 인간의 육체적인 영역과 영적인 영역을 이처럼 날카롭게 구분하지 않았으므로 하나님의 형상은 영육을 포함하는 인간의 전인성全人性을 표상하는 것으로 보아야 한다는 것으로 뜻이 모아지고 있다.[4]

'형상'으로 번역한 히브리어 '첼렘'(צֶלֶם)의 사례와 용법에 대한 고고학적 연구결과, 이 단어는 현대적 의미인 이미지image와는 전혀 다른 의미를 함축하고 있음이 밝혀졌다. 베스터만C. Westermann은 이집트의 궁정문서에는 왕을 '태양신 레의 형상image of Re'이라 표현한 것이 빈번히 등장한다고 하였다.[5] 슈미트W. H. Schmidt에 의하면 이집트 제4왕조(서기전 2600-2450경) 때부터 왕은 태어나면서부터 신의 아들로 임명되어 왕으로 즉위함으로써 신성을 획득하고, 죽는 순간 완전한 신이 된다고 믿

---

2) J. Moltmann(1986), 『창조 안에 계신 하나님』(서울: 한국신학연구소), 273.
3) G. von Rad(1981), 『창세기』(서울: 한국신학연구소), 60.
4) G. J. Wenham(1987), *Genesis 1-15*, WBC Vol. 1(Waco, Texas: Word Books), 27.
5) C. Westermann(1984), *Genesis 1-11*, tr. J. J. Scullion(Minneapolis: Augsburg Pub.), 152-153.

었다고 한다. 이처럼 왕은 신의 형상으로 표현되었다.[6] 그래서 신이 된 왕을 위해 미라와 피라미드를 건축하기 시작하였다.

그리고 왕들이 몸소 행차할 수 없는 지방에는 그들의 통치권에 대한 상징으로서 왕의 초상을 세웠는데 이를 '왕의 형상'이라고 하였다. 변방 지역에 그의 통치의 대리자인 봉신을 임명할 때에도 왕의 형상을 그곳에 보내어 그 지역이 왕의 통치영역이며, 봉신은 그의 통치의 대리자임을 표상하게 하였다. 이러한 이집트 왕조신학적인 배경에서 볼 때 신의 형상을 지닌 자는 "신의 통치를 대리하는 자이며, 동시에 신의 영광을 반사하는 자"를 의미하는 것이 분명하다.[7]

성서가 말하는 하나님의 형상도 통치의 위임과 관련되어 있음을 알 수 있다. 하나님이 인간을 자신의 형상으로 창조하시고 "그들에게 복을 주시며 생육하고 번성하여 땅에 충만하라 땅을 정복하라. … 모든 생물을 다스리라"(창 1:28)고 명하였다. 따라서 몰트만은 "하나님의 형상으로서의 사람은 땅 위에서 하나님을 대리하며, 그를 닮음으로 하나님을 반사한다"[8]라고 하였다.

이런 배경에서 폰 라트는 "인간은 존귀하신 하나님의 표징으로서 하나님의 모습을 가지고 지상에 세워졌다. 인간은 참으로 지상에 대한 하나님의 통치권을 보존하고 강화하도록 촉구받은 하나님의 대리자다"[9]라고 하였다. 하나님의 형상은 인간의 정신적 본질과 육체적 형태의 우아함을 포함하며, 통치의 대리뿐만 아니라 하나님이 인간에게 부여한 영광을 지칭한다고 하였다.

---

6) W. H. Schmidt(1988), 『역사로 본 구약성서』(서울: 나눔사), 272-273.
7) W. H. Schmidt(1967), *Die Schöpfungsgeschichte der Priesterschrift*, Neukirche, 2 Aufl, 139.
8) J. Moltmann(1986), 261.
9) G. von Rad(1981), 62-63.

"저를 천사보다 조금 못하게 하시고

영화와 존귀로 관을 씌우셨나이다."(시 8:5)

　이집트의 파라오처럼 왕만이 신의 형상을 독점한 자라는 평균적 의식
이 활개 치는 시대에 창세기는 남녀 모든 인간이 하나님의 형상으로 창조
되었다고 선언한 것이다. 하나님의 형상으로 지음 받은 남녀 인간이라는
성서의 메시지는 전향적인 인간관을 함축하고 있다.

　(1) 이집트와 바벨론에서 신의 형상을 독점한 한 사람의 절대군주에
의해 생존이 위협받는 상황에서 이스라엘 백성들은 억압과 착취의 노예
로 살면서 하나님이 모든 인간을 하나님의 형상으로 창조했다고 선언하
였다. 이는 사람이 사람을 지배할 수 없으며, 모두가 평등하게 창조되었
음을 의미한다. 어거스틴은 하나님이 인간을 자기 형상으로 창조한 후
모든 동물을 다스리게 한 것은 인간에 대한 인간의 지배의 금지를 포함한
다고 하였다.

　"사람이 비이성적인 피조물 이외의 것을 다스리는 것은 하나님의 뜻이 아니
었다. 즉, 사람은 사람을 다스리지 말고 짐승들을 다스리라고 하셨다. 그래서
원시시대의 의인들은 인간을 사회의 왕으로 만들지 않고 양치는 목자로 만들
었다고 하였다."10)

　당시의 평균적인 형상론은 왕만이 신의 형상으로 창조되었고, 신의
대리 통치자로서 절대권력과 영광을 누린다는 제정일치제에 입각한 절
대군주제의 엄격한 신화이다. 그러나 성서는 이러한 반민주적이고 불평

---

10) Augustine, *City of God*, V. xix, 15.

등한 왕정을 거부한다. 왕만이 아니라 모든 인간, 심지어 남자뿐만 아니라 숫자에도 포함되지 않았던 여자도 하나님의 형상으로 창조되었다는 선언이다.

따라서 왕들만이 특권과 기득권, 존귀와 영광을 누리는 것이 아니다. 하나님의 형상을 지닌 모든 인간이 동등한 권한과 영광을 누리며, 억압과 착취의 위협 없이 평등하고 민주적인 생명의 새 질서들 속에서 살도록 창조된 것이다.

(2) 플라톤은 인간의 근원적인 차별을 신의 창조원리라고 주장하였다. 신神이 사람을 만들 때 어떤 사람에게는 금을 혼합하였고, 그 밖에 다른 사람에게는 은을 혼합하였고, 장인匠人이나 농부가 될 나머지 사람에게는 청동과 쇠를 넣었다.[11] 모든 남자와 여자가 하나님의 형상으로 평등하고 존엄하게 창조되었다는 창세기의 인간 창조 이해와 달리 플라톤은 인간의 원천적인 차별성을 창조론적으로 정당화한 것이다. 플라톤조차도 당시의 관습에 따라 남녀를 차별하고, 야만인은 인간 취급도 하지 않았으며, 무식한 민중을 무시하고, 노예를 착취하는 것을 당연히 여긴 것은 그 역시 당대의 평균적인 생각을 뛰어넘지 못했다는 사실을 분명히 보여 준다.

이처럼 고대 근동신화들에서는 신들의 대리인으로 신들의 영역에 참여하는 왕들을 제외한 모든 인간은 신들의 도시를 섬기는 노예로 창조된 것으로 묘사하지만, 창세기는 인간은 땅 위에 사는 동안 하나님의 형상을 간직한 존재로서 모든 피조물을 창조주의 뜻에 따라 다스리는 통치의 대리자로 인정된다.[12]

(3) 성서에서는 하나님과 왕과의 관계보다 하나님과 민족 전체와의

---

11) Aristoteles(1995), 『정치학 · 시학』(서울: 삼성출판사), 82.
12) John H. Steck(2000), 『구약신학』(서울: 솔로몬), 241.

관계를 훨씬 더 강조한다. 신의 형상이나 신의 아들이라는 칭호는 백성 전체에게 적용된다.[13] 특정한 개인에게만 신의 형상이 주어져 절대적 왕권을 향유한다는 천자天子사상을 거부한다. 남녀를 포함한 모든 인간이 신의 형상으로 지음 받은 존귀한 자들이며, 그들이 바로 택함받은 하나님의 백성들의 계약공동체라는 의미에서 천민天民사상과 선민選民사상을 천명한다. 모든 사람이 하나님의 형상을 공유함으로써 서로를 돕고 더불어 살도록 창조된 것이다.

(4) 하나님의 형상으로 창조되었다는 것은 인간의 인권과 그 존엄성의 신적인 기원을 표상한다. 사람이 사람을 지배할 수 없는 것은 하나님이 모든 인간에게 동등하게 자신의 형상을 부여하였기 때문이다. 따라서 인간에게는 자기 자신의 생명을 파괴할 권리나 다른 사람의 생명을 함부로 해칠 권리가 없다는 것도 거듭 강조되고 있다(창 4:10, 9:6, 출 20:13, 신 5:17). 약한 자를 학대하고 가난한 자를 착취하거나 무고한 사람의 피를 흘리는 것은 하나님에 대한 반역이요, 그것 자체가 신성모독임을 선언한 것이다.

"가난한 사람을 학대하는 자는 그를 지으신 이를 멸시하는 자요,
궁핍한 사람을 불쌍히 여기는 자는 주를 존경하는 자니라."(잠 14:31)

"무릇 사람의 피를 흘리면 사람이 그 피를 흘릴 것이니
이는 하나님이 자기 형상대로 사람을 지었음이니라."(창 9:6)

(5) 하나님의 형상은 또한 하나님과의 관계의 능력이기도 하다. 인간

---

13) W. H. Schmidt(1988), 282.

이 하나님의 형상을 지녔다는 것은 인간이 하나님과의 인격적 관계를 맺을 수 있는 존재로 창조되었다는 의미이다. 바르트K. Barth는 하나님의 형상을 관계의 유비analogia relationis로 해석하였다.14) 특히 본회퍼는 하나님의 형상을 자유와 관계의 개념으로 설정하였다. 본회퍼의 자유 관계의 형상론에 의하면 하나님의 형상으로 주어진 관계마저도 인간 자신의 능력이나 가능성이나 인간 존재의 구조가 아니라, 오히려 그것은 '선물로 주어진 관계'이다. 따라서 하나님의 축복으로 주어진 은사인 하나님의 형상을 통해 인간은 하나님과의 수직적 사귐, 인간과의 수평적인 사귐, 세계와의 순환적 사귐을 가지게 되었다.15) 그리고 하나의 관계가 단절되면 다른 관계도 단절된다. 하나님을 잃으며 형제를 잃고, 하나님이 없고 형제를 잃으며, 인간은 대지(자연)를 잃는다. 그 역으로 인간이 대지를 상실하면 하나님과 형제를 상실한다.

"인간이 하나님을 잃으면 필연적으로 다른 하나도 잃게 된다. 하나님이 없고 형제가 없으면 인간은 대지를 잃는다. 그러나 인간은 대지에 대한 통치권을 감상적으로 두려워하다가 하나님과 형제를 상실하여 버렸다. 하나님과 형제와 대지는 모두 하나님에 속한 것이다. 그러나 한 번 땅을 상실한 자에게는, 한가운데 살고 있는 우리 인간에게는 하나님과 형제에게로 가는 길 외에는 대지를 향해 돌아갈 수 있는 다른 길은 전혀 없다. 인간이 대지를 향하여 가는 길은 실로 근원에서부터 하나님이 인간에게로 오는 길로서만 가능한 것이다. 하나님과 형제가 인간에게로 오는 곳에서만 인간은 대지로 돌아가는 길을 찾을 수 있다. 하나님과 타인을 위하여 자유롭게 되는 것과 세계에 대한 인간의 통치권에서 인간이 피조물로부터 자유롭게 되는 것은 최초의 인간이 지닌 하

---

14) K. Barth, *Church Dogmatics*, Vol. III-1, 183-187.
15) J. Moltmann(1986), 272-287.

나님의 모습이다."16)

따라서 하나님의 형상을 지닌 인간은 마음과 뜻과 정성을 다하여 하
나님을 사랑하고, 이웃을 자신의 몸과 같이 사랑하며, 세계를 다스리고
돌보는 과제를 수행하여야 한다. 하나님은 인간에게 자기 형상을 주심으
로 하나님의 영광의 반사자로 축복해 주시고 하나님의 통치의 대리자로
서의 과제를 주신 것이기 때문이다.

2) 바벨론의 인간 창조신화와 하나님의 생기로 창조된 인간

창세기 2장에서는 인간 창조의 또 다른 면모를 다음과 같이 고백하고
있다.

> "여호와 하나님이 흙으로 사람을 지으시고
> 생기를 그 코에 불어넣으시니 사람이 생령이 된지라."(창 2:7)

인간이 흙으로 창조되었다는 것은 동서양을 막론하고 널리 퍼져 있는
인간 창조설화의 평균적인 의식이다. 중국의 창조설화인 '여와설화'에도
흙으로 인간을 빚었다는 기록이 나온다. 흙으로 인간을 빚었다는 신화는
주로 토기를 빚어 생활한 신석기시대의 문화적 배경에서 비롯된 것이라
고 한다.17)

흙에다 무엇을 섞어서 인간을 만들었는가 하는 문제는 인간의 본질에
대한 독특한 의식을 반영한다. 그리스신화에도 프로메테우스가 흙과 물

---

16) D. Bonhöffer(1981), 『창조 · 타락 · 유혹』(서울: 대한기독교서회). 56.
17) 성서와함께(1988), 『보시니 참 좋았다』(서울: 성서와함께사), 79-10.

로 인간을 만들었다는 내용이 나온다. 신체의 70% 이상이 물이라는 특징을 반영한 것이라 해석할 수 있다.

〈에누마 엘리쉬〉의 여섯째 서판에 노동에 종사하는 하급신들이 반역을 일으키자 킹구Kingu의 피로 인간을 창조하여 그 노동을 대신하게 한 것을 묘사하고 있다.[18] 마르둑은 에아에게 "사람을 만들어 신들의 노역을 감당시키고 그들을 쉬게 합시다" 하고 상의한 후, 티아맛의 아들 킹구가 전쟁을 선동한 반역자라 하여 그의 피로 사람을 만들었다고 한다.

> "'싸움을 시작한 이는 킹구입니다.
>
> 티아맛을 선동하고 전쟁을 일으킨 이입니다.'
>
> 그들은 그를 묶어 에아에게 데려왔다.
>
> 그에게 처벌을 내려, 그의 피를 흘렸다.
>
> 그의 피로 사람을 만들었다.
>
> 신들의 노역을 감당시키고, 신들을 쉬게 했다."[19]

바벨론의 창조신화는 놀랍게도 흙과 더불어 반역한 신의 피를 섞어 인간이 창조되었다고 전한다.

또 다른 바벨론의 서사시인 〈길가메쉬 서사시Gilgamesh Epic〉라고도 불리는 "아트라하시스 이야기"[20]에 따르면 이기기Igigi라는 하급신들이

---

18) 엄원식(2000), 『히브리 성서와 고대 근동문학의 비교연구』(서울: 한들), 203-204.
19) 안성림·조철수(1995), 『사람이 없었다 신도 없었다』(서울: 서운관), 133. 여섯째 토판 29-30행.
20) 우트나피쉬림 또는 지우수드라로도 불린다. 길가메시가 불로초를 구하기 위해 아트라하시스를 찾아간 홍수설화를 비롯하여 인간과 동물의 창조 그리고 첫 도시 에리두, 바드티비라, 라락, 시파르와 슈루팍의 생성에 관한 내용을 전하고 있다. 서기전 2600년으로 수메르어로 점토판에 쓰인 최고의 문헌이다. 1914년 아르노 리벨에 의해 출판되었다.

강제노동에 시달리다 못해 어느 날 밤늦게 바람의 신 엔릴Enlil 집 앞에서 연장을 태우고 항의를 하였다. 엔릴 신은 하늘의 신 안An에게 의논하였고, 안 신은 신들의 여왕 벨레트-일리에게 인간을 창조하기로 협의한다. 그리하여 산파신인 닌투로 하여금 반역을 주도한 하급신들의 우두머리 웨일라를 죽이고, 그 살과 피와 흙을 섞어 인간을 만들고 인간에게 하급신의 노동을 대신 담당하게 하였다는 것이다.

> "그녀(벨레트-일리)가 인간적인 사람을 만들어서
> 그 사람이 이 멍에를 지게 합시다.
> 그가 멍에를 지고, 신들의 노역을 맡게 합시다. …
> 그들의 모임에서 지능이 있는
> 신 웨일라We-ila를 잡아 죽였다.
> 닌투는 그의 살과 피에 찰흙을 섞었다. …
> 그녀는 열네 개의 찰흙 덩어리를 떼어냈다. …
> 일곱으로 남자를 만들고
> 일곱으로 여자를 만들었다."[21]

그러나 성서는 다르다. 인간이 단순히 흙으로 된 존재도 아니며, 아무런 의미도 없는 물이나 심지어 반역의 피로 만들어진 존재는 더더욱 아니다. 인간에게는 무엇인가 신적인 요소가 있음을 내비친다. 인간은 흙으로 빚어진 다음, 그 코에 하나님이 그의 생기(נֶפֶשׁ חַיָּה)를 불어넣음으로써 인간은 비로소 생령living spirit, 하나의 영적 생명체가 된 것이라고 한다. 바벨론의 창조신화와 비교해 볼 때 반역자의 피로 만들어졌다는 평균적

---

21) 안성림 · 조철수(1995), 160-163, 첫째 토판 222-262행.

인 인간관을 뛰어넘어 인간은 하나님의 입김으로 만들어졌다는 전향적 인간관을 담고 있다.

(1) 성서는 인간에게 반역자의 피가 흐르는 것이 아니라, 하나님의 영적 생명의 기운이 넘쳐 나는 존재라는 점을 고백한다. 본회퍼는 "하나님은 자신의 말씀으로 인간 이외의 다른 생명을 창조하시지만, 인간의 경우에는 자신의 생명을 나누어 주고 자신의 영을 나누어 준다"22)라고 하였다. 인간이 하나님과 영적 생명적인 관계를 바르게 정립할 때 인간은 비로소 생령living spirit, 즉 새롭고 풍성하고 영원한 생명력이 넘치는 영적 존재가 되는 것이다.

(2) 인간은 반역의 대가로 하급신들의 강제노역을 대신하기 위하여 창조된 것이 아니라, 하나님의 참된 안식을 누리며 살아가는 존재로 창조되었다. 고대 근동에서는 제7일을 사람에게 재난을 주는 신들이나 영들이 지배하는 흉일로 여기고 모든 신체적 노동의 금기일로 삼았다.23) 그러나 성서는 안식일을 하나님의 안식에 참여하는 날로 규정한다. 이러한 '안식의 창조'는 하나님의 창조의 목적으로서 제4계명으로 명시되고 안식년과 희년으로 발전하였다.

(3) 인간이 흙과 하나님의 입김으로 창조되었다는 것은 흙이라는 육신과 하나님의 입김이라는 영혼으로 만들어졌다는 의미를 함축한다. 인간은 단순한 흙으로 이루어진 육체적인 존재가 아니다. 하나님의 기운이라는 영성적인 것과 육체가 합쳐 이루어진 통전적 존재로 이해한다. 육체와 영혼이 조화를 이룰 때 인간은 생령, 즉 살아 있는 존재(living spirit)가 되는 것이다. 본회퍼는 "인간으로 산다는 말은 육체가 영 속에서 산다는 의미"24)라고 하였다. 최근 세계보건기구WHO에서도 인간은 영적 존

---

22) D. Bonhöffer(1981), 『창조 타락 유혹』(서울: 대한기독교서회), 68.
23) 한국신학연구소(1991), 『함께 읽는 구약성서』(서울: 한국신학연구소), 285.

재이므로 육체적, 정신적, 사회적 건강 이외에도 영적 건강이 요청된다는 점을 확인하였다.

특히 창세기는 인간이 죽으면 그 육신은 흙이므로 흙으로 돌아간다(창 3:19)는 점을 겸허하게 받아들인다. 이는 당시의 이집트의 절대군주들이 영원불사의 신성에 도달하기 위해 육신을 방부제 처리하여 '미라'로 만드는 관습에 대한 비판의 뜻을 담고 있다. 범죄한 인간이 죽어 흙으로 돌아가지 아니하려는 오만에 대한 항거이기도 하다.

(4) 인간이 하나님의 생기에 따라 생령이 되었다는 것은 인간의 생명의 궁극적 근원은 하나님이라는 신앙고백이다. 하나님의 생기로 창조된 인간은 하나님이 그 생기를 거두어 가시면 더 이상 생존할 수 없다. 인간의 생명이 그 호흡에 달려 있기 때문이다(사 2:22, 시 104:29). 인간의 생명뿐만 아니라 영적인 존재로서 인간의 삶의 궁극적 가치도 전적으로 하나님에게 달려 있다. 하나님을 떠나서는 인간은 자신의 고유한 영성을 유지하지 못한다. 하나님은 인간에게 생명의 영원한 가치를 부여하여 주신 것이기 때문이다.

"하나님이 모든 것을 지으시되 때를 따라 아름답게 하셨고,
또 사람에게 영원을 사모하는 마음을 주셨느니라."(전 3:11)

지동설이 주장되기 전에는 지구가 우주의 중심이라고 여겨졌다. 지구를 중심으로 태양이 돌아간다고 생각하였다. 니콜라우스 코페르니쿠스는 지구가 우주의 중심이 아니고, 태양이 지구의 둘레를 도는 것이 아니라고 하였다. 이러한 생각은 16세기 당시로는 대단히 놀라운 생각이었

---

24) D. Bonhöffer(1981), 68.

다. 그러나 오늘날 태양이 지구를 중심으로 해서 돌아간다고 생각하는 사람은 없다. 하지만 우리의 일상적인 경험으로 보면 지구는 가만히 정지해 있고, 태양이 지구 주변을 돌아가는 것처럼 느껴진다. 그것은 단순한 느낌에 지나지 않는다. 그러나 실제로는 그 반대이다.

마찬가지로 많은 사람들은 자기 자신이 세상의 중심이라고 생각한다. 자기 위주로, 자기를 중심으로 살아간다. 그러나 창세기는 삶의 중심에 대한 새로운 관점을 제시한다. 우리의 삶의 중심은 내가 아니라 우리에게 생명을 주신 창조주 하나님이라는 것이다.

하나님이 태초에 인간을 지으셨다는 고백은 바로 삶의 가치에 관한 코페르니쿠스적 전환의 고백이다. 이제는 나의 의지대로 살거나 세상의 풍조대로 살지 않고 하나님의 창조섭리에 따라 하나님의 뜻대로 살겠다는 고백이다. 삶의 중심은 내가 아니라 나의 삶을 창조하신 하나님이시라는 것이다. 따라서 장로교의 「요리문답」 제1조는 인생의 제일가는 목적을 "하나님을 영화롭게 하며 영원토록 그를 즐거워하는 것"이라고 하였다.

하나님이 생명을 주셨기 때문에 하나님을 떠난 상태, 하나님과 무관한 삶을 사는 것이 생명의 죽음으로 상징된다. 선악과 이야기가 이러한 사실을 웅변적으로 고백한다. 하나님의 창조의 말씀을 거역하면 반드시 죽는다고 하였다.

3) 돕는 남녀와 동등한 남녀로 창조된 인간

창세기 2장에는 하나님이 먼저 남자를 만들었지만 그가 혼자 있는 것을 보시고 돕는 배필로서 여자를 만들었다고 한다.

"사람의 독처하는 것이 좋지 못하니

내가 그를 위하여 돕는 배필을 지으리라. …

여호와 하나님이 아담에게서 취하신

그 갈빗대로 여자를 만드시고."(창 2:18, 22)

사람이 홀로 있는 것이 좋지 않다고(전 4:9-12) 하신 것은 인간은 서로 돕고 더불어 사는 사귐의 존재로 창조되었음을 뜻한다.

"혼자서 애를 쓰는 것보다 둘이서 함께 하는 것이 낫다. …

넘어지면 일으켜 줄 사람이 있어 좋다.

외톨이는 넘어져도 일으켜 줄 사람이 없어

보기에도 딱하다."(전 4:9-10, 공동번역)

인간은 하나님의 형상으로 지음받은 유일한 피조물로서 하나님 앞에서 존재Vor Gott-Sein하도록 부름을 받은 것과 마찬가지로 다른 인간과 더불어 존재Mit Menschen-Sein하도록 부름받은 것이다.

하나님은 남자와 여자를 만드셨을 뿐만 아니라 그들 사이의 특수한 배필의 관계 자체를 창조하였다. 남녀가 서로 돕고 의지하도록 창조한 것이다. 본회퍼는 "인간이 다른 사람에게 의존하고 있다는 점에 인간의 피조성의 근거가 있다"[25]라고 하였다.

여기서 '돕다'라는 단어는 '에제르'(עֵזֶר)는 구약성서의 특수한 용어로 '하나님이 도우신다'(시 54:4)는 의미로 사용되었다. "나의 도움이 천지를 지으신 여호와께서로다"(시 121:1-2)라는 용례처럼 이스라엘 백성에 대한 하나님의 도우심을 표현하는 용어로 주로 사용되었다고 한다. 하나님

---

25) D. Bonhöffer(1981), 53.

의 도우심은 무조건적이며 끝까지 온전하게 돕는 것이다. 인간이 동료 인간인 배우자를 무조건적으로 끝까지 온전하게 도움으로써 더불어 사는 책임을 완수해야 하는 것이다.

이런 관점에서 하나님은 가인이 아벨을 죽였을 때 "네 아우 아벨이 어디 있느냐?"고 물으셨고, 이에 대해 가인은 "내가 내 아우를 지키는 자니이까?"(창 4:9)라고 반문하였는데, 이는 역설적으로 인간은 동료 인간을 돕고 지키는 자임을 드러내는 것이다. "이웃 사랑하기를 네 몸과 같이 하라"(레 19:18)는 말씀도 이런 배경에서 이해하여야 한다.

칸트는 인간을 수단으로 삼지 말고 목적으로 삼으라고 하였다. 결혼을 포함한 모든 인간관계의 비극은 인간이 동료 인간을 자신의 이기적인 욕구를 충족시키는 도구로 여기는 데서 비롯한다. 돕고 보살피고 협력하는 대상으로 여기지 않고, 경쟁하고 억압하고 착취하는 대상으로 대하기 때문이다. 창세기는 인간이 '만인을 위한 만인의 투쟁'을 위하여 창조된 것이 아니라 모든 인류가 서로 돕고 더불어 살도록 창조한 것임을 선포한 것이다.

하나님은 남자를 깊은 잠에 들게 하고 그의 배필로서 여자를 남자의 갈빗대로 만들었다고 한다. 남자의 갈빗대로 여자가 만들어졌다는 구절을 남녀불평등의 창조론적 근거로 제시되기도 한다. 그러나 그것은 잘못된 해석이다. 갈빗대는 여자를 만든 재료를 가리키는 것이 아니다. 그렇다면 흙으로 만들어진 남자는 갈빗대로 만든 여자보다 더 천한 존재가 되고 만다.

왜 하필 갈빗대인가? 아랍인들에게 '갈빗대'는 절친한 친구를 뜻하고, 수메르어로 갈빗대(ti)는 '생명'(til)이라는 뜻이 포함되어 있다. 갈빗대는 심장을 보호하는 주요한 기능을 하기 때문에 그 돕는 배필의 표상일 수도 있다. 오히려 여자가 남자를 보호하고 도와주는 위치에 있는 것으로도 해석할 수 있다.

남녀를 돕는 배필(עֵזֶר)의 관계로 창조하였는데 여기서 배필은 '짝'이라는 뜻으로 대등한 위치의 파트너를 말한다. 남자와 여자는 서로 동등한 위치에서 서로 돕는 보완의 관계로 창조된 것이다.

아퀴나스는 아담이 갈비뼈로 창조된 의미를 다음과 같이 설명한 바 있다.

"첫 여인 하와는 실제로 첫 인간 아담의 '갈비뼈'로 구성되었는데, 이것을 매우 상징적인 의미를 지니고 있다. 여자는 남자에게 '동료'가 되어야 했기 때문이다. 그러므로 '머리'에서 나오지 않았다. 남자를 지배해서는 안 되기 때문이다. '발'(足)에서 나오지도 않았다. 종이 되어서는 안 되기 때문이다."[26]

그리고 잠이 깬 아담이 하와를 보고 "내 뼈에서 나온 뼈요, 내 살에서 나온 살이로구나!"(창 2:23, 공동번역)라고 환호한 것과 관련하여 보면 갈비뼈가 표상하는 것은 남녀가 살을 섞는 생명의 사귐을 함축하는 것이지, 남녀 차별을 의미하는 것이 아님이 분명하다.

남자만 하나님의 형상으로 창조된 것으로 여기지만, 창세기 1장에는 남자와 여자가 동등하게 하나님의 형상으로 창조되었음을 선언한다.

"하나님의 형상대로 사람을 창조하시되
남자와 여자를 창조하시고."(창 1:27)

고대 이집트에서는 신의 형상이 왕에게만 적용되었다는 것을 살펴보

---

26) 가톨릭대학교출판부(2001), 『신학대전요약』(서울: 바오로딸), 112.

왔다. 그러나 성서는 남자와 여자 모든 인간이 동등하게 하나님의 형상으로 창조되었다고 선언한다.

남자와 여자가 성은 다르지만 상하관계가 아닌 수평관계로 지음을 받았다. 여자를 남자의 소유물로 여기던 당시로서는 전향적인 남녀관이 아닐 수 없다. 중세기까지 여자에게도 영혼이 있는가 하는 질문이 제기되었던 것으로 보아 남녀가 모두 하나님의 형상으로 창조되었다는 것은 남녀의 평등의 신학적 근거가 되는 것이다.

02
고대 근동의 성적 제의와
창조신앙의 성의 비신성화

창세기에 의하면 하나님은 남자를 깊은 잠에 들게 하고 그 갈빗대로 여자를 만들었다. 그 여자를 보고 아담은 이렇게 환호하였다.

> "이는 내 뼈 중의 뼈요 살 중의 살이라.
> 이것을 남자에게서 취하였은즉 여자라 칭하리라."(창 2:23)

아담의 환호는 남녀가 살을 섞는 생명의 사귐 속에 어우러지는 기쁨의 절정을 표현한 것이다. 하나님은 창조의 마지막 날 남자와 여자를 창조하시고 그들의 성적 관계를 창조의 새로운 질서로 세워 주심으로 창조의 대단원을 마감하신다. 남녀가 성을 매개로 한 생명의 사귐을 통해 출산과 육아라는 하나님의 신비한 창조의 사역에 동참하여 생육하고 번성하는 축복을 누리는 것이며, 부부의 정과 사랑을 나누는 환희의 기쁨을 만끽하는 것이다.

그러나 고대 근동의 풍요와 다산의 자연종교는 모든 성을 신성시하고 성관계를 제의적인 차원으로 숭배하였다. 신들도 모두 배우자를 가지고

있었다. 이집트의 오시리스Osiris와 이시스Isis, 바벨론의 탐무즈Tammuz
와 이쉬타르Ishtar, 그리고 가나안의 엘El과 아세라Ashera, 바알과 아스다
롯은 각각 남녀신으로 배우자 관계를 맺고 있다.27)

　가나안 종교에서는 신은 본성상 성적인 존재라 생각하였다. 성이 신
의 영역까지 부상하였다. 풍요와 다산은 전적으로 바알신과 그의 배우자
신인 아스다롯 사이의 성적 관계에 달렸다고 생각했다. 바알과 아스다롯
의 거룩한 결혼의식을 재연함으로써 생식력과 번식력이 유감類感과 모
방의 주술적인 방법으로 보장받을 수 있다고 믿었다.

　그리하여 성전에서 에로틱한 성적 의식을 통해 그들의 신들을 예배하
였다. 신전 창기와의 제의적 매음이 제도화되어 음란하게 신들을 섬기고
있었다(호 4:14). 남자는 바알, 여자는 아스다롯과 동일시되어 신전 매음
행위를 벌였다. 이와 같이 남녀가 바알과 그 배우자의 성행위를 모방함
으로써 풍요와 다산의 축복을 누린다고 여겼다.

　그러나 이스라엘에 있어서 성적 양극성은 피조된 것이며 하나님의 창
조질서에 속하는 것이지 신성한 신적 질서가 아니었다. 야웨종교에서는
신은 본질상 성적 구분도 없고 성적 의식으로 예배해서도 안 된다. 히브
리어에는 여신이라는 단어 자체가 없으며, 예루살렘 성전에는 당시로는
예외적으로 여성사제가 전무하였다. '야웨 대 바알'이라는 말에서 가장
쟁점이 된 것은 이러한 성에 대한 의식의 차이였다고 한다.

　이처럼 창세기는 당시의 성의 신화와 성적 제의, 평균적 성속性俗을
거부하고 혁명적인 '성性의 비신성화非神聖化'를 선포한 것이다. 그렇다
고 해도 성을 부정적으로 생각한 것이 아니라 오히려 성을 하나님에 의해
창조된 순수한 환희의 극치로 고백한다.28)

---

27) B. W. Anderson(1983), 『구약성서의 이해 I』(왜관: 분도출판사), 52, 170-171.
28) B. W. Anderson(2001), 『구약신학』(서울: 한들출판사), 175-176.

당시의 평균적 의식으로는 여성은 단순히 생식과 출산의 도구에 지나지 않았다. 남성의 성적 방종과 여성에 대한 성적 억압과 착취는 풍요와 다산의 성적 제의와 신화의 이름으로 합리화되었다. 여성은 많은 경우 자녀의 출산을 위한 씨받이에 지나지 않았다. 그래서 많은 여인들이 아이를 낳지 못한 한과 고통 속에서 살았다.

그러나 창세기는 성은 쾌락과 출산의 도구가 아니라 하나님이 주신 생명의 기쁨을 함께 나누는 인격적이고 책임적인 관계인 것을 선언한다. 성은 생육하고 번성하라는 하나님의 명령을 수행하는 축복의 통로라는 것이다.

부부의 정을 기쁨으로 나누는 것이 하나님의 창조질서라는 것을 율법으로도 명시하여, 신혼부부에게는 징병을 미루게 하였다.

> "사람이 새로이 아내를 취하였거든
> 그를 군대로 내어보내지 말 것이요
> 무슨 직무든지 그에게 맡기지 말 것이며
> 그는 일 년 동안 집에 한가히 거하여
> 그 취한 아내를 즐겁게 할지니라."(신 24:5)

솔로몬의 아가서(7:1-9)에는 여인을 왼손으로 머리 베개를 하고 여인의 육체의 아름다움을 묘사하는 "네 유방은 포도송이 같고 네 콧김은 사과 냄새 같고 네 입은 좋은 포도주 같을 것"이라는 표현이 나온다. 고린도전서 7장 3절의 "남편은 그 아내에게 대한 의무를 다하고 아내도 그 남편에게 그렇게 할지라" 등의 말씀은 부부의 성행위가 풍성하고도 다채롭게 표현될 수 있는 자연스러운 일임을 보여 주고 있으며 부부의 성행위는 '나보다는 상대를 더 즐겁게' 하는 배우자 섬김의 표현이 되어야 한다는 것을 나타내고 있다. 이처럼 건강한 성관계는 배우자를 서로 섬기는 행위일 경우 하나님의 아름다운 창조의 은총인 것을 고백한다. 그뿐만 아니라 부부의 정이야말로 하나님이 주시는 최대의 행복이며, 기쁨의 선물이라는 것이 성서의 일관된 가르침이다.[29]

기독교 이단이었던 영지주의자들은 모든 물질이 악하기 때문에 육체는 악의 근원이며 죄악의 통로라고 생각했다. 그러나 성경은 분명히 하나님이 창조하신 것은 모든 것이 선하다고 말하고 있다. 그러므로 하나님의 창조물 가운데 하나인 성도 아름답고 신성한 것이다. 찰리 세드 Charlie Shedd는 "하나님께서 주신 좋은 것들 중에서 가장 좋은 것은 성이다"라고 말했다.

---

29) 김혜도(2009), "성경적 관점에서 고찰한 성(性)", 「종교문화학보」 6집, 65.

03
생명의 사귐과
창조 및 구원의 질서로서 결혼

1) 생명의 사귐으로서의 결혼

창세기 1장에는 하나님이 남자와 여자를 하나님의 형상으로 창조하시고 생육하고 번성하라고 명하셨다.

> "하나님이 자기 형상 곧 하나님의 형상대로 사람을 창조하시되
> 남자와 여자를 창조하시고 하나님이 그들에게 복을 주시며
> 하나님이 그들에게 이르시되
> 생육하고 번성하여 땅에 충만하라, 땅을 정복하라."(창 1:27-28)

창세기 2장에서 하나님이 천지만물을 지으신 다음 "보시기에 좋았더라"고 평가하였지만 아담을 만든 다음에는 아담이 "혼자 있는 것이 좋지 않다"고 하시고 돕는 배필을 지으셨다고 기록되어 있다. 그리고 아담에게 "남자가 부모를 떠나 그 아내와 연합하여 둘이 한 몸을 이룰지로다"라고 명령하셨다. 이것은 창조행위의 절정이다.

칼 바르트는 창세기에 함축된 결혼은 창조의 질서이며 동시에 구원의 질서로서 생명의 사귐이라고 하였다. 부부의 관계가 창조질서이며 구원의 질서로서 하나님과 인간 사이의 올바른 관계의 모형이며 인간과 다른 인간 사이의 바른 관계의 원형인 것은 그것이 생명의 사귐이기 때문이다. 아담의 갈비뼈로 하와를 창조한 이야기나 아담이 하와를 보자마자 "이는 뼈 중의 뼈요 살 중의 살"(창 2:23)이라고 환희한 것이나, 남녀가 부끄럼 없이 한 몸과 한 맘이 되어 출산과 육아를 통해 생명을 이어 가는 것 등으로 볼 때 부부관계는 인간이 맺을 수 있는 여타의 모든 관계와는 질적으로 다른 생명의 사귐임을 확인할 수 있다.

이처럼 결혼은 생명의 교제를 통해 생명을 이어 가는 창조의 질서에 속하며 동시에 생명을 보호하고 양육하고 구원의 질서인 것이다. 또한 결혼은 생명의 사귐이므로 생명의 창조주이신 하나님이 맺어 주시는 특별한 관계이다. 따라서 하나님이 맺어 주는 것을 인간이 나눌 수 없는 것이다(마 19:6). 결혼을 단지 인간의 자유로운 선택에 따른 사랑의 교제로만 이해할 때 사랑이 식거나 미움으로 변할 때에는 주저 없이 결혼관계를 무효화시킬 수 있는 근거를 마련해 주게 된다. 그리하여 더 이상 사랑하지 않기 때문에 갈라서거나 그 반대로 사랑하기 때문에 헤어진다는 궤변이 생겨나게 된다. 오늘날에 와서 이혼이 심각한 사회문제가 되는 것은 이혼 당사자보다도 그들 사이에 태어난 자녀들이 입는 피해가 더 크기 때문일 것이다. 이혼으로 인해 자녀들이 정당하게 양육되고 보호받지 못하여 자녀들의 삶이 큰 상처를 입기 때문이다.

칼 바르트는 결혼이 생명의 사귐이므로 "일회적이고 반복할 수 없고 비교할 수 없는 관계"라고 강조한다. 그는 생명의 사귐으로서의 결혼의 의미를 3가지로 설명한다.[30]

첫째, 결혼은 그 자체로서 '완전한 생명의 사귐'이다. 부부관계는 둘이 온전히 한 몸과 마음을 이루는 육체적이고 정신적이며 동시에 영혼의 사귐으로써 전인적 사귐이 되어야 하므로 부부는 완전한 생명의 사귐을 지향하는 것이다. 완전한 생명의 사귐을 위해 남편과 아내는 각각 부모로부터 정신적으로나 경제적으로 온전히 독립하여야 하며 온전히 한 남자가 되고 온전히 한 여자가 되어 남편다움과 아내다움을 갖추어야 한다. '폭군적인 남편과 예속적인 아내' 사이에는 온전한 사귐이 불가능하다. 그 반대로 '반항적인 아내와 허약한 남편' 사이에도 온전한 사귐을 기대하기 어렵다. 바울의 이러한 완전한 부부관계를 위한 질서를 권면하고 있다. 아내는 남편을 주께 순종하듯 하고 남편은 아내를 주께서 교회를 사랑하듯 하라는 것이다(엡 4:22-25). 따라서 남편이 온전히 아내를 사랑하거나 아니면 아내가 남편에게 온전히 순종한다면 부부간의 온갖 종류의 갈등과 다툼은 해결될 것이다. 완전한 생명의 사귐을 위해 남편의 사랑과 아내의 순종이라는 참다운 질서가 요청된다고 하겠다.

둘째, 결혼은 '배타적인 생명의 사귐'이다. 인간의 모든 사귐은 상대적인 것이다. 부모와 자식의 관계조차도 정도의 차이가 있게 마련이다. 부자관계, 부녀관계, 모자관계, 모녀관계는 그 양상이 서로 비교되는 것이므로 상대적인 측면이 있을 수밖에 없다. 그러나 결혼관계를 통한 남편과 아내의 관계는 부모와 자식 그 누구와의 관계와는 비교되지 않는 배타적인 관계임이 틀림없다. 둘만의 유일하고 절대적인 생명의 사귐이 되기 위해서는 철저히 배타적인 관계를 전제할 수밖에 없다. 제도상으로 일부다처제 등의 복수혼도 있었으나 성서의 가르침은 배타적인 일부일처의 단일혼이다. 한 여자만을 아내로 두어야 한다(딤전 3:2, 딛 1:6)는 것은 동시에 한 남자만을 남편으로 두어야 한다는 말이 된다. 이런 의미에서 재

---

30) Otto Weber(1976), 『칼 바르트의 교회교의학』(서울: 대한기독교출판사), 232-233

혼의 기회마저도 배타적으로 금지(마 5:32)한 것이다.

누구든지 결혼을 통해 배우자로서 무수한 남자나 여자 중에 한 사람을 선택한다는 것은 동시에 다른 무수한 선택의 가능성을 포기하는 것임을 알아야 한다. 하나를 유일하고 절대적으로 선택하기 위해서는 다른 모든 선택의 가능성을 완전히 배제하는 결단이 수반되어야 한다. 지금 사랑스러운 한 상대자를 선택하는 일은 쉬우나 그와 동시에 앞으로의 모든 선택의 가능성을 포기하는 일은 아주 어렵다. 많은 부부가 쉽게 만나고 쉽게 헤어지거나, 마지못해 사는 것은 자신의 자발적인 '사랑의 선택'을 후회하기 때문이며 하나의 선택과 더불어 무수한 선택가능성을 포기하는 결단이 없었기 때문이다. 하나를 선택하고 다른 모든 가능성을 포기한다는 뜻에서 결혼은 가장 배타적인 선택이요 사귐인 것이다.

셋째, 결혼은 '지속적인 생명의 사귐'이다. 바르트는 "누구든지 결혼을 하면 그 결혼을 파기하는 가능성까지 포기해야 한다"[31]라고 강조한다. 그래서 결혼을 서약할 때에는 죽음이 둘을 갈라놓을 때까지 어떤 어려운 상황에서라도 부부관계를 지속할 것을 다짐하는 것이다. 그러나 이러한 인간의 서약은 양가와 친지 등 많은 보증과 증인이 있음에도 불구하고 극단적이거나 극한적인 사태에 직면할 경우 흔들릴 수도 있는 것이다. 그러므로 한 남자와 한 여자의 자유로운 결단이 하나님과의 언약으로 보증되지 않는 한, 다시 말하면 하나님의 뜻에 대한 분명한 결단 없이는 그 지속이 보장되기 어려운 것이다. 끝으로 누구든지 결혼을 통해 지속적인 생명의 사귐에 이르려면 그 결혼을 파기할 수 있다는 가능성까지도 포기해야 한다. 결혼을 약속하는 것은 이혼의 가능성마저 완전히 포기하는, 하나님 앞에서의 결단이 수반되어야 한다는 뜻이다. 그렇지 않고는 자발

---

31) Otto Weber(1976), 234.

적인 당사자의 결단이나 양가와 친지의 증인이나 법적인 제도 등으로 생명의 사귐의 지속이 보장되지 않기 때문이다.

결혼이 지속적 생명의 사귐이어야 하기 때문에 어떠한 경우라도 이혼에의 유혹을 물리쳐야 하며 이와 마찬가지로 시한부 결혼도 온전한 생명의 사귐이 될 수 없다. 성서가 이혼과 재혼의 금지를 명시화한 것(눅 16:18, 막 10:9-12)은 회개를 통한 결혼의 회복 가능성을 위한 여지를 확보하기 위해서이다. 이혼과 재혼은 회개와 화해의 가능성마저 포기한 것으로 볼 수 있기 때문이다. 그러므로 성서적 입장에서 볼 때 결혼은 인간의 결단에 의한 사랑의 교제를 넘어서는 창조질서와 구원질서에 해당하는 생명의 사귐이며, 완전하고 배타적이며 지속적인 생명의 사귐이어야 한다. 결혼에 대한 이러한 분명한 신앙이 확립된다면 부부 사이의 많은 갈등을 신앙의 힘으로 극복하고 훨씬 온전하고 행복하고 기쁨에 넘치는 가정생활을 영위할 수 있을 것이다.

다른 한편으로 생명의 사귐으로서 결혼은 창조질서요 구원질서이다. 바르트는 "하나님은 남자와 여자를 창조하셨을 뿐 아니라, 그들의 관계 자체까지 만드셨다"라고 하였다.[32)]

2) 창조질서로서의 결혼

결혼은 창조의 질서이다. 창세기에는 하나님께서 남자와 여자를 하나님의 형상을 창조하신 후 그들을 축복하여 "생육하고 번성하라"고 하셨다. 하나님께서는 우리 한 사람 한 사람을 복 주시기 위해서 창조하셨고, 그중에서 가장 큰 축복은 남녀가 한 몸이 되고 짝을 이루어 생육하고 번

---

32) Otto Weber(1976), 157.

성하며 '생명의 창조를 이어가는 축복'이라고 가르친다. 그래서 성서에서는 "이 비밀이 크도다"(엡 5:32)라고 하였다. 생육하고 번성하라는 축복은 둘이 한 몸이 되는 생명의 사귐을 통해 부부의 정을 나누고 생명을 낳아 양육하는 축복과 책임을 지라는 명령이기도 하다.

타락 이전의 창조질서로서 결혼은 근원적으로 인간은 다른 인간과의 사귐 속에서 존재하도록 지으심을 받았다는 의미를 함축하고 있다. 인간은 하나님의 형상으로 지음 받은 유일한 피조물로서 '하나님 앞에서 존재 Vor Gott-Sein'하도록 부름을 받은 것과 마찬가지로 '다른 인간과 더불어 존재Mit Menschen-Sein'하도록 부름을 받은 것이다. 더 나아가서 인간의 하나님과의 수직적 관계와 다른 인간과의 수평적인 관계의 원초적인 모형은 부부 관계로 나타난다. 본회퍼는 이를 관계의 유비Analogia Relationis로 설명하였다. 신약성서적 의미에서 보더라도 하나님을 사랑하고 이웃을 사랑하는 것은 율법의 골자이다. 우리가 보이는 이웃을 사랑하는 것이 보이지 않는 하나님을 사랑하는 구체적인 방법이라고 할 때(요한1서 4:20) 내 몸과 같이 사랑해야 할 첫 번째 이웃은 돕는 배필로서 한 몸을 이루어야 할 남편이거나 아내이다. 이런 배경에서 바울 역시 남편과 아내가 피차 행하여야 관계를 그리스도와 교회의 관계로 유비시키고 있다.

> "아내 된 사람은 주님께 순종하듯 자기 남편에게 복종해야 하며…
> 남편 된 사람들 그리스도께서 교회를 사랑한 것
> 같이 아내를 사랑하라."(엡 5:25-26)

따라서 부부에게는 이중적인 사랑이 요구된다. 에로스의 사랑뿐만 아니라 아가페의 사랑마저도 실현하여야 하는 것이다. 남편이나 아내조차 사랑하지 못하면서 이웃을 사랑한다거나 하나님을 사랑한다는 것은 공허하고 허탈한 일일 수 있다. 이런 의미에서 결혼은 인간의 전통적인 관습이거나 자의적인 사랑의 선택에 의한 의례적인 제도가 아니라, 하나님의 창조질서 속에 있는 하나님의 특별한 부르심이요 명령이며, 하나님 은총이요, 과제이라는 것이다.

2) 구원의 질서로서 결혼

결혼은 서로에게 돕는 배필이 되는 구원의 질서이다. 일반적으로 결혼을 하는 목적은 배우자를 통해 도움을 받으려는 동기가 강하다. 그래서 좋은 조건들을 서로 따지기도 한다. 그러나 단지 도움을 주는 만큼 도움을 받겠다는 다소 이기적인 거래로 이루어지는 결혼은 매우 위험할 수 있다. 배우자에게서 어떤 도움을 받기를 기대하고 결혼했는데, 배우자가 그런 도움을 주지 않거나 도움을 줄 수 없는 상태에 빠진다면, 그래서 배우자가 내 일생에 아무런 도움이 되지 않는다는 생각이 들게 되면 그 결혼은 심각한 위기에 처하기 때문이다.

그래서 결혼은 또한 아주 위험한 것이다. '너 없이는 못 살겠다'고 결혼 하고서는 '너 때문에 못 살겠다'고 이혼하는 경우가 많기 때문이다. 그래서 서양 속담에 먼 바다로 갈 때는 한 번 기도하고, 전쟁터에 나갈 때는 두 번 기도하고, 결혼을 할 때는 세 번 기도하라는 말이 있다고 한다. 결혼생활이 잘못 되면 거친 바다를 항해하거나 전쟁터에 나가는 것보다 더 큰 위기가 닥쳐 올 수 있다는 경고의 교훈인 것이다.

성경은 아담이 혼자 있는 것은 좋지 못하다 생각하시고 돕는 배필로 하와를 짝지어 주셨다고 한다. 여기서 '돕다'라는 단어의 히브리는 '에제르'(עֵזֶר)인데, 인간이 서로 돕는 상부상조의 의미가 아니라 '하나님이 도우신다'(시 54:4, 시 121:1-2)고 표현할 때만 사용한 특수한 용어라고 한다. 이 단어가 사용된 예를 들면 '에벤 에셀'인데 '도움의 돌'이라는 뜻이다. "하나님께서 여기까지 도우셨다"(삼상 7:12)는 것은 '하나님께서 구원하셨다'는 뜻이기도 하다. 따라서 돕는 배필이라는 말의 성서적인 뜻은 하나님을 대신하여 하나님께서 도우시듯이 부부가 서로 온전히 도우라는 의미라고 할 수 있다.

다시 말하면 하나님께서 짝 지어 준 아내나 남편이 일생에 도움이 안 되는 위기에 처하게 되면 하나님을 대신하여 끝까지 온전히 돕고 구해 주는 짝이 되라는 뜻이다. 그래서 결혼은 '구원의 질서'인 것이다. 하나님을 대신해서 위기에 처한 아내를 끝가지 도와 줄 마지막 구원자는 남편이고, 위기에 처한 남편을 끝까지 구해 줄 마지막 구원자는 아내이기 때문이다.

평소에 아내나 남편이 일생에 도움이 안 된다고 불평하지 말고, '일생에 도움이 안 되지만, 내가 아니면 누가 도와주랴' 하며 마음으로 서로가 서로에게 구원자가 되라는 의미이다. 실제로 일생에 도움이 되지 않는 배우자를 일평생 도우며 돌보는 아름다운 부부가 적지 않다.

성서는 하나님과 자기 백성에 대한 관계를 결혼에 비유하고 있는 것이다(사 50:1, 렘 2:1, 3:1, 겔 16:3). 특히 호세아서는 이스라엘 백성과 하나님의 관계에 있어서 용서와 구원의 주제를 호세아와 고멜과의 관계로 묘사하고 있다(호 1:3). 바울은 남편과 아내가 서로에게 구원자가 될 수 있음을 명시함으로써 결혼이 구원의 질서인 것을 강조한다.

"아내 된 자여 네가 남편을 구원할는지 어찌 알 수 있으며
남편 된 자여 네가 네 아내를 구원할는지 어찌 알 수 있으리요."(고전 7:16)

04

결혼의 실상:
부모를 떠나 한 몸을 이룸

창세기에 의하면 하나님은 남자와 여자를 창조하고 그들 사이에 성을 매개로 한 결혼관계를 통해 새로운 창조의 질서를 세우신다.

> "남자가 부모를 떠나 그 아내와 연합하여
> 둘이 한 몸을 이룰찌로다.
> 아담과 그 아내 두 사람이 벌거벗었으나
> 부끄러워 아니하니라."(창 2:24-25)

남자와 여자가 환희에 찬, 그러나 책임 있는 '생명의 사귐'을 이루기 위하여 세워야 할 결혼이라는 창조의 질서를 다음 세 가지로 설명한다.

1) 부모를 떠나라. 결혼은 남자와 여자가 육체적으로나 정신적으로나 경제적으로 부모로부터 떠나 독립적인 관계를 맺는 것이다. 전인적이고 자립적인 성인이 되어야 성숙한 결혼을 지속할 수 있다.

결혼은 부모를 떠나 새로운 터전에서 새로운 가정과 새 삶을 만들어가는 창조적인 과정이다. 젊은 남녀가 서로 사랑하여 기쁘고 즐거운 마음으로 결혼생활을 시작할 때는 누구나 아름답고 행복한 가정을 꿈꾸지만 그러한 가정이 저절로 이루어지는 것이 아니다.

결혼생활은 아담과 하와가 에덴동산을 가꾸듯 아름다운 정원을 가꾸는 일과 비교할 수 있다. 매일 물을 주어야 하고, 때로 거름도 주어야 한다. 잡초들을 일일이 뽑아 주어야 하고, 벌레도 잡아 주어야 한다. 넘어진 울타리도 바로 세워 주고, 비뚤어진 줄기는 그때그때 바로잡아 주어야 한다. 이러한 지속적인 노력으로 모두가 부러워하는 아름다운 가정천국을 이룰 수 있는 것이다.

따라서 결혼은 인간의 전통적인 관습이거나 구체적인 생활의 편의를 위한 선택이 아니라 둘만의 새 삶과 새 가정을 창조하라는 하나님의 특별한 부르심이요 명령이며, 하나님의 은총이요 축복이다. 그렇다고 해서 독신을 창조질서에 대한 반역이라고만 볼 수 없다. 칼 바르트는 결혼이 하나님의 특별한 소명이라면 독신은 하나님의 아주 특별한 소명일 수 있음을 인정했다.

2) 둘이 한 몸을 이루라. 결혼은 하나님이 짝지어 주신 배필을 기쁨으로 맞이하여 서로 사랑하며 한 몸을 이루는 과정이다. 그리하여 출산과 육아를 통해 하나님의 신비한 창조사역에 동참하고 부부의 사랑과 정을 통해 가정의 행복을 온전히 누리게 되는 것이다.

둘이 한 몸을 이룬다는 것은 단지 육체적으로 하나가 된다는 것만을 뜻하지 않는다. 일심동체가 되는 것이다. 먼저 마음이 하나가 되는 것이다. 정말 행복하고 온전한 부부는 마음속의 깊은 생각을 함께 나눔으로써 마음으로 한 몸을 이루어 간다. 부부간의 깊은 마음의 대화를 통해 일평생 한마음을 이루기 위하여 노력하는 부부치고 불행한 부부는 없다고 한다.

마음이 하나 되는 것 이상으로 중요한 것은 믿음으로, 영적으로 하나가 되는 것이다. 밀레의 유명한 그림 '만종晩鐘'에 등장하는 부부처럼 함께 기도하는 부부치고 행복하지 않은 부부는 없는 것이다. 결혼은 몸과 마음뿐만 아니라 하나님 안에서 믿음으로 하나가 되어 가는 창조의 질서인 것이다.

둘이 한 몸이 된다는 것은 죽음이 둘을 갈라놓을 때까지 어떤 어려운 상황에서라도 서로가 서로의 생명을 끝까지 책임지라는 명령이다. 인간적인 사랑의 고백이나 결혼식장에서의 형식적인 서약이 결혼에 따른 책임을 보장해 주지 못한다는 것은 급증하는 이혼의 사례가 잘 증거해 준다. 결혼의 책임적 지속이 위협받는 세계 속에 살고 있기 때문에 "하나님이 짝지어 주신 것을 사람이 나누지 못할지니라"(마 19:6)는 신앙의 결단이 요청된다. 이런 관점에서 보면 성서가 이혼과 재혼의 금지를 명시화한 것(눅 16:18)은 회개를 통한 결혼의 회복 가능성을 위한 여지를 확보하기 위해서이다. 이혼과 재혼은 회개와 화해의 가능성마저 포기한 것으로 볼 수 있기 때문이다.

둘이 한 몸이 된다는 것은 둘 사이에 태어난 또 다른 생명에 대한 책임도 다하여야 한다는 명령이다. 자녀의 생명까지 책임진다는 의미에서 부부관계는 책임적인 생명의 사귐인 것이다. 그러나 최근의 사정은 그러하지 못하다. 서구 선진 국가에서는 결혼한 사람의 반수가 이혼하고, 이혼한 반수가 다시 다른 사람과 재혼한다고 한다. 우리나라도 최근에는 이혼의 비율이 점차 증가하고 있는 추세이다. 결혼의 파탄은 결혼 당사자에게도 많은 충격이지만 가장 큰 피해자는 그들의 자녀들이다. 따라서 부부는 둘 사이에 태어난 자녀에 대한 책임을 끝까지 감당하여야 하는 것이다.

3) 부끄러워 아니하니라. 결혼은 남녀가 벌거벗었으나 부끄럽지 아니한 관계라고 하였다. 남녀 사이의 인간관계를 부끄럽게 만드는 것은

거짓과 불순이다. 무엇보다도 부부는 서로에게 진실하여야 하며, 거짓 없는 진실한 사랑의 관계를 맺어야 한다. 결혼은 진실한 사랑의 사귐이다. "이웃 사랑하기를 네 몸과 같이 하라"(레 19:18)는 명령과 관련하여 보면, 인간이 내 몸과 같이 사랑해야 할 첫 번째 이웃은 남편이거나 아내이다. 남편이나 아내조차 진실되게 사랑하지 못하면서 이웃을 사랑한다거나 하나님을 사랑한다는 것은 거짓이다. 하나님은 부부를 짝하여 서로를 자신처럼 사랑하도록 명령하시고 이 사랑을 배우고 실천하도록 하신 것이다. 인간은 결혼을 통해 나 아닌 다른 사람을 진실하게 사랑하는 구체적인 기쁨과 고통을 누리면서 하나님의 사랑을 깨닫게 되는 것이다.

부부는 서로에게 순결하여야 한다. 일정한 부부의 대의를 지켜 피차에 부끄럽지 않은 관계를 유지하여야 한다. 무엇보다도 성적인 문제에 있어서 정결하고 당당한 관계를 유지하여야 한다. 부부는 피차가 성적으로 상대방을 기쁘게 해주려는 노력을 해야 하고, 피차가 당당하게 그러한 요구를 하여 성적으로 한눈을 팔지 말아야 한다. 성적으로 문란의 극치를 치닫고 있는 지금 부끄럽지 않은 남녀관계에 대한 성서의 가르침에 귀 기울여야 할 것이다.

05

우리 시대의 성적 방종과
성폭력의 문제

고대문명이나 현대문명에서 인간의 삶을 위협하는 요소 중의 하나는 성의 문제이다. 고대에는 성이 '풍요와 다산'의 상징으로 숭배되고 비인간적인 쾌락과 출산의 도구로 여겨졌다면, 현대에는 성의 무제한적 개방으로 성이 '구매와 폭력'의 대상으로 전락하였다. 무엇보다도 현대에는 성은 개방되고 결혼연령은 점차 늦어지기 때문에 많은 청춘남녀들이 생리적으로 성적 에너지가 가장 충만한 시기를 미혼으로 보내야 한다. 따라서 성적 유혹과 위험이 심각한 상태인 것이 사실이다.

성의 개방은 현대주의가 빚어 낸 비극적인 산물이다. 일찍이 다윈C. Dawin은 『종의 기원』(1819)에서 진화론을 통해 인간과 동물의 질적 차이를 해소시켰다. 자연적인 것은 선한 것으로 여기고 자연적인 본능에 충실하라고 가르쳤다. 이러한 진화론적 인간관이 철저하게 관철된 것이 프로이트의 『성이론에 관한 세 가지 평론』(1905)이다.

프로이트는 모든 동물에 비해 인간의 성적 욕구는 가장 강력하고 다양하며 지속적인 방향으로 진화한 것으로 보았다. 소위 '소아성욕론'을 통해 영아기와 유아기의 인간조차도 구강기와 항문기의 성욕을 구가하며, 성년기에는 혼전·혼외정사와 동성애와 수간과 같은 다양한 변태적인 성행위도 즐길 수 있는 것으로 보았다. 프로이트는 한 걸음 더 나아가서 이러한 "성적 욕구를 억압하면 병이 된다"는 노이로제 이론을 주장하였다.

인간의 비윤리적이고 변태적인 성행性行을 통계학이라는 미명으로 보편적 현실로 부각시킨 이는 킨제이Alfred Charles Kinsey(1894-1956)이다. 동물학자에서 성의학자로 나선 그는『남성의 성적 행동』(1948)과『여성의 성적 행동』(1954)을 저술하였다. 500항목에 걸쳐 6,000명에게 설문조사를 한 보고서에서 그는 미국인 다수가 변태적인 성행위를 즐기고 있다는 사실을 통계적인 수치로 제시하였다. 결혼한 남성의 70~80%가 혼외정사를 하였으며, 결혼한 여성의 26%가 40대까지 혼외정사를 행했고, 동성연애자도 17~18%에 달한다고 보고하였다. 그리하여 성에 대한 고정관념을 깨뜨리고 혼외정사나 동성연애를 자연적인 현실로 받아들이게 하였다.

그래서 혼외정사자나 동성연애자들에게는 면죄부를 주었고, 그렇지 않은 사람들에게는 비윤리적 성행위를 부추기는 결과를 초래하였다. 그러나 최근 의학자들은 킨제이의 보고서가 학문적인 객관성과 엄밀성을 상실한 통계라는 비판을 제시하였다. 그가 통계의 자료로 설문한 대상이 대부분 성도착범이나, 성을 파고 사는 일에 관계한 사람, 성문제로 병원을 찾은 사람들이었다는 것이다. 한마디로 통계의 학문성을 보장해 줄 수 있는 표본추출의 객관성을 결여한 것이다. 그러나 킨제이류의 사이비 성의학이 성의 개방과 방종을 정당화하여 준 것만은 사실이다.

일리노이 대학교 교지 편집장이었던 휴 훼프너는 킨제이 보고서를 요약하여 교지에 발표하고, 졸업 후 1953년 〈플레이보이Play Boy〉라는 독신 남성을 위한 도색 잡지를 창간하였다. 그는 조혼의 풍습이 사라져서 결

혼이 늦어진 독신 남성들의 성적 욕구를 충족시킨다는 남성 위주의 성의
식을 명분으로 여성을 남성의 성적 환상의 대상으로 상품화하였다. 그리
하여 여성의 누드를 비롯한 도색물이 범람하게 되었다.

최근에는 정보화와 멀티미디어의 총아로 등장한 인터넷에서 제일 많
이 검색되는 단어가 '성' 또는 'sex'라고 한다. 그리하여 전 세계적으로
각종 도색물들이 무방비 상태로 노출되어 성적 방종을 부추기고 있는 현
실이다.

플레이보이와 같은 도색 잡지들은 모든 종류의 성행위를 정당화하고
있다. 무엇보다도 여성들은 성적 욕구불만으로 가득 차 있으므로 남성의
적극적인 성적 공세를 은밀히 기대하고 있다는 성적 편견을 퍼뜨려 성범
죄를 부추겼다. 성범죄는 대부분 폭행과 살인으로 이어진다. 반항하는
피해자를 죽이거나 가해자를 죽이게 된다.

성서는 여성을 연약한 그릇이라고 표현하였다(벧전 3:7). 그만큼 상처
받기 쉬운 존재라는 뜻이다. 무엇보다도 무책임한 불륜의 성관계를 통해
더 많은 상처를 받는 것은 여성이다. 성의 상품화와 성폭력의 일차적 대
상이 여성이고, 성적 문란과 방종의 일차적인 피해자도 여성이다. 그러
므로 여성의 성이 순결하고 고귀하게 보호되어야 한다.

남성의 성적 방종은 부추기고 여성에게는 성적 순결을 강요하는 것은
성서가 가르치는 바른 남녀의 성관계가 아니다. 성문제에 있어서의 가해
자는 남성이 대부분이므로 남성에 의해 자행되는 성적 착취와 폭력의 죄
상이 폭로되어야 할 것이다.

인간의 모든 동물적인 욕구는 자연스럽고 정당한 것인가? 그러한 욕
구를 절제하면 정말 병이 되는 것인가? 프로이트를 추종하는 현대의 세
속주의자와 인본주의자들은 "인간이 하고 싶은 것을 참으면 병이 된다"
라고 주장한다. 그래서 혼전의 성관계나 혼외의 성관계뿐 아니라 온갖

변태적인 성관계까지도 참으면 병이 된다고 퍼뜨렸다.

그러나 모든 참된 종교는 "하고 싶어도 해서는 안 되는 것이 있고, 참을 것은 참아야 한다"라고 가르친다. 선한 양심을 위해, 자신의 인격을 위해, 다수의 행복을 위해, 새로운 내일을 위해 해야 할 일만 하고 해서는 안 되는 일은 참아야 한다. 따라서 해서는 안 되는 악이 있고, 참아야 할 세속적 쾌락(술, 마약, 도박, 성욕)을 절제하지 않으면 병이 된다고 가르쳐야 한다.

우리의 현실적인 경험과 통계적인 사례와 사회적 윤리는 인간이 이성적, 윤리적, 영적 가치를 무시하고 동물적 욕구를 충족시키면 오히려 엄청난 고통과 파멸을 겪게 된다는 것을 보여 준다. 불교에서는 인간의 모든 고통은 인간의 동물적 욕구인 갈애渴愛에서 비롯되었으므로 그러한 욕구에의 집착을 멸(苦執滅道)하라고 가르친다. 기독교에서도 "욕심이 잉태한즉 죄를 낳고 죄가 장성한즉 사망을 낳느니라"(약 1:15)고 가르친다.

현대 서구사회가 이처럼 성이 상품화되고 성범죄가 극에 달한 것은 진화론에 기초한 프로이트의 성이론이 인간의 성적 욕구를 무한히 개방하였기 때문이다. 프로이트의 주장과 달리 성적 욕구를 절제하지 않아서 사회가 온통 병들어 가고 있는 것이다.

그런 가운데에 아동 성폭력 문제가 심각한 수준에 이르고 있다. 우리나라도 예외가 아니어서, 서울해바라기아동센터가 2004년부터 2011년까지 8년간 발간한 사업보고서에 의하면 이 기관이 지원한 피해 아동 1802명 중 7세 미만 아동이 51%(921명)에 달했다. 7세에서 13세 미만 아동은 43%(777명)라고 한다. 성폭력을 1회만 당한 피해 아동은 39%에 불과했고, 나머지는 2회 이상 또는 지속적으로 당했거나(39.4%) 횟수를 알 수 없는 경우(21.4%)였다. 전문가에 의하면 "성범죄자들은 일부러 말을 잘 못하는 어린 아이들을 골라서 범죄를 저지르고, 죄를 짓고도 빠져

나가는 경우가 비일비재하다"고 한다.33) 무엇보다도 아동에 대한 성폭행과 유아 성추행의 피해는 일반인들이 생각하는 것보다 훨씬 광범위하고 정도도 심각하며 그 후유증도 오래가는 심각한 반인륜적 범죄가 아닐수 없다.

부부의 정을 나누고 출산과 육아의 기쁨을 맛보는 것은 하나님의 축복이지만, 혼전이나 혼외의 무책임한 불륜 관계로 원치 않게 임신한 것은 두 당사자와 태어날 아기에게는 엄청난 고통을 안겨 주게 된다. 이처럼 성적인 방종과 성적 폭력은 창조의 질서로서 인간에게 주어진 생명의 새 질서인 성과 결혼이라는 하나님의 축복을 저주로 만드는 것이다.

---

33) "성폭행 피해아동 절반이 7세 미만", 「조선일보」, 2012. 9. 7.

제5장

인간과 자연의 안식을
창조하신 하나님

"하나님이 그 창조하시며 만드시던 모든 일을 마치시고

그 날에 안식하셨음이니라."

(창세기 2:4)

01

강제노동과 안식을 위해
창조된 인간

    창세기에 의하면 인간은 창조의 마지막 단계에 가서 만들어졌고, 인간이 창조된 다음 날, 즉 일곱째 날에 안식하심으로 인간 창조의 궁극적 목적이 인간의 참된 안식을 위한 것임을 시사한다.

> "하나님이 일곱째 날을 복 주사 거룩하게 하셨으니
> 이는 하나님이 그 창조하시며 만드시던 모든 일을 마치시고
> 이 날에 안식하셨음이더라."(창 2:3)

    창세기에는 천지만물을 창조한 다음 창조의 마지막 날인 제6일에 인간이 만들어졌고 그리고 창조가 끝난 것이 아니라, 그 다음 날인 제7일에 하나님이 모든 일을 마치고 안식했다고 기록하고 있다. 하나님께서 창조의 마지막 날에 안식을 창조한 것이다. '안식의 창조'는 창세기의 전향적인 창조신앙의 특이성과 궁극성을 가장 돋보이게 하는 측면이다. 왜냐하면 세계의 어느 창조신화에도 창조의 마지막이 안식의 창조로 끝나는 사례가 없기 때문이다. 그리고 하나님께서 안식을 창조하시고 이 안식일에

는 하나님께서 창조하신 모든 피조물도 이 안식에 참여할 수 있도록 복을 주어 거룩한 날로 삼았다고 한다.

따라서 창조의 궁극적 목적이 하나님과 인간과 자연이 더불어 안식을 누리는 데에 있음을 강력하게 시사한다. 그동안 창세기와 관련된 다른 주제들을 논의할 때 적용한 것처럼, 스텐달의 방법론인 "본문이 당시에는 무엇을 의미하였는가" 하는 질문에서 출발해야 한다.[1] 다시 말하면 '안식의 창조' 역시 창세기가 기록된 당시의 역사적 배경이 되는 바벨론 창조 신화와 비교해 보아야 그 의미를 정확히 알 수 있는 것이다.

바벨론의 창조신화인 〈에누마 엘리쉬〉는 인간의 노동을 부정적으로 묘사하고 있다. 상급신들 사이에 전쟁이 일어나자 반역을 일으킨 킨구를 죽이고, 그 반역자의 피로 인간을 만들고 그들에게 하급신들의 불쾌하고 힘든 노동을 대신 맡겼다고 하였다.

> "그의 피로 사람을 만들었다.
> 신들의 노역을 감당시켰고, 신들을 쉬게 했다."[2]

〈길가메쉬 서사시Gilgamesh Epic〉도 하급신들을 강제노동에서 면해 주기 위하여 인간을 만들었다고 한다. 산파신 닌투로 하여금 반역을 주도한 하급신들의 우두머리 웨일라를 죽이고, 그 살과 피와 흙을 섞어 인간을 만들고 인간에게 하급신의 노동을 대신 담당하게 하였다는 것이다.

> "그녀(벨레트-일리)가 인간적인 사람을 만들어서

---

1) Krister Stendahl(1962), "Biblical Theology, Contemporary", *Interpreters Dictionary of the Bible*, Vol. 1(New York and Nashville: Abingdon), 419.
2) 안성림 · 조철수(1995), 『사람이 없었다 신도 없었다』(서울: 서해문집), 133. 〈에누마 엘리쉬〉 여섯째 토판 30행.

그 사람이 이 멍에를 지게 합시다.

그가 멍에를 지고, 신들의 노역을 맡게 합시다."[3]

그러나 창세기는 다르다. 인간은 하급신들의 강제노동을 대역代役하기 위하여 창조된 것이 아니다. 인간은 하나님의 형상으로 창조되어 하나님이 창조한 에덴동산을 경작하고 관리하도록 부름을 받았다. 하나님이 인간을 땅의 흙과 하나님의 생기로 만들고 하나님의 동산으로 인도하여 그곳 땅에서 나는 열매를 먹으며, 그 땅을 가꾸고 관리하며 사는 존재로 창조하신 것이다.

"야웨 하나님께서 아담을 데려다가 에덴에 있는

이 동산을 돌보게 하시며…."(창 2:15, 공동번역)

에덴동산은 전적으로 무노동의 무료하고 안일한 비생산적인 처소도 아니며, 노동자와 무노동자의 계급 분화로 노동하지 않는 인간이 노동하는 인간을 노동으로 지배하는 강제노역의 땅도 아니다. 에덴동산을 즐거이 경작하고 관리하는 노동에 종사하도록 돌봄과 섬김의 부름을 받은 곳이다. 위의 본문에서 '돌보다'는 뜻의 '아바드'(עָבַד)는 말은 '섬기는 자'라는 뜻의 '아베드'(עֶבֶד)라는 단어의 동사형이기 때문이다.

그곳에서의 노동은 더 이상 생존을 위한 땀 흘림의 고역도 아니며 저주스러운 착취도 아니다. 자신의 삶의 기쁨과 환희를 가꾸고 지켜 가는 축복된 일이며, 동료 인간들과 협력하여 생존을 이어 가는 유일한 장이기도 하다. 그러므로 에덴동산은 낙원의 동산이요 하나님의 동산으로 환

---

3) 안성림 · 조철수(1995), 160-163. 첫째 토판 222-224행.

희가 넘치는 곳이다. 억압과 착취, 노동의 불평등이 사라진 평화의 동산이다(사 51:3).

이집트에서의 노예생활과 바벨론에서의 포로생활을 통해 강제노동의 처절한 고통을 겪은 히브리 민족들은, 인간이 절대군주의 반역적인 피지배자로서 강제노동에 동원되기 위하여 반역자의 피로 창조된 것이라는 바벨론의 신화를 받아들일 수 없었다.

그래서 창세기는 모든 인간은 하나님의 형상과 하나님의 생기로 창조된 존엄한 존재인 것을 선언한다. 그리고 인간 창조의 궁극적인 목적은 하급신의 노동을 대신하기 위함이 아니라 인간을 창조하신 하나님의 안식에 참여하기 위함인 것을 고백하였다.

> "엿새 동안 힘써 네 모든 생업에 종사하고
> 이렛날은 너희 하느님 야웨 앞에서 쉬어라.
> 그 날 너희는 어떤 생업에도 종사하지 못한다.
> 너희와 너희 아들 딸, 남종 여종뿐 아니라
> 가축이나 집안에 머무는 식객이라도 일을 하지 못한다."
>
> (출 20:9-10, 공동번역)

그러므로 끝없는 노동의 고통과 지겨움과 우매함에서 벗어나 노동과 안식의 교체를 맛보는 안식일은 모든 인간이 노동으로부터 자유로운 상태에서 쉬면서 생명의 참된 안식을 주신 창조주 하나님께 감사의 예배를 드리고, 더불어 함께 살아가야 할 생명의 본래적 질서를 깨닫고 새롭게 살아갈 힘을 받는 날로 지켜진 것이다. 남녀노소와 노예와 이방인뿐만 아니라 가축과 식물을 포함하는 모든 피조물에게 적용되는 창조의 새로운 질서(신 5:12, 15)로서 안식일의 정신을 새롭게 조명해 보아야 한다.

안식일은 무엇을 하는 날인가? 단지 노동 금지의 규칙을 엄격히 지키는 날에 지나지 않는가? 안식일의 본래의 의미와 법 정신을 다시 살펴볼 필요가 있다.[4]

(1) 우선 하나님의 안식에 참여하는 날이다. 하나님 앞으로 나아가 하나님께 예배드림으로써 하나님과 바르고 편한 사랑의 관계를 맺는 날이다. 이를 통해 하나님과 바르고 편한 관계를 회복하고 강화하고 지속한 것이다.

(2) 안식일은 모든 사람이 함께 모여 예배를 드리는 날이다. 남녀노소 할 것 없이 주인이나 종이나 손님들도 함께하는 날이다. 그래서 예수는 "예물을 제단에 드리려다 거기서 네 형제에게 원망들을 만한 일이 있는 것이 생각나거든 예물을 제단 앞에 두고 먼저 가서 형제와 화해하고 그 후에 와서 예물을 드려라"(마 5:23-24)고 하였다. 이웃과 바른 관계를 가진 후에 하나님과 바른 관계를 가져야 한다는 뜻이다.

(3) 모든 인간이 예외 없이 노동으로부터 편히 쉬는 날이다. 이날에는 가축도 쉬는 날이며, 땅도 쉬어야 한다. 자연과 바른 관계를 맺는 날인 것이다. 이러한 안식일 정신에서 생겨난 것이 안식년(레 25:5)이다. 매 7년째에는 땅을 쉬어 안식하게 하고, 씨 뿌리는 일이라든가, 열매를 거두는 일, 그리고 만일 휴식 중인 경작지에 자생自生의 열매가 생기면 그 땅의 주인이 아니라 빈민의 식물食物로 할 것이 규정되었다.

본래 토지는 하나님의 소유이므로 토지도 하나님의 안식에 참여해야 한다는 신앙에서 유래한 것이다. 이 해에는 채무債務의 탕감도 행해졌다.[5] 자연과의 바른 관계뿐 아니라 물질과의 바른 관계도 회복하고 강화하고 지속한 것이다.

---

4) 허호익(2010), 『예수 그리스도 1』(서울: 동연), 379-380.
5) 출 23:10, 11, 레 25:1-17, 신 15:1-12, 31:10-13.

(4) 이날에는 하나님께 예물을 바치는 날이다. 이를 통해 우리는 물질이 많거나 적거나 하나님이 주신 것으로 여기고 감사하는 물질에 대한 바른 관계를 맺는 날인 것이다. 일곱 번째 안식년 다음 해인 희년도 이러한 정신에서 생겨난 것이다. 희년에는 팔렸던 토지나 가옥은 원소유주에게로 무상으로 돌아가고, 노예는 모두 무조건 해방하도록 하였다.6) 그래서 희년은 물질과 바른 관계, 사람과 바른 관계를 회복하는 기쁨의 해였던 것이다.

안식일의 본래적 의미는 하나님과 바른 관계, 이웃과 바른 관계, 물질과 바른 관계를 맺으면 나와 내 자신이 바른 관계를 맺을 수 있다는 것이다. 그렇게 사는 것이 복되고 거룩한 삶이라는 것이다. 그렇게 살면 편할 수 있고, 세상이 알지도 못하고 세상이 주지도 못하는 참된 평화와 안식을 누릴 수 있다는 것이다. 이것이 바로 안식일의 정신이다.

안식일은 또한 인간이 빵을 위한 노동으로부터 휴식을 통해 물질에 대한 바른 관계를 맺는 날이다. 가축도 자연도 쉬는 날이다 이처럼 안식일의 본래적 의미는 하나님과 바른 관계, 이웃과 바른 관계, 물질과 바른 관계를 맺으면 나와 내 자신이 바른 관계를 맺을 수 있다는 것이다. 그렇게 사는 것이 복되고 거룩한 삶이라는 것이다. 그렇게 살면 편할 수 있고, 세상이 알지도 못하고 세상이 주지도 못하는 참된 평화와 안식을 누릴 수 있다는 것이다.

그럼에도 불구하고 후기 유대교에서는 안식일의 정신을 무시하고 안식일 계명의 '일하지 말라'는 율법 조문을 문자적으로 지키는 일에 열중하였다. 그래서 안식일에 하지 말아야 할 일의 종류와 정도를 규정하고 이를 문자적으로 지키려고 한다. 그래서 후기 유대교의 랍비들은 미쉬나

---

6) 레 25:10-13, 27:18a, 21, 민 36:4.

에서 안식일에 금지된 일에 관하여 39개의 항목을 따로 정하였다.[7]

씨 뿌리는 일, 밭가는 일, 수확하는 일, 곡식단 묶는 일, 타작하는 일, 키질하는 일, 곡식 고르는 일, 맷돌질, 체질하는 일, 반죽하는 일, 빵 만드는일, 양털 깎는 일, 표백하는 일, 짐승털 다듬는 일, 염색하는 일, 물레 돌리는 일, 끈으로 고쳐 매는 일, 바늘귀 꿰는 일, 모직물 직조하는 일, 분류하는 일, 끈 매는 일, 끈 푸는 일, 바느질하는 일, 찢는 일, 사냥하는 일, 짐승을 잡는 일, 가죽 벗기는 일, 고기를 소금에 절이는 일, 가죽을 처리하는 일, 닦는 일, 자르는 일, 글씨 쓰는 일, 지우는 일, 건축하는 일, 허무는 일, 나르는 일, 불 켜는 일, 불 끄는 일, 안식일 전에 시작했던 일을 끝마치는 일, 책을 들고 있는 아이를 안아 주는 일(안식일에 아이를 안아주는 것은 괜찮지만, 책을 들고 있는 아이를 안아 주는 것은 아이의 손에 들려있는 책을 이동시키는 일을 하는 것이기 때문이다.)[8]

신약성서에는 안식일에는 침구를 운반하지 않았고(요 5:10), 환자를 돌보지 않았고(막 3:2), 곡식의 이삭을 따지 않았고(마 12:2), '안식일 거리'(2000보 정도) 이상을 가지 않았다(행 1:12). 안식일을 문자적으로 해석하여 '단지 일을 하지 않는 날'로 여겼기 때문이다.

유대인들은 "아무 일도 하지 말라"(출 2:10)는 말씀과 "그 날을 더럽히는 사람은 반드시 죽여야 한다"(출 31:14)고 한 말씀을 문자적으로 적용함으로써 안식일의 전향적인 의미를 전도시킨 것이다. "아무 일도 하지 말라"는 무노동은 문자적으로 철저히 지켰으나, 안식일을 범한 자의 처

---

7) 허호익(2010), 372-375에서 자세한 내용 참조.
8) N. Perrin & Dennis C. Dulling(1991), 박익수 옮김, 『새로운 신약성서신학』(천안: 한국신학연구소). 62.

형을 문자적으로 철저히 지키는 것은 현실적으로 불가능하였다. 그래서 후대에 와서 안식일과 그 축제를 모독하는 사람이 있다면 죽이지 말고, "그를 구금하라. 만일 그가 자신의 잘못으로부터 벗어나면, 칠 년까지 그를 구금했다가 그 다음에는 공동체로 돌아오게 하라"고 가르쳤다.9)

'안식일의 조문'보다 '안식의 정신'을 강화하고 철저히 지켜야 한다는 안식에 대한 새로운 전향적 의미는 예수와 바리새파 사이의 안식일 논쟁에서 극명하게 드러난다. 바리새파는 안식일을 문자적으로 해석하여 일체의 노동에서의 이탈로 해석하였다. 그러나 예수는 안식일은 인간을 위해 있는 것(막 2:27)이며, 안식의 참된 정신은 노동의 금지가 아니라 '선한 일과 생명을 살리는 일'(눅 6:9)을 더욱 열심히 하는 것이라고 하였다. 노동이 인간을 착취하고 생명을 위협할 때는 저주가 되지만, 노동을 통해 선을 행하고 생명을 살린다면 그러한 노동은 하나님의 축복인 것이다.

노동을 통해 선을 행하고 생명을 살린다는 것은 대가를 바라지 않는 자원봉사의 노동을 통해 더욱 구체적으로 드러난다. 노동의 진정한 해방과 기쁨은 이처럼 자발적인 봉사의 노동을 통해 실현된다. 봉사의 삶을 사는 사람치고 불행한 사람은 없다고 한다. 자원봉사의 노동은 노동에 따르는 고역의 굴레와 안식에 따르는 안일의 무료함에서 벗어나 노동의 참된 환희와 창조적 가치의 신성함을 발휘하는 길이기 때문이다.

---

9) *CD X*, 14f, 16f, 20-23; *XI*, 9f, 13f, 16f; *XII*, 3-5; G. Theissen & A. Merz(2001), 581.

02

안식의 창조와
전향적 노동관

테리엔Terrien은 "우주 생성에 관한 의식적意識的인 언급(창 1:1-2:4)은 준準과학적인 호기심을 만족시키려는 우주생성론이 아니라, 하나님의 창조행위의 일부로서 안식일의 거룩성을 선포하자는 것"이었다고 한다. 그는 포로로 잡혀갔던 유대인들이 예루살렘 성전 대신 안식일 제도를 채택함으로써 거룩한 장소(성전)에 거하시는 하나님을 거룩한 시간(안식일)에 만날 수 있게 된 것이라고 여긴다. 실제로 야웨는 예루살렘 성전이 불타 버림과 함께 죽었다고 생각한 이스라엘 포로민들에게 그것이 아니라 지금 바벨론 땅에서도 거룩한 시간인 안식일을 통해 하나님을 다시 만나 뵐 수 있다는 것이 제사학파 신학자들의 신앙고백이었다. 그래서 창세기는 창조의 마지막을 안식의 창조로 고백하고 '하나님의 안식에 참여하는 것'을 창조의 목적으로 둔 것이다.[10]

인간이 안식을 위하여 창조되었다는 성서의 가르침은 전향적인 노동관을 함축한다. 헤겔은 그의 『정신현상학』에서 노동의 주종관계를 분

---

10) 장일선(1990), 『구약신학의 주제』(서울: 대한기독교출판사), 30.

석하였다.[11) 주인은 종의 노동을 점유한다. 종은 그 자신의 노동과 생산물로부터 소외된다. 주인이 그에게 강제노동을 시키고 그 생산물을 독점하기 때문이다. 이스라엘 백성들이 경험한 노동의 부정적인 측면이 바로 이러했던 것이다. 그리고 신들의 노동을 대신하기 위해 인간이 창조되었다는 바벨론 신화는 노동의 주종관계를 정당화하는 이데올로기를 대변하였던 것이다.

마르크스 역시 자본주의사회로 이행되면서 봉건사회의 노동의 주종관계가 자본가와 노동자의 주종관계로 바뀌고 여전히 유급노동자는 노동에서의 소외에 시달리게 된다고 하였다.[12) 노동으로부터의 노동자의 소외가 다른 모든 형태의 자기소외의 근저에 있다고 주장했다. 노동이 착취의 수단이 되면 자본가는 반인간적이 되고 노동자는 비인간적이 되는 것이다.

그러나 창세기는 노동을 끝없는 고역과 한없는 착취의 저주로 보려는 평균적 의식을 거부한다. 노동을 에덴동산, 즉 기쁨의 동산을 돌보는 것과 관련시켰고, 노동의 진정한 목적이 인간으로 하여금 하나님의 참된 안식에 참여하기 위한 것임을 선포하였다.

진정한 노동은 하나님의 명령으로서 자아의 표현과 실현이며, 동료 인간과의 협력을 통해 사회적 관계를 맺는 것이며, 자연을 돌보며 자연의 소산을 취하고 자연과의 순환적인 관계를 맺는 것이다. 이러한 삼중적 삼중관계의 회복과 강화를 이루는 안식일을 통해 노동과 안식의 교체가 가져다주는 노동의 참된 가치를 맛볼 수 있는 것이다.

안식일의 이러한 전향적 의미는 예수와 바리새파 사이의 안식일 논쟁에서 극명하게 드러난다. 바리새파는 안식일을 문자적으로 해석하여 일

---

11) D. Sölle(1987), 『사랑과 노동』(서울: 한국신학연구소), 101.
12) D. Sölle(1987), 116.

체의 노동으로부터의 이탈로 해석하였다. 그러나 예수는 안식일은 인간을 위해 있는 것(막 2:27)이며, 안식의 참된 정신은 노동의 금지가 아니라 "선한 일과 생명을 살리는 일"(눅 6:9)을 더욱 열심히 하는 것이라고 하였다. 노동이 인간을 착취하고 생명을 위협할 때 그것은 저주가 되지만, 노동을 통해 선을 행하고 생명을 살린다면 그러한 노동은 하나님의 축복이 되는 것이다.

노동을 통해 선을 행하고 생명을 살린다는 것은 단순히 임금을 바라는 의무노동이 아니라 대가를 바라지 않는 자원봉사의 노동을 통해 더욱 구체적으로 드러난다. 노동의 진정한 해방과 기쁨은 이처럼 자발적인 봉사의 노동을 통해 실현된다. 봉사의 삶을 사는 사람치고 불행한 사람은 없다고 한다. 자원봉사의 노동은 노동에 따르는 고역의 굴레와 안식에 따르는 안일의 무료함에서 벗어나 노동의 참된 환희와 창조적 가치의 신성함을 발휘하는 길이기 때문이다.

초대 그리스도교는 안식일 대신 주님이 부활하신 주간의 첫날을 "주님의 날"(계 1:10)로 삼고 거룩하게 지내게 되었다(행 20:7, 고전 16:2). 155년경 유스티노 교부는 호교론 1권에서 그리스도인들이 주일에 갖는 모임의 성격을 자세하게 밝히고 있다. 이후 321년 콘스탄티누스 황제가 도시에서 주일날 노동하는 것을 금지하였고, 538년에는 농사일까지 금지됨으로써 주일과 안식일의 성격은 비슷하게 되었다.13)

---

13) 성서와함께(1993), 『어서 가거라』(서울: 성서와함께), 285-286.

03

땅과 동물에게도
안식을 허락하신 하나님

창세기에는 창조의 마지막 날에 "하나님께서 모든 일을 마치시고 이 날에 안식하셨다"(창 2:3)고 한다. 이러한 안식의 창조에 따라 이날에는 "가축도 쉬는 날"(출 20:10)이며, 안식의 창조가 반영된 안식년 율법(출 23:10-11)에 매 7년마다 땅도 쉬어야 한다.

"제 칠 년에는 땅으로 쉬어 안식하게 할지니 **여호와께 대한 안식**이라.

너는 그 밭에 파종하거나 포도원을 다스리지 말며

너의 곡물의 스스로 난 것을 거두지 말고

다스리지 아니한 포도나무의 맺은 열매를 거두지 말라.

이는 **땅의 안식년**임이니라.

안식년의 소출은 너희의 먹을 것이니

너와 네 남종과 네 여종과 네 품꾼과

너와 함께 거하는 객과 **네 육축과 네 땅에 있는 들짐승들**이

다 그 소산으로 식물을 삼을지니라."(레 25:4-7)

매 7년마다 돌아오는 안식년에는 토지경작 휴년이 시행되었다. 토지 제도와 관련하여 또 하나 언급해야 할 것은 토지의 파종, 경작, 추수의 휴년을 명한 안식년 제도이다(출 23:10-11). 땅의 활력을 되살리기 위해서 땅을 놀리는 풍습은 이스라엘 인근 국가들에서도 찾아볼 수 있다. 그러나 이스라엘이 이러한 풍습을 지켜야 하는 이유는 인근 국가들과는 전적으로 달랐다. 토지 경작 휴년의 목적은 가난한 자들과 야생 동식물들을 유익하게 하려는 것이었다.

그러나 이스라엘의 경우 땅의 안식년의 목적이 전적으로 달랐다. 땅은 하나님이 주신 것이므로 자신이 소유한 땅이라 해도 땅을 학대해서는 안 되고, 땅의 소출을 독점해서도 안 된다. 땅도 쉬어야 한다. '여호와에게 대한 안식a sabbath to Yahweh'이라는 표현을 통해 그 땅의 소유자가 여호와라는 것을 분명히 한 것이다. 땅은 하나님의 것이므로 하나님의 안식에 참여하여야 한다. 땅이 인간에 의해 경작되지 않고 놀려지는 것도 그 땅이 야웨의 소유라는 것을 증거하는 셈이 된다. 하나님의 땅이 일시적으로나 경작이라는 인간의 간섭에 의한 방해에서 벗어날 수 있기 때문이다.14) 그리고 광야에서 하나님이 주신 만나와 같이 안식년 동안에 휴작 중인 땅에서 나는 곡식과 과일의 모든 소출도 하나님이 주신 것이므로 가난한 이웃과 심지어 가축과 들짐승까지도 모두 함께 "남지도 모자라지도 않게"(출 16:17-18) 골고루 나누어 먹어야 하는 것이다.

예레미야는 이스라엘 백성들이 모두 바벨론에 포로로 잡혀가서 야웨의 땅이 더 이상 경작할 수 없어서 그 땅이 황무하게 된 것은 역설적으로 '땅의 안식을 위한 것'이라고 그 신학적 의미를 부여하였다.

---

14) E. A. Martens(1990), 『구약에 나타난 하나님의 계획과 목적』(서울: 생명의말씀사), 146.

"너희가 원수의 땅에 살 동안 너희 본토가 황무할 것이므로,

땅이 안식을 누릴 것이다.

그 때 땅이 안식을 누리리니….”(레 26:34)

몰트만은 위 본문을 이스라엘 백성의 바벨론으로의 추방을 그 땅의 안식을 위한 ‘하나님의 생태학적인 전략’이라고 해석한다.

최소한 농경지의 휴경을 명한 안식년 제도는 헬라시대에도 지켜진 사례를 외경에서 찾을 수 있다. 서기전 163~162년에는 안티오쿠스 에피파네스 4세가 죽은 뒤 벳즈가리야의 전투가 있던 해에 유대인들에게 양식이 떨어졌는데 그 이유는 안식년의 휴경 때문이었다고 한다.15) “그해는 안식년인데다가 이방인들 사이에서 살다가 유다로 돌아 온 동포들이 남은 식량을 다 먹어 버렸기 때문에 식량이 떨어졌다”(마카비서 상 6:53, 참조 마카비서 상 6:48-49)는 것으로 보아 서기전 2세기에도 안식년이 지켜진 것을 알 수 있다.16)

그러나 오늘날 땅의 안식이라는 휴경의 원칙은 전적으로 사라졌다. 농업의 생산성의 향상을 위한 농업의 산업화로 인해 많은 비료와 더 많은 농약이 땅을 병들게 하고 있다.17)

15) R. de Vaux(1983), 『구약시대의 생활풍속』(서울: 대한기독교출판사), 316.

16) “왕의 군대 일부는 유다인들을 치려고 예루살렘으로 올라갔고 왕 자신은 유다 지방과 시온산을 향해 진을 쳤다. 한편 벳술 사람들은 마침 그 해가 그 고장의 안식년이어서 농사를 짓지 못했으므로 양식이 떨어져 더 이상 버틸 수가 없었다.”(마카비서 상 6: 48-49)

17) J. Moltmann(1997), 『세계 속에 있는 하나님』(서울: 동연), 167-168.

04
우리 시대와
동물복지의 과제

'땅의 안식'에 대해서는 윤작을 통해 유사한 방식으로 시행되어 왔고 최근에 들어서는 '창조의 보전'이라는 관점에서 신학적 논의 역시 활발하게 전개되어 왔지만, '가축의 안식'은 신학적 관심에서 배제되어 왔다. 안식년에 관한 두 본문에서 공통의 수혜자는 '들짐승'이라는 사실을 주목해야 한다.18)

"일곱째 해에는 갈지 말고 묵혀두어서
네 백성의 가난한 자들이 먹게 하라.
그 남은 것은 **들짐승**이 먹으리라.
네 포도원과 감람원도 그리할지니라."(출 23:11)

"안식년의 소출은 너희가 먹을 것이니 너와 네 남종과 네 여종과 네 품꾼과 너와 함께 거류하는 자들과 네 가축과 네 땅에 있는 **들짐승**들이 다 그 소출로

---

18) 김선종(2011), "레위기 25장의 형성 - 안식년과 희년의 연속성과 불연속성", 「장신논단」 제40집, 99-100.

먹을 것을 삼을지니라."(레 25:6-7)

안식년과 관련하여 출애굽기에 기록된 두 수혜자와 레위기에 기록된 일곱 수혜자 중 유일하게 공통적인 수혜자가 바로 '들짐승'(בהמה)이다. 그럼에도 불구하고 가축이나 동물에 대한 배려는 너무나 오랫동안 무시되어 왔다. 최근에 와서 공장식 가축사육의 문제가 제기되면서 비로소 동물복지의 필요성이 더욱 대두된 것이다.

동물학대에 대한 관심이 제도화된 것은 1635년이다. 이해에 아일랜드 의회는 말과 양에 대한 학대 방지를 위한 법안을 제정했다. 1641년 아메리카 대륙 매사추세츠 식민지에선 야생동물의 자유와 관련한 법이 제정되었다. 영국에선 정치가인 리처드 마틴R. Martin이 1824년 설립한 동물학대방지협회(SPCA)가 1840년 왕립동물학대방지협회(RSPCA)로 발전하여 '모든 합법적인 수단을 통해 동물에 대한 학대를 예방하고 고통을 완화할 것'을 밝혔다.[19] 영국 정부는 1979년 농장동물복지위원회(FAWC)를 설립하여 1993년에 동물 복지 차원에서 동물에게도 다섯 가지의 자유를 주어야 한다고 선언하였다.[20]

1. 갈증과 배고픔에 대한 자유
2. 불편함에 대한 자유
3. 통증 질병에 대한 자유
4. 정상적 행복의 자유
5. 두려움과 고통에 대한 자유

---

19) "행복추구권은 인간 전유물 아니다", 「헤럴드경제」, 2014. 1. 24.
20) "영국, 세계최초 동물보호법 제정", 「국민일보」, 2014. 2. 17.

이 단체는 1994년부터 동물복지를 준수하면서 사육한 육류에 대해 '프리덤 푸드freedom food' 인증제도를 시행하고 있다.

1835년 영국에서 처음으로 '동물학대법'이 제정되었고, 1911년 '동물보호법'을 거쳐 2006년에는 '동물복지법'으로 개선되었다. 미국에서는 1966년 동물복지법이 연방법으로 통과되었고, 그 밖에 캐나다에선 1961년, 독일은 1972년, 프랑스는 1974년, 스위스는 1978년 동물학대 방지 및 동물복지법을 제정해 시행하고 있다.

유럽연합(EU)은 이런 정신에 따라 2006년부터 가축사료에 성장촉진제와 항생제 사용을 금지했고, 2012년에는 알을 낳는 닭을 좁은 닭장(케이지)에서 사육하는 것을 금지했으며, 2013년에는 움직일 수 없는 좁은 사육틀(스톨)에서 어미돼지를 기르는 것을 금지하였다.

우리나라에서도 2013년 5월에 동물복지법안의 발의가 논의되었다. 이 법안에서는 동물학대의 개념을 "동물에게 신체적, 정신적 고통을 야기하는 일체의 행위 또는 동물을 굶주림, 질병 등에 방치하거나 동물에 대한 적절한 조치를 태만히 하는 행위"로 규정하고 있다. "소유자 등은 동물에게 위생적인 주거지를 제공하고 동물을 혹한·혹서의 날씨로부터 보호하는 등 동물의 건강에 적합한 환경을 조성해야 한다"는 문구도 포함됐다. 개정안이 통과되면 동물학대 행위 처벌수위도 한층 높아진다. 우선 법에 어긋나는 방식으로 동물을 죽이거나 살아 있는 동물을 매몰할 경우 3년 이하 징역 또는 1000만 원 이하의 벌금에 처할 수 있게 했다.[21]

2013년 10월 1일 동물복지법이 국회에 발의되었는데, 동물학대 조항을 15가지로 세분화해 과실로 처벌을 피할 수 없도록 하고, 긴급격리 조치 등을 통해 학대자로부터 동물을 보호할 수 있는 방안 등도 포함됐

---

21) "'동물보호법'에서 '동물복지법'으로", 「뉴시스」, 2013. 5. 26

다. 발의 안에는 실험동물 및 농장동물의 복지를 위해 사육장의 면적, 사육방식 등을 제한한 동물복지축산 원칙 등도 제안됐다.22) 그러나 2006~2007년 2차 조류인플렌자(AI)가 발생하였을 때 280만 마리의 닭과 오리가 살처분되었으며, 2014년 2월 2중순까지 379만 마리가 살처분되어 동물복지 문제가 제기되기도 하였다.23)

지구생명공동체 살리기는 인간은 물론 식물과 동물을 포함한 모든 생명체의 공생적 생명syn-bio 살리기로 나아가야 한다. 하나님이 창조하신 생태계는 진화론자들이 주장하는 것처럼 약육강식이나 적자생존의 정글이 아니다. 사회진화론 대신 등장한 신자유주의는 인류를 무한자유경쟁의 도가니로 몰아넣어 더불어 사는 생명공동체의 질서를 파괴하고 있다. 무한경쟁의 굴레에서 많이 소유하고 소비하는 것이 미덕이 될수록 자연의 착취와 오염이 확대 재생산된다. 그리고 무한경쟁 구조에서 경제가 발전하고 국민총생산이 늘어날수록 승자독식이 강화되고 빈부격차의 양극화가 극심해지게 되는 것이다. 그러나 하나님이 창조한 지구생명공동체는 모든 생명 있는 것들이 먹이사슬을 통해 더불어 살아가야 하는 '공생의 생태계'를 이루고 있다. 따라서 인간들이 자신의 생존에 필요한 것 이상의 에너지를 소유하고 소비하게 되면 자연생태계가 반란을 일으켜 인간의 생존을 위협한다는 사실이 여러 생태계의 위기로 증명되고 있다. 따라서 "정의와 평화 그리고 창조의 보전"이 요청되는 것이다.24)

---

22) "환경 '동물복지법' 발의", 「경향신문」, 2013. 10. 1.
23) "AI 방역 한 달째", 「국민일보」, 2014. 2. 17.
24) 세계개혁교회연맹 편(1989),『정의, 평화, 창조질서의 보전』(서울: 대한기독교서회).

제6장

범죄한 인간과 폭력적 사회를

구원하시는 하나님

"선악을 알게 하는 나무의 실과는 먹지 말라.

네가 먹는 날에는 정녕 죽으리라."

(창세기 2:17)

01

선악과와
가죽옷을 입히신 하나님

창세기 4-11장까지는 아담의 범죄 이후 하나님의 창조질서의 파괴가 확산되어 가는 이야기로 구성되어 있다. 가인이 아벨을 죽인 이야기(4장), 노아의 홍수 이야기(6-9장), 바벨탑 이야기(11장)가 그것이다. 아담과 하와가 하나님께 행한 직접적인 불순종의 죄, 가인이 동생 아벨을 살해하는 극단적인 죄, 함과 가나안의 부모에 대한 불손의 죄, 공동체 전체가 하나님께 대항하는 죄, 거인족의 인간 한계를 초월하려는 오만한 죄, 바벨탑을 쌓아 하늘에 닿으려는 인간의 죄 등 다양한 형태의 현실적이고 구체적인 죄의 상황과 이에 대한 하나님의 심판과 구원이라는 주제가 다루어지고 있다.[1]

아담의 타락에서부터 시작하여 바벨탑 이야기로 이어지는 일련의 이야기들은 인간의 범죄에도 불구하고 그들을 위해 배려해 주시는 하나님의 구원의 역사가 나선형처럼 전개되어 간다.[2] 선악과를 따먹은 인간은 그것을 따먹는 날, "너는 반드시 죽는다"(창 2:16)는 하나님의 명령이 유

---

1) 성서와함께(1993), 『보시니 참 좋았다』(왜관: 성서와함께), 35.
2) 박준서(198), "구약성서", 『성서와 기독교』(서울: 연세대학교출판부), 55-56.

보되고 그 대신 그들은 에덴에서 추방된다. 하나님께서는 가죽옷을 손수 지어 입히시고 그들을 동산에서 내보내신다. 가인도 범죄로 인해 세상을 떠돌아다니는 신세가 되지만, 하나님께서는 사람들이 그를 살해하지 못하도록 가인에게 표를 주신다. 또한 홍수로 인간을 멸하셨지만 노아의 가족과 모든 동물을 방주를 통해 구원하시어 새 역사의 그루터기로 삼으신다. 하나님은 다시는 홍수로 멸망치 않을 것을 무지개로 약속하시며 새로운 계약을 맺으신다. 이제 바벨탑 사건으로 흩어진 인류를 위해 하나님은 새 역사를 계획하고, 이를 위하여 아브라함을 불러내시어 새 역사의 장을 여시고, 구원의 새 역사를 창조하신다.

1) 선악과와 신목숭배 및 신적 금기

창세기 3장의 핵심적인 주제인 선악과와 관련된 죄와 구원의 문제에서 출발한다. 하나님이 이 세계를 창조하고 인간에게 위탁하면서 이렇게 명령하였다.

> "동산 각종 나무의 실과는 네가 임의로 먹되
> 선악을 알게 하는 나무의 실과는 먹지 말라.
> 네가 먹는 날에는 정녕 죽으리라."(창 2:16-17)

선악을 알게 하는 나무란 무엇인가? 고대 근동지방의 여러 신화에서도 지식의 나무와 생명의 나무에 관한 신화들이 등장한다. 나무는 인간의 생존에 필요한 의식주를 공급하며, 어둠과 추위를 막아 주는 불의 매개체일 뿐만 아니라 겨울에 죽은 것 같으나 봄에 다시 살아나는 불멸성을 지녔다고 여겼다. 그리고 지상, 지하, 천상의 삼계三界를 관통하기 때문에 일찍이 생명의 근원으로서 신성시되어 왔다. 이 신성한 나무가 생명을 공급하는 '생명의 나무'이거나 운명에 관한 지식을 주는 '지식의 나무'로 숭배되었다.3)

이집트 신화에서는 신들이 이 영생의 나무를 통해 불멸의 생명과 불멸의 지혜를 얻는 것으로 묘사된다. 그리하여 신목神木이나 거목巨木 숭배가 널리 퍼져 있었다. 우리나라의 솟대나 당목도 여기에 속한다.

창세기에서는 '지식의 나무'가 '선악을 알게 하는 지식의 나무'로 바뀌었고 그 나무를 따먹는 것을 금지한다. 선악을 알게 하는 지식은 도덕적 판단 능력이 아니라 선한 운명이나 악한 운명에 관한 지식을 미리 알려고 하는 주술적 신앙을 암시한다.4) 자신의 운명에 관한 지식이 미리 알려진다면 인간은 자발적인 의지와 진취적인 기상으로 자신의 삶을 주도적으로 이끌어 가려는 기회가 차단되고 만다. 선악 간에 자신의 운명에 대한 사전 지식은 인간에게 파괴적인 결과를 가져올 뿐이다.

따라서 성서는 지식의 나무가 인간의 운명에 대한 지식을 알려 주고, 생명의 나무가 인간에게 영원한 생명을 가져다주는 것이 아니라, 오히려 그 반대로 죄와 악, 고통과 죽음을 가져올 뿐이라고 밝히고 신목神木숭배를 경고한다. 하나님의 금지명령을 거역하고 선악과를 따먹은 인간은 결국 저주와 고통과 죽음으로 내몰린 것이다.

성서가 기록될 당시에는 선악과는 인간의 운명에 관한 지식과 관련된 신목숭배를 거부하려는 의도가 포함되어 있는 것이 분명하다. 예레미야는 "나무를 향하여 너는 나의 아비라"(렘 2:27)고 숭배하는 것을 비판한 것으로 보아 이스라엘에서도 신목숭배가 낯선 것이 아니었다. 그러나 오늘날 선악과와 관련된 질문은 다르다. 왜 하나님은 선악과를 만들어 인

---

3) M. Eliade(1996), 『종교형태론』(서울: 한길사), 353-433.
4) H. K. Gottwald(1987), 『히브리성서 1』(서울: 한국신학연구소), 396.

간으로 하여금 범죄하게 만들었는가? 하나님이 선악과를 만들지 않았다면 인간이 타락하지 않았을 것이 아닌가?

"선악과가 없었다면 죄악도 생기지 않았을 것이 아니냐?" 하는 물음은 너무 단순한 결과론적 질문이다. 선악과 이야기는 인간이 해야 하는 선한 일이 있고 해서는 안 되는 악한 일이 있으며, 해야 할 선을 행하지 않거나 해서는 안 될 악을 행하면 창조질서가 파괴되어 생명이 위협받고 고통과 죽음이 따르게 된다는 문제에 초점을 두고 있다고 볼 수 있다. 그러므로 선악과 이야기는 신학사를 통하여 인간의 타락과 원죄론에 대한 가르침으로 발전하게 된 것이다.

인간은 무엇을 해서는 안 되는가? 고대에는 많은 금기사항(taboo)이 존재하였다. 프로이트는 부계사회로 접어들면서 힘 있는 아들들이 아버지를 죽이고 어머니를 차지하는 상황에서 '살인하지 말라, 근친상간하지 말라'는 것이 가장 오래된 터부라고 하였다. 현대에 와서 칸트에 의하면 인간이 마땅히 해야 할 보편타당한 당위적 규범은 '양심에 따라 행동하는 것'이라고 하였다. 그는 비양심적인 행동을 해서는 안 되는 것으로 주장했다.

그러나 성서는 "인간이 해야 할 일과 해서는 안 되는 일"의 새롭고 전향적인 기준을 제시한다. 인간은 하나님의 피조물이므로 "하나님이 하라는 것은 하고, 하나님이 하지 말라는 것은 하지 않아야 된다"는 '신적 금기禁忌'가 주어졌다는 것이다. 이러한 신적 금기로서의 하나님의 명령이 인간 행위의 유일한 규범이 되는 것이다.

그래서 창세기에 의하면 하나님이 천지는 말씀으로 창조하였으나, 인간에게는 그의 말씀이 위임된 것으로 기록한다. 하나님이 손수 흙을 빚어 인간을 지으시고 그 코에 생기를 불어넣어 창조하신 다음, 그의 말씀을 인간에게 위탁한 것이다. 하나님이 인간에게 위임한 말씀은 두 가지였다. 하나는 하라는 허락의 말씀이고, 하나는 하지 말라는 금지의 말씀이다. 하나는 축복의 약속이고, 다른 하나는 저주의 경고이었다.

> **하라**(作爲): "그들에게 복을 주시며… 생육하고 번성하여 땅에 충만하라. 땅을 정복하라. … 모든 생물을 다스리라."(창 1:28)
> **말라**(不作爲): "선악을 알게 하는 나무의 실과는 먹지 말라. … 정녕 죽으리라 하시니라."(창 2:17)

하나님의 말씀대로 하면 축복이 있고, 하나님의 말씀대로 하지 않으면 저주가 있을 뿐이다. 하라는 것을 하지 않으면 '태만의 죄omission'가 되고, 하지 말라는 것을 하면 '범행의 죄commission'가 된다. 따라서 인간이 하나님의 명령을 어기고 어떤 유형의 죄를 짓든 불복종의 죄로 인해 가해자나 피해자는 모두 무의미한 고통과 생명의 위협에 처하게 되는 것이다.

그러나 창세기 3장에는 '죄'라는 단어가 전혀 등장하지 않는다. 훌륭한 이야기꾼은 자신의 의도를 쉽게 드러내지 않는 법이다. 죄라는 단어는 창세기 4장 7절에서 처음 등장한다. 거기서 죄는 인간을 유혹하며 소유욕이 강한 특성을 지닌 것으로 표현된다. 창세기 3장에 죄라는 단어가 없기 때문에, 가장 근원적인 죄가 무엇이었냐는 문제에 대한 여러 논의가 가능하게 되었다.[5]

---

5) 차준희(2007), 『구약입문』(서울: 프리칭아카데미), 77-78.

2) 간교한 뱀의 최초의 거짓말

선악과 이야기의 두 번째 주인공은 뱀이다. 그 많은 동물 중에 왜 하필 뱀이 선택되었을까? 프레이즈J. Fraze는 뱀 신화는 생명나무의 신화와 함께 고대 근동지방에 널리 유포되어 있는 신화라고 한다.[6] 원시인들이 겨울의 동면을 거쳐 봄에 허물을 벗고 거듭나는 뱀을 영원히 생명을 유지하는 불멸의 존재로 여겼기 때문이다.

유대지역에는 뱀이 많았고, 오늘날에는 36종의 뱀이 알려져 있다. 가나안 종교에서도 풍요와 다산을 관장하는 바알 신의 대표적인 상징 중 하나가 뱀이었으며, 뱀의 그림이나 조각이 부적이나 호신부로 사용되었다. 뱀을 부리는 기술도 널리 알려져 있었다(출 7:8-13, 전 10:11, 사 3:3). 이러한 뱀의 신화와 숭배는 광야에서의 청동의 뱀 사건 등으로 보아 야웨 신앙에도 큰 영향을 끼친 것으로 짐작된다(민 21:8-9, 왕상 18:4, 요 3:14). 이처럼 뱀은 생명과 죽음 모두와 연관된 양면적 성격을 지닌 상징물이다 (민 21:4-9). 또한 뱀은 교활함의 상징이기도 하다. 아마도 뱀이 다른 대상에게 몰래 다가갈 수 있는 능력을 지녔기 때문이 아닌가 한다.

더군다나 〈길가메쉬 서사시〉에서는 길가메쉬가 어렵게 구한 영생에 이르게 하는 생명나무를 몰래 탈취하여 영생의 기회를 강탈한 아카드의 뱀 이야기가 등장한다. 여기서 뱀은 또한 삶과 죽음의 비밀을 아는 지혜의 상징이다. 영생의 지혜를 최고의 지혜로 여겼기 때문에 바벨론에서는 뱀을 영생의 지혜를 지닌 영물로 숭배하였던 것이다.[7]

반대로 뱀은 또한 치명적인 독을 품고 있었기 때문에 바벨론 유배시

---

6) J. Fraze(1996), 『구약시대의 인류민속학』(서울: 강천), 92-100.
7) C. Westermann(1984), *Genesis 1-11*, tr. J. Scullion(Minneapolis: Augsburg Pub.), 237-239.

대 이후로는 마귀 또는 악마와 동일시되었고(지혜 2:24, 공동번역), 이러한 교리는 초대 기독교에 그대로 이어졌다(요 8:44, 롬 16:20, 요일 3:8, 계 12:9, 20:2).

창세기는 이 '뱀의 신화'를 '뱀과 선악과의 이야기'로 재구성하여 새롭게 해석한다. 뱀은 지혜와 영생의 상징이 아니라 창조의 질서를 파괴한 장본인으로 등장한다. 뱀의 정체가 무엇이냐는 것이 아니라 뱀이 무엇을 말하고 있는가 하는 것이 중요하다. 뱀의 대화에 집중해 보면 뱀의 질문은 전적으로 사실을 왜곡하고 있다는 것을 알 수 있다.[8] 간교한 뱀이 인간을 그럴듯한 거짓말로 미혹하고 인간은 순식간에 하나님의 말씀을 망각한 채 뱀의 말에 따라 선악과를 따먹는 과정으로 드라마틱하게 묘사한다. 이야기에는 몇 가지 주요한 의미가 담겨 있다.

(1) 뱀은 하나님께서 창조하신 "피조물 중에 가장 간교한 자"(עָרוּם)로 묘사된다. 하나님의 선하게 창조하신 피조세계에도 교활함과 같은 부정적인 그 무엇이 침투할 수 있음을 상기시킨다. 고린도전서는 "이 세상 지혜는 하나님께 어리석은 것이니 기록된바 하나님은 지혜 있는 자들로 하여금 자기 꾀에 빠지게 하시는 이"(고전 3:19)라고 한 말씀도 이런 배경에서 새롭게 읽을 수 있다.

인간의 '벌거벗은'(עָרֹם)과 뱀의 '간교함'(עָרוּם)에 해당하는 히브리어는 발음이 유사하다. 이러한 언어유희를 통해 무방비하게 노출된 인간의 '벌거벗음' 역시 피조세계에 있는 '간교함'에 미혹될 수 있는 존재라는 사실이 드러난다.

(2) 하나님께서 인간에게 "바다의 물고기와 하늘의 새와 땅에 움직이는 모든 생물을 다스리라"(창 1:28)고 하셨다. 그러므로 인간은 비록 간교

---

8) G. von Red(1981), 『창세기』(서울: 한국신학연구소), 93.

할지라도 피조물인 뱀을 다스려야지 뱀의 다스림을 받아서는 안 된다. 그러나 결과적으로 인간은 간교한 뱀의 말을 믿고 선악과를 따먹는다. 뱀을 다스려야 할 인간이 거꾸로 뱀의 지배를 받게 된 것이다.

(3) 인간은 "땅에 움직이는 모든 생물을 다스리라"는 하나님의 명령과 "선악과를 따먹지 말라"는 하나님의 명령을 모두 거역하게 된 것이다. 하나님의 말씀과 그 명령에 순종해야 할 인간이 뱀의 말과 세상의 간교한 지혜를 추종하게 된 것이다.

성서는 뱀을 하나님의 피조물 중에 가장 간교한 자, 즉 "진리가 그 속에 없는 거짓말쟁이요 거짓의 아비"(요 8:44)로 묘사한다. 뱀이 하와에게 접근하여 하나님의 말씀을 교묘하게 왜곡시켜 거짓을 말하는 과정을 자세히 묘사하고 있다. 뱀은 약간의 강조점을 변경시켜 반진반위反眞反僞의 모호한 말로 인간을 유혹한다. 그러나 하나님의 명령과 뱀의 말이 전혀 다르다.

> **하나님**: "동산 각종 나무의 실과는 네가 임으로 먹되 선악을 알게 하는 나무의 실과는 먹지 말라."(창 2:16-17)
>
> **뱀**: "하느님이 너희더러 이 동산에 있는 나무 열매는 하나도 따먹지 말라고 하셨다는데 그것이 정말이냐?"(창 3:1, 공동번역)

(4) 하나님은 동산의 모든 실과를 먹게 하였으나 선악과만 먹지 못하게 하였다. 뱀은 하나님의 말을 왜곡한다. 동산의 그 많은 열매는 '하나도' 따먹지 못하게 했다니 그런 부당한 처사는 거역하여도 된다고 암시한다. 한 걸음 더 나아가서 하나님은 선악과를 따먹으면 정녕 죽는다고 하였지만, 뱀은 결코 죽지 않는다고 하였다. 이 역시 거짓말이다.

하나님: "네가 먹는 날에는 정녕 죽으리라."(창 2:17)

뱀: "너희가 결코 죽지 아니하리라."(창 3:4)

뱀의 이 말을 주목할 필요가 있다. 이 말이 사실 같지만 교묘한 거짓이다. 태초의 거짓말인 것이다. 뱀은 하나님의 말씀을 뒤집어 놓았다. 하나님은 인간이 하나님의 말씀을 거역하면 필멸必滅한다고 선언했으나 뱀은 하나님의 명령을 거역해야 영생한다고 주장한 것이다.

성서는 악의 화신으로서의 뱀을 거짓 세력의 유사類似인격화로 묘사한다. 하나님의 진실된 명령을 저 버리고 뱀의 악의에 찬 거짓된 기만에 따라 행동하는 것이 최초의 죄인 것이다. 그래서 본회퍼는 "마귀에게는 태초가 거짓이며 거짓이 태초이고, 마귀는 사람을 속이기 때문에 사람이 마귀를 믿는다"[9]라고 하였다.

"악한 것을 선하다 하고 선한 것을 악하다 하는"(사 5:20) 것이 모든 거짓과 악의 본질이다. 뱀은 그런 의미에서 이 땅에 최초의 거짓을 가져온 자이다. "선악과를 따먹으면 정녕 죽는다"는 하나님의 진실을 "선악과를 따먹으면 영원히 살지도 모른다"는 간교한 거짓으로 꾸민 것이다. 그래서 예수께서 "너희는 그저 '예' 할 것은 '예' 하고 '아니오' 할 것은 '아니오'만 하여라. 그 이상의 말은 악에서 나오는 것이다"(마태 5:37)라고 하신 말씀도 이런 관점에서 보아야 할 것이다. 뱀의 말은 전형적으로 '예' 할 것은 '아니오' 하고 '아니오' 할 것은 '예'라고 했기 때문에 그 자체가 악인 것이다. 인간의 모든 죄악의 이 거짓에서 비롯된 것이라고 할 수 있다. 그래서 바울은 "사람들은 진리를 거짓으로 바꾸고, 창조주 대신 피조물을 숭배하였다"(롬 1:25)고 한 것이다.

---

9) D. Bonhöffer(1981), 『창조 타락 유혹』(서울: 대한기독교서회), 15.

3) 죄의 세 가지 성격과 세 가지 반응

하나님이 선악과를 먹지 말라고 하였는데 왜 인간은 선악과를 따먹었는가? 하나님이 하지 말라고 한 것을 행한 것은 명령 불이행이다. 선악과를 따먹은 행위의 본질은 선악과를 따먹으면 죽는다는 하나님의 명령에 대한 불복종이다.

왜 인간은 하나님께 불복종하게 되었는가? 이 불복종은 외적으로는 선악과를 따먹어도 죽지 않는다는 사탄의 거짓된 유혹에 미혹되어서 저지른 행동이다. 진리와 거짓 사이에서 거짓을 택한 것이다. 그리고 모든 죄와 악은 이 거짓에서 비롯된 것이다. 그렇다면 인간은 왜 거짓을 택하고 죄악에 빠졌는가? 창세기에 의하면 하나님의 명령에 불복종하고 선악과를 따먹은 전후 사정과 이유는 이러하다.

> "너희가 그것을 먹는 날에는 너희 눈이 밝아
> 하나님과 같이 되어 선악을 알 줄을 하나님이 아심이니라.
> 여자가 그 나무를 본즉 먹음직도 하고 보암직도 하고
> 지혜롭게 할 만큼 탐스럽기도 한 나무인지라.
> 여자가 그 실과를 따먹고
> 자기와 함께한 남편에게도 주매 그도 먹은지라."(창 3:5-6)

하나님의 명령의 진실을 거역하고 뱀의 거짓에 유혹됨으로 하나님께 불복종한 인간의 내면적인 이유 역시 세 가지 가지로 설명된다.

(1) 하나님에 대한 교만의 죄이다. 인간은 하나님과 같이 되려는 교만 때문에 하나님께 불복종한 것이다. 뱀은 인간이 선악과를 먹는 날에는 인간도 하나님과 같이 된다는 확신을 심어 준다. 뱀은 인간으로 하여

금 하나님과 대결하게 한다. 하나님은 인간이 신이 되지 못하게 금지명령을 하였지만 인간도 신이 될 수 있으며, 신과 인간 사이의 유일한 경계선인 선악과를 따먹지 말라는 금지명령을 거역함으로써 신과 같이 되어 신의 간섭에서 자유롭도록 유혹한다.

하나님과 같이 되겠다는 교만한 생각은 하나님을 하나님으로 인정하지 않으려는 인간의 의지이다. 하나님을 하나님으로 여기지 않으면 하나님의 명령에 복종할 필요를 느끼지 못하게 된다. 인간의 그 존재의 밑바닥에서부터 하나님을 부인하고 하나님을 떠난 상태를 지향하는 것이다. 자신의 자유의지를 가지고 하나님의 명령으로부터 자유하려고 한다. 하나님의 명령이 선악의 절대적인 기준이 될 수 없다는 주장이다. 선악을 판단하는 일이나 자신의 운명을 결정하는 일에 스스로 하나님처럼 되자는 것이다.

니체의 초인사상은 하나님을 하나님으로 인정하지 않는 것이 죄의 뿌리라는 것을 반증하는 철학적 사례가 될 수 있다. 니체는 신의 죽음을 선언하고 "하나님이 없으므로 모든 것이 가능하다"는 율법폐기론을 주장하였다. 하나님을 하나님으로 인정하지 않고 살아가는 초인超人에게는 선악의 타자적인 기준이 사라진다.[10]

스스로 선이라 생각하면 선이 되고 스스로 악이라 생각하면 악이 되는 '선악의 피안'에 도달한 것이다. 이제 초인은 선악을 규정하는 일에 있어서 하나님과 같은 위치에 선 것이다. 인간의 무한한 자유를 구속하는 타자적인 금지명령이 전적으로 부정된 것이다. 힘이 곧 정의가 되고, 인간의 의지는 권력추구의 도구에 지나지 않게 된다. 니체의 초인사상에서 교만으로서의 죄의 실상을 보게 된다.

---

10) F. Nitsche(1990), 『선악을 넘어서』, 210.

어거스틴은 기독교 신앙은 첫째도, 둘째도, 셋째도 겸손이라고 하였다. 하나님 앞에서 자신의 무지와 무력과 죄성을 인정하는 겸손이 기독교 신앙의 실제적인 내용이라고 여긴 것이다. 실제로 많은 사람들이 잘못을 범하고도 그것을 솔직히 인정하지 않는 까닭은 자존심과 교만 때문이다. 죄를 짓는 것보다 죄를 죄로 인정하지 않는 것이 죄의 본질이라고 볼 때 인간의 교만이 죄의 숨은 동기인 것을 알 수 있다. 그래서 칼 바르트는 "죄는 불신앙에서 성립된다. 신앙은 죄를 죄로 인정하고 우리의 죄를 용서받은 죄로 여기는 데에서 출발한다"라고 하였다.[11]

(2) 물질에 대한 탐욕의 죄이다. 인간은 탐욕 때문에 거짓을 택한 것이다. 욕심이 앞서니 판단이 흐려져서 선악과가 '먹음직도 하고 보암직도 하고 지혜롭게 할 만큼 탐스럽기도 한 나무'로 보였기 때문이다. 이는 육체의 쾌락과 눈의 쾌락과 세속적 자랑을 의미한다(요일 2:16). "욕심이 잉태하여 죄를 낳고 죄가 장성하여 사망"에 이르게 되는 것이다(약 1:15). 어거스틴은 "욕심은 탐심이요 탐심은 악한 의지이다"[12]라고 하였다.

해방신학자들은 누구보다도 인간의 탐욕의 죄성을 강조한다. 인간의 욕심은 인간의 자기중심성의 발로이다. 인간의 이기적 욕심이 이웃과의 관계를 단절시킨다. 그리하여 정치적 억압과 경제적 착취와 문화적 소외와 같은 모든 구조악이 바로 이러한 인간의 자기중심적 탐욕에서 비롯된 것으로 분석한다.

이러한 탐욕에는 눈에 '보암직하게 보이는' 가시적이고 물질적인 것에 대한 탐욕과 더불어 '지혜롭게 할 만한' 지적인 탐욕이 포함되어 있다. 모든 탐욕의 죄를 도모하기 위해서 하나님이 주신 지혜를 간교하게 사용해야 하기 때문이다. 그리고 죄악 된 인간 자신의 지혜를 간교하게 사용

---

11) Otto Weber(1976), 『칼 바르트의 교회교의학』(서울: 대한기독교출판사), 122.
12) Augustine, *On Free Will*, III, xvii, 48.

하는 것에 대한 무한한 자부심과 욕망이 있기 때문에 죄는 더욱 치명적인 것이 된다.

(3) 동료 인간과 공범의 죄이다. 최초의 선악과 사건에서 뱀의 유혹을 받은 하와는 그 선악과를 아담과 함께 먹음으로써 최초로 공범에 의한 집단적인 범죄를 저지르게 된다. 모든 치명적인 범죄에는 공범자들이 있다. 공범의 죄는 죄가 집단에 의한 구조적인 죄라는 것을 의미한다. 개인이 단독으로 범하는 범죄보다 집단이 제도적으로 범하는 죄가 더욱 치명적인 것이다. 전자는 개인적 탐욕에 근거한 개인적 이기주의라면, 후자는 집단적 탐욕을 교묘한 명분으로 합리화하는 집단이기주의collective egoism이기 때문이다. 라인홀드 니버가『도덕적 인간과 비도덕적 사회』 (1932)에서 잘 분석한 것처럼 인간 개개인은 얼마든지 도덕적일 수 있어도 그런 개인들이 모여 집단이 되면 전혀 다른 특성, 즉 집단으로서의 이익을 추구하는 새로운 논리와 생리를 갖게 됨으로써 사회집단은 더욱더 비도덕적이 된다.

죄는 관계의 개념이다. 따라서 죄는 하나님과의 관계의 죄, 인간과의 관계의 죄 그리고 물질 및 자연과의 관계의 죄로 규정할 수 있다. 선악과 사건에서 드러나는 죄도 이 세 가지 관계에서 빚어지는 죄들이다. 인간이 하나님과 멀어지면 하나님은 보이지 않고 물질에 대한 탐욕만 생겨나게 된다. 물질에 대한 탐욕은 이웃을 물질적 경쟁의 대상으로 여겨 피차 불편한 관계에 이르게 하거나 아니면 탐욕이라는 공동의 목표를 위해 결탁하는 공범의 관계에 이르게 한다. 역으로 물질에 대한 탐욕적인 이기심은 이웃을 사랑하지 못하게 한다. 그리고 보이는 이웃을 사랑하지 않는 것은 바로 보이지 않는 하나님을 사랑하지 않는 것이 된다.[13) 죄의

---

13) G. Gutierrez(1990),『해방신학』(왜관: 분도출판사), 252-261.

삼중적 삼중관계의 치명적인 측면이 선악과 사건에도 함축되어 있는 것으로 볼 수 있다.

범죄한 인간의 죄에 대한 반응도 세 가지로 나타난다. 선악과를 따먹은 뒤의 인간의 반응이 창세기에 자세히 서술되어 있다. 선악과를 따먹은 인간은 눈이 밝아 자기들의 몸이 벗은 줄을 알고 무화과나무 잎을 엮어 치마를 하고 하나님의 낯을 피하여 동산 나무 사이에 숨었다.

하나님은 아담을 찾으시며 "네가 어디 있느냐?"고 부르신다. 그리고 "먹지 말라고 명한 나무의 실과를 먹었느냐?"고 추궁하자 아담과 하와는 서로 책임을 미룬다. 이 짧은 기록 속에 죄를 지은 인간의 심리를 아주 분석적으로 묘사하고 있다.[14]

(1) 죄를 지은 첫 반응은 수치이다. 하나님과 사람 앞에서 부끄러움을 느낀 것이다. 인간의 고통 중에 견디기 어려운 것은 육신적 고통이 아니라 정신적 고통이다. 정신적 고통 중에서 가장 참을 수 없는 것이 수치심이다. 명분과 의미와 보람을 전혀 찾을 수 없는 고통이며, 죄의 결과로 주어지는 고통이다. 그래서 양심범은 옥중에서도 자유를 누리지만 파렴치범은 그러하지 못한 것이다.

(2) 수치를 가리기 위하여 본능적으로 범죄의 흔적을 감추거나 숨으려고 한다. 아담과 하와도 나뭇잎으로 수치를 은폐하고 하나님을 피하여 동산 나무 사이에 숨은 것이다.

(3) 책임을 전가하거나 변명함으로써 자신을 합리화하려고 한다. 더 이상 숨을 수도 감출 수도 없을 때에는 책임을 전가하려고 한다. 아담은 "하나님이 주셔서… 여자 그가 그 나무 실과를 내게 주므로 먹었다"(창

---

14) G. von Rad(1981), 164.

3:12)고 변명한다. 하와는 "뱀이 나를 꾀므로 내가 먹었다"(창 3:13)고 책임을 전가하고 자신을 합리화한다.

아담과 하와는 그들이 하나님의 명령을 어기고 선악과를 따먹은 불순종의 죄를 죄로 인정하지 않았다. 숨고 피하고 책임을 전가하고 합리화하였다. 이는 죄를 죄로 인정하지 않는 것이 더 근원적인 죄인 것을 암시한다.

선악과의 범죄의 결과 여기에 가담한 인간과 뱀이 모두 처벌을 받는다. 뱀은 저주를 받아 세상에서 배척된다. 패배와 굴욕과 수치를 표시하듯 배로 기고 흙을 먹는 신세가 된다. 더 이상 지혜와 영생, 풍요와 다산의 상징일 수 없다는 것을 암시한다. 뱀을 매개로 한 온갖 우상숭배를 배척한 것이다.

4) 죄의 결과와 창조질서의 훼손

아담과 하와도 범죄한 결과 저주를 받아 모든 관계가 불편하게 된다. 창조질서 안에 주어진 생명의 삼중적 관계가 훼손되고, 하나님이 축복으로 주신 모든 것은 저주로 바뀌고 만다.

(1) 무엇보다도 인간의 범죄로 하나님과 인간의 관계가 단절된다. 아담과 하와는 하나님을 피하여 숨게 된다. 하나님과의 관계가 불편해지고 하나님과 거리가 생긴 것이다. 그리하여 마침내 아담과 하와는 하나님의 동산에서 추방된다.

(2) 아담과 하와 사이도 불편하고 불순한 관계가 된다. 범죄하기 전에는 "아담과 그 아내 두 사람이 벌거벗었으나 부끄러워 아니하는"(창 2:25) 사이였으나 이제는 자기들의 벗은 몸이 부끄러워 무화과나무 잎으로 수치를 가리기에 급급한 사이가 된 것이다. 서로 수치를 느끼는 만큼

서로의 관계에 거리가 생긴 것이다.

(3) 인간과 자연 사이의 관계도 불편해졌다. 인간의 범죄로 땅마저 저주를 받아 가시덤불과 엉겅퀴를 내고 인간은 필요 이상의 수고를 하고 땀을 흘려야 식물을 먹을 수 있게 된 것이다(창 3:17-18).

(4) 범죄의 결과로 가장 치명적인 것은 하나님의 모든 축복이 저주로 화하였다는 것이다. 범죄 이전 에덴에서의 자발적이고 정직한 노동은 하나님에 의해 위임된 신성한 것으로 자아를 실현하고, 자연을 돌보고 관리하며 자연과 순환적인 관계를 맺고, 동료 인간과 협력적인 관계를 실현하는 축복이다. 그러나 탐욕과 교만의 죄의 결과로 노동은 생존을 위해 피할 수 없는 노역의 수고가 되어 버렸으며, 자연을 파괴하는 투쟁이 되고, 동료 인간의 노동을 착취하는 경쟁의 장이 되어 버린 것이다. 새 생명의 창조질서가 송두리째 훼손되고 만 것이다.

정당한 부부 사이의 임신과 출산은 역시 "생육하고 번성하라"는 하나님의 축복이지만 불륜의 쾌락으로 빚어진 임신과 출산은 새 생명을 잉태하는 창조적 고통이 아니라 불륜의 씨를 낳는 저주스러운 해산의 수고가 되고 마는 것이다. 이처럼 죄가 개입되면 하나님의 창조질서 안에서의 모든 축복이 저주로 바뀌는 것이다.

노동과 성뿐만 아니라 인간의 모든 지식과 기술, 재물과 권력도 선한 의지에 따라 선하게 사용하면 축복이 되고, 죄로 오염되어 악의로 사용하면 자신과 이웃을 파멸로 이끄는 저주가 되는 것이다. 칼을 가지고 의사가 선의로 사용하면 죽어 가는 환자를 살리는 수술도구가 되지만, 그것을 강도가 악의로 사용하면 멀쩡한 사람을 죽이는 살인도구가 되는 것이다. 마찬가지로 초대교회의 알렉산드리아 학파인 클레멘트와 오리겐은 희랍철학을 기독교를 변증하는 도구로 사용하였으나, 셀수스Celsus는 똑같은 희랍철학을 기독교를 비판하는 도구로 삼았던 것이다.

지식과 기술 자체를 익히고 발전시키는 것도 중요한 일이지만, 지식과 기술을 어디에 어떤 목적으로 어떻게 사용하느냐 하는 것이 더 근본적인 지식의 문제인 것이다. 그래서 잠언은 "여호와를 경외하는 것이 지식의 근본"(잠 1:7)이라고 하였다. 인간의 모든 지식과 기술을 인간의 탐욕을 위한 도구로 사용하지 말고 여호와 하나님을 경외하는 신앙적인 자세로 하나님의 뜻에 따라 선의로 사용하는 것이 지식의 근본이라는 뜻이다. 지식이나 기술을 선하게 사용할 수 있는 사람들에게는 그것이 하나님의 축복이지만 그렇지 못한 사람들에게는 저주가 된다는 교훈인 창세기의 타락기사가 우리에게 일깨워 주고 있는 것이다.

문명이 발전할수록 지식과 기술이 증가하지만 그에 비례하여 온갖 부작용과 파괴적인 범죄도 상승하기 때문에 인류의 역사에 진정한 진보가 사라진 것이다. 물질문명의 발전으로 풍요와 장수를 누리지만 인류의 평균적 행복지수는 오히려 퇴보하고 있다. 창세기에 기술된 타락의 역사는 이처럼 현실로 나타난 것이다.

창세기에 의하면 죄는 인간과 하나님, 인간과 인간(남자와 여자, 형제, 부모와 자녀), 인간과 자연 세계(가시와 엉겅퀴) 그리고 자신 안에(부끄러움) 부조화를 일으킨다. 죄는 가족과 일터(창 3:14-19, 9:20-27), 문화와 공동체(창 4:17-24), 민족들(창 10-11장), 보다 큰 창조질서(홍수)에 악영향을 끼치며, 심지어 하늘의 영역까지 침범한다(창 6:1-4).[15] 하나님은 혼돈에서 새 질서를 창조하였으나, 인간은 범죄하여 다시 하나님께서 창조한 질서를 혼돈으로 만드는 것이다. 하지만 인간의 이러한 죄에도 불구하고 하나님께서는 그때마다 새로운 구원의 질서를 창조하신다.

---

15) 차준희(2007), 62.

5) 가죽옷을 지어 입히시고 구원을 창조하신 하나님

하나님이 창조한 선한 세계에 왜 죄악이 존재하고 고통이 존재하는 가? 성서의 대답은 간단하다. 인간들이 거역해서는 안 되는 하나님의 명령을 거역하였기 때문이라고 답을 한다. 따지고 보면 인간이 당하는 고통의 거의 대부분은 인간에게 그 책임이 있는 것이다.

인간이 인간으로서 해서는 안 되는 일을 서슴지 않고 행해 왔기 때문에 그것들이 쌓이고 쌓여서 오고오는 세대에 고통을 주고 있는 것이다. 이 세상이 갈수록 부정과 부패가 넘치고 폭력과 음란이 판치게 되는 것도 결국은 해서는 안 되는 일들을 서슴지 않고 하는 사람들이 점점 많아지기 때문이다. 한마디로 하나님의 말씀대로 살지 않기 때문이다. 그 결과 하나님의 축복으로 주신 것들이 모두 저주로 바뀐 것이다.

그러나 선악과 이야기는 여기서 끝나지 않는다. 인간은 하나님의 명령에 불복종하여 하나님과의 관계를 단절시켰지만 하나님은 범죄한 인간과의 관계회복을 위한 새로운 구원의 질서를 창조하신다. 하나님은 인간에게 하신 약속에 끝까지 신실하신 것이다.

선악과를 따먹은 인간은 하나님을 피하여 나무 사이로 숨는다. 그들은 더 이상 하나님과 함께 있지 못하고, 감히 하나님 앞으로 나아가지 못한다. 그러나 하나님은 그들을 외면하지 않으신다. 이 모든 상황을 다 지켜보신 하나님은 서둘러 인간을 애타게 부르신다(창 3:9). 하나님은 인간이 잘못을 뉘우치고 돌아오기를 바라는 마음으로 그의 행위를 나무란다(창 3:11). 그리고 "아담아, 네가 어디 있느냐?" 하고 물으신다. 하나님을 떠난 실존의 위치를 깨달으라는 호소이다. 인간은 자신의 잘못에 수치를 느끼고 무화과나무 잎으로 치마를 만들어 그 수치를 감추기에 급급하다. 죄의 결과로 당하게 되는 수치의 고통을 스스로 무마하려는 수단이었다.

그러나 하나님은 아담과 그 아내를 위하여 가죽옷을 지어 입히신다. 무화과 잎으로 만든 엉성한 가리개 대신 더 튼튼하고 따뜻하게 그들을 감싸 주신다. 이와 같이 하나님께서 자신이 창조하신 각종 재료들을 인간을 위하여 사용하신다는 것을 보여 준다.

하나님께서는 선악과를 따먹으면 "정녕 죽으리라" 하였지만 그 죽음을 유예하신다. 그 대신 에덴에서의 추방을 명한다. 창세기는 에덴에서의 추방 이유를 이렇게 적고 있다. 선악을 알게 하는 지식의 나무를 따먹은 인간들이 "그 손을 들어 생명나무 실과도 따먹고 영생할까 하노라 하시고"(창 3:22) 그들을 에덴동산에서 추방하고 접근을 막기 위해 불칼을 둘러 두었다는 것이다.

그러나 이 영생의 불허와 추방의 명령과 관련하여 다음과 같은 질문이 제기된다. 기독교의 기본 가르침은 주 예수를 믿으면 멸망치 않고 영생한다(요 3:16)는 것인데, 하나님이 인간의 영생을 불허하여 에덴에서 추방했다는 것과 모순이 되는 것이 아닌가? 이러한 반문 역시 당시의 상황에서 해석해야 한다.

첫째, 고대 바벨론 사람들은 영생하게 하는 '생명나무'에 대한 신화적 표상이 있었고, 그 나무의 실과를 먹으면 신들처럼 영생에 참여한다는 신화적인 의식을 가지고 있었다. 그러나 성서는 이러한 신화적인 의식을 거부한다. 진정한 생명은 마술적인 생명의 나무의 실과를 통해서 얻어지는 것이 아니다. 인간에게 생명을 주신 하나님과의 바른 관계를 통해서 생명의 영원한 가치가 실현되는 것으로 고백한 것이다.

둘째, 선악과를 따먹고 범죄한 인간이 '생명의 나무'마저 따먹고 하나님께 불복종한 죄인으로 영원히 사는 것은 오히려 인간에게 저주가 되는 것이다. 그리하여 하나님은 생명나무에의 접근을 금지시키고 인간을 에덴동산에서 추방한 것으로 설명할 수 있다.

셋째, 에덴에서의 추방과 죽음의 유보가 오히려 범죄한 인간에게 주어진 하나님의 자비와 구원의 손길로 이해된다. 하나님은 인간이 하나님과의 불편한 관계에서 영원히 사는 것을 금한 것은 하나님과의 바른 관계에서 영원히 사는 것을 원하셨기 때문이다. 저주받은 상태에서의 영원한 삶은 오히려 또 다른 형벌이 되므로 낙원에서의 추방은 구속사역을 위한 하나님의 섭리의 시작이자 인간 사랑의 또 다른 측면이다.

02

선악과와 관련된
오늘날의 반문들

1) 왜 선악과를 만들고는 따먹지 말라 했는가?

신목神木숭배가 더 이상 문제가 되지 않는 오늘날의 상황에서 선악과와 관련하여 제기되는 또 다른 질문은 왜 하나님은 선악과를 따먹지 말라고 금지하였는가? 하는 것이다.

하나님의 금지명령은 역설적이게도 하나님이 인간에게 자유의지의 허용을 선언한 것을 의미한다. 모든 명령은 그 명령을 받은 자가, 이를 수행할 수도 있고 거역할 수도 있는 의지의 자유가 전제될 때 그 타당성을 지닌다. 갓난아이에게는 '간음하지 말라'는 명령이 무의미한 것과 마찬가지이다. 음행을 품을 수 있고 자발적인 의지에 따라 수행할 수 있는 자에게만 '간음하지 말라'는 금지명령이 적용되는 것이다. 따라서 하나님이 선악과를 따먹지 말라고 한 금지명령은 이미 인간이 선악과를 따먹을 수 있는 의지의 자유와 그 수행의 능력이 주어져 있음을 전제한다.

다시 말하면 선악과 이야기는 하나님께서 말씀의 위임과 금지명령을 통해 인간에게만 의지의 자유를 보장한 것을 표상한다. 하나님의 금지명령은 역설적이게도 인간을 가장 인간답게 하는 인간의 자유의지의 유일한 보증이 된다. 이 금지명령으로 인해 인간은 참으로 모든 것으로부터 자유로운 존재, 심지어 하나님으로부터도 자유로운 존재가 된 것이다. 하나님의 명령까지도 수행하거나 거절할 수 있는 '형식적인 자유'를 온전히 누리게 된 것이다.

보편적인 도덕적 명령을 수행하기 위한 전제로서의 자유의지 요청을 철학적으로 규명한 이는 칸트이다. 그는 언제 어디서나 누구나 어떤 행동을 할 때 무조건적으로 따라야 할 행위의 준칙으로서 최고선 또는 절대적 도덕률이 있다면 그것은 "양심에 따라 행동하라"는 정언명령이라고 하였다. 이 정언명령이 무조건적 보편타당성을 지닐 수 있는 행위의 준칙으로 삼기 위해 우선적으로 전제되거나 요청되는 것이 자유의지라고 분석하였다.

본능에 따라 행동하는 동물이나, 조작에 의해 움직이는 로봇에게 양심에 따라 행동하라는 행위의 법칙은 타당성을 지니지 못한다. 양심을 따르라는 도덕적 명령은 양심을 따를 수도 있고 양심을 저 버릴 수도 있는 자유로운 의지적 선택이 가능한 존재에게만 타당성을 지니는 명령이다. 인간에게 의지의 자유가 없다면 모든 도덕적 명령은 무의미하게 된다. 인간에게 부여된 도덕적 명령이 보편타당성을 지니려면 먼저 인간에게 의지의 자유가 전제되어야 한다는 것이다. 그러므로 칸트는 "준칙의 법칙수립적인 순형식만을 법칙으로 삼을 수 있는 의지가 곧 자유의지ein freier Wille이다"[16]라고 하였다. 또한 "자유는 모든 이성적 존재자의 의지의 특성으로 전제되어야 한다"[17]라고 주장한다.

칸트는 인간에게 양심에 따라 행동할 수 있는 의지의 자유와 양심에

---

16) I. Kant(1981), 『실천이성비판』(서울: 박영사), 30.
17) I. Kant(1981), 239.

따른 행동에 대한 공평한 보상이 주어지는 내세(영생) 둘 다를 보장해 줄수 있는 존재는 하나님이라고 하였다. 하나님이 존재해야만 인간의 행위에 관한 보편타당한 도덕적 명령이 성립한다. 따라서 "최고선이 가능하기 위해서 반드시 필요한 것으로 하나님의 실존die Existenz Gottes을 요청해야 한다"[18]고 하였다.

하나님이 천지만물은 말씀으로 창조하고, 하나님의 형상으로 창조한 인간에게는 말씀을 위임하였다. '하라'와 '하지 말라'의 말씀의 위임은 하나님의 명령이요, 인간 행위의 절대적 준칙이다. 따라서 칸트가 『실천이성비판』에서 분석한 것처럼 하나님이 인간에게 명령하셨다는 것은 이미 인간에게 자유의지가 부여되었음을 전제하셨다는 것을 의미한다. 하나님은 '하라', '하지 말라'는 명령을 통해 인간의 자발적인 의지의 선택의 가능성을 열어 주신 것이다. 이런 맥락에서 어거스틴에 의하면 하나님께서는 인간에게 자유의지를 부여하여 주어서, 인간은 가장 이성적이고 자유로운 영적인 존재가 될 수 있었다.[19]

2) 왜 선악과 따먹는 것을 막지 않았나?

선악과와 관련하여 제기되는 또 다른 문제가 있다. 왜 하나님은 인간에게 선악과를 따먹지 말라고 명령하고서는 인간이 그것을 따먹으려고 할 때 그것을 막지 않았는가? 왜 선하고 전능하신 하나님은 인간의 범죄를 허용하였는가? 구약 외경의 집회서는 하나님께서 인간에게 자유의지를 주신 이러한 까닭을 잘 설명하고 있다.

---

18) I. Kant(1981), 136.
19) Augustine, *On Free Will*, I, 1.

"한 처음에 주님께서 인간을 만드셨을 때

인간은 자유의지를 갖도록 하셨다.

네가 마음만 먹으면 계명을 지킬 수 있으며

주님께 충실하고 않고는 너에게 달려 있다.

주님께서는 네 앞에 불과 물을 놓아 주셨으니

손을 뻗쳐 네 마음대로 택하여라.

사람 앞에는 생명과 죽음이 놓여 있다.

어느 쪽이든 원하는 대로 받을 것이다.

주님께서는 위대한 지혜와

전능하신 힘을 가지시고 모든 것을 보고 계신다.

주님께서는 당신을 두려워하는 사람들을 굽어보시며

인간의 모든 소행을 다 알고 계신다.

주님께서는 인간에게 악인이 되라고 명령하신 적이 없고

또 죄를 범하라고 허락하신 적도 없다."(집회서 15:14-20, 공동번역)

인간으로 하여금 '악인이 되라고' 또는 '죄를 지으라고' 자유의지를 준 것은 아니다. 그러나 인간이 불복종하려고 했을 때 그것마저 허용하였다. 하나님의 금지명령에 이미 불복종이 허용되어 있다는 사실을 명확히 설명한 이는 칼 바르트이다. 금지명령의 계명과 동시에 그 허용이 확증됨으로써 하나님의 은혜와 인간의 자유에 따른 책임의 자리가 확보되는 것이다. 바르트는 "신적인 요구의 형식은 본질적으로 허락permission이요, 아주 특별한 자유를 주는 것"[20]이라고 하였다. 하나님은 인간을 선하게 창조하셨으나 인간의 자유로운 의지를 보장함으로써 자신의 악한

---

20) K. Barth(1978), *Church Dogmatics*, Vol. II-2, 585.

충동에 따르는 것마저 허용하였다.[21]

하나님의 계명은 이미 허락해 놓은 온갖 허락들을 확증한 것이라는 점에서 모든 일반적인 명령과 다르다고 하였다.

(1) 하나님이 인간에게 불복종마저 허용한 것은 하나님이 폭군이 아니기 때문이다. 인격적인 하나님의 명령은 인격성을 지닌다.[22] 인격적이고 자유로운 하나님은 인간이 자발적이고 기쁜 맘으로 하나님의 명령에 복종하기를 원하신다. 어떤 명령이든 그 명령이 자발적으로 복종되어야 명령하는 자와 명령받는 자 사이의 인격적인 관계가 유지된다. 명령자가 명령을 강압적으로 준행하도록 강제하고 명령받은 자가 자신의 자발적 의지가 억압된 상태에서 복종한다면 양자 사이의 인격적 관계는 깨어진다. 하나님은 자신이 창조한 인간과의 인격적인 관계의 유지를 원하셨기 때문에 인간의 자발적인 복종만을 기대하는 것이다.

(2) 인간의 자발적인 거역마저 허용하신 것은 강압적이고 비자발적인 복종보다 차라리 자발적인 거역이 오히려 하나님과의 인격적 관계를 유지하거나 회복하기 위한 지름길이 될 수 있기 때문이다. 하나님이 인간의 의지를 무시하고 강제적으로 복종을 요구한다면 하나님과의 인격적인 관계는 단절될 뿐만 아니라 관계회복의 기회마저 차단되기 때문이다. 그러나 인간에게 불복종을 현실적으로 허용함으로써 인간이 스스로 자신의 잘못을 깨닫고 하나님과의 관계를 회복할 수 있는 여지를 남겨 두신 것이다.

누가복음(15장)의 탕자의 비유에서 보듯이 아버지에게 상속을 요구하였을 때 아버지는 둘째 아들이 그 돈을 다 탕진할 것을 알았지만, 강압적인 상속의 거부가 아들에게 반항감을 심어 주고 결국은 부자관계를 회

---

21) H. Ringren(1991),『이스라엘의 종교사』(서울: 성바오로출판사), 421.
22) K. Barth(1978), 611.

복할 수 없도록 악화시킨다고 보았기 때문에 둘째 아들에게 유산 상속을 허용한 것이다. 결과적으로 둘째 아들은 아버지의 허용하에 재산을 다 탕진한 후 자신의 잘못을 깨닫고 자발적으로 아버지와의 관계를 회복하기 위한 귀향에 오르게 된다. 만약에 아버지가 아들의 파산을 정확히 예측하고 아들을 위한다는 명분으로 아들의 상속 요구를 강제로 거부했더라면, 부자간의 인격적 관계는 더욱 악화되어 돌이킬 수 없게 되었을 것이다.

(3) 금지명령 자체가 자유의 허용을 의미하지만, 더 나아가서 불복종의 자유마저 허용함으로써 인간 의지의 자유를 온전히 보장한 것이다. 자유는 금지명령과 함께 주어진다. 그러나 금지명령을 어기는 행위를 강제적으로 막으려고 하는 것은 이미 자유의지 자체를 부정하는 결과가 된다. 강요된 복종이 진정한 복종이 아니라 자발적인 복종이 진정한 복종이라는 것을 깨달을 때 진정한 자유를 누리게 된다. 인간은 참으로 자유로운 존재로 창조되었다. 하나님이라 할지라도 인간의 자유를 강제할 수 없다. 하나님은 인간이 선악과를 따먹는 순간 불가피하게 그것을 허용함으로써 인간의 자유의지를 끝까지 존중하고 보장한 것이다.

(4) 하나님께서 인간이 선악과를 따먹는 것을 막지 않고 허용한 것은 축복과 저주를 하나님의 명령에 대한 인간의 자유롭고 자발적인 선택에 맡겨 두기 위함이다. 자연의 위력이나 마력이 인간의 축복과 저주의 운명을 좌우하는 것이 아니다. 하나님께서 축복명령과 금지명령을 통해 인간의 자유의지를 허용한 것은 동시에 인간에게 주어지는 축복과 저주를 인간의 책임하에 두고 인간의 자발적인 복종과 선택마저 허용한 것으로 볼 수 있다. 자유의지의 허용은 자발적인 선택의 책임을 지라는 명령이기도 하다. 인간에게 자신의 운명을 스스로 결정할 수 있는 최소한의 가능성을 열어 준 것이다.

(5) 자유의지의 허용은 자유의지를 악용하여 악행을 행하라는 것이 아니다. 자발적으로 선한 의지를 지향하도록 의지의 자유를 보장한 것이다. 진정한 자유는 악을 행하거나 생명을 해치는 자유가 아니라 선을 행하고 생명을 살리는 자유인 것이다. 인간은 이러한 자유를 악용하여 결국 오만과 방종과 파멸로 치닫게 된다. 아담이 하나님께서 주신 자유의지를 선용하지 않고 악용하여 죄에 이르게 된 것이다.

따라서 바르트는 당위적인 명령이 없는 허용은 무율법주의에 빠지고, 허용이 없는 당위는 율법주의에 빠진다고 하였다. 당위와 허용의 변증법적 통일 속에서만 하나님에 대한 구체적이고 자발적인 순종이 가능하기 때문이다.[23] 그리스도의 십자가 안에서 양자의 통일이 이루어졌다. 예수 그리스도는 하나님의 뜻에 자발적으로 순종하였으며, 하나님께서는 예수 그리스도의 십자가의 고난을 허용하신 것이다. 하나님의 허용과 그리스도의 순종으로 말미암아 십자가는 죽음의 권세를 맞선 새 생명의 부활이 된 것이다.

3) 선악과를 따먹을 줄 몰랐는가?

선악과와 관련하여 제기되는 또 다른 질문은 전지전능하신 하나님이 선악과를 만들 때 인간이 결국 그것을 따먹고 말 것이라는 것을 미리 예지豫知하지 못하였는가? 하는 문제이다. 칼빈이 주장한 대로, 모든 것이 예정되어 있다면 인간이 선악과를 따먹을 것이라는 것도 하나님의 예정에 속하는 것이 아닌가?

물론 하나님은 인간에게 선악과를 따먹을 수도 있고 따먹지 않을 수

---

23) Otto Weber(1976), 『칼 바르트의 교회교의학』(서울: 대한기독교출판사), 115.

도 있는 자유를 허용하였기 때문에 하나님은 인간이 선악과를 따먹을 가능성을 예지하신 것은 분명하다고 할 수 있다. 그러나 일찍이 어거스틴이 그의 『자유의지론』에서 자세히 논쟁한 것처럼 인간이 선악과를 따먹은 것은 인간으로서는 어쩔 수 없는 자연적이거나 필연적인 결과라고 할 수 없다. 무거운 돌을 하늘로 던지면 힘이 다하여 땅으로 떨어지는 것이 '자연적인 운동의 결과'이지만, 인간이 선악과를 따먹은 것은 '자연적인 행동의 결과'가 아니라 '자발적인 행동의 결과'이기 때문이다. 그리고 인간이 나이가 들어 죽는 것은 '불가피한 필연적인 결과'이지만, 인간이 선악과를 따먹은 것은 전적으로 인간의 '자발적인 의지의 결과'일 뿐이라고 하였다.

따라서 바르트는 인간이 선악과를 따먹은 것은 하나님의 필연적인 예정에 속하는 것이 아니라, 인간에게 허용된 자유의지의 악용에 따른 '돌발적인 사태'라고 하였다. 선악과를 따먹은 사건은 인간이 하나님의 말씀에 자발적으로 복종하기를 거부하고 사탄의 말에 미혹되고 설득되어 자발적으로 사탄의 말에 따라 행동한 결과이다. 하나님도 사탄도 인간에게 강요하지 않았다. 인간이 스스로 자발적인 의지에 따라 선악과를 따먹은 것이다.

일반적으로 사람들은 죄를 짓는 이유는 무엇인가? 체면이나 탐욕 때문에 잘못인 줄 알면서도 이런저런 이유와 핑계를 붙여 죄를 짓는 것이다. 결국은 모든 범죄는 범죄자 자신의 의지적 동의에 의한 것임을 부정할 수 없다. 루터가 말한 것처럼 새가 머리 위로 날아다니는 것은 막을 수 없지만, 새가 머리 위에 앉아 둥지를 트는 것은 막을 수 있기 때문이다. 인간이 참으로 하나님을 경외하고 동료 인간을 사랑하며, 절대선을 지향하는 자유로운 의지만 있다면 죄와 악을 거역할 수 있기 때문이다.

4) 거짓된 악은 어디서 어떻게 왔는가?

선악과와 관련하여 제기되는 또 다른 질문은 죄와 악이 어디서 왔는지 그 기원에 관한 질문이다. 일찍이 어거스틴은 그의 『고백록』에서 16세에 친구들과 과수원을 서리한 동기를 분석한 후 악의 뿌리를 체험적으로 고백한 바 있다. 당시의 마니교에서는 악은 인간의 불가피한 운명이라고 하였고, 플라토니즘은 악은 단순한 무지의 소산이라고 가르쳤다.[24] 마니교는 태초부터 우주에 빛과 어둠이 있듯이 선신과 악신이 있다고 가르치고 별들이 인간의 운명을 좌우하듯이 인간의 선악도 좌우한다고 하였다. 그러나 어거스틴은 인간의 죄악을 자연의 운명으로 여기는 것은 인간의 의지와 도덕적 책임을 부정하는 것으로 여겼다. 우리가 필연적으로 늙고 죽지만 죄는 자발적인 것이다.

어거스틴은 자신의 경험으로 볼 때 배가 고파서 운명적으로 복숭아를 훔친 것이 아니었다. 어거스틴과 그의 친구들은 도적질이 나쁘다는 사실을 잘 알고 있었다. 그들은 결코 무지하지도 않았다. 지혜롭게 주인의 동태를 살피고 도망갈 길을 마련한 다음에 용의주도하게 범행을 모의하고 실행한 것이다. 어거스틴은 "내가 탐낸 것은 과일 맛이 아니라, 죄악의 달콤한 맛이었다"라고 고백하였다.[25]

어거스틴은 존재의 원인은 하나님이시고, 악의 원인은 알 수 없다고 하였다. "하나님이 선하신 분이라면 어떤 부분을 악하게 만드실 리도 없고, 전능한 분이라면 잘못을 재빨리 고쳐내지 못할 리도 없는 것"이라고 한다. 그렇다고 해서 하나님의 의해 선하게 "창조물들이 하나님의 뜻을 어겨서 악이 생겨났다고 말할 수 없다"라고 하였다. 그는 "천사가 사악한

---

24) Augustine, *On Free Will*, III, ii, 4.
25) Augustine, *The Confessions*, II, 3.

의지 때문에 악마가 되었다고 하지만 그 사악한 의지는 어디서 오는지 알지 못하겠다"라고 하였다.[26] 그래서 악의 근원에 대해서는 해답을 알 수 없다고 여겼다. 그러므로 악은 실체가 없는 것이라고 하였다.

"악이 실체가 아닌 까닭이 여기 있습니다. 실체가 있다면 다 선한 것이기 때문입니다. 악이 사멸치 않은 실체입니까? 그렇다면 그것은 악이 아니라 선입니다. 사멸치 않는 것은 선밖에 없기 때문입니다. 이로써 주님이 만드신 만물이 어찌하여 선한 것인가를 알게 되었고, 주님께서 만들이 않은 것은 절대 존재할 수 없다는 한계를 분명히 깨닫게 되었습니다."[27]

그렇다면 이 실체가 없는 거짓 세력은 무엇이며, 어디에서부터 기원한 것인가? 칼 바르트K. Barth는 이 거짓 세력을 한마디로 무성nothingness이라 하였다.[28] "무성은 하나님이 '계시다'든지, 피조물이 '있다'는 뜻과 같이 있는 것이 아니다. 본래 진정으로 있는 것은 하나님과 피조자뿐이다"[29]라고 하였다. 무성은 하나님이 만드신 것이 아니기 때문이다. 그렇다고 해서 '무가 없는 것'은 아니다. 현실적으로 죄가 있듯이 그리고 가짜가 실제로 존재하듯이 '현실적 무성'이 있다.[30]

태초의 뱀의 간교한 '거짓말'처럼 존재하지도 않는 것이 존재하는 것처럼 미혹하였고 아담과 하와는 실제로 그 미혹에 빠졌으므로 무성에 굴복하여 죄를 범하게 된 것이다. 마치 가짜가 진짜를 몰아내듯이 없는 것 nothing이 있는 것being 이상으로 현실적 존재성을 지니는 것이 '무성'이

---

26) Augustine, *The Confessions*, VII, 6.
27) Augustine, *The Confessions*, VII, 12.
28) K. Barth(1987), *Church Dogmatics*, Vol. III-3, §50.
29) Otto Weber(1976), 206.
30) Otto Weber(1976), 202.

라는 것이다.

이 무성無性은 전적으로 없는 것으로서의 무無가 아니며, 그렇다고 전적으로 존재하는 유有도 아니다. 칼 바르트는 이처럼 '존재하지 않으면서 존재하는 하는 제3의 존재방식'이 바로 죄와 악을 통칭하는 무성의 존재방식으로서 '제3의 질서'라고 하였다.[31] 하나님이 창조한 존재의 세계는 선한 현실이지만 무성은 악한 비현실이며 거짓된 가상현실이다. 그러나 현실이 아닌 거짓이 현실 이상으로 현실적인 힘을 발휘하여 인간으로 하여금 거짓 세력에 미혹되어 놀아나게 하는 것이 죄요, 악이요, 죽음이요, 지옥인 것이다.

이 무성은 어디서 어떻게 생겨난 것인가? 마니교의 이원론처럼 선과 악이 태초부터 공존하는 것도 아니고, 유출설처럼 선한 세계의 내에서 존재의 결핍이 극대화되어 악이 생겨난 것도 아니다. 바르트는 그렇다고 해서 하나님이 만드신 창조물의 선함 속에 무성이 존재한다고 해서도 안 된다고 하였다. 왜냐하면 무성으로 창조세계와는 질적으로 다른 '이질적인 것'이기 때문이다. 그리고 무성을 하나님의 창조의지와 관련시켜서도 안 된다고 하였다. 왜냐하면 "하나님은 무성을 상대로 싸우고 무성을 제거하여 결국은 정복"하시기 때문이다.[32]

그리고 무성을 하나님의 선한 의지와 관련시키거나 하나님이 창조한 피조물인 자연이나 인간 속에 내재한 부정성과 관련시킬 경우 무성에서 비롯되는 죄와 악이 하나님이나 피조물인 자연이나 인간에게서 기원하는 것이라는 잘못된 생각으로 인도하기 때문이라고 하였다.

하나님이 선한 의지로 '보시기에 심히 좋도록' 창조하신 유의 세계라

---

31) 정성민(2004), "하나님의 창조와 무성에 대한 바르트의 이해", 「기독교신학논총」 31집, 283-307.

32) K. Barth(1957), *Church Dogmatics*, II-1, 349.

면 하나님의 창조질서의 밖에 있는 것이 무성이라는 제3의 질서이기 때문이다. 창조의 밖에 있는 무가 창조의 유의 세계에 '돌발적으로 침투'하여 마치 존재하는 것처럼 행사하는 것이 '제3의 존재방식으로 존재하는 무성'이요, 거짓으로 존재하는 그것이 바로 모든 악의 근원이라고 한다. 따라서 무성의 출처가 하나님도 이 세계도 인간도 아니라는 것이 바르트의 주장이다.

5) 선악과를 따먹은 것이 왜 원죄인가?

전통적으로 기독교 교리에 따르면 하나님의 금지명령에 불순종하는 것은 하나님을 하나님으로 인정하지 않는 교만의 죄이며 이는 모든 죄의 뿌리인 원죄라고 가르쳤다. 인간이 하나님을 부인하고 나아가서 하나님을 의지하지 않는 것이 죄의 뿌리라는 것을 깨닫지 못하는 것 자체가 죄이며, 이 죄의 뿌리에서 온갖 개개인의 행위의 죄가 파생한다고 가르쳤다. 그리고 죄의 뿌리를 원죄原罪라고 하고 거기에서 파생되는 개개인의 범행을 자범죄自犯罪라고 하였다.

이러한 원죄론에 따라 양심적으로 법대로 살아서 행위의 결점이 아무리 적을지라도 하나님을 믿지 않으면 죄인이라고 가르친다. 이러한 배타적인 구원론을 비기독교인들은 이해하기 어렵다고 항변한다. 그래서 최근에는 일부 기독교인들에 의해 교회 밖에도 구원이 있다는 주장이 제기되기도 한다. 그러나 바울, 어거스틴, 루터, 칼빈 등 기독교의 주류는 여전히 원죄와 교회 안에서의 구원을 주장한다. 기독교인들이 이처럼 배타적인 구원관을 주장하는 이유는 무엇일까?

기독교는 인간이 죄를 범할 수밖에 없도록 만드는 근원적인 원죄가 무엇인지 밝히려고 하였다. 어거스틴을 위시로 하여 칼빈과 바르트를 비롯한 기독교 신학의 대가들은 그것이 인간의 '악한 의지'라고 가르쳤다.[33] 악한 의지가 악하다고 본 것이다. 개인이 범한 악행이 악이 아니라, 악행을 하게 만드는 악한 의지가 악하다는 것이다. 악한 의지가 악하고 선한 의지가 선한 것이기 때문이다. 악행과 선행이 있는 것이 아니라 그 근원에는 악의와 선의가 있을 뿐이라는 것이다.

(1) 무엇보다도 어거스틴은 선한 의지는 천지만물과 인간을 선한 의지로 창조하신 선하신 하나님 한 분에게서 나오는 것이라고 말한다. 하나님에게는 악의가 전혀 없으시기 때문이다. 하나님은 절대 선한 의지를 가지신 분이기 때문에 하나님만이 유일하게 하나님의 의지를 오직 선하게 사용할 수 있다고 보았다.

하나님은 선한 의지뿐 아니라 선한 능력을 지니신 분이다. 그래서 칼빈은 하나님만이 '악을 선으로 바꿀 수 있는 선한 능력을 가지신 분'이라고 하였다. 안티 기독교를 주장하는 이들처럼 무신론자 조지 스미스는 "구약의 하나님이 쌓아 올린 만행의 목록은 정말 대단하다. 여호와는 친히 사람들을 모두 모조리 없애 버리는 일을 즐긴다"[34]라고 하였다. 그 구체적인 사례로 이집트의 장자를 모두 죽게 하였고, "아멜렉을 쳐서 그들이 모든 소유를 남기지 말고 진멸하되 남녀와 소아와 젖먹이 아이와 우양과 약대와 나귀를 죽이라"(삼상 15:3)고 한 것을 제시한다. 그러나 하나님의 진노는 하나님의 악한 의지에서 비롯된 것이 아니다. 예수께서 말씀하신 것처럼 절대 "선한 이는 하나님 한 분"(눅 18:19)뿐이기 때문이다. 하나님은 거짓됨이 없으시며 악의 자체가 없는 분이다. 그의 진노와 진멸은 그의 인애와 구원의 또 다른 표현이기 때문이다.

따라서 구약성서에 나타나는 '하나님의 진노와 진멸'조차도 하나님의

---

33) Augustine, *On Free Will*, III, xvii, 48.
34) Lee Strobel(2001), 『특종! 믿음 사건』(서울: 두란노), 131.

절대 선한 의지에서 비롯된 것이기 때문에 인간들 보기에는 잔인하고 폭력적이고 악하게 보일지라도, 그것은 하나님의 신비한 구원의 방식이며, 하나님은 그 진노와 진멸을 통해 '모든 것을 합력하여 선'(롬 8:28)으로 바꿀 수 있는 선한 의지와 선한 능력을 가지신 분이라는 것이다. 요셉은 악을 선으로 바꾸는 하나님의 신비를 다음과 같이 고백한 바 있다.

> "당신들은 나를 해하려 하였으나
> 하나님은 그것을 선으로 바꾸사
> 오늘과 같이 만민의 생명을 구원하게 하시려 하셨나니
> 당신들은 두려워 마소서…."(창 50:20-21)

(2) 반면에 사탄은 선한 의지가 도무지 없고 오직 악한 의지뿐이다. 악의를 가지고 선행을 꾸밀 수가 있는데, 그것을 위선이라고 한다. 진정한 선행이 아니다. 선의를 가지고 한 일인데 결과가 바라는 대로 되지 않을 수 있다. 그러나 선의로 시작한 일이라면 그 잘못된 결과에 대하여 용서를 구하고 고치려고 노력하게 된다. 결국은 선행으로 이어진다.

반면에 악의를 가지고 시작한 일이 악행으로 드러나도 악의를 가진 자는 자신의 잘못을 인정하지 않고 온갖 기만적인 방법으로 그 잘못을 은폐하거나 정당화하려고 한다. 그러므로 선한 의지만이 선할 수 있는 것이다. "사탄도 자기를 광명의 천사로 가장"(고후 11:14)하여 나타나 겉으로 선해 보일 수도 있지만 실재로는 위선적인 사악인 것이다. 따라서 사탄을 "그 속에는 진리가 도무지 없는 거짓의 아비"(요 8:44)라고 한 것이다.

(3) 인간은 어떠한가? 인간은 그에게 주어진 자유의지를 선하게 사용할 수 있고 악하게도 사용할 수 있도록 창조되었다. 그런데 하나님께서 선한 의지로 인간에게 당부하신 말씀을 거역하고 간교한 뱀이 악의 의지

로 미혹하는 말에 넘어가 선악과를 따먹은 것 자체가 원죄이라는 것이다. 인간에게는 자신의 의지로도 어쩔 수 없는 악한 충동이 생기게 된 것이다 (창 6:5, 8:21). 따라서 아담과 하와가 선악과를 따먹은 것은 하나님이 그들에게 주신 자유의지를 남용한 것으로 이해되어 온 것이다. 하나님이 인간에게 자유의지를 주었으나 인간은 자신의 자유의지를 거짓되고 사악하게 사용하여 선의의 기쁨보다 악의의 쾌락을 탐닉하면서 거기에 중독된다. 선한 의지가 악한 의지로 부패하여 그것에 중독되고 만 것이다.

인간이 하나님의 명령을 불복종하는 것은 단순한 무지나 인간의 불가피한 운명이 아니다.35) 자신의 의지가 자발적으로 죄악 자체를 지향하는 악한 충동을 절제하지 못하여 죄에 빠지게 되는 것이다. 그리고 인간에게 이러한 교묘한 방법으로 악한 의지를 부추기는 온갖 거짓 세력들을 상징한 것이 바로 '간교한 뱀'이며, 후대에 와서 뱀이 유사인격화되어 사탄으로 불리게 된 것이다.

따라서 어거스틴은 원죄를 무지나 결핍이나 운명이 아니 선한 의지가 악한 의지로 부패하거나 악한 의지에 중독된 상태라고 설명하였다.

첫째, 중독자 중에는 자신이 중독자라는 사실을 인지하지 못하는 경우가 허다하다. 예전에는 정신질환과 신경질환을 구분하는 기준이 병식病識이었다고 한다. 고소공포증과 같이 환자가 병에 대한 인식이 있는 경우에는 신경질환으로 분류하지만, 정신질환의 경우 환자 자신뿐만 아니라 주위 사람들도 그것이 질병이라는 인식을 하지 않는 경우가 많아 치료 시기를 놓치게 된다. 그리고 병세가 심한 경우 병증病症은 분명한데, 환자 자신이 병식病識이 전혀 없어 강제 입원당하는 경우가 생기게 되는 것이다.

---

35) Augustine, *On Free Will*, III, ii, 4.

예를 들면 반사회적 인격장애자인 사이코패스Psychopath의 경우 선한 의지가 완전히 부패하고 마비되어 '공감 능력과 죄책감'이 전적으로 결여되어 있어, 지능적인 연쇄살인을 자행하는 것으로 알려져 있다. 이러한 상태는 전적으로 악한 의지에 중독되어 있는 경우라고도 볼 수 있는데, 문제는 자신이 악한 의지에 중독되어 있다는 사실 자체를 인식하지 못한 채 연쇄살인이라는 악행을 지능적으로 수행하고 이를 즐기게 되는 것이다.

그래서 이러한 인간의 치명적인 죄성을 원죄라고 할 수 있다. 죄성의 심연을 누구보다 뼈저리게 체험한 어거스틴은 16세 때에 그것이 죄인줄 모르고 친구들과 사전에 모의하고 망을 보면서 과수원 서리를 즐긴 죄성을 고백한 적이 있다.

> "나는 내 자신을 파괴하는 것을 사랑했다. 나는 나의 죄악을 사랑했다. 내가 죄악을 저질러서 무엇을 얻고자 했던 것이 아니라, 죄악 그 자체를 사랑했다."[36]

이처럼 선한 의지가 악한 의지에 오염되고 악한 의지에 중독되어 자기가 악한 의지에 중독되어 있다는 사실조차 인식하지 못한 채, 악행을 즐기는 심각한 죄성을 원죄라고 부른다.

둘째, 중독자 중에는 자신이 중독자라는 사실을 인식하는 경우도 없지 않다. 중독자 가운데는 자신이 중독자라는 것을 인식하고 있지만, 자기 의지로 그 중독에서 벗어날 수 없는 경우가 허다하다. 자신의 의지로 중독 상태에서 벗어날 수 있다면, 그는 더 이상 중독자가 아닐 것이다.

---

36) Augustine, *The Confessions*, II, 4.

도박에 중독된 사람 중에서는 도박으로 패가망신하여 스스로 중독자라는 것을 알면서도 자신의 의지로는 이 중독에서 벗어나지 못한 채 구걸을 해서라도 도박을 해야 하는 딱한 처지에 이르게 된다. 선한 의지가 붕괴되고 무력해져서 자신의 의지력으로는 그 중독의 굴레에서 벗어나지 못하는 경우이다. 바울은 이 비참한 죄의 현실을 이렇게 탄식한 것이다.

> "그러므로 내가 한 법을 깨달았노니
> 곧 선을 행하기 원하는 나에게 악이 함께 있는 것이로다.
> 내 속사람으로는 하나님의 법을 즐거워하되
> 내 지체 속에서 한 다른 법이 내 마음의 법과 싸워
> 내 지체 속에 있는 죄의 법 아래로 나를 사로잡아 오는 것을 보는도다.
> 오호라 나는 곤고(비참)한 사람이로다.
> 이 사망의 몸에서 누가 나를 건져 내랴."(롬 7:21-24)

셋째, 어떤 형태의 중독자든 중독자는 자신의 의지로는 그 중독 상태에서 벗어날 수 없다는 것이 중독의 본질이다. 자신의 의지로 중독에서 벗어날 수 있거나 자신의 의지로 중독을 조절할 수 있다면, 그는 더 이상 중독자가 아니기 때문이다. 중독자가 자신의 의지로 할 수 있는 일은 자신의 중독을 치료해 줄 수 있는 의사나 약을 선택하는 것이다. 그래서 어거스틴은 "중독자는 자유롭게 자신의 약을 선택할 수 있지만, 중독 상태를 자발적 의지의 힘으로 멈출 수는 없다"[37]라고 하였다. 이러한 처지를 해변에서 건너편 도시를 바라보지만, 물을 건널 아무런 수단을 갖고 있지 못한 상황으로 묘사하였다. 따라서 악한 의지에 중독된 죄인이 죄의

---

37) W. E. Placher(1994), 『기독교 신학사 입문』(서울: 크리스챤다이제스트), 153.

중독에서 벗어나려면, 그를 죄의 중독에서 벗어나게 해줄 수 있는 구세주의 도움을 구해야 한다고 하였다.

인간은 누구나 자기의 주관이나 의지대로 살거나 세상의 풍조를 쫓아, 자기중심적으로 세속적으로 살게 마련이다. 그러면서도 나만큼 '선하게 사는 사람'도 없다고 자신의 선의를 주장하는 경우가 많다. 하지만 인간은 아무리 선행을 한다 해도 악한 의지에서 전적으로 자유로울 수 없는 존재이며, 절대선을 행하는 것은 더욱 불가능한 일이다. 잘못을 범하지 않을 수 있는 최선의 길은 '나는 잘못하는 일이 없다'고 자신만만해 하는 것이 아니라 '나도 잘못할 수 있다'고 인정하는 것이라고 한다. 왜냐하면 자신만이 절대적으로 옳다는 확신으로 인해 벌어지는 일들이 오히려 무수한 사람들에게 나쁜 결과를 가져 오는 일들이 너무나 많기 때문이다. 따라서 인간이 주관적이고 관습적이며 상대적인 선한 의지를 절대시할 때 더 큰 도덕적 혼란이 생겨나게 된다. 인간은 자신의 주관적인 선의로 오히려 악행을 저지르게 되기 때문이다.

마치 병을 병으로 인식하지 못하는 것이 가장 큰 병이며, 중독을 중독으로 인식하지 못하는 것이 가장 큰 중독이듯이 '죄를 죄로 인식하지 못하는 것이 가장 큰 죄'라는 것이 기독교의 원죄에 대한 기본적인 인식인 것이다. 인간이 스스로 의롭다 하지만 하나님의 절대선에 비추어 보면 우리 속에 있는 악한 충동과 악한 의지에 놀라게 된다. 그래서 바울은 "의인은 없나니 하나도 없다"(롬 3:10)는 것을 깨닫게 된다. 이런 관점에서 욥은 "여인에게서 난 사람이 어찌 죄가 없을 수 있겠는가?"(욥 15:14, 공동번역)라고 한 것이다.

창세기에서 인간이 하나님이 금지한 선악과를 따먹은 것은 하나님과 같아지려는 교만이며 또한 하나님을 하나님으로 인정하지 않는 불신앙이라고 해석하는 이유는, 하나님이라는 절대선한 의지를 가진 분에 대한 믿음이 없이는 자신 속에 있는 악한 의지를 인식하지 못한다는 신앙인들의 오래된 체험 때문이라고 할 수 있다. 많은 신앙의 사람들이 절대 선한 분의 도움 없이는 악한 의지에 중독된 자신을 치유할 수 있는 길이 없다는 사실을 깨달았기 때문이다.

그래서 기독교에서 불신앙이 죄라고 가르치는 것이다. 신앙이 없이는 자신이 죄인이라는 사실을 깨닫고 인정하는 것이 거의 불가능하기 때문이다. 신앙의 절대적인 선한 의지 그 자체이신 하나님 앞에 설 때만이 자신이 죄인이라는 것을 깨닫게 되고 죄를 죄로 인정하게 되는 것이다. 그래서 파스칼은 "이 세상에는 두 종류의 죄인이 있는데, 하나는 자신이 의인이라는 죄인이요, 다른 하나는 자신이 죄인이라는 죄인이다"라고 한 것이다.

03

가인과
구원의 징표를 주신 하나님

1) 가인과 아벨 이야기의 역사적 배경

창세기 4장에서는 최초의 인간 형제간에 살인사건이라는 충격적인 이야기를 전해 준다.

"카인은 아우 아벨을 '들로 가자'고 꾀어 들에 데리고 나가서 달려들어 아우 아벨을 쳐 죽였다."(창 4:8, 공동번역)

형이 동생을 죽인 최초의 살인사건의 주역인 가인과 아벨의 이야기는 이스라엘 민족이 솔로몬 왕의 사후에 남북으로 갈라져서 형제끼리 서로 미워하고 죽이는 적대관계에 빠진 남북 분단 왕국의 역사적 상황을 반영한다.[38]

---

38) 농경문화와 유목문화의 갈등을 반영하는 것이라는 문화적 해석과 아버지의 편애가 형제 불화의 원인 되었다는 심리학적인 해석이 제시되어 왔다. 새로 태어난 동생에게 모든 사랑과 관심을 빼앗긴 형이 동생을 미워하며 퇴행하는 것을 '카인 콤플렉스'라고 한다. 영화로도 만들어진 존 스타인백의 소설 『에덴의 동쪽』은 바로 가인과 아벨의

솔로몬 시대에 접어들면서 반유목민이었던 이스라엘 백성들은 가나안에 정착하여 문화를 발전시키고 점차 도시화를 이루어 간다. 예루살렘에 거대한 궁전과 대성전이 세워지고 인구가 집중된다. 이러한 도시화는 물질적 풍요와 거주의 안정을 가져다주었지만 동시에 치열한 생존경쟁을 초래하여 반유목민들의 혈연적 연대성을 상실하게 만들었다. 도시의 이웃은 생존의 협력자가 아니라 경쟁자로 등장하게 된다. 인간과 인간 사이의 유대관계도 일시에 사라져 버린다. 도시인들은 더 이상 형제처럼 '이웃을 지키는 자'(창 4:9)가 아니라 '이웃을 등쳐먹는 자'(사 10:2, 공동번역)들이 되고 만 것이다.

가인 이야기는 도시의 지배자들이 모든 반대자들을 무자비하게 살해하는 죄악상을 주제로 다룬다. 살인을 하는 사람은 자신의 이익을 위한 최후의 수단으로 다른 사람을 죽인다. 종족이나 사회집단의 이익을 위하여서 다른 민족이나 집단을 죽이기도 한다. 명예와 권력과 부를 독점하기 위한 인간의 이기심과 적대감이 온갖 살생으로 이어지는 것이다.

성서는 첫 도시가 최초의 살인자 가인에 의해 건설되었다고 적고 있다(창 4:17). 어거스틴도 『신의 도성』에서 지상의 도시가 살인자에게서 시작하여 살인자에게서 끝난다고 하였다. 위대한 로마제국 역시 쌍둥이 형 로물루스Romulus가 동생 레무스Remus를 살해함으로써 시작된 것이며, 로마 건설의 영광과 권력을 독점하기 위하여 그 성벽에 아우의 피를 흘린 것이라고 하였다.39)

이스라엘 왕국의 분열(서기전 722)과 예루살렘 멸망(서기전 587) 이후의 저작으로 알려진 가인과 아벨의 이야기들은 이스라엘의 비참한 고난의 역사를 반영한다. 하나님의 백성들이 왜 이 엄청난 동족상잔을 겪고

관계를 상징하여 대를 이은 아버지의 편애가 빚어 낸 형제간의 불화를 다룬다.
39) Augustine, *City of God*, IV, xix, 21.

비참한 살육을 당하여야 하는가? 이 모든 고난은 이스라엘 백성이 하나님의 계명을 어긴 범죄의 결과요 하나님의 징계라고 확신하였다. 그러나 하나님은 범죄한 민족일지라도 회개하고 돌아오면 다시 구원하여 주신다는 새로운 희망의 메시지를 이 이야기의 중심주제로 담아 둔 것이다.

창세기는 이처럼 농경문화의 발전으로 인한 도시문화의 건설이 야기한 살벌한 생존경쟁의 부작용을 날카롭게 지적한다. 최초의 살인자 가인의 후손을 통해 도시화와 문명화는 더욱 가속된다. 그의 후손 두발가인은 서기전 2000년대의 문화발달에 지대한 공헌을 한 철기문명의 효시인 대장장이(창 4:21-22)가 되었다. 철기문명의 등장은 인류 문화의 위대한 진보이지만 이와 더불어 살인적인 폭력의 악순환이 확대 재생산된 것이 분명하다. 철기라는 문명의 이기가 대량살생의 파괴적인 전쟁무기로 악용되었기 때문이다.

가인의 후손 가운데서 철기로 무장한 '힘센 자'라는 뜻의 이름을 가진 라멕이 등장한다. 가인의 6대 손인 라멕은 피의 복수를 금지한 하나님의 명령을 거역하고 세상을 무법천지로 만든다. 폭력과 살인을 미화하고 찬양한 것이다.

> "라멕의 아내들아, 내 말에 귀를 기울여라.
> 나를 다치지 말라. 죽여 버리리라.
> 젊었다고 하여 나에게 손찌검을 하지 말라. 죽여 버리리라.
> 카인을 해친 사람이 일곱 갑절로 보복을 받는다면,
> 라멕을 해치는 사람은 일흔 일곱 갑절로 보복을 받으리라."
>
> (창 4:23-24, 공동번역)

살인자 가인의 생명을 보호하기 위한 보복금지의 뜻으로 주어진 하나님의 명령을 왜곡하여 자신의 부당한 살인행위를 정당화하는 엄포로 사용한 것이다. 이는 당시의 통상적인 동태동형복수법(lex talionis)을 능가하는 복수였다. 라멕의 엄포는 일곱 번씩 일흔 번이라도 용서하라는 예수의 말씀과 날카로운 대조를 이룬다(마 5:38-42, 18:21-22).

결국 이처럼 힘센 자들이 등장하여 전쟁과 약탈로 거대도시들이 세워지고, 폭력을 자랑하는 군사적 지배가 출현된다. 이들이 폭행과 횡포를 무자비하게 자행함으로 인해 땅 위에 죄악이 가득 차게 되자 하나님은 의로운 노아를 불러 방주를 만들게 하고, 이 범죄자들을 심판하기로 결단하신 것이다.

2) 형제살인의 동기와 죄의 본질

아담과 하와는 두 아들을 낳는다. 형 가인은 농경민으로서 곡식으로 제사를 지냈고, 동생 아벨은 유목민으로서 양떼의 맏배를 제물로 바쳤는데 하나님은 아벨의 제사만을 받아들였다. 자신의 제물이 거절된 가인이 동생 아벨을 죽여 최초의 살인사건이 벌어진 것이다.

가인이 동생 아벨을 살해한 동기는 하나님께서 자신이 드린 제물은 받지 않고 동생 아벨의 제물만을 받은 것에 대한 분노와 동생에 대한 질투에서 비롯되었다. 하나님에 대한 분노와 동생에 대한 질투는 이미 하나님과의 관계가 잘못되었을 뿐만 아니라 동생과의 관계도 잘못되었음을 시사한다.

(1) 하나님을 경외하는 자세로, 하나님의 은혜를 진정으로 감사하는 마음으로(시 50:14) 하나님께 제물을 바쳤다면 설사 하나님이 그 제물을 거절하여도 가인과 같은 분노의 반응을 보일 수 없는 것이다. 하나님이 제물을 거절하셨다면 겸손히 자신을 살펴 자신의 태도가 불손하였는지,

정성이 부족하지는 않았는지, 왜 하나님의 마음에 들지 않았는지 스스로 뉘우치고 그 잘못을 고치려는 자세가 있어야 할 것이다.

이런 관점에서 보면 가인은 하나님을 하나님으로 경외하는 신앙의 자세가 전혀 없었음을 알 수 있다. 하나님과 분리된 상태에서 죄를 지은 것이 아니라 하나님께로 나아가는 바로 그 자리, 즉 제단에서 죄를 저질렀다는 데에서 가인이 저지른 죄의 가공스러움이 있다.[40]

그래서 히브리서는 가인의 제사는 믿음으로 드린 제사가 아니었다고 평가한다(히 11:4). 악인의 제사는 여호와께서 미워하신다(잠 15:8, 21:27). 믿음의 사람이라면 자신의 제물이 거절되었다 하여 감히 하나님께 분노할 수 없기 때문이다.

(2) 가인은 동생 아벨을 사랑하는 마음이 전혀 없었다는 것을 추론할 수 있다. "사촌이 논을 사면 배가 아프다"는 속담처럼 동생의 제물이 하나님께 받아들여진 것에 대해 심한 질투심을 느꼈기 때문이다. 동생의 제물을 하나님이 받아 주신 것을 자신의 일처럼 기뻐할 수 없었다는 것은 동생에 대한 애정이 전무하였다는 것을 드러낸다. 동생에 대한 애정결핍은 아벨을 죽인 뒤 하나님이 가인에게 나타나 "네 아우 아벨이 어디 있느냐?" 하고 물었을 때, "제가 아우를 지키는 사람입니까?"(창 4:9, 공동번역)라고 반문한 것을 보아도 알 수 있다. 이웃에 대한 애정결핍과 무관심이 미움으로, 미움이 분노로, 분노가 살인으로 이어진 것을 알 수 있다. 하나님을 경외하는 자세가 없으니 이웃도 미워하게 되는 것이다.

(3) 물질에 대한 관계도 잘못되어 있었다. 누구를 위한 제물인가? 물질만 바치면 다 된다는 것인가? 제물을 드리는 것만이 전부가 아니다. 하나님과의 바른 관계, 이웃과의 바른 관계가 앞서지 않고는 물질의 바

---

40) G. von Rad(1981), 『창세기』(서울: 한국신학연구소), 117.

른 사용이 이루어지지 않는다. 하나님과 인간에 대한 바른 관계의 회복 없이 바쳐진 가인의 제물은 결과적으로 하나님과의 관계와 이웃과의 관계를 더욱 악화하는 계기가 되고 만 것이다. 예수는 제물을 제단에 바치기 전에 형제와 불화한 것이 생각나거든 예물을 제단에 두고 먼저 가서 형제와 화목한 후 제사를 드리라고 하였다(마 5:24). 형제와 불화한 가운데 바치는 제물은 하나님이 지겨워하는 헛된 제물인 것이다(사 1:13, 호 6:4-6).

아벨이 죽자 그의 '피들'이 하늘에 호소하였다. 피는 생명이며 생명은 하나님이 주신 것이다. 따라서 무죄한 자의 피를 흘리는 것은 하나님의 주권에 대한 도전이므로 억울하게 죽은 자들은 하늘에 호소할 수 있는 것이다. 하나님은 '억울하게 죽은 자들의 호소'(vox oppresorum)를 들으시고 피의 복수를 하시는 심판자이기도 하다.[41] 피와 생명은 하나님께 속한 것이므로, 살인은 인간이 하나님의 소유권을 침해하는 것이 된다(창 18:20, 왕하 8:3, 욥 16:18-19).

가인이 아벨을 죽인 결과 모든 관계는 더욱 악화되었다. 하나님께 불순종하여 선악과를 따먹은 죄와 마찬가지로 형제를 미워하여 살인한 죄의 결과 역시 모든 관계를 불편하게 만드는 죄의 본질을 그대로 드러내 보인다.

(1) 하나님이 돌보고 지키라고 보내 준 동생 아벨을 죽였기 때문에 하나님과의 관계가 멀어졌다. 그는 야훼를 멀리 떠나 에덴 동편으로 거주지를 옮겼다.

(2) 자연과의 관계도 불편해졌다. 땅을 피로 물들였기 때문에 땅에서

---

41) G. von Rad(1981), 113.

저주를 받아 어느 땅에서도 정착하지 못하는 방랑자의 신세가 되었다.

(3) 이웃과도 단절되었다. 더불어 사는 '이웃을 지키는 자'의 의무를 다하지 못하였기 때문에 모든 이웃의 보호에서 제외되었다. 이 최초의 살인자는 언제 어디서 누구에게 죽을지 모르는 불안한 상태로 살아가야 했다. 만나는 모든 자들이 그를 죽이려 하는 살해의 위협에 그대로 노출되어 있었다.

가인은 만나는 자들마다 다 자기를 죽이려 하는 두려움에 하나님께 호소하였다.

> "벌이 너무 무거워서, 저로서는 견디지 못하겠습니다. 오늘 이 땅에서 저를 아주 쫓아내시니 저는 이제 하느님을 뵙지 못하고 세상을 떠돌아다니게 되었습니다. 저를 만나는 사람마다 저를 죽이려고 할 것입니다."(창 4:13-14, 공동번역)

하나님은 비록 살인자이지만 고통을 하소연하며 구원을 울부짖는 인간을 몰인정하게 배척하지 않는다. 가인에게 구원의 길을 열어 주신다. 가인의 이마에 표를 주고 "가인을 죽이는 자는 벌을 칠 배나 받으리라"(창 4:15)고 선언하신다. 가인의 표는 하나님에 의해 보호되는 신비스러운 보호를 뜻한다.[42] 살인자이지만 그 생명을 보호하여 주신 것이다.

그리고 가인에 대한 피의 복수의 악순환을 막으심으로 어떤 명분으로도 인간이 인간을 죽일 권리가 없음을 선언하고 모든 생명을 보호하도록 명하신 것이다. 살인자일지라도 그 생명은 보호되어야 한다는 하나님의 구원의지가 드러난 것이다.

---

42) G. von Rad(1981), 115.

04

홍수심판과
새 질서를 세우신 하나님

1) 바벨론의 홍수 이야기와 노아의 홍수 이야기

대홍수에 관한 신화나 전설은 모든 민족의 오래된 민담에 공통적으로 등장한다. 고고학적으로도 빙하기 이후 대홍수가 일어난 것을 증거한다. 우리나라에도 홍수설화들이 전래되어 오는데 그 주제는 홍수 후에 유일하게 살아남은 남매의 결혼으로 후손이 생겨나게 되었다는 것이다.[43]

바벨론의 홍수설화도 여러 종류가 있으나 대표적인 것은 〈길가메쉬 서사시〉이다. 니느베Nineveh의 옛 도서관에서 발굴된 토판 중에서 서기 전 10세기에 기록된 이 서사시 11토판에 나타나는 '우트나피쉬팀의 홍수 이야기'를 스미스가 판독하여 1872년에 발표함으로써 성서의 노아 홍수설화와의 비교연구가 활발해졌다.[44]

큰 홍수가 나면 그 땅에 있던 모든 생명이 죽거나 사라진다. 인간이

---

43) 박정세(1996), 『성서와 한국민담의 비교연구』(서울: 연세대학교출판부), 63-75.
44) S. Smith(1988), "The Chaldean Account of the Deluge", *The Myth Flood*, ed. A. Dundes(California: California Univ. Press), 29-48.

가꾼 농토나 세운 가옥이나 도시의 거주물들도 다 휩쓸려 간다. 부자나 가난한 자, 강자나 약자도 홍수 앞에는 속수무책인 것이다. 그리고 물이 빠진 뒤에는 살아남은 자들을 중심으로 새롭게 시작하는 신천지가 전개된다. 홍수 이전의 불평등 구조가 재편되는 것이다. 이스라엘 사람들은 바벨론에서의 홍수의 경험을 통해 인간의 죄에 대한 하나님의 심판과 천지개벽의 새 창조의 비전을 보았던 것이다.

노아 홍수 이야기의 첫 머리는 홍수 직전에 "세상이 사람의 죄악으로 가득 차고 사람마다 못된 생각만 하는"(창 6:5) 무법천지인 것으로 묘사한다. 온 세계가 구조적으로 악하게 된 상황을 암시한 것이다. 이런 상황에서 '하나님의 아들들'이 사람의 딸들을 마음대로 취하는 폭력이 자행되었다고 한다.

> "당시에 땅에 네피림이 있었고
> 그 후에도 하나님의 아들들이 사람의 딸들을 취하여 자식을 낳았으니
> 그들이 용사라. 고대에 유명한 사람이었더라."(창 6:4)

본문에 나타나는 '하나님의 아들들sons of Elohim'이 누구를 지칭하느냐는 해석이 여러 가지로 제기되었다. 성경에서 '엘로힘의 아들'이라는 표현은 천사(욥 1:6)나 보통 인간(호 1:17)을 지칭하기도 하였다. 따라서 여기서 말하는 엘로힘이 고유명사로서 '야웨 하나님'을 뜻하는지, 아니면 보통명사로서 '신들'로 번역해야 하는지 논란이 되었다.[45] 타락한 천사라는 주장도 있지만, 그리고 본문 전후 문맥에서 보면 '그들이 용사'라 하였으며, 외경에는 네피림을 "몸집이 크고 전쟁에 능한 자"(바룩 3:26,

---

45) Augustine, *City of God*, IV, xv, 23.

공동번역)라고 하였으므로 '라멕의 뒤를 잇는 폭력적인 제왕'이라고 볼 수 있다.46)

이집트에서는 제4왕조(서기전 2600) 때부터 왕은 '태양신 레의 아들'47)로 여겨졌고, 성경에도 왕을 '하나님의 아들'(삼하 7:14, 시 2:7, 82:6)로 표현한 구절도 자주 등장한다. 그러므로 본문에 등장하는 '하나님의 아들들'은 스스로 '신들의 아들'로 자처하며 등장한 '세계의 폭력자들'인 절대군주들이었다.48) 그들은 자신의 힘만 믿고 신처럼 행세하여 아무 여자나 마음대로 취하듯이 폭력과 착취를 일삼아 세상을 무법천지로 만든 범죄자들이었다. 기근으로 이집트로 내려갔을 때 아브라함의 아내 사라를 이집트의 왕 바로가 취하려 한 것(창 12:10-20)과 다윗이 밧세바의 아내를 취한 것(창 11장), 유럽에서 오랫동안 군주들이 평민들이 결혼할 때 그 아내를 취하는 초야권初夜權을 행사해 온 것도 이런 배경에서 이해되어야 한다.

이스라엘 백성들이 바벨론에 포로로 잡혀갔을 때 그들은 바벨론 제국의 무법천지가 된 죄악상을 목격하게 된다. 제국의 절대군주는 신처럼 행세하며 온갖 잔악무도한 폭행으로 일삼고 있었다. 무엇보다도 아무 여인들이나 마음대로 취하는 무지막지한 권력의 횡포를 일삼는 대도시의 지배자들이 모두 사악하게 보였을 것이다. 반유목민으로 평화롭게 살아오던 이스라엘 사람들로서는 포로민의 처지에서 이러한 사악한 도시가 존재하는 것에 대하여 경악하지 않을 수 없었을 것이다. 이처럼 살인과 폭력이 난무하는 도시국가는 멸망하고 새롭고 평화로운 신천지가 도래하기를 바라는 개벽사상이 싹트게 된 것이다. 노아의 홍수 이야기는 이

---

46) 김지찬(2010), "창 6장의 '하나님의 아들들'", 「신학지남」 제304호, 68
47) B. W. Schmidt(1988), 『역사로 본 구약성서』(서울: 나눔사), 272-273.
48) J. Moltmann(1997), 『오시는 하나님』, 175-176.

런 배경에서 이해되어야 한다.

노아의 홍수 이야기는 바벨론의 홍수설화의 영향을 직접 받은 것이 분명하다. 팔레스타인에는 큰 강이 없어 대홍수의 사례가 전무하기 때문이다. 따라서 노아의 홍수 이야기와 '우트나피쉬팀의 홍수 이야기'가 언뜻 보면 아주 유사한 홍수 이야기 같지만, 그 골자는 판이하게 다르다. 바벨론의 홍수 이야기는 영생불사를 얻기 위해 길을 떠난 우트나피쉬팀 Utnapishtim이 홍수에서 살아남아 신이 되어 영생하게 된 이야기를 들은 내용을 적은 것인데, 그 줄거리는 다음과 같다.[49]

- 신들이 자신이 만든 인간이 많아져 그 소음에 괴로워한다.
- 홍수 재앙을 내려 옛 도시와 함께 인간을 제거할 것을 결정한다.
- 신들은 이 비밀을 숨기고 오직 우트나피쉬팀에게 은밀히 알린다.
- 아이들을 포함한 여러 사람들이 함께 방주를 만든다.
- 모든 가족과 친척과 모든 장인이 방주에 탄다.
- 모든 금과 은도 함께 싣는다.
- 여러 신들이 함께 홍수를 일으킨 뒤 홍수를 두려워한다.
- 우트나피쉬팀은 자신의 판단으로 배에서 내린다.
- 살아남은 자들을 신들의 진노를 달래는 제사를 지낸다.
- 우트나피쉬팀과 그의 아내도 신이 되어 영생한다.

---

49) E. Sollberger(1971), *The Babylonian Legend of The Flood*(London: The British Museum); 안성림 · 조철수(1995), 『사람도 없었다 신도 없었다』(서울: 서운관), 258-268; 황성일(2008), "길가메시 서사시와 성경", 「광신논단」 제17집, 81-83.

2) 홍수의 동기와 그 결과

노아 홍수 이야기는 무엇보다도 인간의 죄악으로 세상이 어떻게 바뀌었는지 보여 준다. 창조 시에는 하나님이 보시기에 참 좋았던 세상이(창 1:31) 이제는 사람의 죄악으로 가득 찬 세상(창 6:5), 즉 "파괴하여 강포가 땅에 충만한"(창 6:11) 무법천지가 되어 버렸다.

> "여호와께서 사람의 죄악이 세상에 관영함과
> 그 마음의 생각의 모든 계획이 항상 악할 뿐임을 보시고…
> 나의 창조한 사람을 내가 지면에서 쓸어버리되
> 사람으로부터 육축과 기는 것과 공중의 새까지 그리하리니…"(창 6:5, 7)

홍수의 동기는 바로 죄악으로 가득 찬 땅과 악의로 가득 찬 인간에 대한 하나님의 심판의 의지이다. 그러나 그 심판은 멸망을 위한 심판이 아니라 심판을 통한 새 창조의 결의이다. 인간의 힘으로 어쩔 수 없는 죄악상을 쓸어버리고 하나님의 능력으로 신천지가 도래하기를 희망하는 천지개벽의 열망이 창조신학을 통해 고백된 것이다.

반면에 〈길가메쉬 서사시〉에는 홍수가 신들의 결정에 의한 것임을 밝히고 있지만, 그 동기는 인간들의 소음을 견딜 수 없어서 슈루파크라는 유프라테스 강가에 있던 오래된 옛 도시를 없애 버리기 위한 것이었다.[50] 이 도시의 신 엔릴(바람의 신)은 자신이 만든 인간과 도시에 싫증을 느낀 참에 큰 신들과 협의하여 이 도시를 없애기 위하여 홍수를 내리기로 결정한 것이다.

---

50) 안성림·조철수(1995), 258.

"200년이 지나지 않아서 땅이 넓어지고 번성하였을 때 그는 사람들이 내는 소음으로 인하여 괴로워했다. 그들의 고함 소리에 잠이 그를 찾아올 수 없었다. 마침내 엔릴이 회중을 소집하여 자기 자손인 신들에게 선포하였다. '나는 인간들의 소음을 더 이상 견딜 수 없구나. 나는 그들의 소음으로 인하여 무척 괴롭다. 그들의 고함소리에 잠이 내게 찾아오지 않는구나. 재앙을 내리도록 명령하여라.'"51)

창세기는 노아를 택하여 노아에게 홍수를 예고하고 방주를 짓도록 명한 이유가 노아는 "의인이요 당세에 완전한 자. 그가 하나님과 동행한 자"(창 6:9)였기 때문임을 명시하였다. 노아는 라멕의 아들이지만 폭력을 일삼고 무법천지를 만든 그의 아버지와는 달랐다. 그리하여 하나님은 노아에게 "너와 네 온 집은 방주로 들어가라. 네가 이 세대에 내 앞에서 의로움을 내가 보았음이니라"(창 7:1)고 하신 것이다.52) 노아에게 "방주를 제작하라" 한 것은 아브라함에게 "이삭을 번제로 드리라" 한 것처럼 그 자체가 하나의 신앙의 시험이었다. 히브리서는 이를 이렇게 묘사한다.

"믿음으로 노아는 아직 보지 못하는 일에 경고하심을 받아
경외함으로 방주를 예비하여 그 집을 구원하였으니…."(히 11:7)

반면에 바벨론의 홍수 이야기에 의하면 노아에 해당하는 우트나피쉬팀에게 신들이 합의하여 결정한 홍수의 비밀을 알린 것은 그를 편애한 지혜의 신 에아였다. 에아는 슈루파크에 사는 가장 현명한 자라는 뜻의

---

51) 황성일(2008), "구약의 신들",「광신논단」 15집, 82.
52) 방주의 크기는 대략 길이 150m, 폭 25m, 높이 15m이다(창 6:15). 그러나 우트나피쉬팀이 만든 배의 크기는 길이 54m, 폭 54m, 높이 54m이다.

아트라하시스Atrahasis라고 불리는 우트나피쉬팀에게 말하기를, "시민들에게 가서 그 도시의 신 엔릴이 미워서 더 이상 이 도시에 살기 싫으니 다른 도시 압수로 가서 그곳의 신 에아와 살겠다"고 설명하고 그들에게 부탁하여 배를 만들라고 한다. 그러면 부를 내려 줄 것이라고 약속한다.

바람의 신 엔릴과 지혜의 신 에아 사이의 갈등으로 말미암아 에아가 편애하였던 우트나피쉬팀에게 홍수의 비밀이 누설된 것이다. 그리하여 우트나피쉬팀은 장인들의 도움으로 배를 만든 다음 금과 은 그리고 온갖 씨앗과 가축과 짐승들을 싣고 모든 친척과 가족을 배에 태운다.53) 노아의 방주에는 금과 은을 싣지 않았다는 것과 크게 대조를 이룬다.

홍수가 끝나자 노아와 그의 가족들은 방주에서 나와 그들을 의롭게 여겨 홍수의 심판에서 구원하여 주신 여호와를 위하여 단을 쌓고 번제를 드린다. 여호와는 그 제사를 흠향하고 노아와 계약을 맺으신다.

> "이제 나는 너희와 너희 후손과 계약을 세운다.
> 배 밖으로 나와 너와 함께 있는 새와 집짐승과 들짐승과
> 그 밖에 땅에 있는 모든 짐승과도 나는 계약을 세운다.
> 나는 너희와 계약을 세워
> 다시는 홍수로 모든 동물을 없애 버리지 않을 것이요,
> 다시는 홍수로 땅을 멸하지 않으리라."(창 9:9-12, 공동번역)

그리고 이 계약의 징표로 무지개를 보여 주신다. 노아와의 계약은 두 가지 명령으로 되어 있다.

> "무릇 사람의 피를 흘리면 사람이 그 피를 흘릴 것이니

---

53) 안성림 · 조철수(1995), 250-261.

이는 하나님이 자기 형상대로 사람을 지었음이니라.

너희는 생육하고 번성하며 땅에 편만하여 그 중에서 번성하라."(창 9:6-7)

창조 시 아담과 하와에게는 "선악과를 따먹지 말라"고 했으나, 이제는 "더 이상 사람의 피를 흘리지 말라"는 명령으로 바뀐다. 살인과 폭력과 착취의 구조적인 죄악상의 척결을 명한 것이다. 그만큼 살생이 극심하였던 것을 반영한다.54)

그러나 생육과 번성의 축복은 다시 한번 반복된다. 생명의 새로운 질서에 대한 열망을 담고 있다. 노아의 계약은 노아 가족뿐만 아니라 그의 모든 후손에게도 적용되며, 모든 생명 있는 것들도 이 계약의 대상에 포함된다. 홍수는 죄악으로 붕괴된 창조질서를 회복하는 하나님의 새로운 창조의 역사로 펼쳐진다. 하나님은 다시는 홍수로 심판하지 않겠다는 약속의 징표로 무지개를 걸어 둔다.

"나는 너뿐 아니라 숨 쉬는 모든 짐승과

나 사이에 세워진 내 계약을 기억하고

다시는 물이 홍수가 되어 모든 동물을

쓸어버리지 못하게 하리라."(창 9:15, 공동번역)

반면에 바벨론 설화에 의하면 홍수 이후에 우트나피쉬팀은 배에서 모든 것을 꺼내 놓고 사방으로 제물을 바쳤다. 신들은 그 향내를 맡고 이 '제물 위로 파리떼처럼 모여들었다.' 바람의 신 엔릴이 당도하여 배를 보고 화를 내며 외쳤다. "어떻게 생명이 빠져나갔느냐? 어떤 사람도 파멸

---

54) G. von Rad(1981), 141-142.

에서 살 수 없어야 했다."[55] 지혜의 신 에아를 의심하자 에아는 우트나피쉬팀('생명을 찾았다'는 뜻)에게 꿈을 보여 주었을 뿐 그가 현명하게도 신들의 비밀을 알게 되었다고 변명한다. 엔릴은 홍수에도 불구하고 지혜롭게 살아남은 우트나피쉬팀과 그의 아내를 일으켜 세우고 "지금까지 우트나피쉬팀은 인간이었으나 지금부터 우트나피쉬팀과 그의 아내는 우리 신들처럼 되었다"[56]라고 축복한다. 그리하여 그들은 홍수 덕분에 운 좋게 영원한 생명을 지닌 신들의 무리에 끼게 되었다는 것이다.

조잡한 다신론적 신관을 보여 주는 바벨론 홍수 이야기의 배경은 이러하다. 서기전 2700년경 메소포타미아 도시국가 우루크Uruk의 왕이었던 길가메쉬가 영생을 얻기 위해 천신만고 끝에 불로초 생명의 나무를 얻었으나 방심하는 순간에 뱀에게 빼앗기고 슬픔에 싸이게 된다. 마침 인간이었다가 신이 된 우트나피쉬팀을 만나게 되자 그에게 어떻게 하여 신들의 무리에 끼어서 영원한 생명을 얻게 되었는지 알려 달라고 간청한다. 이에 우트나피쉬팀이 길가메쉬에게 전해 준 자신이 홍수에서 살아남은 이야기가 바로 〈길가메쉬 서사시〉로 알려진 바벨론 홍수 이야기이다.

따라서 바벨론 홍수 이야기는 범죄한 인간에 대한 하나님의 심판과 새 창조가 주제가 아니다. 다신론적 구조 안에서 신들의 편애와 홍수에서 살아남아 신이 된 한 영웅적 인간의 행운을 주제로 한 것이다.

반면에 성서의 홍수 이야기의 메시지는 분명하다. 바벨론의 도시문명의 죄악상과 무법천지의 살육으로 붕괴된 창조의 질서를 바로잡기 위하여 홍수의 심판을 결행하신 것이다. 그리고 의로운 노아와의 영원하고 무조건적인 새 계약을 통해 죄악으로 가득 찬 무법천지를 종식시키고, 모든 생명이 다시는 피 흘림이 없이 생육하고 번성할 수 있는 새 역사를

---

55) 안성림 · 조철수(1995), 265.
56) 안성림 · 조철수(1995), 266.

펼쳐 나갈 것을 명하신 것이다. 바벨론 제국에 대한 심판과 신천지의 개벽에 대한 열망을 새 창조에 대한 신앙으로 고백한 것이다.

이처럼 바벨론 대홍수 이야기와 성서의 노아의 홍수와 비교해 보면 몇 가지 점에서 본질적인 차이를 발견할 수 있다.

두 홍수 이야기의 본질적 차이

비교의 주제	바벨론의 홍수 이야기	노아의 홍수 이야기
홍수의 동기	인간의 소음 제거 위해	무법천지에 대한 심판
방주제작 요청	신들의 갈등과 편애	의인 노아 선택과 구원
승선 인원	다양한 사람들	노아의 가족
함께 실은 것	동물과 금은보화	암수 동물
홍수의 결과	생존자들 신이 됨	노아와의 새 계약 체결

05

바벨탑과
새 역사를 창조하신 하나님

1) 바벨탑과 도시문명의 혼란

바벨탑 이야기는 이렇게 시작된다.

> "온 땅의 구음이 하나이요 언어가 하나이었더라. …
>
> 성과 대를 쌓아 대 꼭대기를 하늘에 닿게 하여
>
> 우리 이름을 내고 온 지면에 흩어짐을 면하자."(창 11:1-4)

바벨탑 이야기 역시 이스라엘 백성들이 바벨론의 포로로 잡혀가 목격하게 된 국제도시 바벨론의 문화적, 종교적 상황을 더욱 뚜렷이 반영한다. 그러므로 스텐달이 말한 것처럼 "본문이 무엇을 의미했는가?"라는 질문에서 출발하기 위해서는 바벨론이라는 거대도시의 혼란된 모습을 그 배경으로 성경이 말하고자 하는 의도를 파악하여야 한다.[57]

---

57) Krister Stendahl(1962), "Biblical Theology, Contemporary", *Interpreters Dictionary of the Bible*, Vol. 1(New York and Nashville: Abingdon), 419.

바벨탑은 바벨론의 대도시에서 흔히 볼 수 있는, 구운 벽돌로 쌓아 올린 피라미드 구조의 층계식 건축물로서 그 꼭대기에는 신전이나 제단이 있는 일종의 신전탑인데, 당시에는 지구라트Zigurat라 불렸다. 돌 대신 벽돌을 쓰고 흙 대신 역청을 쓰게 되었다(창 11:3)는 것은 고대 메소포타미아의 발전된 문명을 암시한다. 당시의 지구라트들은 도시문화와 종교의 상징이었으며 도시의 활력소였다. 그중에서 가장 유명한 것은 1913년 발굴된 바벨론의 최고신 마르둑을 위한 신전탑이다.58)

홍수 이후 노아의 세 아들 셈과 함과 야벳을 통해 많은 민족들이 생겨나게 되고, 그들의 자손들은 세계 전역으로 흩어져 살게 된다(창 10:1-32). 지상의 열국들이 확장되는 것은 노아에게 허락하신 하나님의 축복이었다. 그러나 열국 가운데 부국강병의 이기적 탐욕에 따라 힘을 무리하게 증대하여 하나님의 뜻을 저 버리고 다른 민족을 위협하는 강대국이 등장한다.59) 약소국가의 생존을 위협하는 강대국 바벨론 제국에 대한 경고가 바벨탑 이야기로 전승되고 있다.

따라서 창세기는 도시와 탑을 건설하여 거대도시를 세운 강대국의 야망이 창조질서를 혼란시키는 죄악의 징표로 보았다. 노아 홍수 이후 노아의 후손 중에 '힘센 사냥꾼'이었던 니므롯이라는 '세상에 처음 난 장사'가 시날 땅에 바벨과 같은 아주 큰 성을 세웠다고 한다(창 10:8-12).60) 바벨탑 이야기는 이처럼 군사적 지배자들에 의해 세워진 강대국가에 대한 부정적인 생각이 반영되어 있다.

노아의 후손 중에서 일부가 시날 평지로 내려가 강력한 나라를 세우기 위하여 결의한다. 그리하여 그들은 탑을 높이 쌓아 하나님의 간섭으로부

---

58) G. von Rad(1981), 162. 지구라트 중에는 그 높이가 91.5m에 달하는 것도 있었다.
59) C. Westmann(1985), *Genesis 1-11*(Minneapolis: Augsburg Pub.), 35.
60) Augustine, *City of God*, IV, xvi, 4.

터 벗어나려고 하였다. 그리고 열국 위에 군림할 만큼 강력하게 결속된 강대국의 야망을 실현하려는 노력을 계속한다. 그러자 하나님은 그 의도를 악하게 보시고 언어를 혼란시켜 그들의 공사를 중단시키고 그들을 지면으로 흩으셨다(창 11:9).

바벨탑 이야기는 도시화와 문명화의 부작용으로 등장한 강대국의 횡포와 죄악상을 세 가지로 제시한다.

(1) 그 꼭대기가 하늘에 닿게 하자. 지구라트는 신화적인 상징인 '하나님의 산'에 상응한다. 특히 바벨탑 설화에 나오는 탑은 바벨론에 있던 마르둑 신의 주요 신전으로 '꼭대기가 하늘로 치솟은 집'이라는 뜻을 가진 에사길라Esagila와 연관되어 설명된다.

성서는 이런 신화적 구조 속에 내재한 불신앙을 비판한 것이다. 그리고 높이 치솟은 탑은 에덴동산에서 하나님과 같이 되려고 하나님의 명령을 거역한 인간의 교만한 모습을 연상시켜 주었던 것이다. 또한 바벨론과 같은 도시화로 인하여 다양한 인종이 유입되면서 종교적 혼란이 야기되고 종교혼합이 가중된 불신앙적 상황을 반영한 것이다.

(2) 우리 이름을 날리자. 고대 이후로 거대한 도시들은 도시의 지배자들이 자신들의 '이름을 날리려'는 목적으로 건설되었다. 그들의 인간적인 야망의 상징이었던 것이다. 도시의 건설은 인간들이 하나님의 뜻은 전혀 개의치 않고 스스로의 능력으로 한계를 초월하여 이름을 떨치려는 오만의 산물로 여겨졌다. 그래서 이사야는 바벨론의 오만을 지적하면서 "언제까지나 내가 여왕이다고 뽐내지만 마침내 가난한 과부신세가 될 것"(사 47:7-8)이라고 경고한다.

(3) 사방으로 흩어지지 않도록 하자. 도시의 건설자들은 자기들끼리 '흩어짐을 면하자'고 똘똘 뭉쳐 배타적인 지배 특권계층을 형성하고 있었다. 도시는 지배자들을 위한 곳이었고 범죄의 소굴이었다. 압제와 착취,

폭력과 음란, 차별과 적대 그리고 온갖 우상숭배가 판을 치고 있었기 때문이다.

그러나 반유목민의 후예였던 이스라엘 백성들의 입장에서 보면 도시 안의 질서는 모든 사람이 생명의 위협을 느끼지 않고 살 수 있는 하나님의 창조의 질서와는 거리가 먼 것이었으므로 하나님의 심판의 대상으로 여겨졌던 것이다. 도시인은 '이웃을 지켜 주는 자'(창 4:9)가 아니라 끼리끼리 뭉쳐 '이웃을 등쳐먹는 자'(사 10:2, 공동번역)였기 때문이다.

2) 민족의 분산과 새 역사의 창조

바벨탑 이야기는 온 땅의 구음이 하나요 언어가 하나였는데 도시문명의 죄악을 심판하심으로 언어 혼란이 일어났다는 점을 부각하고 있다.

언어가 하나였다는 것은 무엇을 의미하는가? 바벨론에는 여러 민족들이 노예로 잡혀 와 있었고 그들은 각기 자신들의 방언을 사용했을 것이다. 그러나 바벨론 제국은 노예들을 일사불란하게 부리기 위하여 일체의 방언 사용을 금하였다. 바벨론의 포로민으로 잡혀간 유대인들도 예외가 아니었다. 그들은 바벨론 제국의 통용어인 갈대아 방언을 배워야 했으며(단 1:4), 갈대아어로 창씨개명을 하여야 했다. 다니엘과 그의 세 친구의 히브리어 이름이 갈대아어로 개명되어 다니엘은 벨드사살이라 하고, 하나냐는 사드락이라 하고, 미사엘은 메삭이라 하고, 아사랴는 아벳느고라 하였다(단 1:7). 일본이 식민지 지배 방식으로 한국인들에게 창씨개명과 함께 일본어만을 통용어로 사용케 한 언어정책을 바벨론 제국이 앞서 시행하였던 것이다.

고대 근동 수메르의 엔메르카Enmerkar 서사시는 황금시대에는 언어가 하나였지만 엔키 신과 엔릴 신의 투쟁으로 말미암아 언어가 나뉘었다

고 전한다.[61]

그러나 창세기는 다르다. 바벨론이라는 강대국이 약소민족의 방언 사용을 금지하고 강제적으로 구음口音을 통일시킨 언어정책에 대한 심판으로 해석할 수 있다. 강대국의 언어정책의 횡포를 보시고 하나님은 "그들의 언어를 혼잡케 하자"고 선언한다.[62] 약소민족들이 저마다의 고유한 문명과 언어의 가치를 찾도록 문화적 주체성을 회복하신 것이다.

언어의 혼란은 이처럼 강대국의 문화적 차별과 적대를 해소한 조치이지만 동시에 국제적 대도시의 여러 혼란상을 드러내는 것이기도 하다. 도시화는 문화의 개방과 종교적 혼란을 부추긴다. 다양한 이방문화와 더불어 이방종교가 유입되어 극심한 종교혼합을 야기한다. 솔로몬 시대의 도시화도 이러한 종교혼합 상황을 초래하였던 것이다.

도시화는 물질적 풍요와 안정을 가져다주지만 동시에 범죄와 탐욕의 혼란을 초래하였다. 억압과 착취가 판을 칠 수 있는 도시적 상황이 전개된 것이다. 그러므로 아브라함 시대에 그의 조카 롯이 거주하였던 소돔과 고모라 성이 의인 다섯 사람이 없어 하나님에 의해 멸망당한 이야기 역시 이러한 도시의 죄악상을 반영하는 것이라 할 수 있다(창 18:16-19:29).

기존의 도시 안에서 강대국이 기득권을 누리며 안주하려는 것은 "온 땅에 충만하라"는 하나님의 창조질서를 어기는 것이다. 그리하여 하나님은 탑을 쌓는 인간들의 언어를 혼란시키고 온 땅에 흩어지게 하였다. 인류의 분산과 언어의 분화를 이루신 것이다.

사방으로 흩어져 저마다의 언어를 가지고 새로운 공동체의 새 역사를

---

61) 성서와함께(1988), 158.
62) N. K. Gottwald(1987), 『히브리성서 1』(서울: 한국신학연구소), 392. 바벨(Babel)은 바벨론의 최고신 '벨(Bel)의 문'이라는 뜻이지만 발음이 유사한 히브리어 babal은 '혼란'을 뜻한다.

펼쳐 갈 수 있도록 부르신 것이다. 이 새 역사의 부름에 최초로 응답한 사람이 바로 이스라엘의 조상 아브라함이었다. 하나님께서 많은 민족 중에서 한 민족을 자신을 위하여 택하시고 축복하신다. 그리고 그 민족을 통해 '땅 위의 모든 족속'이 축복을 받게 하시려고 인류 구원의 세계주의적 이상을 펼치신다.

후기 유대교에서는 진정한 인류의 일치와 언어의 통일의 이상은 하나님의 나라에서 이루어질 것으로 소망하였다(습 3:9). 예수 사후 마가의 다락방에는 각국에 흩어져 살던 유대인들이 한자리에 모였고, 그들의 언어가 모두 달랐으나 성령의 역사로 말미암아 하나님의 놀라운 일에 대해 각 언어로 하는 말들이 모두 통하게 되는 방언方言의 역사가 이루어진다(행 2:1-13). 바벨탑 사건으로 인류가 분산되고 언어가 혼란해졌으나 성령 안에서 인류의 일치와 다양한 언어의 자연스러운 소통이 이루어진 것이다. 그리고 이 오순절 사건과 더불어 인류 구원의 새 역사가 시작된 것이다.

제7장

하나님의 창조에 대한

오늘날의 반문

"신학적으로 볼 때 진화론들은 창조의 질서와

그리고 태초의 창조를 뒤따르는 '계속적인 창조'에 해당한다."

(몰트만, 『창조 안에 계신 하나님』)

01

창조는
역사적 사실인가?

1) 역사란 무엇인가?

　기독교인들은 "태초에 하나님이 천지를 창조하셨다"는 명제를 역사적 사실로 여겨 왔다. 북아일랜드의 어서James Ussher(1581-1656) 주교는『신구약의 연대표』(1654)에서 구약 창세기와 고문서 등에 대한 연구 결과를 토대로 천지창조의 시점을 '서기전 4004년 10월 23일'이라고 '정확히' 계산했다. 이 날짜는 1710년 영국 국교회에서 공식적으로 인정받았고, 19세기 이전까지는 널리 인정되어 왔다.[1]

　19세기 이후 역사 비평학의 발달과 바벨론 창조신화의 발굴로 창세기의 창조기사는 역사적 사실historical fact이 아니라 신화적 허구mythical fiction라는 반론이 제기되었다. 많은 비판적 역사가들은 역사와 신화를 날카롭게 대조시켰다. 역사적 사실로 재구성할 수 있는 것만이 합리적이고 따라서 의미 있는 것이고, 허구적인 신화는 역사적 사실성을 결

---

1) 김종구(2012), "창조론의 진화",「한겨레」, 2012. 6. 19.

여한 것이므로 비합리적인 것이며 따라서 무의미한 것으로 규정하고, 가능한 한 역사에서 신화적인 요소를 제거하려고 시도하였다.[2]

역사와 신화에 대한 이원론적 이해

역사	사실(fact)	합리	유의미	재구성의 대상
신화	허구(fiction)	비합리	무의미	재거의 대상

그러나 20세기에 들어와서 신화와 역사의 날카로운 대조는 사라지고, 신화에 대한 다양한 이해가 제시되었다. 신화에 대한 사회제의적 해석, 심리학적 해석, 선험적 해석, 구조주의적 해석, 상징적 해석, 경험적 해석 등이 제시되어 신화의 다양한 의미가 복원되었다.[3]

신화에 대한 다양한 해석과 더불어 역사에 대한 이해도 더 정교해졌다. 역사학의 발달로 "역사란 무엇인가?" 하는 역사 자체에 대한 질문이 새롭게 제기되었고, 과거의 역사적 사실을 재구성하기 위해 사료史料에 관한 연구가 활발해진 것이다.

베른하임E. Bernheim은 역사적 사료에 대한 비판적인 분류 지침을 제시하였다. 그는 역사적 기록물이 모두 역사적 사실을 그대로 반영한 것이 아니라고 주장하였다. 많은 부분이 해석되고 심지어 왜곡되어 있기 때문이다. 그래서 역사적 기록물은 2차 사료로 평가되고 역사적 유물만이 진정한 1차 사료라고 주장하였다.

사료비판학은 역사적 기록물이 대부분 역사적인 사실을 걸러서 해석

---

2) K. Hübner(1985), 『신화의 진실』(서울: 믿음사), 53-56. 빙켈만(J. J. Winckelmann) 과 괴테 등은 신화를 문학적 · 미적 허구로 이해하였다.
3) K. Hübner(1985), 56-100.

해 놓은 것이라는 점을 밝혀 놓았다. 역사의 의미에 대한 새로운 관념이 생겨난 것이다.

역사란 무엇인가? 카E .H. Carr는 역사는 단순한 과거의 사실이 아니며, "역사적 사실이라는 지위는 해석의 문제에 의존해 있다. 이 해석이란 요소는 역사상의 모든 사실 가운데 포함되어 있다"[4]라고 하였다. 역사는 단지 과거의 객관적 사건만을 뜻하지 않는다. 과거의 무수한 사건이 있었지만 그 모든 사건이 다 역사적 사건이 되는 것은 아니다. 역사적 의미를 지닌 사건, 즉 오늘날까지도 우리에게 어떤 의미를 주는 사건만이 진정한 의미에서 역사로 기록되어 오늘날까지 전승되기 때문이다. 따라서 역사는 전승사로서 과거의 어떤 사건이 오늘날 우리에게 주는 역사적 의미라고 정의하여야 한다.

희랍어와 독일어에는 역사를 지칭하는 두 단어가 있는데 그 의미가 아주 다르게 쓰인다. 크로노스Chronos와 히스토리Historie는 과거의 역사적 사실 자체로서의 역사적 사건을 지칭하지만, 카이로스Kairos와 게쉬히테Geschichte는 과거의 역사적 사실이 지닌 의미의 해석을 지칭한다. 전자는 과거사를 재구성한 연대기적 사건사事件史를 뜻하고, 후자는 그 과거사의 현재적 의미를 해석한 의미사意味史라고 할 수 있다. 우리말과 영어로 구분하자면 전자는 실사實史(historic)이고 후자는 역사歷史(historical)인 것이다.

마틴 퀠러는 '역사적 예수der historische Jesu'를 탐구하는 것과 '신앙의 그리스도der geschichtliche Christus'를 고백하는 것을 구분하였다.[5] 예수에 관한 객관적이고 실사적인 사건을 재구성하는 것과 예수 그리스

---

4) E. H. Carr(1961), *What is History?*, 8.
5) M. Kähler(1964), *The so-called Historical Jesus and Historic Biblical Christ*, tr. O. E. Braaten(Fortress), 94.

도를 구세주로 신앙고백하는 것이 다를 수밖에 없다고 하였다. 무엇보다도 복음서는 실사적 예수에 관한 객관적 사실을 논증하기 위해서 기록된 것이 아니며 복음서의 전승 주체인 초대교회 신앙공동체의 박해받는 삶의 정황에서 제기되는 문제들을 신앙의 증언과 고백들을 예배를 통해 공유하기 위해 기록한 것이다. 그래서 최초의 복음서인 마가복음은 "하나님의 아들 예수 그리스도 복음의 시작"이라는 고백으로 마가가 전한 복음서인 것이다. 이는 하나님이 아들로 이 땅에 오신 예수 그리스도가 모든 사람들에게 구원을 주시는 기쁜 소식이라는 것을 증언하고 고백한 것이다.

창세기도 이런 관점에서 보아야 한다. 창세기는 이스라엘 백성들이 바벨론 포로 동안에 겪었던 위기를 신앙적으로 극복하기 위해 창조주 하나님에 대한 무한한 신뢰와 생명의 고귀한 가치와 하나님이 허락하신 삶의 안식에 대해 고백한 것이기 때문이다.

2) 선사시대의 우주사로서의 창조기사

과거사건에 대한 현재적 의미를 해석한 것이 역사라 하지만, 역사적 기록을 남기지 못한 시대를 선사시대先史時代라고 한다. 선사시대라고 해서 역사적 사건이 없었던 것은 아니다. 단지 현대적인 의미의 역사적 기록과 전승이 불가능하였을 뿐이다.

선사시대 사건들 중에서도 창세기는 천지만물과 인간의 출현이라는 태초의 우주적 사건을 다루고 있다. 아무리 비판적인 역사가라 할지라도 태초의 우주사적 사건이 있었다는 것은 인정할 수밖에 없다. 그것이 창조였든 진화였든 만물이 존재하게 된 것은 엄연한 과거의 한 우주사적 사건이 있기 때문이다. 단지 인간 지식의 한계로 그 우주적 사건의 역사적 재구성이 불가능할 뿐이다. 이런 우주적 사건의 역사적 의미를 전승해 온 것이 창세기이다.

이 우주사적 사건의 의미를 선사시대의 역사primeval history와 구별하여 원역사Ur-geschichte라고 한다. 특히 선사시대의 우주사적 사건의 신앙적 의미를 전승한 창세기 1-11장을 '창조에 관한 설화'(Saga, 史譚 또는 傳譚)라고 정의한다. 이 설화는 사실Historie과는 비교할 수 없는 것이지만 역사Geschichte와 관계되어 있다. 폰 라트에 의하면 이 설화는 합리적이고 논리적 사실에 입각하여 형성된 것도 아니며, 자유로운 환상의 산물도 아니다. 설화는 신앙에 의해 특징과 방향이 결정된 것이며, 수 세대를 걸쳐 신앙공동체에 의해 전승되면서 이 과거의 설화가 현재와 미래를 결정지을 만큼 중요한 역할을 한 것이다. 이런 의미에서 폰 라트는 "설화는 역사에 대한 인식작업과 전혀 다른 정신작업이다"[6]라고 하였다.

3) 창세기의 역사적 배경

이런 관점에서 보면 천지창조의 엄밀한 역사적 사실historical fact을 창세기를 통해 재구성하려는 시도는 한계가 있다. 창세기 자체가 그런 목적으로 기록된 것이 아니기 때문이다. 그러나 창세기를 기록한 당시의 역사적 상황은 어느 정도 확인할 수 있다.

하나님이 천지를 창조하였다는 창조설화가 구두로 전승되다가 창조 시편(시 8, 19, 104, 148편)이나 이사야서(40:12-31, 43:1-7, 45:9-13, 48: 12-13)로 기록되었다. 한편 창세기 1장에 나타나는 창조 이야기의 일부는 이보다 훨씬 후대인 서기전 587년 포로기 이후에 최종 편집된 것으로

---

6) G. von Rad(1981), 『창세기』(서울: 한국신학연구소), 35.

보인다.[7)

이스라엘 백성들이 바벨론에 포로로 끌려갔을 때, 그들은 바벨론 사람들의 창조에 대해 기록한 〈에누마 엘리쉬Enuma Elish〉로 알려진 이 서사시를 접하게 된다. 여기에 나타난 창조신화는 이스라엘 사람들에게는 너무나 낯선 것이요, 지배자들의 전도된 허위의식을 담고 있었다.

그들의 창조관은 그 자체가 다신론적 신들의 가계요 계보였다. 해, 달, 별을 비롯한 자연현상이 신으로 숭배되었다. 무엇보다도 하급신들이 노동에서 벗어나기 위하여 항거하자 상급신들이 반역자의 우두머리를 죽여 그 피와 흙을 섞어 인간을 만들고, 그 인간들에게 노동을 시키는 대신 하급신들의 노동을 면제해 주었다는 것이었다. 바벨론 신화는 이스라엘 백성들을 포로로 잡아와 강제노동시키는 것을 합리화한 노예국가의 허구적인 지배 이데올로기로 보였다.

포로로 잡혀간 경건한 유대 제사장들은 일찍이 이집트의 바로의 압제에서 강제노동에 동원된 이스라엘 백성을 노예생활에서 해방시켜 준 조상들의 하나님이요, 히브리의 하나님이신 여호와께서 인간을 그런 목적으로 창조하지 않았다는 그들의 창조신앙을 고백하고 선포해야 했다. 따라서 창세기는 이러한 바벨론 창조신화의 역사적 배경과 관점에서 조명되고 해석되어야 한다. 창세기의 일차적인 독자들은 역사와 신화를 이원론적으로 구분하거나 진화론과 같은 과학적인 세계관을 가진 현대인이 아니었다. 바벨론 창조신화에 따라 강제노역에 시달리던 히브리 포로민이었다는 사실을 기억해야 한다.

따라서 "창세기가 역사적인 사실이냐?" 하는 것보다 중요한 질문은 "창세기의 역사적 배경이 무엇인가?" 하는 것이다. 그래서 창세기를 역

---

7) W. H Schmidt(1988), 『역사로 본 구약성서』(서울: 나눔사), 225.

사적 배경에 비추어 역사 이전의 사건인 창조의 역사가 지닌 의미사적 관점에서 그 전향적 신관, 세계관, 인간관이 어떻게 고백되었는지, 그것이 당대의 평균적인 의식과 비교해 볼 때 얼마나 시대에 앞선 새롭고 대안적인 신앙이었는지를 차례대로 살펴보는 것이 더 중요한 일일 것이다.

02

창조는
과학적 사실인가?

1) 진화론 이전의 자연신학과 진화론의 기본 논지

진화론이 등장하기 전까지 하나님이 천지를 창조하였다는 창세기의 기록은 서구에서는 과학적인 사실로 수용되었다. 만유인력을 발견한 뉴턴(1642-1727)조차도 우주의 주제자로서 신의 존재를 인정하였다. 그는 우주는 오로지 지고한 지적 이성과 물리적 능력을 가진 존재의 주관과 지배를 통해서만 가능하고 그 주관자는 영원하고 무한하며 전능하고 전지하다고 하였다. 벤틀리R. Bentley에게 보낸 서신에서 그러한 자신의 견해를 밝혔다.

> "중력이 우주 내 행성들을 작동시키는 것은 사실이지만, 어떤 신적 능력의 개입 없이는 그러한 행성 간의 운행은 불가능하네. 틀림없이 우주를 운행하는 주관자가 있음을 나는 확신하네."8)

---

8) Karen Armstrong(1999), 『신의 역사』(서울: 동연), 536.

시계의 비유는 볼테르가『형이상학론』(1734)에서 처음 사용하였지만, 윌리엄 페일리W. Paley(1743-1905)는『자연신학』(1802)에서 저 유명한 '황야의 돌과 시계의 비유'를 통해 이 무한 복잡한 우주가 신의 설계의 의해 창조되었다는 사실을 좀 더 논리적으로 설명하였다. 우리가 황야에서 돌을 발견한다면 우연의 산물이라고 여기지만, 복잡하고 정교한 시계를 발견한다면 우연히 그곳에 있게 되었다고 말할 수 없다는 주장이다. 그의 논지는 다음과 같이 요약된다.

> (1) 시계는 돌과 달리 정교한 장치들이 모여 특정 기능을 수행하는 복잡한 기계이다.
> (2) 복잡한 기계는 저절로 생겨날 수 없으며, 지적 설계자가 만든 것이다.
> (3) 따라서 시계도 지적 설계자가 만든 것이다.
> (4) 자연은 시계보다 더 복잡한 기계와 같다.
> (5) 따라서 자연도 지적 설계자에 의해 만들어졌다.
> (6) 그리고 그 지적 설계자는 그리스도교의 신이다.[9]

페일리를 비롯한 19세기 자연신학자들은 신의 '원래적인 창조'와 '계속적인 창조' 행위에서 인격적인 목적을 가지고 개입한다고 믿었다. 그리고 창조된 세계가 신의 속성을 반영한다고 믿었다.

> "내가 바늘로써 시간을 가르치는 시계를 바라볼 때, 나는 어떤 지성적 존재가 이 시계의 태엽을 잘 조장시켜 바늘이 시간을 가리키도록 만들었다고 생각하게 된다. 인간의 육체를 바라볼 때 나는 어떤 지성적 존재자가 이러한 기관들이 자궁 속에서 9개월 동안 형성되고 발육되도록 조정했다고 생각된다."[10]

---

9) 신재식(2013),『예수와 다윈의 동행』(서울: 사이언스북스), 189.

그러나 1843년 5월 페일리의『자연신학』을 읽은 다윈은『종의 기원』에서 자연신학의 약점을 두 가지로 비판하였다. 첫째로 창조가 창조주의 지혜를 증명하는 것이라면 왜 완벽하게 환경에 적응하지 않는 예외가 발견되는가? 둘째로 왜 자연에서는 낭비와 고통, 심지어 잔인성과 비합리성이 존재하는가? 그리고 신이 전지전능하다면 왜 피조세계는 불완전한가 하는 질문을 제기하였다.11) 그래서 다윈은 진화의 이론을 다음과 같이 주장한다.

(1) 사실로서 진화: 유기체들이 시간 속에서 진화하였다.
(2) 공통유래 이론: 서로 다른 유기체들이 공통 조상에서 유래했다.
(3) 종의 분화 이론: 시간이 흐름 속에서 새로운 종이 출현하고 증가한다.
(4) 점진주의 이론: 새로운 종은 개체군의 점진적 변화를 통해 등장한다.
(5) 자연선택 이론: 한정된 자원 안에서 많은 개체들이 경쟁한다.12)

이러한 다윈의 이론에 근거하여 현대의 진화론은 대체로 다음과 같은 명제를 핵심 논지로 제시한다.

(1) 물질은 영원부터 존재해 왔다.
(2) 지구는 수십억 년 전에 탄생했다.
(3) 생물은 무생물적 조건에서 진화했다.
(4) 모든 생물은 간단한 형태에서 복잡한 형태로 진화했다.
(5) 인간도 동물에서 진화했다.13)

---

10) J. C. Livingstone(2010),『현대기독교사상사』(서울: 한국장로교출판사), 60.
11) 신재식(2013), 237.
12) 신재식(2013), 246.
13) 홍영남(1972), "진화는 과학적 사실이다",「기독교사상」1972년 2월, 26.

기독교계에서는 이러한 진화론이 기독교의 창조신관을 부정하며, 창조론을 가르치는 성서의 권위에 대한 도전이고, 인간과 동물의 질적 차이를 부정하는 인간의 존엄성을 헤치는 것이며, 그리고 생존경쟁과 약육강식을 합리화하는 비도덕성을 조장한다는 이유로 강력하게 반발하였다. 진화론을 거부하는 공개토론과 진화론을 가르치지 못하게 하는 법적 소송을 제기하는 등 진화론에 대한 신앙적인 투쟁을 전개하여 왔다.

1925년 테네시 주의 한 시골 고등학고 교사였던 존 스코프John T. Scopes가 진화론을 가르쳤다고 하여 100달러 벌금의 유죄 판결을 받은 '원숭이 재판'이 그 대표적인 사례이다.14) 우리나라에서도 진화론에 관한 법적 공방이 제기되었다. 2012년 12월과 2013년 3월, 한 학술단체인 교과서진화론개정추진위원회는 "시조새는 파충류와 조류의 중간 종種이 아니고 말馬의 진화 계열은 상상의 산물"이라는 과학적인 증거를 제시하고 교육과학기술부를 대상으로 현행 과학 검인정 교과서 내 관련 자료에 대한 삭제를 청원했다. 그러한 주장의 타당성이 일부 인정되어 해당 교과서를 펴낸 출판사는 여섯 곳의 시조새 관련 부분과 세 곳의 말의 진화에 관한 부분을 삭제하기로 결정하였다고 한다.15)

2) 진화론에 대한 과학적 반론

과학의 발전과 더불어 진화론에 대해 입장을 달리하는 과학자들의 과학적 반론도 만만치 않게 제기되었다. 일단의 과학자들은 진화론은 우주와 생명의 기원에 관한 하나의 가설에 불과할 뿐이며, 진화론 역시 모든

---

14) 선한용(1979), "창조냐? 진화냐? - 창조과학회의 배경과 그 비판을 중심으로", 「기독교사상」 2월호(458), 58.
15) "교과서에서 '진화론' 삭제, 시사점은…", 「조선일보」, 2012. 8. 30.

과학적 가설과 마찬가지로 절대적인 진리가 될 수 없음을 주장하였다. 그들 중 일부는 진화론을 비판하고 오히려 창조를 과학적으로 논증하기 시작하였다. 그리하여 창조냐, 진화냐에 대한 과학적 논쟁의 불이 붙게 된 것이다. 진화론에 대한 반론은 여러 형태로 전개되어 왔다.

(1) 진화론을 주장한 다윈 자신도 점진적인 진화를 주장할 수 있는 모든 화석의 자료를 발견할 수 없는 것이 "가장 명확하고 심각한 난점"이라고 인정하였다.[16] 고생물학자들은 지구상에 살아 있었던 생물의 2/3 가량은 화석화되지 못했다고 한다.[17] 그리고 그중 1/10 정도가 화석으로 발견되었기 때문에 모든 진화의 고리를 다 제시할 수 없는 지질학적인 한계가 있다는 것이다. 따라서 다윈 이후 120년 지난 지금 "25만종의 화석이 발견되었지만 상황은 별로 달라지지 않았다"[18]라고 한다. 그래서 진화의 연속성을 증명할 수 있는 종과 종 사이를 연결하는 중간 종의 화석이 너무 적어 '잃어버린 고리missing link'가 너무 많다는 반론이 제기된 것이다.

이에 대해 1972년 스티븐 제이 굴드와 닐슨 앤드리지는 단속평행설 punctuated equilibrium이라는 가설을 제시한다. 진화는 오래 기간 동안 변화가 없는 '긴 정체기와 갑작스러운 변화'가 반복되면서 발생한다는 것이다. 그러나 도킨스Richard Dawkins는 수백만 년이 소요되는 긴 기간의 대진화는 단순히 개체의 짧은 수준 안에서 발생하는 소진화를 수백만 년 동안 진행시키면 도출되는 것이라고 반론을 편다. 그리고 진화 과정 안에서의 변화를 의미하는 소진화와 새로운 종의 탄생을 의미하는 대진화의 구분을 반대한다.[19] 진화론자들 가운데서도 세부 주장이 이렇게 서

---

16) Lee Strobel(2001), 『특종, 믿음사건』(서울: 두란노), 106.
17) 홍영남(1972), 31.
18) Lee Strobel(2001), 106.
19) 신재식(2013), 307.

로 상반되는 것이다.

(2) 유리Harold Urey는 45억 년 전 원시 지구는 주로 메탄과 암모니아와 수소로 되어 있는 환원성 대기라고 주장하였다. 이 주장을 근거로 그의 제자 밀러S. L. Miller는 원시대기를 모방한 혼합기체를 만들고 전기방전을 가해 유기체의 기본 요소인 아미노산, 포름알데히드와 시안화수소를 합성하는 실험을 1953년 성공하여 진화론자들을 들뜨게 하였다.[20]

그러나 이 실험을 통해 아미노산을 융합하였다 해도, 진화의 그 다음 단계인 단백질 합성의 실험이 불가능한 두 가지 이유가 드러났다. 첫째, 아미노산 합성 실험에서 발생한 아미노산 중에는 단백질 융합을 저해하는 D아미노산이 포함되어 있다는 것이다.

둘째, 100개의 아미노산이 특정 서열로 정돈된 하나의 단백질로 나타날 수 있는 돌연변이의 확률은 1/10130이며, 이를 위해서는 10억 년이라는 시간이 요청된다는 것이다.[21]

1980년 이후 미항공우주국(NASA) 과학자들은 원시 지구는 물과 이산화탄소, 질소로 구성되어 있어 유리가 주장하는 메탄과 암모니아, 수소를 조금도 발견할 수 없는 것으로 밝혔다고 한다.[22]

(3) 1940년대 이후 유전학의 발달로 세포의 염색체 속에 유전물질 DNA가 들어 있음을 알게 되었다. DNA에 대한 연구로 세포는 단순한 물질이 아니라 0.0000006mm의 염색체에 2.4m의 정보 고리를 가지고 있는 정보 자체인 것이 알려졌다. 모든 생물체는 DNA를 가지고 있으며, DNA의 염기 배열에 따라 10만 배우자당 평균적으로 하나의 돌연변이가 생겨날 수 있다는 것이다.[23]

---

20) 홍영남(1972), 28.
21) 김영길 · 조덕영(1994), 『창조의 비밀』(서울: 국민일보사), 36.
22) Lee Strobel(2001), 112.
23) 홍영남(1972), 27.

그러나 유전자의 돌연변이는 해로운 방향으로 주로 나타나고, 한 종 내에서만 국한되며, 다른 종으로의 변이는 불가능하다는 반론이 제기되었다. 그리고 유전인자에 변이가 생긴다 해도 즉시 특수 효소가 작용하여 원상태로 되돌아가려는 'DNA 교정장치'가 있는 것으로 알려졌다. 이런 장치 때문에 DNA가 수백만 번 혹은 그 이상 복제되어도 그 염기 배열은 변하지 않을 것이라는 반론이다.24)

이러한 유전의 법칙에 따르면 획득형질만 유전하기 때문에 돌연변이를 통한 다른 종의 출현을 설명하기 어렵다. 유전자 조작을 통한 세포의 복제나 동일 종 내에서의 변이를 통한 소진화는 가능하나, 새로운 종을 만드는 것은 불가능하기 때문이다. 돌연변이를 통한 신종新種 생명체의 출현이라는 대진화의 가설이 흔들리게 된 것이다.

(4) 모리스H. M. Morris는 열역학 제2법칙인 엔트로피 법칙은 진화모델에 위반되는 것이 확실하다고 주장하였다.25) 물이 위로 올라갈 수 없는 것처럼 자연 상태의 열에너지는 시간이 지속하면 열의 감소로, 운동에너지는 정지로, 질서는 무질서의 증가로 나아간다는 에너지 하강의 법칙이 곧 엔트로피 법칙이기 때문이다. 따라서 열역학 제2법칙으로 인해 자연 상태의 무질서가 질서로 전환하려면 외부에서 가해지는 의도적인 목적과 설계를 지닌 에너지가 있어야 한다는 것이다. 그러므로 무기물에서 유기물로, 유기물에서 단세포로, 단세포에서 다세포 그리고 다세포에서 생물로 진화하였다는 가설은 에너지 하강의 법칙에 역행하는 것이라는 주장이다. 따라서 "높은 진화 단계에 도달하고 이것을 계속 향상시키기 위해서는 추가되는 에너지는 어디서부터 어떤 형태로 오는가?"26) 하

---

24) 김영길 외 26인(1990), 『자연과 과학』(서울: 생능출판사), 166.
25) H. M. Morris(1987), 『진화냐 창조냐』(서울: 선구자), 50.
26) Hans-Joachim Zillmer(2002), 『진화, 치명적인 거짓말』(서울: 푸른나무), 223.

는 문제가 제기된 것이다.

이러한 반론에 대해 일리야 프리고진Ilya Prigogine은 개방체계를 지닌 생명체는 열역학 제2법칙에 적용되지 않는다고 주장하였다. 생명체는 자발적으로 먹이를 섭취하는 등 스스로 에너지를 획득하는 개방체계이므로 기계와 같이 에너지를 외부에서 공급해 주어야 하는 폐쇄체제와 다르다고 하였다. 개방체계에 속하는 생명체는 질서가 있는 외부의 물질을 수용하여 사용하거나 자신의 무질서의 정도를 보상함으로써 무질서의 도를 증가시킨다는 것이다.[27] 그러나 비평형 상태인 생명체도 계속적인 에너지와 물질의 공급 없이는 생명체가 유지되거나 성장할 수 없어죽어 버린다.[28] 따라서 유기체도 열역학 제2법칙의 예외일 수 없다는 재반론이 제기된다.

(5) 윌리엄 뎀스키W. Dembski는 만일 어떤 사건이 일어날 확률이 아주 낮다면 그것이 지적 설계에 의한 것인지 자연적 우연에 의한 것인지 살펴보아야 한다고 주장하였다. 그리고 지적 설계를 추론할 때는 불확정성, 복잡성, 특정성을 고려해야 한다고 하였다. 그는 확률이 10^{-150}보다 낮을 만큼 불확정적이고 복잡하며 특정성을 지닌 사건이 일어난다면 설계라고 단정할 수 있다고 하였다. 뎀스키는 DNA가 바로 여기에 해당하므로 DNA는 우연의 산물이 아니라 필연적인 지적 설계의 결과라고 주장하였다.

이처럼 복잡하고 특정화된 정보는 환원이 불가능하다고 한다. 따라서 생물계의 '환원 불가능한 복잡성의 원리'에 비추어 볼 때 생명이 우연적인 진화의 산물이라고 할 수 없다고 하였다. 참고로 아미노산 합성을 통해 유기체 출현 가능성은 1065분의 1이며, 100가지 아미노산이 1개의

---

27) 홍영남(1972), 33.
28) 김영길 조덕영(1994), 42.

단백질 합성 가능성은 1040000분의 1이며, 단백질이 합성되어 원자가
될 가능성은 1080000분의 1이라고 한다.

진화론에 대한 이러한 비판을 통해 일단의 과학자들은 물질과 생명의
창조도 우주와 생명의 기원에 대한 '하나의 과학적 가설'임을 주장하게
되었으며, 전 세계에 걸쳐 창조과학회가 결성되어 그들의 주장을 펼치고
있다. 1990년대에 들어와서는 던 존슨, 마이클 비히, 윌리엄 템스키 등
에 의해 진화론을 배격하고 창조를 과학적으로 주장하는 창조과학적 지
적 설계론이 새롭게 제기되었는데 이들의 논지는 다음과 같다.

- 진화론은 무신론적 세계관을 확산하기 때문에 유물론에 대항하는 유신
  론적 자연이해를 제시해야 한다.
- 진화론은 자연의 미묘한 복잡성을 설명하지 못하기 때문에 근본적으로
  결함이 있는 실패한 이론이다.
- 진화론이 환원 불가능한 복잡성을 설명할 수 없다면, 진화 과정에는 어
  떤 식으로든 지적 설계자가 개입해 필요한 요소를 공급한 것이 분명하
  다.[29]

일부 창조과학자 중에는 열역학적, 지질학적, 생물학적, 유전학적 이
론을 제시하면서 진화론의 약점을 비판하고 성경 말씀이 과학적으로나
역사적으로 오류가 없다는 성서문자주의에 입각하여 소위 '젊은 지구론'
을 주장하는데 그들의 논지는 다음과 같다.

- 우주의 창조는 6000년 전과 1만 년 전 사이에 있었다.
- 6일 동안 창조가 진행되었다.

---

29) 신재식(2013), 369.

- 기본적인 생명 형태는 창세기 1-2장에 나타는 창조 주간에 신이 지금과 같은 모습으로 직접 창조했다.
- 창세기 3장 14-19절에 나오는 신의 저주로 인해 자연계에 죽음이 들어왔다.
- 노아의 홍수는 역사적 사건이며 지구 전체에 영향을 주었다.[30]

3) 진화론 및 창조과학에 대한 방법론적 비판

모리스는 우주의 기원에 관한 과학적 모델이 둘이 있는데 하나는 진화모델이고, 다른 하나는 창조모델이라고 하였다.[31] 각각의 논지를 다음과 같이 정리된다.

진화모델과 창조모델의 비교

진화모델	창조모델
계속되는 자연적 기원	완성된 초자연적 기원
지질균일설에 의한 지구역사	천변설에 의한 지구역사
미생물로부터 생명의 진화	생명은 생명 자체에서 출현
인간은 양적으로 동물에 우세	인간은 질적으로 동물과 구분

그런데 진화론과 창조과학의 쟁점에서 살펴보았듯이, 창조과학자든 진화론자든 저마다 우주와 생명의 기원에 대한 자연과학적 가설을 논증하려고 애쓰고 있다. 그러나 성서적 입장에서 보면 양자는 모두 신학적

---

30) 신재식(2013), 355-356.
31) H. M. Morris(1987), 23-24. 모리스가 제시한 것 중 일부만을 요약하였다.

비판의 대상이 된다. 진화론자나 창조론자 모두 신앙과 학문, 정확히 말하면 신학과 과학의 대상과 방법을 혼동한다는 비판을 면할 수 없기 때문이다.

양자의 구분에 대해서는 일찍이 갈릴레오가 명확히 지적했음을 기억해야 할 것이다. 그는 성서는 성령의 말씀을 받아 적은 것이고, 자연은 하나님의 명령을 가장 충실하게 집행한 결과물이라고 하였다. 그리고 바로니오 추기경의 말을 자주 인용했다고 한다. 그가 인용한 내용은 이렇다.

"성령의 의도는 하늘이 어떻게 움직이는 가를 가르치는 것이 아니라, 우리가 어떻게 하늘에 갈 수 있는지를 가르친다."[32]

그는 성서는 하늘나라에 가는 길을 계시하고, 과학은 하늘이 움직이는 길을 탐구한다고 여겼다. 따라서 전자는 생명의 영원한 가치를 고백하는 것이지만, 후자는 생명의 과학적 기원을 규명하는 것이므로, 양자의 방법과 목적이 서로 다르다는 것을 인정해야 한다는 것이다.

딜타이W. Dilthey는 『정신과학 서설』에서 과학을 자연과학과 인문과학으로 구분하였다.[33] 자연과학이 실험과 관찰의 방법으로 그 대상인 자연현상을 설명하는 것이라면, 인문과학은 이해의 기술을 통해 그 대상인 삶의 체험과 표현을 해석하는 것이다.

우주사적으로 볼 때 자연과학은 생명의 기원을 객관적으로 설명하려고 하지만, 인문과학은 생명의 현상(삶의 체험과 표현)을 객관적으로 해석하려고 한다. 그러나 인문과학이나 자연과학은 궁극적으로 객관적인 사실판단을 지향한다는 점에서 동일한 목적을 지닌다. 그렇다면 성서와 신

---

32) 신재식(2013), 103-104.
33) J. Hirschberger(1981), 『서양철학사 하』(서울: 이문출판사), 822-823.

학의 대상과 방법은 어디에 속하는가?

리츨A. Ritschl은 학문의 방법에 있어서 사실판단과 가치판단을 구분하고, 신학은 가치판단의 학문이라고 보았다. 사실판단과 가치판단을 한마디로 이렇게 설명하였다.[34]

사실판단: 예수가 갈보리 산상에서 죽었다.
가치판단: 그의 피로 우리가 구원을 얻었다.

예수가 기원후 30년경 어느 유월절 전날, 예루살렘 교외의 갈보리 언덕에서 로마의 식민지 통치 종식을 주장하며 모반을 일으킨 다른 두 명의 열심당원과 함께 십자가 처형을 당했다는 것은 누구도 부정할 수 없는 역사적 사실에 근거한 사실판단에 속한다. 적어도 유대인 수만 명이 로마 치하에서 십자가형을 받은 사실이 있고 예수의 십자가 처형에 관해서는 성경 외의 기록에도 남아 있으므로 예수의 부활을 부정하는 이들도 예수의 십자가 처형은 인정하는 것이다.

그러나 그 많은 십자가의 죽음 중에 오직 예수의 죽음만이 온 인류의 죄를 대신한 대속적인 죽음으로 고백된다. "십자가에 달려 죽은 예수를 믿어 구원을 얻었다"는 것은 예수에 대한 신앙고백이므로 이는 독립적인 가치판단independent value-judgement에 속한다. 이처럼 신앙고백에 기초한 가치판단을 지향하는 것이 성서와 신학의 독특하고 고유한 목적이다.

이런 관점에서 보면 성서는 예수가 달려 죽은 십자가 자체에 대해서 아무런 관심을 보이지 않는다. 다시 말하면 십자가의 크기, 형태, 재질에

---

34) A. Ritschl(1966), *The Christian Doctrine of Justification and Reconciliation*, tr. H. R. Mackintosh and A. B. Macaulay(Clifton: Reference Book Publishers), 204.

관한 객관적 수치와 자료에 대해 확인할 필요성을 느끼지 못했기 때문이다. 사실판단에 있어서 예수가 십자가에 처형되었다는 단순한 사실의 확인만으로 족하다고 본 것이다. 심지어 예수의 십자가 처형 일시는 명시했지만 처형 연도를 비롯한 예수의 출생 연월일조차 기록으로 남기지 않아 그 정확한 때를 추정하느라 신학자들이 진땀을 흘리고 있는 것이다. 복음서 기자들에게는 예수의 출생 일시나 십자가의 재질보다 예수가 하나님의 아들로 이 땅에 오셨고 우리의 죄를 대속하기 위해 십자가에 달려 죽으셨다는 신앙을 고백하고 증거하고 공유하는 '신앙적 가치판단'이 본질적이 관심이고 시급한 과제였기 때문이었다.

이처럼 사실판단을 추구하는 자연과학이나 인문과학의 대상과 방법은 가치판단에 기초한 신학의 대상이나 방법과 엄격히 구분된다. 따라서 우주와 생명의 기원에 관한 주제를 다룸에 있어서도 학문의 성격에 따라 그 주제와 방법이 다음과 같이 다르게 될 수밖에 없다.

> **자연과학**: 우주와 생명의 기원을 실험과 관찰의 방법으로 설명한다.
> **인문과학**: 태초의 삶의 체험과 표현을 그 삶의 정황에 비추어 해석한다.
> **신　　학**: 생명의 새 질서와 영원한 가치를 창조주 신앙에 비추어 고백한다.

성서는 우주와 생명의 기원을 설명한 자연과학의 실험과 관찰의 보고서도 아니며, 삶의 세속적 체험과 표현을 해석한 인문과학의 교과서도 아니다. 창세기를 기록한 동기와 목적은 세계와 생명과 인간의 기원에 대한 자연과학적인 실험이나 관찰을 통해 세운 가설을 제시하기 위함도 아니요, 역비평적인 역사 탐구를 통해 과거의 역사를 재구성하기 위하여 서술한 것도 아니다.

창세기의 첫 번째 창조설화(1:1-2:4a)는 바벨론 포로로 잡혀간 사제

집단들이 그곳에서 바벨론의 창조신화를 접하였고 포로에서 돌아와 서기전 6~5세기경에 제사장 문서(P문서)로 최종 기록하여 오늘 우리에게 전해진 것이다.[35] 따라서 그들의 주된 관심사는 인간이 바벨론 신화에서처럼 하급신의 강제노동을 대신하기 위해 창조된 것이 아니라 하나님의 안식에 참여하도록 창조되었다는 것을 고백함으로써 나라와 성전은 빼앗겼지만 안식일을 철저히 지킴으로 그들의 신앙을 견지하려는 전승의 동기를 함축하고 있다.

그리고 창세기의 두 번째 창조설화(2:4a 이하)는 서기전 10~9세기에 해당하는 솔로몬 시대에 이스라엘이 '다른 나라처럼' 왕정제도를 도입하여 부국강병 정책과 종교개방 정책으로 펼침으로 초기 이스라엘 계약공동체의 이상 무너지고 야웨신앙이 크게 위기를 겪게 되었다. 이 모든 원인이 하나님에 대한 이스라엘의 불순종의 죄 때문이라는 사실을 밝히고 이스라엘이 범죄하여 고통을 당하지만, 그 죄를 회개하고 하나님께로 돌아오면 하나님은 언제든지 어떤 방식으로든지 그들을 구원하신다는 신앙고백을 원역사의 스토리를 통해 기록하려 했던 것이다. 이스라엘 특유의 역사방법론을 통해 창조를 하나님의 구원역사에서 시작된 '구원의 전단계'로 원인론적으로 서술한 것이다.[36]

이러한 창세기 기록의 역사적 정황을 살펴보면 출애굽을 통해 체험한 해방자 하나님과 시내산 계약을 경험한 계약의 하나님이 바로 조상들의 하나님이며 그분이 참으로 천지와 인간을 창조하신 하나님이라는 신앙고백을 공고히 하고 전승하기 위해 기록된 것이기 때문이다. 따라서 창세기는 현실적으로 강대국의 포로가 되어 생명이 위협받는 이스라엘 백성들에게 태초에 존엄하고 영원한 생명을 인간에게 주신 하나님의 창조

---

35) C. Westmann(1991),『창세기』(왜관: 분도출판사), 15-17.
36) 조정헌(19880,『창조론』(서울: 분도출판사), 27-30.

의 고귀한 섭리와 생명의 새로운 질서를 선포하고 고백한 것이다.

4) 진화론과 창조과학에 대한 신학적 비판

진화론이 등장하였을 때 경건한 그리스도인들은 긴장하였다. 진화론이 기독교 신앙의 뿌리를 흔들어 놓을지도 모른다는 위기의식을 느꼈던 것이다. 마찬가지로 중세기에 지동설이 주창되었을 때도 그런 주장이 성서의 가르침에 위배된다고 해서 갈릴레이를 처형하기도 하였다. 그러나 지금 와서 지동설 때문에 기독교 신앙의 근본이 흔들리는 것은 아니라는 것이 역사적으로 확증되었다.

마찬가지로 대다수의 기독교인들은 진화론이 기독교 신앙의 근본을 해치지 못한다는 것을 깨닫게 되었다. 진화론이든 창조론이든 실제로는 절대적인 과학적 증거를 얻을 수 없는 하나의 가설에 지나지 않는다는 사실이 확인되었기 때문이다.[37] 그리고 진화론은 '생명의 물질적 기원'에 관심을 두지만, 성서의 창조신앙은 '생명의 영원한 영적 가치'에 집중하고 있음을 알게 되었다. 이러한 가치론적 입장에서 볼 때 진화론은 그 과학적인 공헌에도 불구하고 여러 약점이 있음이 드러났다.

(1) 진화론자들은 우주와 생명의 기원에 대한 과학적 가설을 규명하려고 진지하게 노력하고 있지만, 생명이 위협받는 현실과 생명의 영원한 가치에 대해서 무관심하다. 그들은 하루에 1달러로 생활하는 수억 명의 가난한 이들과 마실 물이 없어 고통당하는 이들, 강압적인 노동으로 내몰리는 아동들, 그리고 전쟁으로 부상당하는 피해자들과 난민들이 당하는 생명의 위협과 위기에 대한 관심이 없거나 적을 수밖에 없는 것이다.

---

37) H. M. Morris(1987), 46.

진화론을 주장하는 과학자들은 성서의 창조신앙이 진화론으로 설명하지 못하는 우주와 생명의 참된 의미와 가치의 실마리를 제공한다는 사실에 무지하다.

(2) 진화론은 인간과 동물의 질적 차이를 해소하였다. 인간은 진화과정에서 원숭이와 연속선상이 있다고 보기 때문이다. 교황 피우스 10세는 진화론은 현대주의의 한 오류이며, 물질주의(유물론)와 범신론과 무신론을 야기한다고 하였다.[38]

(3) 진화론은 인간의 온갖 성적 욕구를 종족번식을 위한 자연적인 질서로 합리화하였다. 앞에서 살펴본 것처럼 이러한 진화론적 인간관이 철저하게 관철된 것이 프로이트의 『성이론에 관한 세 가지 평론』(1905)이다. 프로이트는 모든 동물에 비해 인간의 성적 욕구는 강력하고 다양하며, 지속적인 방향으로 진화한 것으로 보았다. 프로이트는 한 걸음 더 나아가서 이러한 "성적 욕구를 억압하면 병이 된다"는 노이로제 이론을 주장하였다.

현대 서구사회가 이처럼 성이 문란하고 성이 상품화되고 성범죄가 극에 달한 것은 진화론에 기초한 프로이트의 성이론이 인간의 성적 욕구를 무한히 개방하였기 때문이다. 프로이트의 주장과 달리 성적 욕구를 절제하지 않아서 음란하고 도색적인 성문화의 폭력성으로 인해 사회가 온통 병들어 가고 있는 것이다.

(4) 진화론의 주요한 가설 중의 하나인 적자생존은 생물의 진화과정에서 생존의 최적자만 살아남아서 진화의 긴 과정을 엮어 왔다는 것이다. 그러나 실제로는 동물의 먹이사슬의 생태계에서는 약육강식의 관계가 아니라 "복잡한 생명형태와 그물망으로 결합된 공생Symbio의 관계"라는

---

38) J. Moltmann(1986), 『창조 안에 계신 하나님』(서울: 한국신학연구소), 231.

것도 밝혀졌다.[39]

창세기에 의하면 인간은 하나님의 형상과 생기로 존엄한 영적 존재로 창조되었으며 서로 '돕는 동료 인간'으로 창조되었다. 그리고 표도르 크로포트킨은『인간과 동물세계에서의 상호간의 협력』이라서 책에서 "협력의 원칙이 경쟁의 원칙보다 더 좋은 성과를 낸다"는 것을 입증하였다.[40] 이러한 창조의 인간관에 비추어 볼 때 인간은 마땅히 영적인 가치를 추구해야 하며, 강자가 약자를 도우며 서로 더불어 살아야 하는 것이다.

선진국가의 가장 큰 특징은 사회적 약자에 대한 보호의 정도로 가늠된다. 가난한 자, 무력한 자, 각종 장애자들이 우대받는 사회가 가장 진보된 사회이기 때문이다. 이러한 사회적 약자를 보호하려는 선진국가 사회보장제도의 이상은 진화론의 약육강식 가치관과는 정면으로 배치되는 것임이 분명하다.

(5) 동물세계에서의 약육강식의 논리가 인간의 사회현상에 그대로 적용된 것이 '사회진화론'이라 불리는 식민지 지배 논리이다. 강대국이 약소국가를 지배하는 것이 인류사의 자연스러운 진화과정으로 정당화되었다. 그리하여 식민지 제국주의의 처절한 살육과 약탈의 양차 세계대전과 같은 식민지 쟁탈전을 확산시킨 것이다.[41]

결과적으로 인류사의 엄청난 대학살이 자행되고, 약소민족의 다양한 문화가 말살된 것이다. 최근 신자유주의 역시 무한경쟁을 통해 승자독식의 사회를 만들어 2011년 9월 중순부터 수 주 동안 미국 전역에서 "미국의 최고부자 1%가 미국 전체 부富의 50% 이상을 장악하고 있다. 1%의 탐욕과 부패를 우리 99%가 더 이상 참지 않겠다"며 시위를 벌였다.[42]

39) J. Moltmann(2012),『희망의 윤리』(서울: 대한기독교서회), 234.
40) J. Moltmann(2012), 235.
41) J. Moltmann(1986), 232.
42) "1%를 향한 99%의 분노… 뉴욕 시위대, 브루클린 다리 점거",「경향신문」, 2011. 10. 3.

반면에 창조론자들에게도 비판이 제기된다. 성서의 특정부분을 문자적으로 자의적으로 해석하여 창조론의 논거로 제시하려는 것도 바람직하지 않다는 것이다.[43] 생명의 영원한 가치를 고백하여 기록해 놓은 성서에서 생명의 기원에 대한 현대 과학적 논거를 찾는 것은 산에 가서 물고기를 찾는 것과 같다는 주장이다. 창조과학에 대한 신학적 비판의 논지를 정리하면 다음과 같다.

(1) 창조과학자들은 신구약성서는 하나님의 정확무오한 말씀이므로 '과학적으로나 역사적으로'도 오류가 없는 진리라고 믿는다. 그러나 기독교 신앙의 주류는 성경이 하나님의 말씀으로 '신앙과 행위'에 관한 한 정확무오한 유일한 규범이라고 고백한다. 성서가 하나님의 말씀이긴 하여도 신앙과 행위에 관한 사항이 아닌 부분, 즉 과학과 역사에 있어서도 정확무오한 것은 아니라는 뜻이다. 창세기는 역사적 사실이나 과학적 사실을 알려 주기 위해서 기록된 것이 아니라 신앙과 행위의 법칙들, 다시 말하면 생명의 영원한 영적 가치를 선포하고 고백하기 위하여 기록된 것이기 때문이다.

이런 뜻에서 요한 바오로 2세는 1996년 10월 22일 교황청 과학원 총회에 보낸 메시지에서 "성경은 하늘이 어떻게 만들어졌느냐를 가르쳐 주는 것이 아니라, 우리가 어떻게 하늘(나라)에 가느냐에 관하여 가르쳐 주는 것"이며, 인간 생명의 기원보다도 인간 생명의 영원한 가치를 가르치는 "생명의 복음"이라고 하였다.[44]

(2) 진화론은 생명의 기원에 관한 하나의 진지한 과학적 가설일지 모른다. 그러나 요한 바오로 2세가 재확인한 것처럼 "인간의 육체가 그 이전의 생물체에 기원을 두고 있더라도, 그 영혼은 하나님께서 직접 창조

---

43) 선한용(1997), 65.
44) 김종수(1997), "교회와 진화론", 『기독교사상』 2월호(458), 50.

하신 것"으로 고백하는 것이 창조신앙의 지향점이다.

　이런 비판적 관점에서 보면 인간이 강제노역을 위해 반역자의 피로 창조된 것이 아니라, 참된 영적 안식을 위해 하나님의 형상과 하나님의 영으로 창조된 영적인 존재인 것을 선언한 창세기의 가치론적 의미가 더욱 돋보이게 되는 것이다. 이러한 신학적 관점에서 창조신앙의 내용들을 해명하여야 할 것이다.

5) 창조적 진화론과 창조론과 진화론의 통섭

　과학적 환원주의에 입각하여 진화론만을 무조건 주장하는 것은 '과학적 문자주의'이고 성경 말씀에 근거하여 창조과학과 지적 설계만을 주장하는 것은 '종교적 문자주의'라고 할 수 있다.[45] 양자의 주장을 통섭하는 진화론적 유신론, 또는 창조적 진화론은 다음과 같은 전제를 공유한다.

(1) 우주는 약 140억 년 전에 무에서 창조되었다.
(2) 확률적으로 대단히 희박하지만, 우주의 여러 특성이 생명이 존재하기에 적합하게 만들어졌다.
(3) 지구에 처음 생명이 탄생하게 된 경위는 정확히 알 수 없지만, 일단 생명이 탄생한 뒤로는 대단히 오랜 세월에 걸쳐 진화와 자연선택으로 생명적 다양성과 복합성이 생겨났다.
(3) 일단 진화가 시작되면 특별한 초자연적 존재가 개입할 필요가 없다.
(4) 인간도 이 과정의 일부이며, 유인원과 조상을 공유한다.
(5) 그러나 진화론적 설명을 뛰어넘어 정신적 본성을 지향하는 것이 인간의 특성이다.[46]

---

45) 신재식(2013), 424.

북경원인 발굴에 참가하였던 고생물학자요 신학자인 떼이야르 드 샤르뎅 신부는 과학자들 사이에 논쟁되고 있는 창조모델과 진화모델의 변증법적 종합을 시도하였다.[47] 샤르뎅은 무에서 무기체인 물질현상이 생기고, 물질현상의 임계점에서 유기체인 생명현상이 생기고, 생명현상의 임계점에서 인간의 정신현상이 생긴 것을 창조의 단계로 설명하였다. 그러나 물질현상 자체 내의 무기물에서 아미노산이 생기고, 아미노산에서 단백질이 생성된 것은 진화의 과정이라고 하였다. 그리고 생명현상 내에서 아메바, 원생동물, 무척추동물, 척추동물, 양서류, 파충류, 조류, 포유류, 원인류, 인간으로의 과정 역시 진화의 과정이라고 하였다.

따라서 무에서 물질이 창조되고, 물질화하는 과정의 마지막 단계에서 생명현상이 창조되고, 생명이 진화하는 과정의 마지막 단계에서 정신현상이 창조되고, 정신현상이 진화하는 과정에서 예수 그리스도라는 무차별적 이웃사랑의 공동정신이 성육신이라는 창조적 사건으로 실현되었다는 것이다. 그리고 예수가 행하고 가르친 이 공동정신이 인간들에게 점진적으로 확산되면 마지막 단계에서 하나님의 나라가 새 하늘과 새 땅으로 창조된다는 논지이다. 그래서 예수 그리스도는 진화의 마지막 목표로서 오메가 포인트라고 한 것이다.

- 물질계에서 가장 중요한 현상은 생명이다.
- 생물계에서 가장 중요한 현상은 인간이다.
- 인간계에서 가장 중요한 현상은 인류의 사회화이다.

---

46) 신재식(2013), 396.
47) L. R. Faricy(1983), 『떼이야르 드 샤르뎅의 신학사상』(왜관: 분도출판사); J. Hemleben(1983), 『떼이야르 드 샤르뎅』(서울: 한국신학연구소).

샤르뎅은 한 걸음 더 나아가서 인간이 그 정점인 정신현상의 임계점에서 다음 단계로 창조적으로 이행한 것으로서 '공동정신현상co-reflection'이라는 독특한 창조적 진화의 목표를 제시하였다. 인간의 정신은 자아 중심성을 벗어나지 못했기 때문에 그 임계점에서 예수 그리스도의 정신, 즉 온 인류를 한 형제로 사랑하는 '사회적 공동정신'을 지닌 존재가 창조되었다고 하였다. 이 사회적 공동정신의 개인적 이기주의나 집단적 이기주의를 극복하지 못한 인류에게 '인간 진화의 새로운 목표'로 제시된 것이다. 평균적인 인간의 진화 과정이 임계점에 도달했을 때 창조적인 사건으로밖에 설명할 수 없는 절대적 하나님 사랑과 무차별적 이웃 사랑의 '사회적 공동정신'을 온전히 실현한 예수 그리스도라는 새로운 인간이 창조되었다는 의미이다. 이 '사회적 공동정신'이 점차적으로 확산되어 마침내 하나님의 나라가 완성되는 것이 예수 그리스도의 창조로 비롯된 '인간계 진화의 마지막 목표'라는 것이다. 과학적 진화론의 진화의 마지막 목표를 제시하지 못한 것에 대한 대안이라고 할 수 있다.

따라서 예수 그리스도는 전적으로 새로운 인간이며, 진화의 궁극적 정점omega point이라는 점에서 우주적 의미(cosmic Christ)를 지닌다고 하였다.[48] 우주는 그리스도에 의해 창조되었을 뿐만 아니라 그리스도 안에서 계속 창조된다. 그리스도는 만물을 갱신하고 복구하고, 활기차게 하며 성화하고, 통일하고 완성하신다. 만물의 근원인 그리스도 안에서 만물이 창조되었고, 만물의 통치자인 그리스도 안에서 만물이 계속 창조되고, 만물의 완성자인 그리스도 안에서 만물이 완성되는 것이다.

샤르뎅의 창조론적 진화론은 진화론의 우연성을 비판하고, 창조적 진화의 궁극적 목표를 제시했다는 데 의미가 있다.

---

48) 조성노(1993), "진화론적 신학", 『최근신학개관』(서울: 현대신학연구소), 38-45.

창조와 진화의 순차적 병진 과정

	창조 과정		진화 과정
↓	물질현상 출현	→	무기체의 진화
↓	생명현상 출현	→	유기체의 진화
↓	정신현상 출현	→	영장류의 진화
↓	공동정신현상 출현	→	기독교의 전개

그러므로 샤르뎅의 시도는 창조와 진화가 순차적으로 번갈아 일어나는 병진 과정을 통해 창조모델과 진화모델을 종합한 제3의 모델을 제시한 것으로 평가할 수 있다.

최근에 몰트만은 샤르뎅의 창조적 진화론과 유사하게 창조론과 진화론의 통섭을 위해 3단계 또는 3중적 창조론을 제시한다. 몰트만은 태초의 창조와 함께 창조의 과정이 시작되었는데, 이 과정은 영원한 창조 안에서 마무리될 것이므로 하나님의 창조를 세 단계로 구분하였다.[49]

(1) 태초의 창조: "태초에 하나님이 천지를 창조하셨다."(창 1:1)

(2) 새로운 것의 지속적 창조: "너는 지나간 일을 기억하려고 하지 말며, 옛 일을 생각하지 말아라. 내가 이제 새 일을 하려고 한다. 이 일이 이미 드러나 있는데, 너희가 그것을 알지 못하느냐? 내가 광야의 길을 내겠으며 사막의 강의 내겠다.(사 43:18-19)

(3) 하나님의 창조의 완성: "보아라, 내가 모든 것을 새롭게 한다."(계 21:5)

---

49) J. Moltmann(2012), 『희망의 윤리』, 226.

몰트만은 이제까지의 기독교의 창조론은 '태초의 창조creatio origi-nalis'만 강조하고, "계속적인 창조creatio continua와 모든 것을 완성하는 새 창조nova creatio로 대한 이론을 망각"하였다고 비판한다.

> "태초의 창조는 역사의 가능성을 갖지 못하며 진화가 필요 없는 '완성되었고 완전한 창조'로 설명되었다. '하나님의 형상으로 창조된 사람도 한때 창조되었고 더 이상 진화하지 않은 완성된 존재로 생각되었다."[50]

이러한 주장은 창조에 대한 하나님의 관계를 폐쇄적인 '인과율'로 제한하며, 세계에 대한 하나님의 다른 관계와 하나님에 대한 세계의 다른 관계를 간과하게 된다는 것이다. 이 경우에 창조와 구원은 분리된다. 창조가 구원의 준비로 격하되거나 아니면 구원이 태초의 창조를 회복하는 것으로 위축된다는 것이다.

그러므로 진화론의 열려진 자연인식의 틀에서 창조신앙과 진화론의 관계를 새롭게 해석할 것을 제안한다.

(1) 엄밀한 의미에서 '진화'는 창조 자체와 관계없다. 그것은 창조의 '배열'과 관계하므로 두 개념을 서로 다른 차원에 속한다. 그러므로 창조와 진화 사이에는 아무런 모순이 없다.

(2) 진화는 물질과 삶의 체계들이 계속 형성되는 것을 나타낸다. 이런 의미에서 진화는 신학에서 말하는 계속적인 창조와 관계한다는 것이다.

> "신학적으로 볼 때 진화론들은 창조의 질서와 그리고 태초의 창조를 뒤따르는 '계속적인 창조'에 해당한다."[51]

---

50) J. Moltmann(1986), 『창조 안에 계신 하나님』, 233.
51) J. Moltmann(1986), 250.

창조세계에 대한 하나님의 유지와 보존과 변형과 성취의 형식들은 미래를 향한 시간의 개방성 가운데 있다. 여기서 미래개방성은 "창조는 아직 완성되지 않았으며 아직 종국에 이르지 않았다"는 의미이다.[52] 그러므로 계속적인 창조는 원 창조와 새 창조의 사이에 있다고 하였다.[53]

(3) 무엇보다도 창조를 창세기에 국한하지 않고 성서 전체의 빛에 비추어 특히 창조를 그리스도론적으로 재조명할 때, 태초의 창조와 함께 시작하여 창조의 역사 속에서 계속되며 모든 것의 새 창조에서 완성되는 그리스도가 지닌 창조의 중재자직을 세 단계로 설명할 수 있게 된다는 것이다.[54]

- 1단계: 모든 것의 창조creatio originalis의 근거로서의 그리스도
- 2단계: 계속되는 창조creatio continua의 원동력으로서의 그리스도
- 3단계: 창조의 완성creatio nova의 구원자로서의 그리스도

그러므로 창조를 태초에 하나님께서 천지와 인간을 창조하신 '원래적 창조'와 그 후로부터 지금까지 하나님의 섭리하시고 주관하시는 '계속되는 창조'와 마지막 날에 이루어질 창조의 궁극적 목적으로서 새 하늘과 새 땅의 실현이라는 '새로운 창조'라는 세 단계로 설명되어야 한다는 것이다.

과학적 진화론에서는 빅뱅과 같은 최초의 사건과 계속되는 진화를 주장하고 우주의 계속되는 팽창을 가설로 제시하지만 진화의 궁극적인 목표는 설정하지 못한다. 목적 없는 진화론은 생명의 궁극적 목적에 기초

---

52) J. Moltmann(1986), 237.
53) J. Moltmann(1986), 251.
54) J. Moltmann(1986), 250.

한 생명의 가치를 제시하지 못하는 결정적인 약점이 있는 것이다. 따라서 몰트만은 성서의 창조신학은 폐쇄적인 것이 아니라 미래를 향해 열려 있는 개방체계로 봄으로써 원 창조 이후 계속되는 창조는 창조의 마지막 목표인 새 하늘과 새 땅의 창조의 완성을 지향하고 있으므로 진화론의 비판을 비켜가고 진화론의 약점을 보완하는 것으로 보았다.

무엇보다도 성서는 창조를 과거에 단 일회적으로 일어난 사건으로 다루지 않는다. 하나님의 창조사역은 태초에 일어났을 뿐만 아니라 오늘도 계속되고 있는 하나님의 행동이라고 할 수 있다.[55]

> "주님은, 들짐승들이 뜯을 풀이 자라게 하시고,
> 사람들이 밭갈이로 채소를 얻게 하시고,
> 땅에서 먹을거리를 얻게 하셨습니다. …
> 주께서 주의 영을 불어넣으시면, 그들이 다시 창조됩니다.
> 주께서는 땅의 모습을 다시 새롭게 하십니다."(시 104:14-30)

기독교 인구가 전 국민의 80%나 되는 미국에서 CBS가 2004년 말에 실시한 여론조사에 따르면 미국인 중 65%가 창조론을 진화론과 함께 가르치길 원했고, 심지어 37%는 진화론 대신에 창조론을 가르쳐야 한다고 답했다. 영국에서도 BBC 방송국의 여론조사에 의하면, 2000명의 응답자 가운데 40% 이상이 창조론이나 지적 설계론을 학교 과학수업에서 가르쳐야 한다고 답했다.[56] 창조론과 진화론이 통섭될 수 있다는 것을 반영한다.

---

55) 천사무엘(2004), "창조 과학과 성서 해석", 「대학과 선교」 제7집, 120.
56) 박송훈, "창조론 논쟁, 무엇이 문제인가", 「디지털 의사신문」, 2012. 7. 2.

제8장

조상들과 동행하시는

하나님

"아브라함의 하나님, 이삭의 하나님, 야곱의 하나님은
철학자들이나 학자들의 하나님이 아니시다."

(파스칼, 『팡세』)

01

아브라함과 동행하시는
하나님

파스칼은 "성서의 하나님은 아브라함의 하나님, 이삭의 하나님, 야곱의 하나님이며, 철학자들이나 학자들의 하나님이 아니시다"라고 하였다. 서양철학의 전통으로 볼 때 플라톤과 아리스토텔레스의 영향으로 신의 본질을 전지, 전능, 영원, 불변, 도덕적 완전 등으로 해석하여 왔고 이러한 철학자의 신론은 토마스 아퀴나스를 통해 기독교 신학에 유입되어 전통적인 신론의 근간으로 전승되었다.

그러나 성서의 하나님은 철학자들이 추론한 형이상학적 신론에서 말하는 그러한 신과는 전적으로 다르다. 하나님은 믿음의 조상들에게 나타나셔서 자신의 뜻을 알리고 그들과 그 뜻을 이루기 위해 동행하시는 신이시다. 아브라함에게 "내게 지시한 땅으로 가라" 하셨고, 아비멜렉은 아브라함에게 "당신이 무슨 일을 하든지 하나님께서는 함께해 주신다"(창 21:22)고 하였다. 야웨 하나님께서 이삭에게 나타나서 "나는 너를 보살펴 주며(너와 함께하며) 너에게 복을 내려 주리라"(창 26:3)고 하였다. 하나님은 다시 야곱에게도 "내가 너와 함께 있어 네가 어디로 가든지 너를 지켜 주다가 기어이 이리로 다시 데려오리라. 너에게 약속한 것을 다 이루어 줄 때까지 나는 네 곁을 떠나지 않으리라"(창 28:15; 31:3)고 하였다.

그러므로 아브라함의 하나님, 이삭의 하나님, 야곱의 하나님께서 구체적으로 그들과 동행한 궤적을 통해 '조상들의 하나님'의 신론적 의미를 살펴보려고 한다.

창세기의 뒷부분(12-50장)에는 아브라함, 이삭, 야곱 그리고 요셉에 이르는 이스라엘 족장들의 이야기가 기록되어 있다. 아브라함의 후손들이 이집트로 이주하여 압제를 받고 있을 모세에게 나타난 하나님은 "나는 너의 조상들의 하나님, 곧 아브라함의 하나님, 이삭의 하나님, 야곱의 하나님이다"(출 3:6, 15)라고 밝힌다. 출애굽을 주도한 히브리의 하나님이 바로 그들의 족장들의 삶과 역사를 섭리하신 조상들의 하나님이라는 믿음이 깊게 깔려 있다.[1]

아브라함은 믿음의 조상으로서 이스라엘 백성들은 자신이 아브라함의 후손인 것을 자랑으로 여겼다. 아브라함의 집안은 본래 메소포타미아 남부지역에 있는 우르Ur 출신이었는데 그의 아버지 세대에 시리아 북부지역 하란Haran으로 이주하였다. 이집트 중왕국 제12왕조 시대(서기전 1991-1786)에 해당하는 1850년경 하나님은 그에게 나타나 이렇게 명령한다.

> "너의 본토 친척 아비 집을 떠나 내가 네게 지시할 땅으로 가라.
> 내가 너로 큰 민족을 이루고 네게 복을 주어
> 네 이름을 창대케 하리니 너는 복의 근원이 될지라."(창 12:1-2)

아브라함은 하나님의 명령에 따라 안정된 고향(지연공동체)과 친척(혈

---

1) B. W. Anderson(1983), 『구약성서의 이해 I』(왜관: 분도출판사), 52.

연공동체)을 떠나 새로운 미지의 세계, 가나안 땅으로 이주한다. 이렇게 하여 이스라엘 역사가 시작된다. 많은 민족이 건국신화를 전승하고 있지만, 이스라엘처럼 건국의 역사성이 하나님의 명령과 아브라함의 복종에서 비롯된 역사적 사건으로 명쾌하게 등장하지 않는다. 이스라엘의 경우 하나님의 명령과 약속을 통해 새 역사가 전개된 것이다.

이스라엘의 조상인 족장Patriarch들의 역사를 이해하는 데 있어서 중요한 것은 하나님께서 아브라함에게 주신 '약속'이다. 땅의 약속과 후손의 약속은 창세기를 넘어서 모세 5경 전체를 통해 흐르고 있는 주제이다. 이 축복의 약속은 모든 족장에게 반복하여 주어지고 갱신된다.2) 그러나 이 약속은 쉽게 이루어지지 않았다. 오랜 우여곡절과 시련을 겪은 끝에 마침내 이루어진 것이다. 먼저 후손에 대한 약속이 이루어진 과정을 살펴보자.

하나님과의 계약의 상징인 할례

가나안으로 이주한 지 여러 해가 지났으나 아브라함은 자식이 없어 상심하였다. 그러나 하나님은 다시금 아브라함에게 하늘의 별만큼 많은 자식을 주겠다고 약속하였다(창 15:5). 하란을 떠난 지 10년이 되었고 아브라함의 나이도 85세가 되었지만 여전히 아들을 얻지 못하자 초조한 아내 사라는 자신의 몸종인 하갈을 씨받이로 하여 이스마엘을 낳게 한다.

다시 13년이 지나 아브라함의 나이가 99세가 되고 가나안에 정착한 지 24년이 되는 해에 하나님이 아브라함에게 나타나서 그와 더불어 계약을 체결한다.

---

2) G. von Rad(1981), 『창세기』(서울: 한국신학연구소), 179. 창세기 13:14-16, 15:5, 7, 18, 18:10, 22:17, 16:24, 28:3-4, 13-15, 32:13, 35:9-12, 48:16.

"나는 전능한 하나님이라. …

내가 내 언약[계약]을 나와 너 사이에 세워 너로 심히 번성케 하리라. …

내가 내 언약을 나와 너와 네 대대 후손의 사이에 세워서

영원한 언약을 삼고 너와 네 후손의 하나님이 되리라. …

너희는 양피를 베어라.

이것이 나와 너희 사이의 언약의 표징이니라."(창 17:1-11)

하나님과 아브라함 사이에 쌍무적이고 영원한 계약이 체결된 것이다. 그리하여 이 계약의 상대자에는 아브라함의 모든 후손도 포함된다. 하나님은 아브라함에게 후손의 축복과 모든 후손에게 가나안 땅을 영원한 기업(상속재산)으로 줄 것을 약속하신다. 그리고 이 계약의 표징으로 모든 남자의 양피를 베는 할례circumcision를 행하게 하였다.

할례割禮는 고대 이집트인들에 의하여 행해졌으며, 병을 예방하고 성교를 수월히 하도록 하여 생식력을 높여 주는 것으로 여겨졌다. 때로는 풍요와 다산의 성적 제의와 부족의 일원임을 상징하는 성인식成人式의 일환으로 수행되기도 하였다.

아브라함의 경우 할례는 하나님과 아브라함 사이의 계약의 표징으로 시행되었다. 고대 근동에서는 계약체결 의식으로 가축을 둘로 쪼개고 그 사이를 계약 당사자가 내왕함으로써 목숨을 걸고 계약을 준수할 것을 다짐하였다(렘 33:18-20). 그러나 아브라함 계약에서는 동물을 쪼개는 대신 아브라함의 생명의 근원인 성기의 표피를 자르게 하였다.3) 목숨을 걸고 계약의 의무를 준수할 것을 다짐하는 엄격한 의식이었던 것이다.

따라서 이 할례는 하나님의 택함을 받은 약속의 자녀임을 공포하는

---

3) 하나님과 아브라함의 첫 번째 계약(창 15장)에서는 3년 된 가축을 쪼갠 사이로 하나님의 현현을 상징하는 타는 횃불이 지나간 것으로 기록하고 있다.

것으로 이스라엘 백성들의 자랑과 명예로 여겨졌다. 그러나 후대에 가서는 계약의 표식으로서의 할례가 무할례자를 차별하는 배타적 특권의식으로 전락하기도 하였다(삼상 14:6, 17:26, 삼하 1:20). 따라서 후대에는 관습적인 육신의 할례보다 계약의 정신을 다짐하는 마음의 할례를 통해 마음과 성품을 다하여 하나님을 사랑하는 것이 더 중요함을 역설하였다(신 30:6, 렘 4:4, 롬 2:29).

이 계약 체결 후 하나님은 아브라함과 사라에게 사라가 잉태하여 아들을 낳을 것이라 약속하였다. 사라는 나이가 90이 되어 경수(經水)도 끊어졌는데 아이를 낳는다는 것이 믿어지지 않아 속으로 웃었다(창 17:17). 하나님은 아브라함과 사라의 웃은 것을 아시고 "아이를 낳게 되면 이름을 이삭이라고 하라" 하였다. 이삭은 '웃는다'는 뜻이다.[4] 마침내 하나님의 약속이 이루어졌다. 그것도 25년 만에 하나님의 방식으로 성취되어 아들을 하나 얻은 것이다.

이삭 번제 요구의 모순성

이삭의 탄생 이야기는 몇 가지 중요한 메시지를 담고 있다. (1) 하나님의 약속은 궁극적으로 반드시 성취된다. (2) 하나님의 약속은 인간적으로 불가능한 상황에서도 하나님의 능력으로 실현된다. (3) 하나님의 약속과 성취 사이의 중간시대interim period는 긴장과 회의의 시련기간이다. 따라서 이 기간을 사는 사람들에게는 하나님에 대한 절대적인 신앙과 신뢰가 요청된다는 것이다.[5]

후손의 약속과 관련하여 가장 극적이고 역설적인 사건은 이삭의 번제 이야기인데 그 줄거리는 이렇다. 이삭이 자라 청년이 되었을 때 하나님

---

4) B. W. Anderson(1983), 『구약성서의 이해 II』, 91.
5) 박준서(1985), 『성서와 기독교』(서울: 연세대학교출판사), 59.

은 아브라함을 시험하시려고 "네 아들 네 사랑하는 독자 이삭을 데리고 모리아 땅으로 가서 내가 네게 지시하는 한 산 거기서 그를 번제로 드리라"(창 22:2)고 명하였다.

하나님의 명령에 따라 살아 온 아브라함은 이 명령을 거절할 수 없었으므로 사랑하는 아들 이삭을 데리고 모리아 산으로 가기 위하여 집을 떠났다.

3일 만에 모리아 산에 도착한 아브라함은 번제에 쓸 나무를 이삭에게 지우고 불과 칼을 들고 하나님이 지시한 곳으로 올라갔다. 이삭은 불과 나무는 있으나 번제로 드릴 제물로 어린 양을 준비하지 않은 이유를 물었다. 아브라함은 어린 양은 하나님이 친히 준비하실 것이라고 얼버무렸다.

이삭은 이미 상황을 파악하고 있었던 것이다. 아브라함은 제단을 쌓고 나무를 벌여 놓은 그 위에 아들 이삭을 결박하여 누이고 칼을 잡아 그 아들을 잡으려 하였다. 순간 하나님이 아브라함을 급히 부르며 "네가 네 아들 독자라도 내게 아끼지 아니하였으니 내가 이제야 네가 하나님을 경외하는 줄을 아노라"(창 22:12) 하시고 수풀에 뿔이 걸린 숫양을 대신 번제로 드리게 하였다.

(4) 이삭을 번제로 바치라는 아브라함에 대한 신앙의 시험은 신앙의 역설적 본질을 드러내는 것으로 해석한 이는 키에르케고르이다. 이 명령이 3가지 관점에서 자기모순이 포함되어 있다고 볼 수 있다.

이삭을 번제로 바치라는 것은 살인을 하라는 요구이다. 아무리 신의 명령이지만 살인은 원시시대 이후로부터 금기로 여겨져 온 것이고, 일반적이고 객관적인 관점에서 볼 때 윤리적으로 타당하지 않은 명령이 분명하다. 그래서 칸트는 아브라함이 이 명령에 순종하려고 한 것은 보편적인 도덕률에 위반된다고 하였다.

다른 사람도 아니고 사랑하는 독자를 아버지로 하여금 죽이도록 한 것은 부자 사이의 사랑의 도리에 어긋나는 것이 분명하다. 그러므로 아브라함의 주관적인 처지에서 볼 때 타당하지 않은 명령이다.

이삭을 번제로 바치라는 명령은 이성적으로 볼 때 아브라함에게 무수한 자손을 축복하겠다는 하나님 자신의 약속과 모순된다. 하나님은 아브라함을 택하여 약속한 땅으로 떠나라 하면서 하늘의 별, 바다의 모래같이 수많은 자손을 축복하여 큰 민족을 이룰 것으로 여러 차례 약속하였다 (창 12:2, 15:5).

수많은 자손의 축복을 받으려면 현재의 유일한 자손인 외아들 이삭의 생존을 통해서만 가능하다. 이삭이야말로 하나님의 약속을 이룰 수 있는 유일한 통로요, 자손 축복의 근원이다. 아브라함은 75세에 하나님의 부르심을 받아 하란을 떠날 때 자식이 없었다. 가나안 땅에 정착한 지 25년, 결혼한 지 70여 년이 되는 100세에 하나님의 특별한 은총으로 아들을 하나 얻은 것이 이삭이다. 이삭을 낳을 때도 이미 아내 사라는 경수를 멈추었는데, 이 아이마저 데려가면 밤하늘의 별만큼은 고사하고 무슨 수로 대를 잇는단 말인가?

아브라함의 역설적 순종

사랑하는 독자를 죽여 번제를 드리라는 명령은 이처럼 아브라함으로서는 도저히 납득할 수 없는 자기모순이 가득 찬 명령이었다. 여기서 키에르케고르는 '사랑하는 아들을 죽이는 것보다 차라리 내가 대신 죽겠다고 나서는 것이 아비의 도리가 아닐까?' 하는 것이 모리아 산으로 가는 사흘 동안 구비구비마다 아브라함을 엄습한 시험이었다고 분석한다.

남다른 하나님 체험을 지닌 아브라함조차도 하나님의 이번 처사는 도저히 이해할 수 없는 것이었다. 키에르케고르는 아브라함의 침묵이 이를 웅변적으로 묘사한다고 설명한다. 아브라함은 아내 사라와 아들 이삭에게도 하나님의 명령과 자신의 계획을 말할 수 없었다. 자기 자신조차 납득할 수 없는 사태를 어떻게 말할 수 있겠는가? "인간적으로 말해서 자신의 행위를 남에게 도저히 이해시킬 수 없다는 것"이야말로 그를 고뇌와 불안 속으로 몰아넣은 위대한 신앙의 역설인 것이다.[6) 이것이 그에게 주어진 신앙의 시험이었다.

사람들은 스스로도 그 이유를 이해하지 못하는 자기희생과 순교를 견디지 못한다. 소크라테스는 자신의 죽음의 이유와 의미를 잘 이해했기 때문에 이를 제자들에게 설득시킨 것이다. 그러나 아브라함은 달랐다. 그는 스스로도 도저히 이해할 수 없었지만, 그럼에도 불구하고 하나님의 절대적인 명령이므로 이를 수행하기로 신앙의 결단을 내린 것이다. 키에르케고르는 이를 하나님의 명령 앞에서의 인간의 '무한한 체념'이라고 하였다.

> "이 무한한 체념은 신앙에 선행하는 최후 단계다. 이는 믿음이 없는 사람은
> 이 행동을 하지 않는다는 말이다. 왜냐하면 무한한 체념 가운데서 비로소 나는
> 영원한 가치를 명백하게 의식하게 되고, 그때에 처음으로 신앙으로 현세의
> 생활을 이해하는 것이 문제로 제기된다."[7)

키에르케고르가 가정한 것처럼 만약에 아브라함이 모리아 산으로 가서 제단을 쌓고 나무를 벌려 놓은 다음, 칼을 들고 "하나님, 사랑하는 아들 대신 이 늙은 몸을 드립니다. 아들로 하여금 청춘을 즐기게 하시고, 흡족하지 않으시더라도 이 제물을 물리치지 마옵소서"라고 외치며 자신의 가슴에 칼을 꽂았다면, 아브라함은 세상 사람들에게 감동을 주는 비

---

6) S. Kierkegaard(1991), 『두려움과 떨림』(서울: 믿음사), 108.
7) S. Kierkegaard(1991), 68.

극적인 자기희생의 영웅으로 길이 칭송되었을 것이다.8) 그랬더라면 소크라테스가 법치국가의 보편적 이념을 위해 악법도 법이라는 소신에 따라 자신의 죽음을 담담히 받아들인 것과 비교될 수 있을 것이다.

그러나 아브라함은 수많은 위기나 난제를 지혜와 용기 그리고 엄청난 자기희생을 통해 이겨낸 희랍의 '비극적 영웅'이 아니었다. 그는 하나님을 경외(두려워)한 사람이다. 두려움은 아주 중요한 개념이다. 영적 격동을 뜻하지만 그러한 격정의 결과로서의 복종과 관계되는 개념이다(창 20:11, 42:18, 왕하 4:1, 사 11:2, 잠 1:7, 욥 1:1-8).9) 아브라함은 하나님의 절대적인 명령이 도덕적으로 정서적이로나 이성적으로 도저히 납득이 가지 않는 명령 앞에서 '두렵고 떨리는 마음'으로 말없이 그 명령에 따르는 신앙의 위대한 모습을 보여 준 '믿음의 아버지'인 것이다.10) 이처럼 아브라함의 이삭 번제는 '신앙의 시험과 신앙적 결단의 위대한 역설'이라는 앞선 신앙관을 처음으로 내비추어 주는 사건이다.

보편적 윤리적 의무와 신앙의 절대적 의무

아브라함은 모든 인류에게 자명한 인간의 보편적 윤리적 의무보다 하나님에 대한 절대적 의무인 믿음을 앞세운 최초의 전향적인 인물이었다고 한다. 하나님에 대한 의무와 인간에 대한 의무가 충돌을 일으키는 위기와 모순의 순간에 윤리적인 의무를 유보한 것이다. 이것이 바로 하나님에 대한 절대 복종의 신앙적 결단의 역설이다.

---

8) S. Kierkegaard(1991), 32.
9) G. von Rad(1981), 226. 하나님에 대한 두려움은 하나님에 대한 복종을 나타낸다고 하였다.
10) S. Kierkegaard(1991), 아브라함의 이삭 번제를 다룬 원저의 책명(*Furcht und Zittern*) 이 우리말로 '공포와 전율'로 번역되어 왔지만 원래는 "항상 복종하여 두렵고 떨림으로 너희 구원을 이루라"(빌 2:12)는 말씀에서 유래한 것이다.

"신앙은 바로 다음과 같은 역설이다. 즉, 개별자가 단독자로서 보편적인 것보다 고차적으로 존재한다는 것이요, … 개별자가 단독자로서 절대자에 대한 절대적인 관계 가운데서 선하다고 하는 역설이다."[11]

즉 아브라함은 자기 자신의 생명이나 사랑하는 외아들의 생명보다 하나님을 더욱 사랑하기에 그의 뜻에 무조건 복종하는 것이 하나님을 향한 믿음인 것을 보여 준 것이다. 키에르케고르는 아브라함의 경우가 바로 "무릇 내게 오는 자가 자기 부모와 처자와 형제와 자매와 및 자기 목숨까지 미워하지 아니하면 능히 나의 제자가 되지 못하고"(눅 14:26)라고 한 예수의 말을 상기시킨다고 하였다.

보편적 가치와 의무보다 더 높은 절대적인 하나님의 명령이 있다는 선언이다. 윤리적 의무마저 유보함으로써 믿음을 통해 절대선에 이를 수 있다는 전향적인 의식이 생겨난 것이다.[12] 그렇다고 해서 윤리를 폐기하고 가정을 포기하라는 것이 아니다. "믿음을 통해서만 아브라함처럼 될 수 있는 것이지 살인을 통해 되는 것은 아니다"[13]라고 하였다.

소크라테스가 냉정한 지혜와 도덕적 용기를 겸비한 비극적 영웅이라는 의미에서 평균적인 위인의 대표적인 사례라면, 아브라함은 다르다. 그는 위대한 모순 속에서 합리성과 도덕성을 초월하는 하나님의 절대적 명령에 무조건 복종하는 신앙의 결단을 수행한 위대한 신앙의 아버지인 것이다.

그래서 그는 그의 믿음의 결단으로 믿음의 조상이 되었다. 믿음으로 사는 삶의 위대한 역설을 제시한 것이다. 키에르케고르는 또한 아브라함

---

11) S. Kierkegaard(1991), 83. 키에르케고르는 이를 "윤리적인 것의 목적론적 유보"라 하였다.
12) S. Kierkegaard(1991), 82.
13) S. Kierkegaard(1991), 44.

을 이해하는 것은 헤겔의 체계를 이해하기보다 어렵다고 말한다. "아브라함처럼 위대한 사람은 한 사람도 없었다. 확실히 아브라함을 이해할 수 있는 사람은 위대하다"[14]라고 말한다.

예수 역시 이러한 신앙의 위대한 역설을 드러낸다. 세상을 구원할 구세주가 자신의 한 목숨조차 구하지 못하고 십자가 처형을 당하며, 그럼에도 불구하고 자기 한 목숨조차 구하지 못한 구세주의 죽음이 온 인류를 구하는 구원의 사건이 되었다는 역설을 드러낸다. 또한 하나님이 인간이 되어 이 땅에 오셔서 무력하게 수치와 저주의 십자가에 처형되었다는 역설과 2000년 전 십자가에 처형된 한 유대 젊은이에 대한 신앙이 오늘의 나의 삶과 죽음을 좌우한다는 역설을 드러낸다. 그리고 이 역설을 받아들이는 것이 신앙이다.

아브라함은 믿기 어려운 하나님의 약속과 이해할 수 없는 하나님의 명령 앞에서 '그럼에도 불구하고' 그 약속을 믿고 그 명령에 순종하였다. 이것이 아브라함의 믿음의 의(tsedaqah, righteousness)라고 하였다. 그래서 아브라함은 믿음의 조상이 되었고 그를 통해 신앙의 새 역사가 펼쳐지게 된 것이다.

하나님의 약속이 마침내 이뤄짐

하나님은 아브라함의 믿음을 보시고 약속하신 축복을 모두 이루어 주신다. 여호수아는 하나님께서 아브라함에게 약속한 모든 것이 마침내 다 이루어졌다고 고백한다.

> "야웨께서 이스라엘 가문에 약속해 주신 온갖 좋은 일은
> 하나도 그대로 안 된 일이 없이 다 이루어졌다."(수 21:45, 공동번역)

---

14) S. Kierkegaard(1991), 184.

하나님께서 아브라함에게 약속하시고 마침내 이루어지는 것은 크게 세 가지이다.

첫째, 많은 후손에 대한 약속이다. 앞에서 살펴본 것처럼 아브라함은 우여곡절 끝에 아들 하나를 얻지만 그의 손자 야곱이 12아들을 낳게 된다. 그들로부터 12지파가 번성함으로써 많은 자손을 축복하겠다는 약속이 이루어지게 되었다.

아브라함은 안주할 땅을 갖지 못했을 뿐 아니라 스스로를 안전하게 지켜 낼 힘도 전혀 없었다. 소수 떠돌이 유랑집단이었기 때문에 홀대와 박해를 받아야 했으며, 때로는 주변의 세력가들에게 가진 것을 빼앗기거나 바쳐야 했다. 힘없는 소수 부족의 서러움이 컸던 것이다. 그러므로 좀 더 강력한 힘을 지닌 집단으로 성장하기를 열망하였다. 그 꿈은 그들의 자손이 밤하늘의 별과 바닷가의 모래처럼 수가 많아지리라는 하나님의 약속으로 전승되고 마침내 그 꿈을 이룬 것이다.

둘째, 땅에 대한 약속이다. 아브라함은 후손의 약속과 함께 땅의 축복을 약속 받았다. 땅의 축복에 대한 약속은 후손의 약속보다 더 오랜 기간이 흘러 마침내 이루어진다. 아브라함은 하나님의 말씀에 따라 가나안 땅에서 살기 위하여 그곳으로 이주한다. 그러나 그곳의 쓸 만한 땅은 이미 원주민들이 정착하고 있었다. 원주민들의 방해를 받지 않고 거주할 곳은 남부의 네겝 사막 근처의 척박한 땅밖에 없었다. 하나님의 약속은 쉽게 이루어지지 않았다. 그곳은 젖과 꿀이 흐르는 땅은 고사하고 강수량이 아주 적은 곳이었으므로 항상 가뭄과 기근에 시달려야 했다. 아브라함은 양식을 구하기 위하여 이집트와 블레셋의 도시국가 그랄로 떠돌아 다녀야 하였다(창 12장, 20장, 26장). 좋은 땅을 갖지 못한 처지라 아무도 탐내지 않는 버려진 땅으로 전전해야 했으며, 기근이 들 때마다 인근 부유한 도시국가로 가서 몸 붙여 살려고 시도하지만 아내를 탐내는 사람들로부터 심한 인권유린과 박해에 시달려야 했다.

가나안 땅을 약속받았음에도 불구하고 아내 사라가 죽었을 때는 매장할 땅도 없었다. 그래서 아브라함은 헷 족속에게서 동굴이 딸린 밭을 고가로 구입하지 않으면 안 되었다(창 23:1-20). 이렇게 땅 없는 떠돌이의 삶을 사는 사람들에게는 웬만한 가뭄에도 끄떡없는 가나안 중심부의 땅이 젖과 꿀이 흐르는 땅으로 보였으며, 그러한 땅을 갖는 것이 큰 꿈이 되었다. 그래서 언젠가는 하나님께서 그들에게도 이러한 땅을 주실 것을 굳게 믿게 되었다.

그의 손자 야곱 때에 다시 기근이 들어 그 후손 70명이 이집트로 이주하였고, 결국에 그곳에서 노예로 전락하여 430년 동안 자기 땅 없는 백성의 설움을 겪는다. 모세의 인도로 이집트를 탈출하여 황폐한 불모의 땅 광야에서의 유랑생활 40년을 거쳐 우여곡절 끝에 가나안 땅으로 되돌아오게 되었다. 창세기에 기록된 아브라함에게 약속한 땅의 축복이 출애굽기, 레위기, 민수기, 신명기를 거쳐 여호수아에 와서 비로소 이루어진다. 이스라엘 계약공동체는 이 땅이 바로 조상들에게 약속한 대로 하나님이 주신 땅으로 믿었기 때문에 이 땅을 온 백성이 골고루 나눠 가진 것이다. 이제는 온 백성이 평등하게 분배받은 땅이기 때문에 이 가나안 땅은 '젖과 꿀이 흐르는 땅'이 된 것이다.

셋째, 복을 베푸는 나라가 되는 약속이었다. "이름을 창대케 하고 복의 근원이 되게 하겠다"는 약속도 마침내 이루어졌다. 아브라함은 떠돌이 생활을 하는 동안 여기저기서 홀대와 박해의 인권유린을 당하였다. 약자의 서러움과 강자들의 횡포를 직접 겪은 아브라함은 자신들은 장차 큰 힘을 가진 민족이 되더라도 다른 부족의 여인이나 재물을 탈취하는 그런 민족이 아니라 약소민족과 더불어 살며 그들에게 복을 나누어 주는 그러한 민족이 되겠다는 높은 이상을 갖게 된 것이다.

마침내 아브라함의 후손들은 초기 이스라엘 계약공동체를 이루어 모든 민족에게 복을 베푸는 모범적인 '제사장 나라와 거룩한 백성'(출 19:17)으로 택함을 받게 된다. 그래서 그들은 아브라함의 후손이라는 명예를 지켜 왔다. 그리고 그 후손 가운데서 예수가 태어나 그의 복음으로 온 인류가 구원을 얻고 새 사람이 되어 영원한 삶에 참여할 수 있게 되어서 세상 사람들이 모두 그의 은혜를 입게 된다. 이로써 아브라함에게 약속하신 모든 약속을 하나님은 신실하게 지키신 것이다.

하나님께서 아브라함에게 떠나라고 하신 명령은 몇 가지 축복과 함께 주어진다. '지시한 땅'을 주겠다는 것, 큰 민족을 이루고, 이름을 창대케 하고 그리고 복의 근원이 되어 땅의 모든 족속이 너로 인하여 복을 얻을 것이라 약속하셨다.

땅과 자손과 명예에 대한 축복은 세속적 축복이다. 당시의 농경사회의 평균적인 의식으로 볼 때 좋은 땅을 소유하고, 많은 자손을 일꾼으로 거느리고, 큰 명예를 누리는 것이 가장 큰 축복이었다. 그런데 여기에 또 다른 하나의 축복이 추가된다. 복의 근원이 되어 "세상 사람들이 네 덕을 입게 될 것"(창 12:3하, 공동번역)이라는 축복이다. 하나님이 아브라함을 택하여 새 역사를 펼치는 목적이 여기에 있었다.

하나님은 아브라함이 '젖과 꿀이 흐르는 땅'의 축복과 '하늘의 별, 바닷가의 모래만큼 많은 자손'의 축복과 '이스라엘의 조상'이라는 명예의 축복을 모두 받아 저 혼자 누리라고 그를 택한 것이 아니다. 그 많은 개인적인 축복이 복의 근원이 되어 결국은 세상 모든 사람에게 베풀어지게 하기 위함이다.

아브라함의 전향적 축복관: 기복이냐 선복이냐

여기서 히브리 종교의 전향적인 축복관을 볼 수 있다. 진정한 축복은 저 혼자 받아 누리기를 바라는 기복祈福이 아니라, 그것을 보다 많은 사람에게 베푸는 선복宣福에 있는 것이다. 이것이 바로 복의 근원이 되어야 한다는 하나님의 마지막 약속의 깊은 뜻이다. 하나님은 아브라함을 축복함으로써 그를 통해 그의 가족과 그의 후손과 온 인류가 축복을 누리도록 약속하신 것이다. 그래서 그는 믿음의 조상이 된 것이다. 이러한 축복관은 예수의 산상수훈의 팔복 개념에 고스란히 담겨 있다. 예수는 고난과 시련 가운데서도 사랑(긍휼)과 정의와 평화를 위하여 복을 베푸는 일을 하는 것이 참된 축복이라고 가르쳤다(마 5:1-8).

아브라함은 이기적인 기복祈福의 동기가 아니라, 이타적인 선복宣福의 전향적인 동기에 따라 그의 삶의 방향을 재정립한 것이다. 그리하여 인류사의 새로운 역사적 전기가 마련된 것이다. 이스라엘을 통해 온 인류에게 복을 주시려는 야웨의 새 역사 창조의 위대한 서사시의 서막이 펼쳐진 것이다.

02

이삭과 동행하시는
하나님

아브라함의 믿음과 그의 순종을 높이 칭송하지만 사실 이삭의 순종은 아브라함의 순종을 능가하는 것이었다. 사람은 누구나 생존에의 본능이 있다. 따라서 100세가 훨씬 넘은 아버지가 단을 쌓은 뒤 자신을 결박하려고 할 때 벌써 번제로 드릴 양이 없음을 의아하게 여긴 이삭으로서는 그 사태가 심상치 않음을 직감하였을 것이다(창 22:9-10).

이삭의 순종

젊은 아들은 본능적으로 자신을 결박하려는 늙은 아비를 뿌리칠 수 있었을 것이다. 아버지가 노망을 했다고 생각할 수 있었을 것이다. 그런데 이삭은 그렇게 하지 않았다. 아버지가 하는 대로 순순히 응하여 결박당하였다.

자신의 목숨을 건 이런 순종이 어떻게 가능했을까? 이삭은 그의 아버지 아브라함이 얼마나 자기를 애지중지하였으며, 또한 하나님의 뜻에 얼마나 신실한 사람이었는가 하는 것을 곁에서 보고 자랐을 것이다. 이러한 신앙의 모범을 보였기 때문에 이삭은 아버지의 말이라면 하나님의 말씀으로 여길 수 있었던 것이다. 이삭은 자신의 출생의 비밀도 잘 알았을 것이다. 아이를 낳을 수 없는 나이 많은 부모에게서 순전히 하나님의 은혜로 태어났다는 사실이 그로 하여금 그의 아버지 아브라함의 하나님에 대한 믿음을 싹트게 하였을 것이다.

이삭은 자신의 생명을 주신 이도 하나님이시며 생명을 취하시는 이도 하나님이시라는 전향적 생명관에 입각하여 죽음 앞에서도 묵묵히 아버지의 뜻을 따랐다. 이삭은 목숨을 걸고 그의 아버지께 순종하였고, 아버지 아브라함의 하나님이자 자신의 하나님인 여호와께 복종한 것이다. 하나님의 뜻이라면 자신의 생명보다 귀한 아들을 바칠 수 있었던 아브라함, 아들의 생명을 취하겠다 하였을 때 그 아들로부터 그러한 순종을 받을 수 있는 아버지, 그리고 아버지의 신앙의 결단이라면 목숨을 걸고라도 순종한 아들 이삭, 하나님은 이들을 바로 믿음의 조상이 되게 하였던 것이다.

이삭의 결혼

아브라함은 이삭의 아내를 맞이하기 위해 그의 종을 자신의 고향 땅으로 보낸다. 혈통의 순수성을 보존하고 이삭에게 가장 잘 어울리는 배필을 맺어 주기 위한 배려였다.[15] 그 종은 메소포타미아 나홀 성 샘터에서 물 길러 온 처녀 리브가의 친절함을 보고 그에게 청혼한다. 이삭은 리브가를 아내로 맞이하고 사랑하였다(창 24:67).

이들 사이에도 오랫동안 자녀가 없었다. 이삭과 리브가는 그의 어머니 사라처럼 씨받이를 통해 상속자를 둘 생각이 없었다. 그들은 하나님이 약속하신 자녀를 낳게 되기를 기도하며 기다렸다. 결혼 후 20년이 지

---

15) G. von Rad(1981), 281. 출 43:15-16, 신 7:3.

나서 마침내 쌍둥이 형제 에서와 야곱이 태어났다(창 25:24). 20년간의 기다림도 그들에게는 엄청난 시험이었다. 이 시험을 통과한 이삭에게 하나님은 약속한 축복을 다 허락하여 주었다. 쌍둥이 아들도 얻고, 땅의 농사가 잘되고, 창대하고 왕성하여 거부가 되었다(창 26:13).

이삭은 아버지 아브라함이 물려준 그랄 골짜기의 우물을 다시 팠다. 우물은 유목민들의 생존에 결정적으로 중요한 것이었다. 그 지방 목자들이 시비하여 자신들의 우물이라 주장하였다. 이삭은 그들과 다투지 않고 순순히 양보하고 장소를 옮겨 또 다른 우물을 팠다. 두 번째 우물도 시비하기에 양보하고, 세 번째 우물을 팠으나 다시 시비하여 그것마저 양보하였다. 그리고 네 번째 우물을 팠고,[16] 그 지방 사람들이 더 이상 시비하지 않자 그 이름을 장소가 넓다는 뜻으로 '르호봇'이라 하였다.

거듭되는 우물의 양보

그 당시 물길을 찾아 우물 하나를 파는 일이 얼마나 어려운 일인지 너무나 잘 아는 그들로서는 이삭이 세 번씩이나 천신만고 끝에 판 우물을 순순히 양보하였기 때문에 더 이상 시비할 수 없었다. 이삭은 그랄 주민들에게 세 개의 우물을 주고 마지막 네 번째 우물을 자기가 소유하게 된 것이다. 그랄 주민들과 싸우지 않고 그들에게 생명보다 귀한 우물을 내주면서 그들과 공존하게 된 것이다. 이삭은 협상과 공존의 비결이 양보라는 것을, 이것이 바로 적대 세력과 더불어 사는 지혜인 것을 몸소 보여 준다.

---

16) 네 번째 이 우물은 오늘날 브엘세바에서 30Km 떨어진 엘루 동남쪽에 있는 와디 루헤베라고 한다.

03

야곱과 동행하시는 하나님

에서와 야곱은 쌍둥이 형제로, 에서는 형이고 야곱은 동생이다. 그러나 야곱이 형 에서를 제치고 이삭의 신앙의 상속자가 된다.

에서는 거친 사냥꾼이었고, 야곱은 조용한 사람이었다(창 25:27). 에서는 명분보다 실리에 집착하는 모습을 드러낸다. 하루는 야곱이 죽을 쑤고 있는데 사냥을 하고 돌아온 에서가 매우 시장하여 그것을 조금 달라고 청하였다. 야곱은 형의 장자의 명분을 내게 주면 떡과 팥죽을 주겠다고 제안한다. 에서는 "내가 죽게 되었으니 이 장자의 명분이 내게 무엇이 유익하리요" 하고 장자의 명분을 동생에게 양도하겠다고 맹세하여 버린다(창 25:29-34).[17]

장자로 태어난 것도 하나님의 축복이다. 그러나 그 축복을 축복으로 귀히 여기고 지키지 않으면 빼앗기게 되는 것이다. 에서는 권한에 따르는 책임을 감당하지 못한 인물이었다. 장자권의 명분을 소홀히 여긴 자

---

17) 이라크의 요르간 테페(Yorgan Tepe)에 있는 고대도시 누지(Nuzi)에서 1925-31년에 발굴된 서기전 1500년경의 4,000개 이상의 쐐기문자 토판을 보면 장자 상속권 양도가 당시의 관습이었던 것을 알 수 있다. 양 세 마리에 장자권을 양도한 구체적인 사례도 나온다.

는 장자권을 누릴 자격을 빼앗기게 되는 것이다.

에서는 신앙적인 관점에서 문제가 있는 인물이었다. 에서는 부모의 동의 없이 이방인 헷 족속의 여자 둘을 아내로 맞이하였다. 아브라함이 이삭에게 동족인 리브가를 아내로 맺어 주기 위하여 그 먼 고향 땅까지 사람을 보내 큰 수고를 한 것에 비추어 볼 때 에서의 이러한 행동은 이삭과 리브가에게는 큰 충격이었다.

이삭은 자신이 아버지에게 순종한 것에 비추어 볼 때 자신의 장남의 불순종을 보는 것이 매우 가슴 아팠을 것이다. 그래서 에서의 결혼이 부모의 근심이 되었다(창 26:35). 이방인과의 혼인으로는 혈통과 가정과 믿음의 순수성을 유지할 수 없었기 때문이다.

축복을 가로채다니

이삭이 나이가 들어 눈이 어두워지자, 죽기 전에 그래도 장남인 에서를 마음껏 축복해 주기로 하고 에서에게 사냥하여 별미를 준비하도록 하였다.[18] 이 이야기를 엿들은 리브가는 장남이긴 하지만 부모의 근심거리요 장자권도 팔아 버린 에서보다 차남인 야곱이 아버지의 축복을 받아 상속자가 되고 신앙의 대를 이어야 한다고 생각한다. 그래서 야곱을 에서처럼 꾸미게 하고 별미를 만들어 이삭에게 보낸다. 야곱은 눈먼 아비를 속이고 그의 생애 20년을 허비하게 되는 거짓말을 한다.

눈이 어두운 이삭은 야곱이 에서인 줄 알고 야곱에게 "만민이 너를 섬기고 네가 형제들의 주가 될 것이라"고 축복한다. 한참 후 에서가 사냥에서 돌아와 사냥감으로 별미를 만들어 이삭에게 나아가서 축복을 청하자 이삭은 놀라며 자초지종을 설명한다. 에서는 동생 야곱이 축복을 빼앗은

---

18) 죽어 가는 사람의 마지막 말이 매우 중요한 역할을 한다는 사례는 성서 도처에서 발견된다(창 48:9-16, 50:24, 신 33장, 수 23장, 삼상 23장).

것을 알고 방성대곡하면서 자기에게도 축복하여 주기를 간청한다. 이삭은 에서에게도 축복을 하지만 "네 아우를 섬길 것이라"고 하였다. 그러나 이미 야곱에게 축복한 장자의 축복은 취소할 수 없었다.[19] 에서는 야곱에게 속은 것이 분하여 야곱을 죽이겠다고 소리쳤다.

리브가는 그 소리를 듣고 야곱에게 형의 분노가 풀릴 때까지 며칠 동안 하란에 있는 외삼촌 라반의 집으로 피신할 것을 종용한다. 그러나 리브가의 계략은 하나님에 대한 모독이 되고, 며칠간의 도피가 20년간 계속되고 그녀는 사랑하는 아들을 다시는 보지 못하고 외로이 죽게 된다.

도망자와 동행하시는 하나님

야곱은 하루아침에 도망자의 신세가 되었지만 그 길은 한편 동족의 여인을 구하러 가는 구혼의 길이었다. 브엘세바에서 하란까지는 직선거리로 800Km가 넘는 먼 길이다. 그날 밤 벧엘이라는 곳에서 돌을 취해 베개를 하고 노숙하게 된다. 그는 불안에 뒤척이다 겨우 잠들었을 때 꿈에 하나님의 음성을 듣게 된다.

> "나는 여호와니
> 너의 조부 아브라함의 하나님이요 이삭의 하나님이라. …
> 내가 너와 함께 있어 네가 어디로 가든지
> 너를 지키며 너를 이끌어 이 땅으로 돌아오게 할지라."(창 28:13-15)

형과 아버지를 속인 간교한 죄로 얼룩진 자가 이제는 하나님의 약속의 담지자가 된다.[20] 야곱은 그와 함께하시겠다는 하나님의 약속의 말

---

19) 유대인들은 축복과 저주의 말은 그대로 사건이 되기 때문에 한번 축복한 것은 취소할 수 없다고 믿었다.

씀으로 큰 용기와 희망을 갖게 된다. 그는 하나님이 함께하사 갈 길을 지켜 주시고 평안히 귀향하게 하신다면 여호와를 하나님으로 모실 것을 서약한다. 조건부의 서약이요, 미숙한 신앙의 모습으로 보여 준다.

사랑의 헌신과 12아들의 축복

야곱은 하란에 도착하여 우물가에서 아리따운 처녀 라헬을 만나 첫눈에 사랑하게 된다. 그리고 라헬이 외삼촌 라반의 둘째 딸인 것을 알게 되고 청혼한다. 사촌이 최우선의 구혼자라는 당시의 습관에 따라 야곱의 청혼을 받아들인다. 그러나 지참금 한 푼 없는 야곱은 사랑하는 여인을 아내로 맞이하기 위하여 7년간 머슴살이를 한다. 성경은 이 러브 스토리를 이렇게 묘사한다.

> "야곱이 라헬을 위하여 칠년 동안 라반을 봉사하였으나
> 그를 연애하는 까닭에 칠년을 수일 같이 여겼더라."(창 29:20)

하루, 이틀, 아니 한두 달은 사랑하는 이를 위하여 머슴살이할 수 있다. 그러나 7년은 짧지 않은 세월이다. 그러나 야곱의 집념과 사랑의 헌신은 사랑하는 이를 위한 7년의 수고를 수일처럼 여길 정도로 위대하였다.

7년이 지난 뒤 라반은 야곱과 라헬을 혼인시켜 주겠다고 허락한다. 하지만 당시 이스라엘 풍습은 밤에 결혼식을 거행하였는데 첫날밤을 지낸 뒤 신부의 얼굴을 보니 라헬이 아니었다. 라반이 라헬의 언니 레아를 신방에 들여보낸 것이다.

야곱이 속은 것이다. 그리고 관습상 언니를 두고 동생을 먼저 결혼시

---

20) G. von Rad(1981), 311.

킬 수 없어 그렇게 한 일이라고 변명을 하며, 라반은 정말 라헬을 아내로 맞이하고 싶으면 앞으로 7년간 더 머슴살이할 것을 약속하라고 우긴다. 야곱은 그 조건을 수용하고 7년 후에 다시 라헬과 결혼한다. 야곱은 사랑하는 이를 아내로 맞이하기 위해 14년간의 사랑의 수고와 헌신을 마다하지 않은 것이다.

야곱은 이러한 사랑의 헌신을 통해 두 아내 레아와 라헬, 그리고 그녀들의 두 몸종 실바와 빌하 사이에서 12아들을 낳게 된다.[21]

레아: 르우벤, 시므온, 레위, 유다, 잇사갈, 스불론
실바: 갓, 아셀
빌하: 단, 납달리
라헬: 요셉,[22] 베냐민

야곱은 아들들의 이름에다 신앙적인 의미를 부여하였다. 르우벤은 '하나님이 나의 억울한 심정을 살피셨다'는 뜻이고, 스불론은 '하나님이 나에게 선물을 주셨다'는 뜻이며, 유다는 '내가 야웨를 크게 찬양하리라'는 뜻이다. 아브라함에게 약속한 자손의 축복이 그의 손자 야곱 대에 와서 이루어지기 시작한 것이다.

속이는 자는 속는다

야곱의 외삼촌 라반은 가난한 약자에게 냉혹한 부유한 강자의 전형적인 모습을 보여 준다. 두 딸의 결혼을 빌미로 야곱의 노동력을 착취하였

---

21) 하나님은 남편의 사랑을 받지 못했던 레아에게 여러 아들을 주어 위로한다. 라헬은 한동안 아들이 없어 구박을 받기도 한다.
22) 12지파가 가나안 땅을 분배할 때 레위지파는 제사장 지파로서 땅의 분배에서 제외되고, 그 대신 요셉의 두 아들 에브라임과 므낫세가 그 기업을 받았다(수 16:4).

고, 약속한 기한이 지난 다음에도 그에게 정당한 임금을 지불하지 않았다. 결혼을 핑계로 14년, 그리고 다시금 6년 동안 야곱을 일꾼으로 부리면서도 그 품값을 열 번이나 변역變易하였다(창 31:41). 열 번이나 야곱을 속인 것이다.

형 에서와 아버지를 속인 야곱은 외삼촌에게 12번이나 속게 된다. 두 번의 결혼과 열 번의 품삯으로 속은 것이다. 이로써 야곱은 속이는 자는 자신도 마침내 속는다는 사실을 뼈저리게 체험한다.

> "악한 자들과 속이는 자들은 더욱 악해져서
> 속이기도 하고 속기도 하나니…."(딤후 3:13)

하나님은 야곱이 지혜롭고 교묘한 방법으로 자신의 양떼들을 늘리고 마침내 큰 재산을 이루자 그에게 이제 고향으로 돌아가라고 명하신다(창 31:3). 야곱은 아내들과 상의하여 귀향하기로 결심한다. 라반이 양털을 깎으러 들판으로 나간 사이에 야곱의 가족들은 대탈출을 시도한다. 뒤늦게 쫓아온 라반에게 야곱은 20년 동안의 압박과 설움, 그리고 임금의 착취를 항변한다. 이는 '양치기법령'(출 22:10-13, 함무라비 법전 261-266조)을 위반한 중죄이기 때문이다.[23]

야곱은 할아버지 아브라함의 하나님, 아버지 이삭의 하나님께서 자기와 같은 약자의 고난을 감찰하시고 약자의 편이 되어 주시며, 라반의 잘못을 책망하시는 분으로 고백한다(창 31:42). 라반과 야곱은 평화협정의 계약을 맺고 각자의 길을 떠난다. 가족과 재산 소유와 노동을 둘러싼 갈등들 때문에 불평등한 종속관계가 심화되었으나 하나님의 개입으로 불

---

23) 성서와함께(1988), 『보시니 참 좋았더라』, 283.

평등관계가 해소되고 평화로운 공존의 계약관계가 이루어진 것이다.

마침내 화해하다

막상 대가족과 큰 재산을 이루어 20년 만에 귀향길에 올랐지만 야곱의 마음은 편치 않았다. 자기도 라반에게 속아 보았기 때문에 속은 자의 심정이 이해되었다. 따라서 형을 속인 죄책감과 형의 보복이 두려웠다. 고향이 가까워지자 야곱의 귀향을 알고 형 에서가 400명의 부하를 거느리고 야곱을 만나러 온다는 소식을 듣고 기겁한다. 그는 다시 한 번 하나님 앞에 간절히 기도한다.

고향을 떠날 때 지팡이 하나만 들고 떠났는데 많은 가족과 재산을 얻게 된 것은 모두 감당할 수 없는 하나님의 은혜라고 고백한다. 그리고 다시 한 번 은혜를 베풀어 에서의 손에서 그와 가족을 구하여 줄 것을 간청한다(창 32:9-11).

그래도 안심이 되지 않아 야곱은 형 에서를 무마하기 위한 선물로 550마리의 가축을 여러 떼로 나눠 먼저 보낸다. 요단 강 동쪽 지류 중의 하나인 얍복 강 나루터에 이르자 그의 가족과 딸린 재산을 두 떼로 나누어 먼저 강을 건너가게 하고 자신은 홀로 강변에 남아 그 밤을 지새운다.

그 밤 야곱은 심한 불안과 공포에 휩싸인다. 400명의 부하를 거느린 에서에게 온 가족이 몰살당할지도 모른다는 두려움이 엄습하였다. 그는 어떤 존재의 공격을 받아 환도뼈가 위골되도록 밤새 씨름하며 자신을 축복하여 줄 것을 요구한다. 죽을힘을 다하여 축복해 달라고 간청했던 이유는 바로 사회적 약자가 갖기를 염원하는 부와 안전에 대한 열망을 대변한다.

아침이 되자 그는 야곱의 이름을 묻고 이후로는 이름을 이스라엘, 즉 "네가 하나님과 사람으로 더불어 겨루어 이긴 자"로 하라는 부탁과 함께 축복을 받는다(창 32:28). 이 무서운 체험을 통해 야곱은 하나님이 자신과 함께 동행하며 보호해 주고 계심을 강하게 확신한다. 그리고 그는 용기를 내어 형 에서를 만나러 떠난다.

야곱은 400명의 부하를 거느리고 오는 에서에게 담대히 나아가 몸을 일곱 번 땅에 굽혀 절한다. 진정으로 용서를 구하는 몸짓이었다. 그리고 형을 주라 칭하고 자신을 종이라 부른다(창 33:14). 그 순간 에서의 분노도 사라진다. 참으로 용서를 구하니 진정한 용서가 가능해진 것이다. 두 형제는 서로 목을 껴안고 입 맞추며 화해한다. 위기의 순간에 하나님의 도움으로 두 형제가 화해한다. 강한 자는 바르게 하시고 약한 자를 도우시는 야곱의 하나님은 또한 속인 자를 속게 하심으로 자신의 잘못을 진정으로 뉘우치고 용서를 구하여 형제간의 갈등을 화해시키는 화해의 하나님이시다.

다윗과 솔로몬의 왕정체제하에서 크고 작은 정치적, 사회적 갈등과 경쟁을 체험한 유대인들은 이 이야기를 통해 형제간의 갈등의 근원적 해결은 다툼이나 전쟁이 아니라 하나님의 은혜 안에서의 먼저 용서를 구하는 화해를 통해 가능하다는 것을 보여 주고 있다.

04

요셉과 동행하시는
하나님

야곱은 12아들을 두었지만 그중에서 사랑하는 라헬 사이에 태어난 요셉을 끔찍이 사랑하여 고운 옷을 입히고 곁에 두었다. 요셉은 아버지와 어머니의 감동적인 사랑의 이야기를 듣고 자랐을 것이다. 아버지 야곱이 어머니 라헬을 아내로 맞이하기 위해 14년간 머슴살이를 즐거운 마음으로 참고 견디었다는 것, 그리고 그 사랑의 결실로 자신이 태어났다는 것을 들었을 것이다.

요셉은 부모님이 자랑스러웠고, 자신도 너무 자랑스러웠다. 그리고 반드시 부모님의 사랑에 보답하는 큰 인물이 되리라 마음먹었다. 위대한 사랑은 위대한 사람을 낳기 마련이다.

그래서 그런지 요셉은 꿈이 많은 아이였다. 이 꿈은 하나님이 주신 예언적인 능력으로 이해된다. 요셉은 17세가 되었을 때 이상한 꿈을 꾸었다. 형제들과 함께 밭에서 곡식 단을 묶는데 형들의 단이 자기의 단에 절을 하는 꿈이었다. 그리고 얼마 후에는 해와 달과 열한 별이 자기에게 절하는 꿈을 꾼다. 이 꿈 이야기를 했다가 요셉은 형들의 미움을 받게 된다.

그 꿈이 어찌되나 보자

형들이 세겜에서 양떼를 돌보고 있을 때, 요셉은 형들의 안부를 알아보고 오라는 아버지 야곱의 심부름으로 형들을 찾아 나선다. 멀리서 요셉이 오는 것을 보고 배다른 형들은 아버지의 사랑을 독차지하고 허황된 꿈을 자랑하는 요셉을 죽여 구덩이에 던지자고 의논한다.[24]

> "저 녀석을 죽여 아무 구덩이에나 처넣고는 들짐승이 잡아먹었다고 하자. 그리고 그 꿈이 어떻게 되어 가는가 보자."(창 37:20, 공동번역)

요셉을 죽이는 것으로 그 꿈을 이루지 못하게 하려고 한 것이었다. 그러나 장남인 르우벤은 죽이지는 말고 구덩이에 던져서 혼을 내주자고 설득한다. 그때 마침 미디안 족속의 대상들이 지나가는 것을 보고 유다가 요셉도 골육 중에 하나이니 죽이지는 말고 상인에게 팔자고 제안한다. 요셉은 그의 꿈 때문에 죽을 뻔하였지만, 그 꿈을 이루기 위해서 하나님을 그를 살려 주신 것이다. 그리하여 천신만고 끝에 그 꿈이 이루지게 하신다는 것을 한 폭 그림처럼 묘사하고 있는 것이다.

노예로 팔려 가도 그 꿈은 꾼다

요셉은 졸지에 은 20냥에 노예로 팔려 가게 된다.[25] 형들은 꾀를 내요셉의 옷을 취하여 염소의 피를 적시고 그것을 아버지에게 가져가서 들짐승에게 물려 죽은 것으로 보고한다. 야곱은 오랫동안 슬퍼하였다.

요셉은 미디안 상인들에 의해 이집트로 끌려가 바로의 신하 시위대장

---

24) G. von Rad(1981), 398. 병 모양의 구덩이는 여름을 대비하여 겨울비를 모아 두는 곳이다.
25) 장성한 남자 노예의 몸값이다(레 27:1).

보디발의 노예로 팔려 간다. 그는 하나님이 주신 큰 꿈이 있었고, 그 꿈이 마침내 이루어지리라는 확신을 했기 때문에 매사에 신실하였다. 비록 노예로 팔려 왔으나 노예로서 주어진 일에 최선을 다하였다. 아버지 야곱이 20년 동안 도망자로서 고생하는 동안 함께하신 하나님이 요셉과도 함께하여 범사를 형통하게 하여 주었다(창 39:2-3). 그리하여 요셉은 노예로 팔려 온 지 10년 만에 주인의 신임을 얻어 그 모든 소유를 관리하는 총무가 되었다.

그런데 주인 마님이 문제였다. 용모가 준수하고 충성스러운 이국의 젊은이에게 매료되어 날마다 동침을 요구하며 끈질기게 유혹하였다. 요셉은 이를 거절하며 정색하고 "내가 어찌 이 큰 악을 행하여 하나님께 득죄하리이까!"(창 39:9) 하고 호소하였다. 그러나 그녀는 막무가내였다. 하루는 업무차 내실로 들어갔다가 집안에 아무도 없는 때를 이용하여 안주인이 요셉의 옷을 잡고 동침을 요구하며 늘어진 것이다.

요셉이 그의 옷을 벗어 버리고 도망가자 그녀는 한을 품고 자신의 옷을 찢고 소리쳤다. 사람들이 몰려오자 요셉의 옷과 자신의 옷을 보이며 요셉이 자신을 겁탈하려고 하였노라 모함하였다. 아내로부터 이 사실을 전해 들은 주인은 대노하여 요셉을 옥에 가두었다.

노예로 팔려 와서 최선을 다하였는데 이제는 억울하게 감옥살이를 하는 신세가 된 것이다. 하나님이 함께하는 길이 늘 형통한 길만은 아니었다. 요셉은 역경과 환란, 좌절과 고난 속에서 하나님에 대한 믿음을 잃지 않는 것을 통해서 하나님이 함께하시는 것을 보다 분명히 체험하게 되는 것이다.

시위대장의 감옥에는 여러 죄수들이 있었다. 이집트 왕에게는 술을 맡은 관원장과 떡을 맡은 관원장이 함께 있었다. 그들이 각각 이상한 꿈을 꾸고 근심할 때에 요셉이 그 꿈을 해몽하여 주었다. 결국 술 맡은 관원장은 요셉의 해몽대로 풀려나서 복직이 되었다. 그리고 세월이 흘러 3년이 지났다.

바로가 불길한 꿈을 꾸고 큰 근심에 빠지나 아무도 그 꿈을 해몽하지 못한다. 마침 그때에 술 관원장이 자신의 꿈을 신통하게 해몽한 요셉을 기억하고 그를 왕에게 천거한다. 바로의 꿈은 '일곱 마리의 아름답고 살찐 암소가 일곱 마리의 파리하고 야윈 암소를 잡아먹는 꿈'이었다. 요셉은 7년 풍년 후에 7년 흉년이 있을 꿈이라 해몽하고 지혜로운 관리를 세워 기근에 대비할 것을 권한다.[26] 바로와 신하들은 요셉의 지혜에 탄복하여 요셉을 총리로 임명하고 식량 관리의 전권을 부여한다.

마침내 그 꿈을 이루다

7년 풍년이 지나가고 흉년이 시작되었다. 그 흉년은 가나안에 거주하는 야곱의 가족들에게도 심각한 식량난을 가져왔다. 야곱은 그의 아들들에게 이집트로 가서 식량을 구해 오도록 보낸다. 이집트에 도착한 그들은 식량 담당 총리 요셉에게 엎드려 절하며 식량을 구할 수 있게 해달라고 청한다. 형들의 볏단이 자기의 볏단에 절을 한 요셉의 꿈이 20년 만에 그대로 이루어진 것이다(창 42:6).

마침내 형제들은 이집트의 총리가 바로 자신들이 노예로 팔아 버린 동생 요셉인 것을 알게 된다. 형들은 요셉을 시기하여 팔아 버린 과거의 잘못을 뉘우치면서 요셉의 보복을 두려워한다. 그러나 요셉은 이렇게 말한다.

"당신들이 나를 이곳에 팔았으므로 근심하지 마소서.

---

26) 성서와함께(1988), 320. 7년 가뭄은 고대 근동의 여러 문서에서 찾아 볼 수 있다. 7년 풍년과 7년 흉년은 극히 드물기는 하지만 전혀 불가능한 일은 아니었다.

한탄하지 마소서.

하나님이 생명을 구원하시려고 나를 당신들 앞서 보내셨나이다. …

하나님이 큰 구원으로 당신들의 생명을 보존하고

당신들의 후손을 세상에 두시려고

나를 당신들 앞서 보내셨나니…."(창 45:5-7)

요셉은 자신이 이집트로 팔려 온 것은 하나님께서 그에게 보여 주신 꿈을 이루기 위한 방편이었다고 고백한다. 그래서 자신은 '팔려 온 것'(You sold me)이 아니고 '하나님의 보냄을 받은 것'(God sent me)이라고 한 것이다.

7년 흉년을 피하기 위하여 요셉은 아버지 야곱과 열한 명 형제, 그리고 온 식구를 이집트로 초청한다. 그리하여 야곱의 가족(70명)이 이집트로 이주한다. 야곱은 이집트에서 죽고 이집트식으로 장례를 치르게 된다. 야곱이 죽자 요셉의 형들은 이젠 아버지가 죽었으니 요셉이 보복할지도 모른다고 두려워한다. 요셉은 다시 한 번 형들을 안심시킨다.

"당신들은 나를 해하려 하였으나 하나님은 그것을 선으로 바꾸사

오늘과 같이 만민의 생명을 구원하게 하시려 하셨나니

당신들은 두려워 마소서."(창 50:20-21)

인간은 소망 가운데서 악에게 지지 않고, 악을 악으로 갚지도 않고 마침내 선으로 악을 이긴다(롬 12:17, 21). 그러나 하나님만이 악을 선으로 바꿀 수 있는 분이심을 고백한다. 마침내 꿈을 이루고 소망의 가운데서 최후의 승리를 이루는 신앙의 전향적인 자세를 보여 준 것이다.

7년 가뭄의 이야기는 이집트 톨레미 시대의 엘레판타 비문, 우가릿

사본, 길가메쉬 서사시 등에도 등장한다. '지혜로운 자의 꿈의 해석과 그의 성공'에 관한 이런 유의 이야기도 흔히 발견된다.27)

그러나 요셉의 이야기는 다르다. 세속적인 지혜의 유익을 교훈한 것이 아니다. 개인사의 배후에서도 만민의 구원을 위하여 악을 선으로 바꾸시며 역사하시는 하나님의 뜻을 따르는 순종의 삶과 인간의 죄스러운 행위에도 불구하고 하나님께서 구원의 섭리를 베푸신다는 사실을 보여준다.28)

> "사람이 마음으로 자기의 길을 계획할지라도
> 그 걸음을 인도하는 자는 여호와시니라."(잠 16:9)

> "사람의 걸음은 여호와께로서 말미암나니
> 사람이 어찌 자기의 길을 알 수 있으랴."(잠 20:24)

---

27) 성서와함께(1993), 『어서 가거라』, 320-321.
28) G. von Rad(1981), 494.

05

성막과 함께 이동하시는
조상들의 하나님

1) 조상들의 하나님

모세에게 하나님은 자신을 "너희 조상의 하나님 여호와 곧 아브라함의 하나님, 이삭의 하나님, 야곱의 하나님께서 나를 너희에게 보내셨다 하라 이는 나의 영원한 이름이요 대대로 기억할 나의 칭호니라"(출 3:15)고 계시하신다. 야곱은 "내 조부 아브라함의 하나님, 내 아버지 이삭의 하나님 여호와"(창 32:9)라고 하였으며, '내·네·우리 아버지의 하나님'(창 31:5, 42, 29; 49:25; 50:17)이라는 표현도 여러 번 사용하였다.[29] 이를 집약하여 '조상들의 하나님'이란 용어 자체도 구약에 57회 나타나는데 모두가 창세기에 나타나는 족장들과 연계된다.

(1) 파스칼은 "아브라함의 하나님, 이삭의 하나님, 야곱의 하나님은 철학자들이나 학자들의 하나님이 아니시다"[30]라고 하였다. 성서의 하

---

[29] 강사문(1999), 『구약의 하나님』(서울: 한국성서학연구소), 15. 조상의 하나님은 때로는 영원하신 하나님(창 21:33), 지극히 높으신 하나님(창 14:8), 감찰하시는 하나님(창 16:13), 계약의 하나님(삿 9:46)으로 불린다.

[30] Pascal(1996), 『팡세』(서울: 서울대학교출판부), 609.

나님은 철학적 사변을 통해 인식한 추상적인 신이 아님을 밝힌 것이다. 플라톤과 아리스토텔레스, 칸트와 헤겔의 형이상학적·사변적 체계 속에 추론된 전지전능하고 영원불변하고 무소부재하신 신이 아니라는 의미이다.

아브라함과 이삭과 야곱의 우여곡절 많은 구체적인 삶 속에서 그들의 개인적인 삶을 인도하시며 그들과 동행하시는 조상들의 하나님이시다. 그들을 사랑하사 택하시고, 고난과 역경 가운데서도 소망과 위로로 함께 하시며, 시련과 좌절 가운데서도 믿음을 지키며 하나님의 뜻을 따르게 하시는 그런 하나님이다. 따라서 이들의 삶을 통해 믿음과 소망과 사랑의 구체적인 실천을 보게 된다. 이처럼 조상들의 하나님은 추론의 대상이 아니라 신앙생활의 동행자인 것이다. 그리고 이스라엘의 선조들은 하나님의 부름에 응해 하나님이 때가 오면 주시겠다는 약속의 땅을 향해 미지의 불확실한 세계로 순례하는 방랑자요 모험가였다.

조상들의 하나님은 조상들과 함께하시는 하나님이다. 이는 하나님이 어떤 장소와 결합된 것이 아니라 인간 무리와 연합되어 있다는 것을 의미했다. 하나님은 인간이 어디에 있든지 상관없이 어디서나 그들 가까이 있을 수 있다. 심지어 디아스포라 유대인들은 야웨가 이국땅에 있는 그들과도 함께 있다고 위로받을 수 있었다.[31]

(2) 1929년 알트A. Alt는 '조상의 하나님Der Gott der Vater'이란 용어는 여호와 하나님의 이름 아래 형성된 모세 이후의 시대와 대조들 이루는 모세 전 족장시대에 있었던 이스라엘의 종교유형을 나타내는 어휘로 규정했다.[32]

제1장에서 "이름이 야웨 엘로힘이신 하나님"에서 살펴본 것처럼 마틴

---

31) Rainer Albertz(2006), 『포로시대의 이스라엘』(서울: 크리스챤다이제스트), 351.
32) 강사문(1999), 14-15.

부버는 야웨 신명의 의미를 모세의 질문에 대한 답변으로 "정말로 내가 너와 함께 있을 것이다"라고 한 동행의 약속(출 3:12, 4:12, 15, 6:7, 33:19)과 관련시켜 출애굽기 3장 13장 "나는 스스로 있는 자"(אֶהְיֶה אֲשֶׁר אֶהְיֶה)라는 구절에 등장하는 '에흐예'(אֶהְיֶה)를 하야hayah 동사를 미래시제로 해석하여 "내가 너와 함께 일을 것이다"(I will be with You)로 번역하였다.33) 폰 라트 역시 야웨의 일차적 의미는 "내가 너희와 함께 하리라"(출 3:12 3:7; 삿 6:12)라고 하였다.34) 고스츠G. W. Gosts는 '에흐예'를 "내가 정녕 너와 함께 있으리라"(출 3:12, אֶהְיֶה עִמָּךְ)는 동행 약속 및 "내가 네 입과 그의 입에 함께 있어 너의 행할 일을 가르치리라"(출 4:15)고 하신 도움의 약속과 연결하여 '함께 있을 자'로 번역할 것을 제안하고, 약속의 보증자요 동행자로 해석하였다.35) 존재하시는 그가 함께하시고 도우신다는 것이다.

이처럼 전후 문맥을 보면 동행하시는 하나님이 야웨는 "조상들의 하나님 아브라함의 하나님 이삭의 하나님, 야곱의 하나님"(출 3:16)과 동일한 분이라는 사실을 명시한다. 바로에게로 가라는 명령을 받은 모세의 불안을 간파한 야웨 하나님은 조상들과 함께하였듯이 모세와 함께 동행할 것을 약속하신 것이다. 이런 의미에서 '하나님이 우리와 함께'라는 뜻의 '임마누엘'(עִמָּנוּ אֵל, 사 7:14)이라는 고유명사를 연상할 수 있다. 임마누엘은 '에이예 임카'(אֶהְיֶה עִמָּךְ)의 순서를 뒤집어 표현한 것이다.36) 이는 수태고지에서 태어날 예수의 이름으로 지칭되었고(마 1:23), 지상명령에서는 예수는 세상 끝 날까지 그의 제자들과 언제나 함께할 것이라고 약속한 것에 상응(마 28:20)한다.37) 따라서 이스라엘 백성은 가까이 계시는

33) M. Buber(1968), *Moses*(London: East & West Library), 51-55.
34) G. von Rad, *Old Testament Theology* I. 180.
35) 성서와함께(1993), 98.
36) 조철수(2000), 『메소포타미아와 히브리 신화』(서울: 길), 255.

하나님의 전향적 신관을 다음과 같이 고백하였다.

> "우리 하느님 야훼께서는 우리가 부를 때마다
> 가까이 계셔 주시는 분이시다.
> 그처럼 가까이 계셔 주시는 신을 모신
> 위대한 민족이 어디 또 있겠느냐?"(신 4:7)

(3) 고대 이스라엘 안에서도 '정체성의 중심 내용들'에 해당하는 두 가지가 발견된다. 그 하나는 가족(가족으로부터 분리된 개인 같은 것은 아직 없다)이고 다른 하나는 백성(사회 전체)이다.[38] 가족 구성원들이 섬기는 하나님은 아버지나 조상의 하나님으로 간주된다. 이는 국가 이전 시기의 가족 종교에서 사용하던 전형적인 표현으로 간주될 수 있다.[39] 일반적으로 초기 이스라엘의 가족 종교는 아직 거룩한 장소와 거룩한 시간 및 거룩한 것들의 제도적이고 간접적인 중재에 매여 있지 않았다.[40] 오히려 하나님의 직접적인 동행과 인격적 교제가 더 중요하게 취급되었다. 하나님은 어떤 한 개인에게 매우 가까이 있거나 그의 여행길에 동행하는 분으로, 그리고 위험한 때에 그의 곁에 계시고 또 그가 하는 일들을 형통하게 하시는 분으로 경험된다. 그의 가까이 계심은 항상 있는 것이거나 아니면 무조건적으로 약속되는 것이다(창 26:3; 28:15; 31:3).[41]

(4) 이와는 대조적으로 이를테면 바벨론의 신들은 특정 도시들이나 수메르와 아카드 땅과 관련된다. 아카드어에는 '백성'을 가리키는 낱말

---

37) Ralph L. Smith(1993), 『구약신학』(서울: 크리스챤다이제스트), 137.
38) Albertz Rainer(2003), 『이스라엘종교사 1』(서울: 크리스챤다이제스트), 49
39) Albertz Rainer(2003), 66-68.
40) Albertz Rainer(2003), 89.
41) Albertz Rainer(2003), 79-80.

이 없다. 바벨론 사람들은 단지 땅, 신전을 가진 도시, 왕정이라는 정치 제도 등을 통해서만 신들과 관계를 맺는다. 정치적인 차원에서 본다면, 신들과 왕 사이의 관계만이 인격적인 차원을 가지고 있었다. 신들과 땅 사이의 관계는 객관적인 차원에 속한다. 신들은 땅의 소유자들이며, 땅에 대한 통치권을 왕에게 위임하고 또 신적이고 왕적인 재판기관을 통하여 자기들의 결정을 실천에 옮김으로써 땅의 질서를 지킨다. 이스라엘 종교의 특수한 초기 상황들에 비추어 볼 때, 야웨는 땅의 소유자이기 전에 먼저 대규모 집단의 하나님이었다. '히브리인들의 하나님'이나 '이스라엘의 하나님'은 이런 배경에서 이해된다.[42]

구약성경에는 '아브라함의 하나님, 이삭의 하나님, 야곱의 하나님'이라는 표현이 여러 번 등장하며, 후대에 가서 '조상들의 하나님'(출 3:6, 15, 행 3:13, 7:32, 24:14)이라는 칭호로 통합되었다. 이런 배경에서 보면 '조상들의 하나님' 역시 신관의 전향적인 의미를 담고 있다.

초기 이스라엘 계약공동체는 광야 40년과 사사시대 200여 년 동안 이동식 천막인 성막(מִשְׁכָּן)을 가장 중요한 종교적 상징으로 삼아 왔다. 하나님은 광야에서 성막과 부속기물에 대하여 상세히 그 모형을 알려 주어 짓게 하였다(출 25:9-27:21, 30:1-10, 30:17-21). 성막은 바깥 울(45×22.5m)과 가운데 성막(12.5×4.5m)으로 구성되어 있다. 바깥마당에는 번제를 위한 제단과 물을 담아 두는 물두멍이 있었고, 안쪽 가운데에 위치한 성막은 가운데 휘장으로 성소와 지성소로 구분하였다. 성소는 지성소보다 배나 큰 규모로서 좌우에 등잔대와 제상이 있고 지성소 입구에 분향단이 위치하였다. 휘장 안의 지성소에는 법궤를 안치하였다(출 16:31-34, 민 17:10).

---

42) Albertz Rainer(2003), 139.

2) 성막과 함께 이동하시는 하나님

벨하우젠은 성막의 역사성에 문제를 제기하였지만, 폰 라드는 성막이나 법궤의 전승은 모두 고대의 것이라고 하였다.[43] 성막의 구조에 대해 필로Philo는 우주의 모형이라 하였고, 개신교 정통주의자 코케이우스Cocceius는 교회의 신비를 표상하는 것이라 하였다. 그러나 구약성서의 성막은 그 이상의 전향적인 의미를 지닌다.

(1) 우선 구약성서(개역개정판)에는 성막Tabernacle이라는 표현이 96번 등장하며 회막Tent of Meeting(אֹהֶל מוֹעֵד)이라는 표현이 145회 등장한다. 출애굽기에 나오는 말씀을 살펴보면 성막Holy Tent이라는 용어는 그 크기와 외형과 비품이 일반적인 장막Tent와 구별되는 점을 묘사할 때 주로 사용하고, 회막이라는 용어는 제의나 그 종교적 성격과 관련하여 그 기능과 의미를 표현할 때는 사용하였다. 그리고 회막이라는 용어는 이곳이 하나님이 거처가 아니라 하나님을 '만나는 곳'이라는 의미를 더 강조하기 위한 표현이다. 따라서 회막은 이스라엘 백성들이 하나님 앞에 함께 모이는 집회 자리요, 야웨의 말씀이 전해지는 자리며, 계약의 정신을 회상하고 재다짐하는 자리였다.

(2) 고대의 성소는 신들이 머무는 거처로 이해되었다. 이스라엘에서는 이런 생각은 날카롭게 비판되었다. 하나님은 성막 안에 살지 않고 "이스라엘 백성들 가운데 머무르신다"(출 25:8, 29:45-46)고 하였다. 여기서 머무신다는 뜻의 '거주'(שָׁכַן)라는 히브리어는 지상의 어느 한 장소에 머물러 있는 '정주'(יָשַׁב)의 뜻이 아니라고 폰 라드가 밝힌 바 있다. 따라서 "야웨의 성막 거주는 후일 솔로몬의 성전 거주와 같은 그런 '거주의 개념'

---

43) 김이곤(1989), "성막에 관한 지시와 그 시행에 나타나는 사제신학", 「기독교사상」 2월호, 232.

이 아니라, 야웨와 그의 백성이 만나고 함께 걷는 회합과 동행의 자리를 가리킨다"(레 26:12)[44]라고 하였다.

훗날 성전이 세워졌을 때에도 하나님께서는 '거룩한 장소'로서의 성전을 택한 것이 아니라 '거룩한 백성인 이스라엘'을 택한 것이라는 사실이 재천명된다. 성전과 거룩 백성 사이의 관계를 새롭게 설정한 결정적인 기록을 마카비 하서에서 찾아볼 수 있다.

> "그러나 주님께서는 성소를 유지하기 위해
> 백성을 택하신 것이 아니라
> 백성의 복리를 위해 성소를 택했던 것이다."(마카베오 하 5:19, 공동번역)

(3) 따라서 성막이라 불리든 회막이라 불리든 그것이 '이동 성소pot-able sanctuary'라는 점이 중요하다. 야웨종교에서는 성막은 한 곳에 고정되어 있지 않고 이스라엘 백성들이 옮겨 감에 따라 세겜, 베델, 여리고를 거쳐 실로의 성소에 머물렀던 것을 알 수 있다(수 8:30, 삿 21:19, 삼상 3:3).

그래서 계약공동체가 가나안에 정착한 후, 사무엘 시대에 블레셋 군대의 침략으로 실로에 있던 법궤가 빼앗기는 위기를 겪음으로써 군주제의 도입을 자극하였다. 사울에 이어 왕이 된 다윗은 예루살렘에 자신의 궁성을 짓고 법궤를 그곳으로 옮겨 왔다. 그리고 법궤를 안치할 성전 건축을 계획하였으나 하나님은 성전 건축을 저지하였다.[45] "나의 거할 집

---

44) 김이곤(1989), 234.
45) Albertz Rainer(2003), 125. 법궤(아론)는 아마도 본래 제의용품이 아니라 하나님의 전시(戰時) 임재를 보증하는 일종의 안내 표지 내지는 군기였을 것이다(민 10:35ff., 14:44, 참조 삼상 4:3ff., 삼하 11:11, 15:24ff.). 그것은 자신의 보관처인 실로 성소에서 처음으로 제의용품으로 사용되었으며, 나중에는 예루살렘 성전으로 옮겨져서 같은 용도로 사용되었다. 예루살렘 성전에서 그것은 지성소에 있는 하나님 보좌의 한 부분으로 여겨졌다(삼하 6장, 왕상 8:6ff., 시 99:5, 132:7). 그러다가 신명기 신학자

을 건축하지 말라"(대상 17:4)고 한 것이다.

> "내가 이스라엘을 애굽에서 올라오게 한 날부터 오늘까지
> 집에 있지 아니하고 오직 이 장막과 저 장막에 있으며
> 이 성막과 저 성막에 있었나니…."(대상 17:5)

다윗이 포기한 성전 건축을 솔로몬이 성막의 구조에 따라 지은 다음 봉헌하면서도 그가 지은 성전이 하나님을 모시는 곳이 아님을 이렇게 고백하였다.

> "저 하늘, 저 꼭대기 하늘도 주를 모시지 못할 터인데
> 소인이 지은 이 전이야말로 말해 무엇하겠습니까?"(왕상 8:27, 공동번역)

이러한 말씀을 기록한 것은 계약공동체는 성전 건축으로 인해 조상들과 동행하신 이동신移動神이신 하나님에 대한 신앙의 전통이 흐려질 것을 우려하였기 때문일 것이다.

(4) 폴 헨슨P. Hanson에 의하면 수메르 왕의 목록을 보면 거룩한 제의의 장소가 이동됨에 따라 왕위가 바뀌었다고 한다. 성소를 중심으로 한 정태적 형식을 중요시하여 성소를 갖고 있는 도시국가야 말로 신의 선택의 대상이었다. 그러나 성서에는 신의 선택이 장소 중심으로 이루어지지 않고 인간 집단을 중심으로 일어난다. 아브라함 이후의 족장들의 계보와 그들의 역사는 신화적, 정태적 정통주의에 맞선 혁명적 대안이었다. 구약성서에 유독 조상들의 계보가 많은 것도 이런 까닭이다.

들은 법궤에 계약문서인 십계명의 보관함이라는 새로운 기능을 부여하였다. 신명기 10:1-5에서 법궤가 '언약궤'로 불리는 것은 바로 이 때문이다.

공간 대신에 시간이 새롭게 강조되었다. "신의 존재가 고정된 제의 구조 틀 안에서 출현한 것이 아니라 변화하는 역사적 사건 안에 출현했기 때문이다."[46] 이는 신앙인들로 하여금 역사의 사건들 안에서 용감하고 정의롭게 살아가야 한다는 도전인 것이다.

(5) 이스라엘 백성이 가나안 땅에 정착하였을 때 그곳의 부족들은 성전 중심의 제사종교를 형성하고 있었다. 가나안 원주민의 종교 상황을 보여 주는 서기전 13세기의 기록으로 알려진 시리아 북쪽 해안의 고대 도시에 발굴된 우가릿 문서에는 바알 신이 얌을 격퇴하고 승리한 뒤에도 바알 신의 신전이 없으므로 신전을 지어 줄 것을 엘과 아세라 신에게 간청하는 장면이 나온다.

> "바알 신은 다른 신들과 같은 신전이 없습니다.
> 아세라의 자녀들이 살고 있는 궁전 같은 것이 없습니다.
> 엘 신의 집은 그 아들들의 안식처요.
> 아세라 신의 집은 그녀의 남편의 안식처요.
> 나는 아세라의 종의 신분 같으니
> 다른 신과 같은 집을 지어 주십시오.
> 아세라의 자녀들이 살고 있는 궁전 같은 것을 지어 주세요."[47]

신들이 거할 집을 해결한 다음에는 신을 모시고 시종을 드는 자가 요청되었으니, 이 기능을 수행하는 자가 곧 사제들이다. 그래서 사제들은 신이 먹을 떡과 마실 술과 물을 준비해야 한다(삼상 21:7). 또한 떡과 술을 담을 제사 도구도 마련해야 한다. 서기전 25~24세기 이집트 문헌에서

---

46) P. D. Hanson(1986), 『성서의 갈등구조』(서울: 한국신학연구소), 40.
47) *ANETS*, 133.

사제들이 신들을 위해 떡과 술을 준비하고 있는 장면을 묘사한 사례를 흔히 볼 수 있다.48)

아카디안 문서에서는 사제가 매일 아침과 저녁에 아누Anu 신에게 식사를 제공하였다고 기록하고 있다. 사제는 금으로 된 그릇에 아침 식사를 준비한다. 18개의 금 그릇 중에 7개는 신의 오른쪽에 차려 놓고, 7개는 왼쪽에 차려 놓고, 나머지 4개의 금잔에는 포도주를 차려 놓는다. 이런 식사가 아침에 두 번, 저녁에 두 번씩 행해졌다. 이처럼 신도 인간과 같이 먹고 마심으로 생명을 유지할 수 있다고 믿었으니, 제사를 신의 식물食物로 여기는 제사종교의 원시적인 신앙이 고스란히 드러난다.49)

(6) 그러나 신명기 신학에 의하면 성전은 '하나님이 거하시는 장소'가 아니라 "하나님의 이름이 거하시는 곳"(삼상 7:5, 7)이다.50) 성전이란 "그의 이름이 불러지는 곳"(왕상 8:43)이라고 말함으로써, 성전의 기능을 바꾸어 놓았다. 이런 사상은 계속 전수되어 예레미야 7장이나 이사야 56장 7절에서도 성전은 하나님이 계시는 곳이 아니라 하나님은 하늘에 계시기 때문에 성전은 하늘에 계신 하나님께 기도하고 예배하는 곳으로 이해되었다. 그러므로 성전에서 야웨를 위한 식물食物인 제물을 바치는 일을 허탄하고 무의미한 일이 되고 마는 것이다. "헛된 제물을 가져 오지 말라"(사 1:13)는 취지의 이사야를 비롯한 무수한 예언자들의 경고는 이런 배경에서 이해되어야 한다.

따라서 성전은 '신에게 제물을 바치는 곳'이 아니라, '만민이 기도하는 집'으로 재인식되었음을 볼 수 있다.51) 이런 전향적이 성전관이 그대로

---

48) *ANETS*, 325: 강사문(1999), 『구약의 하나님』(서울: 한국성경학연구소), 40.
49) *ANETS*, 343: 강사문(1999), 40.
50) 이와 유사한 의미로 "그의 이름을 놓는다"(신 12:5, 21), "그의 이름이 거기에 있다"(왕상 8:16, 29), "하나님의 이름을 위해 봉헌된 곳"(왕상 9:7) 등의 표현이 있다.
51) 강사문(1999), 41-42.

전승되어 예수께서도 이러한 성전관을 피력하신 것이다(막 11:17).

(7) 이스라엘의 신앙이 고대 중동지방의 여러 신화나 종교와 다른 점은 '야웨가 하늘에 거한다'고 해서 하늘을 곧 신으로, 또는 신적인 것으로 곧장 여기지 않았다는 데에 있다. 구약성서 증언에 따르면 하나님이 거하시는 공간은 실로 다양하다(신 26:15, 시 2:4, 33:13, 103:19: cf. 창 3:8, 출 25:8, 신 33:2, 왕상 8:12, 암 1:2, 합 3:3 등). 그렇지만 본질적으로 야웨의 처소는 하늘에 있다(왕상 8: 12-53). 땅에 만들어 놓은 '거룩한 곳(성소)'이란 하늘 처소의 연장으로 간주된다. 그래서 예수께서도 "하늘에 계신 우리 아버지"라고 가르치신 것이다.

3) 하나님은 성전에 거하시는가?

다윗이 성전을 지으려고 했을 때 이를 거부한 목소리가 '반성전反聖殿 전승'(렘 7:4, 사 66:1)으로 기록되어 있다.

"가서 내 종 다윗에게 말하기를 여호와의 말씀이 너는 나의 거할 집을 건축하지 말라. 내가 이스라엘을 올라오게 한 날부터 오늘날까지 집에 거하지 아니하고 오직 이 장막과 저 장막에 있으며 이 성막과 저 성막에 있었나니…."(대상 17:4-5)

다윗의 뒤를 이어 왕이 된 솔로몬의 의해 예루살렘 성전이 건립되었다. 멘덴홀은 솔로몬의 성전이 헷 족속 건축양식의 금자탑이라고 비꼬며 성전의 의식 체계까지도 모두 가나안적인 기원을 가진 것이라고 하였으며, 폰 라트는 예루살렘 성전 건축 공사를 주도한 페니키아 사람들은 야웨가 누구인지도 모르는 사람들이었다는 사실을 지적한 바 있다.[52] 브루지만Brueggemann 역시 솔로몬의 성전은 "이스라엘 가나안화의 정수"라고 단정하고, 솔로몬이 하나님에게 예루살렘 성전에 거할 수 있는 '영주권'을 부여하여 국가 행사가 있을 때마다 신을 호출시켰다고 본다. 그러므로 왕이 종교를 '독점'하게 된 것이다. 브루지만은 솔로몬이 성전을 건축한 것은 가나안 봉건국가처럼 제의를 중앙집중화하여 백성들을 효과적으로 통제하기 위한 사회적인 이데올로기로 유용했기 때문이라고 분석하고 있다.

중앙성전은 야웨가 임재하시는 곳으로서 다윗 왕가가 중앙집권적 통치를 강화해 나가는 이데올로기적 정당성을 부여했고, 나아가 종교적 정통성을 들어 북이스라엘을 이방異邦시하는 분단구조를 심화하였다. 이러한 성전 중심주의는 야웨신앙의 근본적인 구도가 되는 정치 경제적 평등주의를 배제하고 야웨신앙을 일개 제사종교로 전락시켰다. 야웨는 땅에 매여 그 땅의 소유주에게 축복을 내려주는 신으로 변질하고 말았다.

성전이 건축된 이후 백성들은 왕들의 선전에 동화되어 예루살렘 성전을 '하느님의 유일한 성전The Temple of the Lord'이라고 만족하며 반복해서 외쳐대었고, 그 대신 그들의 전통적 신앙이었던 정의, 자비, 의에 대한 하나님의 명령은 쉽게 잊고 말았다.

제의를 중앙집중화하려 했던 솔로몬의 의도는 그대로 실현되어 12지파 동맹을 통해 각 지파에 흩어져서 야웨종교를 전승하여 온 레위 지파는 마침에 그들의 지위와 일자리를 잃게 되고, 고아와 과부와 이방인과 같은 신세가 되고 만 것이다. 제의의 기능이 중앙집권 체제의 국가로 넘어가게 되어 12지파 동맹의 초기 이스라엘 해방공동체의 전승과의 단절을 초래하게 되었다. 여기에 바로 야웨종교의 위기가 닥친 것이다.[53]

---

52) 장일선(1983), 『구약전승의 맥락』(서울: 대한기독교출판사), 84.
53) 장일선(1983), 85.

유다 말기의 예언자인 예레미야도 예루살렘 성전 문에서 저 유명한 성전 설교를 하게 된다. 그는 성전 중심의 제사종교가 초래한 위기를 낱낱이 고발한다.

> "너는 야웨의 성전 대문에 가 서서,
> '야웨께 예배하러 이 문으로 들어오는 유다 사람은
> 모두 야웨의 말씀을 들어라.' 하고 이렇게 큰소리로 일러주어라.
> '나 만군의 야웨가 이스라엘의 하느님으로서 말한다.
> 너희는 생활 태도를 고쳐라. 그래야 나는 너희를 여기에서 살게 하리라.
> 이것은 야웨의 성전이다, 야웨의 성전이다, 야웨의 성전이다.' 한다마는
> 그런 빈말을 믿어 안심하지 말고
> 너희의 생활 태도를 깨끗이 고쳐라.
> 너희 사이에 억울한 일이 없도록 하여라.
> 유랑인과 고아와 과부를 억누르지 마라.
> 이곳에서 죄 없는 사람을 죽여 피를 흘리지 마라.
> 다른 신을 따라가 재앙을 불러들이지 마라.
> 그래야 한 옛날에 너희 조상에게 길이 살라고 준
> 이 땅에서 너희를 살게 하리라."(렘 7:1-4)

결국 예레미야는 이 성전 설교로 말미암아 조정朝廷의 미움을 사고 투옥된다. 이 밖에도 많은 예언자들이 이러한 성전의 기능에 대해서 호되게 비판하였다(암 3:13, 4:4, 6:1이하; 사 1:11 등). 마침내 남북왕국 모두 성전 파괴와 함께 멸망하였고, 그들이 바벨론 포로생활을 겪게 된 것이다.

이런 전향적이 성전관이 그대로 전승되어 예수의 기도 속에서 하나님은 '하늘에 계신 분'(마 6:6)으로 이해되었다.

구약시대에 최초로 예루살렘 성전을 건축한 솔로몬이나, 신약시대에 그 성전을 여러 해에 걸쳐 크게 개축한 헤롯은 백성들의 신망을 받은 훌륭한 통치자가 아니었으며, 하나님의 말씀에 신실하게 순종한 믿음의 사람도 아니었다는 사실을 기억하여야 할 것이다. 오히려 하나님께 대한 불순종과 백성들의 원성을 무마하고, 백성의 환심을 사고 자신들의 불신앙을 겉으로 포장하기 위한 불순한 의도가 크게 작용하여 성전 건축에 열을 올렸던 것으로 볼 수 있다. 이 책 12장 4절의 솔로몬 왕의 치적과 『예수 그리스도 1』 제2장 1절의 헤롯왕의 역사[54]를 자세히 살펴보면 이러한 평가가 타당한 것이라 수긍하게 될 것이다.

---

54) 허호익(2010), 『예수 그리리스도 1』(서울: 동연).

06

고대 근동의 국지신과
야웨종교의 이동신

1) 고대 근동의 국지신 신관

고대 종교의 신들은 모두 특정 지역, 즉 그 신상을 모신 성소가 있는 장소와 특별한 관계를 맺는다는 국지신局地神 신관을 반영한다.[55]

초기 이집트는 '노메스'라는 42개의 행정구역으로 나뉘어 있었는데, 각 노메스마다 섬기는 신이 따로 있었다. 또 도시나 마을마다 대개 그 지역신을 모시는 신전이 있었기 때문에, 신들의 수는 시간이 지나면서 수천으로 불어났다.[56]

가나안의 경우도 신명조차 '벧엘의 엘', '티로의 바알'과 같이 특정 인물이 아니라 특정 장소와 관련되어 있다. 아라비아의 원시 셈족의 신들은 특정한 지역을 주재하고 있어서 이 지역에 들어오는 사람은 모두 이신을 숭배하지 않으면 안 되었다고 한다.

바벨론의 상급신들은 주요한 도시를 차지하고 그 도시를 대표한다.

---

55) P. D. Hanson(986), 32.
56) K. C. Davis(2005), 97.

수메르의 중요한 신들은 특정 도시의 주신主神다. 이 도시에는 주신들의 신상과 신전이 있었다. 왕이 제사장으로 봉사하였고, 남녀 제사장들이 신상과 성전을 관리하였다. 따라서 신들은 특정한 지역에서만 영향력을 발휘하는 국지신局地神의 한계를 벗어나지 못한다. 안An 신도 원래는 '우루크Uruk'의 주신主神이었지만, 아내이자 금성의 여신인 '인안나Inanna'에게 우루크를 맡기고 하늘로 올라가 버렸다.

만신전의 우두머리요 아눈나키의 수장이자, 모든 신들의 아버지요 운명을 결정하는 일곱 신 가운데 하나인 안은 '하늘'은 맡았다.[57] 아래의 도표처럼 수메르의 왕의 목록을 보면 거룩한 제의의 장소인 도시가 이동됨에 따라 왕위가 바뀌었다.[58] 이러한 수메르의 경우는 상급신들만이 그 위계에 따라 도시의 신이 될 수 있었다.

수메르 상급신들과 그들이 거주하는 도시

순위	신 명	도 시
1	안(하늘신)	하늘
2	엔릴(바람신)	니푸르
3	엔키(지혜신)	에리두
4	닌후르쌍(모신)	키쉬
5	난나(달신)	우르
6	우투(태양신)	씨파르
7	이난나(다산의 신)	우루크

---

57) 주원준(2012), 『구약성경과 신들: 고대 근동 신화와 고대 이스라엘의 영성』(서울: 한님성서연구소), 34-35.
58) P. Hanson(1986), 40.

이처럼 "신화들에서 땅 위에는 신전이나 신전의 연장으로서 신전을 간직한 도시가 특별히 성스러운 곳으로 인정되지만, 성경에서는 온 피조의 세계가 신성한 하나님의 나라이다."[59] 성서의 하나님은 우주의 삼라만상을 지으신 분이므로 어떤 특정 장소나 성전에 국한되지 않은 무소부재한 신으로 고백된다. 조상들의 하나님은 일정한 장소에서 찾을 수 없다. "너희가 나를 찾으면 살겠지만 그러나 벧엘, 길갈, 브엘세바에서 나를 찾지 말라"(암 5:4-5)고 하였다. 이 지역은 가나안 종교의 성소들이었기 때문이다. 본래 이스라엘의 야웨 하나님은 천지를 지으신 무소부재하신 분이므로 특정한 장소나 성전에만 거하시는 분이 아니다. 이동식 장막에 거하며 일정한 장소에 묶이지 않는 이동신移動神의 성격을 지니고 있다.

2) 조상들의 하나님과 이동신 신관

아브라함, 이삭, 야곱의 하나님 즉 조상들의 하나님은 특정한 장소를 택하지 않고 특수한 인물이나 집단을 택해 그들과 특수한 관계를 맺고 그들과 동행한다. 그들을 택하여 그들에게 구체적으로 갈 길을 제시하고 그 길을 쫓도록 인도하고 보호한다. 높임을 받은 하나님은 낮은 데에 있는 자들과 함께하신다(시 33:13ff, 113:5ff).[60]

"내가 너와 함께 있어 네가 어디로 가든지
너를 지키며 너를 이끌리라."(창 28:15)

---

59) John H. Steck(2000), 『구약신학』(서울: 솔로몬), 241.
60) W. H. Schmidt(1988), 『역사로 본 구약성서』(서울: 나눔사), 411.

"여호와께서 그들 앞에 행하사 낮에는 구름기둥으로
그들의 길을 인도하시고 밤에는 불기둥으로
그들에게 비취사 주야로 진행하게 하시니."(출 13:21)

고대 근동의 신들은 모두 특정 장소에 국한되어 있는 국지신局地神인
반면에 조상들의 하나님 여호와는 조상들의 삶과 밀접한 관계를 맺고 그
들과 동행하는 이동신移動神이다. 당시의 자연종교는 예외 없이 그들의
신상을 안치한 성전과 신상을 관리하는 제사장 중심의 중앙집권적 체계
를 가지고 있는 공간의 종교이며, 자연의 순환에 의존하거나 이를 통제함
으로 풍요와 다산을 기원하는 주술적 자연종교의 순환적인 역사관을 가
지고 있었다.

반면에 초기의 히브리 종교는 고정된 신전을 거부하였던 것이 분명하
다. 히브리의 하나님은 아브라함과 이삭, 야곱을 택하여 그들과 계약을
맺고 그들의 삶의 여정에 동행하신다. 하나님은 그들의 역사적 고난과
위기 가운데서도 하나님과의 계약의 뜻에 따라 사랑과 공의를 실천하여
새 역사를 창조하게 하신다.

이처럼 조상들의 하나님은 가나안 종교처럼 성전이라는 고정된 장소
에 매인 국지신이 아니라, 이스라엘 백성들의 이동식 장막과 함께 이곳저
곳으로 그들과 동행한 이동신이라는 사실을 밝히고 있다. 본래 이스라엘
의 야웨 하느님은 이동식 장막에 거하며 일정한 장소에 묶이지 않는 신이
었으므로 다윗의 성전 건축은 이스라엘 전통에 위배되는 것이었다.

당시의 자연종교의 국지신 신관과 야웨신앙의 이동신 신관을 비교해
보면 양자의 차별성을 엿볼 수 있다.

이동신관과 국지신관의 비교

이동신(移動神) 신관	국지신(局地神) 신관
고정된 신전과 제사장	계약의 말씀과 계약 파트너
성전 중심의 통제	말씀 중심의 자율
자연적 순환에의 의존	개인 및 공동체 역사의 섭리
공간 중심(순환적 역사관)	시간 중심(직선적 역사관)
주술을 통한 풍요와 다산 기원	고난을 통한 사랑과 공의 실천
자연의 신	역사의 하나님
초월과 내재의 현현의 신	앞서 가시는 희망의 하나님

앞에서 살펴본 '반성전 전승'과 이동신이라는 전향적 신관은 후기 유대교의 성전주의를 반대한 예수와 스데반을 통해 이어지고 있다. 예수는 성전을 특권과 착취와 통제의 수단으로 삼고 '강도의 소굴'로 만든 성전주의자들을 채찍으로 내몰았으며, 인간이 손으로 지은 성전은 "돌 위에 돌 하나도 남지 않고 무너지리라"(마 24:2)고 성전 멸망을 선언하였다.

예수께서 사마리아를 지나 예루살렘으로 가려 할 때에 목적지가 예루살렘이라는 말을 들은 사마리아 사람들이 예수를 거부함으로 예수께서는 그 지방을 돌아서 갈 수밖에 없었다(눅 9:51 이하). 또한 예수님과 사마리아 여인과의 대화는 성전을 중심한 뿌리 깊은 적대감이 주후 1세기까지도 계속되었음을 보여 준다.

> "우리 조상은 저 산에서 하느님께 예배드렸는데
> 선생님네들은 예배드릴 곳이 예루살렘에 있다고 합니다.
> 내 말을 믿어라. 사람들이 아버지께 예배를 드릴 때에

'이 산이다' 또는 '예루살렘이다' 하고

굳이 장소를 가리지 않아도 될 때가 올 것이다."(요 4:19 이하)

스데반은 예수의 죽음으로 성전 중심의 제사종교는 이제 의미가 없게 되었음을 선언하며 "지극히 높으신 이는 손으로 지은 곳에 계시지 아니하시나니"라고 설교(행 7:48-50)하다가 유대인들에 의해 투석형으로 순교하였다. 기독교가 성전 중심의 종교가 아님을 시사해 주는 대목이다. 신약성서의 '교회'라는 말의 희랍어 '에클레시아ecclesia'가 예배당이라는 장소의 개념이 아니라 '부름 받은 자들의 모임'이라는 '회중'의 뜻을 지닌 것도 이런 배경에서 이해되어야 한다.

요한과 바울은 하나님의 현존의 장소요 당신의 백성을 만나시는 공간이었던 성전은 이제 부활하신 예수 자신으로 인격화되었고(요 2:21, 골 2:9, 계 21:22), 나아가 성도들 개개인이 하나님께서 거하시는 거룩한 성전이 되었다(고전 6:15, 12:27)고 선언한다.

"여러분은 여러분이 하나님의 성전이요

하나님의 성령이 여러분 가운데 계시다는 것을 모르십니까? …

하나님의 성전은 거룩합니다.

여러분은 하나님의 성전입니다."(고전 3:16-17, 새번역)

3) 임마누엘 하나님의 동행과 선행

조상들의 하나님은 임마누엘 하나님이며 우리와 동행하시는 하나님이다. 옛 교의학에서는 창조 이후에도 임마누엘 하나님께서 계속해서 보존, 동행, 통치하신다고 가르쳐 왔다.61) 칼 바르트는 하나님의 동행은 하나님과 피조물의 공존이라는 의미의 '존재의 유비analogia entis'가 아니라, 하나님께서 이스라엘 백성으로 인도하시듯이 피조물의 삶을 인도하시고 역사役事하신다는 '역사의 유비analogia opererationis'라고 하였다. 이스라엘 백성들의 구원의 역사에 동행하시는 하나님이 바로 임마누엘의 하나님이다. 임마누엘 하나님의 역사적 동행concursus의 전후와 전 과정을 세 가지 방식으로 세분하여 설명하였다.[62]

첫째는 선행paracurrit이다. 조상들의 하나님은 이스라엘 백성이 길도 없는 광야를 방황할 때 하나님의 '밤에는 불기둥으로 낮에는 구름기둥'으로 그들을 인도하는 것 같이 우리 앞에서 '갈 바를 알지 못하는' 우리를 인도하신다.

둘째는 동반concurrit이다. 조상들이 하나님은 그 백성들이 어디를 가든지 함께 동반하신다. 하나님은 야곱(창 28:15)과 여호수아(수 1:9), 다윗(대상 17:8)을 비롯한 조상들에게 '네가 어딜 가든지 내가 너와 함께하겠다'고 약속하였다.

> "내가 너와 함께 있어 네가 어디로 가든지 너를 지키며
> 너를 이끌어 이 땅으로 돌아오게 할지라
> 내가 네게 허락한 것을 다 이루기까지
> 너를 떠나지 아니하리라 하신지라."(창 28:15)

셋째는 후행succursus이다. 하나님은 때로는 우리가 보이지 않는 곳에서 저 뒤에서 따라오시면서 우리의 가는 길을 멀리서 지켜보신다. 이

---

61) 피조물의 보존은 완성된 창조의 보존이지 계속되는 창조로 이해하지는 않았다.
62) Otto Weber(1976), 『칼 바르트의 교회교의학』(서울: 대한기독교출판사), 180-184.

러한 하나님의 동행에 대한 옛 교의학의 개념을 '조상들의 하나님'이라는 구약성서의 주제에 적용하면, 아브라함과 이삭과 야곱의 하나님은 이스라엘 백성들 앞에서 인도하시고 옆에서 동반하시고 뒤에서 후원하신다는 의미가 된다.

몰트만은 조상들과 동행하시는 하나님의 개념을 발전시켜 조상들을 택하여 그들에게 새로운 역사의 미래를 약속과 계시로 보여 주고 그들의 가는 길을 앞장서서 인도하시는 "우리 앞에 있는 신God before us", 즉 "희망의 하나님"이라는 독특한 성서적 신관을 주장하였다.[63]

고대 근동의 자연종교나 희랍종교의 신은 초월적인 존재가 특정한 장소에 내재한다는 현현의 신theos epiphanes이라는 신관을 가지고 있다. 그러나 성서의 하나님은 신의 존재에 대한 내재론과 초월론의 전통적인 논쟁을 비켜 간다. 초월적인 신이 특정한 공간에 내재한다는 초월과 내재 논쟁에서 몰트만은 제3의 입장을 취한다.

> "우리 위에 있는 신(God above us)에 대한 신앙과 우리 안에 있는 신(God in us)에 대한 신앙, 혹은 우리 사이에 있는 신(God between us)에 대한 논쟁에서 우리 앞에 있는 신(God before us), 희망의 신, 출애굽의 신이라는 제3의 입장이다."[64]

이는 초월과 내재의 공간적 관념에서 역사와 종말의 시간적 관념으로 신관의 중심이 이동한 것이다.

몰트만은 그의 『희망의 신학』에서 이스라엘의 종교는 유목적인 요소와 가나안의 농경적인 요소가 항상 서로 경쟁해 나가며 종합을 이룬다고

---

63) J. Moltmann(1967), *Theology of Hope*(New York: Happer & Row Press), 376.
64) J. Moltmann(1967), 376.

보고 있다. 그는 빅터 마아그Victor Maag의 글을 인용하며 "유목민의 종교는 약속의 종교다. 유목민은 파종과 추수의 윤회적인 회기 속에 살지 않고 이동하는 세계 속에서 산다. … 유목민의 신은 그들과 함께 여행을 한다"라고 하였다. 유목 전승은 미래를 향해서 움직여 나가는 것이고, 가나안의 농경 전승은 제자리에 머물러 앉는 것이라고 보았다.65)

---

65) 장일선(1990), 『구약신학의 주제』(서울: 대한기독교출판사), 66.

제9장

출애굽과 히브리 노예들의 하나님

"우리는 이집트에서 파라오의 종이었습니다."
(이스라엘의 초등학교 2학년 국어교과서 첫 줄)

01

노예들의 부르짖음을
들으시는 하나님

1) 노예로 전락한 이스라엘

폰 라드는 구약성서에서 '가장 오래된 역사적 신앙고백'은 이집트로 이주한 이스라엘 백성이 노예로 전락했을 때, 그들의 고통의 부르짖음을 들으시고 야웨 하나님께서 그들을 탈출시킨 출애굽 해방사건이라고 하였다.[1]

"내 조상은 떠돌아다니면서 사는 아람 사람으로서

몇 안 되는 사람을 거느리고 이집트로 내려가서,

거기에서 몸 붙여 살면서, 거기에서 번성하여,

크고 강대한 민족이 되었는데,

이집트 사람이 우리를 학대하며 괴롭게 하며,

---

[1] G. von Rad(1976), 『구약신학』 제1권(서울: 대한기독교출판사), 113. "신학자가 다룰 대상은 이스라엘이 야웨에 대하여 무엇을 고백했는가를 찾아보는 것이다. 신학자는 이스라엘이 야웨에 대하여 무엇을 고백했는가를 직접 다루어야 한다.

우리에게 강제노동을 시키므로,

우리가 주 우리 조상의 하나님께 살려 달라고 부르짖었더니,

주께서 우리의 울부짖음을 들으시고,

우리가 비참하게 사는 것과 고역에 시달리는 것과

억압에 짓눌려 있는 것을 보시고,

강한 손과 편 팔과 큰 위엄과 이적과 기사로,

우리를 이집트에서 인도하여 내시고,

주께서 우리를 이 곳으로 인도하셔서,

이 땅, 곧 젖과 꿀이 흐르는 땅을 우리에게 주셨습니다."

(신 26:5-9, 공동번역)

출애굽의 역사는 아브라함의 증손자인 요셉이 이집트로 팔려가 총리
대신이 되자 흉년을 피하여 그의 부모와 형제들이 다 이집트로 이주하여
정착한 데서 시작되었다(창 37-50장).[2] 세월이 흘러 400년(출 12:40) 또
는 430년(창 15:30)이 지나자 "요셉의 사적을 모르는 왕들"이 등장하여
"이스라엘 자손을 부리는 공사 감독관을 두어서, 강제노동으로 그들을
억압하였다. 이스라엘 자손은, 파라오가 곡식을 저장하는 성읍, 곧 비돔
과 라암셋을 건설하는 일에 끌려 나갔다"(출 1:10-11, 표준새번역).

모세는 야웨 하나님의 부르심을 받고 야웨 하나님의 명령에 따라 그
백성을 이집트 땅에서 탈출시킨 것이다. 모세의 이집트식 이름이 "사브
낫바네아"(창 41:45)라는 것은 모세가 역사상의 인물이었음을 보충해 준
다.[3] 그러나 아직까지는 이집트의 고고학적 발굴에서 이 이름이 발견되
지 않았다고 한다. 이스라엘 후손들이 이집트에 체류했다는 것을 입증하

2) B. W. Anderson(1983), 『구약성서의 이해 I』, 제석봉 역(왜관: 분도출판사), 55.
3) C. Levin(2009), 『구약성서 해석학』(서울: 동연), 274.

는 증거로는 구약성경에 등장하는 모세Moses, 호프니Hophni, 비느아스 Phineas 등이 이집트식 이름이라는 사실로 확인할 수 있다.[4] 출애굽 사건의 중심인물은 모세가 아니다. 모세의 배후에서 역사하시는 야웨 하나님이다. 모세는 야웨 하나님의 부르심을 받고 야웨 하나님의 명령에 따라 그 백성을 이집트 땅에서 탈출시킨 것이다.

모세와 출애굽 연대에 관해서 성서가 제시하는 자료는 세 가지이다.

> (1) 이스라엘 백성이 430년(출 12:4) 또는 400년(창 15:13) 동안 이집트에
>   거주하였다.
> (2) 솔로몬 통치 4년(서기전 966년경)이 출애굽한 지 480년이다(왕상 6:1).
> (3) 출애굽 당시 모세의 나이가 80세였다(출 7:7).

이러한 연대에 관한 성서의 기록만으로 정확한 출애굽 년도를 확정할 수 없기 때문에 대부분의 학자들을 이집트 역사의 연표에 근거하여 람세스 2세(서기전 1290-1244)의 통치 기간이었던 서기전 13세기 설을 주장하고 있다.[5]

이스라엘 백성이 거주한 고센 땅은 라암세스Raamses라고도 불렸고 (창 47:11), 이스라엘 백성이 강제노동에 동원된 신축 도시가 라암셋 Rameses이라고 하였다(출 1:11 등). 그런데 힉소스Hyksos의 수도 아바리스Avaris였던 나일 강 삼각주에 위치한 이 도시가 새로 완공된 것은 이집트의 19왕조 람세스 2세Ramses II(서기전 1290-1224년경) 때이며, 그의 아들 메르네프타 왕Mernepta(서기전 1224-1221년경)의 비문에 이스라엘이

---

4) 장일선(1990), 『구약신학의 주제』(서울: 대한기독교출판사), 123.
5) 김성(2001), "여리고 발굴과 출애굽 연대 논쟁", 『박준서 회갑기념 논문집』(서울: 한들), 203-221; "첫 번째 '역사적' 출애굽: 출애굽 연대추정과 힉소스 추방", 「구약논단」 1집, 31-33.

라는 명칭이 기록된 것으로 보아 서기전 13세기로 추정한다.[6]

서기전 13세기는 이집트의 경우 역사가들이 말하는 이른바 '신왕국' 또는 '제국시대'에 해당한다. 새 왕조가 열아홉 번째로 권력을 장악한 것은 서기전 1305년이었다. 이 왕조의 초대 파라오 람세스 1세는 불과 몇 달밖에 권좌에 앉아 있지 못했다. 그를 승계한 그의 아들 세티 1세(서기전 1305-1290년)는 중앙 이집트 테베에 자리 잡고 있던 수도를 삼각주 도시 아바리스로 옮겼다. 그와 그의 아들 람세스 2세는 아바리스를 '라암세스 저택'이라 개칭하고 여기에다 야심에 찬 건축사업을 벌였던 것이다.[7]

람세스 2세는 서기전 1290년에서 1224년에 걸친 70여 년 동안 성공적으로 나라를 다스렸고, 메르넵타(서기전 1224-1211)가 뒤를 이어 왕위를 계승하였다.[8] 서기전 1220년경 작품으로 추정되는 메르넵타 왕의 전승을 경축하는 기념비가 발굴되었는데, 여기에는 성서 외에 유일하게 가나안 지역에 존재하던 '이스라엘'을 언급하고 있어 주목을 받고 있다.

> "가나안을 강탈하다. …
>
> 아스클론을 휩쓸고, 게젤에서 몰수하다.
>
> 야노암은 존재하지 않는 것이나 진배없이 만들고,
>
> '이스라엘'은 초토화하여, 씨를 말렸다.
>
> 우르는 이집트 덕분에 과부가 되도다!"(ANET, 378)[9]

이 시기에 이스라엘의 후손들은 람세스 2세의 명에 따라 고센 땅이라

---

6) 성서와함께(1993), 『어서 가거라: 출애굽기 해설서』(서울: 성서와함께사), 30-33.

7) A. R. 체레스코(1994), 『구약은 끝났는가: 해방적 전망에서 본 구약성서』(서울: 바오로딸), 125-126.

8) A. R. 체레스코(1994), 126.

9) A. R. 체레스코(1994), 127.

불리는 델타 지역의 두 비축도시 '비돔'10)과 라암셋을 건축하는 강제노동에 동원되었다. 이집트는 나일 강 하류의 기름진 토양으로 인해 서기전 3000년경부터 이미 강력한 제국을 이룩할 수 있었다. 거대한 나일 강의 범람이 옥토를 가져다주었으나 농경지와 가옥의 침수 피해도 극심하였다.

따라서 대규모의 관개와 치수 설비가 필요하였고, 소부족과 봉건국가들이 중앙집권적인 군주국가에 편입되었다. 절대군주는 막강한 군사력으로 인근 약소민족을 포로로 잡아들여 광활한 농경지를 경작하고 거대한 도시의 신전과 피라미드 및 스핑크스 건설에 동원하였다. 이렇게 하여 거대한 노예제국을 형성한 것이다. 이집트 사람들은 전쟁에 참여하거나 사치와 향락을 일삼는 대신 노예들은 각종 강제노동에 시달려야 했다.

이스라엘 백성은 자식을 많이 낳고 번성하여 온 땅에 가득 찰 만큼 무섭게 불어났다. '요셉의 사적을 모르는 왕'이 새로 이집트의 왕이 되면서 이방인에 해당하는 이스라엘 자손들의 수가 불어나자 "그들의 수가 더욱 불어날 것이고, 또 전쟁이라도 일어나는 날에는, 그들이 우리의 원수들과 합세하여 우리를 치고, 이 땅에서 떠나갈 것이다"(출 1:10)라고 생각하고 람세스 2세는 이 노예들의 숫자를 통제하기 위하여 히브리 여인이 아이를 낳으면 남자아이는 죽이고 여자아이만 살려 두게 하는 강제 산아제한 조치를 명령하였다.

고대의 노예국가에서는 노예의 수가 무한정 늘어나는 것에 위협을 느껴 노예의 총수를 일정 비율로 제한하는 것이 불가피하였다. 노예의 숫자가 너무 많아져서 외침外侵이 있을 경우 내부의 노예들이 반란을 일으키면 통제가 불가능하기 때문이다.

---

10) 원래 이름은 '비-아툼'(아툼 신의 집이란 뜻)으로 많은 신전이 세워진 도시였다.

2) 모세를 불러 이집트로 보내신 하나님

출애굽 사건의 한 중심에는 모세가 자리하고 있다. 히브리 노예들이 강제 산아제한이라는 엄청난 위기를 겪고 있던 시기에 레위 지파의 아므람과 요게벳 사이에 모세(물에서 건져낸 자)라는 사내아이가 태어났다(출 6:20). 그의 부모는 인물이 남다르게 준수한 이 아들을 차마 죽일 수가 없어 3개월을 몰래 키우다가, 발각되는 것이 두려워 이집트 사람 누군가가 이 아이를 주워 키워 주기를 바라며 갈대상자에 담아 나일 강 갈대숲에 떠내려 보낸다.

모세의 누이 미리암이 먼발치에서 따라가 보니 마침 이집트 왕 파라오의 딸이 시녀들과 목욕을 하러 강으로 왔다가 그 갈대상자의 아이를 발견한다. 이때의 파라오가 람세스 2세라면 그의 59명 공주 중에 하나일 것이고 전승에 따르면 그 공주의 이름은 비티아Bithiah라 한다. 이 이름의 뜻은 '하나님의 딸'로 풀이될 수 있는데, 파라오의 딸이긴 하지만 생명을 옹호했기에 그렇게 불릴 수 있었으리라고 여겨진다.[11] 그 아이를 양자로 삼아 키우기로 하고 유모를 구하는데 마침 미리암이 그의 어머니 요게벳을 천거하여 모세는 그의 생모의 젖으로 자라다가 2~3살이 되어 궁전으로 들어가게 되었다.[12]

모세가 장성하여 40세 되었을 때 그는 자신의 출생의 비밀을 알게 된다. 자신이 태어날 때 히브리 노예에 대한 강제 산아제한 조치로 무수한 동년배 남자아이들이 다 죽임을 당하고 자기만 홀로 살아남아서 파라오의 궁전에서 호의호식하고 좋은 교육을 받으며 이제까지 살아온 것을 깨

---

11) 성서와함께(1993), 61.
12) 당시 풍습에 양자제도가 있었기 때문에 모세가 공주의 양자로 입양되었고 유모계약제도가 있어 2~3살까지 유모가 키워서 양자로 입적하였다. 당시에는 영아 사망률이 높았기 때문이다.

닿게 된 것이다. 참으로 엄청난 충격이었다.

그는 그 많은 남자아이들이 다 죽고 홀로 살아남은 뜻을 찾아 동족의 생활상을 살피러 거리로 나갔다. 이집트 사람 하나가 히브리인을 치는 것을 보고 격분하여 몰래 그 이집트 사람을 죽여 모래에 감추었다. 그것을 살아남은 자의 의무요 책임으로 여겼다. 이튿날 다시 나갔다가 이번에는 동족인 이스라엘 사람들끼리 싸우는 것을 보고 "어찌 같은 동포끼리 싸우느냐?" 하고 잘못한 쪽을 만류하였다. 그런데 그가 "당신이 이집트 사람을 죽이더니, 이제는 나도 죽일 작정이오?"(출 2:14) 하고 소리치는 바람에 전날의 살인사건이 발각되고 체포령이 내리자 그는 정처 없이 미디안 광야 쪽으로 도망한다. 동족을 위해 무엇인가 해보려다가 결국은 살인자가 되어 도피생활을 하게 된 것이다. 미디안에서 모세는 그곳의 제사장 르우엘의 딸 십보라와 결혼하여 장인의 양떼를 치면서 지내게 된다.[13] 노예로 전락한 동족의 암담한 현실을 잊을 수 없었지만 자신의 무기력함을 한탄하며 체념과 은둔의 나날을 보낸다.

40년의 세월이 흘러 그의 나이 팔십이 되었다. 하루는 양떼를 치는데 떨기나무에 불이 붙은 것을 보게 된다. 스네seneh라고 불리는 떨기나무(출 3:2)는 관목의 일종으로 태양열이나 지열 또는 마찰열에 의해 불이 붙는 일이 흔하지만 목질이 부석부석하여 금방 타 버리고 만다. 그런데 한참 후에 보아도 그 떨기나무의 불이 사라지지 않는 것이 아닌가? 이상히 여겨 주목한다. 그리고 '저 떨기나무는 어째서 타지 않을까? 이 놀라운 광경을 가서 보아야겠다'고 생각한다. 모세가 가까이 나아가려고 하는데, 그 타지 않는 불길 가운데서 "모세야, 모세야!" 하고 부르는 하나님의 신기한 음성을 듣게 된다.[14]

---

13) 미디안족은 아브라함과 그루라 사이에서 난 넷째 아들 미디안(창 25:2)의 후손이므로 이스라엘 백성에게 상당히 우호적이었다.

"나는 네 조상의 하나님 아브라함의 하나님,

이삭의 하나님, 야곱의 하나님이니라."(출 3:6)

유대인들의 전승에 따르면 보잘것없는 떨기나무는 이집트에서 억압
받고 있는 비천한 히브리 노예들의 처지를, 타는 불길은 억압자들의 세
력을 상징한다고 풀이한다.15) 이 하찮은 떨기나무에도 하나님이 함께하
시기만 하면 사나운 불길 가운데서도 사라지지 않듯이, 거센 억압 속에
서도 히브리인들이 영원히 보존되리라는 놀라운 비전을 본 것이라고 설
명한다. 하나님은 이집트에서 이스라엘 백성이 고통 중에 부르짖는 그
부르짖음을 듣고 그들을 이집트인의 손에서 건져내어 가나안 땅으로 인
도할 것을 약속하고 이 일을 모세를 통해 수행할 것이라고 선언한다.

"지금도 이스라엘 자손이 부르짖는 소리가 나에게 들린다.

이집트 사람들이 그들을 학대하는 것도 보인다.

이제 나는 너를 바로에게 보내어,

나의 백성 이스라엘 자손을 이집트에서 이끌어 내게 하겠다."(출 3:9-10)

역사의 외곽에서 체념하고 안주하던 모세로 하여금 역사의 위기를 직
시하고 역사적 해방사건의 선봉에 서도록 부르신 것이다.16) 그러나 40
년 동안 이집트 궁정생활을 한 모세는 누구보다도 이집트의 사정에 정통
한 사람이었다. 자신의 힘으로는 도저히 막강한 이집트의 군대를 물리칠
방안이 없을 뿐더러, 동족 이스라엘 백성들을 설득하고 규합한다 하여도

---

14) 구약성서에는 흔히 불이 하나님의 현현의 상징으로 묘사된다(출 13:21, 19:18, 신
    4:12, 왕상 18:24).
15) 성서와함께(1993), 85.
16) B. W. Anderson(1983), 67.

잘 훈련된 이집트 군대를 대적할 수 없음이 자명하였다. 그래서 그는 하나님의 명령을 수행할 수 없는 무력을 고백한다.

> "제가 무엇이라고, 감히 바로에게 가서,
> 이스라엘 자손을 이집트에서 이끌어 내겠습니까?"(출 3:11)

하나님은 "내가 너의 힘이 되어 주겠다. 이것이 바로 내가 너를 보낸 증거"라고 모세를 설득한다. 이스라엘 백성을 이집트의 압제에서 해방시키는 일은 하나님이 함께하심으로 가능한 일임을 분명히 밝힌 것이다.

그러나 이스라엘 백성들이 400여 년간 노예생활을 하면서 그들의 조상들의 하나님, 즉 아브라함과 이삭과 야곱의 하나님을 기억할 이가 얼마나 되겠는가? 그래서 다시 묻는다. "그의 이름이 무엇이냐 물을 터인데 제가 어떻게 대답해야겠습니까?"(출 3:13).

하나님은 자신을 "여호와, 너희 조상의 하나님, 곧 아브라함의 하나님, 이삭의 하나님, 야곱의 하나님"(출 3:14-15)이라 밝힌다. 그리고 모세에게 이스라엘 장로들을 데리고 이집트 왕에게 가서 이렇게 말하라고 하신다.

> "히브리 사람의 주 하나님이 **우리에게 나타나셨으니,**
> 이제 우리가 광야로 사흘 길을 걸어가서,
> 주 우리의 하나님께 제사를 드려야 하니, 허락하여 주십시오."(출 3:18)

출애굽기 1-12장에서 이스라엘 사람들이 종종 히브리 사람들(이브리, 출 1:15f., 19, 2:6f., 11, 13)로 불리며 야웨는 구약성서에서 노골적으로 '히브리 사람들의 하나님'(출 3:18, 5:3, 7:16, 9:1, 13, 10:3)으로 불린다는 놀라

운 사실은 출애굽 집단이 본래 하비루habiru 계층에 속했었음을 회상하는 것이라 할 수도 있다.17)

야웨 하나님은 이스라엘 백성을 노예로 부리면서 지배하던 파라오와 같은 지배자들의 신이 아니라, 지배자들의 신들에 의해 노예살이를 하던 히브리 노예들의 고통의 부르짖음을 들으시고 이집트의 압제에서 해방시킨 참으로 놀라운 '노예들의 하나님'이라는 사실이 드러난다.

3) 노예들의 부르짖음을 들으시는 하나님

모세에게 나타난 하나님은 이집트에서 노예로 전락한 이스라엘의 울부짖음을 들으시는 하나님으로 묘사된다. 이스라엘 백성들은 온갖 강제노동과 경제적인 착취와 강제 산아제한과 민족적 차별과 조상들의 신에게 제사도 드리지 못한 종교적 핍박 속에서 시달리는 노예생활을 겪어야했던 것이다.18) 그들의 노예적 상황은 네 가지로 요약된다.

첫째는 강제노동이었다. 당시에는 공공사업에 백성들을 강제 동원하는 부역이 일반적으로 시행되었다. 벽돌 만드는 일(출 1:15)도 고역이었다. 피라미드 등 주요 건축물은 나일 계곡에서 캐온 돌로 만들었지만, 일반 관공서나 주택, 성벽 등은 나일 강가의 충적토로 빚은 벽돌로 세워졌다. 벽돌을 만들려면 흔히 들판에서 모은 짚과 물기 있는 진흙을 섞어 손으로, 또는 직사각형 나무판으로 벽돌 모양을 만든 뒤 햇볕에서 3일 정도 말렸다가 다시 뒤집어서 3일 정도 말렸다. 이렇게 벽돌 제조공정은 1주일이 걸렸는데, 보통 하루 7~8시간 일감으로 벽돌 3000개씩 만들도록 할당되었다. 이 일의 양은 보통 사람이 해낼 수 없는 엄청난 양이었다.

---

17) Albertz Rainer(2003), 『이스라엘종교사 1』(서울: 크리스챤다이제스트), 99.
18) 성서와함께(1993), 49.

람세스 2세 15년에 기록된 가죽 두루마리에는 매일 40명이 8만 개의 벽돌을 만들었다고 적혀 있다.[19] "흙을 이겨 벽돌을 만드는 일"뿐 아니라 "밭일과 같은 온갖 고된 일"에 강제 동원되었다. 그들은 "고되게 노동"하며, 심지어 "이집트 사람에게 매를 맞"기도 하였다(출 2:11).

둘째는 경제적 착취였다. 강제노동에 동원된 사람들에게는 통상적인 임금이 지불되지 않았다. 강제노동 동원 자체가 경제적 착취였다. 이스라엘 백성을 부리는 강제노동 감독관들과 작업반장들은 파라오 왕의 명령을 하달하였다.

> "너희는 벽돌을 만드는 데 쓰는 짚을 더 이상
> 이전처럼 저 백성에게 대주지 말아라.
> 그들이 직접 가서 짚을 모아 오게 하여라.
> 그러나 벽돌 생산량은 이전과 같게 하여라."(출 6:6-8)

벽돌을 만드는 데 쓰이는 재료까지 무상 공급하지 않고, 강제 동원된 이스라엘 백성들이 스스로 구하도록 한 것이다.

셋째는 강제 산아제한의 인종적 · 민족적 차별이다. 요셉과 그의 형들이 다시 만난 이야기에서 "애굽 사람은 히브리 사람과 같이 먹으면 부정을 입는다"(창 43:32)고 설명한 구절을 보아 이집트 사람들의 외국인에 대한 인종적 차별과 편견이 심했던 것을 알 수 있다.

람세스 2세는 이방 출신의 이스라엘 자손이 크게 번성하자 이들을 국가노예로 삼았고, 이 노예 숫자를 통제하기 위하여 히브리 여인이 아이를 낳으면 남자아이는 죽이고 여자아이만 살려 두게 하는 강제 산아제한

---

19) 성서와함께(1993), 52.

조치를 명하여 민족적 차별을 강행하였다.

고대 근동의 이집트와 같은 절대 군주국가는 대체로 노예국가였다. 노예들이 생산의 담지자였으므로 노예제도를 통해 국가를 유지할 수 있었다. 그러나 노예의 수를 일정 비율로 제한할 수밖에 없었다. 외침이나 내란이 일어날 경우 노예들이 이에 준동하더라도 통제할 수 있는 정도의 적정 수의 노예 이상을 두는 것은 국가를 위태롭게 하는 일이기 때문이다. 노예의 총수를 일정 비율로 제한하는 것이 불가피하였다.

> "이 백성, 곧 이스라엘 자손이 우리보다 수도 많고,
> 힘도 강하다. 그러니 이제, 우리는 그들에게 신중히 대처하여야 한다.
> 그렇게 하지 않으면 그들의 수가 더욱 불어날 것이고,
> 또 전쟁이라도 일어나는 날에는,
> 그들이 우리의 원수들과 합세하여 우리를 치고,
> 이 땅에서 떠나갈 것이다."(출 1:9-10)

역사적으로 보면 서기전 5세기 말경 아테네의 인구 중 노예가 30%였고, 로마공화국 말기 노예 비율은 35%였으며, 1860년 미국 남부의 노예 구성 비율이 33%에 달하였다고 한다.[20)]

이집트 왕은 '십브라와 부아'라고 하는 히브리 산파들에게 "너희는, 히브리 여인이 해산하는 것을 도와줄 때에, 잘 살펴서, 낳은 아기가 아들이거든 죽이고, 딸이거든 살려 두어라"(출 1:15-16) 하고 명하였다. 히브리 노예들이 강제 산아제한이라는 엄청난 위기를 겪고 있던 시기에 레위 지파의 아므람과 요게벳 사이에 모세(물에서 건져낸 자)라는 사내아이가 태

---

20) 성서와함께(1993), 186.

어났다(출 6:20). 그의 부모는 인물이 남다르게 준수한 이 아들을 차마 죽일 수가 없어 3개월을 몰래 키우다가, 발각되는 것이 두려워 이집트 사람 누군가가 이 아이를 주워 키워 주기를 바라며 갈대상자에 담아 나일 강 갈대숲에 떠내려 보냈던 것이다.

넷째로, 조상들의 신에게 제사도 드리지 못한 종교적 핍박이다. 미디안으로 달아났던 모세가 자신의 동족을 이집트 압제에서 구원하기 위해 이스라엘의 장로들을 데리고 이집트의 왕에게 가서 청한 첫 번째 요구조건을 광야로 사흘 길을 가서 하나님께 제사를 드리도록 허락하라는 것이었다.

> "히브리 사람의 주 하나님이 우리에게 나타나셨으니,
>
> 이제 우리가 광야로 사흘 길을 걸어가서,
>
> 주 우리의 하나님께 제사를 드려야 하니,
>
> 허락하여 주십시오."(출 3:18)

강제노동이나 경제적 착취나 산아제한과 같은 인종차별보다 종교 자유가 제한된 것이 가장 중요한 문제이므로 신앙의 자유를 한시적으로나마 허용해 달라는 요구였고, 파라오는 이 요구를 거절하였던 것이다. 이집트에서 신으로 숭배 받는 파라오는 고난당하는 이들의 부르짖음을 외면하지만, 야웨 하나님은 다르다. 고통당하는 이들의 부르짖음을 아시고 들으시며, 그 고통에서 건저 내시는 해방과 구원의 하나님이다.

야웨 하나님은 온갖 종류의 불의하고 부당하게 당하는 '약자들의 부르짖음(פצע)을 들으시는(שמע) 하나님'이라는 독특한 신관이 반복하여 고백되고 있다(출 2:3, 3:7, 6:5).

야웨 하나님은 불의하게 고통을 당하는 자들의 울부짖는 심음소리를

들으실 뿐만 아니라 적극적으로 그들을 그 고난에서 구원하시는 하나님이다.

> "나는, 이집트에 있는 나의 백성이 고통받는 것을 똑똑히 보았고,
> 또 억압 때문에 괴로워서 부르짖는 소리를 들었다.
> 그러므로 나는 그들의 고난을 분명히 안다.
> 이제 내가 내려가서, 이집트 사람의 손아귀에서 그들을 구하여…."(출 3:7)

폰 라드가 구약성서에서 '가장 오래된 역사적 신앙고백'이라고 지칭한 신명기 26장에서 이런 사정이 잘 묘사되어 있다.

> "우리가 주 우리 조상의 하나님께 살려 달라고 부르짖었더니,
> 주께서 우리의 울부짖음을 들으시고,
> 우리가 비참하게 사는 것과 고역에 시달리는 것과
> 억압에 짓눌려 있는 것을 보시고…."(신 26:6-7)

후대의 계약법전에는 부당하게 고난당하는 자들의 부르짖음 들으시는 해방자 하나님에 대한 묘사가 여러 구절 등장한다. 고아와 과부를 해롭게 하지 말고 가난한 자가 담보로 맡긴 겉옷을 그날로 돌려주라는 말씀이 있다. 그 이유는 부당하게 고난 받는 외국인이나 고아와 과부와 가난한 자의 부르짖음을 하나님께서 반드시 들으시기 때문이라는 것이다.

> "너희가 그들을 괴롭혀서,
> 그들이 나에게 부르짖으면,
> 나는 반드시 그들의 부르짖음을 들어주겠다."(출 22:22)

성서는 야웨가 가난하고 불행한 자(시 74:21), 억울한 자(시 9:9), 가련한 자(시 10:12)의 호소를 들어주실 뿐 아니라 그들을 그 고난에서 건져 주시는 구원의 하나님인 것을 명백히 하고 있다.

"내가 고통 중에 야웨께 부르짖었더니,
야웨께서 들으시고 나를 건져 주셨다."(시 118:6, 참조 시 18:6, 17)

야웨 하나님은 이처럼 약자들의 구원자라는 신앙고백을 여러 형태로 등장한다.

"하느님은 하늘과 땅, 바다와 거기 있는 모든 것을 지으신 분
언제나 신의를 지키시고 억눌린 자들의 권익을 보호하시며,
굶주린 자들에게 먹을 것을 주시고
야웨는 묶인 자를 풀어 주신다.
야웨, 앞 못 보는 자들을 눈뜨게 하시고
야웨, 거꾸러진 자들을 일으켜 주시며
야웨, 의인을 사랑하신다.
야웨, 나그네를 보살피시고,
고아와 과부를 붙들어 주시나
악인들의 길은 멸망으로 이끄신다."(시 146:6-9, 공동번역)

4) 열 가지 재앙과 노예들을 집단 탈출

이집트 제19왕조 람세스 2세 치하인 서기전 1290년경에 여호와 하나님의 소명을 받은 모세가 히브리 노예들을 해방시키기 위해 파라오Pharaoh

에게 가서 담판을 벌이지만 파라오는 이를 번번이 거절한다. 노예는 그 자체가 재산과 같은 것이었기 때문이다. 여호와 하나님은 이를 예상한다. "나는 손수 온갖 이적으로 이집트를 치겠다. 그렇게 한 다음에야, 그가 너희를 내보낼 것이다"(출 3:20). 하나님은 이스라엘 노예들을 해방시키기 위하여 아주 강력한 수단으로써 재앙을 사용하신 것이다.

재앙이 예고 없이 가해진 것은 아니다. 여호와의 지시로 모세가 파라오를 만나 이스라엘 백성을 내보내 줄 것을 요구한다. 그리고 이를 거절하면 재앙이 임하게 될 것을 경고한다(출 4:22-23). 그러나 파라오는 이 경고를 무시한다. 그리하여 나일 강물이 피로 변하고, 개구리 떼, 모기 떼, 등에 떼, 가축병, 피부병, 우박, 메뚜기 떼, 암흑의 재앙이 쏟아진다(출 7:14-10:29).[21] 그러나 파라오는 요지부동이다. 마지막으로 이집트의 모든 맏아들이 죽음을 맞이하게 될 것이라고 경고한다.

> "이스라엘은 나의 맏아들이다. 내가 너에게 나의 아들을 놓아 보내어
> 나를 예배하게 하라고 하였건만, 너는 그를 놓아 보내지 않았다.
> 그러므로 이제 내가 너의 맏아들을 죽게 하겠다."(출 4:22-23)

파라오는 이 마지막 재앙의 경고마저 거부한다. 그리하여 이집트 땅에는 엄청난 재앙이 임하게 된다. 파라오의 맏이를 비롯하여 이집트의 모든 집의 맏이와 모든 가축의 맏배가 죽게 되어 곡성이 자자한 죽음의 땅이 되었다. 이 열 가지 재앙에 가져오는 주체는 모두 이집트의 신들과 관계되어 있다는 해석도 제시된다.

---

21) B. W. Anderson(1983), 80. 재앙이라는 말보다 표적과 이적이라는 표현을 주로 사용한다.

열 가지 재앙과 관련된 이집트 신들의 명단[22]

	재앙	재앙과 관련된 이집트 신들	출애굽기
1	피	나일 강의 신 '크눔'과 '하피'	7:14-25
2	개구리	부활과 다산의 신 '핵트'	8:1-15
3	이	땅의 신 '셉'	8:16-19
4	파리	곤충의 신 '하트콕'	8:20-32
5	악질	황소의 신 '아피스'와 '므네비스'	9:1-7
6	독종	의술의 신 '임호텝'과 '타이폰'	9:8-12
7	우박	하늘의 신 '누트'와 대기의 신 '수'	9:13-35
8	메뚜기	곤충의 재앙을 막는 신 '세라피아'	10:1-20
9	흑암	태양의 신 '라'와 여신 '세게트'	10:21-29
10	장자 죽음	다산의 신 '오시리스'와 생명의 신 '이시스'	12:29, 30

마지막 재앙으로 주어진 이집트 백성들의 장자의 죽음에 대해서는 히브리 노예들의 남자아이를 모두 학살한 죄에 대한 하나님의 심판이요, 노예들의 해방의 요구와 하나님의 재앙의 경고마저 무시한 파라오와 이집트에 대한 진노였다고 해석된다. 그러나 하나님은 이 마지막 재앙만은 이스라엘 백성들에게 닥치지 않게 하신 것으로 보인다. 사전에 이 재앙을 피할 수 있도록 양의 피를 이스라엘 백성이 거처의 좌우 문설주와 문상인방上引榜에 바르게 한다. 그 피가 발라져 있는 집에는 그 재앙이 '건너가게' 하였다. 이날은 파라오와 이집트에게는 재앙과 심판이었지만 모세와 이스라엘 백성에게 구원과 해방의 날이었다.

---

22) 제자원(1991),『그랜드종합주석』2권(서울: 성서교제간행사), 119.

양의 피를 문설주에 발랐는데 어떻게 재앙이 건너갔는가? 다음 예화는 하나의 유비analogy가 될 것이다.

"예전에 어떤 마을에 강도떼들이 들이닥쳐 집집마다 무차별적인 살육과 약탈을 자행하였다. 이 위기의 순간, 마을 안쪽에 살던 한 노인이 기지를 발휘하여 급히 양을 잡아 그 피를 대문과 마당과 방문 여기저기에 다 뿌려 놓은 다음, 온 가족은 숨을 죽이고 숨어 있었다. 강도떼들이 흩어져서 이집 저집을 약탈하다 이 노인의 집 앞에 당도하자 여기저기 유혈이 낭자한 것을 보고 다른 동료가 선수를 친 것으로 알고 다른 집으로 가 버리곤 하였다. 그래서 대문에 피를 발라 놓은 노인의 집만이 그 재앙을 면할 수 있었던 것이다."

하나님은 이날을 한해의 첫 달 첫날로 삼고 기념하여 지키게 하였으니 이름하여 '유월절'이다. 문설주에 양의 피를 바른 이스라엘 집은 재앙이 '건너감'(pass over, 逾越)을 기념하는 해방의 절기를 뜻한다(출 12:13, 23, 27).

마침내 이스라엘 백성들은 해방되었다. 실로 400여 년 만의 귀향길이었다. 이집트를 탈출하여 가나안을 향한 대장정에 참여한 이스라엘은 장정만 60만 명가량 되었다. 히브리인들은 이집트 땅을 벗어나기도 전에 파라오 군대의 추격을 받게 된다. 앞에는 홍해가 가로놓여 있고, 뒤에는 이집트 군대가 추격해 오는 절체절명의 상황에서 이스라엘 군중들은 모세를 원망하며 불평하였다. 자유인으로 죽기보다 노예로 살기를 원했던 것이다.

"이집트에는 묘 자리가 없어서,
우리를 이 광야에다 끌어내어 죽이려는 것이냐? …

광야에 나가서 죽는 것보다 이집트 사람을 섬기는 것이 더 나으니,

우리가 이집트 사람을 섬기게

그대로 내버려 두라고 하지 않았느냐?"(출 14:11-12)

모세는 달랐다. 진퇴양난의 위기에게 하나님께 간절히 기도할 것을 호소한다. 성서는 하나님이 "밤새도록 거센 바람을 일으켜 바닷물을 뒤로 밀어붙여 바다를 말리셨다"(출 14:21, 공동번역)고 기록하고 있다. 하나님의 도우심으로 조수간만의 차이로 바다 가운데 드러난 길을 밟고 홍해를 건너간 것으로 추정된다. 지금도 홍해에는 우리나라 진도에서처럼 이런 현상이 일어나는 곳이 여러 군데 있음이 알려졌기 때문이다. 이어서 그 뒤를 쫓던 파라오의 군대는 바닷물이 밀려들어 하나도 살아남지 못하게 된다.[23]

훗날 홍해 사건은 모세의 노래를 통해 전승되어 왔다.[24]

"나는 야웨를 찬양하련다.

그지없이 높으신 분 기마와 기병을 바다에 처넣으셨다.

야웨는 힘 있게 나를 붙드시어 나를 살려 주셨다.

내 하느님이시니 어찌 찬양하지 않으랴."(출 15:1-2, 공동번역)

성경에는 홍해紅海라는 단어가 26번 나온다. 오늘날 홍해라 하면 이집트와 아라비아 사이에 있는 인도양의 일부를 가리키며 남쪽, 일명 아덴 해협으로부터 북쪽 시나이 반도까지 뻗어 있는 바다를 말한다. 그리

---

23) 영화 〈십계〉의 장면은 이 대목을 영상화한 것인데, 모세가 지팡이로 바다를 가른 대목이나 일시에 바다가 갈라진 것은 성서의 기록과 다른 것이다.
24) 홍해에서의 승리는 창조를 위협하는 혼돈과 악의 세력인 원시의 바다에 대한 승리로 묘사된다.

고 서쪽 수에즈만 홍해와 동쪽 아카바만 홍해의 지류가 있다.

홍해는 히브리어 '얌 숩'을 번역한 말로, 이 단어의 원 뜻은 갈대바다 Reed Sea인데, 칠십인역 성경에서 이를 홍해Red Sea라는 뜻의 '에루스라 사랏사'(ερυθρά θαλασσα)로 번역하였다. 그래서 이러한 오역 때문에 하나님께서 기적적으로 홍해를 갈라지게 해서 그 사이를 건넌 것이 아니라 사람들이 걸어서 건널 수 있는 일종의 늪지대인 '갈대바다'를 건넌 것이라는 주장이 제기되었다.[25]

그러나 성경의 전체 문맥을 보면 모세와 이스라엘 백성들이 건넌 곳은 '갈대바다'(출 10:19)로서 야웨께서 "밤새도록 거센 바람을 일으켜 갈라놓으신 바다"였다. 이스라엘 사람들은 '바다의 좌우의 벽' 사이로 건너갔으나, 이집트의 군대들은 야웨께서 바다를 원상회복시켰기 때문에 그곳을 건너지 못한 것이 분명하다.

> "야웨께서 에집트인들을 바다 속에 처넣으셨다.
> 물결이 도로 밀려 오며 병거와 기병을 모두 삼켜 버렸다.
> 이리하여 이스라엘 백성을 따라 바다에 들어섰던 파라오의 군대는
> 하나도 살아남지 못하였다."(출 14:27-28, 공동번역)

실제로 히브리인들은 아직도 홍해를 '갈대바다'라고 부르고 있다. 출애굽기 2장 3절에 나오는 모세를 담았던 갈대상자가 바로 갈대로 만들어진 것이다. 구약시대의 이스라엘 사람들은 홍해를 갈대바다라고 불렀다. 외경 마카비서(서기전 175-136)에서 이를 '붉은 바다'라고 쓰기 시작하였다고 한다.

---

25) C. F. Whitley(1981), 『고대 이스라엘 종교의 독창성』(서울: 분도출판사), 26.

구약에서 '얌 숩'이 수에즈만 홍해를 가리키는 경우(출 10:19, 13:18, 민 33:10)와 아카바만을 지칭한 경우(출 23:31, 민 12:4, 신 1:40, 왕상 9:26, 삿 11:16) 그리고 이스라엘 민족이 출애굽 후 건넌 바다라고 부르는 경우(출 15:4, 15:22, 신 11:4, 수 4:23, 24:6, 느 9:9, 시 136:13) 등이 있다.

02

노예들의 해방자이신
히브리의 하나님

1) 히브리의 하나님과 전향적 신관

출애굽 사건에 등장하는 야웨 하나님은 자신을 '히브리의 하나님the God of the Hebrews'으로 나타내신다. 조상들의 하나님, 즉 아브라함의 하나님, 이삭의 하나님, 야곱의 하나님 여호와가 바로 '히브리의 하나님'이라는 관용적 표현이 모두 6번 반복되어 나타난다(출 3:8, 5:3, 7:16, 9:1, 9:13, 10:3).

> "야웨께서 모세에게 이르시되
> 파라오에게 들어가서 그에게 이르라.
> 히브리의 하나님,
> 야웨께서 말씀하시기를 내 백성을 보내라."(출 9:1, 참조 13, 10:3)

출애굽기 1-12장에 의하면 이스라엘 사람들이 이집트에서 종살이를 하였던 것이 분명하다. 이집트 사람들이 "흙을 이겨 벽돌을 만드는 일이나 밭일과 같은 온갖 고된 일로 이스라엘 자손을 괴롭게"(출 1:14) 하자, 그들은 스스로 종이라고 부르면서 "어찌하여 저희 종들에게 이렇게 하십니까? 저희 종들은 짚도 공급받지 못한 채로 벽돌을 만들라고 강요받고 있습니다. 보십시오, 저희 종들이 이처럼 매를 맞았습니다"(출 5:15-16) 고 하소연하였다.

이집트에서 종살이하던 이스라엘 백성들은 종종 '히브리 사람'으로 불렸다. 그리고 그들을 이집트에서 인도해 내신 야웨는 '히브리 사람들의 하나님'으로도 알려졌다.[26] 성경에서 히브리인이라는 단어가 최초로 사용된 것은 아브라함을 지칭하는 예외적인 경우(창 14:3)였다. 통상적으로 아브라함의 후손들은 자신을 이스라엘인이라 불렀고 가나안어(사 19:18)나 유대어(왕하 18:26, 사 36:11)를 사용했다. 구약성서에서 33회 등장하는 '히브리'라는 용어가 사용된 경우는 네 가지로 구분된다.

(1) 요셉과 모세 이야기에 등장하는 것으로 이집트인들이 이스라엘인을 자신과 구별하기 위해서 사용하였다(창 39:17, 40:15, 43:32 등). 특히 요셉의 경우 "히브리 종"(창 39:17)으로 불렸다.

(2) 사울과 블레셋의 전쟁기사에 등장하는데, 이 역시 블레셋 군대가 이스라엘 군대를 지칭하여 부른 것이다(삼상 4:6, 9, 13:19 등).

(3) 히브리 노예를 다루는 율법에서 사용되었다(출 21:2, 렘 34:9).

(4) 출애굽기에는 '히브리 사람의 하나님'이라는 표현이 모두 6번 나온다 (출 3:8, 5:3, 7:16, 9:1, 9:13, 10:3).

신약에서는 바울이 자신을 가리켜 '히브리 사람'(고후 11:2, 빌 3:5)이라

---

26) Albertz Rainer(2003), 『이스라엘종교사 1』(서울: 크리스챤다이제스트), 99.

한 것과 '히브리 말'(요 5:2)이라는 표현이 11번 등장한다.

그동안 '히브리'란 단어는 '이스라엘'을 지칭하는 뜻으로 히브리 민족이나 '히브리어'라는 뜻으로 동일한 민족이나 언어를 지칭하는 용어로 사용해 왔다. 그러나 구약성경에 33회 등장하는 '히브리'라는 단어는 고대 근동의 여러 문서에서도 무수한 용례가 발견되어, 그 의미를 새롭게 이해할 수 있게 되었다.

1887년 카이로 남방 약 300Km에 위치한 나일 강변 도시 아마르나 Tell El-Amarna에서 400여 개의 토판문서가 발굴되었다. 이집트 18왕조 마지막 왕 아멘호텝Amenhotep 4세(서기전 1403-1347)의 외교 공문서인 아마르나 문서에는 어떤 집단을 지칭하는 '하비루habiru'라는 단어가 125회 등장한다. 아마르나 문서 발견 이후 메소포타미아, 히타이트, 시리아, 페니키아, 가나안, 이집트 등 광대한 지역에서 하비루들에 관한 기록이 수없이 발견되었다.[27]

람세스 2세 때의 한 서신에도 "거대한 이집트 궁전과 사원의 문을 위하여 일하는 군인들과 '아삐루apiru'들에게 군량미를 주어라"는 기록이 있고, 람세스 4세 시대의 한 원정에 참여했던 사람들 가운데 800명의 아삐루가 등장한다.[28]

그리고 티그리스 강변의 고대도시 누지Nuzi에서 발굴된 누지 문서에도 30회 이상의 하비루에 관한 기록이 남아 있다. 누지 문서에 의하면 경제적인 이유 때문에 자발적인 노예계약을 통해 고용된 집안의 종, 채석장의 석수도 하비루로 지칭하였다. 그 외의 여러 기념비와 기록에 하비루라는 말이 등장한다. 히타이트의 고대 왕국시대(서기전 1740-1460)

---

27) 박준서(1982), "구약성서의 하나님", 『민중과 한국신학』(서울: 한국신학연구소), 133-134.
28) 최창모(1995), 『이스라엘사』(서울: 대한교과서주식회사), 18; W. H. Schmidt(1988), 『역사로 본 구약성서』(서울: 나눔사), 55.

의 기록에는 한 요새를 방어하기 위해 고용한 3,000명의 용병을 하비루라 칭하고 있다.[29]

고대 이집트로부터 메소포타미아 지역까지 광대한 고대 근동세계에 등장한 '히브리·하비루·하삐루·아삐루'들은 누구인가?[30]

(1) 아카드어 하비루Habiru는 히브리어 '히브리'(עִבְרִי)와 일치하는 단어로서 이에 파생한 단어들을 집단화해 보면 다음과 같다.

"행악자, 무법자, 범법자, 범죄자, 살인자, 탈영병, 무뢰한, 유목민, 약탈자, 폭력배, 파괴자, 강도 때, 산적, 불량배, 불한당, 채무자, 납치자, 도주자, 탈주자, 방랑자, 유랑민 비적떼, 유격대, 이주민, 용병, 농노, 노예, 노동자, 피난민, 반역자, 반체제주의자, 침입자, 공격자, 방화자, 천민, 국외자, 인간쓰레기."[31]

이상의 어원과 파생어를 미루어 볼 때 "하비루란 우리가 히브리인에게 대하여 가졌던 생각처럼 그런 '경건한 신앙의 영웅들the pious hero of the faith'만은 아니었다."[32] 이러한 다양한 명칭들은 혈연으로 맺어진 혈연단체나 종족 단위를 뜻하는 특정 민족을 지칭하는 말이 아니다. 또한 그들의 이름으로 추정해 보면 동일한 언어를 사용하는 언어공동체가 아니다. 페니키아에서 발굴된 토판 문서에서는 하비루가 군인으로 언급되는데 그 명단을 보면 대부분이 셈족 계통의 언어가 아닌 이름들을 갖고

---

29) 박준서(1982), 137.
30) 엄원식(2000), 『히브리 성서와 고대 근동문학의 비교연구』(서울: 한들), 592. 서기전 18세기경의 마리 문서(Mari Text)에는 아카드어로 Habiru 혹은 Hapiru로, 15세기의 누지 문서(Nuzi Text)에는 여성형 Habiratu로, 14세기경의 아마르나 문서(Amarna Text)에는 이집트어로 'Apiru'로, 14세기경의 라스 샤므라(Ras Shamara)에서 나온 우가릿 문서(Ugaritic Text)에는 우가릿어로 'prm로 나타나 있다.
31) 엄원식(2000), 596.
32) 엄원식(2000), 593.

있다. 이것은 무엇을 말하는가? 즉 하비루는 본래 혈연적, 민족적 개념이 아니라는 사실이다. 이 모든 자료를 종합하여 볼 때, 그들은 고대 근동 전 지역에 걸쳐서 어느 사회에도 존재하였던 차별과 멸시의 대상이었던 최하층의 주변부 인간들을 통칭하는 것으로 밝혀졌다.

구약성서에서 처음 나타나는 히브리라는 명칭은 창세기 14장 13절인데 여기서는 아브라함을 '히브리 아브람'이라고 부르고 있다. '나그네요 이방인'(창 23:4)인 '떠돌이 아브람'이라는 뜻이다.

(2) 하비루는 이처럼 경제적·정치적·사회적 약자를 지칭하며, 브라이트에 의하면 "기존 사회체제 안에 기반이나 일정한 지위도 없이 소외된 처지에 살아가던 공민권이 없는 계층의 사람을 의미한다."[33]

"이들에 관한 자료를 종합해 보면, 이들은 혈연으로 맺어진 혈연 단체나 종족種族이 아니요, 같은 언어를 사용하는 언어공동체도 아니었다. 이들은 고대 근동세계의 전역에 걸쳐 어느 사회에도 존재했던 가장 낮은 하층계급의 사람들이었고 '아피루-하비루-하피루'란 이들을 통칭하던 명칭이었다. 즉 이 용어는, '사회학적 용어sociologic term'였다. 이들은 경제적인 약자들이었고, 생산의 터전이 되는 토지조차 소유하지 못한 사람들이었고, 권력의 중심으로부터 소외된 주변인간들이었다. 한마디로 고대 근동세계의 정치적, 경제적, 사회적 약자the powerless들이었다."[34]

이집트의 시위대장 보디발 집안의 종으로 일하던 요셉은 '히브리 종'(창 39:17)으로 불린다. 이러한 다양한 명칭들은 하비루에 대한 사회적

---

33) J. Bright(1978), 『이스라엘 역사 상』(왜관: 분도출판사), 136.
34) 박준서(2004), "이스라엘 예언자와 규범적 야웨신앙", 『교회·민족·역사』(솔내 민경배 박사 고희기념논문집), 379.

· 정치적 · 법적 성격만을 규명해 주고 있을 뿐 지역적 · 인종적 개념은 밝혀 주지 않고 있다.

(3) 하비루는 전쟁포로나 용병 등으로 강제노동에 동원된 노예들을 지칭하기도 하였다. 세토스 1세를 이어 수도 아바리스Avaris 재건사업을 계속한 람세스 2세(서기전 1290-1224) 시대에는 하비루들이 이 '람세스의 집' 건설 사업장에 동원되어 일하는 국가노예들로 기록되어 있다.[35]

요셉의 형제들이 기근으로 인해 가나안 땅에서 더 이상 살 수 없어 이집트로 이주하였는데 이들도 모두 하비루에 속한다. 왜냐하면 하비루 중에는 전쟁포로로 잡혀 온 자들도 있었으나, 가나안 도시국가들의 과도한 세금 부과와 부역의 횡포에다 기근과 흉년이 겹치게 되자 생존을 위해 무리를 이루어 이집트로 흘러 들어와 자발적으로 고용되거나 노예가 된 자들도 적지 않았다.[36]

출애굽기는 이스라엘 백성 역시 국가노예로서 강제노동에 동원된 역사적 상황을 반영한다.

> "그리하여 그들은 공사 감독들을 두어
> 이스라엘 백성에게 강제 노동을 시켜 파라오의 곡식을 저장해 둘
> 도성 비돔과 라므세스를 세웠다."(출 1:11, 참조 2:11-12)

이스라엘 사람들은 이집트 사람들에게 자신들을 스스로 종이라고 부르면서 "어찌하여 저희 종들에게 이렇게 하십니까? 저희 종들은 집도 공급받지 못한 채로 벽돌을 만들라고 강요받고 있습니다. 보십시오, 저희 종들이 이처럼 매를 맞았습니다"(출 5:15-16)라고 하소연하였다.

---

35) 엄원식(2000), 598-599.
36) 엄원식(2000), 600.

그리고 국가적 건설현장에서 이집트인들이 강제동원된 하비루의 폭행에 의해 희생당하는 일도 빈번하였고, 이 경우 공사감독관은 피해에 대한 책임을 지고 만만찮은 변상을 했음을 보여 주고 있다.[37] 이것은 히브리인의 공사장을 시찰하던 모세가 이집트인을 죽게 한 후 망명을 할 수밖에 없었던 사정을 반영해 주고 있다.

(4) 그리고 이들은 기존 사회에서 소외된 사람들로서 불평불만이 가득 찬 사람들로서 때때로 폭동과 반란을 일으키는 주체가 되기도 하였다.

"하비루에 이러한 개념들은 한결같이 그들이 도망쳐 나온 노예들이나, 토지에 예속된 봉건 농노들, 임금을 제대로 받지 못한 노동자들 또는 용병들이나 계절적으로 이동하는 유목민, 그 사회의 불량배로 구성된 무법자 무리나 떠돌이 수공업자들, 사회의 기존 체제 안에서 자리를 잡지 못하고 떠돌아다니는 무리들이나, 빚에 몰린 채무자들 그리고 불만에 찬 사제들과 온갖 불평분자들을 떠올리게 함으로써 그 사회가 소요와 폭동이 불가피했던 상황을 반영해 주고 있다."[38]

실제로 이집트 제18왕조의 투트-모세Thut-Moses 3세(서기전 1490-?)는 가나안 원정에 나섰고 그의 아들 아멘호텝 2세(서기전 1439-1412)는 시리아 원정을 감행하여 두 번째 원정에서 9만 명의 아시아 포로들을 끌고 왔는데 그 가운데 3천 6백 명의 '아피루'가 있었다고 한다. 아멘호텝 3세(서기전 1412-1375)의 통치 말기에는 이집트의 지배력이 점차 상실되어 가고 있던 광범위한 지역에서 벌어지고 있는 하비루들의 폭동과 반란을 생생하게 묘사해 주고 있다.

---

37) 엄원식(2000), 600.
38) 엄원식(2000), 596.

그리고 제19왕조의 세토스Sethos 1세(서기전 1309-1290)는 베트-샨 Beth-Shan 부근의 산악 지대에서 활거하던 하비루를 소탕하기 위해 이집트 수비대를 파견한 바 있다.

출애굽 사건도 이런 배경하에서 이해되어야 할 것이다. 모세는 바로와의 담판을 통해 국가노예로 전락한 자기 백성으로 구출하려는 야웨 하나님의 사명을 수행하려고 하였지만 바로는 일언지하에 이를 거절하였다. 이에 모세는 하나님께서 마련하실 열 가지 재앙을 예고하였고, 그 재앙들은 하나하나 시행되어 아홉 가지 재앙이 주어졌으나 바로는 요지부동이었다. 결국 마지막 열 번째 재앙, 즉 이집트의 모든 장자의 살해라는 최후의 수단 끝에 바로는 이스라엘 백성들을 풀어 준 것이다. 어쨌든 끔찍한 유혈사태가 있었고 이는 히브리 노예들의 폭동에 준하는 사건이라고도 볼 수 있다.

(5) 무엇보다도 성경은 400여 년간 노예생활을 한 후 이집트를 탈출하여 나온 사람들은 60만 명의 '이스라엘 자손'과 '중다한 잡종'들이었다고 기록하고 있다(출 12:37-38). 이 '이스라엘 사람들과 섞여 사는 무리'(민 11:4)들도 사실은 이집트에서 강제노동에 동원된 전쟁포로나 국가노예들인 히브리였던 것이다. 무엇보다도 이스라엘은 그들의 조상 아브라함과 이삭과 야곱의 하나님이신 야웨 하나님을 '히브리(하비루)의 하나님'으로 고백했다는 점이다. 그 당시 최하계층에 속하는 무수한 하비루들 가운데서 야웨 하나님을 '히브리의 하나님'으로 고백한 구별된 신앙의 집단이 이스라엘 민족을 형성한 것이다.[39]

---

39) 박준서(1982), 147.

2) 지배자의 신과 노예들의 해방자이신 하나님

모세에게 나타난 야웨 하나님은 자신을 '히브리인의 하나님'이라고 하셨고 출애굽기에는 이러한 관용적 표현이 6번이나 등장한다. 여기서 왜 야웨 하나님은 고대 근동에서 가장 강력한 국가를 가장 오랫동안 지속해 온 '이집트와 바로'를 택하지 않으시고, 그들의 국가노예였던 보잘것없는 '이스라엘과 모세'를 택하였는가? 하는 질문이 제기된다.

야웨 하나님은 히브리 노예들을 택해 자기 백성을 삼기 위해 자유와 해방의 길로 인도하고 다시는 노예가 없는 거룩한 나라를 세우려고 하신 것이다. 이처럼 히브리 종교의 탄생은 이집트에 있던 히브리인 노예들에게서 용솟음쳐 온 새로운 형태의 신앙과 밀접하게 결부되어 있다.[40] 따라서 고대 근동의 평균적인 지배자의 종교와 지배자의 신관에 비추어 보면 '히브리인의 하나님'이라는 성서의 신관은 혁명적이고 전향적인 신관이 아닐 수 없다.

야웨라는 이름은 고대 중동지역의 종교문헌의 신 목록에서 찾기 어려운 신명으로서 당시에는 잘 '알려지지 않은 신'일 것이라고 한다. 그래서 이스라엘 백성뿐 아니라 이집트 왕도 그 이름을 몰랐으나(출 5:2) 야웨가 '히브리인의 하나님'이라는 모세의 설명을 듣고 비로소 알았다고 한다. '히브리인의 하나님'은 매우 사회적인 성격을 지닌 신으로서 이른바 히브리와 같이 뿌리를 내리지 못한 떠돌이 천민 계층의 무리들에게 구원을 베풀어 주시는 노예들의 하나님이었을 가능성이 크다는 것이다.[41] 이러한 '히브리인의 하나님'이라는 전향적 신관이 함축하고 있는 신론적 의미를 살펴보면 다음과 같다.

---

40) P. Hanson(1986),『성서의 갈등구조』(서울: 한국신학연구소), 39.
41) 김이곤(2004), "구약성서에 나타난 중심 사상의 특성",「신학연구」제24집, 24.

(1) 야웨 하나님은 강대국 이집트와 그 통치자 바로를 택하지 않고 그들의 노예였던 이스라엘을 자신의 백성을 선택하였다. 하나님은 이스라엘 편에서 이집트 군대를 치신 것이다.

　　"야웨께서 이스라엘 사람들 편이 되어
　　우리 이집트 군대를 치신다."(출 14:25)

　폴 핸슨P. Hanson은 이러한 출애굽 사건을 통해 드러나는 히브리 하나님 야웨에 대한 신앙은 고대 근동세계를 널리 지배하고 있던 "왕은 언제나 왕으로 노예는 언제나 노예로 남았던 신화적 정통주의"에 대한 저항이라고 하였다.[42]

　　"즉, 파라오의 노예제도는 악하다는 것, 야웨 외에는 결코 다른 왕이 있을 수 없다는 것, 왕이자 신神인 야웨는 권력을 쥔 특권층의 수호신이 아니라 피억압자의 옹호자라는 것 등이다."[43]

　아리스토텔레스조차도 노예제도를 정당화하였는데, 그는 시민계급의 자유를 위해 노예계급은 필수적이라고 하였다. 그리고 본성상 노예에 적합한 사람이 있으며, 노예로 태어나 노예로 자란 사람은 노예가 되는 것이 자연스럽다는 주장을 펼치기도 하였다. 다만 노예가 되기엔 부적합한 사람을 노예로 삼는 것은 부자연스러운 일을 강요하는 것이므로 나쁘다고 하였다.
　따라서 브루지만은 히브리의 하나님에 의해 가능해진 출애굽 사건의

---

42) P. Hanson(1986), 39-40.
43) P. Hanson(1986), 42.

진정한 의미는 이집트의 노예제도에 대한 철저한 비판과 이스라엘의 대안공동체의 동력화에 있다고 여긴다.[44]

(2) 당시에는 왕만이 신이 택한 자로서 절대권력과 영광을 누린다는 절대군주제의 엄격한 신화가 지배하고 있었다. 서기전 3000년경 메네스 왕은 상 이집트를 통일하고 제1왕조를 세운 뒤 자신을 호루스Horus 신의 아들로 자처하며 왕권을 신격화하였다. 서기전 2700년경 조세르 왕 때부터는 최고신 레Re의 아들(또는 형상)로 주장하였다. 왕이 곧 신이며 그의 명령이 곧 법이었기 때문에 이집트에서는 메소포타미아의 함무라비 법전이나 히브리의 시내산 계약법전(십계명)과 같은 성문법이 없었다고 한다.

이처럼 왕이 곧 신이며, 왕만이 신이 택한 신의 아들로 여기는 신왕神王 또는 천자天子사상이 평균적인 의식이었다. 따라서 이집트에서는 왕조가 교체될 때마다 신들도 교체되었다. 왕조에 따라 최고신이 호루스 신, 세트 신, 레 신, 아멘 신, 아톤 신으로 그리고 다시 아멘 신으로 교체되었다.

그러나 히브리 종교는 신왕神王사상이나 천자사상을 거부하고 온 백성을 택하였다는 선민選民사상을 선포한다. 따라서 왕들만이 특권과 기득권, 존귀와 영광을 누리는 것이 아니다. 모든 백성이 노예살이에서 해방되어 다시는 억압과 착취가 없는 자유롭고도 평등한 삶을 살도록 부르신 것이다. 하나님은 히브리 노예들 모두를 하나님의 '거룩한 백성'으로 삼고 이스라엘을 하나님께서 다스리는 신정정치를 채택한 '제사장 나라'를 만들기 위하여 그들을 택한 것이라고 하였다(출 19:6).

히브리의 하나님은 왕 한 사람만의 신이 아니라 백성 전체의 하나님

---

44) 장일선(1990), 『구약신학의 주제』(서울: 대한기독교출판사), 127.

이다. 왕 한 사람만을 택하지 않고 노예살이하던 이스라엘 백성 전체를 '하나님의 거룩한 백성'으로 택하시고 그들의 하나님이 된 것이다.

> "너는 야웨 네 하나님의 성민이라.
> 네 하나님 야웨께서 지상 만민 중에서
> 그 백성으로 그의 귀중히 여기는 소유물로
> 너를 자기 기업의 백성으로 택하셨나니."(신 7:6)

(3) 히브리의 하나님은 지배자들이 만들어 놓은 신이 아니라, 노예들을 찾아오신 하나님이다. 히브리의 하나님은 노예들의 고통의 부르짖음을 듣고 그들을 그 압제에서 해방시키려 친히 그들에게 임하신 것이다.

> "히브리 사람의 하나님
> 여호와께서 우리에게 임하셨은즉…."(출 3:18)

고대 근동종교의 기본적인 틀은 절대군주가 신이라 자처하거나 신이 되려고 하였다. 신이 인간을 찾아오는 구조가 아니라 인간이 신을 찾아 나서는 구조였다. 그래서 절대군주들은 스스로 신으로 자처하면 신처럼 되기 위해 도처에 자신의 형상을 신상으로 세워 숭배하게 하였다. 그러나 그들에게 닥쳐오는 죽음의 문제는 절대권력으로도 해결할 수 없었다.[45] 스스로 불사不死의 신이 되기 위해 필사적인 노력을 기울였다. 지배자들은 자신의 죽음을 받아들이기를 거부하고 자신의 영생불사를 위해 미라, 피라미드, 거묘 등을 만들었다. 심지어 자신의 가재도구와 몸종

---

45) 김상일(1988), 『인류문명의 기원과 한』(서울: 가나출판사), 105-106.

들을 함께 순장殉葬하여 죽은 뒤에도 산 사람처럼 행세하며 대접받을 수 있음을 과시하였다.

(4) 몰트만은 창세기에 기록된 '네피림이라는 거인족'이 바로 자신을 '신의 아들(하나님의 아들들)로 자처하여 아무 여자(사람의 딸들)나 아내로 취하는 세계의 폭력자들'(창 6:2-4)이라고 하였다.46) 노아의 홍수심판의 원인이 바로 이들 폭군들로 인해 세상이 '사람의 죄악으로 가득 차게 되고'(창 6:5), '그야말로 무법천지가 되어 있었기'(창 6:11) 때문인 것으로 설명한다.

엘리아데는 고대문명은 예외 없이 태양신이 풍요와 다산의 번식자이면서 동시에 세계의 주, 절대군주, 법의 수호자, 인간의 지배자로 등장한다고 하였다.47) 종교적 제의는 절대군주의 전유물이었고, 부족 간의 전쟁은 신들의 전쟁이 되었다. 패배자들의 신은 무력한 신으로 격하되고 그 추종자는 노예로 전락하거나 역사에서 사라지게 되었다. 지배자들의 신만이 신으로 존재하며 숭배되었다.

민족 간의 전쟁은 신들의 전쟁이 되었고, 패배자들은 노예로 전락하는 것을 당연시하였다. "결국 가장 강한 신이 다른 신들을 정복하고 승리를 거두어 왕이 되었다. 패배한 신들은 독립성을 잃고 왕궁의 신하가 되어야 했다."48)

노예들의 신은 무력한 신으로 역사에서 사라지게 되었고, 지배자들의 신만이 신으로 숭배되었다. 이처럼 지배자의 종교가 판치는 무법천지 속에서 하나님은 히브리 노예들을 자기 백성으로 삼으시고, 그들을 억압하는 절대군주로서 신의 아들을 자처하는 파라오의 압제에서 해방시킨 것

---

46) J. Moltmann(1997), 『오시는 하나님』, 김균진 역(서울: 대한기독교출판사), 175-176.
47) M. Eliade(1994), 『종교형태론』(서울: 한길사), 151.
48) D. Sölle(1993), 『사랑과 노동』(서울: 한국신학연구소), 29.

이다. 그리하여 히브리 노예들의 하나님의 출현으로 지배자의 종교가 아니라 피지배자, 약자의 종교가 등장하게 된 것이다.

이런 배경에서 보면 아라비아 종족인 구스의 세라가 침략하였을 때 남왕국 아사 왕(서기전 913-873)은 야웨 하나님이 '강한 자와 약한 자'가 싸울 때 약자를 도우시는 분이라는 확신을 보여 준다.

> "아사가 그의 하나님 여호와께 부르짖어 이르되
> 여호와여 힘이 강한 자와 약한 자 사이에는
> 주밖에 도와 줄 이가 없사오니
> 우리 하나님 여호와여 우리를 도우소서."(대하 14:11)

(5) 출애굽은 전향적 구원관을 제시한다. 신관이 달라지면 구원관도 달라진다. 지배자로 등장한 절대군주에게 있어서 구원은 이생에서 풍요와 다산을 누리는 것이고, 저 생에서는 영생 불사의 신성에 참여하는 것이었다. 그리하여 그들은 자신을 신으로 여겨 생전에 화려한 신전을 짓고 사후의 영생불사를 위해 거대한 피라미드를 조성하여 자신을 미라로 만들도록 온갖 기술을 개발하게 하였다.

그러나 출애굽의 하나님 야웨가 이루신 구원행위는 질적으로 다른 차원을 시사한다. 히브리 노예들은 정치적으로 억압을 받고 있는 노예였고, 경제적으로 강제노동과 각종 노동력의 착취에 시달려야 했으며, 또한 민족적으로도 차별과 적대의 대상이 되어 강제로 산아제한을 당해야 하는 비참한 처지에 있었다.

히브리의 하나님은 모세에게 네가 가서 내 백성을 파라오의 압제에서 구하라(출 3:10)고 명하신다. 여기서 나타나는 구원의 개념은 본회퍼D. Bonhöffer가 정확히 지적한 것처럼 정신적, 내세적, 개인적인 것이 아니라 정치적, 현세적, 공동체적이라는 의미에서 '역사적 구원'이었다. 본회퍼는 "이들이 이집트에서 구출된 것은 이 땅에서 하나님의 백성으로 살기 위함이었다"라고 하였다.[49] 이런 관점에서 제임스 콘은 공동체적 구원을 더욱 강조하였다. 그래서 "모든 사람이 다 해방되지 않는 한 어느 한 사람도 진정한 의미에서 해방될 수 없다"[50]라고 하였다.

하나님이 이스라엘을 이집트에서 "인도하여 내시다"라는 표현이 구약성서에는 83번 나오는데, 히브리어 '야짜아'(יצא, 나가다)의 '히필'형 '호치아'(הוציא)는 "자유하게 하다"는 의미가 있다.[51]

여호와 하나님은 특히 모세에게 명하기를 이집트의 지배자인 파라오에게 가서 '히브리 노예들의 하나님' 야웨가 자기 백성이 더 이상 파라오를 섬기지 않고 자유롭게 야웨 하나님을 섬길 수 있도록 조치할 것을 촉구하고 있다.

> "여호와께서 모세에게 이르시되 파라오에게 들어가서
> 그에게 이르라. 히브리 사람의 하나님 여호와께서 말씀하시기를
> 내 백성을 보내라. 그들이 나를 섬길 것이니라."(출 9:1)

저 유명한 십계명 서언에서 야웨 하나님은 자신은 이집트 노예들의 해방자로 규정하신다.

> "나는 너희를 이집트 땅,
> 종살이하던 집에서 이끌어 낸

---

49) D. Bonhöffer(1970), 『옥중서간』(서울: 대한기독교서회), 209-210.
50) James H. Cone(1979), 『눌린 자의 하나님』(서울: 이화여대출판부), 116.
51) 장일선(1990), 『구약신학의 주제』(서울: 대한기독교출판사), 112.

392 제9장 | 출애굽과 히브리 노예들의 하나님

주 너희의 하나님이다."(출 20:2, 참고 신5:6, 민 15:41, 호 12:10, 13:4)

이처럼 해방전승에서는 이스라엘 백성의 특수한 역사적 체험인 출애굽 사건에 나타난 이집트에서의 정치적·경제적·민족적 해방을 주제로 삼고 있으며, 이스라엘 백성의 역사적 사건을 통해 전개된 특수한 역사적 구원을 설명하고 있다.

그들이 이집트에서 노예로 존재하는 한 이러한 구체적인 구원의 실현은 불가능한 것이다. 주인의 호의로 어느 정도의 자유와 부귀를 누리면서 개인적으로 정신적이고 내세적인 구원을 어느 정도 누릴 수 있겠지만, 그러나 여전히 노예인 것이다. 노예는 노예일 뿐이다. 만약 이스라엘 백성들이 이집트에서 노예로 생활하면서도 야웨께서 베푸시는 구원을 온전히 누리고, 야웨의 거룩한 백성의 삶을 살 수 있었다면 출애굽 사건은 원초적으로 필요하지 않았을 것이다. 출애굽 사건은 노예들의 하나님께서 다시는 노예가 없는 세상을 만들기 위해 친히 노예들을 찾아와 그들을 이집트의 노예생활에서 건져 내신 '인류 역사상 최초의 집단적 노예해방 사건'으로 보아야 할 것이다.

출애굽기는 두 가지 대조적인 사회 모습을 보여 준다. 즉 파라오의 이집트 사회와 야웨 하느님의 이스라엘 사회이다. 이집트 사회는 파라오를 꼭지로 하는 삼각뿔 모양의 계급사회이다. 모든 땅과 인간은 파라오의 소유로서, 그의 종인 인간은 인간 실존의 가장 밑바닥 모습을 보여 준다. 반면에 이스라엘 사회는 원뿔 모양의 평등사회로서 땅과 사람은 모두 인간이 아닌 하느님의 소유이다. 따라서 사람은 누구도 땅을 소유하지 못하며 대신 정규적으로 재분배 받을 뿐이다(레위 25:13). 또 사람은 모두 '야웨 하느님의 종'으로서 평등하게 살아간다(레위 25:42).

출애굽은 단순히 정치적 압제에서의 해방만을 의미하지 않는다. 고대 근동의 지배자의 종교에서의 탈출이다. 서기전 3000년경부터 왕정의 시작과 함께 2000년이 넘도록 왕을 신으로 여기고 절대군주의 지배를 정당화시켜 온 이집트의 신화적 구조를 해체시킨 신학적 혁명이다.52) 출애굽 사건은 왕은 언제나 왕으로, 노예는 언제나 노예로 남아 있어야 했던 정태적 정통주의에 대한 혁명적인 대안으로 등장한 것이 분명하다.53)

이처럼 이집트에서 종으로 살았던 체험, 특히 그들을 자유롭게 해방시키신 야웨 하느님의 뜻을 좇아 이스라엘 사회는 이집트 사회와 전적으로 달라야 했다. 하나의 '대안사회代案社會'인 이스라엘 체제는 자신의 노력이 아닌, 야웨 하느님의 힘으로만 유지될 수 있는 것으로 여겼다.54)

인류 역사와 더불어 시작된 것으로 보이는 노예제도가 실제로 폐지된 것은 근대에 들어와서이다. 1863년 1월 1일 미국 대통령 링컨이 연방정부에 대항하던 남부연합정부의 노예들에 대해 '노예해방선언'을 발표할 당시 미국 내에는 400만 명의 노예가 있었으며, 노예제도 존폐 여부로 내전이 일어났다는 점을 상기하면 출애굽을 통한 하나님의 노예해방 사건의 전향적인 의미는 아무리 강조하여도 지나침이 없을 것이다.

---

52) B. W. Anderson(1983), 48-49. E. Voegel이라는 정치가는 이런 점에서 모세는 세계의 정치 무대에 새로운 유형의 인간으로 등장한다고 하였다.
53) P. D. Hanson(1987), 『성서의 갈등구조』(서울: 한국신학연구소), 40.
54) 성서와함께(1993), 40-41.

03

해방된 이스라엘의
전향적인 노예제도

　출애굽 사건은 성서를 통해 면면히 흐르는 구원에 대한 중요한 표상을 제공한다. 노예생활에서의 해방이라는 역사적 구원의 체험을 공유하여 전승하게 한 것이다. 이집트에서의 노예해방을 통한 구원은 그들로 하여금 다시는 사람이 사람을 노예로 부리지 못하게 하였다. 아무도 종으로 삼아서는 안 된다. 다시는 노예가 되지도 말고, 노예를 부리지도 못하도록 한 것이다.

　그러나 출애굽 이후에도 유대인들은 여러 차례 외국의 통치하에서 노예생활을 하였다. 한때는 페니키아인들의 전쟁포로였고, 페니키아인들은 이들을 다시 희랍인들에게 팔았다(욜 3:4-6). 블레셋인들 역시 이들을 잡아다 에돔으로 끌고 갔다(암 1:6). 앗시리아인들이 사마리아를 쳤을 때 대부분 유대인들은 그 백성의 노예로 앗시리아 땅으로 끌려갔다(왕하 17:6). 그리고 아모스는 인근지역 가사와 두로가 '사로잡은 자들을 에돔에 넘긴' 노예장사를 한 '죄로 말미암아 야웨께서 벌을 돌이키지 않을 것'이라고 경고하였다(암 1:6, 9).

　마침내 바벨론 군대가 이스라엘을 침략하여 예루살렘을 함락하고 많은 히브리인들을 바벨론으로 데려다 노예로 부렸다(대하 36:20). "소년을 팔아서 창녀를 사고 소녀를 팔아서 술을 사 마셨"으며, "유다 백성과 예루살렘 시민을 그리스 사람에게 팔아 넘겼다"(요엘 3:3, 6 표준새번역 개정판). 시리아 상인들은 유대인 노예들을 사기 위해 떼로 몰려왔다(마카비하 3:41).

포로 후기에도 사정은 달라지지 않았다. 희랍의 지배를 거쳐 로마 식민지 통치 기간에도 수많은 유대인들이 로마제국의 노예생활을 했다.

노예제도는 고대사회에 널리 통용되던 제도였다. 특히 절대군주제 국가는 실제로 노예국가였다. 통계적 추론이 가능한 사례로서 서기전 5세기 말경 아테네의 인구 중 노예가 30%였고, 로마공화국 말기 노예 비율은 35%였으며, 심지어 1860년 노예해방 직전의 미국 남부의 노예 구성 비율이 33%에 달하였다고 한다.[55]

고대 이집트에서는 귀족계급, 평민계급인 자유시민과 농민 평민, 그리고 노예로 구성되어 있었다.[56] 노예는 국가, 신전, 군대의 소유로서 사유재산으로 취급되었다. 전쟁의 전리품으로 얻은 것이든, 돈을 주고 사거나 부모에게 상속 받은 것이든 노예는 엄격히 말해서 '물건'이요 '상품'이었다. 노예는 노역용으로 빌려주기도 하고 담보로 제공하기도 했으며, 지참금의 일부로 넘겨주었고 노예시장에서 매매하기도 하였다.[57] 돈이 있는 자유인은 결혼한 노예들(노예 가족)을 사들이거나, 자기가 소유하고 있는 처녀 노예와 결혼할 수가 있었다. 노예의 자식들은 주인에게 소속되었으며(출 21:4), 이로써 노예의 숫자가 돈을 들이지 않고서도 증가하였다. 집에서 자라난 노예들은 물론 자기들의 주인에게 더욱 밀착

---

56) 문희석(1984), 『사회학적 구약성서해석』(서울: 양서각), 268.
57) R. de Vaux(1983), 『구약시대의 생활풍속』(서울: 대한기독교출판사), 151-152.

되어 있었고 좀 더 나은 대우를 받았지만, 그들의 사회적인 지위는 사들인 노예들의 지위와 마찬가지였다.[58]

여자노예는 일상노동 외에도 성적 유희의 대상으로 그리고 새로운 노예자원을 생산하는 도구로 이용되기도 했다. 노예가 불구가 되거나 살해되었을 때, 그 손실에 대한 보상은 상전이 받게 되어 있다. 노예 자신은 피해 당사자로 인정되지 않는다. 주인이 결혼을 시킨 경우 아내와 그들이 낳은 자식은 당연히 주인의 소유가 되었다(출 21:4).[59]

당시의 노예가 '상전의 재산'(출 21:21)이었다면, 그 가치는 얼마였을까? 요셉의 형들은 은 20세겔을 받고 그를 팔았다(창 37:28). 우가릿(라스 샤므라)에서는 노예의 값이 40세겔이었다.[60] 당시 품꾼이 1년에 약 10세겔을 받았다고(신 15:18) 하니 3, 4년 치 품삯이 노예의 몸값이었던 것으로 추산된다.[61] 신약시대에 와서 유다가 예수를 넘겨주기로 약속하고 받은 액수 역시 은 30세겔이니, 예수를 노예의 몸값으로 팔아넘긴 것이다(마 26:15). 출애굽기 21장 32절에 의하면 소가 종을 받아 죽게 하면 소의 주인이 종의 주인에게 은 30세겔을 물게 하였다. 노예 몸값이 소 값보다 못하였다는 것으로 보아 소보다 노예가 더 흔했다는 것을 추론할 수 있다.

헬라와 로마 세계에서 그토록 끊임없이 사회적인 온갖 긴장과 불안의 원인을 이루었던 엄청난 숫자의 노예들은 대부분 전시에 포획된 포로들이다(민31: 26 이하, 신21 :10 참조). 외국 노예시장에서 데려온 사람들도 있었다(레 25:44). 또 그 땅에 사는 외국인들도 히브리인들과 같은 이유, 즉 가난과 절도로 종이 될 수가 있었다(레 25: 45).[62]

---

58) R. de Vaux(1983), 151-152.
59) R. de Vaux(1983), 151-152.
60) R. de Vaux(1983), 156.
61) R. de Vaux(1983), 163-164.

그러나 이스라엘의 경우 자신들이 히브리 노예였고 히브리인들의 하나님 야웨의 은총으로 노예 신분에서 해방되어 자유인이 된 출애굽의 역사에 기초하여 더 이상 노예가 되지 말고 노예를 부리지도 못하게 하였다. 당시의 주변 국가들은 어떤 의미에서 노예국가였으나 이스라엘의 경우 실제로는 이러한 노예제도를 완전히 철폐하지는 못했지만 원칙적으로 노예제도에 대한 전향적이고 대안적인 제도를 마련하였다.

1) 이스라엘 사회에서 원칙적으로는 동족을 종으로 삼지 못하게 하였으며, 품꾼이나 동거인으로 대우하게 하였다. 원칙적으로는 노예제도를 금지한 것으로 볼 수 있다.

> "너와 함께 있는 네 형제가 가난하게 되어
> 네게 몸이 팔리거든 너는 그를 종으로 부리지 말고
> 품꾼이나 동거인과 같이 함께 있게 하라."(레 25:39-40)

그러나 현실적으로는 이러한 율법이 온전히 지켜지지 않았다. 이스라엘 사람들 중에는 소수이긴 하지만 동족의 노예들도 있었던 것이 확실하다. 경제적인 곤경이나 부채로 인하여 노예가 된 자들 이외에, 도둑질을 하였다가 그 범죄에 대하여 변상할 능력이 없고 그래서 그것에 대한 보상으로 팔려 간 도둑은 결국 노예가 되었다(출 22:2).

기드온은 바알의 성소를 파괴하기 위하여 자기의 시종들 중에서 열 명을 데리고 갔다(삿 6:27). 부유한 나발의 아내 아비가일 역시 다수의 노예를 소유하고 있었다. 그녀는 다윗과 결혼할 때 다섯 명의 여종을 데리고 갔다(삼상 25:29, 42). 사울이 죽은 뒤에 왕가의 토지를 관리한 시바는

---

62) R. de Vaux(1983), 151-152.

열다섯 명의 아들과 스무 명의 노예를 거느리고 있다(삼하 9:10).

왕조시대에는 두 종류의 공적인 노예들이 있었는데, 이것은 이웃 나라들에서와 똑같은 상태였다. 왕의 노예들과 성전의 노예들, 이들은 모두 외국에서 들어온 자들이며, 일반적으로는 전쟁의 포로들이거나 그들의 후손들이었다. 포로 후기에 와서는 많은 노예들이 성전의 시종에 편입되었고, 성전에서 시중드는 일을 맡게 되었다.[63] 에스라(2:64)와 느헤미야(7:66)에 의하면 포로생활에서 귀환한 자들 중에서 노예들의 수가 남녀를 모두 합하여서 7,337명이었고, 자유인은 42,360명이었다.[64]

2) 불가피하게 남종과 여종을 부리더라도 혹독하게 부리는 것을 금지하였다. 출애굽기(1:13)에 의하면 이집트인들은 이스라엘 백성을 더욱 '혹독하게 부렸'으나, 레위기(레 25:43, 참조 46, 53)는 "너희는 하느님 두려운" 줄 알아 그를 "심하게 부리지 말라" 하였다.

그 구체적인 사례로 함무라비 법전은 노예의 뼈를 부러뜨렸거나 노예의 눈을 멀게 했을 때, 그 노예 매매가격의 반액을 지불하도록 했다(199조). 그러나 계약법전은 종의 눈을 쳐서 상하게 하거나 이를 쳐서 빠뜨리면 그 보상으로 자유를 주어 보내라고 한다(출 21:26-27). 또한 매질로 인해 종이 즉사하면 주인도 처벌을 받는다(출 21:20-21). 동족을 노예로 팔아먹은 사람은 사형에 처하도록 하였다(출 21:16, 신 24:7).[65] 구약의 법 규범에는 고대의 이러한 '소유권' 사상 속에 '노예의 인간성'을 인정하는 사상이 침투되어 들어간다. 여기서 노예의 생명도 근본적으로 주인의 생명과 차이가 없다는 전향적인 의식이 배어 있다.[66]

따라서 이스라엘 자유인들이 누리는 모든 종교적 특권이 그들 노예들

---

63) R. de Vaux(1983), 167.
64) R. de Vaux(1983), 155.
65) R. de Vaux(1983), 154-155
66) 한국신학연구소(1992), 『함께 읽는 구약성서』(서울: 한국신학연구소), 282.

에게도 해당되었고, 그중 안식일(출 20:10)이나 절기나 잔치(신 16:10, 11)에 그리고 율법 강의를 듣기 위해 모임 장소에 참석하는 권리(신 31:10-13) 등이 포함된다.

3) 도망친 노예를 보호하였다. 신명기는 "주인의 손을 벗어나 너희에게 피신해 온 종을 너희는 본 주인에게 내주지 못한다. … 그리고 그가 고르는 곳에서 살게 해주어야 한다"(신 23:16-17)고 규정한다. 누지 문서에서는 도망친 노예를 숨겨 준 사람에게 벌금이 부가되었고, 함무라비 법전에 따르면 도주하도록 도와준 자, 숨겨 준 자, 주인에게 내주지 않은 자는 사형에 처해졌다. 또한 동방의 국가들은 국제조약을 맺을 때, 상대방 국가로 도주한 노예들을 다시 주인의 나라로 인도해 주어야 한다는 규약을 포함하고 있다. 그렇기 때문에 시므이도 자신의 두 노예가 "갓의 왕 마아가의 아들 아기스"에게로 도망갔다는 소문을 듣고 찾아가서 도로 찾아올 수 있었다(왕상 2:40). 고대 근동에서는 도망친 노예를 주인에게 넘겨주는 것이 자명한 규칙이었다. 이에 비해 신명기법은 그대로 시행되지는 않은 것 같으나, 그 법정신에 있어서 혁명적인 법이라 할 수 있다.[67]

4) 히브리인들은 같은 동포 사이에 한시적인 '고용노예'가 허용되었다. 보통 가난 때문에 즉 빚을 갚지 못하거나(레 25:39), 절도죄로 손해배상을 하지 못하여(출 22:2, 3) 노예가 되기도 하였다. 이런 히브리 동족 노예는 언제라도 친척이 구조할 의무가 있었다(레 25:48, 49). 친척을 구해 주지 못하더라도 6년 동안 봉사를 하고 나면 안식년에는 모든 노예를 해방시켰다. 출애굽기(21:2-6)에 의하면, 6년 동안의 노예생활이 지난 다음에 남자노예들은 해방되어야 한다.[68] 신명기(15:12-18)에 의하면, 남녀를 막론하고 어느 '히브리인'이 자기의 어느 동족에게 팔려갔을 때,

---

67) 한국신학연구소(1992), 283.
68) R. de Vaux(1983), 162.

그 사람은 6년 동안 주인에게 종살이를 하고, 7년째에는 자유인이 된다. 신명기법은 시드기야의 노예해방령(렘 34:8-22)의 전거로 사용되기도 하였다. 그러나 느부갓네살이 예루살렘을 포위했을 때, 그곳의 주민들은 이 포고령에 따라 자기 집에 있는 히브리인 노예들을 해방시켰으나, 성의 포위가 일시적으로 풀리자 이 노예해방법에 의해 해방시켰던 노예들을 다시 잡아다가 강제로 노예로 삼았다. 이때 예레미야는 야웨의 법을 위반한 것에 대해 책망했다고 한다.[69]

5) 6년 동안 머슴살이 한 종을 팔지 못하게 하였다. 현실적으로 자기 몸까지 담보로 해서 노예가 된 사람이 노예해방법에 의해 7년째 되는 해에 해방을 얻더라도 생계의 대책이 없으면 그는 영구노예를 자청하지 않을 수 없다. 이때 그 증표로 문기둥에 귀를 대고 송곳으로 구멍을 뚫는다(출 21:5-6). 이러한 법은 가족관계를 악용해서 영구노예화할 제도적 근거가 될 수 있었다.

6) 희년에는 영구노예도 해방하도록 하였다. 또한 안식년 해방법에서 제외됐던 영구노예(자원해서 귀에 구멍을 뚫은 노예 및 노예인 부모 사이에서 태어난 가내출생 노예)도 희년의 노예해방 대상에 포함된다. 탈굼 요나단 Targum Jonathan에서는 '영구노예'에서 '영구'라는 단어를 '희년까지'의 뜻으로 해석한다.[70]

7) 이스라엘 백성은 자신들보다 약소한 이방인을 압제하지 말아야 한다. 성서에 나타난 이방인은 게르ger, 토샤브tosab, 노크리nokri가 있는데, 게르는 모든 약자보호법의 보호를 받는 대상이었다. 토샤브는 게르보다는 덜 동질화되어 있으나 역시 호의적 대우를 받는 존재들이다. "너희 가운데 누가 옹색하게 되어, 너희에게 의탁해야 할 신세가 되거든, 너

---

69) R. de Vaux(1983), 153.
70) 한국신학연구소(1992), 284.

희는 그를 게르와 토샤브처럼 대해 주라"(레 25:35)고 한다. 오히려 자기 동족을 게르나 토샤브처럼 대하라고 하여 이들을 이상적인 대우의 모델로 선택한다. 이에 비해 이자를 받거나 탕감대상에서 제외되는 이방인(신 15:3, 23:21)은 노크리이다. 노크리는 아마 일시적으로 이스라엘에 거주하며, '몸 붙여 사는' 외국 상인으로 생각된다.[71]

"너에게 몸 붙여 사는
외국인을 네 나라 사람처럼 대접하고 네 몸처럼 아껴라.
너희도 이집트 나라에 몸 붙이고 살지 않았느냐?
나 야웨가 너희 하느님이다."(레 19:34, 공동번역)

---

71) 한국신학연구소(1992), 278.

04
우리 시대의 노예제도 폐지와
이주민 문제

1) 우리 시대의 노예제도 폐지 역사

인류 역사가 시작되면서부터 시행되었을 노예제도가 근대에 접어들면서 공식적으로 폐지되기 시작하였다.

(1) 최초의 노예해방은 영국의 찰스 얼 그레이 수상에 의해 선포되었다. 그는 1834년 8월 1일 "영국의 모든 식민지에서 노예제를 폐지하며, 75만 명의 노예를 해방한다"고 발표하였다. 이 조치는 당대 서구사회를 아우르던 계몽사상의 영향도 있었지만 산업혁명의 여파로 사실상 도시에 우후죽순으로 세워지는 공장에 값싼 노동력이 필요하였고 노예들을 해방시켜 임금노동자로 전환하는 것이 자본주의 발전 과정에서 경제적으로 더 이익이 되었기 때문이었다. 노예 소유주들에게 보상도 이루어져 약 2천만 파운드 가량의 국고가 지출되었다.

(2) 두 번째 노예해방은 프랑스에서 이루어졌다. 1776년 디드로는 "흑인 노예매매가 종교, 도덕, 자연법, 인권을 해친다"라고 주장하였다. 그러다가 1792년 프랑스 혁명으로 피부색에 상관없는 완벽한 시민권 부

여를 선언하지만 나폴레옹이 이것을 뒤집어 버리고 노예제도를 인정하였다. 덕분에 프랑스는 영국보다 늦은 1848년 2월 혁명 이후 제2공화정에서 노예제도 폐지가 이루어졌다.

(3) 미국에서의 노예제도 폐지는 1863년 1월 1일에 링컨의 '노예해방선언'으로 이루어졌다. 이는 흑인 노예제도 폐지 등으로 남북전쟁이 일어난 후 북군의 전황이 유리하게 전개되자 북군의 사령관인 링컨이 남부 노예의 해방에 대한 권리를 부여한 것에 불과하였다. 제대로 노예가 해방된 것은 1865년 북부 연방의회가 노예제도에 대한 전면금지 수정헌법을 통과시킨 다음이었다. 링컨이 노예제도를 폐지한 것도 계몽주의 사상이나 기독교 신앙에 입각한 노예해방론자였기 때문으로 보는 견해보다는, 농업 위주 남부의 400만 명 정도의 노예를 해방시켜 공업 위주 북부의 노동자를 수급하기 위한 경제적인 이유가 그 동기 속에 내재해 있었다는 분석이 지배적이다.

(4) 러시아에서는 1861년 3월 3일 차르 알렉산드르 2세가 농노해방을 선포하였다. 대지주들의 반대에도 불구하고 "우리가 위로부터 농노를 해방하지 않으면 그들이 아래로부터 스스로를 해방시킬 것이다"라는 유명한 말과 함께 농노해방이 불가피함을 역설한 것이다. 당시 러시아는 인구가 5천만 명 정도였는데, 90퍼센트가 농민이었다. 농민은 국유지를 경작하는 농민과 지주의 사유지를 경작하는 농민으로 구분되었는데, 지주에 속한 농민은 대부분에 농노였다. 이들의 수는 대략 농노해방 당시 2천 2백만 명으로 추산된다.

농노해방은 러시아의 산업 발전에 필요한 노동력을 공급하는 효과를 낳았다. 농노해방령에 의해 일시적으로 해방된 농민들이 토지상환금이나 조세 납부를 위한 현금 획득의 필요성 때문에 도시로 몰려들어 값싼 노동력을 공급했기 때문이다. 농노해방령과 더불어 러시아는 뒤늦게나

마 봉건제에서 벗어나 자본주의로의 길로 접어들었다. 그러나 급격한 자본주의 이행으로 자본주의의 모순을 그대로 노출시켰다. 해방된 농노가 도시에 몰려 임금노동자로 전락하면서 의식주와 최저생계가 보장되지 않았다.

비록 표면적으로는 농노를 해방하고 해방된 농노들의 사유지의 경작을 확대하였지만, 농노제의 폐지는 귀족과 지주들의 특권과 권력을 유지하는 범위 내에서 실시되었다는 점에서 반개혁적 성격이 짙다. 따라서 농민들에 대한 처우와 토지소유권의 불합리성에 관한 논쟁은 여전히 사회적 불안요인으로 남아 있을 수밖에 없었다. 그리하여 러시아에서 인류 역사상 최초의 공산주의 혁명이 일어날 수밖에 없는 상황으로 발전하게 된 것이다.

(5) 우리나라의 경우 조선시대에는 일천즉천一賤則賤이라 하여 '부모 중 하나만 천하면 자식도 무조건 천하다'고 여겼다. 그리고 종모법從母法에 따라 어머니가 노비면 자식도 노비로 삼았다. 노비끼리 결혼하면 그 자식은 전적으로 여자노비를 둔 집안에 귀속되었다. 노비 수는 공노비公奴婢와 사노비私奴婢로 대별되는 이들을 합한 것이 18세기 후반에는 전체 인구의 약 30% 정도인 것으로 추산된다. 조선시대에는 노비 2~3인을 합친 매매가격이 겨우 '말 한 필 값' 정도였다고 한다.

1801년 순조는 공노비 6만 6천 명의 노비문서를 소각하였으며, 1866년 3월 흥선대원군이 노비 세습을 폐지하였다. 1894년 갑오개혁으로 노비제도가 공식적으로 완전 폐지되었다. 부모가 노비라고 해서 자식이 '공식적인 차별'을 받을 일은 사라졌다. 노비의 자식이 태어나자마자 거래가 되는 일이 금지되었고 또한 빚이 있다는 이유로 평민을 강제로 노비로 삼는 것도 금지되었다. 갑오개혁 이후에 '신분제 자체가 철폐'되어 더 이상 공식적으로 양반과 상놈의 구분이 사라지게 된 것이다. 그러나 법적으로는 노비제도가 폐지되었지만 이와 유사한 머슴제도가 도입되어 머슴이 노비와 동일시되는 경향은 1950년대까지 사라지지 않았다.

이처럼 전 세계적으로 수천 년 동안 지속되어 온 노예제도는 근대에 들어와서 폐지되기 시작하여 북아프리카 사하라 사막 서안에 위치한 모리타니가 1981년에야 노예제를 폐지함으로써 공식적으로 노예제도가 사라졌다. 실로 출애굽의 노예해방 사건이 있은 지 3000여 년이 지나서 비로소 법적 신분으로서의 노예제도가 인류 역사에서 철폐된 것이다. 그렇다고 해서 노예적인 삶을 사는 이들이 실제로 모두 사라졌다는 의미는 아니다.

2) 다문화가정과 이주민 선교의 과제

세계은행은 공개한 '세계개발보고서 2013년판'에 의하면 전 세계에 9000만 명의 이주노동자가 있는 것으로 나타난다.[72] 법무부 출입국외국인정책본부에 따르면 2013년 국내 체류 외국인 수는 157만 6천 34명을 기록하며 불과 10년 사이에 외국인 수가 2배 이상으로 급증했다고 한다.[73] 이주민선교 기초조사 보고서(2013년 2월)에 의하면 2013년 1월 현재 국내 체류 외국인 150만 명과 초중고 재학 다문화가정 학생 5만 명 시대를 맞이하였다. 55만 중국동포, 40만 이주노동자, 25만 결혼이민자와 10만 유학생, 4천여 난민 신청자 등이 있는 것으로 조사되었다.[74]

40년 후인 2050년에는 인구 10명당 최소 1명은 외국인이 될 것이라

---

72) "전세계 실업자 2억명… 젊은층 7500만명", 「국민일보」, 2012. 10. 2.
73) "체류 외국인 지난해 157만명… 10년 새 2배로", SBS, 2014. 1. 20.
74) "이주민선교 기초조사 보고서 발표", 「업코리어」, 2013. 10. 14.

고 한다.75) 실제 최근 정부기관의 통계자료들은 하나같이 세계 최저 출산율과 초고속의 고령화를 보이고 있는 한국사회가 머지않은 미래에 급격한 인구감소와 더불어 심각한 노동력 부족 현상을 겪게 될 것임을 경고하면서 그 공백을 메울 이주민 유입의 필연성을 시사하고 있다.

그럼에도 불구하고 여성가족부가 발표한 '2012 다문화가족 실태조사'의 결과를 보면 결혼이민자나 귀화자의 41.3%가 외국인이라는 이유로 차별이나 무시를 당했다고 한다. 이는 3년 전보다 오히려 나빠진 통계이다.76) 한국사회가 다문화 시대를 맞았지만 이주노동자, 결혼이주여성 등에 대한 편견과 혐오는 일상화됐다는 지적이 제기됐다.

정혜실은 "한국사회 일상적인 인종적 편견과 인종 혐오주의의 세력화"라는 글에서 서울과 경기도 몇몇 지역은 이주민의 게토화된 지역으로 인식돼 버렸다고 주장했다. 그는 "아시아에서 온 이주민은 빈곤을 상징하고, 주류의 도움을 받아야 하며, 동정심의 대상이거나 범죄를 저지를 가능성이 잠재된 존재가 됐다"면서 "정부 정책도 동일성의 범주에서 벗어난 사람들을 인종적으로 서열화·위계화하면서 감시와 통제로 관리한다"고 비판했다. 일부는 이주민들을 자신들의 일자리와 공간 그리고 복지혜택을 갉아먹는 존재로 경쟁조차 싫은 증오의 대상으로 바라본다고 우려했다. 공익 광고나 TV 드라마 등에서도 다문화 가족에 대한 편견이 드러나며 인터넷 공간에서는 반反다문화적인 의견이 유포된다는 것이다.77)

다문화가족에 대한 차별의 문제 외에도 다문화가족의 취업과 빈곤문제, 다문화가족의 가족 갈등과 이혼의 문제, 다문화가족의 자녀교육 문

---

75) "결혼이민자 성공적 정착이 진정한 사회통합 첫걸음", 「문화일보」, 2013. 9. 13.
76) "다문화가족 차별하며 '세계 속 한국' 말하는가", 「세계일보」, 2013. 2. 27.
77) "이주 외국인에 대한 인종적 편견·혐오 일상화됐다", 「연합뉴스」, 2013. 12. 17.

제 등 해결해야 할 과제가 산적해 있다.

최근 한국교회에서도 이주민 또는 다문화가족에 대한 선교가 다양한 형태로 이루어지고 있다. 이주민선교 기초조사 보고서(2013년 2월)에 의하면 이주민선교에 참여하는 교회, 기관, 단체의 형태와 관련해서는 교회부설 28%, 이주민기관 17%, 복합형태(교회+선교기관) 16%, 이주민선교센터 16%, 이주민교회 10%, 독립외국인교회 7%로 나타났다. 이주민선교의 목적과 관련해서는 통전적 28%, 전도 25%, 세계선교 19%, 인권 및 삶의 질 개선 17%, 교회개척 8%로 통전적 입장이 다수이다.

이주민선교의 부문과 관련해 보면 이주노동자선교 32%, 결혼이민여성선교 29%, 다문화가정자녀선교 19%, 유학생선교 15%, 난민선교 5%로 나타났다. 이주민 숫자로 비교하면 이주노동자선교 교회, 기관은 절반에 불구하고, 결혼이민여성선교는 1.7배, 다문화가정선교는 3배, 유학생선교는 1.3배, 난민선교는 50배이다. 난민숫자는 적지만 난민이 처한 절박한 상황 때문에 비율이 높다고 할 수 있다.

"너희는 나그네를 사랑하라 전에 너희도 애굽 땅에서 나그네 되었음이니라"(신 10:19)는 말씀에 따라 한국교회가 이주민이나 다문화이웃을 섬기는 이주민선교에 박차를 가해야 할 때이다.

제10장

이스라엘 백성과

계약을 체결하신 하나님

"이제 너희가 나의 말을 듣고 내가 세워 준 계약을 지킨다면,
너희야말로 뭇 민족 가운데서 내 것이 되리라."

(출애굽기 19:5)

"우리 하느님, 높고 힘 있으시고 두려우신 하느님,
한 번 맺은 계약은 어김없이 지키시는 하느님"

(느헤미야 9:32)

01

시내산 계약공동체와
계약의 하나님

1) 시내산 계약과 역사적 배경과 계약 조문

이스라엘이 시내산에 머무는 동안 이스라엘 백성 전체가 그들을 선택하여 이집트에서 구원하여 주신 하나님과의 특수한 관계를 새롭게 설정한다. 야웨 하나님은 히브리 노예들로 하여금 "제사장 나라와 거룩한 백성"(출 19:6)으로 삼기 위하여 역사적이고 공동체적이고 쌍무적이며 인격적 계약을 체결한다. 주군主君과 봉신封臣이 사이의 계약이 아니라, 신과 노예출신의 집단이 쌍방의 의무를 규정하는 역사적 계약을 체결했다는 것은 고대 문화나 종교에서 찾아 볼 수 없는 특이한 사건이다. 이 사건의 의미도 그 역사적 배경에서 파악되어야 한다.

구약에서 '계약'을 뜻하는 '베리트'(בְּרִית)라는 단어는 대략 275번 나온다.[1] 이 용어는 개인들 사이에서,[2] 국가들과 그 대표자들 사이에서,[3]

---

[1] Ralph L. Smith(1993), 『구약신학』(서울: 크리스챤다이제스트), 172. 룻기, 에스더서, 전도서, 아가서, 예레미야애가, 요엘서, 오바댜서, 요나서, 미가서, 나훔서, 하박국서, 학개서를 제외한 구약의 모든 책에서 발견된다. 이 단어는 오경에서 80번 가량, 전기 예언서에서 70번, 후기 예언서에서 75번, 성문서에서 60번 사용된다.

왕들과 그들의 신민들 사이에서(삼하 5:3, 왕하 11:17), 남편과 아내 사이에서(겔 16:8, 말 2:14, 잠 2:17) 맺어진 합의라는 세속적인 의미로도 사용된다.4)

성서에는 많은 계약체결이 등장하지만 계약 자체는 성서의 고유한 개념은 아니다. 고대 근동문서들의 발굴로 많은 외교문서와 그중에 위대한 왕과 봉신 사이의 체결된 계약문서들이 많이 발굴되었다.

그러나 야웨 하나님과 탈출한 노예집단 전체가 계약을 체결한다는 것은 당시로서는 '세상이 깜짝 놀랄 일'이었던 것이 분명하다.

> "내가 이제 너희와 계약을 맺겠다.
> 온 세상 어느 민족 사이에서도 이루어진 적이 없는
> 놀라운 일을 내가 너희 온 백성 앞에서 이루리라.
> 너희 주변에 사는 모든 백성이 야웨가 하는 일을 보리라.
> 이제 나는 세상이 깜짝 놀랄 일을
> 너희와 더불어 해 보이겠다."(출 34:10, 공동번역)

십계명은 야웨 하나님과 히브리 노예들의 계약조문이다. 이 십계명의 양식은 13세기 애굽 왕과 헷 왕 사이에 맺어진 종주권 조약suzerainty treaty의 양식과 유사한 것으로 알려져 있다. 종주권 조약은 주군과 봉신 사이의 일종의 계약서인데, 그 기본적인 형태는 조약 전문을 비롯한 6개의 양식으로 구성되어 있다. 시내산 계약으로 불리는 십계명도 내용은 전적으로 다르지만 그 양식은 거의 유사하다.5)

---

2) 창 21:22-24, 26:13-33, 47:29, 삼상 18:3, 23:18.
3) 왕상 5:1-12, 15:19, 20:34.
4) Ralph L. Smith(1993), 172.
5) N. K. Gottwald(1987), 『히브리성서 1』(서울: 한국신학연구소), 250; B. W.

1. **전문**: 계약 당사자의 소개

   "너희 하나님은 나 야웨이다."(출 20:2, 신 5:6, 수 24:2)

2. **역사적 서언**: 조약 당사자들 간의 과거사 요약

   "바로 내가 너희를 이집트 땅 종살이 하던 집에서 이끌어 낸 하나님이다."(출 20:2, 신 1-3장, 5:6, 수 24:2-13)

3. **규정 조문**: 하급자의 지켜야 할 계약 의무규정(출 20:3-17, 신 5:7-21, 12-26장, 수 24:14)[6]

   1계명: 내 앞에 다른 신을 섬기지 말라.

   2계명: 나를 본뜨거나 새기거나 비슷한 것을 만들지 말라.

   3계명: 너의 하나님의 야웨의 이름을 함부로 부르지 말라.

   4계명: 안식일을 거룩하게 지킬 것을 명심하라.

   5계명: 네 아버지와 어머니를 공경하라.

   6계명: 살인하지 말라.

   7계명: 간음하지 말라.

   8계명: 도적질하지 말라.

   9계명: 네 이웃에게 거짓 증거하지 말라.

   10계명: 네 이웃의 집을 탐내지 말라.

4. **조약문서 보관**: 신전 보관과 정기적 낭독에 관한 규정

   "법궤를 만들고 그 속에 10계명 두 돌 판을 넣어 성막에 안치하라."(출 25:21, 40:2, 신 10:5, 27:2-3, 31:10-11)

5. **조약의 증인**: 채택된 증인 목록

   "여러분이 야웨를 택하고 그를 섬기겠다고 한 그 말의 증인은 바로 여러

Anderson(1983), 114-115. 두 학자의 견해를 종합하였다.

6) B. W. Anderson(1983),『구약성서의 이해 I』(왜관: 분도출판사), 112. 원래 형태의 십계명을 재구성한 것으로 간결한 형태의 정언명령이라 할 수 있다.

분이오."(수 24:22, 27, 사 1:2, 미 6:1-2)

6. **상벌 규정**: 규정 준수 여부에 따른 축복과 저주 규정

"보라, 내가 오늘날 생명과 복과 사망과 화를 네 앞에 두었나니…."(신 30:15-18, 신 27-28장)[7]

시내산 계약에서도 계약조문의 낭독과 계약체결 의식이 등장한다. 모세가 계약조문을 낭독하자 모든 백성이 "야웨께서 말씀하신 대로 다 따르겠습니다"(출 24:7, 공동번역)라고 다짐한다. 모세는 희생제사를 드린 뒤에 양을 잡아 그 피를 양푼에 담고 반은 제단에 반은 백성에게 뿌림으로써 계약을 자르는 의식을 대신하고 이렇게 선언하였다.

"이것은 야웨께서 너희와 계약을 맺으시는 피다.
그리고 이 모든 말씀은 계약의 조문이다."(출 24:8, 공동번역)

계약체결 의식 가운데는 송아지를 잡아 쪼개어 놓고 그 사이를 계약 당사자가 내왕하는 의식이 관행적으로 시행되곤 하였다(창 15:5-18; 렘 34:18). '계약을 자르다cut the berith'는 관용어가 생겨났는데, 제임스 바James Barr에 의하면 이러한 표현이 구약에 80번 사용되었다.[8] 계약을 위반하는 자는 쪼개진 저 짐승들과 같은 운명에 처해질 것이라는 "조건적 자기 저주conditional self-cursing"을 외쳤던 계약 관습을 반영한다.[9]

"너희들이 송아지를 두 토막으로 갈라놓고 그 토막 사이로 지나가며 내

---

7) 신명기 27장에는 12가지 저주의 규정이 등장하고, 28장에는 축복의 말씀이 선언된다.
8) Ralph L. Smith(1993), 174.
9) 김이곤(1989), "시내산 계약 체결",「기독교사상」1월호, 230-231.

앞에서 계약을 맺었으면서도, 이제 그 조문을 지키지 않고 계약을 어겼으니 나는 너희들을 그 송아지 꼴로 만들고 말리라."(렘 34:18, 공동번역)

그러나 시내산 계약에서는 피 뿌림의 계약 의식(출 24:6-8)으로 계약 체결 의식을 대신하였다.

(1) 수송아지를 잡아서 번제와 화목제를 드리는 일
(2) 희생의 피를 절반씩 나누어 계약 당사자에게 뿌리는 일
(3) 제단에 피를 뿌린 후 율법 준수에 관한 백성의 비준을 받는 일
(4) 백성에게 피를 뿌린 후 계약 체결을 선포하는 일

피 뿌림은 이처럼 계약 이행을 약속하는 '계약 비준의 의식'이면서도 동시에 계약 위반 시 번제나 화목제를 통해 피를 뿌림으로 속죄함을 얻는 다는 구원론적 의미도 포함되어 있다.[10] "이 피야 말로 생명을 쏟아 죄를 벗겨 주는 것"(히 17:11)이며 "피 흘리는 일 없이는 죄를 용서 받지 못"(히 9:11)하기 때문이다.

2) 고대 근동의 종주권 조약과 시내산 계약

시내산 계약과 종주권 조약의 형식적 유사성에도 불구하고 그 명백한 차이점이 제기되어 왔는데, 갓월드는 그 차이점 몇 가지를 주장한다.[11]
(1) 종주권 조약에서는 언제나 두 계약 당사자인 주군主君국가와 봉신封臣국가 사이에서 체결되었고 그 목적은 새로운 주군국가에 대한 봉

---

10) 김이곤(1989), 232-233.
11) N. K. Gottwald(1987), 『히브리성서 1』(서울: 한국신학연구소), 276.

신국가의 의무를 규정하기 위함이었다. 그러나 시내산 계약에서는 야웨 하나님과 이스라엘 백성 사이의 계약으로 하나님의 '새로운 백성 전체의 의무'를 규정하기 위하여 체결되었다. 이스라엘은 "이스라엘 백성으로서의 전 역사를 가지지 않은 새로운 백성"으로 자신을 이해한다. 시내산 계약의 서언(序言)에 명시한 것처럼 시내산 계약은 이스라엘 백성을 이집트 땅 종살이 하던 집에서 해방시킨 야웨 하나님의 은총에 대한 하나님의 백성의 의무를 규정한 것이다.

(2) 종주권 조약에서는 주군국가와 봉신국가의 사이의 외교정책을 통제하고 지배권을 확보하기 위한 범위 내에서 내정을 간섭하였을 뿐이다. 그러나 시내산 계약에서는 하나님과 이스라엘 백성 사이의 상호관계의 내적 원리뿐 아니라, 종교 · 정치 · 행정 · 경제 · 관습 등에 관한 전반적인 세부사항들이 계약의 조문으로 언급되고 있다. 따라서 시내산 계약은 초기 이스라엘 계약공동체가 "제사장 나라와 거룩한 백성"(출 19:6)이 되어야 한다는 새로운 공동체 패러다임을 제시하는 것이었다.

(3) 종주권 조약에서는 주군국가는 둘 이상의 봉신국가와 등거리 외교 조약을 맺을 수 있었다. 그러나 시내산 계약에서는 이스라엘은 야웨의 유일한 백성으로서 배타적인 계약의 성격을 띠고 있다. 이스라엘 백성 역시 하나님 외에는 그 어떤 주변의 신과도 계약을 맺을 수 없다는 점에서 그 성격이 판이하게 다른 것이다. 따라서 십계명의 근본 구조인 "너희 하나님은 나 야웨이다"라고 하는 서술적 진술Indicative은 곧, 그러므로 "너희는 내 앞에 다른 신을 모시지 못한다"는 당위적인 명령Imperative으로 이어진 것이다.[12] 이런 점에서 종주권 계약의 모델을 수정하고 근본적으로 변혁시킨 대안모델anti-model이라고 볼 수 있다.[13]

---

12) 박준서(1988), 『성서와 기독교』(서울: 연세대학교출판부), 62.
13) N. K. Gottwald(1987), 276.

(4) 특히 니콜슨은 앗수르의 주군들이 이스라엘 땅과 백성을 복속시켰다는 점에서 주군은 봉신들을 사랑의 대상이 아니라 지배의 대상으로 여겼으며 따라서 "봉신들은 그들을 정복하고 복속시킨 지배자들을 사랑하지 않았다는 것은 너무나 자명하다"라고 하였다.[14] 그러나 하나님은 이스라엘 백성을 사랑하여 그들을 택하고 이집트에서 해방시킨 것이며, 이스라엘 백성을 역시 이 하나님의 사랑에 응답하여 하나님을 사랑하여야 했던 것이다(신 6:4-5). 따라서 종주권 조약의 복종과 지배의 주종관계이므로 시내산 계약에 나타나는 이스라엘 백성과 하나님 사이의 상호적인 사랑의 관계와는 결정적으로 다르다고 하였다.

(5) 무엇보다도 당시의 종주권 조약은 조약 쌍방 간의 한시적인 조약이었다. 시내산 계약의 경우 이스라엘 백성의 후손 모두에게 적용되는 계약이라는 점을 주목하여야 한다. 그래서 출애굽 사건이 있은 지 500년이 지난 뒤에도, 이스라엘 백성들은 시내산 계약이 조상들뿐 아니라 이스라엘 후손들에게 한결같이 적용되는 계약임을 고백하고 있다. "우리 하나님 여호와께서 호렙 산에서 우리와 언약을 세우셨나니, 이 언약은 여호와께서 우리 조상들과 세우신 것이 아니요 오늘 여기 살아 있는 우리 곧 우리와 세우신 것이라"(신 5:2-3)고 하였다.

---

14) R. Smith(2005), 170.

02
십계명의 계약신앙과
계약의 하나님

십계명은 야웨 하나님께서 이스라엘 백성이 400여 년간 이집트의 노예살이하던 고통을 하감하시고 그들을 해방시킨 다음 그들이 "제사장 나라와 거룩한 백성"(출 19:6)되기 위해 마땅히 지켜야 할 규범들을 계약조문 형식을 약속한 것이다.15) 따라서 십계명은 하나님의 약속 중의 약속이며, 말씀 중에 말씀이며, 율법 중의 율법이다.16)

타 종교의 계명과 십계명을 비교해 볼 때 가장 두드러진 차이는 하나님과 하나님 백성과의 관계에 대한 계명이다. 시내산 계약을 통해 하나님은 다시 한 번 "너희 하나님은 나 야웨이다"(출 20:2, 신 5:6, 수 24:2)라고 자신을 계시하시고, "바로 내가 너희를 이집트 땅 종살이 하던 집에서 이끌어 낸 하나님이다"(출 20:2, 신 1-3장, 5:6, 수 24:2-13)라고 밝히신다. 십계의 첫 세 계명은 바로 이러한 야웨 하나님에 대한 전향적 신관을 제

---

15) G. von Rad(1976), 『구약성서신학 I』, 227.
16) 주기도문이 신약성경의 주요 내용이 함축된 가장 중요한 문서이듯이 십계명은 구약성서의 주요 내용이 함축된 가장 중요한 문서이다. 그래서 루터가 종교개혁을 통해 성서로 돌아가자는 구호와 함께 제일 먼저 가르친 성경의 내용이 십계명과 주기도문 그리고 사도신경이다.

시한다.

1) 둘도 없는 하나님

"너는 나 외에 다른 신들을 네게 있게 말지니라"는 첫 번째 계명은 최초의 유일신관의 선언이다.

출애굽 당시 이집트를 비롯한 고대 근동지방에서는 천지신명이나 목석, 심지어 자연현상까지 신성시하는 다신론적인 원시 자연종교의 잔재가 그대로 남아 있었다. 이집트의 최고신 레Re(또는 Ra)는 태양의 신이었고, 가나안의 최고신 바알은 폭풍의 신이었다. 창조신관의 전통에 따르면 하나님의 피조물에 불과한 일월성신이나 자연현상은 더 이상 신이나 반신半神으로 숭배되거나 두려움의 대상이 될 수 없다.

프로이트는 유대인의 종교와 이집트인의 종교 사이에 첨예한 대립이 있음을 지적하였다. 엄격한 유일신교와 자유분방한 다신교의 원칙적인 대비는 간단히 도출될 수 있다고 하였다.[17]

"유대인의 종교는 거대 규모의 엄격한 유일신교다. 이 종교에는 유일한 신이 있을 뿐이다. 그만이 유일하고, 전지전능한 신, 접근 불가능한 신인 것이다. … 그러나 이집트종교에는 그 신격과 기원에 따라 무수한 신들이 있다. 하늘, 땅, 해, 달과 같은 자연력을 의인화한 신도 있고, 마아트Ma'at(진리 혹은 정의) 같은 추상개념의 신이 있으며, 난쟁이 모습의 베스Bes 같이 희화한 신도 있다."[18]

---

17) N. K. Gottwald(1985), 283-239.
18) S. Freud(1996), "인간 모세와 유일신교", 『종교의 기원』(서울: 열린책들), 27.

제1계명으로 "다른 신들을 두지 말라"고 한 것은 이러한 평균적 신관의 배경에서 이해되어야 한다. 무로부터 말씀으로 천지를 지으신 야웨는 신전神殿도 갖고 있지 않으며 배우자나 자손도 없다. 따라서 성서에는 신들의 계보로서의 신화가 등장하지 않는다.

이스라엘은 처음부터 지방의 자연신이 아니라 우주 전체를 다스리는 최고신을 숭배한 것이다. 존 브라이트는 이를 "제신諸神들의 비신화非神化"라고 하였다.19) 만신전pantheon으로 표상되는 그 무수한 신들이 진정으로 신일 수가 없기 때문이다.

> "여호와와 같이 거룩하신 이가 없으시니 이는 주밖에 다른 이가 없고
> 우리 하나님 같은 반석도 없으심이니이다."(삼상 2:2)

> "너희가 나를 누구에 비기며, 누구와 짝하여 누구와 비교하여
> 서로 같다 하겠느냐? … 나는 하나님이라.
> 나 외에 다른 이가 없느니라. 나는 하나님이라.
> 나 같은 이가 없느니라."(사 46:5, 9)

종교에 대해 비판적이었던 프로이트조차도 모세의 종교가 세계적인 종교로서 종교 중의 진리를 성취할 수 있었던 이유가 바로 유일신이라는 새로운 신관의 웅대한 체계를 형성하였기 때문이라고 하였다.20)

이스라엘인들은 다른 신이 존재하느냐 하지 않느냐는 추상적인 질문을 하지 않고 다른 신을 섬기지 말라는 금지령을 받았던 것이다. "다른 신이라고는 없다"고 하지 않고 "다른 신을 섬기지 못한다"고 하였다. 참

---

19) J. Bright(1978), 『이스라엘 역사 상』(왜관: 분도출판사), 239.
20) S. Freud(1996), 168.

으로 인격적이고 영적인 진정한 신이 아닌 것을 신으로 섬기지 말라는 명령이다. 제1계명은 신이 둘이 있을 수 없다는 선언과 함께 하나님에 대한 완전한 사랑과 헌신을 촉구한 것이다.[21]

> "이스라엘아, 들으라. 우리 하나님 여호와는 오직 하나인 여호와시니
> 너는 마음을 다하고 성품을 다하고 힘을 다하여
> 네 하나님 여호와를 사랑하라."(신 6:4-5)

> "너는 네 하나님 여호와 앞에 완전하라."(신 18:13)

> "네 하나님 여호와를 사랑하여
> 그 직임과 법도와 규례와 명령을 항상 지키라."(신 11:1, 7:9, 30:16 등)

이러한 배타적 유일신 신앙에 대한 두 가지 반론이 제기되어 왔다. (1) 종교학적 신관 유형론으로 볼 수 있는 히브리인들의 신관에서도 다신론적 요소와 단일신론 요소와 배타적 유일신론적 요소가 모두 발견된다는 점에서 구약의 신神 이해가 발전사적 과정을 거쳤을 것이라는 주장이 제기되곤 하였다.[22] 유일신 신앙을 이론적으로 또는 명시적으로 정리한 이스라엘 최대의 신학자로 알려진 제2이사야의 경우 그의 유일신론적 메시지(사 43:10, 11, 44:6b, 45:5, 21, 22, 46:9 등)는 결코 이론적 사색이나 추상적 논의 과정에서 깨달아 알아 낸 것이 아니다. 야웨를 구원사의 지평에서 만난 이스라엘의 실제적 경험을 통하여 각성한 것이다.

야웨의 유일성에 대한 주장이란 결코 사변적speculative이거나 이론

---

21) W. H. Schmidt(1988), 『역사로 본 구약성서』(서울: 나눔사), 116.
22) 김이곤(1996), "야웨 · 후 · 하엘로힘", 「신학연구」 제37집, 133.

적인theoretical 유일신론을 수립하려는 것이 아니었다. "야웨는 이스라엘을 구원할 능력이 있는가?Is Yahweh able to deliver Israel?"라는 실존적 물음에 대해, 야웨만이 유일한 구원자라는 분명한 체험을 근거로 한 긍정적인 대답을 주려는 데 그 목적이 있었던 것이다.[23] 따라서 질투하시는 하나님 야웨에 대한 절대 배타적 신앙 역시 이러한 실존적인 요구에서 비롯된 것이라는 설명한 차일즈B. S. Childs의 견해는 상당히 적절한 것이라 생각한다.[24]

(2) 모세의 유일신 신앙이 그가 한동안 거주하였던 이집트의 일신교에서 영향을 받은 것이 아닌가 하는 문제이다. 프로이트를 비롯한 일부 학자들은 이집트의 태양신인 아톤Aton만을 신으로 숭배한 아케나톤 Akhenaton 왕(서기전 1364-1347)의 일신교Atonism에서 영향을 받은 모세가 야웨 일신교를 발전시켰다는 가설을 주장하였다.[25]

역사상 최초의 유일신교monotheism로서의 아텐교Athenism와 종교개혁자로서의 아케나텐Akhen-Aten에 관한 논쟁은 이집트 텔 엘-아마르나 Tellel-Amarna 발굴을 통하여 한 무덤 벽에 기록된 아텐 찬양시와 아텐 숭배를 묘사하는 조각과 그림들이 발견되면서부터 시작되었다.[26] 아케나텐은 왕자 시절에 테베의 거대한 아문 신전을 중심으로 하는 아문교 제사장들의 막강한 권력과 재력에 일종의 혐오를 느끼게 되었을 것이다. 또한 그는 어릴 때부터 태양신의 구체적인 형상인 아텐(태양판)에 깊은 매력을 느꼈고, 왕위에 오르자마자 테베에 아텐 신전을 건설하였다. 아

---

23) 김이곤(1996), 136.
24) 김이곤(1996), 130.
25) S. Freud(1996) 27. 프로이트(S. Freud)는 브레스티드의 이집트 역사 저술에 영향을 받아 아텐교가 역사상 최초의 유일신교였으며 모세의 선구자임을 강조하였다.
26) 김성(1992), "아텐교(Atenism)의 이해 - 고대 이집트의 아텐(태양판) 숭배와 아케나텐의 유일신론적 종교개혁", 「종교와 문화」 2집, 111-129.

케나텐은 아문 신전의 폐쇄와 함께 제사장 계급을 해산시켰다. 아텐교는 더 이상 제사장의 기능을 필요로 하지 않는다. 왜냐하면 아텐의 아들인 아케나텐만이 아텐을 섬길 수 있고 인간과 아텐과의 중재 노릇을 할 수 있기 때문이다. 아케나텐은 사람들을 전국 각지의 도시들에 파견하여 신전 벽에 새겨진 아문, 무트, 오시리스 등의 이름들을 정으로 쪼아서 지워버렸다.

아케나텐의 정치적·종교적 개혁은 그가 새로운 수도에서 12년 정도만 통치한 후 죽게 되자 그의 후계자들에 의해서 전면 부정되는 비극적 결말을 보게 된다. 그의 사후 15년을 채 넘기지 못해서 역사상 최초의 유일신교로서의 아텐교는 복합적인 원인들로 인해 몰락하여 역사의 장에서 사라지고 말았다. 아케나텐의 유일신 개념은, 그의 사후 50여 년이 지나서 람세스 2세 시대에 테베의 아문이 유일한 신으로 찬양되는 것(아문 찬양시)과 나아가 히브리 민족의 유일신교적 야웨종교Yahwism가 확립되는 것에 간접적인 영향을 끼친 것으로 평가되기도 한다.

구약성서 가운데서 시편 104편은 이집트의 태양신의 태양찬가와 눈에 띄는 유사성을 지니지만, 몇 개의 개별적인 형식적 일치성을 제외하면 유사성보다는 차이점이 더 크다는 것이 확실시된다. 무엇보다도 모세의 야웨 하나님은 태양신이 아니기 때문이다.[27] 갓월드는 "두 종교의 내용이나 사회 구조면에서 볼 때 아톤숭배와 야웨신앙 사이를 연결시킬 수 있는 교량을 생각할 수 없다"라고 하였다. 브라이트도 "야웨신앙은 본질적 구조에 있어서 도무지 이집트 종교와 닮을 수 없었다"라고 반론하였다.[28] 아텐이 최고의 신으로 선포되었음에도 불구하고 그는 어디까지나 신전이 있는 아케타텐이라는 특정 장소에 한정되어 있는 국지신局地神이

---

27) H. Ringgren(1990), 『이스라엘 종교사』(서울: 성바오로출판사), 62-63.
28) J. Bright(1978), 240.

었다는 점에서 야웨신앙의 유일신교와는 거리가 있는 일신교Monolatry 내지는 단일신교Henotheism라고 평가되기 때문이다.[29)]

2) 형상이 없는 하나님

두 번째 계명은 '하나님에 대한 어떤 형상이든 만들지 말라'는 명령이다.

> "너를 위하여 새긴 우상을 만들지 말고
> 또 위로 하늘에 있는 것이나 아래로 땅에 있는 것이나
> 땅 아래 물 속에 있는 것의 아무 형상이든지 만들지 말며
> 그것들에게 절하지 말며 그것들을 섬기지 말라."
>
> (출 20:4, 신 32:19, 사 43:11, 시 81:9)

서기전 5세기의 그리스 역사가 헤로도토스는 바벨론의 두 번째 신전 황금 옥좌에는 전신이 금으로 만들어진 위대한 벨Bel 신상이 있었는데 "이것을 만드는 데 황금 22톤이 이상 들었다"는 이야기를 전해 들었다고 한다.[30)] 이처럼 고대인들에게 신상은 신의 현존을 표현하는 가장 기본적이고 중요한 종교 관행이었다. 메소포타미아인들의 언어 표현에 '신을 소유한다'는 말은 신상을 소유한다는 뜻이며, 신상을 소유함으로써 그 신의 보호를 확신하고 악한 귀신들의 침해를 방지할 수 있다는 믿음이 퍼져 있었다.[31)]

---

29) 람세스 2세 시절(서기전 1290-1224)에 기록된 한 파피루스에는 아문-레와 테베를 찬양하는 긴 찬양시가 기록되어 있다. 이 중에서 주목할 만한 사실은 "아문 외에는 다른 신이 없다"(ii:11)는 구절이다.
30) K. C. Davis(2005), 『세계의 모든 신화』(서울: 푸른숲), 167.

고대 근동지방에는 하늘과 땅과 지하의 무수한 신들을 숭배하였고, 이들 신들은 신상과 관련을 맺고 있었다. 메소포타미아에서는 한 신상이 조형된 후에 그 입을 닦는 의식을 통해 예배의 대상이 되었다. 그때 그것은 살아 있는 존재가 된다. 매일 그 신상들은 적절한 의식들을 통해 씻기고, 입히고, 향수가 발라져야 했다. 음식과 술로 된 제물들이 그들에게 주어졌다. 음악과 춤과 유흥으로 그들을 즐겁게 해야 했다. 그리고 '침대들과 침대의 파트너'들이 제공되어야 했다.32) 이를 위해 경쟁적으로 거대하고 화려한 신전을 짓고 그 지성소에 신상을 세운 것이다. 왕이 제사장으로 신전에서 제사를 올렸고 남녀 제사장들이 신상을 관리하였다.33)

가나안의 최고신 바알은 그의 생산능력을 표상하여 황소의 형상을 하고 있다(호 13:2). 그의 짝으로 아스다롯(삿 2:13, 10:6, 삼상 7:3)이나 아세라 여신의 주상과 목상이 널리 유포되었다. 신전뿐만 아니라 모든 가정에서도 데라빔terabhim이라 불리는 사람 모습대로 만든 일종의 수호신의 신상을 가지고 있었으며 이를 가보로 전수하였다(삼상 19:13, 16, 호 3:4, 창 31:34).34) 이집트의 사정도 마찬가지였다. 후대의 희랍과 로마에서도 만신전Pantheon의 12주신을 비롯한 인간의 모습을 한 무수한 신들의 주상株像이 신전의 회랑을 장식하였다.

성서는 천체숭배뿐만 아니라 귀신숭배나 죽은 조상신의 숭배도 금하고 있다(레 19:31, 신 18:10, 왕하 21:6).35) 성서의 하나님은 눈으로 볼 수 없다. 귀로 들을 수 있을 뿐이다. 구약성서는 언어를 통해 하나님의 형상을

---

31) 조철수(2000),『메소포타미아와 히브리 신화』(서울: 길), 251.
32) G. H. Livingston(1990),『모세 오경의 문화적 배경』(서울: 기독교문서선교회), 155.
33) G. H. Livingston(1990), 149.
34) 야곱의 아내 라헬이 아버지 라반의 데라빔을 훔친 사건은 좋은 예가 된다.
35) W. H. Schmidt(1988),『역사로 본 구약신앙』(서울: 나눔사), 17, 389-391.

묘사하지만 하나님의 형상을 제작하는 것은 엄격히 금하고 있다. 하나님과 인간의 관계는 신상을 매개로 한 가시적 주술 관계가 아니라 말씀을 통한 인격적 헌신 관계임을 천명한 것이다.

> "여호와께서 화염 중에서 너희에게 말씀하시되 음성뿐이므로
> 너희가 그 말소리만 듣고 형상은 보지 못하였느니라."(신 4:12)

존 브라이트는 이스라엘의 제의가 기계적으로 거행되었을지라도 하나님의 마음을 억지로라도 움직이게 할 수 있는 어떤 기술적 행사로 볼 수 없다고 하였다.[36] 제의를 통해 신의 비위를 맞추어 자신의 요구를 관철시키려는 시도가 부정되었다. "순종이 제사보다 낫고 듣는 것이 숫양의 기름보다 낫다"(삼상 15:22)는 것이 공식적인 구호처럼 통용되었다. 하나님을 섬기는 방식은 하나님의 백성으로서 "마음을 다하고 성품을 다하고 힘을 다하여 네 하나님 여호와를 사랑"(신 6:5)하는 것이다. 하나님을 사랑하는 것은 하나님과 체결한 계약의 의무를 지키는 것으로 여겼기 때문이다.

이스라엘의 제의에서 볼 수 있는 가장 뚜렷한 특징은 초기부터 신상이 사용되지 않은 것이었다. 그러나 고대 근동의 다른 모든 종교에서는 신상을 통하여 묘사된 신들을 통해 신에 대한 현존 체험이 가능하였고 신상을 통해 영향을 미칠 수 있는 '형상이 있는 보이는 신만이 신'으로 숭배되었다. 그러나 야웨는 보이지 않게만 존재하였으며 초월적인 주인으로서 형상이 없이도 오직 말씀만으로 이스라엘 백성의 순종과 예배를 받을 수 있는 보이지 않는 하나님이었다.[37]

---

36) J. Bright(1978), 243.
37) H. Ringgren(1990), 63.

우상제작 금지는 인간의 제작물에 지나지 않는 각종 신상은 전적으로 무능한 허구적 존재에 불과함을 드러낸다. 말도 못하는 신, 인간의 말을 알아듣지도 못하는 무능한 신은 인간에게 아무런 실제적 도움을 줄 수 없는 죽은 신인 것이다.

"저희 우상은 은과 금이요 사람의 수공물이라.

입이 있어도 말하지 못하며 눈이 있어도 보지 못하며

귀가 있어도 듣지 못하며 코가 있어도 맡지 못하며

손이 있어도 만지지 못하며 발이 있어도 걷지 못하며

목구멍으로 소리도 못하느니라.

우상을 만드는 자와

그것을 의지하는 자가 다 그와 같으리로다."(시 115:4-8)

"사람들이 주머니에서 금을 쏟아 내며 은을 저울에 달아 장색匠色에게 주고

그것으로 신을 만들게 하고 그것에게 엎드려 경배하고

그것을 들어 어깨에 메어다가 그의 처소에 두면

그것이 서서 있고 거기서 능히 움직이지 못하며

그에게 부르짖어도 능히 응답치 못하며

고난에서 구하여 내지도 못하느니라."(사 46:6-7)

그러나 하나님은 다르다. 하나님은 인간의 생사화복을 주관하시는 전능하시고 살아 계시는 하나님이다. 고난당하는 자의 고난을 하감하시고, 그들을 그 고난에서 구원하여 주시는 구원의 하나님이다.

"여호와와 같이 거룩하신 이가 없으시니

이는 주밖에 다른 이가 없고 우리 하나님 같은 반석도 없으심이니이다.

… 여호와는 죽이기도 하시고 살리기도 하시며

음부에 내리게도 하시고 올리기도 하시는도다.

여호와는 가난하게도 하시고 부하게도 하시며

낮추기도 하시고 높이기도 하시는도다."(삼상 2:2-7)

고대 근동지방의 평균적 신앙은 신은 신상 안에 임재하는 것으로 이해하여 신상을 통해 주술적인 방법으로 신을 통제할 수 있다고 믿었다. 그래서 여러 종류의 신상을 만들어 놓고 이를 매개로 온갖 주술적인 종교 행위를 시행하였다. 나무와 막대기로 신탁을 구하였다(호 4:12). 신들의 성적 결합이 풍요와 다산을 보장한다고 믿어 '모든 신을 음란하게 섬기고'(출 34:15) 있었다.[38]

히브리 성서에도 민간인들의 신앙 풍속으로 데라빔이라는 수호신 신상 소유에 관한 기록들이 등장한다(창 31:30-34, 삼상19:13-16, 삿 17:5, 18:14-17). 그러나 신상을 거부한 것은 아주 전형적이고 혁명적인 신관을 반영하는 것이다. 신상 거부 신학은 매우 사변적이고 이성적인 숙고를 통해 형성된 신학이다. 성서학자들은 이러한 사조가 '신명기학파'에 의해 형성된 것이라고 한다.

프로이트는 "모세의 종교는 모든 종류의 마술과 주술을 준엄하게 단죄한 데 견주어 이집트 종교 안에서는 이런 것들이 오히려 풍부하게 촉진되었다"[39]라고 하였다. 따라서 계약공동체가 가나안 땅에 들어가게 되면 그 민족의 가증한 행위를 본받지 말라고 엄명하였다. 불로 지나가게

---

38) 성전에는 창기 역할을 수행하는 '바쳐진 자들'(신 23:18, 왕상 14:23, 왕하 23:7 등)이 있었다.
39) S. Freud(1996), 28.

하거나 복술자(점쟁이), 요술자, 무당, 진언자(마술사), 신접자, 박수, 초혼자를 영접치 말라(신 18:9-11)고 하였다. 이런 배경에서 신상제작 금지의 명령은 신상을 통해 인간이 자신의 원대로 신을 조종하려는 주술적 기복신앙의 거부를 뜻하는 것이다.

아직도 최첨단 컴퓨터를 도입하고 고장이 나지 말라고 돼지머리로 고사를 지내는 주술적 신앙이 잔존하는 현실에 비추어 보면 3000년 전 이스라엘 계약공동체가 신의 형상 제작금지의 계명을 통해 이러한 주술적 신앙을 거부한 것은 너무나도 전향적인 신앙의식이 아닐 수 없다. 폰 라트는 "인간이든 동물이든 형상을 통하여 신의 현존을 믿을 수 있다고 생각한 고대세계에 이러한 계명은 가히 혁명적이었다"[40]라고 하였다. 따라서 하나님은 형상으로 표현할 수 없는 분이므로 비교 불가능한 존재이다. 포러는 신 아닌 것을 신으로 섬기지 말라는 전향적 신관은 야웨종교를 이스라엘 반유목민의 종교에서 세계종교로 발전할 수 있게 한 결정적인 요인이 되었다고 한다.[41] 이 주제에 대해서는 이 책 제4장 "하나님의 형상과 생기로 남녀를 창조하신 하나님"에서 자세히 다루었다.

3) 함부로 이름 부를 수 없는 하나님

"너는 너의 하나님 여호와의 이름을 망령되이 일컫지 말라"는 세 번째 계명 또한 히브리 종교의 전향적 신관을 함축하고 있다. 유대인들은 사람의 이름에도 아주 중요한 의미를 부여하여 왔다. 따라서 보통 사람이 하나님의 부름을 받아 하나님의 특별한 일을 할 때에는 그 이름을 바꾸어 부르는 경우가 많았다. 아브람이 아브라함으로, 야곱이 이스라엘로, 사

---

40) B. W. Anderson(1983), 123. G. von Rad의 주장을 재인용한 것이다.
41) W. H. Schmidt(1988), 401. G. Fohrer는 말을 재인용한 것이다.

울이 바울로 바뀐 것이다.

인명人名을 중시한 전통에 비추어 보면 신명神名을 얼마나 중시하였는가 하는 것을 알 수 있다. 구약성서의 신명은 여호와 하나님Jahweh Elohim이다. 그 외에도 많은 복합신명이 있지만 크게 야웨 신명군과 엘로힘 신명군으로 나뉜다. 여기에 대한 자세한 내용은 이 책 제1장에서 다룬 바 있다.

프롬Erich Fromm은 모세에게 신명神名으로 계시된 "스스로 있는 자라는 문장은 제2, 3계명과 관련시켜 내 이름은 무명無名이라고 번역하는 것이 가장 적절하다"라고 한다. 우상을 만들지 말라, 이름을 함부로 부르지 말라는 계명은 궁극적으로 그의 이름 말하기를 금하는 것을 하나의 목표로 지향하고 있다는 것이다. 우상의 참된 본질은 이름을 가지는 것이므로 우상숭배자는 이름이 없는 신을 도무지 이해하지 못한다. 따라서 야웨 신명은 '인간은 신에게 어떤 극한적인 한정사를 붙여도 안 된다는 원리를 제시한 것'으로서 가장 발달한 단계의 신관이라고 하였다.[42] 갓월드도 야웨 신명의 어원이 모호하고 신비에 싸여 있으며, 그렇게 함으로써 하나님의 침묵과 신비를 주장한다고 하였다.[43]

이런 논의에서 주목해야 할 것은 야웨 신명이 명사형이 아니고 동사형이라는 점이다. 가나안의 무수한 신들의 신명은 모두 일의적인 고유한 명사적 의미를 지니고 있다. 애굽의 라Ra(또는 Re)는 태양, 가나안의 엘El은 권능, 바알은 남편 또는 주인, 아스다롯Ashtaroth은 아내, 모압의 그모스Chemosh는 불, 블레셋의 다곤Dagon은 고기, 바벨론의 마르둑, 즉 무로닥Merodach은 담력, 몰렉Molech은 왕을 뜻한다.[44]

---

42) Erich Fromm(1987), 『사랑에 관하여』(서울: 백조출판사), 100-111.
43) N. K. Gottwald(1987), 『히브리성서 1』, 260.
44) 원용국(1992), 『성서고고학』. 구약성서에는 모두 28개의 이방 신명이 등장한다.

그러나 야웨 신명은 다르다. 일의적인 고유한 명사적 의미가 없는 것이 분명하다. 그리고 그 어원은 동사형으로 그것도 be 동사형으로 되어 있다. 절대적 초월자이시고 영원하시며, 무궁무한하신 야웨 하나님을 하나의 명사로 표현할 수 없기 때문이다.

> "여호와는 광대하시니 크게 찬양할 것이다.
> 그의 광대하심을 측량치 못하리로다."(시 145:3)

진정한 신은 인간의 한정된 말로 다 표현할 수 없다. 노자는 "도를 도라고 할 수 있을 때 그것은 이미 변함없는 도가 아니다. 이름을 이름이라 부를 수 있을 때 그것은 이미 변함없는 이름이 아니다"(道可道非常道 名可名非常名)라고 하였다. 절대적인 존재는 하나의 이름으로 이름할 수 없기 때문이다.

프롬은 신의 이름을 말하지 않는다는 것은 모든 존재의 기초에 있는 통합성과 관계되는 '이름이 없는 절대자'라는 성숙한 일신론의 표현이라고 하였다.[45] 그런 의미에서 성서의 하나님 야웨는 이름이 없는 무명의 신이며, '언표言表 불가능한 존재'이다. 이 주제에 대해서는 이 책 제1장 4절의 "야웨 신명에 대한 신론적 이해"에서 자세히 다루었다.

십계명에 명시된 유일신 신앙이나 형상이 없는 하나님 신앙의 강조는 제국의 다신론과 성전 중심의 우상숭배에 대한 거부이고 부정이다. 약소국가인 이스라엘이 제국의 신들을 숭배하게 되면 결국 그들의 우상과 제사의 종교, 철권과 억압의 정치, 독점과 착취의 경제가 도입되고 결국은 종교·정치·경제적으로 경쟁에서 패배하여 식민지로 전락할 것을 우려

---

45) Erich Fromm(1987), 101.

하였기 때문이라는 설명도 가능하다. 유일신 신앙이 확실하게 대중화된
것은 훨씬 후대라는 가설을 받아들일 경우 십계명의 유일신 신관이 이집
트나 바벨론과 같은 제국주의 국가에 대한 반제국주의적 사상을 함축하
고 있는 것이라고 할 수 있다.[46]

4) 십계명의 삼중적 삼중구조와 타 종교의 계명

전통적으로 십계명이 두 돌 판에 기록되었다는 것에 착안하여 이중적
구조로 해석하여 왔다. 1~4계명까지는 하나님과의 관계에 대한 계명이
고, 5~10계명은 인간과의 관계에 대한 계명이라는 것이다.[47] 그러나
이는 서구의 이원론적 시각에서 본 것이고, 오히려 삼중적 관계로 볼 수
있는 것이다.[48] 그러므로 십계명의 구조와 그 법정신이 스텐달이 말한
것처럼 "오늘날 우리에게 무엇을 의미하는 지"[49]에 대한 새로운 해석의
시도가 필요한 것이다.

십계명의 삼중적 구조(출 20:1-17, 신 6-21)

1. 대신관계의 계명(하나님과의 바른 수직적 영성적 관계)

    1계명: 다른 신 예배금지는 다른 신을 섬기지 못하며, 다른 신이 이스라엘
    백성에게 요구할 권리가 없다는 것이다.

    2계명: 신의 형상 제조금지는 야웨를 표상하는 것이나 다른 신을 나타내

---

46) 김은규(2013), 『구약 속의 종교권력』(서울: 동연), 485.
47) 십계명의 두 돌판을 내용적으로 구분하였으나, 최근에는 계약신학적 관점에서 똑같은
     내용을 두 판으로 만들어 계약 쌍방이 보관한 것으로 주장하는 학자들이 있다.
48) 한태동(1985), "기독교의 역사," 『현대인과 기독교』(서울: 연세대학교출판부), 291.
49) Krister Stendahl(1962), "Biblical Theology, Contemporary", *Interpreters Dictio-
     nary of the Bible*, Vol. 1(New York and Nashville: Abingdon), 419.

기 위한 두 경우를 모두 말한다.

3계명: 야웨 이름 오용금지는 경솔하게 또는 주술적으로 야웨의 이름을
사용하지 말라는 것이다.

2. 대인관계의 계명(이웃과 바른 수평적 연대적 관계)

5계명: 부모에 대한 저주금지는 부모의 이름을 더럽히거나 노부모를 돌
보지 않는 것을 뜻한다.

6계명: 살인금지는 원한에 의한 살인이나 적절한 법적 절차 없이 살인자
를 처형해서는 안 된다는 것이다.

7계명: 간통금지는 레위기(18:6-18)에 언급된 각종 비정상적인 성관
계를 금지한 것이다.

3. 물질관계의 계명(물질과 바른 순환적 친화적 관계)

8계명: 절도금지는 모든 종류의 개인 소유물을 훔치는 것과 사람을 유괴
하는 것을 못하게 한 것이다.

9계명: 거짓증거 금지는 공정한 재판을 위해 위증을 금한 것뿐만 아니
라, 상업상의 거래에서 문서 위조나 거짓 저울(호 12:7, 미 6:11,
암 8:5)을 사용하거나 이웃을 속여 재산을 빼앗는 것(겔 22:12,
45:9) 등으로 부당 이익을 취할 수 없다는 뜻이다.

10계명: 탐욕금지는 다른 이의 재산을 탈취하려는 내적 욕망뿐 아니라
타인의 재산을 제멋대로 빼앗은 탈취금지를 의미한다.

4. 삼중적 삼중관계의 지속과 회복과 강화에 관한 계명

4계명: 안식일은 노동금지뿐 아니라 모든 인간과 동물과 자연이 하나님
의 안식에 참여하는 날이다.

십계명은 하나님과 이스라엘 백성 사이에, 모세의 중재로 체결된 역
사적이고 쌍무적인 계약조문이다. 계약 조문은 계약의 정신과 취지를 명

시하기 위하여 작성된 것이기 때문에 조문의 문자적 의미보다 중요하고 본질적인 것이 그 조문의 정신인 것이다. 법조문보다 입법정신이 우선하는 것과 같은 이치이다. 따라서 십계명은 문자적 조문들의 배후에 있는 계약의 정신을 살펴보아야 한다.

다른 신을 섬기지 말라, 우상을 만들지 말라, 하나님이 이름을 함부로 부르지 말라는 1~3계명의 정신은 '하나님과 바른 관계' 가지라는 것이다. 부모를 공경하고, 살인하지 말고, 간음하지 말라는 5~7계명의 정신은 모든 인간과 바른 관계를 가지라는 것이다. 도적질하지 말고, 거짓증거하지 말고, 남의 것을 탐내지 말라는 8~10계명의 정신은 물질과 바른 관계를 가지라는 계명이라는 것이다. 따라서 "다시 말하면 십계명은 사람과 하나님, 사람과 사람, 그리고 사람과 자연 사이의 바른 관계에 관한 계명이다"[50]라고 할 수 있다.

그리고 하나님과 인간과 자연이 하나님의 안식에 참여하여야 한다는 제4계명의 정신은 십계명 전체의 정신을 함축한 것으로서 하나님과 인간과 자연(또는 물질) 사이의 삼중적 삼중 관계를 회복하고 지속하고 강화라 것을 의미한다.

"그 중의 제4계명은 안식일에 관한 것이다. 이날에는 자연의 저주에 의해 땀 흘려 수고했던 인간이 그 수고로부터 쉬며, 상호 소외된 인간이 한 자리에 모여 멀리했던 하나님을 다시 섬기라고 가르친 것이다. 다시 말하면 제4계명은 세 대목으로 요약된 아홉 계명을 다시 하나로 묶어 천·지·인의 조화를 말한 것이다."[51]

---

50) 한태동(1985), 291.
51) 한태동(2003), 『성서로 본 신학』(서울: 연세대출판부, 2003), 38.

이처럼 안식일에 관한 제4계명은 십계명 전체 조문의 계약 정신을 집약한 것으로서 다음과 같은 의미를 지닌다. 이에 대한 자세한 내용은 5장 2절에서 다룬 바 있지만 다시 요약하면 다음과 같다.

첫째, 우선 하나님의 안식에 참여하는 날이다. 하나님 앞에 나와 하나님께 예배드림으로써 하나님과 바르고 편한 사랑의 관계를 맺는 날이다.

둘째, 안식일은 모든 사람이 함께 모여 예배를 드리는 날이다. 남녀노소 할 것 없이 주인이나 종이나 손님들도 함께하는 날이다. 그래서 예수님께서는 "예물을 제단 앞에 두고 먼저 가서 형제와 화해하고 그 후에 와서 예물을 드려라"(마 5:23-24)고 하였다. 이웃과 바른 관계를 가진 후에 하나님과 바른 관계를 가져야 한다는 뜻이다.

셋째, 모든 인간이 예외 없이 노동으로부터 편히 쉬는 날이다. 이날에는 가축도 쉬는 날이며, 땅도 쉬어야 한다. 자연과 바른 관계를 맺는 날인 것이다.

넷째, 이날은 하나님께 예물을 바치는 날이다. 이를 통해 우리는 물질이 많거나 적으나 하나님께서 주신 것으로 여기고 감사하는, 물질에 대한 바른 관계를 맺는 날인 것이다. 또한 인간이 빵을 위한 노동으로부터 휴식을 통해 물질에 대한 바른 관계를 맺는 날이다.

이러한 안식일 정신에서 생겨난 것이 안식년과 희년(출 23:10, 11, 레 25:1-17, 신 15:1-12, 31:10-13)이다. 매 7년마다 돌아오는 안식년에는 땅도 쉬어 안식하게 하고, 씨 뿌리는 일이라든가, 열매를 거두는 일 그리고 만일 휴식 중인 경작지에 자생自生의 열매가 생기면 그 땅의 주인이 아니라 빈민의 식물食物로 할 것이 규정되었다. 본래 토지는 하나님의 소유이므로 토지도 하나님의 안식에 참여해야 한다는 신앙에서 유래한 것이다.

매 일곱 번째 안식년 다음 해인 희년(레 25:10-13, 27:18a, 21, 민 36:4)에는 팔렸던 토지나 가옥은 원소유주에게로 무상으로 돌아가고, 채무債

務 탕감도 행해졌다. 팔려간 노예들도 무조건 해방되었다.

이처럼 안식일의 본래적 의미는 하나님과 바른 관계, 이웃과 바른 관계, 자연 및 물질과 바른 관계를 맺으면 나와 내 자신이 바른 관계를 맺을 수 있다는 것이다. 그렇게 사는 것이 복되고 거룩한 삶이라는 것이다. 그렇게 살면 편할 수 있고, 세상이 알지도 못하고 세상이 주지도 못하는 참된 평화와 안식을 누릴 수 있다는 것이다.

십계명과 주기도문의 상응관계는 칼빈과 칼 바르트를 비롯한 서구의 여러 신학자들에 의해 이미 주장된 바이다. 그러나 이들의 주장은 십계명을 이중구조로 보듯이 주기도문도 이중구조로 본다. 최근의 크로산, J. D. Crossan 역시 주기도문에 대해 "처음의 세 가지 기도는 처음의 네 가지 계명과 일치하고, 나중의 세 가지 기도는 다섯째부터 마지막까지의 계명과 일치"[52]하는 것으로 파악한다. 처음 세 간구는 인간과 하나님 사이의 수직적 관계를 말하는 것이고 다음 네 간구는 인간과 인간 사이의 수평적 하나님의 관계를 말한다. 그러나 예수가 가르친 주기도문 역시 십계명과 마찬가지로 삼중적 삼중구조로 해석될 수 있다. 한태동은 구약의 십계명과 더불어 신약의 주기도문의 간구도 천지인의 조화의 간구로 해석하였다.

서구신학이 십계명을 이중적으로 해석한 것이 "하나님을 사랑하고 이웃을 사랑하는 것이 율법과 선지자의 골자"(마 22:4)라는 예수의 가르침을 반영한 것일 수도 있다. 그러나 십계명을 이중적으로 해석할 경우 물질과의 바른 관계 또는 자연과의 바른 관계에 대한 십계명을 비롯한 성서의 여러 다른 가르침과 계명을 배제하게 된다.

브루지만은 "성서는 하나님의 백성과 하나님의 땅 사이의 관계에 대한 이야기"라고 하였다.[53] 스텍은 "하나님, 인간, 땅의 셋은 성경의 위대

---

52) J. D. Crossan(2000), 『역사적 예수』(서울: 한국기독교연구소), 474.
53) W. Brueggemann(1992), 『성서로 본 땅』(서울: 나눔사), 24.

한 삼중적 조화를 이룬다"[54]라고 하였다. 따라서 십계명을 이중적으로만 해석할 때 땅과 자연의 문제가 배제된다. 무엇보다도 "남지도 모자라지도 않게"(출 16:17-18) 만나를 주시고 땅을 골고루 분배해 주신 '땅의 하나님'이라는 신관이 지닌 '평등한 경제 신학'을 살려내지 못하며, 자연과 육축에게도 안식을 허락하신 안식을 창조하신 하나님이라는 앞선 신관이 지닌 '자연친화적 생태신학'을 묻히게 하는 것이 된다.

특히 현대와 와서 분배의 문제와 생태계의 위기가 초래하였으므로 십계명에 대한 새로운 해석이 불가피하다고 여겨진다. 서구신학은 그동안 물질에 대한 바른 신앙적 관계를 성서적으로나 신학적으로 정립하지 못해서 자본주의의 모순이 극대화되었고 그 반발로 공산주의가 생겨나게된 것이다. 그리고 자연에 대한 바른 관계를 정립하지 못한 채 자연정복을 부추겨 환경오염과 생태계의 위기를 부추겼다는 비판을 면치 못하고 있는 것이다.

십계명과 여러 종교의 계명을 비교해 보면 심계명의 전향적인 의식이 더 잘 드러난다. 모든 종교는 저마다의 계율을 지니고 있다. 십계명의 전향적인 의미는 타 종교 계명과의 비교를 통해 더욱 분명해진다.

기독교의 세례의식처럼 불교에서도 귀의하면 계를 받는 의식을 치른다. 승려들은 더 많은 계를 받지만, 일반 평신도들은 기본 계명으로 살생하지 말라(不殺生), 도적질하지 말라(不偸盜), 음란하지 말라(不邪淫), 거짓말하지 말라(不妄言), 술과 고기를 먹지 말라(不飮酒食肉)는 오계五戒를 받는다. 처음 넷은 십계명에 포함된 것이다. 그러나 오계에는 신과의 관계는 전혀 언급되어 있지 않고 인간관계에 있어서도 부모자식 간의 관계에 대한 계율이 빠져 있다. 물질과의 관계도 포괄적이지 못하다. 모든 고

---

54) John H. Steck(2000), 『구약신학』(서울: 솔로몬), 169.

苦의 원인이 되는 탐내지 말라는 것이 빠져 있기 때문이다.

유교는 계율이라는 표현을 쓰지는 않지만 삼강오륜을 종지宗指로 삼고 있다. 삼강은 군위신강, 부위부강, 부위자강이고, 오륜은 부자유친, 군신유의, 부부유별, 장유유서, 붕우유신이다. 유교는 인간관계에 대하여 포괄적인 가르침을 제시하지만 물질과의 관계, 신과의 관계에 대한 가르침은 전무하다. '천지인' 삼재三才 중에 '천'과 '지'에 관한 내용이 빠진 것이다.

이슬람교는 구약성서를 수용하였지만 그들의 종지를 다섯(五柱)으로 재규정하였다. 첫째는 천사, 경전(코란), 예언자 무함마드, 최후의 날을 믿는 것이고, 둘째는 하루 5회 기도하는 것, 셋째는 구빈세(zakat), 넷째는 단식, 다섯째는 메카 순례이다. 이슬람교의 다섯 기둥도 인간관계나 물질과의 관계에 대한 포괄적인 가르침이라 할 수 없다.

유사종교라고 할 수 있는 희랍의 유신론적(형이상학적) 철학에서도 인간의 기본적인 4가지 덕목을 가르쳤다. 플라톤은 당시의 도시국가 구성원이 지켜야 할 덕목을 네 가지로 보았다. 먼저 정치가는 지혜가 있어야 하고,[55] 상인들은 절제해야 하며, 군인들은 용감해야 한다. 정치가가 정치가답게 지혜롭고, 상인들은 상인답게 절제하며, 군인들은 군인답게 용감하여 저마다 저다울 때 정의가 실현된다고 하였다. 그러므로 4주덕은 인간관계만 다루고 있을 뿐이다.

이러한 비교를 통해 십계명의 삼중적 삼중관계의 깊은 뜻과 전향적인 의미가 더욱 돋보이는 것을 알 수 있다.

---

55) 플라톤의 철인(哲人)정치의 이상이 여기서도 드러난다.

03
계약공동체의
성막과 법전

1) 계약공동체의 성막에 안치한 세 가지 상징물

초기 이스라엘 계약공동체는 고대 근동의 다른 종교처럼 대성전이나 제사장 제도가 없었다. 광야 방랑 40년과 사사시대 200여 년 동안 그들의 종교적 표상은 이동식 천막인 성막聖幕(tabernacle)에 집중되어 있었다. 성막에서 가장 중요한 것은 지성소에 안치되어 있는 세 가지 중요한 상징물이었다.

> "금향로와 사면을 금으로 싼 언약궤가 있고
> 그 안에 만나를 담은 금항아리와
> 아론의 싹 난 지팡이와
> 언약의 비석들이 있고
> 그 위에 속죄소를 덮는 영광의 그룹들이 있으니…."(히 9:4)

첫 번째는 십계명을 새긴 두 장의 돌판(언약의 돌판)을 넣은 법궤(민

10:33)인데, 증거궤(출 25:21, 22), 언약궤(수 6:6), 하나님의 궤(삼상 4:11)
로도 불렸다.56) 이 증거궤를 지성소에 두게 하였으며(출 25:22, 26:34) 후
에는 율법책도 법궤(증거궤) 곁에 두었다(신 31:26).

두 번째는 만나 한 호멜(약 230리터)을 담은 항아리이다. 야웨께서는
광야에서 만나를 주신 뒤 "아론에게 이르되 항아리를 가져다가 그 속에
만나 한 오멜을 담아 여호와 앞에 두어 너희 대대로 간수하라"(출 16:33)
고 하였다. 만나는 불모의 땅 광야에서 하나님께서 일용할 양식으로 공
급하여 "많이 거둔 자도 남지 않고 적게 거둔 자로 모자라지 않았던 만
나"(출 16:17-18)의 평등한 경제신학의 이상을 담은 것이다.

세 번째는 아론의 싹 난 지팡이다. 고라와 다단과 아비람의 무리들
이 모세와 아론이 이스라엘의 지도자가 된 것에 반기를 들었으며, 다단
과 아비람은 모세가 "스스로 우리 위의 왕이 되려고 한다"(민 16:12)고 비
난하였다. 결국 이들 무리들이 야웨의 진노로 모두 죽음을 당하게 된 뒤,
모세는 12지파의 족장에게 족장의 이름을 쓴 지팡이를 하나씩 가져오게
하고 그것을 회막 증거궤 앞에 두었더니, 얼마 후 아론의 지팡이에만 움
이 돋고 순이 나고 꽃이 피어서 살구열매가 열렸다(민 17:1-13). 야웨께
서 "택한 자의 지팡이에는 싹이 났다"(민 17:5)는 것이다. 그리고 그 아론
의 지팡이를 증거궤 앞에 두도록 하였다.

"여호와께서 또 모세에게 이르시되 아론의 지팡이는 증거궤 앞으로 도로

---

56) 법궤의 자세한 양식에 대해서는, 출 25:10-22에 기록되어 있는데, 조각 목재로 만들
어지고, 전면(全面) 금으로 씌워진 그 위에는, 순금의 덮개가 놓여지고, 속죄소로 불
렸다. 그리고 이 속죄소를 덮도록 그룹 둘을 속죄소두 끝에 쳐서 만들어져 있었다. 또
한, 금고리 넷을 달아, 채를 궤의 고리에 꿰어 메고서 이동할 수 있도록 되어 있었다.
길이 2규빗 반(1.1m), 높이와 넓이 각 1규빗 반(67cm)의 장방형(長方形)으로 된
궤였다.

가져다가 거기 간직하여 패역한 자에 대한 표징이 되게 하여 그들로 내게 대한 원망을 그치고 죽지 않게 할지니라…"(민 17:10)

　　아론의 지팡이 설화는 하나님께서 택한 자가 이스라엘의 영도자가 되어야 한다는 것과 그 누구도 스스로 왕이 되어서는 안 되며, 그리고 하나님께서 세운 지도자들을 거역해서는 안 된다는 초기 이스라엘 계약공동체의 정치적 이상을 표상하는 것이다.

　　고대 근동이나 중동의 다른 모든 종교의 신전의 지성소에는 신상을 안치하였다. 그런데 이스라엘 계약공동체의 이동식 성막의 지성소들에 그들이 출애굽 이후의 역사적 위기를 상징하는 세 가지 물건을 안치하도록 하였다는 것도 너무나 전향적인 사안이라고 여겨진다. 세 가지 성물의 지성소 안치에 대해 일부 구약학자들은 후대의 해석이라고 하지만, 그렇다 할지라도 그 신앙적이고 역사적인 의미는 아주 새롭고도 중요한 것이라도 여겨진다. 그럼에도 불구하고 이 세 가지 상징물에 대한 신학적 관심은 매우 미미한 것이 사실이다. 그럼으로 이 세 가지 상징이 지니는 이스라엘 계약공동체의 종교제도적, 정치제도적, 경제제도적 이상을 새롭게 해명하여야 할 것이다.

　　(1) 시내산 계약조문인 십계명 두 돌판이 상징하는 것은 말씀 순종의 신앙과 종교제도적 이상이다. 이것은 야웨 하나님과의 계약조문으로서 하나님의 계명이요 율법이다. 하나님과 인간과 세계와의 바른 관계를 가르치는 계명을 목숨을 걸고 지켜 행하는 것을 계약공동체의 종교적 이상으로 삼은 것이다. 따라서 야웨종교는 율법의 종교라 할 수 있다. 가나안의 자연종교와 달리 제사행위보다 야웨의 계약의 말씀을 지키는 것에 우선을 두었던 것이다. 신을 제사의 대상으로 보느냐 순종의 대상으로 믿느냐에 따라서 종교제도가 달라진다. 순종이 제사보다 낫기 때문이다(삼

상 15:22). 이 주제에 관해서는 계약공동체의 종교제도와 관련하여 이 책 제10장 "이스라엘과 계약을 체결하신 하나님"에서 자세히 다룰 것이다.

(2) 만나를 담은 항아리가 상징하는 것은 만나의 경제신학과 계약공동체의 경제적 이상이다. 이는 일용할 양식은 하나님이 주시는 것이며, 온 백성이 "남지도 모자라지도 않게"(출 16:17-18) 골고루 균등하게 분배해야 한다는 계약공동체의 경제적 정의구현의 이상을 담은 것이다. 그리하여 계약공동체는 가나안에 정착하여 이 만나의 신학을 구현하기 위해 토지분배와 같은 전향적인 경제제도를 실현한 것이다. 물질을 공유의 대상으로 보느냐 독점의 대상으로 보느냐에 따라 경제제도가 달라진다. 따라서 이 주제에 대해서는 계약공동체의 경제제도와 관련하여 이 책 제11장 "약속의 땅을 분배하신 하나님"에서 자세히 다루려고 한다.

(3) 아론의 싹이 난 지팡이가 상징하는 것은 야웨께서 택한 지도자를 세워야 한다는 계약공동체의 정치적 이상이다. 이는 이스라엘은 하나님이 택한 모세와 아론 같은 종교적 지도자들에 의해 다스려지고 인도되어야 한다는 계약공동체의 신정정치의 이상을 드러낸 것이다. 다른 11지파는 하나님께서 모세와 아론의 레위 지파에게 제사장 직분을 주어 이스라엘의 백성 가운데서 하나님의 통치의 대리자로 삼은 것을 인정하여야 한다는 것이다. '하나님께서 세운 자가 백성을 섬기는 통치자'(왕상 12:7)가 되어야 한다는 정치적 이상을 담은 것이다. 따라서 통치자가 백성들을 지배의 대상으로 보느냐 섬김의 대상으로 보느냐에 따라 정치제도가 달라진다. 이 주제에 관해서는 계약공동체의 정치제도와 관련하여 이 책 제12장 "초기 계약공동체의 정치제도와 왕이신 하나님"에서 자세히 다루게 될 것이다.

고대이 모든 자연종교는 거대한 신전을 짓고 그 지성소에 그들이 섬기는 신앙을 세웠다는 평균적인 사실에 비추어 볼 때, 초기 이스라엘 계약공동체가 주변의 다른 종교와 달리 지성소에 신상이 아니라 '십계명 두 돌판과 만나 항아리와 아론의 지팡이'를 둔 것은 너무나도 특이한 종교학적 현상이 아닐 수 없다.

2) 야웨종교의 3대 법전의 주요 내용

히브리 종교의 가장 중요한 종교적 체험은 두 말할 것도 없이 출애굽 해방사건과 시내산 계약사건을 통해 히브리의 하나님, 계약의 하나님, 야웨를 만난 것이다. 이것은 개인적인 체험이 아니라 이스라엘 공동체 전체의 체험이다. 이러한 체험을 공유하지 않은 일부 가나안 원주민들도 이 체험의 전향적 의미에 동조하였을 것이다. 그래서 가나안에 진입하면서 여호수아는 가나안 땅에 들어가서도 야웨만을 섬길 것을 촉구하였다. 그리고 야웨의 율법을 성심껏 지켜 야웨께만 충성할 것을 강조하였다.

> "단단히 결심하고 모세의 법전에 기록돼 있는 모든 것을 성심껏 지키시오.
> 부디 한눈팔거나 곁길로 들어서지 마시오.
> 아직 여러분과 함께 남아 있는 민족들과 섞이지 마시오.
> 그들의 신의 이름을 불러 맹세하지도 말고
> 그 앞에 엎드려 예배하지도 마시오.
> 오늘까지 해온 대로 여러분의 하느님
> 야웨께만 충성을 바치도록 하시오."(수 23:6-8, 공동번역)

"모세의 법전"은 바로 시내산 계약법전으로서 그 핵심은 십계명이다. 십계명은 '원율법primary law'으로서 초기 계약공동체의 공중예배시마다 낭독하였던 것이다.[57] 십계명의 세부 시행령 또는 판례법들이 점차 편집되어 율법서들이 형성되었다. 그리하여 구약성서의 처음 다섯 책인 오경은 율법서(토라torah)로 불린다. 토라는 '가르치다'는 뜻이지만 하나님의 말씀, 명령, 계명을 의미한다. 이 율법이 계약공동체의 종교사상을 그대로 함축하고 있다.

구약성서에 나오는 율법들은 주로 세 개의 주요 법전인 계약법전(출 20:22-23:33), 신명기법전(신 12-26장), 성결법전(레위 17-26장)에 포함되어 있다. 그 외에도 제사법전(출 25-31장, 34장-레 16장 그리고 민수기의 여러 부분들) 그리고 십계명(출 20:2-17, 신 5:6-21)과 단편적 법률조항들(창 9:6, 출 34:11-16 등)이 있다.[58]

(1) 시내산 계약법전(출 20-23장)이다. 구약성서에서 가장 오래된 법전은 서기전 13세기에 모세가 시내산에 받은 시내산 계약법전이다. 시내산 계약법전의 핵심은 하나님, 인간, 물질의 올바른 관계를 규정한 십계명(출 20:1-17)이다. 그리고 십계명의 세부 준칙이며 그 시행령이라 할 수 있는 여러 규례로 구성되어 있다. 시내산 계약법전은 애굽 땅 종살이 하던 집에서 이끌어 낸 야웨 하나님의 언약의 말씀을 모두 지켜 행할 것을 강조하고 있다(출 24:3).

- 십계명(20:1-17)
- 신상제작 금지규례(20:18-23): 2계명의 시행령으로 은이나 금으로 여호와의 신상의 제작을 금지하였다.
- 제사와 제단에 관한 규례(20:24-26): 양과 소로 번제와 화목제를 드리게 하고 제단 제작방식을 규정하였다.
- 종에 관한 규례(21:1-11): 빚이나 도둑질의 보상으로 종이 되었을 경우 7년

---

57) C. Westermann(1985), 『성서입문』(서울: 한국신학연구소), 70.
58) Albertz Rainer(2003), 『이스라엘종교사 1』(서울: 크리스챤다이제스트), 141.

째 되는 해에는 무조건 해방시키도록 하였다.

- 사형에 관한 규례(21:12-13): 6계명의 시행령으로서 부모를 저주하거나 치는 자, 인신을 매매하거나 모살하는 자는 무조건 사형에 처하고, 과실치사자에게는 도피성에서의 보호를 허용하였다.
- 상해 보상에 관한 규례(21:18-32): 상해를 입힌 자에게는 동형 또는 동태보복lex talionis으로 보상하게 하고, 주인이 노예를 상해하면 그 노예를 석방하여야 한다. 임산부 상해는 엄히 보상해야 하며, 가축에 의한 상해는 그 주인이 보상하게 하였다.
- 피해 배상에 관한 규례(21:33-22:15): 위험물 방치나 가축에 의한 모든 피해를 당사자나 주인이 보상하게 하였다. 소도둑은 다섯 배, 양도둑은 네 배를 보상하고, 맡긴 물건이나 가축을 잃어버리면 배로 보상하게 하였다.
- 성범죄에 관한 규례(22:16-20): 수간을 금하고 처녀와 동침하면 그녀와 결혼하거나 보상하도록 하였다.
- 약자 보호에 관한 규례(21:21-23:9): 나그네, 고아, 과부를 학대하지 말고, 가난한 자에게 이자를 받지 말며, 전당잡은 옷은 해지기 전에 돌려주며, 가난한 자의 송사를 공평하게 하며, 뇌물을 받지 말도록 하였다.
- 안식일 및 안식년과 3대 절기에 관한 규례(23:10-19): 안식년의 휴작과 안식일 준수, 그리고 무교절, 맥추절, 수장절을 지키게 하였다.
- 가나안에서의 우상숭배 금지규례(23:20-33): 가나안에 들어가서 그들의 신을 섬기지 말고 주상을 부수도록 하였다.

(2) 신명기법전(신 12-26장)이다. 서기전 621년 요시야 시대의 종교개혁 과정에서 성전 대청소를 하다가 율법 두루마리를 발견하였는데 이 법전은 첫 번째 법전인 시내산 법전과 구분하여 신명기Deuteronomy, 즉 두 번째 법전이라고 한다. 북이스라엘이 멸망한 후 그곳의 종교지도자들

이 가져온 것으로 여겨지는 신명기법전은 시내산 법전을 재편집한 것으로서, 십계명의 내용(신 4:44-5:33)과 중복되는 것 외에 많은 새로운 율법들이 포함되어 있다. 신명기법전은 역시 하나님은 한 분뿐이므로 마음과 정성과 뜻을 다하여 야웨 하나님을 사랑하는 길은 그의 계명을 지키는 것임을 강조하고 있다(6:4-5, 11:1).

- 예배장소와 제사규례(12:1-28): 각 지파별로 야웨가 골라 주신 한 곳에서 야웨가 명한 대로 제사를 드리게 하였다.
- 이방신과 이방종교의식 금지규례(12:29-13:2, 16:21-17:7): 다른 신을 섬기는 자는 돌로 쳐 죽이고, 다른 민족의 주술적 종교의식은 일체 모방하지 말게 하였다.
- 음식에 관한 규례(14:3-21): 먹을 수 있는 음식과 먹을 수 없는 음식에 관해 규례하였다.
- 십일조 규례(14:22-29): 십일조를 성소에 바쳐 레위인의 생계비와 공동체 경비로 사용하고, 매 3년째의 십일조는 고아, 과부, 이방인, 레위인을 위하여 사용하도록 하였다.
- 안식년 규례(15:1-18): 칠 년에 한 번씩은 남의 빚을 면제해 주고, 남녀 종들도 칠 년째에는 한 밑천 주어 해방시키게 하였다.
- 절기에 관한 규례(16:1-17): 유월절과 무교절, 맥추절과 초막절에 지켜야 할 세부규정을 정하였다.
- 사법제도에 관한 규례(17:8-13, 19:15-21): 당직 사제나 재판관은 소송을 두세 증인을 세워 엄정히 처리하고, 백성들은 그 판결에 복종하며, 거짓 증언을 한 자는 처벌하도록 하였다.
- 왕정에 관한 규례(17:14-20): 야웨가 택한 사람을 왕으로 삼고, 왕은 군마와 후궁과 은금을 많이 취하지 말고, 율법을 배우고 익혀 야웨를 경외하고

백성을 위하는 마음으로 모든 규정을 실천하도록 하였다.

- 레위인 사제에 관한 규례(18:1-8): 레위인들은 토지분배의 몫이 없으니, 각종 제물의 일부를 취하여 생계를 유지하라 하였다.

- 예언자에 관한 규례(18:9-22): 점, 복술, 마술을 행하거나 주문을 외고 혼백을 부르는 자나, 야웨가 말하라고 시키지 않은 것을 주제넘게 말하는 자들을 제거하고 야웨에게서 지시받은 그대로 일러주는 예언자의 말만 들으라고 하였다.

- 살인 및 도피성에 관한 규례(19:1-13, 21:1-9): 고의로 살인한 자는 처형하고, 과실로 살인한 자가 피할 수 있도록 전역에 세 곳의 도피성을 마련하여 죄 없는 자의 피를 흘리지 못하게 하였다.

- 전쟁에 관한 규례(20:1-20): 소집된 군인 중에 집을 짓고 봉헌하지 못한 자, 포도원을 새로 가꾸어 놓고 맛도 보지 못한 자, 약혼을 하고 결혼하지 못한 자, 두려워 겁을 내는 자는 귀가시키고, 그리고 어떤 성을 치고자 할 때 먼저 화친을 외치고 이를 거절하면 남자는 다 죽이고 전리품을 취하라 하였다.

- 맏아들 상속에 관한 규례(21:15-21): 맏아들에게는 두 몫을 상속하고, 부모의 말을 거역하는 아들은 돌로 쳐 죽이라 하였다.

- 결혼과 정조에 관한 규례(22:13-23:1, 17-18): 결혼의 순결을 지키고, 화간한 남녀는 돌로 쳐 죽이고, 처녀를 강간한 남자는 그 책임을 지게하고, 신전 매음을 금지하였다.

- 각종 약자보호법(23:16-26:15): 도망한 노예 보호하기, 이자와 장리금지하기, 남의 포도와 곡식 이삭도 손으로만 먹기, 해지기 전까지 겉옷 담보물은 돌려주고 임금은 지불하기, 밭의 곡식과 올리브 열매 추수 때 가난한 자의 몫으로 일부를 남겨 두기, 죽은 형의 가문을 동생이 이어주기, 저울추를 속이지 말기를 명하고, 그리고 햇곡식과 매 3년의 십일조는 고아와 과부

와 나그네와 레위인들과 함께 나누게 하였다.

(3) 성결법전(레 17-26장)이다. 서기전 587년 예루살렘의 멸망과 바벨론 포로는 히브리 종교사에 큰 영향을 끼쳤다. 포로기에 재편집된 법전이 레위기의 성결법전이다. 레위기는 '제사장의 교범'으로 각종 제사에 관한 세부 규례(1-7장), 제사장 위임식 규례(8-10장), 부정한 것에 관한 규례(11-16장) 그리고 성결법전(17-26장)이 포함되어 있다. 성결법전 또한 거룩한 하나님의 백성인 이스라엘 역시 거룩하여야 하기 때문에 이 거룩한 율법을 지킬 것을 강조하고 있다(레 19:2, 20:7, 26).

- 피에 관한 규정(17:1-16): 피는 곧 생명이니 아무 데서나 가축의 피를 흘리지 말고, 무슨 피든 피는 먹지 말라 하였다.
- 성도덕에 관한 규례(18:1-30): 근친상간, 통간, 동성애, 수간獸姦 그리고 음란하고 가증한 풍속을 금하라 하였다.
- 각종 약자보호법(19:9-37): 곡식과 포도원 열매 추수시 가난한 자를 위해 남겨 두기, 품꾼의 삯을 해질 때까지 미루지 말기, 장애자 보호하기, 공정하게 재판하기, 원수 갚지 말고 이웃을 사랑하기, 타국인 학대 금지 그리고 저울과 추를 속이지 말게 하였다.
- 사형에 관한 규정(20:1-27): 자식을 이방신 몰렉에게 바치는 자, 간음한 남녀, 동성애자, 근친상간자, 무당이나 신접하는 자는 죽이게 하였다.
- 제사장 정결규례(21:1-24): 제사장은 부정한 여인이나 이혼한 여인과 결혼하지 말고, 시체를 가까이 말게 하였고, 육체에 흠이 없는 자여야 하였다.
- 제물에 관한 규정(22:1-30, 24:1-9): 흠 없고 온전한 것을 제물로 바치게 하고, 부정한 자는 제물을 먹지 못하고, 제물의 제단 진설에 관해 규정하였다.
- 절기에 관한 규정(23:1-44): 안식일, 유월절, 무교절, 나팔절, 속죄일, 초막

절의 제사에 관해 규정하였다.

- 안식년과 희년에 관한 규정(25:1-46): 안식년의 휴작, 희년의 토지 및 가옥 상환과 노예해방을 규정하였다.
- 순종의 축복과 불순종의 저주(26:1-46): 이 모든 규례를 지키면 너희는 나의 백성이 되고, 지키지 않으면 7배나 더 재앙을 받으리라 하였다.

이상에서 요약한 3대 법전 외에도 구약성서 여러 곳에 무수한 율법들이 포함되어 있다. 구약성서에 얼마나 많은 계명이 나오고 있는가? 유대 전승에 따르면, 구약성서 중에서도 613개의 계명이 포함되어 있다고 한다. 중세시대 유대의 저명한 랍비이며 사상가로 알려져 있는 마이모니데스Maimonides는 오경에는 '하라'는 긍정적인 형태로 된 계명 248개와 '하지 말라'고 하는 부정적인 형태로 된 금지계명 365개를 합하여 모두 613개의 율법조문이 있다고 주장했다. 248이라고 하는 숫자는 사람의 몸을 이루고 있는 모든 부분의 총합이고 365라고 하는 숫자는 당연히 1년을 뜻한다. 인터넷에서 이 613개 율법조문의 목록을 검색할 수 있다.[59]

3) 율법에 대한 우리 시대의 반문

이처럼 많은 구약의 율법에 대해서 몇 가지 반문 제기된다.

(1) 구약의 율법이 오늘날에도 타당한가 하는 반문이다. 구약성서의 모든 율법의 핵심은 십계명이라 할 수 있다. 십계명은 원율법primary law으로서 하나님이 이스라엘 백성을 이집트의 노예살이에서 해방시킨 다음 홍해를 건너게 하신 후 시내산에서 모세를 중재자로 하나님과 이스라

---

59) blog.daum.net/shine3927/5813058

엘 백성 사이에 체결한 계약의 조문이라는 사실이다.

그러므로 원율법인 십계명은 항구적으로 타당한 모법母法이지만, 그외의 613개에 이르는 법조문들은 대체로 당시의 종교법, 제사법, 정결법, 시민법에 해당하는 십계명이라는 모법의 시행령이라고 볼 수 있다. 따라서 아열대 지방의 위생을 고려해서 '돼지고기를 먹지 말라'(신 14:8)고 명한 정결법은 이러한 시행령의 한 예로서 구약시대에 한시적으로 타당한 법조문이다. 따라서 냉장고가 보편화된 우리 시대에서는 이러한 한시적인 법조문의 율법의 법정신에 따라 시대에 맞게 새롭게 해석하고 적용하여야 할 것이다.

(2) 구약의 율법은 신약의 복음에 비해 열등한 것으로 지난 시대의 것이 아닌가? 하는 반문이다. 마르키온과 같은 영지주의자나 니체와 같은 무신론자들은 구약의 율법과 신약의 복음을 날카롭게 대조시켜 전자를 제거하려고 하였다. 아마도 구약의 율법조문들이 자신들이 처한 시대와 상황에 맞지 않는다고 보았기 때문일 것이다. 그러나 구약학자들은 십계명이 고대 근동의 종주권조약과 유사한 양태로서 '역사적 서언'이 있다는 사실을 알게 되었다. 따라서 십계명은 출애굽이라는 노예해방을 통해 400여 년간 노예신분이었던 이스라엘 백성이 하나님의 백성이라는 은총을 받게 되었으므로 은총Gabe에 따르는 과제Aufgabe로 하나님의 자유한 백성의 의무를 조문화한 것이다. 그러므로 율법은 은총에 대립되는 것이 아니라 노예해방의 은총을 주신 하나님께서 그들을 "제사장 나라와 거룩한 백성"(출 19:6) 삼으려고 주신 은총적인 과제라고 보아야 한다.

(3) 613개의 율법이 모두가 똑같이 중요한 것인가 하는 질문이다. 예수께서는 "박하와 회향과 근채의 십일조"를 드리라는 율법의 조문을 문자적으로 실천하는 것보다, 율법의 입법 정신인 "의와 인과 신"(마 23:22)을 행하는 것이 더 중요한 일이라고 가르치셨다. 따라서 예수께서는 바

리새파와 서기관들은 율법의 법정신보다는 율법의 법조문을 형식적으로 지키며 겉으로 꾸미는 외식하는 자들이었으므로, 이들 율법주의자들을 비난한 것이다. 율법의 정신이 율법의 조문보다 더 중요하다는 사실을 기억해야 한다. 그러한 법정신이 가장 잘 드러나 있는 원율법이 십계명이라고 할 수 있다.

그래서 어떤 율법사가 예수에게 와서 율법 중에 어느 것이 가장 크냐고 했을 때 하나님을 사랑하고 이웃을 사랑하는 것보다 더 큰 율법이 없으며 (막 12: 28-31), 이것이 "율법과 선지자의 강령"(마 22:40) 즉 "골자"(공동번역)와 "본 뜻"(표준새번역)으로서 율법의 법정신이라고 한 것이다.[60]

따라서 예수께서는 율법을 폐하러 오신 것이 아니며, 율법의 법조문을 완전히 지키려고 오신 것(마 5:17)도 아니다. 율법의 입법 정신을 강화하고 철저히 하여 율법의 정신을 완성하러 오신 것이다.

4) 함무라비 법전과 성서의 3대 법전의 비교

현재 우리에게 알려진 가장 오래된 법전은 모두 바벨론에서 집성된 것인데, 서기전 21세기의 우르나무 법전The Code of Ur-Nammu, 20세기의 에쉬누나 법전The Code of Eshnunna, 19세기의 리피트 이쉬타르 법전 The Code of Lipit-Ishtar, 18세기의 함무라비 법전The Code of Hammurabi 등이다. 이 중에서 가장 잘 완비되고 완전한 바빌로니아 법은 바벨론 제1왕조의 제6대 왕인 함무라비 왕의 재위기간(서기전 1792-50)에 만들어진 '함무라비 법전'인데, 1901년에 프랑스와 이란의 합동 발굴팀이 이란의 서남부 걸프 지역 북쪽에 있는 고대도시 수사에서 발굴하였다. 이 법전

---

60) B. W. Anderson(1983), 『구약성서의 이해 I』(왜관: 분도출판사), 113.

은 바빌로니아의 국가신國家神인 마르둑Marduk의 신전(바벨론)에 세워진 섬록암 비석에 새겨져 있었는데, 282개의 판례법에는 경제관련규정(가격, 관세, 무역, 통상), 가족법(혼인, 이혼), 형사법(폭행, 절도), 민법(노예제, 채무)이 포함되어 있다.

함무라비 법전을 비롯한 바벨론의 법조문과 성서의 율법의 법조문을 비교해 보면 그 양식이 아주 유사한 것이 많아 양자의 비교 연구가 활발하게 전개되었다. 이러한 연구결과 외적 형식의 유사성에도 불구하고 그 내용과 정신이 아주 다르다는 점이 밝혀졌다. 율법의 법조문은 법정신을 반영한 것이므로 구체적인 법조문을 통해서 그 법정신을 역추론할 수 있다. 양자의 법정신의 차이가 법조문에 어떻게 반영되었는지 살펴보면 이스라엘 계약공동체의 율법의 전향적인 의미를 확인할 수 있다.[61]

(1) 법 제정의 주체이다. 고대 근동의 법은 신이 내려 준 형식을 띠고 있으나 왕이 법의 제정자이고 선포자이므로 왕권을 강화하고 통치권을 보장하기 위한 것이었다.[62] 이스라엘의 경우는 출애굽 이후 이스라엘 백성과 계약을 맺은 후 정한 일종의 계약조문으로서 새로운 계약공동체의 의무를 규정한 것이다. 따라서 입법자는 항상 야웨이고 왕도 법률을 복재하여 소지하고 엄격히 지켜야 했다(신 17:14-20, 삼상 8:11-18), 왕은 이러한 종교적 율법의 반포자가 된 일이 한 번도 없었다. 모든 율법은 여호와의 말씀이나 여호와의 계명으로 선포되었다.

(2) 법 제정의 일방성이다. 고대 근동의 법률들은 왕이 백성에게 일방적으로 부과한 규정이 대부분이었다. 따라서 함무라비 법전도 명목상으로는 백성들의 행복의 증진과 고아와 과부를 위한 법을 지향하지만,

---

61) 성서와함께(1993), 『어서 가거라: 출애굽기 해설서』, 303-306 참조.
62) 이종근(2008), 『메소포타미아 법 사상』(서울: 삼육대학교출판부), 289

실제로는 법의 주요 보호대상이 왕과 지주와 노예주인 등을 비롯한 지배계층이었다. 인간의 생명보다는 소유권을 중시 여기는 규정들이 많은 것을 보아 알 수 있다. 왕궁의 물건을 훔친 죄(6조), 종이 도망가도록 돕거나 숨긴 죄(15-16조)를 사형으로 다스렸다.

그러나 이스라엘의 법전은 역사적 사건이 출애굽에 기초하여 하나님과 이스라엘 백성 사이의 계약관계에 근거한 계약조문이다.[63] 따라서 히브리 노예들을 애굽의 압제에서 구원하고 그들과 계약을 맺은 계약법의 일차적인 보호대상은 가난하고 힘없는 자들이다.

> "선행을 배우며 정의를 구하며 학대 받는 자를 도와주며
>
> 고아를 위하여 신원하며 과부를 위하여 변호하라 하셨느니라."(사 1:17)

인간의 생명을 소중히 여기고 재물과 소유권은 그 다음에 둔다. 따라서 절도죄 정도를 사형으로 처벌하지 않는다.

(3) 법 적용의 차별성이다. 함무라비 법전에는 신분을 세 등급으로, 즉 토지를 소유할 수 있는 자유인(awilum), 제한적 조건하에 토지를 소유할 수 있는 평민(mushkenum) 그리고 토지소유권이 없는 주인의 소유물인 노예(wardum)로 구분하였다. 이러한 엄격한 사회적 계급에 따라 임금, 재판, 배상의 정도가 차별적으로 적용되었다.[64] 예를 들면 소, 양, 나귀 등 왕궁에 속한 물건을 훔치면 30배를 보상하고 일반 시민의 것을 훔치면 10배를 보상하게 하였다(8조). 임산부를 때려 태아를 잃게 했을 경우 자유인에 속한 임산부에게는 은 10세겔을 변상하고, 평민인 경우

---

63) 이종근(2008), 290.
64) 이종근(2008), 159; 서인석(1979),『성서의 가난한 사람들』(왜관: 분도출판사), 76-77. 함무라비 법전에는 세 계급의 구분이 현저하였다.

에는 5세겔만 주면 되었고, 여종의 경우는 2세겔을 지불하는 등 보상에
차별을 두었다(209, 211, 213조).65)

　그러나 성서의 율법에서는 법 적용에 있어서 신분상의 차별이 없다.
법 앞에 모두가 평등하였다. 오히려 기득권층의 범죄에 대해 더 비판적
이다.

> "네 고관들은 패역하여 도둑과 짝하며 다 뇌물을 사랑하며
>
> 예물을 구하며 고아를 위하여 신원하지 아니하며
>
> 과부의 송사를 수리하지 아니 하는도다."(사 1:23)

　(4) 노예의 법적 제도화이다. 함무라비 법전에는 노예는 자유할 수
없게 규정하였다.66) 노예들이 도망가도록 방치하거나, 숨겨 주면 사형
에 처했다(15-16조). 그러나 성서에는 채무로 인한 일시적인 예속을 인
정하였지만 영구적인 노예제도 자체는 금지하였다. 성서는 이집트에서
모두가 노예였던 것을 상기하여 다시는 노예를 부리지 말고 노예가 되지
도 않게 하였다(레 19:34).

　그리고 함무라비 법전에서 종에 대한 상해는 금전으로 보상하게 하였
다. 종의 눈을 상하게 했거나 종의 뼈를 부러뜨렸으며, 종의 값의 반을 지
불한다(199조).67)

　그러나 성서는 종에게 상해를 입혔을 경우 그에게 자유를 주도록 하
였다.

---

65) 강사문(1999), 『구약의 하나님』(서울: 한국성서학연구소), 359.
66) 서인석(1979), 77.
67) 조철수(2000), 『메소포타미아와 히브리 신화』(서울: 길), 172-173.

"사람이 그의 종이나 여종의 눈을 때려서 멀게 했을 경우,

눈 대신에 자유를 준다.

사람이 그의 종의 이빨이나 그의 여종의 이빨을 부러뜨렸을 경우,

이빨 대신에 그에게 자유를 준다."(출 21:26-27)

이는 1865년까지 미국에서는 노예제도 존폐 여부로 남북전쟁이 계속된 것에 비추어 보면 전향적인 의식이라 할 수 있다.

(5) 무죄한 자의 대리 처벌이다. 앗시리아의 법전에는 처녀를 강간하였을 경우 가해자의 아내가 피해자의 집에 가서 살아야 했으며(55조), 함무라비 법전에는 임신한 여인을 때려 유산시키고 죽게 한 경우에는 가해자의 딸을 사형에 처하였다(201조). 목수가 집을 짓다가 주인 아들을 죽인 경우 그 목수가 아닌 목수의 아들을 죽이도록 하였다(229-231조).

그러나 이스라엘 율법은 이러한 연좌제의 대리 처벌을 엄격히 금한다. "죽을 사람은 죄 지은 그 사람"(신 24:16)이라는 원칙이 분명하였다.

(6) 형벌의 잔인성이다. 함무라비 법전에는 아버지를 때린 아들의 손을 자르게 하였다(202, 205조). 양자가 양부모를 정식으로 모욕한 경우 혀를 잘랐다(192조). 다른 사람의 아내와 입맞춤을 한 남자는 면도날로 아래 입술을 잘렸고(9조), 성범죄자들을 대개 거세를 당하였다(15, 19-20조).

반면에 성서는 극히 드문 단 한 번의 예외(신 25:11-12)를 제외하면 신체 절단의 가혹한 처벌은 거의 없다. 태형의 경우에서도 40대로 제한되어 "심각한 부상을 당하지 않게 하고, 또 네 형제가 모욕을 당하지 않도록" 하라는 것이다(신 25:3).[68]

---

68) R. de Vaux(1983), 『구약시대의 생활풍속』(서울: 대한기독교출판사, 1983), 272.

(7) 성적 방종이다. 히타이트 율법은 신전 매음과 통간뿐만 아니라 수간獸姦, 근친상간, 동성애 같은 것마저 허용하였다. 그러나 성서의 율법은 성적인 문제에 관하여 아주 엄격하였다.

성서는 간음한 여자와 남자는 둘 다 죽이게 하였다(레 20:10 등). 그러나 함무라비 법전(129조)에서는 "만약 어떤 사람의 아내가 다른 사람과 누웠다면 그들을 붙들어 매고 그리고 물에 그들을 던질 것이다. 그 여자의 남편은 그 여자를 살릴 수도 있고 죽일 수도 있고 또 왕도 그렇게 할 수 있다"라고 하였다. 그리고 "딸과 성행위를 했으면 도시는 그 사람을 쫓아내고 며느리와 관계했으면 물속에 던지라"(154-157조)고만 하였다. 모세의 율법에 비해 죄의식도 적고 형벌도 가벼울 뿐이다.

반면에 성서는 다양한 형태의 근친상간(레 18:1-30, 20:11, 14, 17, 신 27:20-23), 동성애(레 20:13), 수간獸姦(레 20:15) 등은 사형으로 엄히 다스렸다.[69] 성적 순결과 도덕성의 차원을 한 단계 높인 것이다.

(8) 성서에 사형에 해당하는 범죄는 성적 범죄 외에 다음과 같은 것들이 있다. 고의적으로 사람을 쳐 죽인 행위(출 21:12 ; 레 24:17, 민 16-21), 노예를 만들 목적에서 사람을 납치(출 21:16, 신 24:7)한 인신매매행위, 우상숭배(출 22:19, 렘 20:1-5, 신 13:2-19, 17:2-7, 삼상 28:3, 9), 부모에 대하여 중죄로서 부모를 저주한 자(출 21:17, 레 20:9, 신 21:18-21)에 한하여 신앙과 인권을 유지하기 위하여 사형에 처하도록 하였다.

그러나 함무라비 법전에는 중상中傷, 절도, 살인, 납치, 신전 물품 절취, 중요 범죄 위증 등 22개의 사안에 대해 사회질서를 유지할 목적으로 사형에 처하도록 규정하였다.[70]

이러한 범조문의 구체적인 비교를 통해 성서의 율법이 함축하고 있는

---

69) R. de Vaux(1983), 287-288.
70) 이종근(2008), 160.

전향적인 법정신을 살펴 볼 수 있게 되었다.

첫째, 성서는 하나님께서 이스라엘 백성에게 주신 율법의 입법 정신은 그분을 사랑하는 것이라고 가르친다. 613개의 계명을 문자적으로 지키는 것보다 더 중요한 것을 전심전력으로, 전인격적으로 하나님 여호와를 사랑하는 것이다.

> "이스라엘아, 들으라! 우리 하나님 여호와는 오직 하나인 여호와시니,
>
> 너는 마음을 다하고 성품을 다하고 힘을 다하여
>
> 네 하나님 여호와를 사랑하라."(신 6:4-5)

하나님을 사랑하는 것이 곧 그의 모든 계명을 지키는 것이며, 하나님을 사랑하는 마음으로 그 계명들을 지켜야 한다고 가르친다.

> "네 하나님 여호와를 사랑하여
>
> 그 직임과 법도와 규례와 명령을 항상 지키라."(신 11:1, 7:9, 30:16 등)

따라서 세 법전은 모두 다신론적 우상숭배나 주술적 종교제의를 철저하게 배격한다. 우상숭배자는 돌로 쳐 죽이고, 우상을 숭배하는 도시와 주민은 불과 칼로 진멸하게 하였다. 인신제사나 각종 주술적 제의를 발칙한 것으로 엄격하게 금한 것이다. 다신론적 우상숭배와 다산과 풍요의 주술적 제의를 수용하면 히브리 하나님의 사랑과 정의의 계명이 흐려지고 마침내 이방의 자연종교의 정치적 억압과 경제적 착취와 문화적 방종을 부추기기 때문이었다.

둘째, 성서의 율법은 고대의 율법에서는 찾아보기 힘든 고도의 정의와 자비의 실천을 통한 이웃사랑을 강조한다. 가난한 약자들에게 무한한

사랑과 정의를 베푸시는 하나님을 사랑하고 그 명령을 지키는 것은 이웃을 사랑하는 것임을 명시하고 있다.

> "너희의 하나님 여호와는 신의 신이시며, 주의 주시오…
> 고아와 과부를 위하여 신원하시며 나그네를 사랑하사
> 그에게 식물과 의복을 주시나니…."(신 10:17-18)

> "너는 네 형제를 마음으로 미워하지 말며 이웃을 인하여
> 죄를 당치 않도록 그를 반드시 책선하라.
> 원수를 갚지 말며 동포를 원망하지 말며
> 이웃 사랑하기를 네 몸과 같이 하라."(레 19:17-18)

따라서 사회적 약자나 가난한 자나 신체장애자를 위한 인도주의적 규례를 도처에서 찾아볼 수 있다. 지배자의 지배의 도구가 아니라 약자들의 보호의 도구로서 율법의 전향적인 기능을 수행하였다.

셋째, 성서에는 "주의 말씀을 야곱에게 전하시고 주의 규례와 법도를 이스라엘에게는 알려 주시지만, 다른 민족은 그 어느 민족에게도 그와 같이 하신 일이 없으시니 그들은 어느 누구도 그 법도를 알지 못하는도다"(시 147:19-20)라고 하였다. 이스라엘은 그 어느 다른 법보다 "야웨의 법"의 우수성에 대한 긍지를 갖고 있었던 것이 확실하다.[71]

> "오늘 내가 너희에게 선포하는
> 이 율법과 같이 그 규례와 법도가 공의로운 큰 나라가 어디 있느냐.
> 오직 너는 스스로 삼가며 네 마음을 힘써 지키라."(신 4:8-9)

---

[71] 김이곤(1996), 122.

이처럼 이스라엘의 법은 다른 종교에서는 존재하지 않는바, 율법을 주신 하나님과 그것을 받은 이스라엘 백성 사이의 '친근한 사랑의 관계'와 그리고 '강자와 약자로 구성된 인간들 사이의 평등한 사랑의 관계'를 전적으로 지향하고 있다는 점이 특이하다.[72]

넷째, 고대 근동의 율법과 십계명을 비롯한 유대인들의 율법을 형태적으로 비교해 볼 수 있다. 알트A. Alt는 고대의 법전에는 형식적으로 두 가지 유형의 율법, 즉 필연적인 법apodictic law과 결의론적인 법casuistic law이 있다고 하였다. 전자는 '…하라' 또는 '…하지 말라'는 무조건적인 정언명령에 해당한다. 후자는 '만일 …하면, …한 벌을 받는다'는 공식으로 표현되는 조건적인 규례이다.

함무라비 법전을 비롯한 바벨론의 법조문은 대부분 후자에 해당하며 '이미 죄를 범한 자'를 처벌을 하기 위해 형량을 제시한 형사법적인 판례법이다. 그러나 십계명은 고대의 법률로서는 아주 예외적으로 전자에 해당하며 '범죄하기 전'에 모든 구성원이 마땅히 행하여야 할 종교적 당위 규범을 무조건적 정언명령의 형태로 제시한 것이다.

다섯째, 한 걸음 더 나아가 히브리의 율법은 야웨의 명령에 순종하면 축복을 누리고, 불순종하면 징벌을 받는다는 철저하고 단순한 신앙을 강조하였다.

"보라! 내가 오늘날 생명과 복과 사망과 화를 네 앞에 두었나니,
곧 내가 오늘날 너를 명하여 네 하나님 여호와를 사랑하고…,
그 명령과 규례와 법도를 지키라 하는 것이다.
그리하면 네가 생존하며 번성할 것이요,
또 네 하나님 여호와께서 네가 가서 얻을 땅에서 네게 복을 주실 것임이니라.

---

72) 김이곤(1996), "야웨 · 후 · 하엘로힘", 「신학연구」 제37집, 122-123.

그러나 네가 만일 마음을 돌이켜 듣지 아니하고

유혹을 받아서 다른 신들에게 절하고 그를 섬기면

내가 오늘날 너희에게 선언하노니, 너희가 반드시 망할 것이라. …

내가 생명과 사망과 복과 저주를 네 앞에 두었은즉

너와 네 자손이 살기 위하여 생명을 택하고

네 하나님 여호와를 사랑하고 그 말씀을 순종하며….”

(신 30:15-20, 11:26-32)

이처럼 축복과 저주가 자연의 마력이나 자연적 운명, 신에 대한 대접 여하에 달려 있는 것이 아니라 하나님의 말씀인 토라에 대한 인간의 자발적인 복종에 달려 있음을 강조한다. 따라서 이스라엘 백성들은 이러한 전향적 율법이 그들에게 명령되었다는 사실 자체를 야웨의 최고의 축복으로 여겼다(신 10:13).

이렇듯 이스라엘 백성들은 오직 야웨만 섬기는 것을 자기들의 모토로 삼았다. 그리고 그것은 이집트의 노예생활에서 해방시켜 주신 야웨에 대한 배타적 신앙은 이집트 종교의 다신교 체제가 빚어 낸 종교제도, 정치제도, 경제제도에 대한 투쟁과 새로운 대안의 실현으로 이어졌다. 하나님과의 배타적인 관계를 위한 예언자들의 투쟁은 왕정 중반과 후반의 종교·정치·경제제도의 이방화에 대한 투쟁이기도 했다.

그것은 또한 초기 이스라엘 공동체의 종교·정치·경제적 이상을 무너뜨리는 것에 저항하는 투쟁이요, 이방국가와 정치적 동맹을 통해 외래적인 요소들이 유입되는 것에 맞서는 싸움이었다. 이방신 숭배를 금지하는 규정들은 이방종교와 더불어 이방의 정치제도와 경제제도 등 이방문물이 도입되어 야웨신앙을 훼손하게 되는 현실적 갈등의 과정을 구체적으로 반영하고 있다.[73]

이제까지 설명한 종교적이고 정치적인 해방의 경험을 반영하는 율법 역시 이스라엘 지파동맹체의 공통된 기초를 이루는 것이었다. "이런 일은 이스라엘에서 마땅히 행치 못할 것이니"(삼하 13:12) 또는 "이스라엘에게 부끄러운 일"(창 34:7, 삿 20:6, 10, 12, 참조. 신 17:4, 22:21)이라는 공식적인 표현은 지파동맹체에 소속되어 있다는 느낌이 공통된 도덕적이고 법적인 견해들에 의해 얼마나 강화되었는지를 분명하게 보여 준다.74)

---

73) Albertz Rainer(2003), 『이스라엘종교사 1』(서울: 크리스챤다이제스트), 141.
74) Albertz Rainer(2003), 197.

04
자연종교의 제사와
계약공동체의 절기의 역사화

성전 건축 이전에도 제사를 드린 많은 사례가 있지만, 토라 중심의 히브리 종교는 솔로몬 시대(서기전 961-922)에 예루살렘을 건축함으로써 성전 중심의 제사와 제사장 제도로 정착하게 된다. 따라서 후기의 이스라엘의 제의는 세부적 차이는 있으나 가나안의 영향을 받은 것이 사실이다.[75] '제사장 교법'인 레위기 1-7장에는 제사의 방법과 종류가 명시되어 있다.[76]

그러나 이스라엘의 제의의 중심은 이러한 개인적인 제사가 아니라 연례적인 계약공동체의 축제였다. 3대 법전은 모두 유월절, 맥추절, 장막절의 3대 절기를 지킬 것을 명시(출 34:18-24, 레 23장, 신 16:1-17)하고 있다.[77] 그리고 이스라엘의 모든 남자는 일 년에 세 번의 대축제일에는 반

---

75) G. A. Anderson(1988), *Sacrifice and Offering in Ancient Israel: Studies in their Social And Political Importance*(Atlanta, Georgia: Scholar Pr.), 4-19.
76) G. von Rad(1976), 『구약선서신학 I』(왜관: 분도출판사), 254-274; W. H. Schmidt (1988), 『역사로 본 구약성서』(서울: 나눔사), 192-193; V. K. Gottwald(1987), 『히브리성서 1』(서울: 한국신학연구소), 262-264.
77) W. H. Schmidt(1988), 179-191.

462 제10장 | 이스라엘과 계약을 체결하신 하나님

드시 하나님 앞에 나아올 의무가 있음을 명하였다(출 34:23, 신 16:16). 이 세 절기는 가나안 정착 후 농경생활의 절기에서 유래하였으나, 각각 이집트에서의 해방과 광야의 초막생활을 기념하는 역사적 절기로 전승하였다.

역사적인 해방의 경험이 야웨종교에 대하여 갖는 중요성은 그러한 경험이 제의 축제들에 깊은 영향을 주고 있으며 농경 축제들에 새로운 의미의 차원을 추가하고 있다는 사실을 통해서 분명하게 확인된다. 그 축제들은 계속적으로 역사화되었다.[78]

1) 유월절은 출애굽 기념 제사이다. 4월 말이나 5월 초의 보리 추수의 시작과 때를 맞춰 시작되는 이 절기들은 농사와 연관이 있으나 이방의 주신제酒神祭와 같은 것은 아니었다. 유월절은 무교절로 이어지는 최대의 절기로서 이집트에서 탈출할 때 양을 희생하여 그 피를 문설주에 바름으로 이스라엘 온 백성이 구원을 얻은 것을 기념하는 유대 민족의 해방절이다. 유월절은 초기부터 출애굽 사건을 기념하는 '유월절 제사'(신 16:1, 4, 출 12:21-23)로 자자손손 지킬 것을 명하고 있다.

> "이는 여호와의 유월절 제사라. 여호와께서 애굽 사람을 치실 때에
> 애굽에 있는 이스라엘 자손의 집을 넘으사
> 우리의 집을 구원하셨느니라."(출 12:27)

유대력으로 첫째 달(유대 달력으로 아빔월, 바벨론 달력으로 니산월) 14일 저녁에 유월절 희생제사passover sacrifice를 지내고, '이집트에서 나온 것'을 기념하여 7일간은 누룩 없는 빵을 먹는 무교절을 지키게 하였다.

---

78) Albertz Rainer(2003), 195.

"너는 무교절을 지키되 내가 네게 명한대로

아빔월 그 기한에 칠 일 동안 무교병을 먹으라.

이는 네가 아빔월에 애굽에서 나왔음이라."(출 34:18)

따라서 유월절 희생제사에서의 속죄의 개념은 개인적이거나 주술적
이거나 제의적인 것이 아니었다. 이집트의 온갖 압제에서 해방이라는 집
단적이고 정치적이며 역사적인 구원을 함축하는 것이었다.

이집트에서 바로Pharaoh의 강제노동과 강제 산아제한으로 인한 정치
적 억압과 경제적 착취와 민족적 차별이라는 질고에 허덕이던 히브리인
들의 부르짖음을 야웨가 들으시고 그들을 구출하셨다는 가장 오래된 역
사적 신앙고백(신 26:5-10)은 그들이 경험한 구원의 정치적 성격을 잘 명
시하고 있다.79) 역사적이고 공동체적인 구원의 체험이 반영된 유월절
희생제사는 온 가족의 공동식사 축제로 지켜오다가 이후에 무교절의 순
례 축제로 발전되어 이스라엘 온 지파의 공동체 의식을 확립하고 강화하
는 친교의 기능을 수행하게 되었다.

2) 맥추절 종살이 기념 제사이다. 맥추절은 여름철 곡물 수확을 끝내
고 지키는 일종의 맥추감사절이다. 이 절기는 곡식에 낫을 대는 첫날부
터 7주 후에 지키는 절기이므로 칠칠절(출 34:22) 또는 오순절(레 23:15)
이라고 불린다. 칠칠절은 후대에 가서 이스라엘 종살이와 관련시켜 역사
적인 관련성을 띠게 된다.

"너는 애굽에서 종 되었던 것을 기억하고

이 규례를 지켜 행할지니라."(신 16:12)

---

79) G. von Rad(1976), 129.

3) 초막절은 시내산 계약갱신 제사이다. 초막절은 본래 타작마당과 포도주 틀의 소출, 곧 과일과 올리브 열매 및 포도 등을 저장하는 것을 기념하는 가나안의 농경 축제(신 16:13, 레 23:39ff)와 관련되어 있다. 가을 추수 후 유대력 일곱째 달(티쉬리월) 15일부터 7일간 초막을 짓고 그곳에서 생활하면서 출애굽과 광야생활을 기념하기 위해 매일 번제를 드리고, 8일째에 절기를 마감하는 대성회로 모인 초막절草幕節은 수장절收藏節 또는 장막절帳幕節로 불렸다(출 23:16, 34:22).

> "너희는 칠 일 동안 초막에 거하되
> 이스라엘에서 난 자는 다 초막에 거할지니
> 이는 내가 이스라엘 자손을 애굽 땅에서 인도하여 내던 때에
> 초막에 거하게 한 줄을 너희 대대로 알게 함이니라.
> 나는 너희 하나님 여호와니라."(레 23:42-43)

초막절 절기 동안의 희생제사는 시내산 계약 희생제사를 기념하고 갱신하는 것으로 역사화하였다. 솔로몬의 성전이 봉헌된 것도 이 절기 때이며(왕상 8:2), 매 7년마다 초막절에 율법을 낭독하고 계약을 갱신할 것을 명하고 있다(신 31:10). 계약갱신을 위한 희생제사가 이날에 거행된 것이다(시 50:5).[80] 출애굽 사건이 있은 지 500년이 지난 뒤에도 이러한 계약갱신이 계속되었음을 알 수 있다.

> "우리 하나님 여호와께서 호렙 산에서 우리와 언약을 세우셨나니,
> 이 언약은 여호와께서 우리 조상들과 세우신 것이 아니요
> 오늘 여기 살아 있는 우리 곧 우리와 세우신 것이라."(신 5:2-3)

---

80) W. H. Schmidt(1988), 188-189.

시내산 계약 희생제사covenant sacrifice(출 24:5f)는 모세가 제사장이 되어 화목제를 드린 뒤 그 피의 절반은 제단에 뿌린 다음 계약서를 백성들에게 낭독하고, 백성들이 "야웨께서 말씀하신 대로 다 따르겠습니다" 하고 다짐한 후 그 피를 백성들에게 뿌려 주며 "이것은 야웨께서 너희와 계약을 맺으시는 피다"라고 선언하는 것으로 진행된다. 계약 희생제사는 계약갱신의 특수한 형태로 전승되었으며, 공동체 의식을 강화하는 친교의 성격이 강한 것이었다.81)

이스라엘은 계약공동체로서 백성들 사이에 불법과 불의와 착취와 불평등이 없어야 하며, 이스라엘 민족은 하나님의 백성으로 하나님이 기뻐하시는 자비와 공의를 베풀고 약자를 보호하여야 할 계약의 의무를 수행할 것을 이러한 제의적 계약갱신을 통해 다짐하였다.

3대 절기를 법적 의무감에서 지키는 것이 아니라 하나님께 나아가 그 앞에서 즐거워하고 기뻐하는 축제로 지키도록 하였다.

> "네 하나님 여호와 앞에서 즐거워할지니라."(신 16:11)
> "너는 온전히 즐거워할지니라."(신 16:15)
> "너희 하나님 여호와 앞에서 칠 일 동안 즐거워할 것이라."(레 23:40)

"네 하나님 여호와를 사랑하라"(신 6:4)는 명령과 마찬가지로 "하나님을 기뻐하라"는 명령은 이스라엘 백성의 삶의 기본 태도가 어떠해야 하는지를 잘 보여 준다. 이스라엘 백성의 제사는 바로 '기쁨과 찬양의 축제'였다. 고대 근동아시아의 신관에 비추어 볼 때 구약성경에서 '하나님을 기뻐하라'는 명령보다 구약의 특정을 더 잘 보여 준 것은 없다고 할 수

---

81) R. de Vaux(1964), *Studies in Old Testament Sacrifice*(Cardiff: Univ. of Wales Pr.), 31f.

있다.

특별히 고아와 과부들도 이 즐거운 절기에 참여할 수 있도록 특별 규정이 있었다. 그러나 사회학적 관점에서 보면 나그네와 우거자 들도 이 절기들에 참석할 수 있었다는 사실이 더 주목할 만한 점이다(신 26:11, 14).

아모스 5장 25절에는 "이스라엘 가문아 사십 년을 광야에 사는 동안 너의가 나에게 희생제물과 곡식을 바친 적이 있느냐" 하였다. 이처럼 이스라엘의 제사가 가나안의 자연종교의 제사의 영향을 받은 것이 사실이지만 몇 가지 점에서 전향적인 차이를 드러낸다.

1) 가나안 자연종교의 주술적인 제의의 기원이 다신론적 신화에 근거한 풍요와 다산의 축제였지만, 이스라엘의 제의와 절기는 이스라엘의 역사에 대한 회상에 근거한 것이었다. 야웨종교는 출애굽의 역사적 구원을 기념하는 유월절 희생제사와 시내산 광야생활과 계약체결을 기리며 계약정신을 갱신하는 초막절 계약 희생제사를 7일 동안 전 국민이 참여하는 대축제로 지켜 오면서 출애굽 전후의 역사적 사건을 제의와 관련시켜 '제의의 역사화historization'를 시도한 것이다.[82]

이 두 전승은 이스라엘 희생제의의 구속사적 성격을 가장 잘 간직하고 있기 때문에 그리스도의 죽음으로 희생제사가 더 이상 불필요하고, 성전의 파괴로 희생제의가 더 이상 불가능하여진 초대교회에서도 그리스도의 죽음과 관련하여 유월절 양(고전 5:7, 히 11:28, 요 1:29)으로, 최후의 만찬과 관련하여 새 계약의 피(마 26:28, 고전 11:24-25)로 고스란히 전승될 수 있었다.

2) 원시 자연종교에서의 제사는 신에 대한 식물食物이나 공물供物로

---

82) G. H. Livingston(1990), 『모세 오경의 문화적 배경』(서울: 기독교문서선교회), 248.

여겨졌다.[83] 메소포타미아의 신인동형론적인 신화적 사고에서는 신들
도 인간처럼 식물을 먹어야 한다고 생각하였다. 바벨론 신화는 신의 식
물을 공급하기 위하여 인간이 창조되었다고 하였다. 그러나 성서는 신에
대한 식물사상은 전적으로 배제된다.

> "내가 네 집에서 수소나 네 우리에서 숫염소를 취치 아니하리니…
> 내가 수소의 고기를 먹으며 염소의 피를 마시겠느냐.
> 감사로 하나님께 제사를 드리며
> 지극히 높으신 자에게 네 서원을 갚으며
> 환난날에 나를 부르라.
> 내가 너를 건지리니 네가 나를 영화롭게 하리로다."(시 50:9-15)

농경문화와 군주제가 발전하면서 신이 실제로 식물을 먹는다는 사상
은 거부되고, 인간이 바친 제물을 신들이 선물 또는 공물로 받는다는 생
각으로 바뀌게 되었다. 그러나 신에 대한 선물은 제정일치시대의 지배자
에게 바쳐지는 공물에 지나지 않았다.

3) 성서에는 제단에 바쳐진 제물이 하나님께 대한 공물이라는 사상도
배제되었다. 제물을 통한 대접 여하에 따라 신들이 풍요와 다산의 축복
이나 그 반대의 저주의 효과를 발휘한다는 사상도 그들에게는 낯선 것이
었다. 따라서 제사행위 그 자체가 어떤 효과를 발휘한다는 사효론事效論
(opus operatum)이 일찍이 거부되었다.[84] 불법적인 재물로 제사를 드리
는 것은 헛된 것이며(사 1:13), 하나님의 말씀에 순종하여 사랑과 정의를
실천하는 것이 더 중요한 것임을 천명하였다. '제사'라는 히브리말 '아베

---

83) G. von Rak(1976), 『구약성서신학 I』, 257.
84) J. Bright(1979), 『이스라엘의 역사 하』(왜관: 분도출판사), 256.

드'(עָבַד)의 원 뜻이 '섬기다, 기억하다'라는 점은 이러한 배경에서 이해되어야 한다.[85]

> "여호와께서 번제와 다른 제사를
> 그 목소리 순종하는 것을 좋아하심 같이 좋아하시겠나이까?
> 순종이 제사보다 낫고 [야웨의 명령을] 듣는 것이
> 숫양의 기름[제사]보다 나으니…."(삼상 15:22)

> "내가 반기는 것은 제물이 아니라 사랑이다.
> 제물을 바치기 전에
> 이 하느님의 마음을 먼저 알아다오."(호 6:4-6, 공동번역)

> "의와 공평을 행하는 것은 제사드리는 것보다
> 여호와께서 기쁘게 여기시느니라."(잠 21:3)

4) 제사장의 역할이 독특하였고 제사장의 기득권 전적으로 포기되었다. 이스라엘의 제의가 독특한 것처럼 이스라엘의 제사장의 신분도 고대 근동의 다른 제사장 집단과는 결정적으로 다른 면모를 보여 준다. 제사장의 역할은 제물을 드리는 것으로 끝나지 않는다. 평민에 의해서도 제물이 드려졌기 때문이다. 제사장의 가장 중요한 역할은 토라를 선포하고 가르치는 것(신 33:10)이다.[86] 야웨의 계약법의 전승자요 집행자로서 하나님의 뜻을 묻고 신의 결정을 중재하는 일(삼상 14:18f, 36f, 30:7f)과 거룩하고 속된 것, 정결한 것과 부정한 것에 대하여 가르치는 일(학 2:10ff, 레

---

85) G. von Rad(1976), 249.
86) G. von Rad(1976), 249.

10:10f, 13:8ff)을 수행하였다.[87] 율법과 계명을 지키도록 가르치는 것이
제물을 바치는 것보다 더 중요하게 여겨졌기 때문이다.

> "율법을 지키는 것은 곧 많은 제물을 바치는 것이며
> 계명을 지키는 것은 곧 평화의 제물을 바치는 것이다.
> 남의 은혜에 보답하는 것은 고운 밀가루 제물을 바치는 것이며
> 남에게 자선을 베푸는 것은 찬미의 제사를 드리는 것이다.
> 악을 물리치는 것은 주님을 기쁘게 해드리는 것이며
> 불의를 멀리하는 것은 속죄의 제사를 드리는 것이다."

(집회서 35:1-5, 공동번역)

제정일치의 경향이 강한 고대사회일수록 제의의 중앙집중화와 제사
장의 신분상의 특권이 보장되었다. 그러나 이스라엘에서는 다른 고대 근
동의 대사원처럼 실제로 위력 있는 사제단을 구성하지 않았고, 사제들의
전담 관할권이 미약했으므로 사제계급의 정치적 영향력이 대단치 못했
다.[88] 제사장의 신분에 관한 초기전승은 제사장과 레위 지파에게는 특
권은 고사하고 모든 백성이 누리는 토지분배의 혜택도 배제되어 아무 분
깃(상소 재산)도 없었음을 전해 준다(신 10:9, 18:1).[89]

따라서 출애굽과 가나안 정착과 토지분배의 주역이었을 제사장 계급
에게 땅을 분배하지 말라고 한 야웨의 명령은 혁명적인 성격을 띠고 있
다. 야웨의 뜻에 따라 제사장 계급이 땅, 즉 사유재산의 소유를 포기하고

---

87) W. H. Schmidt(1988), 194.
88) G. von Rad(1989), 『국제성서주석 신명기』(서울: 한국신학연구소), 248.
89) G. von Rad(1989), 123. 폰 라트는 레위인들이 토지를 소유할 수 없다는 규례는 과거
   의 상황들에 근거하고 있으며, 사제에 관한 이 법은 신명기 이전의 옛 요소를 반영하고
   있다고 하였다.

"야웨는 나의 기업이다"(신 12:12, 14:27, 29, 18:1, 수 13:14, 33, 18:17)라고 고백하였다. 폰 라드는 '야웨가 나의 기업'이라 선언한 것은 '바알이 땅의 주인'이라는 구호 아래 모든 토지를 독점한 가나안 종교의 제사장 계급의 착취 이데올로기에 대한 대안이었을 가능성을 배제할 수 없다고 하였다.[90]

5) 이스라엘 제사장 제도의 또 다른 특징은 여사제가 전혀 없었다는 점이다. 제2장에서 살펴본 것처럼 고대 근동의 종교는 대부분 여신을 섬겼으며 성전에는 여신상을 돌보는 여성 제사장이 있었다. 가나안 종교에서는 성전에 바쳐진 남녀 하위 사제들을 케데쉼(신 23:18, 왕상 14:23, 왕하 23:7)이라 하였는데 대부분 신전 창기(호 4:13)의 역할을 수행하였다. 이들에 의한 음란한 성행위가 풍요와 다산을 기원하는 종교적 제의로 수행되었다. 가나안의 바알종교는 이러한 현상이 유독 심하였기 때문에 계약공동체는 일체의 여성사제를 배제하였던 것으로 볼 수 있다.

이런 배경에서 보면 여성사제의 배제가 남녀 불평등에서 비롯된 것이 아님을 알 수 있다. 제사장은 여성이 맡을 수 없었지만 사사 중에 드보라와 같은 여성이 중요한 역할을 했기 때문이다.

---

90) G. von Rad(1989), 82.

05

자연종교와
계약공동체의 신인관계

시내산 계약은 이스라엘 백성을 이집트에서 해방시킨 둘도 없는 하나님, 형상이 없는 하나님, 이름이 없는 하나님 야웨와 출애굽 계약공동체 사이의 신인관계의 새롭고 전향적인 의미를 담고 있다.

1) 하나님과의 역사적 관계이다. 자연종교에서는 풍요와 다산의 근원으로서의 자연을 신성화하고 홍수와 한발의 자연의 순환에 순응하였기 때문에 신인관계는 무시간적이다. 신인관계의 역사적 계기가 전무하다. 앤더슨은 "야웨는 태양신, 폭풍신, 풍요의 신들과 같은 자연의 신이 아니다. 역사가 바로 그분의 활동무대이다"[91]라고 하였다.

그러나 역사적 종교로 알려진 히브리 종교는 아브라함을 택하여 부르신 하나님의 역사적 소명에서 비롯된다. 시내산 계약은 하나님께서 출애굽 백성 전체를 부르신 역사적 소명사건이라고 할 수 있다. 역사의 활동무대에서 하나님과 인간의 역사적 만남이 이루어진 것이다.

2) 하나님과의 공동체적 관계이다. 하나님은 '이스라엘 백성의 하나

---

91) B. W. Anderson(1983), 122.

님God of Israel'이 되고, 이스라엘은 '하나님의 백성People of God'이 된 것이다. 모세를 중재로 야웨와 전체 백성이 계약을 맺은 것이다. 출애굽 사건이 있은 지 550년 후에 기록된 신명기는 그 사실을 이렇게 적고 있다.

> "우리 하느님 야웨께서는 호렙에서 우리와 계약을 맺어 주셨다.
> 야웨께서 그 계약을 우리 선조들과 맺으신 줄 아느냐?
> 아니다. 우리와 맺으신 것이다.
> 오늘 여기 살아 있는 우리 하나하나와 맺으신 것이다."(신 5:2-3, 공동번역)

자연종교에서처럼 신의 편애를 받는 특출한 개인이 신에게 순응하는 개인적 의존관계가 아니라, 이스라엘 백성과 후손 전체와의 공동체적인 계약관계인 것이다.

시내산 계약으로 이스라엘 자손과 함께 탈출한 '중다한 잡종'들이 모두 하나의 계약공동체로 결속된 계기가 되었다. 그리고 세겜에서의 지파 동맹과 가나안에서의 토지분배를 통해 계약공동체는 더욱 분명한 정치적, 경제적 성격을 띤 야웨 하나님의 백성으로 등장하게 된다. 이런 의미에서 이스라엘 백성을 가리켜 '계약공동체'라고 부른다.

3) 하나님과의 조건적이며 쌍무적인 관계이다. 이스라엘이 하나님의 백성이 되었기 때문에 하나님의 백성답게 살아야 하는 의무가 주어진다. 많은 종주권 조약의 사례처럼 하나님이 이스라엘 백성을 이집트의 종살이에서 해방시켜 구원하여 주신 무한한 은혜가 베풀어졌기 때문에 그 은혜Gabe에 응답하기 위해서는 하나님의 계명을 준수하여야 할 과제Auf-gabe가 주어진 것이다.

"오늘날 네가 네 하나님 여호와의 백성이 되었으니,

그런즉 네 하나님 여호와의 말씀을 복종하여

내가 오늘날 네게 명하는 그 명령과 규례를 행할지니라."(신 27:9-10)

'계약의 피'가 표상하듯이 하나님께서 노예로 죽을 목숨을 살려 주셨기 때문에 이제는 목숨을 바쳐 하나님의 백성답게 살아야 한다는 것이다. 시내산 계약은 생존이 위협받을 때마다 "광야에서 죽을 바에야 이집트로 돌아가자"고 외쳤던 노예들을 위한 자유혼의 계시였다. 따라서 이제는 "노예로 살기보다는 자유인으로 죽겠다"는 결단이 요청된다. 계약의 의무를 준수하여 이러한 조건을 충족시켜야 하나님과 이스라엘 사이의 독특한 관계가 존속된다.

이런 의미에서 시내산 계약은 원시 자연종교의 주술을 매개로 한 풍요와 다산을 기복祈福하는 무제약적 신인관계의 평균적 의식을 극복한 것이다.

4) 하나님과의 인격적 관계이다. 바른 신인관계는 자연종교의 '나와 그것'의 물질적·도구적 관계가 아니라, '나와 당신'의 영적·인격적 관계이기 때문이다. 하나님은 한 분이시니 마음과 뜻과 힘과 정성을 다하여 그를 사랑하여야 한다(신 6:4-5). 따라서 하나님을 사랑하는 것은 그와의 계약관계를 신실하게 지키는 것이다. 하나님의 사랑을 깨닫고 하나님의 공의를 실천함으로써 하나님과의 인격적·영적 관계를 유지하는 것이다.

5) 배타적인 신인관계이다. 시내산 계약은 다른 신을 두지 말고 다른 신의 형상을 만들거나 섬기거나 절하지 말라고 하였다. 이 계약체결 자체가 야웨를 섬기느냐 섬기지 않느냐의 결단의 촉구였다. 야웨 하나님은 그의 계약의 파트너에게 전인적이고 절대적이며 배타적인 헌신을 촉구하는 질투하시는 하나님으로 표현되었다.

"너는 다른 신에게 절하지 말라.

여호와는 질투라 이름하는 질투의 하나님임이니라."(출 34:14)

하나님과 이스라엘 계약공동체 사이의 이러한 특수한 계약적 신인관계는 풍요와 다산을 기원하는 가나안 자연종교나 신성에의 참여를 갈구하는 희랍철학의 신인관계에서는 찾아볼 수 없는 계약공동체의 삶을 지향하는 전향적인 신인관계라고 할 수 있다. 양자의 신인관계를 다음과 같이 요약할 수 있을 것이다.

자연종교와 계약신앙의 신인관계의 차이점

자연종교의 신인관계	계약신앙의 신인관계
자연적 순응관계	역사적 소명과 배타적 계약관계
일방적 주종관계	은혜와 복종의 조건적 쌍무관계
개인적 의존관계	공동체적 계약관계
풍요와 다산의 주술적 기복관계	사랑과 정의의 인격적 계약관계

이러한 하나님과 인간 사이의 계약관계는 구약시대에는 시내산 계약을 전승하는 유월절, 맥추절, 초막절의 3대 절기를 통해 공동체적으로 갱신하고 할례를 통해 개인적으로 전승하여 왔다. 그러다가 신약시대에는 새 계약의 징표인 공동체적 성찬(마 26:28)과 개인적인 세례를 통해 하나님과의 인격적·역사적·쌍무적 특수 관계를 맺어 온 것이다.

06
옛 계약과
새 계약

구약성서에서 대략 275번[92] 나오는 '계약'(בְּרִית)이라는 단어는 개인들 사이에서,[93] 국가들과 그 대표자들 사이에서(왕상 5:1-12, 15:19, 20:34.), 왕들과 그들의 신민들 사이에서(삼하 5:3, 왕하 11:17), 남편과 아내 사이에서(겔 16:8, 말 2:14, 잠 2:17) 맺어진 합의라는 세속적인 의미로도 사용된다.[94]

아이히로트W. Eichrodt는 『구약성서신학』(1933)에서 "계약 개념은 구약의 종교적 사고 속에서 이러한 중심적인 지위가 부여되어 있었기 때문에, 이 개념으로부터 시작해서 작업해 나감으로써 구약의 메시지의 구조적인 통일성은 더 쉽게 가시화될 수 있다. 왜냐하면, 계약 개념은 이스라엘의 가장 근본적인 확신, 즉 하나님과의 유일무이한 관계에 대한 이스

---

92) Ralph L. Smith(1993), 172. 룻기, 에스더서, 전도서, 아가서, 예레미야애가, 요엘서, 오바댜서, 요나서, 미가서, 나훔서, 하박국서, 학개서를 제외한 구약의 모든 책에서 발견된다. 이 단어는 오경에서 80번 가량, 전기 예언서에서 70번, 후기 예언서에서 75번, 성문서에서 60번 사용된다.
93) 창 21:22-24, 26:13-33, 47:29, 삼상 18:3, 23:18.
94) Ralph L. Smith(1993), 172.

라엘의 인식을 소중히 간직하고 있기 때문이다"95)라고 하였다.

멘델홀은『이스라엘의 율법과 계약』에서 히타이트의 계약들에 나오는 6가지 요소가 구약에 나오는 시내산 계약 양식에서 병행들을 지니고 있다고 하였다.96) 그러나 니콜슨Ernest W. Nicholson은 종주권 조약에서 계약 당사자인 주군主君과 봉신封臣은 정복자와 피정복자로서 '갑과 을'의 일방적인 계약이므로 "봉신들은 그들을 정복하고 복속시킨 주군은 지배한 자들을 '사랑하지' 않았다는 것은 너무도 당연한 일"이며, "주군과 봉신의 관계는 사랑의 관계가 아니었다"라고 하였다.97)

덤브렐W. J. Dumbrell은『창조와 계약』(1987)이라는 책에서 성서의 5개의 주요 계약, 즉 노아 계약, 아브라함 계약, 시내산 계약, 다윗 계약, 새 계약이 성서를 관통하는 중요한 개념이라고 역설하였다. 그는 창조기사 속에서조차 계약이 내포되어 있다고 보았다. 그리고 이스라엘이 계약의 조항들을 온전히 수행하는 데에 실패함으로써 '새 계약'에 대한 종말론적인 소망이 생겨났다고 하였다. 이처럼 그는 창조와 종말도 계약신학의 개념으로 이해하였다.98)

성경은 구약과 신약으로 이루어진 것이다. 구약이란 말은 사도 바울(고후 3:14)과 고대 교부인 사르디스의 멜리토Melito of Sardis가 '신약(새계약, 렘 31:31, 고후 3:6)이란 말의 대립 개념으로 사용한 것에서 유래하였고, 이레네우스에 의해 '신약'과 '구약'이란 말이 공식적으로 사용되었다고 한다. 여기서 약約이라는 말은 약속 또는 계약의 뜻이다.

그러나 본래 신약성서를 받아들이지 않은 유대인들은 '구약'이 아니라 '히브리어 성경'이란 말을 사용했다. 2세기까지도, 교회는 이 '구약의

---

95) Ralph L. Smith(1993), 171.
96) Ralph L. Smith(1993), 166.
97) Ralph L. Smith(1993), 166.
98) Ralph L. Smith(1993), 171.

희랍어역인 70인역 성경(LXX)을 경전으로 보았고, 이 '구약'을 신약성경의 복음(새 계약) 신앙의 관점에서 읽었으므로, 이 '구약'이 기독교인들에게는 기독교 성경이었다. 디모데후서 3장 15절의 "모든 성경은 하나님의 감동으로 된 것"과 요한복음 5장 39절의 "너희가 성경에서 영생을 얻는 줄 생각하고 성경을 상고하거니와 이 성경이 곧 내게 대하여 증거하는 것이니라"고 한 말씀은 모두 구약성경을 가리킨다.

일반적으로 구약은 오실 메시아에 대한 약속이고, 신약은 다시 오신 메시아에 대한 약속이라고 알려져 왔다. 그러나 정확히 말하면 이 약속은 성서에 기록된 역사적 계약을 뜻한다. 구약은 옛 계약으로서 시내산 계약을 지칭하고, 신약은 새 계약으로서 최후의 만찬에서 제정된 성찬을 지칭한다.

구약성서에는 노아, 아브라함, 이삭, 야곱, 다윗 등 여러 인물이 개인적으로 하나님과 계약을 맺은 일이 기록되어 있지만, 가장 중요한 계약은 공동체적이고 쌍무적이며, 역사적이고 인격적 계약이라고 할 수 있는 시내산 계약이다. 이스라엘이 출애굽 후 시내산에 머무는 동안 이스라엘 백성 전체가 자신들을 선택하여 이집트에서 구원하여 주신 하나님과의 특수한 관계를 새롭게 설정한다. 야웨 하나님은 히브리 노예들로 하여금 '제사장 나라와 거룩한 백성'(출 19:6)으로 삼기 위하여 "나는 너희 하나님이 되고 너는 나의 백성이 되자"고 서로 계약을 맺은 것이다.

'신약'이란 용어는 구약성서의 예레미야 31장 31절과 신약성서에 일곱 번 나타나는 '새 언약[99]'이란 말에서 유래되었다. 이스라엘 백성들은 하나님과 계약을 체결하였으나 그 계약을 신실히 지키지 않았다. 물론

---

99) '새 계약'이라는 말은 구약에는 1회 나오지만 신약에는 7회 나온다. 눅 22:20; 고전 11:25; 고후 3:6; 히 8:8, 13, 15; 9:15; 12:24. '영원한 계약'이라는 말은 구약에 19회 신약에 1회 나온다.

이스라엘의 지존자이신 하나님은 사람이 아니므로 "거짓이나 변개變改함이 없으시며"(삼상 15:29) "하나님은 인생이 아니시니 식언食言치 아니하신다"(민 23:19). 하나님은 오직 신실하시어 이 계약을 끝까지 지키시나 이스라엘 백성들은 이 계약을 버리고 위반하기를 밥 먹듯 하였다. 시내산 계약 이후 하나님께서 이스라엘 백성에게 유월절과 장막절을 지키도록 한 것은 실제로 이러한 시내산 계약을 회상하고 이 계약을 충실히 이행하게 하기 위한 계약갱신 의식이라고 할 수 있다. 왕정 이후의 예언자들은 선포는 이스라엘 백성들이 이 계약을 위반한 것에 대한 규탄에 집중되어 있다.

포로기 후기에 와서 예레미야가 처음으로 "보라 날이 이르리니 내가 이스라엘 집과 유다에 새 언약을 세우리라"고 선포하였다. 새 계약의 필요성은 "그들은 나와 맺은 계약을 깨뜨렸기" 때문에 "그들의 잘못은 다시는 기억치 아니하고 용서해 주리라"는 전제에서 출발한다(렘 31:31-34).

고린도전서와 누가복음에 기록된 최후의 만찬에서 예수께서는 이 만찬이 '피로 세우는 새 계약' 체결 의식이라고 하였다.

> "이 잔은 내 피로 세우는 새 언약이니
> 곧 너희를 위하여 붓는 것이라."(눅 22:20)

> "이 잔은 내 피로 새우는 새 언약이니
> 이것을 행하여 마실 때마다 나를 기억하라."(고전 11:23-25)

이로써 예수의 죽음은 예레미야를 통해서 약속된 '새로운' 계약, 곧 하나님의 새로운 구원질서의 창설이라는 의의를 가진다(렘 31:31 이하).[100] 그러므로 예레미야의 새 계약은 이스라엘 백성들이 옛 계약을 지키지 못

한 모든 죄를 사하시고 기억에서 지우시겠다는 내용이 포함하고 있다는
사실을 주목하여야 한다.

> "여호와의 말씀이니라. 보라 날이 이르리니
> 내가 이스라엘 집과 유다 집에 새 언약을 맺으리라. …
> 내가 그들의 악행을 사하고 다시는
> 그 죄를 기억하지 아니하리라. 이는 여호와의 말씀이니라."(렘 31:31, 34)

예레미야가 예언한 새 계약은 옛 계약을 대체하는 것으로서 두 계약 사
이의 몇 가지 질적인 차이를 드러낸다.

옛 계약과 새 계약의 성격 비교

	옛 계약	새 계약
계약문	돌에 새김	마음에 새김
계약 대상	이스라엘 백성	많은(모든) 사람
계약 목적	해방된 계약공동체	죄 사함 받은 교회공동체

복음서에 기록된 최후의 만찬 본문에도 이 점이 명시되어 있다 예수
는 자신이 내어주는 빵과 포도주를 자신의 몸과 피로 상징하고 이를 '많
은 사람을 위하여', '죄 사함을 얻게 하려고' 주는 새 계약임을 분명히 하
였다. 이처럼 예수의 마지막 공동식사는 "새 언약" 성립을 상징하는 행위
였다.

---

100) G. Bornkamm(1973),『나사렛 예수』(서울: 기독교서회), 163.

제11장

약속의 땅을 분배하신

하나님

"동서남북을 둘러보아라. 네 눈에 비치는 온 땅을
너와 네 자손에게 아주 주겠다."

(창세기 13:15)

"많이 거둔 자도 남음이 없고 적게 거둔 자도 부족함이 없이
각기 식량대로 거두었더라."

(출애굽기 16:18)

01

불모의 땅 광야에서
만나를 주신 하나님

1) 땅 없는 떠돌이 아브라함과 땅을 약속하신 하나님

창세기 2장에 의하면 하나님께서 아담(אדם)을 '아다마'(אדמה), 즉 '땅'으로부터 그 땅을 경작하게 하기 위해서 창조하신다(2:5b, 15). 그러므로 아담은 '땅의 소산물'인 동시에 '땅의 소작인'인 것이다.[1] 브루지만은 "성서는 하나님의 백성과 하나님의 땅 사이의 관계에 대한 이야기"라고 하였다.[2] 그리고 이스라엘의 역사가 바뀌는 것은 이스라엘 땅이 바뀌는 것과 밀접한 관계가 있다고 보았다. 스텍 역시 "성경은 하나님과 인간을 땅으로부터 분리한 채 언급하지 않으며, 또한 땅을 하나님과 인간으로부터 분리한 채 언급하지 않는다"[3]라고 하였으며, 따라서 "하나님, 인간, 땅의 셋은 성경의 위대한 삼중적 조화를 이룬다"[4]라고 하였다.

땅의 문제는 생존과 관련된 인류의 가장 오래된 문제이다. 이스라엘

---

1) R. Rentroff(2008), 『구약정경신학』(서울: 세물결플러스), 48.

2) W. Brueggemann(1992), 『성서로 본 땅』(서울: 나눔사), 24.

3) John H. Steck(2000), 『구약신학』(서울: 솔로몬), 170.

4) John H. Steck(2000), 169.

백성들도 예외는 아니다. 땅이 없어 유랑하던 그들의 조상 아브라함 때부터 땅의 문제가 심각하였다. 이스라엘 백성들의 신앙 여정은 땅과 밀접하게 관련되어 있다. 땅 없음과 이로 인한 고통은 그들의 역사 속에 면면히 흐르는 주제였다. 그래서 '땅'이란 단어가 구약성서에 2504번이나 나오는데, 네 번째로 빈도수가 많은 단어이다.[5]

브루지만은 "땅이 성서의 '유일한 중심 주제'는 아니라 하더라도 중심 주제 중의 하나임에 틀림없다"[6]라고 하였다. 그는 성서의 땅은 약속으로서의 땅, 유혹으로서의 땅, 과제로서의 땅, 위협으로서의 땅이라는 네 가지 주제로 설명될 수 있다고 하였다.

땅에 대한 그들의 기억 속에 가장 강하게 각인된 것은 억압의 땅 이집트에서의 노예생활과 불모의 땅 광야에서의 만나의 공급에 대한 기억이다. 그리고 그 약속의 땅에 들어가서 땅을 분배받아 온 백성이 비로소 자기 땅에서 자유롭게 농사를 짓게 된 일이다.

하나님은 아브라함을 불러 "내가 지시한 땅으로 가라"고 하였다. 그들의 조상 아브라함, 이삭, 야곱은 미지의 땅을 얻기 위하여 떠돌아다니는 유랑자로 묘사되어 있다. 그래서 하나님은 그들에게 땅을 주시겠다고 약속하신다.

"야웨께서 아브람에게 말씀하셨다.

'고개를 들어 네가 있는 곳에서 동서남북을 둘러보아라.

네 눈에 비치는 온 땅을 너와 네 자손에게 아주 주겠다. …

어서 이 땅을 두루 돌아보아라.

---

5) E. A. Martens(1990), 『구약에 나타난 하나님의 계획과 목적』(서울: 생명의말씀사), 128.
6) W. Brueggemann(1992), 24.

내가 이 땅을 너희에게 주리라.'"(창 13:14-15, 17)

신명기에는 '땅에 대한 약속'이 30번이나 언급되어 있다.[7] 그러나 아브라함의 후손들은 이집트에서 400여 년간 노예생활을 하면서 땅 없는 백성의 압박과 설움에 시달렸다. 이집트로 이주한 이스라엘의 후손들은 노예로 전락하고 말았다. 이집트의 절대군주 파라오는 히브리 노예들을 국가건설을 위한 노동력의 보고寶庫로 여겼기 때문이다. 그리하여 자유롭게 유랑하던 이스라엘은 참을 수 없는 강제적 육체노동과 경제적 착취에 시달려야 했다. 고대 이집트의 절대군주들은 땅을 독점하고 있었기 때문에 그들은 땅 없는 백성의 서러움을 뼈에 저리게 느껴야만 하였다.

2) 불모의 땅 광야와 만나의 공급

억압의 땅에서 겨우 벗어났으나 그들은 다시 불모의 땅 광야를 배회하게 되었다. 광야생활 40년 동안에는 땅의 소출을 먹어 보지도 못한 채 땅 없는 백성의 한을 삭혀야 했다.

이스라엘 백성이 '이집트 땅 종살이 하던 집'에서 해방되어 광야에 진입하였을 때에 그들은 자유로운 땅에 거할 수 있었지만, 그 땅은 아무런 소출을 기대할 수 없는 불모의 땅이었다. 광야생활 동안 그들에게 다가온 가장 심각한 문제는 땅이 제공하는 빵의 문제였다. 이집트에서 가져나온 식량이 떨어졌을 때의 그들의 위기감은 극에 달하였다. 그리하여 광야에서 굶어 죽기보다는 차라리 이집트로 돌아가자고 항변하기도 하였다(출 16:3, 17:3).

---

7) E. A. Martens(1990), 135.

광야에서의 빵의 문제는 '자유인으로 죽느냐 노예로 사느냐' 하는 생사가 걸린 문제였다. 이집트를 떠난 지 45일이 되어 식량이 다 떨어지자 그들은 일제히 불평을 쏟아냈다. 다른 지도자를 뽑아 이집트로 돌아가자고 하였다(민 14:4). 이런 절박한 상황에서 하나님은 만나manna를 공급하여 주신 것이다.

> "여호와는 너를 애굽 땅 종 되었던 집에서 이끌어 내시고
> 너를 인도하여 그 광대하고 위험한 광야
> 곧 불 뱀과 전갈이 있고 물이 없는 간조한 땅을 지나게 하셨으며
> 또 너를 위하여 단단한 반석에서 물을 내셨으며
> 네 조상들도 알지 못하던 만나를 광야에서 네게 먹이셨나니
> 이는 다 너를 낮추시며 너를 시험하사
> 마침내 네게 복을 주려 하심이었느니라."(신 8:15-16)

하나님이 주신 양식이니 해가 뜨기 전에 저마다 식구 수에 따라 하루에 먹을 만큼만 거두어들이게 하였다. 어떤 이들은 욕심껏 많이 거두어 비축한 자도 있었다. 많이 거둔 사람도 있고 적게 거둔 사람도 있었으나, 이상한 것은 이튿날이 되자 다 썩어서 먹을 수 없게 되었다. 그래서 그 이튿날부터는 일용日用할 양식만을 "남지도 모자라지도 않게"(출 16:17-18) 거두어 들였다.

> "이스라엘 자손이 그같이 하였더니
> 그 거둔 것이 많기도 하고 적기도 하나 오멜로 되어 본즉
> 많이 거둔 자도 남음이 없고 적게 거둔 자도 부족함이 없이
> 각기 식량대로 거두었더라."(출 16:17-18)

이집트에서의 노예생활을 통해 그들이 겪었던 가장 큰 고통과 모순은 많이 거둔 자와 적게 거둔 자 사이의 빈부 격차였다. 바로의 궁전에는 먹을 것이 차고 넘쳐 났지만, 노예들의 막사幕舍는 초근목피의 궁핍이었다. 부익부 빈익빈의 경제적 불평등은 땅을 자기들의 것으로 독점한 절대군주들의 착취에서 비롯되었다. 그리고 이집트에서 노예생활을 할 수밖에 없었던 근본적인 이유가 여기에 있었다.

3) 남지도 모자라지도 않는 만나의 경제신학

어느 날 저녁, 난데없이 메추라기 떼가 날아들어 왔다. 지중해를 건너온 지친 철새 떼들이라 쉽게 잡을 수 있었다. 그리고 아침에 일어나 보니 광야 지면에 흰 서리 같고 가는 싸라기 같은 것이 덮여 있었다. 백성들은 "이게 뭐냐?"(man hu)고 소리쳤다. 모세는 이것은 너희가 먹으라고 하나님이 주신 양식이라고 한다. '고수 씨 같이 희고 맛있는 꿀 과자' 같은 이것의 이름이 '만나manna'가 되었다(출 16:31).

아라비아에서는 풀을 먹는 곤충을 만man이라 불렀다고 한다.[8] 그리고 시나이 반도의 건조지대에는 자라는 위성류渭城柳 나무에 기생하는 깍지벌레의 달콤한 분비물을 '만 에시마man essima' 또는 하늘에서 내려온 만나라고 칭했다고 한다.[9] 이를 절구에 빻아 냄비에 구워 빵을 만들어 먹었다(민 11:7-8).

도대체 그 많은 이스라엘 백성들이 먹을 만큼 많은 양의 곤충의 분비물이 실제로 생겨났다는 역사적 근거가 있느냐고 질문할 수 있을 것이다. 그러나 만나 이야기에서 가장 중요하고 여전히 의미가 있는 것은 광야에

---

8) 성서와함께(1993), 『어서가거라』(서울: 성서와 함께), 230.
9) B. W. Anderson(1983), 『구약성서의 이해 I』(왜관: 분도출판사), 99.

서의 식량의 결핍과 분배의 불균형이 생명을 위협하는 실제적인 문제였다는 점이다. 따라서 탈출공동체가 하나님이 주신 양식을 40년간 "남지도 모자라지도 않게"(출 16:17-18) 온 백성이 골고루 나눠 먹었다는 사실이 중요하다.

만나를 통해 그들이 깨우친 '먹거리에 대한 신앙적 의미'에 주목하여야 한다. 광야에서의 일용할 양식으로 만나를 공급하신 이야기에는 인류의 영원한 과제인 '먹거리'에 대한 전향적이고 혁명적인 신앙이 함축되어 있다.

(1) 만나를 처음 본 이스라엘 백성들은 "이것이 무엇이냐" 하니 모세가 "여호와께서 너희에게 주시어 먹게 하신 양식이라"(출 16:15)고 대답하였다. 이 말씀에는 만나를 하나님이 주신 것처럼 모든 먹거리는 하나님이 주신 것이라는 사실이 함축되어 있다. 먹거리는 생명유지를 위한 창조의 질서이므로 창조주 하나님께서 먹거리를 직접 공급하신다는 신앙이다.

> "하나님이 이르시되 내가 온 지면의 씨 맺는 모든 채소와
> 씨가진 열매 맺는 모든 나무를 너희에게 주노니
> 너희의 먹을거리가 되리라."(창 1:29, 비교 창 9:3)

> "이 모든 피조물이 주님만 바라보며,
> 때를 따라서 먹이 주시기를 기다립니다.
> 주님께서 그들에게 먹여 주시면, 그들은 받아먹고,
> 주님께서 손을 펴 먹을 것을 주시면
> 그들은 만족해합니다."(시 104:27-28, 새번역)

자기 땅에서 농사를 지어 먹거리를 구한다 하더라도 땅도 하나님의 것이요 씨앗도 하나님의 것이요, 그 씨앗이 자라 열매가 맺도록 햇볕과 비와 바람을 주시는 이도 결국 하나님이라는 고백이다.

(2) 그것도 불모의 땅 광야에서 먹거리를 구할 수 없는 비상상황에서 하나님께서 응급적인 도움을 주셨다는 하나님의 은총에 대한 신앙이다. 하나님만이 유일한 도움이라는 신앙이 함축되어 있다.

"하나님은 우리의 피난처시요 힘이시니
환난 중에 만날 큰 도움이시라."(시 46:1)

(3) 거둔 것이 많기도 하고 적기도 하였으나, 결국은 "많이 거둔 자도 남음이 없고 적게 거둔 자도 부족함이 없었다"는 것은 모든 먹거리는 모두가 골고루 공평하게 나누어 먹어야 한다는 분배의 정의에 대한 강력한 신앙을 의미한다. 먹거리에 관한 한 독식이나 편중이 없어야 한다는 것이다.

모든 백성에게 일용할 양식이 골고루 공급된다면 누가 다른 사람의 부림을 받는 종이 되겠는가? 경제적으로 평등한 질서가 유지되면 다시는 사람이 사람을 부리는 노예제도가 들어설 자리가 없을 것이다. 인간 사이의 진정한 자유와 평화가 이루어지려면 먼저 이러한 식량의 평등한 분배가 이루어져야 한다. 만나 이야기 배후에는 이처럼 놀랍고 전향적인 '만나의 평등한 경제신학'이 자리하고 있다.

평화를 뜻하는 한자인 '화和'는 곡식 낟알을 뜻하는 화禾 자와 입을 뜻하는 구口 자로 이루어졌다. 따라서 평화平和는 백성(食口)들에게 먹거리(食糧)를 저울추가 평평平平하듯 골고루 공평公平하게 나누어 줄 때 이루어지는 것이다. 이 세상에 살고 있는 모든 이의 입에 일용할 양식이 골고

루 채워질 때 비로소 우리는 이 땅에서 온전한 평화를 맛볼 수 있는 것이다.[10]

　(4) 욕심이 많은 사람들이 내일을 위해 많이 거두어 "아침까지 두었더니 벌레가 생기고 냄새가 나서"(출 16:19) 먹지 못하게 되었다고 한다. 이처럼 만나가 하루 분 양식으로만 공급되었다는 것은 양식의 낭비와 양식의 축적이 불가능하게 하였다는 의미이다. 어떤 사람은 하루 먹을 양식도 없는데 어떤 사람은 평생 먹고도 남을 만큼 많은 양식을 소유할 수 없으며, 하루에 필요한 양식 외에 낭비되어 버려지는 양식도 없어야 한다는 의미다.

　이러한 '만나의 정신'을 김지하는 그의 생명사상에서 현대적으로 표현하였다.

　　"밥은 하늘입니다.
　　하늘은 혼자 못 가지듯이
　　밥은 서로 나눠 먹는 것
　　밥은 하늘입니다.
　　하늘의 별을 함께 보듯이
　　밥은 여럿이 같이 먹는 것
　　밥이 입으로 들어갈 때에
　　하늘을 몸 속에 모시는 것
　　밥은 하늘입니다.
　　아아 밥은 모두 서로 나눠 먹는 것."[11]

---

10) Masao Takenaka(1991), 『하느님은 밥이시다』(서울: 다산글방), 29-30.
11) 김지하(1984), 『밥』(왜관: 분도출판사).

(5) 가나안 정착 후 도시화와 군주제의 도입으로 빈부격차가 심해지고 부자는 먹을 것이 남아돌아가고 가난한 자는 먹을 것이 없어 굶어 죽는 기근의 비참한 현실을 보고 아모스는 이렇게 규탄하였다.

> "내가 기근을 땅에 보내리니 양식이 없어 주림이 아니며
> 물이 없어 갈함이 아니요
> 여호와의 말씀을 듣지 못한 (데서 오는) 기갈이라."(암 8:11)

하나님은 온 땅의 만 백성이 먹을 만큼 양식을 주고 골고루 나눠 먹으라고 말씀하였으나 몇몇 인간들이 야웨의 말씀을 듣지 않고 빵을 독식獨食함으로써 세상에 기근이 생겼다는 탄식인 것이다. 오늘의 현실도 그때와 다를 바가 없다.

이 만나의 정신을 구현하기 위해 이스라엘 백성들은 가나안에 정착하였을 때 모든 백성에게 땅을 균등하게 분배하고 최초의 토지혁명을 실현한 것이다. 그리고 이 평등한 경제질서를 유지하기 위해 가난한 자를 위한 율법들을 규정하고 안식년과 희년 같은 제도를 율법화한 것이다.

02

약속의 땅으로
인도하신 하나님

1) 가나안 정착 과정

야웨 하나님께서 이스라엘 자손을 이집트의 노예살이에서 해방시킨 것은 이스라엘을 하나님의 백성으로 삼아 그들의 조상들에게 약속한 땅을 주기 위함이라고 하였다.

"그러므로 너는 이스라엘 자손에게 말하여라.
'나는 주다. 나는 이집트 사람들이 너희를 강제로 부리지 못하게
거기에서 너희를 이끌어 내고,
그 종살이에서 너희를 건지고,
나의 팔을 펴서 큰 심판을 내리면서,
너희를 구하여 내겠다.
그래서 너희를 나의 백성으로 삼고,
나는 너희의 하나님이 될 것이다.
그러면 너희는, 내가 주 곧 너희를

이집트 사람의 강제노동에서 이끌어 낸

너희의 하나님임을 알게 될 것이다.

내가, 아브라함과 이삭과 야곱에게 주기로 손을 들어 맹세한

그 땅으로 너희를 데리고 가서,

그 땅을 너희에게 주어,

너희의 소유가 되게 하겠다. 나는 주다.'"(출 6:6-8, 표준새번역)

여호수아서 첫째 부분(1-12장)은 이러한 약속에 따라 여호수아의 영
도로 가나안 땅을 점령한 과정이 기록되어 있다. 가나안 땅의 차지는 땅
없이 떠돌아다니던 아브라함에게 하신 약속의 성취이고, 출애굽 해방공
동체가 광야 40년간의 불모의 땅을 유랑하던 긴 여정을 마감하고 자기
땅의 식물을 먹으며 자유롭게 생존할 수 있는 해방의 완성을 실현하는
것이다.

광야생활을 청산하고 가나안 땅에 진입하기 직전 모세는 죽음을 맞이
한다. 모세의 후계자 여호수아가 중심이 되어 가나안에 진입하는 과정
역시 쉬운 일이 아니었다. 하나님이 그들의 조상 아브라함, 이삭, 야곱,
모세에게 약속한 땅 가나안에는 이미 여러 원주민들이 정착하고 있었던
것이다. 이들 원주민들은 원시 자연종교의 풍요와 다산을 숭상하였다.
그들은 땅을 독점하고 땅의 풍산을 관장하는 바알Baal이라는 지주신地主
神을 섬겼다(삿 2:13, 10:6). 그들은 좋은 땅을 차지하여 도시국가를 건설
하고 봉건군주제의 왕정정치 제도와 철병거로 무장한 막강한 군사력을
가진 철기문명을 도입하고 있었다.

이들에 비해 출애굽 히브리인들의 군사력은 아주 뒤떨어져 있었다.
이런 상황에서 여호수아를 중심으로 한 계약공동체가 어떻게 가나안 원
주민을 몰아내고 그 땅에 정착하였는가? 이에 관하여 신학자들 사이에

는 정복설과 평화이주설과 사회혁명설이 주장되고 있다.12)

(1) 정복설the conquest model에 의하면 여호수아서의 가나안 점령이 3단계의 전격적 군사작전을 거친 정복으로 이루어졌다고 한다.

법궤를 선두로 하여 모압 땅을 떠나 요단강을 건넌 이스라엘 백성들은 먼저 여리고 성과 아이 성이 있는 가나안 중부 산악지역을 차지하였다(수 2-9장). 이어서 방향을 남으로 하여 라기스, 헤그론, 에글론, 드빌 등 가나안 남부지역을 확보하였다(10장). 그리고 가나안 북부와 갈릴리 호수 북쪽 하솔을 점령함으로 온 가나안을 정복하였다.

단시간 내에 이렇게 많은 지역을 점령할 수 있었던 것은 "이스라엘의 하나님 여호와께서 이스라엘을 위하여 싸우신"(수 10:42) 까닭이라고 하였다. 그러므로 가나안 땅은 자신들의 힘으로 얻은 땅이 아니라 하나님이 주신 땅이라는 것이다.

(2) 평화이주설a gradual-peaceful infiltration model은 이스라엘 백성들이 뿔뿔이 흩어져 가나안 부족이 거주하지 않던 공터나 산간지역에 점진적으로 정착하였다는 주장이다. 이집트에서 나온 소수의 히브리인들이 오랜 기간에 걸친 자연적인 인구증가와 가나안 원주민과의 협상을 통해 점차 좀 더 비옥한 평지를 점령하였으며, 다윗 시대에 가서 명실상부한 남북 통합 이스라엘 공동체가 출현하였다고 한다. 그러나 계약공동체의 통합을 이처럼 후대의 사건으로 볼 수 없다는 반론이 제기되었다.

(3) 사회혁명설a peasant revolt model은 가나안 원주민들은 도시국가의 군주들에 의해 오랫동안 농산물 수탈, 현물세 징수, 강제노동과 징집 등으로 억압과 착취에 시달려 왔는데, 때마침 이집트에서 탈출한 히브리인들의 도착이 계기가 되어 가나안 민중들과 히브리인들이 힘을 합쳐 지

---

12) N. K. Gottwald(1987), 『히브리성서 1』(서울: 한국신학연구소), 315-333.

배자를 축출하고 이상적이고 혁명적인 초기 이스라엘 평등공동체를 확립하였다는 주장이다. 야웨종교는 이들의 혁명을 효과적으로 완수하는 데 크게 기여한 전향적 의식이 되었으며, 여리고 성 함락과 같은 무력투쟁은 바로 이러한 관점에서 이해되어야 한다는 것이다. 그러나 가나안 사람들 가운데는 이러한 혁명에 동맹한 세력도 있었지만 단순히 동조하거나 중립적인 태도를 보인 도시들도 적지 않았으므로 일사불란한 혁명으로 보기는 어렵다는 것이 그 반론이다.

이상의 세 가지 주장은 나름대로 성서적·역사적 증거가 있으나 한 가지 주장이 전적으로 옳다고 볼 수 없다. 이스라엘이 가나안 땅에 정착하는 과정이 위의 가설들이 반증하듯 훨씬 복잡하였음이 분명하다. 고고학자들은 팔레스타인 중앙 산악지대에 서기전 1250년 이후 갑자기 생긴 성곽이 없는 몇 백 개의 작은 마을을 발굴하였다. 이 산악지대의 인구는 초기 청동기(서기전 3300-2200)에는 12,000명이었고, 그러다가 서기전 12세기에는 55,000명으로 자연 증가하였는데, 다윗 시대인 서기전 1000년경에 75,000명을 불어난 것으로 추산된다. 이처럼 이곳에 단기간에 이토록 인구가 대폭 늘어난 것은 대규모의 이주가 안팎으로부터 있었다는 증거라고 한다.[13]

그러나 분명한 것은 가나안에 정착한 초기 이스라엘 공동체의 구성원이 이집트로 이주하여 후에 노예로 전락한 야곱(이스라엘)의 후손만이 아니라는 사실이다. 이집트를 탈출하여 나온 사람들 중에도 "이스라엘 사람들과 섞여 사는 무리"(민 11:4), 즉 같은 이스라엘 부족은 아니지만 함께 이집트에서 노예살이 하던 전쟁포로를 포함한 '중다한 잡종'(출 12:37-38)들이 동행하였던 것처럼, 이집트의 절대군주제의 억압에서 탈출하여

---

13) 김은규(2013), 『구약 속의 종교 권력』(서울: 동연), 111.

가나안에서 새로운 공동체를 세우려는 계약공동체의 이상에 동조한 가나안 원주민 민중들이 '자기 군주에게 반란을 일으키고' 가나안 정착 과정에서도 합류했음이 분명하다고 한다.[14]

이들이 힘을 합쳐 때로는 여리고 성 함락과 같은 '무력투쟁'으로, 때로는 산지와 공터의 '평화적 정착'을 통해 가나안 지역을 차지하고서는 그 점령지를 골고루 분배함으로써 이집트나 가나안의 군주국가를 몰아낸 '혁명적인 과정'을 통해 다른 초기 이스라엘 계약공동체의 평등사회를 구축한 것이다.

그것은 종교적으로는 가나안의 다신교를 척결하고 야웨 하나님의 유일신 신앙을 선택하는 것이고, 정치적으로는 중앙집권식 군주제도를 버리고 지방분권의 느슨한 부족연맹을 결성하는 것이며, 경제적으로 군주의 토지독점에 기초한 공납제 생산양식을 거부하고 토지분배를 통해 누구나 자기 땅에서 자유롭게 농사를 지을 수 있는 자유농민 농업제를 받아들이는 것이었다. 갓월드는 이러한 이스라엘의 가나안 정착과 관련하여 다음과 같이 설명한다.

"도시 국가 간에 전쟁이 증가하고(현재로서는 그 이유가 알려져 있지 않지만) 인구가 현저히 감소하였던 14세기와 13세기에 반항적인 농민들, 목축 유목민들, '아피루' 그리고 여타의 불만세력들은 도시국가들의 지배로부터 벗어나기 위하여 긴밀히 협조하게 되었고 심지어 동맹을 맺기에 이르렀다. 때를 맞추어 출애굽 이스라엘인들의 도착과 함께 야웨종교는 반항적인 이민족들을 설득하여 흡수하고 그들의 움직임을 효과적인 혁명운동으로 전화시키는 데에 기여한 사회종교적 이데올로기 체제의 뼈대가 되었는데, 효과적인 혁명운동이란 그것을 통해 공납제 생산양식을 산지로부터 축출하고 **느슨한 부족동맹** 내에서

---

14) N. K. Gottwald(1987), 327-328.

자유농민 농업제도로 대치하게 한 운동이었다."[15]

2) 토지분배 방식

이스라엘 백성이 가나안 땅에 진입하기 직전에 죽음을 앞둔 모세는 가나안 땅을 차지한 뒤 그 땅에 들어가면 그 땅의 우상을 섬기지 말고 그 땅을 모든 백성에게 균등하게 분배할 것을 명령한다.

> "너희는 그 땅을 차지하고 거기에서 살아라.
> 그 땅은 내가 너희의 유산으로 주는 것이다.
> 너희는 지파별로 주사위를 던져 땅을 나누어 차지하여라.
> 큰 지파는 큰 덩어리를 차지하고
> 작은 지파는 작은 덩어리를 차지하여라."(민 33:53-54, 공동번역)

여호수아가 중심이 되어 이스라엘 백성들은 여리고, 아이, 기브온 성의 온 땅과 고센의 온 땅과 평지 그리고 아라바와 이스르엘의 산지와 평지를 취한다(수 11:16, 21). 땅의 점령이 완수되자 여호수아는 12지파의 대표들을 모아 토지를 분배한다.

> "이와 같이 여호수아가 여호와께서 모세에게 이르신 말씀대로
> 그 온 땅을 취하여 이스라엘 지파의 구별을 따라
> 기업으로 주었더라."(수 11:23)

---

15) N. K. Gottwald(1987), 329.

여호수아 13-22장에는 그들이 점령한 땅과 12지파에게 분배한 토지 대장이 길고도 자세하게 기록되어 있다. 그들은 지형적 특성과 지파별 인구수 및 분포에 따라 땅의 구획을 정하고 지파별로 나누어 주었다.[16]

요르단 동부지역: 르우벤 지파와 갓 지파, 므낫세 지파의 절반

요르단 서부지역: 유다 지파, 에브라임 지파, 베냐민 지파, 시므온 지파, 스불론 지파, 잇사갈 지파, 아셀 지파, 납달리 지파, 단 지파, 므낫세 지파의 절반

이처럼 이스라엘의 지파들 중에서도 그 약속되었던 땅이 야웨의 지시에 따라 제비뽑기를 통하여 분배되었다(수 13:6, 15:1, 16:1, 17:1, 18:6-19, 삿 1:3). 이스라엘 부족들이 실제적으로는 이미 차지하고 있거나, 정복해야 할 땅을 이와 같이 분배하여 이를 '야웨의 기업'으로 삼았다.[17] 여기서 기업企業이란 말은 영어로는 'lot'라고 하는데, 이는 '제비를 뽑아 나눈다'는 뜻이다. 성경에 이루 헤아릴 수 없이 많이 등장하는 이 말은 분깃, 기업, 재산, 소유, 몫, 줄로 재어 준 것(line) 것 등을 의미한다. 즉 '제비뽑아 나눠 가진 땅'은 평등한 경제질서라는 전향적 의미를 함축한다.[18]

먼저 제비를 뽑아 12지파에게 토지를 분배하고, 지파는 확대가족의 보호 연합체인 미슈파하 별로, 미슈파하는 확대가족 별로 토지를 분배한 것이다. 이스라엘 백성들은 토지배분을 통해 지파, 족속(미슈파하), 가족(확대가족)으로 이뤄진 새로운 사회구성체를 구성하였다.[19]

---

16) 그리고 자기도 모르는 사이에 실수하여 살인한 사람들이 피신할 수 있도록 도피성 여섯 곳을 정하였다(수 20장).

17) R. de Vaux(1983), 『구약시대의 생활풍속』(서울: 대한기독교출판사), 288.

18) 대천덕 엮음(1992), 『토지와 자유』(서울: 무실), 35.

19) N. K. Gottwald(1979), *The Tribes of Yahweh*, 323-328, 697-700.

"너희는 아침에 너희의 지파대로 가까이 나아오라

여호와께 뽑히는 그 지파는 그 족속대로 가까이 나아올 것이요

여호와께 뽑히는 족속은 그 가족대로 가까이 나아올 것이요

여호와께 뽑히는 그 가족은 그 남자들이 가까이 나아올 것이며…."(수 7:14)

(1) 이스라엘 사회의 가장 기본적인 단위는 확대가족(bet-av)이다. 확대가족은 가장과 그의 아내, 아들, 결혼하지 않은 딸, 며느리와 어린아이들을 포함하는 혈족단위이고, 기본적인 경제단위였으며 생산, 분배, 소비 등이 공동으로 이루어지는 자급자족 단위였다. 이 확대가족이 자기 삶의 기반인 토지를 잃고 땅 주인에게 예속되는 것을 막기 위해 율법은 땅을 사고파는 것을 금지하였고(레 25:23), 또한 이스라엘은 조상으로부터 물려받은 땅의 경계를 옮기는 일을 저주가 뒤따르는 일로 엄격하게 금기하였다(신 19:14). 맏형이 사망할 경우 그 동생과 결혼하게 하는 시형제결혼법(신 25:5-10) 역시 확대가족 외부로의 토지이동을 제한하기 위한 율법이었다. 알트A. Alt에 따르면 전 이스라엘은 7년마다 열리는 계약갱신을 위한 안식년 축제 때에 모든 지파회의를 통해서 토지의 재분배가 이루어졌다고 한다.[20]

(2) 두 번째 사회단위는 확대가족들의 보호연합체인 미슈파하mish-pahah는 '족속', '친척' 등으로 번역된다. 미슈파하는 여러 확대가족들의 연합으로 이루어졌으며, 도움을 요청한 확대가족에게 이자 없이 꾸어 주는 일이 이스라엘 사회에서 미슈파하 구성원들의 의무였다. 이러한 법이 후에 왕정 아래서도 동족에게 이자를 받지 말고(레 25:36-38), 꾸어 준 돈을 부득이 해서 갚지 못했을 경우에도 7년마다 돌아오는 면제년에는

---

20) 한국신학연구소(1992),『함께 읽는 구약성서』(서울: 한국신학연구소), 114.

그 빚을 탕감해 주라는 법(신명 15장)으로 남게 된다.

(3) 지파(sebet 또는 matte)는 여러 미슈파하로 구성된 것으로 제의의 식을 공동 실시하고, 군사적 자체방어 임무와 지역 법정에서 위탁된 사항들을 결정하기 위한 법률공동체적 기능도 수행했다. 또한 지파는 기근, 질병, 전쟁 등으로 약해진 미슈파하들을 위한 사회경제적인 상호협조체로서, 지파 장로(각 미슈파하의 유력자들이었다)의 회의를 통해 어려운 처지에 직면한 지파 내의 다른 미슈파하의 잉여농산물을 나누어 주기도 했다. 이스라엘 사람들은 토지의 소유권 이동의 마지막 경계선을 지파로 보았다.

> "백성의 유산은 이 지파에서 저 지파로 옮기지 못한다.
> 이스라엘 백성은 아무도 선조에게서 물려받은
> 자기 지파의 유산을 떠나지 못한다."(민 36:7)

이러한 원칙은 가나안 성읍국가들처럼 몇몇 특권 집단에게 토지소유권이 집중되는 것을 막기 위한 것이다.

(4) 12지파동맹체가 전체 이스라엘 국가를 구성하였다. 자율적 기능을 가진 지파들이 야웨종교 아래 평등주의적으로 결합된 가장 큰 사회 단위이다. 이스라엘의 구성원이 되는 조건은 야웨종교의 제의, 의식, 도덕적 훈련과 경제적 평등주의 실천 등이 가장 큰 요건이었다.

이스라엘이 여호수아의 주도하에 그들이 차지한 가나안 땅을 골고루 분배하였다는 것은 그 당시로는 예삿일이 아니었다. 인류 최초의 토지혁명이라고 할 수 있다. 그 당시 이집트나 가나안 도시국가에서는 땅은 모두 군주와 귀족 그리고 제사장 계급만 소유하고 있었다. 이집트의 절대군주제하에서 모든 땅은 바로의 소유였으므로 백성들은 그 토지를 빌려 경작한 다음에 소출의 5분의 1을 바로에게 바쳤다. 다만 제사장의 토지는 왕으로부터 하사받은 것이기 때문에 예외였음을 알 수 있다(창 47:26). 바벨론에서는 40%의 장리를 받았다. 엘레판틴Elephantine에서는 60%의 장리를 받은 기록이 나온다.[21] 가나안 봉건국가도 땅의 문제와 관련된 경제제도에 관한 한 이집트 절대군주 국가와 다를 바가 없었다.

출애굽공동체는 땅도 만나와 같이 하나님이 주신 것(레 25:23)이라는 전향적 믿음이 확고하였다. 땅도 만나처럼 모든 백성이 신분의 차별 없이 골고루 공평하게 함께 나누어 가져야 한다는 확신으로 토지분배라는 혁명적 과업을 수행한 것이다. 40년간 광야생활을 통해 체득한 만나신앙, 즉 "많이 거둔 사람도 남지 않고 적게 거둔 사람도 모자라지도 않는"(출 16:18, 공동번역) 계약공동체의 경제적 이상을 공평한 토지분배를 통해 실현한 것이다. 그래서 누구나 하나님의 선물로 분배해 주신 토지에서 자유롭게 농사를 지을 수 있게 하였다.

현대의 팔레스타인 지역에서도 그와 비슷한 제도가 시행된다. 마을의 토지와 그 주변만이 사유재산(mulk)이고 기타 모든 토지는 정부 소유의 국유지(miri)이다. 이것을 다시 각 마을에게 제비를 뽑아 '공유지'(meshe)로 분배하고 보통 해마다 교대로 새롭게 배정하였다. 초기 이스라엘 계약공동체의 토지분배와 비교해 보면 해마다 재분배하는 것 외에는 평등한 토지를 분배와 똑같은 성격을 지니고 있다.[22]

3) 레위 지파의 토지분배 제외

여호수아에 의한 땅의 분배 그 자체만 하여도 놀라운 일인데 더욱 놀라

---

21) 한국신학연구소(1991), 108.
22) R. de Vaux(1993), 300.

운 일은 출애굽과 가나안 진입의 일등 공신功臣이라 할 수 있는 모세와 아론, 여호수아와 갈렙을 포함한 지도층과 제사장 가문인 레위 지파만은 토지분배에서 제외한 것이다(민 18:23, 신 10:9, 12:12, 18:1, 수 13:14, 33). 그들은 각 지파에 흩어져서 필요한 최소한의 토지를 사용할 수는 있었지만 토지를 소유하거나 매입하는 것은 금지되었다. 야웨만이 그들의 분깃이었다.

> "레위 사람 제사장과 레위의 온 지파는
> 이스라엘 중에 분깃도 없고 기업도 없을지니…."(신 18:1)

레위인들은 토지를 갖지 못했는데, 그들은 이스라엘 지파동맹의 형성기부터 각 지파 속에 흩어져서, 이스라엘을 '하나의 야웨공동체'로 묶어내는 역할cross-cutting factor을 수행했기 때문에 일정한 지역의 토지를 유산으로 받을 수 없었다.23)

이스라엘 제사장 계급의 토지소유 금지는 이집트의 절대군주제나 가나안의 봉건군주제의 제사장 계급이 토지를 독점하고 있었던 당시의 상황에 비추어 볼 때 파격을 넘어 혁명적인 사건이었다. 당시의 자연종교의 제사장 계급은 지배자와 귀족들과 밀접히 결탁되어 있어 거대한 땅을 소유하였고, 막대한 공출과 엄청난 제물祭物을 매개로 국가의 경제적 이권에 개입함으로써 풍요의 직접적인 수혜자가 되었다. 그리하여 경제적 착취와 불평등을 심화시켰다.

출애굽의 지도층이었던 모세와 아론과 여호수아와 같은 이스라엘의 레위 지파 제사장 계급은 사실상 이스라엘의 개국공신開國功臣들이라 할

---

23) 한국신학연구소(1992), 273.

수 있다. 그러므로 당시의 평균적인 의식으로는 이들이 더 많은 특권과 기득권을 누려야 마땅하다. 이들이 좋은 땅을 더 많이 차지하여도 다른 사람들이 불평할 수 없는 상황이었다. 그럼에도 불구하고 이스라엘의 개국공신들에게는 보통 사람에게도 골고루 나누어 준 토지배분조차 배제하였다. 이만저만한 기득권의 포기가 아닐 수 없다. 이는 당시의 군주제의 근본 모순 중의 하나가 땅의 독점을 통한 경제적 불평등 구조인 것을 알고 이를 혁명적으로 극복하려 했던 하나님의 명령이요, 계약공동체의 의지였던 것이다.

레위 지파의 토지분배 배제로 전통적인 12지파 체제의 발전적 해체와 조정이 불가피하였다. 요셉 지파를 둘로 나누어 레위 지파가 빠진 자리를 채운 것이다. 요셉의 두 아들 므낫세와 에브라임이 독립된 지파로 승격하였다. 그리고 가나안 전역에 48곳의 도시를 지정하여 그곳을 레위인들이 분산하여 살게 하였다(수 21장).

레위 지파는 경제적으로 독립된 지파가 되지 못한 채 각 지파에 흩어져 야웨에게 바쳐진 희생제물의 일부와 십일조의 일부로 생존하여야 했다. 솔로몬이 예루살렘 성전을 건립한 후 제의가 중앙으로 집중되자 지방성소의 레위인들은 생계의 심각한 타격을 입는다. 나중에는 떠돌이 부랑자와 고아와 과부와 함께 극빈 요구호 대상자 일순위가 되는 신세로 전락한다.

> "네 모든 소출에서 열의 하나를 떼 내어
> 레위인과 떠돌이와 고아와 과부에게 나누어 주고
> 그것을 너희 성안에서 실컷 먹게 하여라."(신 26:12, 공동번역)

03
약속의 땅과
토지매매를 금지하신 하나님

1) 땅은 하나님의 것

초기 계약공동체가 차지한 땅은 야웨께서 이스라엘의 조상들에게 약속하셨던 '약속의 땅'이었다.

> "내가 아브라함과 이삭과 야곱에게 주기로 맹세한 땅으로
> 너희를 인도하고 그 땅을 너희에게 주어 기업을 삼게 하리라
> 나는 여호와라 하셨다 하라."(출 6:8, 참조 신 6:1)

그리고 그 땅은 야웨께서 자기의 백성에게 선물로 주신 젖과 꿀이 흐르는 아름다운 땅이요 옥토이다.

> "또 여호와께서 너희의 조상들에게 맹세하여
> 그들과 그들의 후손에게 주리라고 하신 땅
> 곧 젖과 꿀이 흐르는 땅에서

너희의 날이 장구하리라."(신 11:9)

"네 하나님 여호와께서 너를 아름다운 땅에 이르게 하시나니…
네 하나님 여호와께서 옥토를 네게 주셨음으로 말미암아
그를 찬송하리라."(신 8:7-10)

무엇보다도 그 땅은 '이집트의 땅'과는 질적으로 다른 하나님이 항상 돌보시는 땅이요 지켜보시는 땅이다. 따라서 이 땅에서는 하나님께 순종하면 땅의 소출이 많을 것이고, 불순종하면 그 땅은 황폐해질 것이고 그 백성은 멸망할 것이라고 하였다.

"네가 들어가 차지하려 하는 땅은 네가 나온 애굽 땅과 같지 아니하니…
네 하나님 여호와께서 돌보아 주시는 땅이라
연초부터 연말까지 네 하나님 여호와의 눈이 항상 그 위에 있느니라.
내가 오늘 너희에게 명하는 내 명령을 너희가 만일 청종하고
너희의 하나님 여호와를 사랑하여 마음을 다하고 뜻을 다하여 섬기면
여호와께서 너희의 땅에 이른 비, 늦은 비를 적당한 때에 내리시리니
너희가 곡식과 포도주와 기름을 얻을 것이요,
내가 또 가축을 위하여 들에 풀이 나게 하시리니 네가 먹고 배부를 것이라.
너희는 스스로 삼가라 두렵건대 마음에 미혹하여 돌이켜
다른 신들을 섬기며 그것에게 절하므로 여호와께서 너희에게 진노하사
하늘을 닫아 비를 내리지 아니하여 땅이 소산을 내지 않게 하시므로
너희가 여호와께서 주신 아름다운 땅에서
속히 멸망할까 하노라."(신 11:11-17)

이처럼 하나님께서 주신 약속과 선물의 땅은 하나님에 대한 신뢰와 순종으로 지킬 수 있는 땅이라는 것이다. 그러므로 땅과 야웨 하나님과 이스라엘 백성은 서로 뗄 수 없는 상호 내재적인 관계를 맺고 있다. 그러므로 그 땅은 '거룩한 땅'이요 '야웨의 소유지'(수 22:19)요, '야웨의 땅'(호 9:3, 비교, 85:2, 렘 16:18, 겔 36:5)인 것이다. 그리고 이스라엘 백성들은 제비를 뽑아 분배받은 땅을 하나님이 그들에게 주신 '야웨의 영원한 기업 (몫, 분깃, 상속재산)'으로 여겼다(레 25:34). 따라서 하나님이 주신 이러한 땅을 인간이 마음대로 처분하거나 양도하거나 매매할 수 없는 것을 당연히 여길 수밖에 없었다.

> "땅과 거기에 충만한 것과 세계와 그 가운데 사는 자들은
> 다 여호와의 것이로다."(시 241)

> "각 사람의 몫을 제비뽑아 얻었고,
> 그 땅을 측량하여 그들에게 나누어 주신 분은 야웨이시다."(사 34:17)

> "줄로 재어서 나에게 주신 그 땅은 나에게 기쁨을 주는 땅입니다.
> 참으로 나는, 빛나는 유산을 물려받았습니다."(시 16:6, 표준새번역)

> "토지를 영영히 팔지 말 것은 토지는 다 내 것임이라."(레 25:23)

토지매매를 금지한 것은 그 땅이 하나님께서 그들의 믿음의 조상 아브라함을 통해 오래전에 허락하신 '약속의 땅'(창 12:1-2)이며, 그들에게 값없이 주신 '선물의 땅'[24]이요 '영원한 야웨의 소유'이기 때문이었지만, 따른 한편으로는 토지매매로 인한 토지소유의 이동을 통한 소유의 불균

형을 원천적으로 막기 위한 것이기도 하였다. 따라서 야웨 하나님의 '약속의 땅'이요, '선물의 땅'은 야웨 하나님의 소유이므로 임의를 매매할 수 없도록 한 것이다.

대천덕은 "오늘날과 같은 의미에서 모든 나라에서 통용되는 '땅을 판다'는 개념은 성경에는 없다. 그것은 범죄에 해당하기 때문이다"라고 하였다.[25] 성경에는 임대하다lease, 세놓다rent라는 말이 별도로 나오지 않는다. '팔다'라는 뜻의 히브리어 '마케르maker'라는 단어가 '임대하다, 세놓다'라는 말 대신 쓰이기 때문이다. 그러나 당시의 이스라엘 주변국가에서는 '땅의 주인'인 바알의 토지법에 따라 땅을 매매할 수 있었다. 그러므로 야웨종교의 토지매매 금지법은 그 시대의 가장 앞선, 평등한 경제질서를 위한 전향적인 제도였던 것이다.

창세기 23장을 보면 아브라함이 헷 족속에게서 한 매장지를 산 것과 야곱이 제단 쌓을 터를 세겜 족에게서 산 것은 출애굽 이전의 일이다. 그것은 가나안에 정착하여 토지를 분배하기 이전의 사례이며, 헷 족속의 토지매매법에 따라 합법적으로 이루어진 것 같다.

가나안에 정착한 초기 이스라엘 계약공동체는 야웨 하나님의 약속의 땅이요 선물의 땅이요 그 소유인 땅은 판매가 금지되었기 때문에 땅의 분배 균형이 유지되었다. 누구나 자기에게 분배된 땅에서 자유롭게 농사를 짓고 사는 경제적으로 평준화된 농촌사회였다는 것은 성경과 고고학적 발굴에 의하여 입증되었다. 이 시기에 농촌 주택구조가 균일했음에 비하여, 그 후 왕정시대에 도시화로 인한 도시의 주택 크기가 현저한 차이를 보여 빈부의 차이가 심했음을 보여 준다.

그러나 가나안 정착 이후 도시화와 군주제의 도입으로 이러한 '땅의

---

24) W. Brueggemann(1992), 85-95.
25) 대천덕 엮음(1992), 35.

신학'이 무너지게 된다. 신명기에서는 "네 이웃의 소유를 탐하지 말라"는 엄한 명령을 내렸는데, 여기서 말하는 '소유'는 땅을 의미한다. 세월이 흘러감에 따라 남의 땅을 탐내는 사람이 많아져서 '경계표'를 옮겨 한 뼘이라도 땅을 더 차지하려는 사람들이 있어 이를 엄격하게 경계하였다.

> "네 하나님 여호와께서 네게 주어 차지하게 하시는 땅
> 곧 네 소유가 된 기업의 땅에서 조상이 정한
> 네 이웃의 경계표를 옮기지 말지니라."
>
> (신 19:4, 참조 27:17, 잠 22:28, 23:10-11)

이스라엘 백성들이 블레셋의 침략으로 법궤를 빼앗기고 사사제도의 남용과 부패로 내우외환에 시달리면서 '다른 나라처럼' 왕정을 요구하였을 때 사무엘이 왕정 도입을 반대한 여러 이유 중에 하나도 땅의 문제였다. 사무엘은 주변국가들처럼 군주제를 도입하면 그들의 토지제도가 수용되어 야웨께서 선물로 주신 약속의 땅에 대한 토지매매 금지의 율법이 무너지고, 왕이 백성의 토지를 빼앗아 신하들에게 나눠주고 토지를 빼앗긴 사람들을 중과세와 강제노동에 동원되고 결국 노예가 될 것이라고 경고하였다.

> "너희의 밭과 포도원과 올리브 밭에서 좋은 것을 빼앗아
> 자기 신하들에게 줄 것이며,
> 곡식과 포도에서도 십분의 일 세를 거두어
> 자기의 내시와 신하들에게 줄 것이다.
> 너희의 남종 여종을 데려다가 일을 시키고
> 좋은 소와 나귀를 끌어다가 부려먹고

양떼에서도 십분의 일 세를 거두어 갈 것이며

너희들마저 종으로 삼으리라."(삼상 8:14-17)

실제로 최초의 왕이 된 사울을 그의 뒤를 이어 왕이 된 다윗과 갈등을 빚고 있을 때 다윗의 추종자에게 '다윗이 토지를 줄 줄 아느냐'고 비웃는 대목이 나온다.

"사울이 자기 신하들을 거느리고

기브아 산 등성이 위의 석류나무 아래에 있다가

다윗과 그의 무리가 나타났다는 소식을 듣고

둘러서 있던 신하들을 꾸짖었다.

'이 베냐민 녀석들아, 내 말을 들어봐라.

네놈들이 이새의 아들한테 밭이나 포도원이라도 받을 성싶으냐,

아니면 그가 너희들을 천인대장이나

백인대장이라도 시켜 줄 듯싶으냐?'"(삼상 22:6-7)

2) 토지매매금지법의 위기

결국 군주제의 도입으로 토지매매금지법은 무너지기 시작하였다. 사울이 왕이 되기 전에는 근소한 부모의 재산만을 소유하고 있었으나(삼상 9:1-8, 11:5), 그가 죽을 때에는 상당한 재산을 남겨 놓았다(삼하 9:9). 왕 개인의 재산과 왕궁의 재산은 선명하게 구별된 것이 아니었다.[26]

다윗은 왕좌에 오르자 아라우나의 타작마당을 사들이고(삼하 24:19-

---

26) R. de Vaux(1983), 229.

24), 여부스인들의 도시 예루살렘을 왕의 사유지인 다윗 성으로 삼았다. 이리하여 "다윗은 이스라엘 역사상 최초의 사유 지주가 되었고 재산 사유화의 창시자가 되었다."[27] 다윗 왕국 출현과 함께 분배된 땅의 공동소유 재산은 사유재산 형태로 탈바꿈을 시작하게 되었다. 각 지파에 속하지 않은 땅, 즉 가나안 원주민이 사는 땅은 판매와 개인 소유가 가능했기 때문이다.

솔로몬 이후 역대 왕들은 왕실의 토지를 넓히기 위하여 가나안인들의 토지를 무력으로 차지하거나 돈으로 사들이거나 강탈하였다(왕상 16:24). 버려진 땅은 왕에게 귀속시켜(삼하 9:9f, 왕상 21:16, 왕하 8:3, 6) 왕은 광대한 사유지의 대지주가 되었다.[28]

이러한 부의 양극화 현상은 여로보암 2세 때(서기전 787-747)에 극에 달했다.[29] 서기전 1000년에서 800년에 이르는 200년 사이에 이방의 다른 나라들처럼 자기들의 지위와 왕이 베푸는 호의를 바탕으로 삼아 온갖 이권에 개입하거나 자기들의 토지소유를 바탕으로 삼아 노략이나 투기사업을 통하여 치부한 신흥재산가들이 늘어나기 시작하였다.[30] 이러한 사실은 고고학적인 증거로 확인되었다.

"그 당시의 생활 형편이 균등하였다는 것은 이스라엘 도성들의 발굴물들도 증언하여 준다. 사마리아(나블루스)의 동부에 있는 도성으로서, 오늘의 텔 엘-파르아였던 디르사Tirza(사마리아의 동부에 위치함)의 집들, 곧 서기전 10세기의 집들은 정확하게 똑같은 크기와 똑같은 시설을 보여 준다. … 우리가 똑같은 위치에서 8세기의 유물층으로 올라오면, 그 차이점이 즉각 현저하게 나타난

---

27) 강사문(1999), 『구약의 하나님』(서울: 한국성서학연구소), 116.
28) 서인석(1979), 27-29.
29) 서인석(1979), 32.
30) R. de Vaux(1983), 136.

다. 부자들이 넓고 화려한 석조건물들을 지었던 지역은 빈민들이 곱고 가련한 집들을 빡빡이 지었던 지역과 선명하게 구분된다."[31]

오므리 왕이 세멜에게서 은 2달란트(78Kg 정도)를 지불하고 사마리아 산지를 사들여 성을 건축한 것은 이스라엘에 바알의 토지매매법을 끌어들인 반역 행위였으므로 그 행위는 "그 전의 모든 사람보다 더 악하게 행한 것"이어서 "여호와를 격노케 하는 일"(왕상 16:26)이었다고 한다.[32]

3) 토지매매를 거부한 나봇

이러한 전도된 상황에서도 토지매매금지에 대한 그들의 전향적인 신앙이 얼마나 철저하였는지 오모리의 아들 아합 왕 때(서기전 869-850)의 한 사건에서 명백한 증거를 찾을 수 있다.

나봇의 포도원에 대한 일화에는 아합의 땅에 대한 탐욕과 이세벨이 바알의 토지법을 끌어들인 이야기가 담겨 있다. 토지분배 후 300년쯤 지났을 때 북왕국 아합 왕은 궁전의 정원을 확장하기 위해 궁전과 붙어 있는 나봇의 포도원을 값을 쳐서 사려고 한다. 군주인 왕이 백성의 포도원을 적당한 대가를 지불하고 구입하겠다는 것은 매우 자연스러운 일이다. 그런데 이스라엘 계약공동체의 사정은 달랐다. "땅은 여호와의 것으로 매매 할 수 없다"(레 25:23)는 토지매매금지법에 따라 나봇은 "내 열조의 유업을 왕에게 주기를 여호와께서 금하실지로다"(왕상 21:3) 하며 왕의 제안을 거절한다. 그의 포도원이 '야웨의 영원한 기업'이므로 왕이 요구할지라도 그것을 팔 수 없다고 거절한 것이다. 다른 좋은 포도원과 맞바

---

31) R. de Vaux(1983), 136.
32) 대천덕 엮음(1992), 38.

꾸자는 제안에도 고개를 젓는다.

그러자 아합 왕의 아내 이세벨이 자초지종을 듣고 "당신이 이스라엘 나라를 다스리는 왕이냐?"(왕상 21:7) 하고 반문한다. 자기의 부친인 봉건군주의 횡포를 왕의 자연스러운 권한으로 여긴 그녀로서는 왕이 일개 백성의 포도원 하나 마음대로 처분하지 못하는 것이 이해되지 않았을 것이다. 이세벨은 묘략을 써서 나봇이 하나님과 왕을 저주하였다는 누명을 씌우고 두 사람의 악당을 그 증인으로 세워 장로들 앞에서 유죄를 입증하여 나봇을 돌로 쳐 죽이게 한다. 이때 하나님의 말씀에 따라 엘리야가 아합 왕을 찾아가 "네가 사람을 죽이고 그의 땅 마저 빼앗는구나"라고 야웨의 말씀을 전하고 아합의 행동은 아내인 이방인 이세벨이 들여온 이방인들의 토지매매제도를 본받아 행한 가증한 죄라고 규정한다.

> "예로부터 아합 같이 스스로 팔려
> 여호와 보시기에 악을 행한 자가 없음은
> 그 아내 이세벨에게 충동되어…
> 우상에게 복종하여 심히 가증하게 행한 것이라."(왕상 21:25-26)

왜냐하면 토지를 유산(기업)으로 다루지 않고 상품으로 다루는 페니키아 법제도에 익숙한 이세벨은 토지매매조차 "왕의 맘대로 집행할 수 없다고 내세우는 것은 왕에 대한 불경죄가 되는 것"으로 보았던 것이다.[33] 더욱이 바알 토지법에서는 왕의 정당한 토지매입 요구를 거절하는 것 자체가 대역죄에 해당하기 때문이다.

나봇의 포도원 강탈 사건은 아합 시대에 와서 가나안 인접국가의 토

---

33) 대천덕 엮음(1992), 48.

지제도의 영향으로 왕가에서는 '땅의 신학'이 흐려졌지만, 나봇과 같은 신실한 백성들은 '야웨의 영원한 기업'을 지키기 위하여 목숨을 걸었던 결기를 보여 준다.[34] 그 배경에는 오므리가 도입하고 그의 아들 아합과 며느리 이세벨이 강화한 바알종교의 토지매매법이 여호와의 토지매매 금지법과 빚고 있는 갈등이 내재해 있다.[35] 하나님께서 바알의 선지자들을 싹 쓸어내 버리라고 명령한 것은 그들이 '여호와의 땅'을 더럽혔던 바알의 토지법을 도입하였기 때문이었다(왕하 17:8, 출 23:24, 신 9:5, 18:12, 호 11:1-2 등).

토지와 가옥을 욕심껏 매매하는 자들을 예언자 미가는 '아합 집의 황무한 행위'로 규탄하였다.

"탐나는 밭을 빼앗고,

탐나는 집을 제 것으로 만든다.

집 임자를 속여서 집을 빼앗고,

주인에게 딸린 사람들과 유산으로 받은 밭을

제 것으로 만든다."(미 2:2, 참고 사 5:8)

결국 나봇의 포도원 강탈 사건으로 인해 아합은 죽음에 이르게 되고(왕상 22:38), 아합의 가문을 완전히 폐망하게 된다(왕하 9:7-10).[36]

"너희가 오므리의 율례를 따르고,

아합 집의 모든 행위를 본받으며,

_____

34) 왕상 14:3 참조.
35) 대천덕 엮음(1992), 47.
36) E. A. Martens(1990),『구약에 나타난 하나님의 계획과 목적』(서울: 생명의말씀사),
    150.

그들의 전통을 그대로 이어 받았으니,

내가 너희를 완전히 멸망시키고….”(미 6:16)

고대 중동에서 대부분의 땅은 봉건군주에게 속하는 봉지였다. 그러나 성경에서는 하나님 자신이 봉주封主이고 봉지封地는 하나님의 소유라고 규정한다. 그러므로 땅에 대한 소유권은 하나님에게 있고 이스라엘 사람들은 단지 그 관리권만을 가지고 있다고 믿었기 때문에 하나님의 봉지를 판매할 권리가 없다는 것을 당연하게 여긴 것이다. 이러한 신념은 '땅은 하나님의 것'이라는 땅의 신학에 기초한 것이었다.[37]

'만나의 신학'에 기초한 이스라엘 계약공동체의 '경제신학'은 신약시대에 그대로 이어졌다. 예수는 “가난한 자에게 복음”을 전하러 이 땅에 오셨으며(눅 4:18), “가난한 자가 복이 있나니 하나님의 나라가 너희 것이다”(눅 6:20)고 하였으며, 부자 청년에게 가진 것은 가난한 자에게 나누어 주고 나를 따르라고 하였다(눅 18:22).

마가 다락방공동체는 “모든 것을 공동소유로 내어놓고 재산과 물건을 팔아서 모든 사람에게 필요한 만큼 나누어 주었다”(행 2:44-45, 공동번역). 사도 바울도 고린도교회 교우들에게 이 '만나의 신학'을 인용하면서 “남지도 모자라지도 않는”(출 16:17-18) 경제적 평등을 구현하라고 가르쳤다.

“지금 여러분이 넉넉하게 살면서 궁핍한 사람들을 도와준다면

그들이 넉넉하게 살게 될 때에는

또한 여러분의 궁핍을 덜어 줄 것입니다.

그러면 결국 공평하게 되지 않겠습니까?”(고후 8:14)

---

37) 강사문(1999), 377.

04

땅 없는 자를 위한
하나님의 계명들

1) 그 땅에선 가난한 자가 없게 하라

막스 베버는 일찍이 그의 저작 『고대유대교』에서 종교와 경제제도의
상호관계의 한 사례로 유대교의 경우를 분석하였다. 그는 이스라엘 12
지파의 계약동맹이 이스라엘 종교와 정치뿐 아니라 예언자적 경제윤리
에 결정적인 영향을 끼쳤다고 주장하였다.

하나님은 이스라엘 계약공동체 내에는 이집트나 가나안에서처럼 빈
부격차가 없기를 원하셨다. 가난한 자가 하나도 없도록 하라고 명하였다.

> "너희 하느님 야웨께서 너희에게 유산으로 주시어
> 상속받게 하신 땅에 틀림없이 복을 내려 주실 것이다.
> 그러니 너희 가운데 가난한 사람이 없도록 하여라."(신 15:4, 공동번역)

> "가난한 자를 조롱하는 것은
> 그를 지으신 분을 모욕하는 것이다"(잠 17:5, 표준새번역)

백성들에게 토지를 균등하게 분배하였으니 이러한 경제적으로 평등한 사회를 유지하기 위하여 다양한 제도적 장치들이 율법으로 규정되었다. 시내산 계약법전, 신명기법전, 성결법전에는 가난한 자를 없애기 위한 구체적인 시행령이 등장한다. 그 대표적인 것들을 살펴보자.[38]

품삯을 주는 법

레위기 19장 13절과 신명기 24장 14절 이하는 모든 품삯을 당일 해지기 전에 지불하도록 규정한다(마 20:8). 예언자들은 이러한 법정신에 의거하여, 품삯을 지불하지 않는 자들을 혹독하게 나무란다(렘 22:13, 말 5:50). 이러한 규정은 동족이나 외국인이나 구별 없이 적용할 것을 요구한다. 그렇게 하지 않을 경우 "그들의 외치는 소리가 야웨께 들려" 이 명령이 야웨의 주권 아래 있는 모든 사람에게 동일하게 적용된다는 것을 보여 준다.

추수법

추수 때에는 곡식, 감람, 포도 이삭을 다 거두지 말고 남겨 두어 고아나 과부나 나그네가 먹을 수 있게 하였다(신 24:19-21, 레 19:9-10). 고대 근동에도 풍요의 신과 들판의 영령들을 위해 곡식을 남겨 놓는 풍속이 있었다. 이것은 일종의 종자 역할을 해서 이듬해의 풍요의 축복으로 보상된다. 그러나 이스라엘은 이러한 고대의 풍속을 약자들을 돌보아야 하는 사회적 책임으로 전환시켰다(신 23:24-25 24:19-22 레위 19:9-10, 23:22, 참조 삿 8:2). 가난한 자들에 대한 최소한의 생계를 보장한 것이다. 룻기에 기록된 가난한 이방인 과부였던 룻이 보아스라는 부자의 밭에서 이삭을

---

38) 서인석(1983), 51-124.

줍다가 둘 사이에 사랑이 싹튼 아름다운 이야기도 이런 배경하에서 읽혀
야 한다.

성경에서는 "이웃의 포도원에 들어가 낫으로 베거나 그릇에 담아 내
오지 않는다면 배불리 먹어도 좋다"(신 23, 24-25)고 하였다. 고대 근동의
법에는 남의 밭에 들어가 곡식을 손상시켰을 때, 그 나무의 종류에 따라
벌금을 물리는 규정들이 자세히 명시되어 있다(함무라비 법전 59조; 히타이
트 법전 101-113조). 고대 근동의 법들은 주인의 입장에서 소유물을 지키
는 데 초점을 두지만 구약의 법은 자기 소유에 대한 집착보다는 가난한
자를 우선적으로 배려할 것을 강조하고 있다.[39]

이자와 장리 금지법

무엇보다 중요한 것은 일체의 이자를 받지 말라고 명한 것이다(출
22:25, 신 23:19-20, 레 25:36-37). 가난한 사람을 못 본 체하지 말고, 인색
하게 돈을 움켜잡지 말고, 손을 펴서 그가 필요한 만큼 무이자로 넉넉하
게 빌려 주라고 하였다(신 15:10-11). 그리고 담보로 맷돌이나(신 24:6)
겉옷을 잡지 말라고 하였다(출 22:26-27, 신 24:10-13). 가난한 자가 겉옷
을 맡기고 돈을 빌렸을 경우 그 옷은 황혼이 되기 전에 되돌려 주어야
한다. 그가 밤에 덮고 잘 수 있는 것은 그 옷뿐이기 때문이다. 돈을 빌려
줄 때는 기꺼이 이자와 담보 없이 빌려 주라고 한 것이다. 이스라엘에서
는 일체의 고리대부高利貸付를 금지하였고, 고리대부는 왕정시대의 예언
자들의 규탄의 대상이 되었다(암 2:8, 렘 15:10, 겔 18:8).

가난한 친척이 빚 때문에 땅이나 자기 몸이 팔렸을 경우 그런 친척을
둔 사람은 고엘goël(속량자) 법에 의해 그것을 되사 주어야 한다(레 25:25-

---

39) 한국신학연구소(1992), 271-272.

26). 친척에게는 그 땅을 구입할 수 있는 권리가 누구보다도 우선적으로 주어진다. 이것은 자기 가족의 재산을 외부로 매각하지 못하도록 방지하기 위한 것이다.

이자에 관해 언급하고 있는 가장 오래된 고대 바벨론의 에쉰눈나 법전Eshunnunna Cord(서기전 1925년경)인데, 현금에 대해서는 20% 그리고 곡물에 대해서는 33.3%로 이자를 받도록 제한하고 있다.[40] 그러나 이 비율들은 채무자를 보호하기 위해 이자율의 상한선을 법률로 제한한 것이고, 실제로 통용되던 이자율은 이것을 훨씬 상회했던 것으로 보인다. 누지Nuzi 문서에서 대부금의 이자는 50%였다. 아마르나 문서에서 상인들은 50~70%의 이자율을 부과했다. 이집트에서는 20%의 곡물 이자를 받게 했다(창 47:23-24). 페르시아 제국 시대 유다 사회의 이자율에 대하여 블렌킨숍J. Blenkinsopp은 느헤미야와 동시대인 엘레판틴 유다공동체의 이자율을 60~75%까지 이른 것으로 추정한다.[41]

정해진 기간 내에 빚을 갚지 못 했을 때는 상당히 높은 벌칙 이자율이 부과되었다. 아시리아의 식민지인 퀼테페Kültepe에서는 지불 유예시의 이자율이 25%에서부터 120%에까지 이르렀다.[42] 게다가 자기 소유의 땅이 없어 소작하는 경우는 소출의 3분의 2에 해당하는 높은 소작료를 물어야 했다(함무라비 법전 64조).

고대 근동에는 높은 이자율이 만연되어 있고 법제화되어 있는 반면에, 이스라엘의 법은 동족에게 세나 이자를 취하는 것을 절대 금하였을 뿐 아니라 7년에 한 번씩 그 빚 전체를 면제해 줄 것을 요구한다(신 15:1-

---

40) R. de Vaux(1983), 309; 서인석(1983), 67.
41) J. Blenkinsopp(1988), "Ezra-Nehemiah", *OTL*(Philadelphia: The Westminster Press, 1988), 257; 김지은(2001), "에스라-느헤미야 개혁의 성격", 『구약과 신학의 세계』, 박준서 교수 헌정논문집(서울: 한들출판사), 25.
42) 한국신학연구소(1992), 276-277.

10). 의인은 이자를 받고 대여하지 않는다(시 15:5)고 하였으나, 악인은 물론 이자를 받는다고 하였다(잠 28:8). 예루살렘이 규탄을 받은 과오들 중의 하나가 이자수수였다(겔 22:12).[43]

그러나 외국인에게는 이자도 받았다(신 23:21). 그들의 빚을 면제할 필요도 없었다(신 15: 1-10). 이미 포로기 이전부터 이스라엘 사람들 사이에 자기들끼리는 협력하지만 외국인에게는 가혹하게 대하는 이중도덕률이 싹텄다고 볼 수 있다.[44]

물론 오늘날 이자수수 금지를 문자적으로 적용하면 금융업에 기초한 자본주의 경제질서를 전면 부정하는 것이 된다. 그래서 칼빈은 돈을 빌려 줄 때 그것이 생산자금과 가계자금을 구분하여 가계자금일 경우에는 이자를 받지 말아야 하지만 생산자금은 이윤을 남기는 것이므로 적정한 이자를 받을 수 있다고 하였다. 왜냐하면 달란트의 비유에서 예수는 한 달란트를 받아 땅에 묻어 둔 일꾼에게 땅에 묻어 두기보다는 돈놀이하는 자에게 꾸어 주어 이자를 받는 것이 낫다고 책망하면서 이자수수를 긍정하였기 때문이다.[45]

경제력에 따른 제물(祭物)

성결법전은 악성 피부병 환자가 바칠 속죄제물을 경제수준에 따라 차등으로 정하였다. 가난한 사람은 밀가루 1/10에바와 기름 한 통을, 그것조차 드릴 수 없는 경우에는 비둘기 두 마리로 규정하고 있다(레 14:21-32). 또 해산한 여인의 제물도 가난한 사람은 비둘기 두 마리로 대치할 수 있다(레 12:8). 예수 탄생 시 마리아가 "비둘기 한 쌍 혹은 산비둘기 두 마리

---

43) R. de Vaux(1983), 309.
44) 한국신학연구소(1992), 278.
45) 이양호(1992), "칼빈의 경제사상", 「신학논단」 제20집, 122-123.

로 제사하러 예루살렘 성전으로 올라갔다"(눅 2:24)는 것으로 보아 그 경제수준을 알 수 있다. 그리고 성전에 몸을 바치기로 야웨께 소원한 후에 마음이 변한 사람은 그 몸을 물려내는 값을 성소에 바치도록 했으나, 사제는 그 사람의 경제능력을 고려하여 "힘에 겹지 않게 값을 매겨야 했다"(레 27:8).

십일조 사용법

이스라엘 백성들도 각종 소득, 즉 곡식, 포도주, 기름, 우양의 10분의 1을 바치게 하였다(신 14:22-29). 고대 근동에서 십일조는 조공이나 세금이라는 '정치적 성격'과 신에 대한 봉헌물이라는 '종교적 성격'을 지닌다. 이스라엘의 경우는 일종의 종교세라는 측면에서 이집트나 가나안의 군주에 대한 공물과 장리의 세율에 비하면 현저하게 낮은 것이다.

이스라엘의 십일조는 그 용도가 다르다. 군주에게 바치는 것도 아니었고, 군주가 독식하는 것이 아니었다. 토지분배를 받지 못한 레위 지파의 제사장들을 위한 생계비 지원(민 18:11)과 계약공동체의 각종 축제의 공동경비를 위하여 사용되었다.

구약은 '매년 드리는 십일조'와 '삼 년마다 드리는 십일조'를 구분하지만 이 둘은 모두 약자들을 배려하기 위한 장치였다.

해마다 추수한 곡식과 과일의 10분의 1을 야웨에게 바치게 하였다. (레 27:30 이하). 이처럼 매년 드리는 십일조(신 12:6-19)는 자녀와 남종과 여종 그리고 지방에서 올라와 중앙 성소 근처에 머무는 "성 안에 사는 레위인'(신명 12:12, 18)과도 함께 먹도록 하였는데, 이는 동향 출신 레위인들을 구제하기 위한 조치였다.

삼 년마다 드리는 십일조(신 14:28-29, 26:12-15, 레 27:30)는 지방 성읍에 저장했다가, 그 지방의 성안에 살고 있는 레위인, 떠돌이, 고아, 과부들을 위해 쓰도록 하였다. 이 사회적 약자들을 위해 십일조를 나누어 준 다음 성전에 와서 다음과 같이 고백하도록 하였다.

> "주께서 분부하신 대로 거룩한 것을 집에서 모두 퍼내어
> 레위인과 떠돌이와 고아와 과부에게 나누어 주었습니다.
> 주께서 분부하신 것을 잊지 않고 어김없이 다 행하였습니다."(신 26:13)

십일조는 원래 가나안에서 왕의 성소를 유지하기 위해 왕에게 바쳤던 조세의 일종(삼상 8:15 이하)이었으나, 이스라엘은 십일조를 고아나 과부 그리고 급격히 약자로 전락한 레위인들을 구제하기 위한 법으로 삼았다. 따라서 십일조를 왕들의 신하에게 나누어 주는 것은 십일조의 남용으로 규탄되었다(삼상 8:15).

무엇보다도 신명기 법전에는 하나님 여호와께서 기업으로 주어 얻게 한 땅에 들어가 첫 번째로 할 일이 소산의 첫 열매의 십일조를 바치는 것이라고 명하였다. "내가 오늘날 당신의 하나님 여호와께 고하나이다. 내가 여호와께서 우리에게 주리라고 우리 열조에게 맹세하신 땅에 이르렀나이다"(신 26:3)라고 회고한 후, "여호와여 이제 내가 주께서 내게 주신 토지소산의 맏물을 가져왔나이다"(신 26:10)라고 감사하게 하였다.

땅의 안식년

매 7년마다 돌아오는 안식년에는 토지경작 휴년이 시행되었다. 토지 제도와 관련하여 또 하나 언급해야 할 것은 토지의 파종, 경작, 추수의 휴년을 명한 안식년 제도이다.

> "제 칠 년에는 땅으로 쉬어 안식하게 할지니

여호와께 대한 안식이라.

너는 그 밭에 파종하거나 포도원을 다스리지 말며

너의 곡물의 스스로 난 것을 거두지 말고

다스리지 아니한 포도나무의 맺은 열매를 거두지 말라.

이는 **땅의 안식년**임이니라."(레 25:4-5)

　땅의 활력을 되살리기 위해서 땅을 놀리는 풍습은 이스라엘 인근국가들에서도 찾아볼 수 있다. 이는 이집트, 누지 및 우가릿 지방에서 발견된 문서들에서 휴경법을 언급하고 있지만, 그것은 필요에 따라 비정기적으로 시행하는 휴경법이며, 레위기 25장은 7년마다 주기적으로 행하도록 규정하고 있다는 점에서 서로 판이하게 다른 것이다.46)

　그러나 이스라엘이 이러한 풍습을 지켜야 하는 이유는 인근국가들과는 차이가 있다. 인근국가들의 토지 경작 휴년 목적은 가난한 자들과 야생 동식물들을 유익하게 하려는 것이었다. 이스라엘의 경우는 전적으로 달랐다. 땅은 하나님이 주신 것이므로 자신이 소유한 땅이라 해도 땅을 학대해서도 안 되고, 땅의 소출을 독점해서도 안 된다. 땅도 쉬어야 한다. "여호와에게 대한 안식Sabbath to Yahweh"이라는 표현을 통해 그 땅의 소유자가 여호와라는 것을 분명히 한 것이다. 땅은 하나님의 것이므로 하나님의 안식에 참여하여야 한다. 땅이 인간에 의해 경작되지 않고 놀려지는 것도 그 땅이 야웨의 소유라는 것을 증거하는 셈이다. 하나님의 땅이 일시적으로나 경작이라는 인간의 간섭에 의해 방해되어서는 안 되는 것이다.47)

---

46) 김선종(2011), "레위기 25장의 형성 - 안식년과 희년의 연속성과 불연속성", 「장신논단」 제40집, 103.

47) E. A. Martens(1990), 146.

안식년에 저절로 생산된 밭과 포도원의 소출은 토지의 소유자도 먹을 수 있지만 특별히 남종과 여종, 품꾼과 나그네 그리고 육축이 함께 먹을 수 있도록 규정했다.

> "너는 육 년 동안은 너의 땅에 파종하여 그 소산을 거두고
> 제 칠 년에는 갈지 말고 묵혀두어서 네 백성의 가난한 자로 먹게 하라.
> 그 남은 것은 들짐승이 먹으리라.
> 너의 포도원과 감람원도 그리할지니라."(출 23:10-11).

> "안식년의 소출은 너희의 먹을 것이니
> 너와 네 남종과 네 여종과 네 품꾼과 너와 함께 거하는 객과
> 네 육축과 네 땅에 있는 들짐승들이 다
> 그 소산으로 식물을 삼을 지니라."(레 25:6-7)

광야에서 하나님이 주신 만나와 같이 안식년 동안에 휴작 중인 땅에서 나는 곡식과 과일의 모든 소출도 하나님이 주신 것이므로 가난한 이웃과 심지어 가축과 들짐승까지도 모두 함께 "남지도 모자라지도 않게"(출 16:17-18) 골고루 나누어 먹어야 하는 것이다.

최소한 농경지의 휴경을 명한 안식년 제도는 헬라시대에도 지켜진 사례를 외경에서 찾을 수 있다. 서기전 163~162년에는 안티오쿠스 에피파네스 4세가 죽은 뒤 벳즈가리야의 전투가 있던 해에 유대인들에게 양식이 떨어졌는데 그 이유는 안식년의 휴경 때문이었다고 한다.[48] "그해는 안식년인데다가 이방인들 사이에서 살다가 유다로 돌아 온 동포들이

---

48) R. de Vaux(1983), 316.

남은 식량을 다 먹어 버렸기 때문에 식량이 떨어졌다"(마카비서 상 6:53, 참조 마카비서 상 6:48-49)는 것으로 보아 서기전 2세기에도 안식년이 지켜진 것을 알 수 있다.[49]

토지를 되돌려 주는 희년(禧年)

일곱 번째 안식년 다음 해인 희년에는 토지나 포도원을 경작할 수 없도록 했다. 자연적인 소출은 주인과 타인이 함께 먹을 수 있도록 했다. 이스라엘 백성 가운데 종 되었던 사람들이 가족의 품으로 돌아가도록 했다. 그리고 타인의 손에 넘어갔던 토지를 원주인에게 되돌려 주도록 했다. 만약 원소유자가 토지재산을 되무를 수 있는 능력이 있다면 희년 이전에라도 되무를 수 있도록 했다.

레위기 25장의 희년법에 토지상환(23-28), 가옥상환(29-31) 그리고 노예해방(39-55)[50]이 주 관심사로 된 이유는 49년 동안에 인간들의 과욕에 의해 재산의 편중이 생겨나고 인권이 유린되었기 때문이다. 희년에는 전답이나 가옥의 토지가 채무로 인해 그 소유가 이동된 것에 대해 본인이나, 가까운 친척(확대가족)이 값을 치르면 원소유주에게 상환하도록 하였다. 그러나 희년이 되어도 본인이나 친척도 상환 능력이 없으면 무상으로 소유권을 회복할 수 있게 하였다.

"그러나 자기가 무를 힘이 없으면 그 판 것이 희년이 이르기까지

---

49) "왕의 군대 일부는 유다인들을 치려고 예루살렘으로 올라갔고 왕 자신은 유다 지방과 시온산을 향해 진을 쳤다. 한편 벳술 사람들은 마침 그 해가 그 고장의 안식년이어서 농사를 짓지 못했으므로 양식이 떨어져 더 이상 버틸 수가 없었다."(마카비 상 6:48-49).

50) 김은규(1988), 「구약의 희년제도 연구」(연세대대학원 석사학위논문), 64. 희년에 대한 성서적 전승은 레위기 25장에 자세히 기록되어 있다.

산 자의 손에 있다가 희년에 미쳐 돌아올지니

그가 곧 그 기업으로 돌아갈 것이니라."(레 25:28)

이러한 희년제도를 통해 대지주의 토지 독점을 막고 경제적 불평등 구조를 재조정하여 "남지도 모자라지도 않는"(출 16:17-18) 만나의 경제 신학에 따라 평등한 경제질서를 유지하려고 했던 것이다. 하나님으로부터 맡겨진 땅을 가난하여 할 수 없이 타인에게 잠시 양도하였지만 50년이 되어 때가 차면 처음 판 사람에게로 귀속케 된다는 것이다. 이는 땅은 하나님의 소유이기 때문에 원주인에게로 돌아갈 뿐이라는 "토지분배와 땅의 하나님" 신앙에 근거한 것이다.

가옥의 문제(레 25:29-31)에 있어서는 성 밖과 성안의 경우를 구분한다. 성안의 경우에는 집을 팔았을 경우 1년 안에 되돌려 살 수 있으나, 1년이 지나면 되살 수 있는 시효가 끝나 집을 산 사람의 완전한 소유가 된다. 그러나 성 밖의 가옥은 토지와 같이 취급하여 언제든지 되돌려 살 수 있으며 희년이 되면 자동적으로 처음 판자의 소유가 된다. 레위인의 경우는 성안이든 밖이든 관계없이 희년이 되면 원상회복된다. 레위인은 분깃이 없는 지파이므로 예외적인 것으로 취급된 것 같다.[51]

이처럼 초기 이스라엘 계약공동체는 농민들을 예속상태로 이끌어 갔던 가나안 사회의 계급적·경제적 불평등을 극복하기 위해 토지분배를 시행하고 이러한 평등사회를 지켜가기 위해 이중, 삼중으로 토지매매 금지, 경계석 이동금지, 안식년, 희년 등과 같은 혁명적인 제동장치를 제도화하여 "사회의 부가 몇몇 사람에게 집중되는 것을 막았으며, 이것을 어기는 것을 야웨 하느님께 대한 반역으로 생각하여 엄격한 금기사항으로

---

51) 강사문(1999), 『구약의 하나님』(서울: 한국성성학연구소), 378.

여겼다."52)

2) 땅과 이스라엘 백성과 하나님

이스라엘 백성들이 하나님이 주신 땅에서 쫓겨나 바벨론에서 포로생
활을 하는 동안에도 예레미야와 에스겔(렘 12:14-16, 16:14-15, 겔 36:8-
15)은 하나님께서 그들 조상에게 주신 약속의 땅, 선물의 땅은 그 누구도
소유할 수 없는 '여호와의 기업'이므로 언젠가는 그 땅으로 다시 돌아갈
수 있을 것이라는 믿음이 견고하였다. 선지자들이 이처럼 여호와께 주신
땅은 그 누도도 침범할 없다는 '땅의 신학'을 견지하고 있었다.

야웨와 땅과의 관계는 단지 야웨가 약속의 땅을 주시고 그 땅을 풍요하
게 하시는 분이라는 사실에서만 발견되는 것은 아니었다. 야웨 하나님과
땅의 관계는 이보다 더욱 밀접하기 때문에 야웨에 대한 범법행위가 땅을
더럽히는 결과를 빚는 것이다.53) 그리하여 야웨에 대한 순종은 땅을 풍
요롭게 하지만 야웨의 말씀에 대한 불순종은 땅을 더럽히는 것이라는 점
을 거듭 강조한다. 이스라엘이 망하고 바벨론에 포로로 잡혀간 뒤, 그들
은 자신들의 멸망 이유가 '땅의 안식'을 범하였기 때문이라고 해석하기도
하였다.

> "너희가 원수의 땅에 끌려가면 너희의 땅은 쑥밭이 되리라.
> 그동안에 땅은 안식을 누릴 것이다.
> 너희가 여기에 사는 동안 안식년에도 쉬지 못하던 땅이
> 쑥밭이 되어 있는 동안에 쉬게 되리라."(레 26:34-35)

---

52) 한국신학연구소 편(1992), 『함께 읽는 구약성서』(서울: 한국신학연구소), 115.
53) E. A. Martens(1990), 150.

예레미야는 이스라엘 백성들이 안식년을 지키지 않았기 때문에 하나님께서 강제적으로 땅을 쉬게 하기 위해서 자기 백성을 바벨론 땅으로 내쫓으셨다고 함으로써 '땅의 안식'을 범한 죄를 규탄한다.[54]

신명기 28장의 축복의 목록이 보여 주고 있듯이 율법에 순종할 때 오는 축복은 주로 약속의 땅 안에서의 번영과 풍요인 것이다(신 28:1-14). 율법에 순종하면 복을 얻듯이 율법에 불순종하면 약속의 땅에서 저주를 받고 그 땅에서 쫓겨나는 것이다(신 28:15-68).

땅은 여호와의 것이므로 여호와에 대한 태도가 땅의 문제와 밀접한 관련을 갖게 된 것이다. 가나안 족속들이 그들의 땅에서 쫓겨난 것도 스스로 짐승과의 교합하거나 동성연애나 인간을 제물로 바치는 등, 그 땅 거민이 이 모든 가증한 일을 행하였고 그 땅도 더러워졌기" 때문이다(레 18:27). 이방인들은 비록 여호와의 율법을 소유하지 않았다 하더라도 그 땅에서의 가증한 행위에 대해 책임을 져야 했다.

그러므로 이스라엘이 약속의 땅을 계속 차지하고 살기 위해서는 율법을 지켜야만 했다. 이 말은 이스라엘이 하나님의 규례를 충실하게 지켜야만 그 땅에서 계속 살 수 있다는 의미이다.

"내가 오늘날 명하는 모든 명령을 너희는 지켜 행하라
그리하면 너희가 살고 번성하고
여호와께서 너희의 열조에게 맹세하신
땅에 들어가서 그것을 얻으리라."(신 8:1)

"너는 마땅히 공의만 좇으라 그리하면 네가 살겠고
네 하나님 여호와께서 네게 주시는 땅을 얻으리라."(신 16:20)

---

54) 한국신학연구소(1992), 34.

따라서 율법을 충실하게 지키면 얻을 수 있는 축복 가운데 가장 중요한 것은 계속해서 약속의 땅에서 살게 해준다는 것이다. 스텍은 "하나님께서 우리에게 향하신 첫 번째의 그리고 기본적인 사역은 땅의 청지기가 되는 것이다. 땅의 청지기로서의 사역이 우리를 구원하는 것이 아니라 우리가 구원받은 존재가 되었다는 것이 바로 이 사역을 완성케하는 것"이라고 하였다.55)

이처럼 성서를 보면 땅과 이스라엘 백성과 하나님 사이에 불가분의 관계가 형성되어 있는 것을 알 수 있다. 하나님께서 땅 없는 백성에게 땅을 주셔서 자기 땅에서 자유롭게 살도록 은총을 베풀어 주셨기 때문에 하나님의 땅을 잘 관리하고 돌보는 것이 하나님의 은총을 받은 자들의 사명이며, 하나님의 명령에 순종하는 삶이라고 가르치고 있는 것이다.

---

55) John H. Steck(2000), 170.

05

고대 근동의 경제제도와
이스라엘의 경제제도

1) 고대 근동의 공납제 생산양식

이스라엘 계약공동체가 가나안 땅에 정착하였을 때 어떠한 경제체제를 갖느냐 하는 것은 그들의 생존과 관련된 아주 중요한 문제였다. 그들은 이미 땅을 독점한 이집트에서의 압제와 착취를 당했고 불모의 땅 광야에서의 빈궁한 삶을 겪었기 때문에, 새롭고 전향적인 경제제도의 필요성을 절감하였다. 더군다나 광야에서의 만나 공급은 그들로 하여금 "남지도 모자라지도 않는"(출 16:17-18) 평등한 경제질서의 가치를 충분히 인식할 수 있게 하였다.

그러나 인접국가들의 경제질서는 달랐다. 고대 근동의 모든 왕이 대지주들이었다. 그들이 소유하였던 토지들은 직접 왕궁에서 관리하거나 소작을 주거나, 일정한 세금이나 인력의 제공을 조건으로 빌려 주기도 하였다. 특히 이스라엘 백성들이 400년 이상 노예생활을 겪었던 이집트에서는 국토의 대부분이 왕이나 성전의 소유물이었다.[56] 그들이 이집트를 탈출하여 정착한 가나안의 경우도 봉건군주와 귀족적인 전사들로 구성된 계급조직을 갖춘 도시국가들의 지배를 수 세기 동안 받아 왔다. 대다수의 토지는 봉건군주와 사제 및 귀족계급 등의 대지주들이 소유하고 있었다.

볼프는 고대 근동지방 토지의 대부분은 세 가지 방식의 영지領地로 수용되었다고 한다.[57] 봉건군주들이 군사력을 통해 차지하여 세습시킨 봉건세습 영지patrimonial domain와 군주들이 사제에게 하사한 성직자 영지prebendal domain 그리고 귀족이나 지주계급의 매매 영지merchantile domain이다.

함무라비 법전에는 신분을 세 등급으로 나누었다. 즉, 토지를 소유할 수 있는 자유인(awilum), 제한적 조건하에 토지를 소유할 수 있는 평민(mushkenum) 그리고 토지소유권이 없는 주인의 소유물인 노예(wardum)로 구분한 것이다. 이러한 엄격한 사회적 계급에 따라 임금, 재판, 배상의 정도가 차별적으로 적용되었다.[58]

대부분의 토지는 왕의 소유였고 그 규모는 왕의 세력을 드러내는 것이었으며 그가 통치하는 국가의 세력을 의미하였다(왕상 10:23, 대하 17:5, 26:8). 물론 왕은 자유자재로 모든 수입을 사용할 수가 있었지만, 관리들의 부양과 군대의 유지, 국가의 방위와 공적인 부역 등의 모든 일에 대하여 왕이 책임을 지고 있었다.[59] 군주들은 농민들에게 소작을 맡기고 농사에 필요한 물, 씨앗, 농기구, 가축 등을 100% 혹은 200% 이율로 대여

---

56) R. de Vaux(1983), 229.
57) N. K. Gottwald(1983), "Early Israel and the Cannanite Socioeconomic System", *Palestine in Tradition*, ed. D. N. Freedman and D. F. Graf(Sheffield: The Almond Press), 35. E. R. Wolf의 견해를 재인용한 것이다.
58) 이종근(2008), 『메소포타미아 법의 도덕성과 종교』(서울: 삼육대학교출판부), 159; 서인석(1979), 『성서의 가난한 사람들』(왜관: 분도출판사), 76-77. 함무라비 법전에서는 세 계급의 구분이 현저하였다.
59) R. de Vaux(1983), 253.

해 주었다. 왕의 땅을 경작하는 농민에게 현물세와 강제 부역 및 징병 등의 무거운 부담을 부과하였다. 흉년이나 기타 이유로 갚지 못할 때는 땅을 차압하는 공납제 생산양식이라는 '대여자본주의'를 구축하였다.[60] 그 사례로 이집트에서의 7년 흉년 동안 식량이 떨어진 백성들이 요셉에게 찾아 와서 "우리 몸과 우리 토지를 먹을 것을 주고 사소서 우리가 토지와 함께 바로의 종이 되리니"라고 하였다. 이에 요셉이 그 모든 땅을 사서 파라오에게 넘겼다.

> "요셉이 애굽의 모든 토지를 다 사서 바로에게 바치니
> 애굽의 모든 사람들이 기근에 시달려 각기 토지를 팔았음이라.
> 땅이 바로의 소유가 되니라."(창 47:20)

> "요셉이 애굽 토지법을 세우매 그 오분의 일이 바로에게 상납되나
> 제사장의 토지는 바로의 소유가 되지 아니하여
> 오늘날까지 이르니라."(창 47:26)

결과적으로 농민들은 채무로 인해 토지소유의 이동이 생겨나고 독립적인 생산수단을 박탈당한 후 대토지의 경작자로 고용되거나 혹은 소작농으로 전락하고 말았다. 더 이상 땅을 소유하지 못한 채 소작한 많은 부분이 공납으로 강요당함으로 자유농민들이 감소하게 된 것이다.

주민들의 생산품의 상당부분이 공납되어 전쟁물자 준비와 지배계급의 사치생활에 소모되었으며, 여기에는 호화스러운 종교행사 비용도 포함되었다. 가나안 봉건군주들은 이집트나 메소포타미아 제국의 절대군

---

60) 장일선(1990), 『구약신학의 주제』(서울: 대한기독교출판사), 196-197.

주로부터의 공납을 강요당할 때 주민들의 생산물의 일부를 거두어 조공으로 바쳤다. 이집트의 경우 성전의 토지만을 제외하고서는 모든 토지가 왕에게 속하고, 모든 이집트인이 왕궁의 노예나 다를 바 없었다. 토지에 대한 왕의 사유화 원칙이 고수되었기 때문이다.[61] 가나안의 경우 주신 바알은 지주地主의 신이었으며, 땅은 결과적으로 바알을 섬기는 왕의 소유였다.[62]

이러한 경제체제 아래에서 일반 농민은 개인의 종처럼 마음대로 사고 팔리진 않았으나, 나라 땅을 부치면서 세금을 내고 국가가 필요로 할 땐 부역을 해야 했다. 주로 농한기에 이루어진 부역은 대궐의 신축이나 개축, 성벽을 보수하기 위해 행해졌다. 이러한 영지 중심의 토지 독점 경제 구조를 아시아적 생산양식 또는 공납제 생산양식이라 한다.[63]

2) 초기 이스라엘의 계약공동체의 자유농민농업제

고대 근동국가는 예외 없이 성전의 토지만을 제외하고서는 대부분의 토지가 왕에게 속하였고 대부분의 시민들도 소작농에 지나지 않았다. 그러나 이 점이 이스라엘의 사정과는 정반대되는 것이었다.

그들이 가난안 땅에 들어가자 여호수아가 중심이 되어 이스라엘 백성들은 여리고 성, 아이 성, 기브온 성의 온 땅과 고센의 온 땅과 평지 그리고 아라바와 이스르엘의 산지와 평지를 취한다(수 11:16, 21). 땅의 점령이 완수되자 여호수아는 12지파의 대표들을 모아 토지를 분배한다.

제비를 뽑아 12지파에게 토지를 분배하고, 지파는 확대가족의 보호

---

61) R. de Vaux(1983), 255.
62) 대천덕 엮음(1992), 48.
63) N. K. Gottwald(1987), 328-329.

연합체인 미슈파하 별로, 미슈파하는 확대가족 별로 토지를 분배한 것이다. 이스라엘 백성들은 토지배분을 통해 지파, 족속(미슈파하), 가족(확대가족)으로 이뤄진 새로운 사회구성체를 구성하였다.[64]

이제는 모든 백성이 자기 땅에서 자유롭게 농사를 지을 수 있는 자기 땅을 분배받은 것이다. 토지의 분배에 따라 자신 땅에서 자유롭게 농사를 지을 수 있는 토지사용권의 원칙이 고수되었기 때문이다.[65]

이렇게 초기 이스라엘 계약공동체는 토지의 독점을 부추기는 주변나라의 영지제도領地制度를 완전히 철폐한다. 이는 인류 역사 최초로 기록되는 토지혁명이다.

이러한 혁명적 토지관은 '땅은 여호와의 것'이라는 철저한 야웨 신앙에 근거해 있었다. '땅은 여호와의 것'이라는 이스라엘의 '땅의 신학'은 '땅은 군주의 것'이라는 군주제 국가의 경제제도와는 판이한 것이었다.

그리고 이스라엘 제사장 계급의 토지소유 금지는 이집트의 절대군주제나 가나안의 봉건군주제의 제사장 계급이 토지를 독점하고 있었던 당시의 상황에 비추어 볼 때 파격을 넘어 혁명적인 사건이었다. 이는 당시의 군주제의 근본 모순 중의 하나가 땅의 독점을 통한 경제적 불평등 구조인 것을 알고 이를 혁명적으로 극복하려 했던 하나님의 명령이요, 계약공동체의 의지였던 것이다.

갓월드는 이스라엘의 토지분배에 근거한 경제제도를 당시의 평균적인 '공납제 생산양식'과 다른 '자유농민 농업제'라고 하였다.[66] 군주제 국가는 부국강병의 국가발전을 최우선으로 여겼기 때문에 권력과 부의 독점을 추구하였고, 반면에 이스라엘 지파연합은 자유로운 노동과 평등한

---

64) N. K. Gottwald(1979), *The Tribes of Yahweh*, 323-328, 697-700.
65) R. de Vaux(1983), 255.
66) N. K. Gottwald(1979), *The Tribes of Yahweh*(New York: Obris), 191ff; N. K. Gottwald(1987), 329.

분배라는 새로운 대안을 모색하였다. 두 제도를 비교해 보면 그 차별성
과 전향성이 잘 드러난다.

초기 이스라엘과 고대 근동의 경제제도 비교

초기 이스라엘의 경제제도	고대 근동의 경제제도
자유농민 농업제	공납제 생산양식
백성에게 토지분배	군주와 귀족의 영지 독점
레위 지파 토지소유 금지	지배계층 토지 과다소유
토지매매 금지	토지매매 가능
남지도 모자라지도 않게	빈익빈 부익부
자유로운 노동과 평등한 분배	부국강병의 국가발전

06

우리 시대의
땅, 빈곤, 부채의 문제

해방 후 북한과 남한의 토지개혁

브루지만은 기독교는 항상 하나님에 대해서만 말하고 땅의 문제에 대해서 아예 무시해 왔고, 세속적 인도주의자들은 오직 땅에 대해서만 말하고 하나님에 대해서는 말하지 않는다고 지적하면서 이러한 현상은 정신분열증에 해당한다고 하였다.[67]

땅 없이 유랑생활 끝에 남의 땅의 노예가 되었다가, 하나님이 약속한 가나안 땅을 차지한 이스라엘 계약공동체에게는 토지분배를 통해 토지독점이 빚어 낸 온갖 경제적 모순을 극복하는 것이 당면한 문제였다. 우리 시대에도 같은 유형의 심각한 토지문제에 직면해 있기 때문에 '땅의 신학'은 우리 시대에도 여전히 전향적인 의미를 지닌다.

조선 왕조의 봉건제도와 일제 강점기를 겪은 뒤 광복을 맞이하였지만 남북은 외세에 의해 분단을 당하였다. 분단 상태에 놓인 남북한이 대한민국 임시정부의 삼균주의 건국이념을 제시하였다. "삼균제도라는 것은

---

67) W. Brueggemann(1992), 95.

정치적으로 인민이 균등히 참정권을 가지는 일이며, 경제적으로는 인민이 균등히 수익권을 가지는 일이며, 교육적으로는 인민이 균등히 수학권을 가지는 일"이라고 하였다.[68] 이 중에서 해방 후 경제제도에 관하여서는 가능한 한 부를 균등하게 한다는 '균부均富'의 정신에 따라 우선적으로 시행된 것이 토지개혁이다.

분단의 조건은 토지개혁을 촉진하였다. 지주제 해체에 대한 요구는 거부할 수 없는 큰 흐름이었고, 미국이든 소련이든 토지개혁이 반공주의 혹은 공산화에 유리한 효과를 줄 것이라 생각했다. 이러한 상황에서 1946년 3월 5일 북조선임시인민위원회가 발표한 '북조선토지개혁법'에 의해 무상몰수·무상분배 원칙에 따라 토지개혁이 시행되었다. 각 지역에서 조직된 빈농과 머슴을 중심으로 한 농촌위원회가 이를 주도하였다. 5정보 이상에 해당하는 대지주 소유의 땅이나 민족반역자의 땅을 무상몰수하여 토지가 없거나 부족한 농민에게 가족 수에 따라 무상분배하였다. 분배된 토지는 일체의 채무나 부담액 등이 면제되었고, 매매·소작·저당이 금지되었다.[69] 다만 무상으로 분배한 토지에 대하여 소작의 27%로 세율을 거두기로 하였다. 그러나 실제로는 이보다 더 높아 농민은 지주의 소작인에서 국가의 소작인으로 바뀐 것에 불과했다.

북한에 뒤질세라 남한에서도 미군정에 의해 '농지개혁법'이 1949년 4월 28일 통과되어 6·25전쟁 이틀 전에 토지분배가 완료되었다.[70] 남한은 '유상몰수에 유상분배'라는 원칙에 따라 소작지를 유상으로 매수하

---

68) "대한민국건국강령", http://www.gcomin.co.kr/static/426/F425392.html
69) "토지개혁",『한국근현대사사전』(서울: 가람기획, 2005); 이대근(1990),「북한의 토지개혁에 관한 연구」(고려대학교박사학위논문).
70) 1950년 3월 10일 개정법이 공포되어 입법조처가 완료되었다. 3월 25일에는 그 시행령이, 4월 28일에는 시행규칙이 각각 공포되었으며, 1949년 6월 21일 현재로 실시된 농가 실태조사도 완료되어 분배 예정통지서 발급이 진행되었다.

여 경작 농민에게 유상분배하되 전답의 소유 한도는 최고 3정보를 넘지 못하도록 하였다. 농민이 아닌 자의 토지와 자경하지 않는 자의 토지와 3정보 이상 소유한 토지 분에 대해서 지주에게 토지평가액의 1.5배에 상당하는 금액을 연간 30%씩 5년 분할 상환하는 조건으로 유상몰수, 유상분배한 것이다.[71] 토지개혁으로 조그만 땅뙈기를 갖게 된 수많은 자영농민들의 자발적 중노동과 창의력 그리고 그 말릴 수 없는 교육열이 오늘날 대한민국의 자본주의 경제 발전의 기적을 만든 에너지의 원천이 되었다는 평가를 받고 있다.

우리 시대의 토지 편중과 토지공개념

토지의 독점과 편중의 문제는 특히 우리 한국사회의 근본적인 모순으로 대두된다. 토지 편중과 지가 폭등은 한국경제의 저효율 고비용의 비생산성과 빈부격차의 불평등 구조의 원인이 되고 있다.

국토교통부가 발표한 2012년 12월 말 현재 전국 토지소유현황을 보면 우리나라 인구 5천만 명 중 30.1%가 전국의 개인 토지를 소유하고 있으며, 전체 토지소유자 중 상위 50만 명 중 전체 인구의 1%가 전체 개인토지의 55.2%로 소유하고 있는 것으로 나타났다.[72] 일제 강점기 때보다 토지독점이 더욱 악화되었다.

정부가 처음으로 전국의 지가를 조사한 1975년 이후 20년이 채 못되는 1993년의 도시의 평균 지가가 26배 상승하였다. 같은 기간의 금값은 3.5배, 소비자 물가는 4.7배 오른 것에 비하여 토지소유자들이 엄청난 폭리를 취한 것이다.[73]

---

71) 황한식(1985), "미군정하 농업과 토지개혁정책",『해방전후사의 인식 2』(서울: 한길사); 장상환(1985), "농지개혁에 관한 실증적 연구",『해방전후사의 인식 2』(서울: 한길사).
72) "전국 토지소유 현황 '한눈'에 본다",「한국주택신문」, 2013. 11. 5.

국토교통부로부터 제출받은 2013년 자료에 의하면 30대 그룹이 소유한 토지가 2005년 427Km²에서 2013년 9월 507Km²로 18.7% 증가했다. 이들 토지에 대한 같은 기간 공시지가 총액은 63조2592억 원에서 108조8046억 원으로 72%나 늘어났다.[74] 그럼에도 불구하고 이러한 토지투기에 따른 불로소득이 세금으로 환수되지 않아 경제적 부정의를 확산시키는 것이다.

누구나 주거생활에 필요한 최소한의 토지를 보유할 권리가 보장되고, 토지는 생활과 생산을 위하여서만 사용되어야 하며, 재산 증식의 수단으로 소유되어서는 안 된다. 헨리 조지Henry George(1839-1897)는 『진보와 빈곤』(1877)이라는 책에서 "문명의 진보에도 불구하고 빈곤이 심화되는 이유는 땅의 사적 소유에 있다"라고 말했다. 생산력의 향상에도 불구하고 임금이 겨우 생존할 수 있을 정도의 최저액에 머무는 이유는, 생산력 향상보다 더 큰 비율로 지대가 상승함으로써 임금이 낮게 유지되기 때문이라는 것이다.

핸리 조지는 "빈곤을 타파하고 임금이 정의가 요구하는 수준이 되도록 하려면 토지의 사적 소유를 공동소유로 바꾸어야 한다"라고 역설하였다. 그는 토지의 평등한 사용권에 대하여 세 가지 방안을 제안하였다. 첫째, 토지를 평등하게 나누어 주는 방법. 둘째, 토지를 공유로 하되 그것을 정부가 임대하고 임대료를 징수하는 방법. 셋째, 토지 가치를 전액 조세로 징수하는 방법이다.[75] 그는 토지의 평등한 사용을 보장하는 토지 공유라는 토지공개념을 주장하였지 공산권 국가와 같은 토지의 국유화를 주장한 것은 아니었다. 토지의 매매도 허용하고, 유증, 상속도 해야 한다

---

73) 「중앙일보」, 1998. 9. 8.
74) "재벌들은 땅부자… 30대그룹, 108조 여의도 60배 토지 소유", 「노컷뉴스」, 2013. 12. 9.
75) 전강수·한동근(2002), 『토지를 중심으로 본 경제이야기』(서울: CUP), 75-78.

고 하였다. 모든 사유 토지는 그대로 둔 채 다만 토지에 의한 불로소득을 각종 방식으로 환수하여야 한다고 하였다. 토지를 사유화하고 그로부터 나오는 소득을 사적으로 전유하는 것은 경제적 불의이며, 빈곤이나 불황의 경제문제를 일으키는 주범이라고 여긴 것이다. 따라서 토지에서 발생하는 불로소득을 공적으로 환수함으로써 경제불의를 해결할 수 있다고 평가했다. 그러기 위해서는 토지투기를 척결하여 땅값을 안정시키고, 토지에서 발생하는 불로소득을 사회에 환원해야 한다는 것이다.[76]

우리나라에서도 '토지정의시민연대'의 창립선언문(2005. 2. 22.)에는 토지에 사유화를 반대하는 다음과 같은 주장을 펴고 있다.

> "토지의 가치를 사유화하는 것은 원칙적으로 사유재산제에 어긋난다. 삶에 있어서 필수적인 토지는 인간이 만든 것이 아니라 천부적인 것이다. 그뿐 아니라 토지가치가 발생하거나 증가하는 것도 토지소유자의 노력과 거의 무관하게 자연적, 사회경제적, 정부적 원인에 주로 의존한다. 이런 점에서 보면 토지에 대한 소유권은 모든 사람에게 있고 그 가치는 공동체가 소유해야 한다고 보는 것이 사유재산권 원칙에도 정확히 부합하는 것이다."

무엇보다도 성서의 가르침에 따라 땅은 하나님의 것이라는 토지공개념에 입각하여 토지의 균등분배의 정신, 토지소산의 공유와 같은 전향적 경제관이 오늘에 되살려져야 할 것이다.[77]

토지에 대한 사회정의의 효율성을 심각하게 해치는 토지불로소득은 "성실한 사람이 잘살 수 있는 사회"와 같은 보편적인 가치를 훼손하여 건

---

76) H. George(1979), *Progress and Poverty*(Robert Schalkenbach Foundation), 333-345.
77) 대천덕(1992), 『토지와 자유』, 33-69. 특히 제3장 "토지와 성경적 경제학"을 참고할 것.

전한 사회건설의 도덕적 기반을 와해하고, 소득 및 부의 분배에 있어서 불평등을 심화하며, 기업에 투자하지 않고 토지에 투자하여 이익을 극대화하려는 투자 왜곡의 악순환을 가져오고, 지가 인상을 기대하여 토지를 개발하지 않고 방치하므로 토지의 정상적 활용을 제한하며, 성실한 노동자의 근로의욕을 저하하고, 지가 인상으로 실수요자의 재정 압박을 가중하는 등 많은 문제를 야기한다.[78]

따라서 이러한 토지불로소득을 원천 차단하기 위해서는 토지공개념이 수용하여 토지소유 상한에 관한 법, 개발이익 환수에 관한 법, 토지 초과소득세법들이 엄격하게 제정되고 시행되어야 할 것이다.

모든 사람에게 기본소득을

스위스에서 기본소득제 도입을 위한 국민발의안이 12만 명 이상의 국민 서명을 받아 2013년 10월 4일 스위스 연방의회에 제출되었다. 이 법안은 헌법에 '국가가 모든 국민에게 기본소득을 보장할 의무가 있다'는 조항을 신설하자는 것이 뼈대이다. 정부가 부유하든 가난하든 국민 모두에게 한 달 2,500스위스프랑(약 297만 원)의 기본소득을 지급하자는 내용이다. 스위스에서는 국민발의안이 제출되면 2년 안에 국민투표를 해서 실시 여부를 결정하여야 하므로, 2015년 10월 이전에는 기본소득제 실시 여부가 결정될 것이다.[79]

이미 미국 알래스카에서는 1976년 석유 판매 수익의 최소 25%를 적립하는 영구기금을 설치한 뒤, 1982년부터 매년 주민 한 사람당 1천 달러 안팎을 배당해 주고 있다. 브라질에서는 시행은 안 되고 있지만 '시민

---

78) 김윤상(2004), 『알기 쉬운 토지공개념』(서울: 경북대학출판부), 50-52.
79) "'모든 성인 월 300만원' 보장법, 스위스 국민투표 부친다", 「한겨레신문」, 2013. 10. 6.

기본소득법'이 2004년에 제정되었다.[80]

우리나라에서도 2014년 3월 23일 '기본소득'을 지지하는 1000명 선언이 발표되었고 '기본소득공동행동 준비위원회'가 발족되었다. 「한겨레 21」은 1000호 기념호에서 표지기사를 '기본소득 이제는 상식입니다'로 이 주제를 다루었다.

최근 우리나라에서도 초중고등 학생의 무상급식과 대학생의 반값등록금 등 복지정책의 확대에 대한 관심이 높아지고 있다. 그러나 기본소득제가 종래의 사회복지 프로그램들과 근본적으로 다른 점은, '기본소득'이 재산이나 건강, 취업 여부 혹은 장차 일할 의사가 있는지 없는지 등, 일절 자격심사를 하지 않고 일률적으로 모든 사회성원에게 일정한 돈을 주기적으로 평생 지급한다는 데 있다.

이러한 주장이 황당하고 비현실적인 것으로 들리지만, 그러나 '기본소득'은 이미 200년 이상의 전통을 가진 개념임을 주의할 필요가 있다. 즉 미국 독립전쟁의 사상적 원동력이었던 『상식』을 쓴 18세기 영국의 정치사상가 토머스 페인이 만년의 저작 『토지분배의 정의』 속에서 행한 제안에 이미 기본소득의 핵심논리가 들어 있었다.

20세기 들어서면서 기본소득 발상이 본격적으로 논의되었다. 버트런드 러셀, 에리히 프롬, 마틴 루터 킹 등이 이를 주장했다. 밀턴 프리드먼이나 제임스 뷰캐넌 같은 보수적 경제학자, 제임스 미드와 제임스 토빈 같은 진보적 경제학자 등이 모두 이를 지지했다. 70여 명의 노벨경제학상 수상자 가운데 지지자가 10명이 넘는다. 1986년에는 기본소득 도입을 위한 시민단체인 기본소득유럽네트워크가 만들어졌고, 2004년에는 기본소득지구네트워크로 확장됐다. 2008년 금융위기 이후 유럽을 중심

---

80) "소득은 노동의 대가가 아니다", 「한겨레21」, 2014. 3. 3

으로 도입 논의에 더 속도가 붙고 있다.[81]

정치학자인 캐럴 페이트먼이 말한 것처럼 "보통선거권이 동등한 정치적 시민권의 상징이라면, 기본소득은 온전한 시민권의 상징"이라는 것이다. 따라서 선별적 복지에서 전면적인 보편복지로의 패러다임 전환을 통해 노동과 소득을 분리시킨다. 기본소득 도입을 가로막는 최대 장벽은 역시 '일하지 않는 자, 먹지도 말라'는 고정관념이다. 그러나 오늘날에는 일하고 싶어도 일자리를 얻을 수 없는 사회로 나아가고 있기 때문에 일하지 않아도, 일할 수 없어도 모든 사람은 기본소득이 보장되어야 한다는 주장을 펼치는 것이다. 그러므로 소득은 더 이상 노동의 대가가 아니므로 일하는 사람에게만 실업급여를 주는 식의, 노동(고용)-복지 연계 모델은 의미가 없어진다. 따라서 "기본소득은 대안 사회를 위한 충분조건은 아니지만 필요조건 가운데 하나가 될 수 있다."[82]

이러한 '기본소득제'와 관련하여 제기되는 질문은, 그 재원을 어디서 마련하느냐는 것이다. 그러나 확실한 것은, '기본소득'이 꼭 필요하다고 합의만 된다면 그것은 어떻게든 해결된다는 것이 이 운동을 펼치는 이들의 주장이다.

이러한 기본소득제의 요구는 "많이 거둔 자도 남지 않고 적게 거둔 자도 모자라지 않게" 모든 사람에게 일용할 양식을 골고루 베풀어 '가난한 자를 없게 하라'는 성경의 가르침을 실현할 수 있는 새로운 경제 대안으로 여겨진다.

우리 시대의 땅의 오염

토지와 관련된 또 다른 문제는 땅의 오염이다. 화학농법에 의한 농경

---

81) "'모든 국민에게 기본소득' 국내서도 행동 개시!", 「한겨레신문」, 2013. 10. 13.
82) "소득은 노동의 대가가 아니다", 「한겨레21」, 2014. 3. 3

지의 산성화와 오염이다. 농경지의 소출을 극대화하기 위하여 해마다 쉬지 않고 비료와 농약을 쏟아 부으니 땅이 서서히 죽어 가게 된 것이다. 인간의 욕심이 극에 달하여 미물 짐승이 인간의 농작물을 먹지 못하게 하고 인간이 이를 독식하기 위하여 농약을 쏟아 붓게 되는 것이다.

2012년 기준으로 중국의 경우 약 5,000만 무[83]가 중금속 오염으로 농작물 재배에 부적합하다 한다. 이는 중국 전체의 농경지의 약 2.5%에 달한다.[84]

위대한 문명들이 멸망한 것은 그 문명의 기반이 된 토질의 악화를 막지 못했기 때문이며 현대 세계도 결국 같은 운명을 맞게 될 것이라는 연구가 나왔다. 남아프리카공화국 비트바테르스란트 대학 과학자들은 여러 지역의 토지가 어떻게 질이 악화했는지 조사한 결과를 발표했다. 이들은 토지를 너무 오랫동안 지속적으로 경작하면 유기물질을 양분으로 전환하는 박테리아가 파괴된다면서 해마다 전 세계 토지의 1%가 토질 악화 현상을 보이고 있다고 지적했다. 아프리카의 경우 앞으로 농작물 생산이 늘어나야만 하는데도 토양침식으로 인해 수확량이 8% 줄었고 양분 고갈 현상이 광범위하게 일어나고 있다는 것이다. 또한 20세기에 와서 대량생산을 위해 비료와 농약을 지속적으로 쏟아 부으면서 쉬지 않고 경작을 하기 때문에 땅이 죽어 가고 있다는 것이다. 토질의 비옥도는 고대인들에게는 이해할 수 없는 현상이었고, 그들은 토지가 "피로하거나 질병, 감기에 걸렸을" 경우 다른 곳으로 경작지를 옮겨 토질이 회복되기를 기다렸다.[85]

지금부터 3000여 년 전 이스라엘에서는 토지 휴식년을 통해 땅의 생

---

83) 1무는 1천만 평이다.
84) "中농지 2.5% 330만 헥타르 중금속오염으로 경작 부적합", 「아시아경제」, 2014. 1. 2.
85) "문명 흥망, 토질과 밀접한 관련, '남아공 연구진'", 「연합뉴스」, 2013. 11. 5.

명력을 지키려는 시대에 앞선 생각을 가졌다는 사실을 기억해야 할 것이다. 땅도 쉬어야 하고, 땅의 소출은 모든 인간뿐만 아니라 가축과 들짐승도 함께 나누어 먹어야 한다는 안식년 정신은 오늘날 유기농업의 정신적 기초가 될 수 있는 앞선 생각이라고 할 수 있다.

절대빈곤과 빈부격차의 문제

인류의 가장 큰 문제는 식량의 문제이고, 식량의 문제는 분배의 문제이다. 지금도 북한을 비롯하여 특히 제3세계 지역에서 수많은 사람이 일용할 양식이 없어 굶어 죽고 있다. 2010년 현재 전 세계 65억 인구 중 하루 1.25달러 이하로 생활하는 절대빈곤층이 12억 명에 달한다.[86]

2013년 2월에 국세청에 소득을 신고한 국민 1887만 명 중 최소 676만 명은 최저임금(월 97만6000원)도 받지 못하며, 절반에 해당하는 943만 명의 월소득은 140만 원에도 미치지 못하는 것으로 나타났다.[87] 전 세계적으로 절대빈곤으로 고통받는 3명 중 1명은 13세 이하 어린이다. 우리나라도 예외는 아니다. 기아대책에 따르면 국내 아동 빈곤율은 전체 아동의 10.6%로써 100만 명에 이른다.[88]

반면에 제1세계에서는 엄청난 음식물들이 쓰레기통에 버려진다. 우리나라에서도 환경부 자료에 의하면 2011년의 음식물쓰레기 발생량은 1일 1만3500톤에 달하고 있고, 그 처리비용은 연간 약 18조 원이라고 한다. 안양시의 음식물 발생량은 1일 평균 150톤에 달하고 그 처리에 연간 약 55억 원의 막대한 예산이 소요되고 있다고 한다.[89]

그런데 한쪽에서는 영양결핍으로 굶어 죽어 가고 있는데, 다른 쪽에

---

86) "세계 빈곤 퇴치의 날",「매일신문」, 2013. 10. 17.
87) "국민 676만명, 월소득 100만원 이하",「뉴시스」, 2013. 4. 2.
88) "세계 빈곤 퇴치의 날",「매일신문」, 2013. 10. 17.
89) "음식물쓰레기처리 그 불편한 진실",「경기신문」, 2013. 8. 14.

서는 영양과다로 비만한 체중을 조절하기 위해 엄청난 비용을 지출하고 있다. 경제적 불평등이 빚어내는 이러한 식량과 영양의 불균형이 세계사의 영원한 모순이며 분단 조국의 현실적 모순이기도 하다.

빈부격차는 점점 더 심해져서 상상을 초월할 정도이며, 세계적인 문제로 부각하고 있다. 크레디트 스위스(CS)는 '2013 세계 부 보고서Global Wealth Report 2013'에서 전 세계 부의 46%는 상위 1%의 부자들이 차지하고 있으며, 또 상위 10%가 전 세계 부의 86%를 보유하는 등 부의 집중화 현상이 뚜렷하다고 지적했다.[90]

국제노동기구(ILO) 분석에 의하면 2007년 이후부터 2011년 사이 독일과 홍콩 상위 15대 기업 CEO의 임금은 25%가 상승했다. 이로 인해 독일 CEO와 노동자 임금 격차는 155배에서 190배로 늘어났고 홍콩 역시 135배에서 150배로 확대됐다. 같은 기간 미국 CEO들의 연봉도 10%가 증가하며 노동자와의 격차가 508배까지 벌어졌다.[91]

그리하여 1%의 부자들의 이익을 위해 99%가 희생하는 사회라는 것이 이슈가 되었다. 2011년 9월 중순부터 수 주 동안 미국 전역에서 "미국의 최고부자 1%가 미국 전체 부富의 50% 이상을 장악하고 있다. 1%의 탐욕과 부패를 우리 99%가 더 이상 참지 않겠다"며 시위를 벌였다. 이들은 "월스트리트 점거운동은 정치적 성향과 성별, 인종을 초월한 리더가 없는 저항운동"이라고 규정하고 "우리가 갖고 있는 유일한 공통점은 99%라는 점"이라고 주장했다. 또 "경기침체, 실업, 이라크·아프가니스탄 전쟁 등으로 국민들은 고통 받고 있지만 월스트리트는 이를 통해 돈을 벌고 있다"고 주장했다.[92]

90) "상위 1%가 세계 부(富) 절반 차지", 「연합뉴스」, 2013. 10. 10.
91) "선진국 CEO-노동자 임금격차 더 커졌다", 「아세아경제」, 2013. 6. 4.
92) "1%를 향한 99%의 분노… 뉴욕 시위대, 브루클린 다리 점거", 「경향신문」, 2011. 10. 3.

자본주의가 발달할수록, 국민소득이 늘어날수록 "많이 거둔 자도 남지 않고 적게 거둔 자도 모자라지 않았다"는 만나의 평등한 경제질서는 여지없이 무너지고 있는 것을 직시하여야 할 것이다. 소수에 의한 부의 독점으로 빈부격차와 소득의 양극화가 전 세계적인 문제로 등장하자 이에 대한 전 세계적인 반감이 커지게 되었다. 그리하여 CEO의 최고임금에 제한을 두자는 제안을 하기에 이르렀다. 스위스에서는 한 기업 내에서 최고임금자executive pay의 급여상한선을 동일 기업 내 최저임금자의 12배 이내로 하자는 법안이 제안되었다. 2013년 11월 24일 국민투표에 부친 결과 총 65.3%의 반대로 부결됐다.[93] 그러나 프랑스 정부는 2012년 11개 공기업 최고경영자(CEO)의 급여를 해당 기업 내 최저임금자의 20배 이하(최고 45만 유로)로 제한했다.[94]

이런 배경에서 2013년 성탄절 메시지에서 프란치스코 교황은 "고액 연봉은 탐욕과 불균형에 바탕을 둔 경제의 상징물"이라고 비난하였다. 특히 금융자본주의에 대하여 비판적이다. 통제받지 않는 자유 방임시장을 통한 국제 투기자본에 의해 경제적 불평등이 더욱 심화되고 있으므로 금융자본주의를 '새로운 우상'이라 지목하고 이렇게 규제가 없는 자본주의를 '새로운 독재'로 '야만적 자본주의'로 규정하였다.[95]

빈곤국가의 부채탕감운동

가난한 나라들의 절대빈곤과 더불어 가난한 나라들의 국가 간의 부채가 세계적인 문제로 대두되고 있다. 빈곤한 제3세계의 대부분은 10조 달

---

93) "스위스 'CEO 임금격차 12배 제한' 국민투표 부결",「이데일리뉴스」, 2013. 11. 25.
94) 김병섭, "프랑스, 공기업 내 최고-최저 임금 20배로 제한",「중앙선데이뉴스」, 2014. 2. 2.
95) "프란치스코 교황, '규제 없는 자본주의는 새로운 독재'",「헤럴드경제」, 2013. 11. 27.

러의 부채를 지고 있으며, 그중에서도 상환 가능성이 전혀 없는 부채가 1,000억 달러 이상으로 추산된다.

세계 최대의 기독교단체인 세계기독교교회협의회(WCC)는 1999년 12월 3~14일 아프리카 짐바브웨의 수도 하라레에서 열린 8차 총회의 주요 의제로 제3세계와 개발도상국의 부채탕감을 선정하였다. WCC에 따르면 1984년 이래 아프리카 사하라 사막 주변의 국가들은 서방국가들에 1,670억 달러를 외채상환과 이자로 지급했는데, 이는 1980년에 이들 국가가 지고 있던 외채 총액의 1.5배에 해당하는 것이다. 희년 2000운동은 서방 선진 7개국에 부채탕감 청원서를 보내고, 각국의 재무장관에게 항의서한을 보내며, 1999년 6월 독일에서 열릴 G7 정상회담장을 인간 띠로 에워싼다는 전략 등 구체적인 방안을 마련해야 할 것이라고 하였다.[96]

'성서의 희년의 정신'에 따라 제3세계의 부채를 2000년 이전에 무상으로 탕감하자는 운동이 전 세계적으로 확산되어 1,400만 명이 이에 서명하였다고 한다. 이러한 극빈한 상태에서 악성 부채에 시달리는 나라가 있는 한 진정한 세계평화를 이룰 수 없으며, 이러한 부채를 탕감하지 않고서는 희망의 2000년대를 맞이할 수 없다는 이유를 들었다. 이런 관점에 보면 성서의 토지분배와 이자금지와 같은 경제제도는 미래사회에도 여전히 깊은 뜻을 가진 것이라 할 수 있다.

2014년 1월에는 세계금융의 중심부인 미국 월가에서 이색적인 빚 탕감 운동이 벌어졌다. 미국의 유명 시민단체인 '월가를 점령하라'(OWS: Occupy Wall Street)는 2012년 11월부터 부실채권을 사들여 서민의 빚을 탕감하는 희년운동인 '롤링 주빌리Rolling Jubilee' 프로젝트를 진행하고

---

96) "세계교회협 등 기독단체 '희년 2000운동' 활발", 「국민일보」, 1998. 8. 4.

있다. OWS는 금융기관이 부실채권(NPL) 시장에서 개인 채무자들의 채권이 헐값에 거래되고 있는 점을 이용해 시민들로부터 성금을 모아 채권을 사들인 뒤 무상 소각하고 있다.

OWS는 이 프로젝트를 시작한 뒤 2014년 1월 6일 현재까지 시민들로부터 67만7552달러(약 7억1481만 원)를 모아 부실채권 1473만4569달러(약 155억4497만 원)어치를 매입해 파기했다. 이런 식으로 부채를 탕감받은 채무자는 2013년 11월 기준으로 미국 전역에서 병원 등 의료기관에 빚을 지고 있던 2693명으로 집계됐다.[97]

---

97) "99%를 위한 99%에 의한 구제… 美 '빚 탕감 프로젝트'", 「세계일보」, 2004. 1. 7.

제12장

초기 계약공동체의 정치제도와
왕이신 하나님

"왕이 만일 오늘날 이 백성의 종이 되어
저희를 섬기고 좋은 말로 대답하여 이르시면…."

(열왕기상 12:7)

01

12지파 연합과
사사제도의 도입

이집트의 종살이에서 해방된 이스라엘 백성들이 가나안 땅에 정착하면서 "제사장 나라와 거룩한 백성"(출 19:6)이 되기 해서는 이집트의 절대군제와 같은 정치제도를 다시 수용할 수는 없었다. 그리고 가나안 6부족을 멸하고 차지한 땅에서 가나안 봉건국가를 모방한 정치제도를 취할 수도 없었을 것이다. 마찬가지로 광야에서 아멜렉 군사집단의 공격을 받아 고초를 당한 경험으로 보건데(출 17:10), 여리고 성이나 아이 성을 정복할 때에 카리스마적인 지도력을 발휘한 여호수아를 군사적 지도자로 삼아 강력한 군사집단을 형성할 수도 없었다. 당시의 평균적인 정치제도로서 이집트의 절대군주제나 가나안 도시국가의 봉건군주제, 블레셋의 군사동맹체의 모순을 잘 알고 있었던 이스라엘 계약공동체는 전혀 새로운 전향적인 정치제도를 선택하여야 했던 것이다.

출애굽의 히브리의 하나님, 시내산 계약의 하나님 야웨가 그들을 택하시고 다스리고 인도하는 왕이요 통치자라고 고백하였기 때문에 야웨를 제쳐 두고 다른 인간을 왕으로 세울 수도 없었다. 그래서 하나님은 여호수아를 중재자로 삼아 12지파의 지도자들로 하여금 오직 야웨만을 왕으로 섬기기로 다짐하고 지파연합체제를 택하게 한 것이다(삼상 8:7, 시 5:2).

서기전 1050년경 여호수아가 중심이 되어 가나안을 점령한 후 하나님의 명령에 따라 토지분배를 마친 여호수아는 이스라엘의 12지파의 대표들인 장로, 두령(어른), 재판장(법관), 유사(공무원)들과 온 백성을 세겜이라는 곳에 모아 하나님과 계약을 체결한다(수 24장). 모세를 중재자로 하여 체결한 저 유명한 시내산 계약의 갱신의식을 거행한 것이다. 세겜 계약 역시 종주권 조약과 유사한 시내산 계약의 형식을 따르고 있다.[1]

1. **전문**: 계약 당사자의 소개

   "이스라엘의 하느님 야웨께서 말씀하셨소."(수 24:2, 공동번역)

2. **역사적 서언**: 조약 당사자들 간의 과거사 요약

   "이스라엘의 조상(아브라함, 이삭, 야곱)들을 인도하시고, 이집트의 종살이하던 집에서 해방시키시고, 홍해를 건너게 하시고, 가나안의 대적들을 물리치시고, 그 땅을 차지하게 하신 하나님의 은혜에 대한 감사"(수 24:2-13)

3. **규정 조문**: 하급자의 지켜야 할 계약의무 규정

   "그러니 여러분은 이제 야웨를 경외하며 일편단심으로 그를 섬기시오…. 다른 신들을 버리고 야웨를 섬기시오."(수 24:14, 공동번역)

4. **조약문서 보관**: 신전 보관과 정기적 낭독에 관한 규정

   "그 모든 말을 하느님의 법전에 기록하였다."(수 24:26, 공동번역)

5. **조약의 증인**: 채택된 증인 목록

   "여러분이 야웨를 택하고 그를 섬기겠다고 한 그 말의 증인은 바로 여러분이오."(수 24:22, 공동번역)

   "큰 돌을 가져다가 거기 야웨의 성소에 있는 상수리나무 아래 세우고…

---

1) B. W. Anderson(1983), 『구약성서의 이해 I』(왜관: 분도출판사), 161-162.

이 돌이 우리에게 증거가 될 것이오."(수 24:26-27, 공동번역)

6. **상벌 규정**: 규정 준수 여부에 따른 축복과 저주 규정

"여러분의 하느님 야웨께서는 약속대로 좋은 일을 다 이루어 주셨소…. 야
웨께서 분부하신 계약을 어기고 다른 신들을 따라가 그 앞에 엎드려 예배하
면 야웨의 분노가 여러분 위에 미칠 것이오."(수 23:15-16, 공동번역)

세겜 계약의 핵심은 12지파의 지도자들, 즉 장로, 두령(어른), 재판장
(법관), 유사(공무원) 들이 하나님 앞에서 "오늘까지 해온 대로 여러분의
하느님 야웨께만 충성을 바치도록"(수 23:8, 공동번역) 피차 계약을 맺은
것이다. 여호수아는 백성들에게 다른 민족과 섞이지 말 것과 다른 신을
버리고 일편단심 야웨 하나님만 그들의 왕으로 섬기도록 촉구한다. 그러
자 백성들은 '여호와 하나님만을 섬기고 그의 말씀을 따를 것'을 다짐
한다.

계약공동체가 가나안에 정착하여 새 나라를 건설할 때 어떠한 정치체
제를 세우느냐는 것도 아주 중요한 문제였다. 그들은 이집트의 절대군주
제하에서 정치적 억압과 경제적 착취, 민족적 차별과 종교적 박해의 비
참한 노예생활을 겪었기 때문에 새롭고 전향적인 정치제도의 필요성을
누구보다도 절실하게 느꼈을 것이다.

그리하여 경제적으로는 토지분배를 통해 공납제 생산양식에 대립되
는 자유농민 농업제를 채택한 것을 앞 장에서 살펴보았다. 정치제도에
있어서도 새로운 대안이 필요하였다.

"세겜 총회는 억압적인 왕들을 몰아내고 새로이 부족을 형성한 일부 가나안
민중들의 통합의식의 의미를 지닌다. 그들은 집단의 초기 경험의 영역에서
살아남은 바알 종교와 씨족신을 버리고 그들이 승리할 수 있도록 도와준 이스

라엘인들의 야웨를 받아들인다."[2]

이런 관점에서 보면 세겜 계약의 핵심은 이스라엘 계약공동체의 사회 구성과 정치제도에 관한 결의라고 볼 수 있다. 이스라엘의 노예들을 이집트의 온갖 압제에서 해방시켜 광야에서 그들을 인도하고 가나안 약속의 땅을 허락하신 하나님께서 앞으로도 그들을 다스리게 하며 하나님의 다스림에 절대 복종하자는 정치적 결의였다.

세겜 계약을 통한 12지파연합체는 하나님의 율법에 따라 이스라엘 백성들의 의사를 직접 결집하는 민주적인 지방자치제라 할 수 있는데, 갓월드에 의하면 다음과 같은 사회구성체로 재부족화retribalization되었다고 한다.[3]

(1) 전 이스라엘 대표자 회의: 세겜 계약 체결의 주도자들이었던 12지파의 지도자들, 즉 장로, 두령(어른), 재판장(법관), 유사(공무원) 들이 연1회 또는 7년에 1회씩 모여 법전의 제정, 안식년 및 계약갱신제 시행, 전쟁에 관한 사항 등을 논의하였다.

(2) 지파 회의: 각 미슈파하mishpahah에서 뽑힌 대표자 회의로서 연3회 정도 모였으며, 미슈파하로부터 위탁된 재판사항의 처리, 전체 이스라엘 회의 결정사항 시행에 관한 사항, 자체 방어와 군대소집에 관한 사항, 기근·질병·전쟁으로 약해진 미슈파하나 확대가족(bet-av)을 돕는 문제 등을 협의하였다.

(3) 미슈파하 회의: 확대가족의 대표자들로 구성된 확대가족연합체로서 씨족 또는 문중으로 불린다. 확대가족들이 위탁한 재판 처리, 땅의 보존과 되찾는 일, 지역 방위와 전쟁에 관한 일, 어려운 확대가족을 돕는

---

2) N. K. Gottwald(1987), 『히브리성서 1』(서울: 한국신학연구소), 331.
3) N. K. Gottwald(1983), *The Tribes of Yahweh*, 323-328, 697-700.

일 등을 결의하였다.

(4) 확대가족 회의: 같은 마을이나 이웃마을에 살고 있는 둘 이상의 핵가족들이 모여서 이루어진 확대가족은 미슈파하에서 위임된 사항의 실천이나 구성원 사이의 재산상속 같은 중요한 문제들을 협의하였다. 상속재산은 확대가족 내에서만 이동이 가능하였다.

따라서 이스라엘 12지파의 계약동맹은 유목생활의 연장이거나 단순한 종교적 동맹이라 할 수 없다. 당시의 절대군주제나 봉건군주제의 중앙집권적인 국가체제에 대응하여 의식적으로 고안된 새로운 '대체국가 substitute state'이며, 주변의 도시국가와는 대립되며 명실상부한 '반국가 anti-state'로서의 전향적인 정치체제였다. 갓월드는 이를 이집트 제국, 가나안의 도시국가들, 소수의 군사독재국가들이 행사하였던 "조공국가체제의 징병권과 과세권에 맞서서 억압당해 왔던 농촌과 촌락의 독립을 조직적으로 되찾기 위한" 혁명적인 정치제도였다고 설명한다.[4]

고대 그리스와 로마의 도시국가들 사이에도 정치적 동맹의 사례들이 없지 않다. 그중에서도 그리스의 암픽티오니Amphictyony가 가장 대표적인 것이다. 마틴 노트는 이스라엘의 지파동맹은 그리스 신성동맹인 암픽티오니와 유사하다는 연구결과를 발표한 바 있다. 그리하여 양자에 대한 비교연구가 활발해졌다. 그리스의 신성동맹인 암피티오니와 세겜의 지파동맹은 둘 다 자율적인 정치단위의 연합이며 동시에 종교적·제의적 연맹이라는 유사성이 있지만, 두 가지 점에서 서로 차이점이 드러난다.[5]

첫째, 그리스의 암픽티오니는 훨씬 큰 사회 내의 일정 지역에서 경계가 설정된 동맹협정 중에 하나일 뿐이지만, 이스라엘의 지파동맹은 사회 전체를 포괄하는 협정이다. 그리스의 암픽티오니의 구성은 다른 종교의

---

4) N. K. Gottwald(1987), 342.
5) N. K. Gottwald(1987), 339-340.

제의나 정치적 활동에 동시에 참가할 수 있었다. 그러나 이스라엘의 경우는 야웨만을 배타적 유일신으로 숭배하였으며, 공동의 율법과 공동의 정치적 조직을 가지고 있었다.6)

둘째, 그리스의 암픽티오니는 특정 목적을 달성하기 위한 자율적인 도시국가들의 한정된 협력 수단이지만, "이스라엘의 연합은 의식적으로 고안된 '대체국가substitute state'로서, 주변 도시국가 조직과 대립되며 사실상 명실상부한 '반국가anti-state'"7)의 형태를 지닌 것이었다.

또한 올린스키H. M. Orlinsky는 그리스의 신성동맹과 달리 이스라엘의 지파연합에서는 중앙정부나 중앙성소가 있었다는 증거가 전무하다고 하였다. 따라서 앤더슨G. W. Anderson은 이스라엘의 지파연합은 그리스의 신성동맹에서 그 기원을 찾는 것보다 시내산 계약의 수립에서 전승된 것으로 보는 것이 자연스럽다고 하였다.8)

셋째, 이와 달리 크뤼제만은 세겜에서의 지파연합은 노트가 제시한 그리스의 신성동맹의 모델보다는 아프리카의 지파공동체들에서 발견되는 '단편사회' 모델에 가까운 것이라고 하였다. 아프리카의 지파공동체 역시 머리가 없는 연체동물처럼 중앙집권적인 정치체제를 갖지 않고 "정치적이고 경제적인 권력의 집중을 효율적으로 막기 위한 사회적인 제도"라는 것이다. 중앙집권적인 정치권력이 부재不在한 것이 덜 발달한 사회 조직이거나 그런 정치적인 제도들을 만들어 낼 현실적인 힘이 부재하였기 때문이라고 보는 견해도 있지만, 이스라엘과 아프리카의 지파연합의 모델은 중앙집권체제가 빚게 될 정치적 억압과 경제적 착취를 막고 민주적이고 평등하고 사회를 결성하려는 "보다 세심한 정치적인 관심사의 표

---

6) N. K. Gottwald(1987), 338.
7) N. K. Gottwald(1987), 340.
8) N. K. Gottwald(1987), 337.

현"으로 이해해야 한다는 것이다.9)

넷째, 그리스의 암픽티오니와 결정적으로 다른 초기 이스라엘 계약공동체의 다음과 같은 특징들은 "태동기의 이스라엘과 전승기의 이스라엘을 연결"하는 중요한 가치들로 평가한다.

(1) 왕에게 억압당한 백성이 압제자에 대한 신체적 정신적 굴종에서 벗어나기 위해 연합한다.

(2) 외부로부터 부과된 사회적 질서로부터 해방된 백성이 연합하여 상호지원하는 대등한 부족 내지 부족들의 공동체를 창출하기 위해 노력한다.

(3) 강요된 지도자를 가졌던 백성이 이제는 강압적인 국가 권력이 없는 상태에서 필요한 지도력을 창출한다.

(4) 매우 불완전한 경제적 상황에 처한 백성들은 이주할 때나 토지를 경작할 때 자급자족하려고 노동한다.

(5) 질병과 재앙과 그리고 아마도 인구 부족의 위협이 많은 백성이 적당한 위생수단으로 종족을 유지하거나 자신을 보존하기 위해 투쟁한다.

(6) 여성들이 외부의 압제에 대한 투쟁에서 능동적이고 필요한 참여자였음을 발견하고 그들의 자치사회에서 여성이 어떠한 역할을 담당해야 할 것인가를 결정하기 위해 투쟁한다.10)

이러한 특징 속에는 중앙집권적인 압제자로서의 왕을 거부하고 느슨한 부족동맹을 통해 지방자치와 민주적 분권을 기획하면서 그리고 경제적 평등을 실현하고 삶의 질을 높이고 여권을 신장하려 하였던 초기 이스라엘 계약공동체의 정치적 이상이 함축되어 있다.

---

9) Albertz Rainer(2003), 『이스라엘종교사 1』(서울: 크리스챤다이제스트), 162-163.
10) N. K. Gottwald(1987), 274.

이처럼 이스라엘의 지파동맹체에는 군주인 군왕도, 상비군도 없고, 강제 징집과 조세도 없었다. 다만 유사시 사사士師라는 지도자를 중심으로 상호 협력할 것을 계약한 지방분권적인 정치제도였다. 가나안 도시국가와 같은 중앙집권적인 군주제의 군사적, 정치적 지배권을 완전히 배제하였다. 갓월드N. K. Gottwald는 이를 가나안의 '절대군주제'와 전향적으로 다른 '느슨한 지파연합'이라고 하였다. 이러한 지파연합은 정치적으로는 군주제적 도시국가의 지배를 배제했을 뿐만 아니라 경제적으로 도시국가의 공납제 생산양식을 축출하고, 자유농민 농업제로 대치하게 한 전향적인 사회조직이었다.11)

---

11) N. K. Gottwald(1987), 340.

02

고대 근동과 초기 이스라엘의 정치제도

1) 초기 이스라엘의 사사제도의 정치적 이상

노예에서 해방된 이스라엘 12지파는 세겜에서 지파연합체라는 새로운 대안 정치체제를 구성하였다. 그런데 가나안 정착 초기 200여 년간(서기전 1250-1020) 이스라엘 계약공동체 내에는 군주도 수도도, 중앙정부도 조세를 위한 행정기구도, 상비군도 군사기구도 없었다. 그렇다고 해서 무정부 상태는 아니었다. 그들에게는 시내산 계약법과 세겜 계약정신이 있었다. 계약의 규정에 따라 각 지파는 족장이 중심이 되어 일상적인 소송을 판결하여 치리하고, 외침이 있을 때에는 각 지파에서 자원하는 군사를 모아 공동으로 대응하도록 하였다. 각 지파는 군사적 소집에 응하여 야웨의 성전聖戰에 참여해야 할 의무(삿 5:15-17)가 있었고, 이에 응하지 않으면 가차 없는 저주를 받았다.

그러나 보다 심각한 위기에 봉착하면 그때마다 야웨의 영靈을 받은 카리스마적인 지도자들이 등장하여 그 위기를 헤쳐 나갔다. 이들 카리스마적 지도자를 히브리어로 '쇼페트'라 하였는데, 사사士師 또는 판관判官

으로 번역된다. 쇼페트는 재판한다, 다스린다는 동사에서 유래하였지만 '구원한다'는 뜻이기도 하다. 그래서 사사는 '구원자'(삿 2:16)의 성격이 강하다. 그들은 하나님이 택하고 세워서 하나님의 영에 힘입어 활약한 카리스마적 지도자들로서, 전시에는 외침을 막아 낸 군사지도자이고, 평시에 있어서는 백성을 다스려 인도한 정치지도자였다.

주변국인 이집트는 이미 서기전 4000년경부터 그리고 바벨론도 서기전 2000년경부터 강력한 중앙집권적 절대군주 국가를 이루고 있었다. 그런데 유독 히브리 민족만이 서기전 1200년경부터 약 200년 동안 사사시대라 일컫는, '왕 없는' 사회를 선택한다. 그래서 성서에는 "그 때는 이스라엘에 왕이 없었다"(삿 17:6, 18:1, 19:1, 삿 21:25)는 표현이 관용구처럼 여러 번 등장한다. 폭군적 왕권에 대한 부정적인 견해가 초기 공동체인 사사시대 전반에 걸쳐 깔려 있음을 알 수 있다.

초기 계약공동체가 다른 나라들처럼 '말렉크'라는 왕을 세운 군왕제도 거부하고 '쇼페트'라는 사사를 중심으로 하는 소위 '사사제도'를 채택한 배경에는 초기 이스라엘 계약공동체의 정치적 이상이 반영되어 있다. 히브리 종교의 성막의 지성소에 안치한 세 가지 성물聖物 중 하나인 '아론의 싹 난 지팡이가 상징'(민 17:5)하는 것처럼 왕이신 하나님을 대신할 통치자는 하나님이 택하여 세운 자여야 한다는 신정정치의 이상이다. 이런 이유로 계약공동체가 주변의 군주국가들과 달리 사사라는 대안적 지도자를 세운 것은, 야웨 하나님만이 그들의 유일한 통치자요, 왕이며, 구원자라는 사실과 '왕이신 하나님'에 대한 신앙고백 때문이었다. 사사제도의 배후에도 이러한 신정정치의 이상이 담겨 있었다.

따라서 사사는 하나님의 부르심을 받아 이스라엘을 다스리는 특수 임무를 한시적으로 수행하였으므로 종신직도 아니었고 세습되지도 않았다.12) 이들이 한사코 왕을 세우기를 거부한 것은 그들을 이집트의 노예살이에서 해방시켜 가나안으로 인도하신 여호와가 그들의 재판장이요 왕이라는 확고한 신앙 때문이었다.

> "여호와는 우리 재판장이시오
> 여호와는 우리에게 율법을 세우신 자시요
> 여호와는 우리의 왕이시니
> 우리를 구원하실 것임이니라."(사 33:22)

사사의 가장 중요한 직무는 '왕이신 하나님의 통치의 한시적 대리자'로서 지파연합으로 형성된 계약공동체의 군사적, 사법적, 종교적 지도자의 역할을 하는 것이었다. 따라서 그들은 때로는 제사장이나 예언자의 역할을 하였고, 재판관으로 송사를 치리하기도 하였다. 외침이 있을 경우 각 지파의 자원병을 모아 외적을 물리치는 군사령관의 역할을 수행하였다.

사사기에는 16명의 사사가 등장하는데,[13] 그중에는 메소포타미아 왕 구산리사다임에 대항하여 싸운 옷니엘, 모압 왕 에글론을 물리친 에훗, 블레셋과 싸운 삼갈, 가나안 왕 야빈과 그의 군사령관 시스라를 물리친 드보라와 바락, 3백 명의 용사로 미디안 군 13만5천 명을 쳐부순 기드온,

---

12) B. W. Anderson(1983), 179.

13) 옷니엘, 에훗, 삼갈, 드보라, 바락, 기드온, 아비멜렉, 들라, 야일, 입다, 입산, 엘론, 압돈, 삼손, 엘리, 사무엘. 그러나 전통적으로 사사를 대사사(大士師) 6, 소사사(小士師) 6으로 구분한다. 6명의 대사사는 옷니엘(삿 3:7-11), 에훗(삿 3:12-30), 드보라(삿 4-5장), 기드온(삿 6:1-8:32), 입다(삿 10:6-12:7), 삼손(삿 13-16장)이고, 6명의 소사사는 삼갈(삿 3:31), 돌라(삿 10:1-2), 야일(삿10:3-5), 입산(삿 12:8-10), 엘론(삿 12:11-12), 압돈(삿12:13-15)이다.

암몬인들의 손에서 이스라엘을 구한 입다, 블레셋의 침략을 막아 낸 삼손 등이 있다. 사사는 남성만의 전유물도 아니었으니 드보라와 같은 여성 사사도 맹활약을 하였다.

2) 고대 근동의 중앙집권적 절대군주제

초기 이스라엘 계약공동체가 가나안에 정착할 즈음에는 대체로 세 종류의 정치체제가 존재하고 있었다. 이집트와 메소포타미아의 절대군주제와 가나안 도시국가의 봉건군주제, 블레셋과 같은 군사독재체제이다.

(1) 블레셋의 군사독재체제이다. 고대 근동의 가장 오래된 전형적인 정치제도는 카리스마적인 무사에 의한 군사독재체제이다. 농경사회는 노동집약적인 공동체 사회이므로 자연스럽게 원시 부족공동체를 형성하게 된다. 그러나 지금처럼 치안이 유지되지 않았기 때문에 농산물과 농경지와 노동력의 약탈이 빈번하였다. 이러한 약탈을 막고 나아가 좀 더 많은 농산물과 농경지와 노동력을 확보하기 위해 노동은 하지 않고 전쟁만을 수행하는 군사적 카리스마를 지닌 무사집단들이 등장하게 되고, 이들에 의한 계급 분화로 모든 권력이 그들에게 집중되게 된 것이다.

성서에도 서기전 12세기의 미디안 부족이 바로 그러한 군사적 약탈자 집단인 것으로 묘사된다.

> "이스라엘 사람들이 씨를 뿌릴 때만 되면, 미디안 사람들은…
> 진을 치고 이스라엘을 쳐서 가자 어귀에 이르기까지
> 온 땅의 농사를 망쳐 놓곤 하였다.
> 그들은 이스라엘 사람들이 먹고 살 것을 하나도 남겨 두지 않았고
> 양 한 마리, 소 한 마리, 나귀 한 마리도

남겨 두지 않았다."(판관기 6:3-4, 공동번역)

이스라엘 백성이 가나안 땅에 진입하기 전 그 땅을 정탐한 보고에 나
타난 것처럼 여리고, 아이, 므깃도 같은 크고 견고한 성읍을 세워 그 땅을
독차지하고 있던 아낙 자손들은 키가 장대 같은 거인족들의 군사집단이
었다(민 13:28). 사사시대의 이스라엘을 침략한 블레셋족 역시 골리앗이
라는 키가 장대한 거구의 무사武士에 의한 전형적인 군사지배체제를 형
성하고 있었다(삼상 17장).

(2) 가나안의 봉건군주제 국가이다. 카리스마적 군사지배체제가 제
도적으로 발전한 것이 도시 중심의 봉건군주 국가이다. 서기전 2000년
경부터 가나안, 시리아 지역에는 가나안인과 아모리인의 도시국가들이
형성되었다. 1570년 힉소스족의 추방 이후 이집트의 18, 19왕조의 지배
를 받는 수많은 소국이 생겨났다.

작은 국가들은 단지 요새화된 도성 하나와 그 사면의 좁은 영토로 구
성되어 있었다. 그 도시국가들은 한 사람의 왕에 의하여 통치되었는데,
왕은 자기 세력을 뒷받침할 군대를 거느리고 있었으며, 그 군대는 자기
의 백성들로 조직되고, 용병들을 통하여 보강되었다. 왕위 계승은 대체로
왕조의 세습제였다.[14]

이러한 도시국가는 막강한 권력을 가진 세습군주에 의해 지배되었다.
도시국가는 땅의 소유와 관련하여 왕과 자유인, 반자유인과 노예로 사회
계층화를 이루었다. 왕은 토지를 독점하였으며, 그 땅의 일부를 자유인
들인 왕족과 귀족과 사제와 직업적 전사(maryannu)들에게 하사下賜하고
그 답례로 세금을 거두었다. 평민들은 소규모의 땅을 임대하여 경작하는

---

14) R. de Vaux(1983),『구약시대의 생활풍속』(서울: 대한기독교출판사), 168

소작인(hupsi)으로서 반자유인에 속한다. 그리고 국가나 신전이나 개인에게 속하는 포로나 외국인 노예, 채무 세습 노예들이 존재하였다.[15]

평민들은 반자유민으로서 전시에는 소집되었고, 평시에는 국가가 필요로 하는 부역을 해야 했다. 주로 농한기에 이루어진 부역은 도성의 신축과 개축, 성벽을 보수하기 위해 행해졌다. 이처럼 군주제 국가의 지배자들이 조세권, 징병권, 부역권으로 백성을 종으로 부리는 절대권력을 행사하였다. 사무엘상 8장의 반왕조 전승은 가나안 군주제의 실상을 반영한 것이다.

가나안 정착 당시 이스라엘 주변의 군주제 국가로는 이스라엘 동편의 에돔, 모압, 암몬, 바산(아람족의 시리아) 왕국 등이 있었다. 이러한 도시국가들은 한 사람의 왕에 의하여 통치되었는데, 힉소스 시대와 아마르나 시대에는 전쟁을 통해 점령한 외국인 출신의 왕들도 적지 않았다.

(3) 이집트의 절대군주제이다. 약소국가 이스라엘 민족이 노예살이를 했던 고대 이집트는 강력한 절대군주제 국가였다. 서기전 3000년경 메네스 왕이 상이집트를 통일하고 제1왕조를 세운 뒤 자신을 호루스 Horus 신의 아들로 자처하고 왕권을 신격화한다. 서기전 2700년경 조세르 왕 때부터는 왕들이 자신을 최고신 레Re의 아들(또는 형상)로 주장하였다. 이러한 신왕神王제도를 통해 왕자들은 모두 최고 대신으로 임명되었고, 모든 토지와 백성들도 신왕의 소유로 여겨졌다. 이집트는 완전한 신권정치 국가였다.

강의 범람이 옥토를 가져다주었으나 농경지와 가옥의 침수 피해도 극심하였다. 따라서 대규모의 관개와 치수 설비가 필요하였으므로 여러 작은 부족과 군주제 국가들을 통합하여 중앙집권적인 제국을 형성한 것이

---

15) J. A. Thompson(1994), "가나안", 『기독교대백과사전 제1권』, 54-60.

다. 이들 절대군주제 국가들은 막강한 군대를 동원하여 주변 국가를 약탈하고 백성들을 노예로 끌고 가기도 하였다.

따라서 이스라엘의 지파연합은 이러한 세 가지의 평균적인 정치제도 중에 하나를 선택할지 아니면 이러한 그들이 경험한 주변 국가들의 정체 체제와 전적으로 다른 새로운 정치질서를 세울 것인지 결정해야 하는 중요한 기로에 서게 된 것이다. 그들은 하나님이 그들을 이집트의 노예살에서 해방하여 불모의 땅 광야를 건너도록 인도하시고 시내산에서 계약을 맺으시고 가나안 땅으로 인도하기 전에 세겜에서 새로운 대안적 정치 제도로서 12지파의 자율적이고 느슨한 지방분권의 부족연합을 세우셨다고 확신한 것이다. 이러한 이스라엘의 사사제도를 "이집트 제국, 가나안의 도시국가들 그리고 소수의 군사독제국가인 블레셋 등이 행사하던 조공국가 체제의 징병권과 과세권에 맞서서 억압당해 왔던 농촌과 촌락을 독립적으로 조직한 것"으로 야웨신앙의 기초하여 사회경제적으로는 평등하고, 정치적으로 자율적인 느슨한 부족연합이라는 점에서 평등주의에 입각한 '사회종교적 재부족화'라고 갓월드는 평가한다.[16]

3) 고대 근동과 초기 이스라엘의 정치제도 비교

고대 근동의 평균적인 정치제도와 이스라엘 계약공동체의 전향적인 정치제도를 비교해 보면 그 차이가 명백히 드러난다.

(1) 초기 이스라엘 계약공동체는 200여 년 동안 왕을 세우지 않았으며 그때 필요에 따라 하나님이 택하여 세우는 사사師士라는 비세습적이고 한시적이 지도체제를 갖추었다. 사사들이 세습된 것은 마지막 사사

---

16) N. K. Gottwald(1987), 342.

사무엘의 두 아들 요엘과 아비야를 사사로 세운 경우가 유일하다(삼상 8:1).

그러나 주변 국가들 중에서 이집트는 왕을 신으로 여겼고 왕은 신으로 통치하였다. 바벨론과 가나안 왕을 신의 아들로 여겼다. 서기전 3000년경 메네스 왕이 상이집트를 통일하고 제1왕조를 세운 뒤 자신을 호루스Horus 신의 아들로 자처하고 왕권을 신격화했다. 서기전 2700년경 조세르 왕 때부터는 왕들이 자신을 최고신 레Re(또는 Ra)의 아들(또는 형상)로 주장하였다. 이러한 신왕神王제도를 통해 왕자들은 모두 최고 대신으로 임명되었고 왕이 죽은 후에는 그 왕권을 세습하였다. 한 걸음 더 나아가, 절대군주들은 신의 형상을 독점한 신의 아들이나 신이므로 이 세상을 지배하는 절대권력을 지녔을 뿐만 아니라 사후에도 영원한 통치자로 남는다고 하여 죽은 왕이 영원히 통치할 수 있도록 그의 육신을 미라로 만들고, 거대하고 견고한 석조 피라미드를 세우고, 사후에도 그를 섬길 사람들을 순장하기도 하였다.

(2) 초기 이스라엘 사사제도의 전형적인 특징은 두드러진 비중앙화와 핵심적인 정치권력의 부재에서 찾을 수 있다. 이스라엘이 모압이나 암몬 같은 비슷한 공동체들과는 달리 이른 시기부터 왕정을 중심으로 하는 중앙정부를 구성하지 않았고, 또 머리 없는 연체동물과도 같은 사회구조를 2세기 동안이나 유지했다는 사실은 확실히 야웨종교의 평등주의 경향과 관련된다.[17] 사사제도는 12지파가 어떠한 중앙제도의 통제도 받지 않는 자발성의 원리에 의해서 결성된 느슨한 부족연합체제였다.[18]

반면에 이집트 제국은 군주제 국가의 조세권과 징집권과 부역권을 나라 안뿐만 아니라 밖에서도 행사하였다. 막강한 상설 군사력으로 인근

---

17) Albertz Rainer(2003), 『이스라엘종교사 1』(서울: 크리스챤다이제스트), 170-171.
18) Albertz Rainer(2003), 156.

약소부족과 많은 군주제 국가를 속국으로 삼아 조공을 거두어들이고 때
로는 강제노동과 강제징집에 동원시켰다. 모세 시대에 히브리 노예들의
강제 산아제한을 명하였던 이집트의 파라오 람세스 2세Ramses II(1290-
1224)는 이러한 절대군주의 전형이었다.

가나안 도시국가들 역시 중앙집권적인 군주제를 채택하고 상비군을
두었으며, 모든 백성을 강력하게 통제하였다. 그러나 사사제도하에서는
중앙정부와 상비군이 존재하지 않았으며, 외침이 있을 경우 자원하는 자
들을 모아 응전應戰을 하였던 것이다. 이러한 사사제도는 "가나안 도시 국
가들에 맞서는 모델"로 규정될 수 있다.[19) 따라서 양자를 간략하게 비교
하면 다음과 같다.

초기 계약공동체와 고대 근동국가의 정체제도 비교

초기 계약공동체의 정치제도	고대 근동국가의 정치제도
하나님의 신정통치의 대리자	왕이 곧 신으로서 통치
한시적 비세습 사사	세습적 종신제 군주
징세권, 징집권, 부역권 없음	징세권, 징집권, 부역권 있음
수도 중앙정부 상비군 없음	수도 중앙정부 상비군 있음
느슨한 지파연합의 사사제	중앙집권적 군주제

---

19) Albertz Rainer(2003), 156.

03

사사제도의 위기와
왕정 도입의 쟁점

1) 사사제도의 위기와 왕정 도입 요구

서기전 1050년을 전후하여 사사시대는 내외적으로 큰 위기에 부딪힌
다. 외적으로 군사적 위협(삼상 8:20)과 내적으로 사사제도가 빚은 무정
부 상태(삼상 8:1-5)로 인해 사사제도를 불신하고 왕정 도입을 요구하는
백성들의 소리가 높아진 것이다.

이집트를 탈출한 이스라엘 민족이 가나안에 정착하는 과정에서 블레
셋을 비롯한 주변 국가의 군사적 위협이 증대하였다. 블레셋은 지중해를
건너 온 해양 부족으로 서기전 1150년 이후 남부 해안의 평야지대를 장
악하였고, 1050년경부터는 이스라엘의 중심부를 위협하였다. 그들은
일찍이 철기문명을 도입하여 창과 칼로 무장하고 철 병거를 이용한 군사
적 기동력을 가지고 있으며, 일사불란한 군사적 과두체제를 정비하였기
때문에 철기 군수물자도, 상비군 없는 이스라엘에게는 큰 위협이었다.[20]

---

20) N. K. Gottwald(1987), 383.

블레셋의 침략으로 가나안 해안지역은 서기전 1050년 아펙Aphek에서 큰 전투가 벌어졌다. 마지막 사사 사무엘은 이스라엘 12지파에 통보하고 군사를 소집하여 응전하지만 일차 전투에서 4,000명이 전사한다(삼상 4:2). 이스라엘에는 아직 대장장이가 없을 정도로 철기문명의 도입이 늦었으므로 철기로 무장한 블레셋 군대를 대적할 수가 없었다.

백성들은 블레셋의 침략을 저지하려고 실로의 성소에 있는 법궤를 싸움터로 옮겨 갔다. 법궤를 모시면 전쟁에서 승리하리라 기대하고 사사시대의 마지막 제사장 엘리의 아들 홉니와 비느하스가 법궤를 앞세워 반격을 가했으나 이 둘을 포함하여 3만 명이 전사하였다. 두 아들의 죽음을 통보 받은 엘리는 충격을 받아 의자에서 넘어져 죽고(삼상 4:10-12), 만삭이었던 비느하스의 아내도 놀라서 조산을 하였으며, 아이는 살았으나 산모는 죽고 만다(삼상 4:19). 블레셋 사람들은 중앙 성소인 실로를 점령하고 제사장들을 살해하거나 추방하고 지파연합의 비상비군을 무장해제시켰다. 또한 이스라엘 백성을 모독하기 위해 하나님 임재의 상징으로 여겼던 법궤를 탈취하여 아스돗으로 가져가 다곤 신전의 신상 옆에 7개월 동안 세워 놓았다(삼상 6:1). 이렇듯 '일어나서는 안 되는 일'들이 연달아 일어나 초기 이스라엘 공동체의 근간을 뒤흔드는 충격을 주었다.

내적으로도 사사제도에 대한 불신이 팽배하였다. 사사 엘리의 두 아들도 생전에 제물祭物을 불법적으로 탈취하는 등 온갖 잘못을 다 저질렀고, 마침내는 '회막 어귀에서 일하는 여인들과 동침'했다는 추문까지 돌았다(삼상 2:12-17). 그리고 마지막 사사 사무엘의 두 아들 요엘과 아비야는 사사직을 세습하여 '이利를 따라 뇌물을 취하고 판결을 굽게'(삼상 8:1-3)하여 백성들의 원성을 사게 된다. 가나안 정착 이후 토지를 균등 분배하고 사회적 평등과 정의를 실현하려는 신앙적인 노력이 제사장과 사사들의 부정부패로 인해 좌절을 겪게 된 것이다.

이스라엘은 외적·내적 무정부 상태에 빠지게 되었다. 백성들의 장로들은 마지막 사사 사무엘에게 가서 사사제도의 한계를 지적하고 새로운 대안으로 왕정을 도입할 것을 강력하게 건의하였다.

> "당신은 이제 늙고 아드님들은 당신의 길을 따르지 않으니
> **다른 모든 나라처럼** 왕을 세워
> 우리를 다스리게 해 주십시오."(삼상 8:5, 공동번역)

> "그렇지 않습니다. 우리는 왕을 모셔야겠습니다.
> 그래야 우리도 다른 나라처럼 되지 않겠습니까?
> 우리를 다스려 줄 왕, 전쟁이 일어나면 우리를 이끌고 나가 싸워 줄
> 왕이 있어야 하지 않겠습니까?"(삼상 8:19-20, 공동번역)

아펙Aphek 전투에서 이스라엘이 블레셋에게 크게 패하여 법궤를 빼앗긴 일과 사사제도가 제구실을 못하게 된 내우외환으로 초기 이스라엘 계약공동체의 구심점이 사라지자, 왕정 도입의 요구가 거세게 일어난 것이다.

사무엘 이전에도 왕정 도입의 요구가 여러 번 있었다. 사사 기드온이 요단 동부지역의 미디안족의 침략을 분쇄하고 크게 승리하자, 백성들은 "당신과 당신의 아들이 우리를 다스리소서"(삿 8:22) 하고 요구하며 기드온을 왕으로 삼으려 했으나 그는 이를 거절하였다.

그런데 그의 아들 아비멜렉은 부친의 인기를 등에 업고 백성의 열망에 따라 왕이 되려고 그의 배다른 형제 70명을 죽인 다음 추종자를 모아 스스로 왕으로 나서지만 비참하게 죽는다(삿 9:6). 요담의 설화는 왕은 하나님과 사람을 영화롭게도 기쁘게도 하지 못하는 가시나무와 같이 무

익한 존재라는 비유로 왕정 도입의 여론에 대한 반대를 확산하는 계기가 되었다(삿 9:7-15).

그럼에도 불구하고 이스라엘 백성들은 블레셋의 잇따른 침략을 대처하기 위해서 사사제도의 지방분권적인 느슨한 부족동맹 체제와 비상비군 조직으로는 강력한 중앙집권적 왕조국가의 군사제도를 대항할 수 없다는 현실론이 대두되었던 것이다. 그래서 백성들은 사무엘에게 주변의 '다른 나라처럼' 왕을 세우고 상비군을 두자고 요구한 것이다.

2) 기드온의 왕정 도입 반대

이스라엘 백성이 왕정을 요구했을 때 기드온(삿 8:23-24)과 사무엘(삼상 8:7)이 이를 거부한 첫 번째 이유는 종교적으로 야웨가 왕이므로 다른 왕을 세우는 것이 용납되지 않았기 때문이다.[21]

> "내가 그대들을 다스릴 것도 아니요,
> 내 자손이 그대들을 다스릴 것도 아닙니다.
> 그대들을 다스리실 분은 야웨시오."(판관기 8:23-24, 공동번역)

기드온의 이 말은 이스라엘의 왕정이 안고 있던 후대의 문제점들과 관련된 것일 수도 있지만, 기본적으로는 이미 지파연합체 시절에 하나님의 통치권 행사와 인간의 통치권 행사 사이에 존재하던 신학적인 상관성을 반영하고 있다. 기도온의 왕정 거부는 대부분의 사사들이 외침을 물리친 다음 백성들의 요구에도 불구하고 왕으로 등극하거나 항구적인 통

---

21) Antti Laato(1990), *Who is Immanuel*(ABO Akademis Foerlag: ABO Academy Pr.), 48-49.

치를 거부하고 지파연합체의 평범한 구성원 신분으로 되돌아간 일을 설명해 줄 수 있는 유일한 자료이다.22)

'야웨가 왕'이라는 이스라엘의 야웨 왕권사상은 '왕이 신'이라고 주장하는 주변 국가의 신인神人 왕권사상에 대한 반명제이다.23) 인간이 스스로 왕이라 자처하거나, 신적인 왕권을 행사해서도 안 된다. 그러나 야웨의 특별한 부름과 위임을 통해 카리스마적인 권위를 지니고 야웨의 왕권의 대리자 또는 중재자의 역할을 수행한 모세나 사사들의 경우를 야웨의 왕적 통치에 대한 도전이라 할 수 없다. 기드온의 왕정 거부나 요담의 반왕정 설화는 야웨의 위임 없이 '스스로 왕이 되려고 한 것'에 대한 반대가 그 초점이다. 신명기 17장 15절의 '왕의 법'에서도 먼저 '야웨가 택한 사람'을 왕으로 세울 것을 규정하고 있다(삼상 10:24, 16:18, 시 89:3).24) 최초의 왕인 사울과 그 뒤를 이은 다윗이 야웨의 영이 임하여 왕으로 기름부음을 받았다는 사실이 중요하게 취급되었다. 야웨의 부름을 받은 왕은 야웨의 아들이요, 그의 통치의 대리자가 됨으로써 '왕을 통한 신정통치'도 가능하다는 생각은 야웨의 왕권을 주장하면서 동시에 왕정을 도입할 수 있게 된 신학적인 대안이었던 것이다.25)

왕정 도입을 반대한 두 번째 이유는 이스라엘의 왕이 야웨의 뜻에 따라 백성을 다스리지 않고 '다른 나라처럼', '주변에 있는 모든 민족처럼' 왕의 권리를 남용하여 강압적으로 백성을 다스리고 백성을 종으로 삼을 폭정의 가능성이 있음을 경고하기 위한 것이다.

이런 까닭에 요담의 설화에서는 아비멜렉이 폭력을 사용하여 형제들

---

22) Albertz Rainer(2003), 170.
23) J. R. Bartlett(1965), "Gideon and Kingship", *JThS,* 16: 315-328, 특히 316.
24) W. H Schmidt(1988), 『역사로 본 구약성서』(서울: 나눔사), 273.
25) 임태수(1989), "민중의 편에 선 신명기 사가의 통치 이데올로기 II",『신학사상』제66집, 670-671.

70명을 죽이고 스스로 왕이 된 것과 그러한 왕이 '하나님과 사람을 영화롭게'(삿 9:7) 하지 못하여 '열매도 없고 쓸모도 없이'(삿 9:11) 된 것을 비판한 것이다.26)

3) 사무엘의 왕정 도입 반대

실제로 왕정 도입을 요구하였을 때 이를 명시적으로 반대한 이유를 낱낱이 열거한 이는 사무엘이다. 백성들이 법궤가 약탈된 후 막강한 상비군을 두고 "다른 모든 나라처럼 왕을 세워 우리를 다스리게 하며 우리 앞에 나가 싸울 왕"(삼상 8:5)을 세울 것을 요청하였을 때, 사무엘은 왕정을 도입할 경우 불가피하게 파생될 여러 문제점을 예를 들어 왕정 도입을 저지하려고 하였다. 왕이 권력을 남용하여 백성들을 강제 징집하고, 강제노동을 시키며, 조상 대대로 내려오는 토지(재산)를 탈취하고, 십일조를 남용하며, 중과세를 부과하여 결국은 '백성을 종으로 삼을 것'이라는 점을 경고한 것이다.

> "왕이 너희를 어떻게 다스릴 것인지 알려 주겠다.
> 그는 너희 아들들을 데려다가 병거대나 기마대의 일을 시키고
> 병거 앞에서 달리게 할 것이다.
> 천인 대장이나 오십인 대장을 시키기도 하고,
> 그의 밭을 갈거나 추수를 하게 할 것이며
> 보병의 무기와 기병의 장비를 만들게도 할 것이다.
> 또 너희 딸들을 데려다가 향료를 만들게도 하고

---

26) B. Lindars(1973), "Jotham's Fable: A New Form-Critical Analysis", *JThS* 24: 355-366.

요리나 과자를 굽는 일도 시킬 것이다.

너희의 밭과 포도원과 올리브 밭에서 좋은 것을 빼앗아

자기 신하들에게 줄 것이며,

곡식과 포도에서도 십분의 일 세를 거두어

자기의 내시와 신하들에게 줄 것이다.

너희의 남종 여종을 데려다가 일을 시키고

좋은 소와 나귀를 끌어다가 부려 먹고 양떼에서도

십분의 일 세를 거두어 갈 것이며 너희들마저 종으로 삼으리라.

그 때에 가서야 너희는 너희들이 스스로 뽑아 세운

왕에게 등을 돌리고 울부짖겠지만

그 날에 야웨께서는 들은 체도 하지 않으실 것이다."(삼상 8:11-18)

백성들은 막무가내로 "우리를 다스려 줄 왕, 전쟁이 일어나면 우리를 이끌고 나가 싸워 줄 왕이 있어야 한다"고 항변하였다(삼상 8:20, 공동번역). 백성들은 왕을 요구함으로써 그들이 처한 위기를 해결할 수 있다고 생각한 것이 사실이지만, 더 중요한 것은 그들에 세운 왕이 "다른 나라와 같이" 될 위험성을 사무엘의 예언적 경고를 통해 명확히 할 필요가 있었던 것이다. 왜냐하면 이집트의 절대군주제하의 노예제도를 뼈아프게 경험한 그들은 왕정 자체에 대한 불신이 매우 컸기 때문이다.

그러나 블레셋의 군사적 군주제의 위협 앞에서 더 이상 순수한 카리스마적 지도자 중심의 지파연합체제로는 대응할 수가 없었다. 막강한 상비군과 이를 지원할 일사불란한 행정체제가 필요하였으므로 그들은 왕정 도입을 요구하였다. 그러나 사사들은 이집트에서 바로의 폭정으로 종살이한 경험을 회상할 때 이스라엘의 왕정이 그와 같은 폭정이 되어서는 안 된다는 사실을 직시하고 이를 사전에 경고할 필요가 있었다.[27]

따라서 초기 전승에 나타난 왕정에 대한 보수주의자들의 반론은 왕정 자체에 대한 반대라기보다는 이스라엘의 왕정은 주변 국가와는 달라야 한다는 의미에서 그 당시 주변 국가의 절대군주제와 같은 왕정에 대한 반대라고 해석할 수 있다.[28] 성서의 또 다른 전승은 야웨 하나님이 왕을 세울 것을 지시하고, 왕을 블레셋의 위협에서 이스라엘을 구출할 자로 묘사하기 때문이다(삼상 9:15-16). 다윗 왕조에 관한 나단의 신탁(삼하 7:8-17)과 한나의 노래(삼상 2:10)에서 왕은 하나님의 부르심을 받은 자이고 야웨의 지상 대리자이므로, 야웨가 다윗의 후손을 통해 이스라엘 왕국이 영원하도록 지켜 주실 것을 언약한 친왕조 전승을 아울러 기록하고 있기 때문이다. 신명기에는 왕정 도입의 불가피함을 전제하고 그러나 이스라엘의 왕은 '다른 나라처럼' 통치해서는 안 되며 다른 나라의 왕정과는 전적으로 달라야 한다는 것을 역설한다.

> "너희는 너희 하느님 야웨께서 주시는 땅에 들어가서
> 그 땅을 차지하고 자리를 잡으면,
> 이내 주변에 있는 모든 민족들처럼
> 왕을 세우고 싶은 생각이 들 것이다.
> 그런 생각이 들면 너희는 반드시
> 너희 하느님 야웨께서 골라 주시는 사람을 왕으로 세워야 한다.
> 같은 동족을 임금으로 세워야지,
> 동족이 아닌 외국인을 임금으로 세우면 안 된다."(신 17:14-15)

사무엘상 8-12장에 나오는 군주제의 등장과 관련해서는 이처럼 상

---

27) 임태수(1989), 671.
28) G. Fixley(1987), 『하느님 나라』(서울: 한국신학연구소), 41f.

반된 전승이 성서 안에 존재한다. 브루지만은 기름부음 받은 지도자를 세운 것은 내우외환을 겪고 있는 초기 이스라엘 계약공동체에 주어진 하나님의 은혜로운 선물로 보는 소위 '친군주정적 전승'(삼상 9:1-10:16, 11:1-5)이 있는가 하면, 한편으로 왕정의 시작을 하나님의 참된 통치의 거부로 간주하고 그것을 이스라엘의 이웃 이방나라들과 우열을 다투는 불순종의 행위로 본 '반군주정적 전승'(삼상 8:1-22, 10:17-27, 12:1-25)이 있다고 하였다.29) 아마도 보다 후대의 것인 반군주정적 자료에 우월성이 부여되어 있었음이 분명하다.

---

29) Brevard S. Childs(1994), 『구약신학』(서울: 크리스챤다이제스트), 134.

04

이스라엘
왕정 초기의 역사

1) 사울의 통치와 군주제 도입

사울이 왕으로 뽑힘

　사울 왕(서기전 1020-1000)으로부터 시작된 이스라엘 왕정은 다윗에 이은 솔로몬 왕 때에 이르러 남북으로 분단되었다. 분단 이전의 통일왕국의 역사는 사무엘상 8장부터 사무엘하, 열왕기상·하, 역대기상·하에 기록되어 있다. 계약공동체의 왕정의 이상과 현실 사이에서 오락가락한 이스라엘 왕들의 치적을 살펴보자.

　사사시대의 위기를 구조적으로 타개하기 위해 왕정 도입이 불가피하자, 사무엘은 왕을 뽑기 위하여 각 지파의 대표자 1,000명씩을 미스바에 모아 제비를 뽑았다. 제비뽑기는 하나님의 뜻을 묻는 것이며, 동시에 백성을 뜻을 모으는 방식이었다. 12지파 중에 베냐민 지파가 뽑히고, 베냐민 지파 중에서 마드리의 가족이 뽑히고, 그중에서 기스의 아들 사울이 최종적으로 뽑혔다(삼상 10:17-21).

　사울은 40세 나이의 준수하고 키가 장대한 장사였다. 왕으로 뽑히자마자 암몬 군대를 쳐부수어 백성의 신망을 얻었다. 그러자 사무엘이 사울의 머리에 기름을 부어 왕으로 삼고 여호와를 경외하고 섬기고 그 명령에 복종할 것을 다짐하게 하였다(삼상 12:13). 스스로 왕이 될 수 없고 하나님의 뜻에 합하고 백성의 지지를 받는 자를 기름 부어 왕으로 삼아야 한다는 야웨의 명령에 따른 것이다. 사울은 블레셋에 대항하기 위한 군사적 총사령관의 임무를 가지고 있는 '의사擬似' 왕이었다. 후대의 다윗을 '왕'(melek)이라 호칭한 데 반해 사울은 '지도자'(nagid)으로 불린다(삼상 9:16).[30]

호화스러운 왕궁이나 중앙정부나 행정기구도 없었다. 길갈은 수도라기보다 상비군이 주둔하는 요새거나 사령부였다(삼상 11:14-15). 세금을 거두거나 군대를 징집하기 위한 군주제의 행정기구나 관료제도도 없었다. 계약공동체의 느슨한 지파연합체제를 그대로 유지하고 있었다.

사울은 군사지도자로서 암몬, 블레셋, 시리아(다메섹), 모압, 에돔과의 전투에서 가는 곳마다 이기는 승리자로 등장한다(삼상 14:47-48). 그는 "여호와의 구원은 사람의 많고 적음에 달려 있지 않다"(삼상 14:6)는 신앙으로 무수한 대적을 물리친 것이다.

사울의 실정

이스라엘의 최초의 왕, 사울은 베냐민 지파의 사람인데 베냐민 지파는 이스라엘 각 지파 중 가장 약한 지파였고, 사울의 문중 역시 그 지파 중에서 가장 약한 문중이었다(삼상 9:21). 왕을 이렇게 약한 문중에서 뽑은 것은 왕권을 견제할 목적으로 왕권 주변에 강력한 권력이 집중되는 것을 막기 위해서였다. 이러한 선택에 의문을 갖는 사람들은 "이 친구가 어떻게

---

30) J. Bright(1978), 『이스라엘의 역사 상』(왜관: 분도출판사), 290.

우리를 구할 수 있으랴?"(삼상 10:27) 하며 그를 멸시하고 얕보기도 하였다. 이런 상황을 극복하고 자신의 권한을 강화하기 위하여 사울은 인접 국가와 다를 바 없는 군주제를 도입함으로써 계약공동체의 이상에 어긋나는 일들을 하게 된다.

첫째, 사울은 계약공동체의 제사장 직무를 찬탈하였다. 당시의 평균적 의식은 제정일치제였다. 왕이 통치자인 동시에 제사장으로 정치와 종교의 전권을 행사하였다. 사울은 군사지도자요 왕이지만 종교적 권한은 없었다. 그런데 블레셋과의 전투를 앞두고 제사를 드리기 위해 사무엘을 초청하였으나 사무엘이 때에 맞춰 오지 못했다. 그러자 사울은 이를 핑계로 다른 나라의 왕처럼 제사장권을 행사하는 것을 당연시하고 스스로 번제를 드리고 만다.

나중에 도착한 사무엘은 왕이 제사권을 남용한 것은 여호와께서 왕에게 명한 것을 거역한 일이라고 책망한다(삼상 13:13). 왕정을 도입하면서 제정일치의 절대군주제를 거부하고 엄격한 정교분리를 지향한 전향적 의식을 반영하는 사건이라 할 수 있다.

둘째, 진멸법(herem)에 불복종한 것이다. 하나님은 이스라엘 군대가 전투에 임하였을 때 적을 무찌르고는 일체의 약탈행위를 금지하였다. 모든 소유와 남녀노소를 불문하고 진멸殄滅하라고 하였다(신 13:15-16). 사무엘은 사울이 아멜렉과 전투를 하기 전에 이 진멸법을 지킬 것을 명하였다. 여호와가 세운 왕이므로 여호와의 명령을 따라야 한다는 것이었다(삼상 15:1-3). 이 진멸법은 아주 잔인한 것 같지만 전쟁과 약탈에 관한 깊은 뜻과 전향적인 의식을 담고 있다.

지금도 다를 바 없지만 고대사회에도 전쟁은 영토 확장이나 재산의 약탈이나 남녀 노예의 포로 획득을 목적으로 수행되었다. 어떤 명분을 앞세우든 전쟁은 실제로는 전리품을 차지하기 위하여 약소국가를 침략하는 약탈전이었다. 그러나 성서의 거룩한 전쟁관은 이러한 약탈을 위한 침략전과는 전적으로 다르다.

우상을 숭배하는 불신앙적인 불의한 세력을 완전히 진멸함으로써 하나님의 심판을 극명하게 드러내는 것이다. 또한 이러한 성전은 이스라엘을 불신으로 유혹하는 불의한 세력에 대한 하나님의 징계와 심판의 거룩한 도구로 여겼다. 그러한 의미에서 야훼는 전사戰士(출 15:3, 사 42:13)로, 그들의 전쟁은 야훼의 성전聖戰(민 21:14f, 삼상 18:17, 25:28, 출 17:16)으로 여겨졌다.31) 이러한 거룩한 전쟁의 목적은 하나님의 진노에 따른 진멸이기 때문에 이스라엘 백성이 이 거룩한 전쟁에 나아갈 때는 일체의 약탈과 포로 행위를 근절시킨 것입니다.32)

그러나 이 진멸법은 목숨을 걸고 전쟁에 나간 사울의 군인들에게는 여간 불만이 아니었다. 전리품을 챙기는 재미도 없는데 왜 목숨을 걸고 전쟁에 나가겠는가? 그래서 묘한 꾀를 내었다. 아멜렉을 쳐부순 다음, 전리품을 챙기고 돌아와서는 사무엘에게 "당신의 하나님 여호와께 제사하려 하여 양과 소의 가장 좋은 것을 남김이요, 그 외의 것은 우리가 진멸하였나이다"(삼상 15:15)라고 보고하였다. 사무엘은 이 일에 대하여 사울을 엄하게 책망한다.

> "어찌하여 왕이 여호와의 목소리를 청종치 아니하고
> 탈취하기에만 급하여
> 여호와의 악하게 여기시는 것을 행하였나이까?"(삼상 15:19)

---

31) W. H. Schmidt(1988), 『역사로 본 구약성서』(서울: 나눔사), 149-151.
32) 가나안을 점령할 때 아이 성 전투에서 패배한 일이 있었다. 그 원인은 전술과 전략의 실패가 아니라 아간이라는 사람이 전리품을 착복한 범죄를 저지른 때문인 것으로 밝혀졌다. 이스라엘의 전쟁은 하나님의 성전이며 그 승리는 하나님이 주신 것이므로 전리품의 착복을 철저히 금지한 것이다(수 7:11ff).

사무엘은 여호와께 "순종이 제사보다 낫고 듣는 것이 숫양의 기름보다 낫다"(삼상 15:22)고 선언하였다. 성서를 읽기 위해 촛불을 훔치지 말라는 말이 있듯이 하나님의 명령을 따르는 것이 더욱 중요한 것이다. 이는 또한 전쟁만 일삼는 왕정의 상투적인 형태의 예방책이기도 하였다.[33]

셋째, 블레셋의 골리앗을 물리치고 백성의 신임이 두터운 다윗을 제거하기 위하여 혈안이 되었다는 점이다. 사울은 다윗의 도피생활을 도운 놉의 제사장 아히멜렉과 그의 친족 85명을 처형하는 잔인함을 보였다. 다윗을 죽이려고 정예부대 3,000명을 이끌고 쫓아다녔다. 이 일로 인하여 민심마저 사울을 떠나 다윗에게로 향하게 되었다.

사울의 통치 기간 동안은 마지막 사사였던 사무엘이 야웨의 말씀에 따라 왕을 견제하는 역할을 하였다. 그러나 사울은 여러 차례 야웨의 계명에 불순종하였다. 불순종은 우상숭배와 같은 것이므로 "사울 왕이 야웨의 말씀을 버렸으므로 야웨께서도 왕을 버렸다"(삼상 15:23)고 적고 있다. 사울은 블레셋과의 길보아 전투에서 패배하여 세 아들이 전사하고 자신은 부상을 입자 스스로 자결하고 만다.

2) 다윗의 통치와 군주제 강화

목동 다윗의 등장

다윗 왕(서기전 1000-961)은 유다 지파의 사람으로 양치는 목동이요, 수금을 잘 타는 음악가였다. 그는 사울의 부하로서 사울의 우울증을 수금 연주로 달래 주기도 하였다. 그가 두각을 나타낸 것은 블레셋의 장수 골리앗을 물리친 이후이다. 블레셋의 골리앗이 이스라엘을 공격하여 엘

---

33) 한국신학연구소(1992), 『함께 읽는 구약성서』, 103.

라 골짜기에 진을 치고 있을 때 다윗은 형들의 면회를 갔다가 골리앗이 하나님의 군대를 모독하는 것을 보고 그를 대적하여 물리친다.

골리앗은 키가 3미터가 넘는 거구의 무사로서 당대의 카리스마적인 군사지도자의 전형이었는데, 다윗이 물맷돌을 가지고 나아가 그를 쓰러뜨린 것이다. 다윗은 여호와의 이름으로 나아가 '여호와의 구원하심이 칼과 창에 달린 것이 아니며 전쟁은 여호와에 속한 것'임을 증명한다(삼상 17:47). 때마침 사울이 계약공동체 왕정의 이상을 저버리자 하나님의 영이 그에게서 떠나고, 다윗이 백성의 신망을 얻게 되자 사무엘은 다윗을 뽑아 기름을 부어 이스라엘의 왕으로 세운다.

이 일로 인해 다윗은 사울의 시기와 미움의 대상이 되었고, 그를 죽이려는 사울의 광기로 인해 오랜 도피생활을 하여야만 했다. 도피과정에서 자기를 죽이려는 사울을 죽일 수 있는 기회가 여러 번 있었지만 다윗은 사울을 살려 주었다. 그는 하나님이 재판관이 되시어 억울함을 살피시고 변호하시고 판가름하여 주실 것을 믿고(삼상 24:16) 원수를 갚는 것까지도 하나님의 손에 맡긴 것이다. 13년 동안 자신을 죽이려고 쫓아다니던 사울이 길보아 전투에서 죽자 다윗은 오히려 그를 위하여 애가를 짓고 탄식하였다.

사울이 죽은 후 유다로 돌아온 다윗을 남부지파 유다 사람들이 헤브론에서 그를 왕(melek)으로 추대하였다(삼하 2:4). 이에 맞서 사울계의 북부 세력은 사울의 아들 이스보셋의 왕위계승권을 주장한다. 그러나 당시의 계약공동체는 왕위 세습이 인정되지 않았고, 왕이 될 만한 카리스마적 자질이 부족하였던 이스보셋은 재위 2년 만에 그의 휘하의 두 장군에 의해 살해된다.[34]

---

34) J. Bright(1978), 304.

다윗의 군주제의 강화와 성전 건축 계획

다윗이 37세가 되었을 때 남북을 통합한 명실상부한 이스라엘 12지파의 왕이 되자 점점 군주제로서의 왕권을 강화해 나간다. 다윗은 여부스족의 도성이었던 예루살렘을 빼앗아 자신의 개인 소유로 삼고 성곽을 다시 쌓고 송백으로 궁전을 지어 다윗 성이라 불렀다(삼하 5:6-12). 수도를 남부 헤브론에서 중부지역인 예루살렘으로 옮기고 다윗 성을 중앙집권적인 행정의 중심으로 삼는다.35) 그리고 부족동맹의 상징이요 계약공동체의 징표인 성막과 법궤를 자신의 궁성인 예루살렘의 다윗 성으로 옮겨 왔다(삼하 6:1-23).

예루살렘을 요새화하고 법궤까지 옮겨 와 국내적 기반이 든든해진 다윗은 주변국 정복에 나선다. 블레셋을 쳐서 한 지역을 빼앗고, 이어서 모압, 아람, 에돔, 암몬을 쳐서 속국으로 만들거나 조공을 바치게 하였다(삼하 8장). 그는 계속되는 전쟁으로 영토를 확장하고, 전리품도 챙기고 조공도 받음으로써 당시로서는 상당한 제국의 군주가 되었다.36) 사울 시대에 거부되었던 영토 확장과 전리품 약탈을 위한 전쟁이 버젓이 자행된 것으로 보아 다윗이 가나안의 절대군주제의 요소를 많이 수용한 것으로 여겨진다.

다윗은 이집트의 관료제도를 모방하여 관료체제를 강화한다. 군대장관(요압), 사관(여호사밧), 제사장(사독과 아히멜렉), 서기관(스라야), 용병대장(브나야), 대신(다윗의 아들들)을 임명함으로써 중앙행정체계를 정비하고 지방의 하위 관리도 두었다(삼하 8:15-18).37)

---

35) 이 궁성에는 많은 후궁과 식솔들이 있었다(삼하 23:24-39). 이 식솔들이 근위대나 군사평의회 역할을 하였으리라 짐작된다.
36) J. Bright(1978), 312-316. 다윗의 영토는 당시 가나안 지역에서는 작지 않은 제국이었다.
37) 다윗의 행정기구 명단은 사무엘하 8:15-18과 20:23에 나와 있다.

그리고 다윗은 예루살렘을 종교와 정치의 중심지로 만들 생각에 법궤를 안치할 성전을 지을 계획을 세우고 예언자 나단과 상의한다.[38] "나는 이렇게 송백으로 지은 궁에서 사는데 하나님의 궤는 아직도 휘장 안에 모셔 둔 채 그대로 있소"(삼하 7:2, 공동번역). 그날 밤 야웨의 말씀이 나단에게 임하였다.

"너는 나의 종 다윗에게 가서 나 야웨의 말이라 하고 이렇게 일러라.
'내가 살 집을 네가 짓겠다는 말이냐?
나는 이스라엘 자손을 에집트에서 이끌어 내던 때부터 지금까지
천막을 치고 옮겨 다녔고, 집안에서 살아 본 적이 없다.
내가 이스라엘 백성과 함께 여기저기 옮겨 다니는 동안,
내 백성 이스라엘을 맡겨 보살피게 한 어느 영웅에게
어찌하여 나의 집을 송백으로 지어 주지 않느냐고 말한 적이 있었더냐?'"

(삼하 7:5-7, 공동번역)

나단은 성전 건축을 반대하는 하나님의 말씀을 대언한다. 가나안의 풍습을 본떠서 이스라엘의 성소를 중앙집권적 왕조의 성소(암 7:13)로 대체하려는 것은 지방분권적인 느슨한 지파연합의 정치적 이상을 위배하는 것이며, 동시에 천지를 창조하신 무소부재하신 야웨 하나님에 대한 전향적인 신관을 전도시키는 것이라는 반성전反聖殿 전승을 반영한다.[39]

그러나 예루살렘 성전 멸망 후에 기록된 역대기는 다윗의 성전 건축을 야웨 하나님이 반대한 것은 다윗이 이스라엘 주위의 적들을 물리치고 영토를 확장하기 위하여 전쟁을 많이 하였고 피를 많이 흘렸기 때문에

---

38) J. Bright(1978), 309.
39) J. Bright(1978), 310.

거룩한 성전을 짓는 일에 합당치 않았다고 적고 있다(대상 22:8).

위약한 다윗과 나단의 지지

나단은 다윗의 왕실 예언자로서 군주제 강화 이후의 왕과 예언자 사이의 관계를 보여 주는 전형이다. 흔히 예언자라 하면 왕정의 부정부패를 비판하는 비판세력으로 인식하고 있지만 예언자들이 무조건 비판을 위해 비판하지는 않았다. 다윗 왕정 초기, 국가가 위약危弱하였을 때 나단은 다윗의 왕권 강화를 적극 지지하는 왕조신탁을 선언한다. 야웨와 다윗 사이의 계약을 중재한 나단은 하나님께서 다윗의 왕조를 든든히 세우고 영원히 지켜 주실 것이라는 약속을 전해 준다.

> "내[야웨]가 너를… 이스라엘의 주권자를 삼고…
> 여호와가 너를 위하여 집을 이루고…
> 네 몸에서 날 자식을 네 뒤에 세워 그 나라를 견고케 하리라.
> 저는 내 이름을 위하여 집[성전]을 건축할 것이요
> 나는 그 나라 위를 영원히 견고케 하리라…
> 네 집[가문]과 네 나라가 네 앞에서 영원히 보전되고
> 네 위가 영원히 견고하리라."(삼하 7:8-16)

다윗의 가문과 왕조와 나라에 대한 영원한 축복을 약속한 다윗 계약은 시내산 계약의 조건적이고 쌍무적인 계약과 달리 무조건적인 영원한 계약이라 한다. 그래서 남북 분단 이후에도 북왕국과 달리 남왕국은 왕조의 교체 없이 다윗 왕조가 계속되었다. 후대의 예언자들은 그의 가문에서 이상적인 왕인 메시아가 나올 것으로 기대하고 있었다(사 9, 11장).

범죄한 다윗과 나단의 비판

다윗의 측근으로 그를 적극 지지하던 예언자 나단도 다윗이 유부녀와 간통하고 그의 남편을 청부 살해했을 때 그의 부정을 묵과하지 않았다.

사건의 줄거리는 이렇다(삼하 11장). 상비군이 조직화되자 다윗은 군 사령관 요압에게 전권을 맡겨 암몬과의 전투에 내보내고, 자신은 무료하 게 왕궁의 옥상을 거닐다가 우물가에서 목욕하는 한 여인을 보게 된다. 그 여인을 데려와서 동침하였는데, 전선에 나가 있는 우리아라는 군인의 아내 밧세바였다. 얼마 후 다윗은 밧세바가 임신한 것을 알게 된다.

다윗은 당황하였다. 제7계명을 범하여 간음의 죄를 지은 것이다. 다 른 나라의 절대군주라면 마음에 드는 모든 여자를 아내로 취할 수 있었겠 지만 이스라엘은 달랐다. 왕이기 때문에 더욱 하나님의 계명 준수에 모 범을 보여야 했다. 범죄한 다윗은 이를 감출 궁리를 한다. 군사령관 요압 에게 우리아를 자기에게 보내도록 명령한다. 다윗은 우리아의 노고를 치 하하고 귀가하여 아내와 편히 쉬도록 특박을 허락한다. 불륜을 저질러 임신한 사실을 감추려는 계략이었다. 그러나 군인정신이 투철한 우리아 는 이를 거절하였다. 온 이스라엘군이 진중에서 고생하는데 혼자 귀가하 여 편히 쉬며 먹고 마시며 아내와 더불어 밤을 지낼 수는 없다 하여 왕궁 에서 자고 귀대한 것이다.

더욱 당황한 다윗은 요압에게 비밀 지령을 내렸다. "우리아를 맹렬한 싸움에 앞세워 죽게 하라." 영문도 모르고 최전방에서 용감히 싸우던 우 리아는 아군의 계략적 후퇴로 고립되어 전사한다. 다윗은 간음한 죄를 숨기려다 위증과 청부살인의 죄를 짓고 그 죄를 깨닫지도 못하고 밧세바 를 데려다가 아내로 삼았다.

하나님은 선지자 나단을 보낸다. 다윗이 신망하는 측근 중의 측근인 나단은 왕의 범죄 사실을 온 백성들에게 떠벌이며 다윗의 불의를 공개적으로 규탄하는 투쟁적인 방식으로 접근하지 않았다. 그는 다윗을 직접 찾아가 비공개 담판을 한다. 그러나 그 담판도 왕의 잘못을 노골적으로 지적하는 직언의 방법을 취하지 않고 자신의 죄악을 스스로 깨달을 수 있도록 지혜로운 방법의 간접적 예화로 접근하였다. 나단이 다윗에게 들려준 예화는 이러하다.

"어떤 성에 두 사람이 살고 있었는데, 한 사람은 부자였고 한 사람은 가난했습니다. 부자에게는 양도 소도 매우 많았지만, 가난한 이에게는 품삯으로 얻어 기르는 암컷 새끼 양 한 마리밖에 없었습니다. 그는 이 새끼 양을 제 자식들과 함께 키우며, 한 밥그릇에서 같이 먹이고 같은 잔으로 마시고 잘 때는 친딸이나 다를 바 없이 품에 안고 잤습니다. 그런데 하루는 부잣집에 손님이 하나 찾아왔습니다. 주인은 손님을 대접하는데 자기의 소나 양은 잡기가 아까워서, 그 가난한 집 새끼 양을 빼앗아 손님 대접을 했습니다."(삼하 12:1-4, 공동번역)

다윗은 몹시 괘씸한 생각이 들어 나단에게 "저런 죽일 놈! 그런 인정머리 없는 짓을 한 놈을 그냥 둘 수 없다"고 외쳤다. 나단은 조용히 속삭였다. "임금님이 바로 그 사람입니다"(삼하 12:7, 공동번역). 나단은 야웨 하나님의 말씀을 대언하였다.

"야웨께서 이렇게 말씀하셨습니다.
나는 너를… 이스라엘의 왕으로 삼았다….
그런데 어찌하여 너는 나를 얕보며
내 눈에 거슬리는 짓을 했느냐?"(삼하 12:7-9, 공동번역)

침상을 적신 다윗의 회개

다윗은 그 자리에서 자신의 죄를 고백하고 뉘우쳤다. "내가 야웨께 죄를 지었다"(삼하 12:13). 나단은 야웨께서 왕의 죄를 용서하여 왕은 죽지 않겠지만 밧세바가 낳게 될 아이는 죽을 것이라는 말을 남기고 돌아갔다. 다윗의 진정한 용기는 골리앗을 물리친 것에 있지 않고, 밧세바 스캔들에 대한 나단의 지적에 즉시 "내가 범죄하였다"고 고백한 도덕적 용기에 있다. 다윗은 단지 "그럼 내가 죄를 지은 것으로 치자" "내가 잘못한 것으로 치자" 그렇게 말하지 않았다. 자신의 죄를 진정으로 철저히 뉘우쳤다. 그의 회개에는 진정성이 있었다. 시편에 나오는 일곱 개의 대표적인 참회시 가운데 다섯 개가 다윗이 지은 것이다. 최초의 참회시인 시편 6편 6절을 공동번역 성서는 "나는 울다가 지쳤습니다. 밤마다 침상을 눈물로 적시고 나의 잠자리는 눈물바다가 되었습니다"라고 번역하였다. 다윗은 자신의 참담한 심정을 이렇게 뉘우치며 탄식하였다.[40]

> "하나님, 주의 한결같은 사랑으로 내게 자비를 베풀어 주십시오.
> 주의 긍휼을 베푸시어 내 반역죄를 없애 주십시오.
> 내 죄악을 말끔히 씻어 주시고, 내 죄를 깨끗이 없애 주십시오.
> 내 반역죄를 내가 잘 알고 있으며, 내가 지은 죄가 언제나 내 앞에 있습니다.
> 주님께만, 오직 주님께만, 나는 죄를 지었습니다.
> 주의 눈 앞에서, 내가 악한 짓을 저질렀으니,
> 주님의 유죄 선고가 마땅할 뿐입니다. 주님의 유죄 선고는 옳습니다.
> 실로, 나는 태어날 때부터 이미 죄인이었고,
> 어머니의 태 속에 있을 때부터 죄인이었습니다.

---

40) 다윗이 자신의 죄를 회개하며 탄식한 시는 이외에 시편 6편, 22편, 32편에 기록되어 있다.

마음 속의 성실과 진실을 기뻐하시는 주님,

제 마음을 주의 지혜로 가득 채워 주십시오.

우슬초로 내 죄를 정결케 해주십시오. 내가 깨끗하게 될 것입니다.

나를 씻어 주십시오. 내가 눈보다 더 희게 될 것입니다.

기쁨과 즐거움의 소리를 들려주십시오.

비록 주님께서 나의 뼈를 꺾으셨어도, 내가 다시 기뻐하며 외치겠습니다.

주의 눈을 내 죄에서 돌리시고, 내 모든 죄악을 없애 주십시오.

아, 하나님, 내 속에 깨끗한 마음을 새로 지어 주시고

내 안에 정직한 새 영을 넣어 주십시오.

주님 앞에서 나를 쫓아내지 마시며,

주의 거룩한 영을 나에게서 거두어 가지 말아 주십시오.

주께서 베푸시는 구원의 기쁨을 내게 돌려주시고,

너그러운 영을 보내셔서 나를 붙들어 주십시오.

반역하는 죄인들에게 내가 주의 길을 가르칠 것이니,

죄인들이 주께로 돌아올 것입니다.

하나님, 구원의 하나님, 내가 살인죄를 짓지 않게 지켜 주십시오.

내 혀가 주의 의로우심을 소리 높여 외칠 것입니다."

(시 51:1-14, 표준새번역)

위에서 인용한 시편 51편은 다윗의 대표적인 참회시인데, "다윗이 밧세바와 정을 통한 뒤에, 예언자 나단이 그를 찾아왔을 때에 뉘우치고 지은 시"라고 표제 설명이 되어 있다. 본문에 보면 죄에 관한 히브리어 단어가 모두 동원되었다. 죄악 4회, 악 1회, 죄 5회, 범죄자 1회, 죄인 1회이다. 죄 사함에 대한 표현도 모두 등장한다. 죄악을 지워 주시고 2회, 죄악을 말갛게 씻으시고 2회, 죄를 깨끗이 제하시고, 죄에서 정결케 하시고,

죄에서 돌이키시고, 죄에서 건지시고가 각각 1회씩이다. 그리도 죄를 고백하고 죄 사함을 간구하는 것에 그치지 않고 다시는 죄를 짓지 않도록 "내 속에 정한 마음을 창조하시고 정직한 영을 새롭게 하여 달라"는 간구를 추가하였다. 다윗의 왕조를 영원히 세워 주신 것은 다윗이 이처럼 회개의 진정성과 신앙의 진정성이 있었기 때문이었다.

사실 당시의 절대군주나 봉건군주인 제왕들에게는 이런 엄격한 윤리의식과 죄의식이 없었다. 다윗은 인류 역사의 모든 제왕帝王 중에 가장 전향적인 윤리의식을 가진 자로 등장한다. 다윗은 자신의 일을 군왕이라면 능히 할 수 있는 특권으로 합리화하지 않는다. 자신의 잘못을 지적하는 나단을 면박하지도 않았다. 결과적으로 자신을 유혹하게 된 밧세바에게도 책임을 전가하지 않았다.

자신의 내면 깊은 속에 있는 원죄와 같은 죄성을 밤마다 침상을 눈물로 적시며(시 6:6) 뉘우치고, 온종일 신음 속에 뼈가 녹고 진액이 다 말라 빠지도록(시 32:3) 탄식하였다. 그리하여 그는 인간이 자신의 잘못을 진정으로 회개할 때 용서하여 주시는 '구원의 하나님'(시 51:4)을 만나게 되고 그의 심령이 새롭게 된 것이다.

다윗의 참된 용기는 골리앗을 물리친 전쟁터가 아니라 자신의 죄를 시인하고 탄식한 눈물 젖은 침상에서 발휘되었다. 진정한 용기는 자신의 죄를 인정하는 용기이며, 참으로 큰 죄는 죄를 죄로 느끼지 못하는 죄라는 사실을 다윗은 자신의 체험을 통해 증언하고 있다. 다윗은 회개를 통해 구원의 진정한 의미를 깨닫고 새로운 심령을 얻어 새 사람이 된 위대한 신앙인의 전형이 된 것이다. 다윗은 이로 인해 신약시대의 세례 요한과 예수의 회개운동의 선구자가 된다.

다윗의 징집과 조세집행을 위한 인구조사

다윗은 재위 말년에 군사령관 요압을 시켜 9개월 20일간에 걸쳐 전국의 인구조사를 시행하였다(삼하 24장). 인구조사의 목적은 징집과 세금 징수를 위한 것이었다. 이집트의 절대군주제나 가나안 봉건군주제는 모두 조공국가체제의 징집권과 조세권에 의해 유지되었다.[41] 다윗도 다른 나라처럼 군주제의 왕권의 효과를 극대화하는 조치로 인구조사를 통해 징집권과 조세권을 행사하려고 했던 것이다. 절대군주로서의 치적과 위신을 과시하려는 숨은 뜻도 있었다.

그러나 이러한 의도의 인구조사는 계약공동체의 정치적 이상에 어긋나는 것이며, 하나님의 뜻을 거역하는 큰 죄인 것을 스스로 깨달은 다윗은 즉시 회개하였다. 그러나 예언자 갓은 다윗의 범죄에 대한 징계를 통보한다. 그리하여 이스라엘에 전염병이 퍼져 7만 명이 죽어 나갔다. 다윗은 자신의 죄과 때문에 백성이 징계를 받는 것을 탄식하였다.

> "나는 범죄하였고 악을 행하였삽거니와
> 이 양무리는 무엇을 행하였나이까?
> 청컨대 주의 손으로 나와 내 아비의 집을 치소서."(삼하 24:17)

다윗 사후 군주제의 세습과 왕권 쟁탈전

다윗의 통치 기간 동안 군주제가 정착하고 크게 강화되었다. 군주제의 가장 큰 폐단은 왕권의 세습과 이를 둘러싼 유혈 권력쟁탈이다. 성서는 다윗의 범죄로 말미암아 하나님의 징계를 받아 다윗 집안에 '칼부림이 가실 날이 없게 되었다'(삼하 12:9-10)고 적고 있다. 다윗은 재임 중에 왕

---

41) N. K. Gottwald(1987), 342.

권 계승후보들인 자신의 아들들이 형제를 죽이며 자신에게 쿠데타를 일으킨 것이다.

첫째, 압살롬의 반란이다. 다윗의 장남인 암논이 그의 배다른 동생 압살롬의 누이 다말을 짝사랑하여 그녀를 욕보인다. 그 후 2년 동안 다윗이 아무런 조치를 취하지 않자 분노한 압살롬은 왕위 계승 1순위인 암논을 죽이고 만다. 이 일로 다윗은 압살롬을 외면한다. 한을 품은 압살롬은 4년간 지지세력을 규합하여 헤브론에서 스스로 왕이 된 다음, 이스라엘의 의용군과 이방인 용병을 동원하여 다윗의 성이 있는 예루살렘을 공격한다(삼하 15:21, 18:2). 다윗은 아비로서 아들을 대적할 수 없어 피난길을 나선다. 압살롬은 예루살렘의 다윗 성에 입성하여 왕으로 추대를 받는다. 사태가 이 지경이 되자 다윗은 쿠데타 세력인 압살롬 군대와의 전투를 더 이상 회피할 수 없었다. 휘하의 장군들에게 응전은 하되 압살롬을 죽이지 말 것을 당부한다.

그러나 전투 중 압살롬은 급히 도망가다가 그가 자랑하던 머리칼이 나뭇가지에 걸리는 바람에 요압 장군의 부하들에게 살해된다. 다윗은 자신에게 모반을 일으킨 아들이지만 압살롬의 죽음에 통곡하였다.

"내 아들 압살롬아, 내 아들, 내 아들 압살롬아.
내가 너를 대신하여 죽었더면,
압살롬 내 아들아, 내 아들아 하였더라."(삼하 18:33)

둘째, 세바의 반역이다. 북이스라엘 사울 가문 출신인 세바는 지역감정을 부추겨 그들의 이익을 대변하기 위하여 외인부대를 동원해 반란을 일으킨다(삼하 20:1). 다윗의 왕권에 대한 세바의 도전은 강력한 다윗의 군대에 의해 진압된다.

셋째, 아도니야의 반역이다. 다윗이 나이 많아 늙었을 때 왕위 계승을 둘러싼 갈등이 더욱 증폭되었다. 왕위 계승의 후보자로서 아도니야와 솔로몬이 대두되었다(왕상 1:5-2:46). 다윗의 아들 중 장남 암논과 차남 압살롬은 이미 죽었고, 3남은 지지세력이 없었다. 4남 아도니야와 배다른 동생 솔로몬이 왕위 계승을 놓고 암투를 벌인 것이다.

아도니야가 선수를 치기 위하여 다윗의 재위 말년에 반역을 일으켰다. 다윗의 참모였던 제사장 아비아달과 군대장관 요압이 아도니야와 모의하여 아도니야를 다윗의 후계자로 추대한 것이다. 이에 놀란 밧세바는 다윗 왕에게 자신의 아들인 솔로몬에게 왕위를 계승하라고 촉구한다. 다윗은 제사장 사독, 예언자 나단, 용병대장 브나야를 불러 솔로몬에게 왕위를 계승시키도록 당부한다. 제사장 사독이 기혼에서 솔로몬에게 기름을 부어 왕으로 옹립한다. 다윗은 자신이 죽기 전에 미리 왕위를 계승한 솔로몬에게 다음과 같이 유훈한다.

> "내가 이제 세상 모든 사람의 가는 길로 가게 되었노니
>
> 너는 힘써 대장부가 되고 네 하나님 여호와의 명을 지켜 그 길로 행하여
>
> 그 법률과 계명과 율례와 증거를 모세의 율법에 기록된 대로 지키라.
>
> 그리하면 네가 무릇 무엇을 하든지 어디로 가든지 형통할지라."
>
> (왕상 2:2-3)

앞에서 살펴본 것처럼 초기 이스라엘 계약공동체가 왕정을 시작할 때는 하나님의 택한 자요 백성이 제비뽑은 자만이 왕이 될 수 있었다. 스스로 왕으로 자처할 수 없었고, 왕위를 임의로 계승할 수도 없었다. 사울뿐만 아니라 다윗 자신도 하나님의 택함을 받았고 그의 여러 형제 중에서 뽑힘을 받아 왕으로 추대되었다. 이처럼 왕직은 한시적인 비세습직이었

다. 그러나 다윗을 마지막으로 이러한 왕정의 이상이 사라졌다. 다윗의 왕권을 그의 아들 솔로몬이 계승하여 그의 정적政敵인 아도니야와 그의 지지세력을 제거함으로써 다른 나라의 군주제처럼 왕권의 세습과 그에 따른 유혈 권력투쟁이 전개된 것이다. 사무엘이 군주제 도입에 따른 폐단을 경고한 것이 현실화되고, 이스라엘 왕정의 비극은 시작된다.

명실상부하게 남북통일 국가를 이루고 군주제를 강화하였던 다윗 왕 (서기전 1000-961)은 40년간의 파란만장한 통치를 끝내고, 두 아들 아도니야와 솔로몬의 권력 다툼을 목전에서 보면서 죽음을 맞이한다.

3) 솔로몬의 통치와 군주제의 폐단

솔로몬의 왕위 쟁취

다윗의 왕권을 계승한 솔로몬 왕(서기전 961-922)은 카리스마적 지도력이 없었던 것이 분명하다. 형 아도니야를 제치고 왕권을 강압적으로 계승하였기 때문에 하나님이 택하시고 제비로 뽑혀 왕이 된 사울이나 다윗 같은 종교적 정통성이 없었다.

그래서 그는 기브온 산당에 가서 천 번의 번제를 드린다. 하나님이 꿈에 그에게 나타나 "네게 무엇을 줄꼬, 너는 구하라"(왕상 3:5)고 청한다. 이때 솔로몬은 잘 알려진 것처럼 백성을 잘 다스릴 지혜를 구한다. 하나님은 그가 "장수와 부귀를 구하지 않고 지혜와 총명을 구한 것에 감탄하고 구하지 아니한 부귀와 영화도 주겠다"고 약속한다. 그리고 왕으로서 "내 길을 행하며 내 법도와 명령을 지키면 내가 또 네 날을 길게 하리라." (왕상 3:11-14)고 하였다.

그러나 솔로몬의 통치를 평가해 보면 하나님이 주신 지혜의 선물을 잘 선용하지 못한 것을 알 수 있다. 하나님의 지혜로 백성을 잘 다스리겠

다는 꿈을 현실로 관철함에 있어서 의지와 성의가 부족하였다.[42)]

솔로몬은 지혜와 총명, 부귀와 영화를 다 누렸으나 이스라엘의 역사가들은 오히려 실수도 있었지만 공의와 정직한 마음을 지녔던 다윗을 이스라엘의 이상적인 왕으로 평가한다(왕상 3:6). 다윗은 군주제의 강화와 계약공동체의 정치적 이상의 실현 사이의 조화를 이루려고 했으며, 왕으로서 엄히 지켜야 할 여호와의 율법을 어겼다는 지적을 받았을 때마다 즉시 회개하였다. 이와 달리 솔로몬은 계약공동체의 종교적 이상과는 동떨어지게 이웃나라의 절대군주제를 모방하여 왕권을 세습하고, 자신의 권력을 강화하고 부국강병의 대의를 앞세워 율법의 정신을 무시하고 이를 유린하였다.

솔로몬의 군주제 강화와 부국강병책

솔로몬은 먼저 왕권을 강화하기 위해 반대파를 제거한다. 선왕 다윗이 죽자마자 솔로몬은 아도니야를 살해하고, 그를 지지한 군사령관 요압도 처형하여 자신의 권력기반을 강화한다. 그는 옛 사제가문인 아비아달 가문을 축출하고 자신에게 충성을 맹세한 사독 가문의 제사장을 등용함으로써 왕권과 사제직 사이의 관계를 밀착시켰다. 무엇보다도 군주제를 강화하기 위하여 다른 나라처럼 중앙집권적 부국강병책을 시행하였다.

첫째, 다윗이 물려준 중앙집권적인 행정체계도 더욱 강화하였다. 다윗 시대에는 없었던 서기관과 관리장과 궁내대신, 그리고 12지방장관(수세관)까지 두었다.[43)] 고대의 계약공동체의 12지파연합체제를 12징세 구역체제로 대체하고, 왕실의 감독관인 지방장관을 파견하여 중앙집

---

42) B. W. Anderson(1983), 57.
43) 솔로몬의 행정기구(왕상 4:1-19)를 다윗의 행정기구(삼하 8:15-18, 20:23)와 비교하라.

권적인 통제를 강화한 것이다.[44) 느슨한 지파연합이 해체되고 사사시대의 계약공동체의 정치적 이상이 무너지고 만 것이다.

둘째, 솔로몬은 무인武人이 아니었음에도 불구하고 군사력 강화에 총력을 기울였다. 외침과 내란을 막기 위해 주요 도시를 요새화하였다(왕상 9:15-19). 왕실 소속 무역업자들을 이집트에 보내 방패 200개, 병거(전차) 1,400대, 마병(군마) 12,000마리를 수입하여 대규모 전차부대를 만들고(왕상 10:28-29), 군수 기지창(왕상 10:26)도 건설하였다. "군마를 많이 두지 말라"는 왕의 금령을 거역한 것이다(신 17:16).

셋째, 솔로몬은 산업과 무역 분야에도 그 지혜를 쏟아 부었다. 두로 Tyre와의 동맹을 통해 시리아, 아라비아, 이집트에 이르는 무역로를 확보하고 통행세를 받았다(왕상 10:14-15). 다시스와 에시온게벨의 상선대를 창설하여 해상무역의 활로를 찾았다. 동광산을 개발 제련하여 수출하기도 하였다.[45) 말과 병거를 이집트에서 수입하여 헷족과 아람족에게 많은 이익을 남기고 되팔기도 하였다(왕상 10:28 f). 광석과 무기 무역으로 막대한 이윤을 챙길 수 있었다.

부국강병의 군주제 국가의 이념은 '느슨한 지파연합'과 '자유농민 농업제'라는 계약공동체의 자유로운 정치와 평등한 경제를 향한 전통적인 가치관과 이상을 무너뜨렸다. 무엇보다도 부국강병을 위한 활발한 국제교류와 무역은 이방의 문물의 급속한 유입을 부추겼고, 따라서 야웨신앙의 전향적이고 배타적인 성격을 흐려 놓았다.

솔로몬의 건축사업과 강제노동력 동원

솔로몬은 부귀영화를 과시하기 위한 건축사업에도 박차를 가하였고,

---

44) B. W. Anderson(1983), 59.
45) J. Bright(1978), 334-337.

이를 위하여 불가피하게 많은 인력과 노동력을 동원할 수밖에 없었다.

첫째, 성전과 궁전을 화려하게 건축하였다. 솔로몬은 왕이 된 지 4년째 되던 해에 예루살렘에 야웨의 성전을 짓기 시작하여 7년 만에 완성하였다(왕상 6:1).[46] 성전은 법궤를 안치하기 위하여 세웠으나 왕실의 신전 역할을 하였고, 법궤는 일반 대중의 시야에서 사라졌다(왕상 6:23-28). 성전의 대제사장은 왕이 임명하고 왕실의 각료가 되었기 때문에 권력의 중앙집중화의 방편이 되기도 하였다.[47]

성전은 성막을 모델로 하여 뜰, 성소, 지성소로 구성되었는데, 그 크기는 폭 35m, 길이 10m, 높이 15m 정도였으며, 아브라함이 이삭을 번제로 바치려 했던 곳인 모리아 산에 세웠다고 한다(대하 3:1). 성전은 외국의 건축가(왕상 7:13f)가 설계한 것으로 이교적 요소가 가미된 이교의 '새로운 풍조'를 나타내는 주요한 상징이었다. 성전이 천상의 하나님의 처소를 모방한 것, 즉 대우주의 축소판으로 천상계와 지상계가 만나는 곳이라는 의식이 퍼지게 되었다. 제8장 6절에서 살펴본 것처럼 이동신移動神으로서의 야웨신앙이 특정한 장소에 거하는 국지신관局地神觀과 혼합하게 된 것이다. 다윗이 성전을 건축하려 했을 때 이러한 문제점을 예상한 나단의 반대로 무산된 것을 솔로몬이 강행한 것이다. 다윗은 전쟁에서 피를 많이 흘려서 거룩한 성전 건축이 부적합하지만 솔로몬은 그러하지 않기에 허용된 것이라고 합리화하였다(대상 22:8-10, 28:3-6).

성전을 지은 다음, 이어서 13년 동안 자신의 궁들을 짓는다. 예루살렘 궁을 증축하고 레바논의 수풀궁과 밀로궁, 그리고 하솔, 므깃도, 게셀 성도 새로 짓거나 증축하였다. 그리하여 이스라엘 전역에 도성을 중심으로

---

46) N. K. Gottwald(1987), 204. 성전 건축은 이집트에서 나온 지 480년 되는 해에 시작했다는 기록을 보아 서기전 967-958년 사이로 추정된다.
47) J. Bright(1978), 340.

도시화가 급속하게 진행되었다.

둘째, 20년 동안의 건축사업을 위해 막대한 재정이 소요되었다. 이를 위한 중과세가 불가피하였다. 12명의 지방장관을 수세관으로 임명하여 세금으로 금 666달란트[48]를 거두어들였다. 고급 건축자재인 송백나무와 전나무의 수입대금으로 20개의 성을 내어주기도 하였다. 호화스러운 궁전의 유지비도 만만치 않았다. 하루 식단으로 소요되는 재료가 가는 밀가루 30석, 굵은 밀가루 60석, 큰 소 10마리, 송아지 20마리, 양 100마리(왕상 4:22-23)에 달했다. 모든 왕실 경비는 12지파가 돌아가며 1년에 한 달씩 충당하게 하였다(왕상 4:7).

셋째, 건축사업을 위하여 많은 인력을 강제 동원하였다. 레바논의 송백나무를 벌채하기 위하여 3만 명을 파견하였고, 석공 8만 명, 건축자재를 운반하는 짐꾼 7만 명이 동원되었다. 그리고 이들을 감독할 관리 3,300명을 임명하였다(왕상 5:13-18). 채광과 제련 작업에도 적지 않은 인원이 동원되었을 것이다. 이처럼 솔로몬은 국가적 건축사업이라는 명분으로 군주제적 징세권과 부역권(강제노동 동원령)을 마음대로 행사한 것이다. 이처럼 솔로몬은 "이스라엘 전체에서" 부역꾼들을 모아 강제노동에 동원하였다. 부역은 왕정 도입의 반대 이유 중에 하나로 사무엘(삼상 8:12- 16)이 예고한 그 불쾌한 일들에 속하였다. 솔로몬 시대에 완벽하게 확충된 부역으로 인해 이스라엘 백성들은 자기들의 조상들이 이집트에서 당했을 부역의 고통과 공포를 회상하게 된다(출 1:11-14, 5:4-19, 신 26:6 등).[49] 예언자 미가는 궁전과 성전 건축의 부조리를 이렇게 비판하였다.

48) 1달란트는 대략 34kg이다.
49) R. de Vaux(1983), 257.

"너희는 백성의 피를 빨아 시온을 세웠고

백성의 진액을 짜서 예루살렘을 세웠다."(미 3:10, 공동번역)

솔로몬의 토지 재분배와 수세관 임명

솔로몬은 다윗이 시도하려다가 예언자 갓의 저지로 불발에 그친 인구
조사와 수세관 임명을 강행하였다. 다윗 시대에는 없었던 서기관과 관리
장과 궁내대신, 그리고 12지방장관(수세관)까지 두었다.[50] 고대의 계약
공동체의 12지파 연합체제를 12징세 구역체제로 대체하고, 왕실감독관
인 지방장관을 파견하여 중앙집권적인 통제를 강화한 것이다.[51]

이러한 과세정책은 자신의 재원을 늘릴 목적으로 시행되었지만, 최종
적으로는 옛 지파연합의 저항을 무산시키려는 의도도 없지 않았다. 토지
를 과세구역으로 나누는 것이 좀 더 합리적이라는 명분하에 옛 지파의
경계선을 없애 버리고 토지를 조세구역에 따라 재분배한 것이다.[52] 지
파연합체제의 지방분권의 정치적 자율과 토지분배의 경제적 평등의 질
서를 뒤엎어 버린 것이다. 이로 인해 솔로몬은 대지주로서 광활한 토지
를 소유하게 된다.

솔로몬의 개방정책과 종교혼합

솔로몬은 야웨로부터 지혜를 간구하여 전무후무한 지혜를 얻고 구하
지 아니한 부귀영화도 누렸지만 점점 야웨종교에 대한 헌신이 흐려졌다.
그는 외국의 군주제를 모방하였고 외국과의 문물 교역을 넓히고, 여러
나라의 왕녀들과 정략결혼을 함으로써 이방문물에 대하여 개방적이었

---

50) 솔로몬의 행정기구(왕상 4:1-19)를 다윗의 행정기구(삼하 8:15-18, 20:23)와 비교
하라.
51) B. W. Anderson(1983), 59.
52) P. D. Hanson(1987), 『성서의 갈등구조』(서울: 한국신학연구소), 35.

다. 이 개방의 물결을 타고 이방종교가 홍수처럼 몰려왔고 솔로몬은 이러한 조류에 편승하였다.

이방문물의 도입을 조장한 것은 왕실의 이방여인들이었다. 솔로몬은 이집트 바로의 딸(왕상 3:1, 7:8)을 비롯하여 모압, 암몬, 에돔, 시돈, 헷족의 이방여인들을 후궁으로 맞이하였다(왕상 11:1). 왕세자 르호보암도 이방왕녀와의 사이에서 태어난 아들이었다. 다윗이 물려준 영토를 유지하기 위하여 정략적인 결혼동맹이 필요했지만, 솔로몬 자신이 호색하여(왕상 11:2) 수많은 외국 여자를 밝힌 것도 부인할 수 없다. 그는 '700명의 아내와 300명의 첩'을 두었다. 후궁을 많이 두지 말라(신 17:17)는 왕의 금령과 외국인과 결혼하지 말라는 율법을 모두 거역한 것이다(출 34:15-16, 신 7:3).

> "너희는 외국 여자를 아내로 삼지 말고 외국 남자를 남편으로 삼지 말라. 그들이 반드시 너희 마음을 꾀어 그들의 신에게 너희를 유인해 가겠기 때문이다."(왕상 11:2, 공동번역)

솔로몬은 이방여인들의 지참금을 챙기고(왕상 3:1, 9:16), 그들의 이방종교를 허용하여 시돈의 여신 아스다롯과 암몬의 밀곰 신을 숭배하게 하고, 모압의 그모스 신과 암몬의 몰록 신의 신당까지 지어 주었다(왕상 11:5-8).[53] 우상숭배 금지와 이방인의 가증한 일을 본받지 말라는 율법을 어긴 것이다(왕하 16:3, 17:8, 대하 28:3, 36:14). 솔로몬의 이러한 정책과 통치를 멘델홀은 '이스라엘의 이교화'라고 묘사하였다.[54]

왕실에서는 계약공동체의 계약법을 무시하고 이집트와 같은 다른 나

---

53) B. W. Anderson(1983), 61.
54) 문희석(1984), 『사회학적 구약성서해석』(서울: 양서각), 136.

라의 궁정에서 유행하던 국제적인 지혜를 추구하는 풍조가 생겨났다.[55] 그리하여 잠언 3,000개와 시편 1,005편을 편집하였다. 잠언서의 수많은 세속적인 처세술과 더불어 "헛되고 헛되며 헛되고 헛되니 모든 것이 헛되도다"(전 1:2)는 허무주의와 "해 아래 새로운 것은 없나니 하나도 없다"(전 1:9)는 체념주의를 퍼트렸다.

이런 모든 솔로몬의 행적은 역사가들의 눈에는 참을 수 없는 일이었으므로, "솔로몬은 늙어 그 여인들의 꾐에 넘어가 다른 신을 섬기게 되었다. 왕은 선왕 다윗만큼 자기 하느님 야웨께 충성을 다하지 못하게 되었다"(왕상 11:4, 공동번역)고 평가하였다.

솔로몬 시대의 군주제의 폐단과 민중의 봉기

솔로몬은 전 재임기간 동안 성전 중심의 중앙집권적인 군주제와 도시화를 강화하고 무역과 군수산업을 장려하는 부국강병책을 도입하고 인접국과의 정치적, 문화적 유대를 명분으로 이방인 아내들을 맞이하고 종교개방정책을 추진하였다. 다윗 시대에는 '군주제식 부국강병의 현실적 국가 발전논리'와 '지파연합의 전통적 자유와 평등의 논리'가 공존하고 있었으나 솔로몬은 국가 발전의 논리를 앞세워 자유와 평등의 논리를 무시한 것이 분명하다.[56] 이러한 정책으로 이스라엘은 영토를 넓히고 경제가 활성화되고 막강한 군대를 거느림으로써 국가적 위상과 솔로몬 왕가의 명성을 크게 높인 것은 사실이다. 그러나 역사가들은 이러한 정책이 하나님의 계명에 충실해야 하고 백성을 섬겨야 하는 계약공동체의 신정통치적 왕정의 이상과는 거리가 먼 것으로 평가한다.

이스라엘 왕조실록에는 "솔로몬이 마음을 돌이켜 이스라엘 하나님 여

---

55) B. W. Anderson(1983), 62.
56) 한국신학연구소(1992), 『함께 읽는 구약성서』(서울: 한국신학연구소), 149.

호와를 떠남으로 여호와께서 저에게 진노하셨다"(왕상 11:9)고 기록하고 있다. 야웨신앙의 계약정신을 배반했다는 것이다. 두 번씩이나 다른 신을 좇지 말라고 경고한 것을 무시하고 하나님의 언약과 법도를 지키지 않았으므로 적대세력이 일어나 왕국을 빼앗을 것이라고 선언하였다.

솔로몬의 치적은 하나님의 진노뿐 아니라 백성들의 반란을 유발하였다. 극심한 빈부격차와 이방문물의 범람은 경제개발과 국제교류의 불가피한 부작용이라 할지라도 '왕실의 사치'와 '과중한 세금'과 '강제노역'의 결과로 백성들이 노예적인 삶을 사는 것은 참을 수 없는 일이었다.

솔로몬의 강화된 군주제와 장기집권으로 백성들의 노예화가 가속된 것이 사실이다. 대규모 건축사업을 위하여 초기에는 외국인 노예들이나 노동자들을 투입하였지만 점차 자유인으로 살던 많은 이스라엘 백성들을 강제노역에 동원하여야 했다. '벼락경기'와 과중한 조세 부담이 빈부격차를 심화시켜 무산계급과 고용노동자와 채무노예들도 생겨나게 하였다.57)

"이스라엘의 농촌사회의 단순함은 솔로몬이 이룩한 번영의 물결에 휩쓸려 사라져 갔고, 일부는 벼락부자가 되어 왕실의 보호를 받았고, 일부는 비참한 가난에 시달려 왕실노예로 전락하였다."58)

백성의 목자가 되어 공의와 자비로 겸손히 백성을 섬기며 돌보아야 할 왕이 절대군주로서 권력을 휘둘러 마침내 백성을 노예로 부리는 형국이 된 것이다. 100여 년 전 백성들이 왕정을 요구했을 때에 그들이 동방의 왕과 같은 왕을 원한다면 그 권력에 의해 자유가 무자비하게 박탈당하

---

57) J. Bright(1978), 349.
58) B. W. Anderson(1983), 61.

고, 세속화되며, 나아가 계약공동체의 바탕이 흔들리고 마침내 '왕이 백성을 종으로 삼을 것'이라는 사무엘의 불길한 경고가 적중한 것이다.[59]

더욱 참을 수 없는 것은 남의 땅 이집트의 노예살이에서 해방되어 다시는 노예제도가 없는 거룩한 제사장 나라를 세웠더니, 이제는 자기 땅에서 다시금 노예살이와 다름없이 시달리는 참담한 현실이었다. 백성들의 봉기가 불가피하게 된 것이다.

솔로몬의 횡포에 대항하여 에돔 사람 하닷과 다마스쿠스의 르손의 반란이 있었고(왕상 11:14-25), 뒤를 이어 여로보암의 봉기가 있었다. 밀로에서 솔로몬의 별궁 공사감독관(부역책임자)을 맡았던 여로보암은 북쪽 에브라임 지파에 속한 사람이었다. 예언자 아히야가 르호보암에게 솔로몬의 악정을 규탄하고 새로운 통치자의 출현의 필요성을 역설하면서 야웨의 말씀을 전한다.

> "솔로몬은 나를 버리고 시돈 사람이 섬기는 여신 아스다롯과
> 모압의 신 그모스, 암몬 사람의 신 밀곰을 예배하였다.
> 그는 그의 아비 다윗과 달리, 내가 보여 준 길을 가지 않았고
> 내 앞에서 바르게 살지도 않았으며
> 내가 준 규정과 법령을 지키지도 아니하였다."(왕상 11:33, 공동번역)

르호보암은 아히야의 지원을 받아 부역에 동원된 주민들을 결속하여 솔로몬 왕에게 반기를 들지만 실패하고 이집트로 망명하여 이집트 왕 시삭의 보호를 받는다.

서기전 922년 솔로몬은 60년을 통치하고 죽는다. 솔로몬 사후에 그

---

59) B. W. Anderson(1983), 62.

의 아들 르호보암이 왕위를 계승함으로 왕위의 세습이 정착하지만, 군주제의 폐단이 극에 달하여 이에 항거하는 세력이 거세게 일어나고 결국은 왕국 분열의 비극으로 치닫는다.

4) 솔로몬 사후 남북왕국의 분열

솔로몬 사후의 민중봉기

솔로몬이 죽자 그의 장남 르호보암이 세겜에서 왕위를 자동 계승한다. 다른 나라처럼 왕위의 세습이 완전히 정착된 것이다. 솔로몬의 강압정치에 항거하다 이집트로 망명하였던 여로보암도 귀국한다. 백성들의 대표와 여로보암이 제4대 왕으로 즉위한 르호보암에게 가서 선왕先王 솔로몬의 무거운 멍에와 고역을 가볍게 해 달라고 청원한다. 그러자 르호보암이 솔로몬의 신하였던 원로들에게 자문을 구하니 이렇게 권고한다.

> "왕이 만일 오늘날 이 백성의 종이 되어
> 저희를 섬기고 좋은 말로 대답하여 이르시면
> 저희가 영영히 왕의 종이 되리이다."(왕상 12:7)

왕은 다른 나라처럼 절대군주로 군림해서는 안 되며, '왕은 백성을 섬기는 종'이어야 한다는 계약공동체의 이상을 재천명한 것이다. 그러나 르호보암은 원로들의 충고를 거절한다. 그 대신 백성들이 왕을 만만히 보아 대드는 것이니 일평생 왕권을 유지하려면 처음부터 본때를 보여 주어야 한다는 함께 자란 젊은 신하들의 권고를 받아들인다.

> "나의 새끼손가락이 부왕의 허리보다 굵다.

너희는 부왕께서 메워 주신 멍에가 무겁다고 한다마는

나는 그보다 더 무거운 멍에를 너희에게 지우리라.

부왕께서는 너희를 가죽채찍으로 치셨으나

나는 쇠채찍으로 다스리리라."(왕상 12:10-11, 공동번역)

르호보암은 3일 후에 백성들에게 "내 부친이 채찍으로 너희를 다스렸다면 나는 전갈로 너희를 다스리리라"고 선언한다. 백성들의 민주화 요구를 거절하고 솔로몬보다 더 강압정치를 하겠다고 선포하자 백성들은 르호보암과의 결별을 선언하고 여로보암을 왕으로 삼는다. 왕국이 분열된 것이다.

남북왕국 분열의 원인

솔로몬 사후 이스라엘 12지파 중 북쪽의 10지파는 여로보암을 추종하였고, 남쪽의 유다와 베냐민 지파만이 르호보암을 지지하였다. 북왕국은 자기들이 다수 지파라 하여 '이스라엘'로 칭하였다. 남왕국은 르호보암이 유다 가문이므로 '유다'로 불렸다. 사울, 다윗, 솔로몬으로 이어진 100년간의 왕정이 남북으로 분단된 원인을 살펴보자.

(1) 솔로몬이 계약공동체의 이상을 저버리고 부국강병과 중앙집권을 명분으로 가나안 도시국가의 군주제를 강화하여 그 부작용이 극에 달하였기 때문이다. 군주제하의 궁전의 사치와 강제노동과 중과세는 백성들의 원성을 샀으며, 부국강병책은 빈부격차를 심화시켰고, 결과적으로 여로보암을 중심으로 한 민중의 봉기를 초래하였다.

(2) 국제교류와 이방종교의 개방으로 야웨종교와 바알종교의 종교혼합이 성행하였으며, 솔로몬과 그의 이방인 아내들이 이를 조장하는 데 앞장섰으므로 야웨주의자들의 반감을 고조시켰다.

(3) 솔로몬은 자신의 왕권을 강화하기 위하여 지역 편파적인 정책을 지속하여 국론을 분열시켰다. 그가 등용한 고급관리인 제사장 사독, 용병대장 브나야, 예언자 나단까지도 그의 출신지인 남쪽 유대 출신들이었다. 아도니야의 지지 세력이라 해서 제거한 민병대장 요압, 제사장 아비아달 등은 북쪽 지파 사람들이었다.

(4) 북쪽에 있던 실로는 오랫동안 법궤를 안치한 성막이 있던 곳으로 예루살렘 성전을 짓기 이전까지 야웨종교의 주요한 중심지였다. 그러나 솔로몬이 성전을 지은 다음에는 왕실 사제를 임명하는 등 제의의 중앙집중화로 지방성소의 제사장 계급들이 중앙성전에서 소외되기 시작하였다.

(5) 왕국의 분단에는 지역감정이라는 내부적 원인 외에도 국제정세의 외부적 영향력도 작용하였다. 이집트 제22왕조의 시삭 1세Shishak I는 솔로몬에게 쫓겨 온 여로보암을 환대하고 지지함으로써 은근히 이스라엘의 분열을 조장한 것이다(왕상 11:40). 시리아, 두로, 암몬, 모압, 에돔과 같은 주변 국가들도 솔로몬의 통치로 위협을 받았고 때로는 조공을 바쳐야 했기 때문에 이스라엘의 분열로 국력이 약화되기를 기대하였다.

(6) 결정적으로 솔로몬 사후 르호보암마저 지파연합의 계약정신을 저버리고 북쪽 지파들의 오랜 소외와 불만을 수용하지 않아 북쪽 지파 출신 여로보암을 중심으로 한 세력들에 의해 왕국이 분열된 것이다.

왕국의 분단은 왕국의 멸망을 재촉하였다. 분단된 왕국의 국력이 쇠하여져서 북왕국 이스라엘은 200년이 지난 서기전 722년 호세아 왕 때 앗시리아의 살만에세르 5세Shalmaneser V의 침공을 받아 멸망하고, 남왕국 유다는 서기전 587년 시드기야 왕 때 바벨론의 느부갓네살 왕 Nebuchadnezzar(서기전 605-526)의 침략으로 멸망하게 된다. 남북왕국을 비교해 보면 다음과 같다.[60]

북왕국과 남왕국의 비교

	북이스라엘 왕국	남유다 왕국
초대왕	여로보암	르호보암
수도	사마리아	예루살렘
지파	유다, 베냐민을 제외한 나머지 10지파	유다, 베냐민
종교	성전이 없어 시내산 계약전승을 강조함	예루살렘 성전 중심 다윗계약을 강조함
정치	정통성 결여로 혁명과 왕조의 교체가 빈번함	왕조신학의 정통성으로 다윗 왕조가 존속함
경제	국제교역으로 경제 융성하나 빈부 격차 심함	농업, 목축업 위주로 경제적으로 낙후함
국제관계	외세에 노출되어 있음	지정학적으로 고립되어 있음
존속기간	서기전 922-722(200년)	서기전 1000-587(413년)
멸망	앗시리아의 살만에세르 5세 왕의 침략으로 멸망	바벨론의 느부갓네살 왕의 침략으로 멸망

---

60) 박준서(1988), "구약신학",『성서와 기독교』(서울: 연세대학교출판부), 88-89.

05

왕이신 하나님과
이스라엘의 군주제

1) 고대 근동의 군주제와 이스라엘의 왕정

초기 이스라엘 계약공동체는 현실과 이상 사이에서 번민하다가 결국은 사사시대의 내외적 위기를 극복하기 위하여 왕정을 도입하게 된다. 그러나 그들은 가나안 도시국가의 왕정과는 질적으로 달라야 한다는 조건을 제시한다. 지성소의 '아론의 지팡이'가 상징하듯(민 17:5) 열국과 같이 너희 위에 왕을 세우려면 하나님 여호와의 택한 자(삼상 1:24, 16:18, 시 89:3)이면서 동시에 백성의 마음에 드는 자여야 한다(신 17:18)는 조건이다. 아무나 스스로 왕이 될 수 없다. 그리고 왕은 하나님을 영화롭게 하고 백성을 기쁘게 하는 자라야 한다.

이렇게 하여 시작된 이스라엘의 왕권제도의 첫걸음은 주변국들의 왕권과는 상당히 다른 것이었다. 이스라엘은 "제한된 왕권"의 개념 속에서 새로운 왕정을 수용하였다.[61]

---

61) 한국신학연구소(1992), 120-123.

(1) 고대 근동에서는 왕권이 세습에 의해 승계되는 것을 그 특징으로 하고 있으나, 이스라엘은 왕을 임명하고 폐위시키는 권한을 야웨종교의 지도자에게 부여함으로써 왕권이 절대권력이 되는 것을 제한하였다. 사울은 사무엘에 의해 왕으로 기름부음(임명) 받았으나 후에 사무엘은 사울에 대한 지지를 철회하고 다윗을 새로운 왕으로 임명하게 된다. 솔로몬의 경우 예언자 나단에 의해 임명을 받았으나 그 근거는 다윗 왕의 지명에 의한 것이었다(열상 1장). 이것은 이스라엘의 제한된 왕권 개념에 대한 정면 도전이었다. 솔로몬의 왕위계승을 둘러싼 예언자 나단과 제사장 아비아달의 갈등은 왕의 지명권에 대한 이스라엘 전통과의 갈등을 암시한다. 이러한 제한된 왕권개념은 후에 북왕국의 예언자들을 통해 주로 계승되어 후대에 예언자 아히야는 여로보함을, 예언자 엘라사는 예후를 각각 왕으로 임명한다.

(2) 전쟁 선포도 왕의 권한이 아니라 종교지도자의 권한이었다. 블레셋과의 전쟁터에서 사울은 사무엘을 일주일간이나 기다렸으나 그가 오지 않자 군대는 뿔뿔이 흩어져 버릴 지경이 되었다. 사울은 더 이상 기다릴 수 없게 되어 제사를 지내는데, 이것은 사울이 단순히 제사권을 범한 것뿐만 아니라 전쟁을 선포하는 종교지도자의 권한을 범한 것이다 이 사건은 사무엘이 사울에 대한 지지를 철회하게 되는 중요한 원인이 된다(삼상 13장).

고대국가의 왕들은 왕권강화를 위해 전쟁을 그 수단으로 삼았다. 고대국가에서 기술상의 발전에 따른 획기적인 생산력의 증대는 한계가 있었으므로 흔히 왕들은 왕권에 필요한 물적 기반을 가장 손쉽게 확보할 수 있는 수단으로 정복전쟁을 수행하였다. 부득이한 경우 전쟁을 하게 되더라도 전리품을 완전히 소멸시키는 이른바 '거룩한 전쟁'을 수행함으로써 전쟁이 물자 획득의 수단이 되지 못하도록 하였다.

(3) 왕의 통치는 철저하게 하나님의 법에 근거해야 한다. 고대 근동의 왕들은 그들 자신이 입법자이기 때문에 왕의 통치 근거는 자신에게 있었다. 그러나 이스라엘은 법 제정의 권한을 철저하게 야웨 하느님께 돌린다. 그리고 왕 역시 법 아래 있는 존재로, 법을 두루마리에 베껴 항상 왕의 옆에 두고 읽고 그것을 실천해야 한다(신 17:18 이하).

고대 근동의 전제적 왕권체제에 대한 반발로 발생했던 초기 이스라엘의 평등사회는 입법기능이 왕이 아니라 야웨 하느님의 고유 권한임을 철저하게 신앙고백으로 받아들였다.

(4) 왕의 임무도 다른 나라와는 달라야 한다. 폭력을 사용하여 백성 위에 군림하는 절대군주ruling king가 아니라 백성의 목자로서 백성을 돌보고 섬기는 왕servant king이어야 한다는 것은 예언자들의 이상이기도 하였다(사 9:6-7, 겔 34:23, 37:24-26). 폰 라트는 왕정이 군사적 필요와 사사제도의 부패로 요청된 것이기 때문에 이스라엘 왕의 직무는 외적으로 야웨의 도움을 받아 모든 적들의 침략에서 백성들을 보호하고, 내적으로는 야웨의 뜻에 복종하여 백성들을 의롭게 다스리는 것으로서 하나님의 의지의 수호자라고 했다.62) 이러한 왕정의 전향적 의식은 왕의 금기사항에서도 그대로 반영되어 있다.

> "그러나 왕이라고 해도 군마를 많이 기르는 일만은 하지 못한다. …
> 왕은 또 많은 후궁을 거느리지 못한다. …
> 은과 금을 너무 많이 모아도 안 된다."(신 17:16-17)

말을 많이 두지 말라는 것은 마병과 병거에 의한 군사통치를 금지한

---

62) G. von Rad(1976), 『구약성서신학 I』(왜관: 분도출판사), 322.

것이고, 아내를 많이 두지 말라 한 것은 절대군주들처럼 아무 여자나 아내로 취하지 말라는 것이며, 자기를 위한 은금 소유를 금지한 것은 왕의 부의 독점과 사치 향락을 금한 것이다. 이런 것들은 다른 나라의 왕들이 즐겨 하는 짓들이기 때문이다.

(5) 이스라엘의 왕이 특별히 해야 할 일은 다른 것이다. 율법을 배워 지켜 행하고, 겸손하며, 불편부당해야 한다는 것이다. 그래야 왕위를 지킬 수 있다고 하였다.

> "그가 왕위에 오르거든 레위 사람 제사장 앞에 보관한
> 이 율법서를 등사하여 평생에 자기 옆에 두고 읽어서
> 그 하나님 여호와 경외하기를 배우며
> 이 율법의 모든 말과 이 규례를 지켜 행할 것이라.
> 그리하면 그의 마음이 그 형제 위에 교만하지 아니하고
> 이 명령에서 떠나 좌로나 우로나 치우치지 아니하리니
> 이스라엘 중에서 그와 그의 자손의 왕위에 있는 날이 장구하리라."
>
> (신 17:18-20, 참조 삼상 8:11-18)

고대 근동의 법은 왕이 법의 재정자이고 선포자이지만, 이스라엘에서 입법자는 항상 야웨이고 왕도 법률을 복사하여 소지하고 이를 주야로 묵상하며 엄격히 지켜야 했다.

(6) 왕의 직무에 대한 논쟁은 왕정의 전성기였던 솔로몬 사후에 새롭게 부각되었다. 솔로몬은 왕정에 대한 이스라엘 백성의 기대를 저버리고 다윗이 포기하고 말았던 인구조사 사업 및 토지재분배 사업을 추진함으로써 지파의 경계선을 없앴으며, 정교한 왕조체제를 구축하기 위해 이집트의 행정체제를 도입하였다. 심지어는 이스라엘의 자유인들을 자신의

근위병으로 강제 징집하고 부역에 동원시켰다.[63)]

다른 나라의 절대군주처럼 조세권, 징집권, 부역권을 행사하며 백성위에 군림하여 온갖 폭정을 일삼아 여로보암의 반란을 겪기도 하였다. 솔로몬 사후 백성들은 솔로몬의 아들 르호보암에게 선왕의 무거운 멍에를 가볍게 해줄 것을 요청하였을 때 나이 많은 신하의 충고는 왕의 직무에 대한 놀라운 통찰을 제시한다.

> "왕이 만일 오늘날 이 백성의 종이 되어 저희를 섬기고
>
> 좋은 말로 대답하여 이르시면
>
> 저희가 영영히 왕의 종이 되리이다"(왕상 12:7).

여기서 사용된 '종'이라는 단어의 개념은 소유의 뜻도 있다. 백성이 왕의 소유가 아니라 왕이 백성의 소유이므로 왕의 직무는 백성의 요구를 듣고 순종하는 것임을 강조하고, 아울러 솔로몬의 통치와 분명히 다른 새로운 통치를 요구한 것이다.

주변 군주제 국가에서는 왕이 백성을 종으로 부리는 데 반하여 이스라엘에서는 신정정치의 이상에 따라 '왕이 백성의 종이요 백성을 섬기는 자'라는 신하들의 건의는 왕의 직무에 대한 혁명적인 사유라 할 수 있다. 이 나이 많은 신하들은 "강압정치를 봉사정치로 바꾸라는 민중들의 요구를 정확히 읽고 르호보암에게 조언한"[64)] 것이다. 왕은 절대군주로서 행동해서는 안 되며, 옛 지파연합체의 평등권을 보호하는 수호자여야 한다

---

63) P. D. Hanson(1982), *Diversity of Scripture: A Theological Interpretation*(Philadelphia: Fortress), 29.

64) 임태수(1989), 686. "왕이 백성의 종이 되어야 한다는 획기적인 사상이 나타난다. 이는 이스라엘 사람들이 가지고 있었던 이상적인 왕 이데올로기, 즉 신왕(神王)사상에 합당한 왕상(王像)임에 틀림없다."

는 사실을 재확인한 것이다.

이러한 왕의 직무에 대한 이해는 제왕시편에도 여러 형태로 묘사되어 있는데 그 골자는 다윗 왕조신탁(삼하 7:8-17)과 대동소이하다.

"하느님, 임금에게 올바른 통치력을 주시고
임금의 아들에게 정직한 마음을 주소서.
당신의 백성에게 공정한 판결을 내리고
약한 자의 권리를 세워 주게 하소서.
높은 산들아, 너희 언덕들아,
백성에게 평화와 정의를 안겨 주어라.
백성을 억압하는 자들을 쳐부수고
약한 자들의 권리를 세워 주며 빈민들을 구하게 하소서.
해와 달이 다 닳도록 그의 왕조
오래오래 만세를 누리게 하소서."(시 72:1-5, 공동번역)

왕은 야웨께 신실하고 백성을 정의와 평화로 다스려야 한다는 것과 야웨가 세운 다윗 왕가는 영원할 것을 노래한다.

왕정의 역사를 보면 솔로몬 왕의 실정과 그 결과 왕국이 분열됨으로써 이스라엘의 이상적인 왕정 실현의 기대가 좌절되고 말았다. 왕정의 실패를 경험하면서 이상적인 왕에 대한 기대가 고조되었다. 이사야는 다윗 왕의 이상을 실현할 평화의 왕, 그의 나라를 법과 정의 위에 굳게 세우실 새로운 왕을 기대했다(사 9:6-7, 11:1-9).

남국으로 분열된 왕국이 마침내 차례로 멸망하고, 남왕국 유다 백성들이 바벨론의 포로로 잡혀간 이후로 이스라엘의 왕정이 중단되었다. 포로기 동안에 이스라엘 백성들은 왕정의 회복과 함께 다윗과 같은 이상적인 왕의 출현을 간절히 고대하였다. 제2이사야는 놀랍게도 영광스러운 민족의 지도자인 다윗과 같은 메시아 대신 '고난의 종'이라는 새로운 이상적인 지도자상을 제시하였다. 그는 무력과 강권으로 이스라엘의 지배권을 회복하여, 군림하는 자가 아니라 백성의 질고를 알고 그 고난을 대신 겪음으로써 백성의 종이 되어 백성을 섬기는 자이다. "옛 메시아상의 철폐는 새로운 지도자상을 탄생시킨 것이다. 말하자면 그는 무력에 의해서가 아니라 정의를 펼치고 치유하고 위로하고, 심지어 몸소 인간적인 질고를 겪음으로써 백성을 하나님께로 인도하는 지도자이다."[65] 이러한 메시아상은 지배자이면서 섬기는 자로서의 왕의 이상을 최고의 승화된 형식으로 묘사한다.

이러한 계약공동체 군주제의 이상을 당시의 평균적 군주제의 성격과 비교해 보면 그 전향적 의미와 깊은 뜻이 분명히 드러난다.

초기 계약공동체와 고대 근동국가의 정치제도

초기 계약공동체의 정치제도	고대 근동국가의 정치제도
하나님의 신정통치의 대리자	왕이 곧 신으로서 통치
한시적 비세습 사사	세습적 종신제 군주
징세권, 징집권, 부역권 없음	징세권, 징집권, 부역권 있음
수도 중앙정부 상비군 없음	수도 중앙정부 상비군 있음
느슨한 지파연합의 사사제	중앙집권적 군주제

신약성서는 이러한 군주제의 전통이 예수의 삶과 교훈을 통해 온전히

---

65) P. D. Hanson(1982), 38.

드러났음을 선포한다. 말을 타고 군대의 위용을 떨치면서 입성하는 로마의 총독과 같은 억압적인 이방의 통치자와 달리, 겸손히 나귀를 타고 예루살렘에 입성한 예수는 자신의 두 제자 야고보와 요한이 예수가 '영광의 자리'에 앉을 때 좌우편에 앉게 해달라고 하자 자신이 섬김의 통치라는 왕정의 이상을 실현하러 왔음을 천명하였다.

> "너희도 알다시피 이방인들의 통치자로 자처하는 사람들은
> 백성을 강제로 지배하고 또 높은 사람들은 백성을 권력으로 내리누른다.
> 그러나 너희는 그래서는 안 된다.
> 너희 사이에서 누구든지 높은 사람이 되고자 하는 사람은
> 남을 섬기는 사람이 되어야 하고,
> 으뜸이 되고자 하는 사람은 모든 사람의 종이 되어야 한다.
> 사람의 아들[예수 자신]도 섬김을 받으러 온 것이 아니라
> 섬기러 왔고, 또 많은 사람들을 위하여
> 목숨을 바쳐 몸값을 치르러 온 것이다."(막 10:42-45, 공동번역)

이스라엘의 왕의 직무에 대한 신명기 사가의 놀라운 통찰력, 즉 이스라엘의 왕은 백성의 종이며 백성을 섬기는 자여야 하며, 강압통치는 봉사의 통치로 바뀌어야 한다는 신념이 왕 중의 왕King of kings이신 예수 그리스도의 언행을 통해 온전히 이루어진 것을 알 수 있다.

2) 왕이신 하나님과 이스라엘의 군주제

히브리 종교의 가장 독특한 요소 중 하나로 성서에서는 한결같이 '하나님을 왕'이라고 불렀다는 점이다. 창조주 하나님이 만백성을 다스리는

왕이라는 믿음이 사라진 적이 없었다. 이스라엘에서는 '왕을 신'으로 여기는 어떠한 시도도 없었다. 이스라엘이라는 이름은 아마도 '하나님(엘)이 다스리신다' 뜻일 것이다. 그들을 다스릴 자는 인간 통치자가 아니라 하나님이어야 한다는 것이다. 군주적인 통치를 반대하는 지파 동맹체의 이러한 선택은 이스라엘이라는 이름을 통하여 그 종교적인 의미를 잘 표현하고 있다.[66]

모빙켈은 『시편 연구 II』(1921)에서 유사한 견해를 표명하였다. 신년제 때 법궤가 시온에 행진하며 야웨가 그의 신전에서 왕으로 즉위한다는 것이다. 그리고 참예자들은 "야웨가 왕이시다"라는 제의 합창을 불렀다는 것이다.[67] 그는 시편 47편을 야웨의 대관시라고 본다.

> 환호 소리 높은 중에 하느님, 오르신다.
> 나팔 소리 나는 중에 야웨, 올라가신다.
> 찬미하여라 하느님을, 거룩한 시로 찬미하여라.
> 찬양하여라 우리 왕을, 거룩한 시로 찬양하여라.
> 하느님은 온 땅의 임금님이시다.
> 멋진 가락에 맞추어 찬양하라.
> 하느님의 만방의 왕 거룩한 옥좌에 앉으셨다.(시 47:5-8)

이것은 이사야 소명 설화에서도 찾아볼 수 있다. 이사야는 웃시야 왕이 죽던 해에 소명을 받았다. 웃시야는 유다 역사상 강력한 왕이었다. 유능한 왕을 잃은 유다의 백성들에게 이사야는 하나님이 그들의 왕이라는 것을 선포한다. 그는 백성들이 의지할 것은 예루살렘에 즉위하는 지상의

---

66) Albertz Rainer(2003), 『이스라엘종교사 1』(서울: 크리스챤다이제스트), 164.
67) 장일선(1990), 『구약신학의 주제』(서울: 대한기독교출판사), 218.

왕이 아니라 참 왕이신 만군의 야웨임을 계시를 통해 받은 것이다.[68]

"야웨께서 위엄을 옷으로 입으시고 왕위에 오르셨다.

야웨께서 그 위엄 위에 능력을 띠삼아 동이셨다."(시 93:1)

"야웨께서 왕위에 오르셨다.

온 땅은 춤을 추어라."(시 97:1)

"이 땅을 든든하게 세우신 야웨 앞에서

'야웨가 왕이시다'고 만방에 외쳐라."(시 96:10)

초기 이스라엘 계약공동체가 주변의 국가들과 달리 왕을 세우지 않고 사사제도를 200년간 지속한 것은 야웨가 이스라엘을 다스리시는 왕이라는 신앙에서 비롯되었다. 그리하여 "그 때는 이스라엘에 왕이 없었다"는 공식문구처럼 왕이 부재했던 사사제도가 안팎으로 위기에 처하여 백성들이 '다른 나라처럼' 왕을 세우자고 왕정을 요구했을 때 기드온(삿 8:23-24)과 사무엘(삼상 8:7)이 이를 거부한 첫 번째 이유는 종교적으로 야웨가 왕이므로 다른 왕을 세우는 것이 용납되지 않았기 때문이다.[69]

"내가 그대들을 다스릴 것도 아니요,

내 자손이 그대들을 다스릴 것도 아닙니다.

그대들을 다스리실 분은 야웨시오."(판관기 8:23-24, 공동번역)

---

68) 장일선(1990), 217.
69) Antti Laato(1990), *Who is Immanuel*(ABO Akademis Foerlag: ABO Academy Pr.), 48-49.

사무엘이 백성들의 왕정 요구에 대해 마음이 언짢아 야웨께 기도하였을 야웨의 대답은 이러했다.

"백성이 하는 말을 그대로 들어 주어라.
그들은 너를 배척하는 것이 아니라
나를 왕으로 모시기 싫어서 나를 배척하는 것이다.
그들은 내가 에집트에서 데려 내온 이후 이날 이때까지
나를 저버리고 다른 신들을 섬기며 그런 짓을 해 왔다.
너한테도 지금 그렇게 하는 것이다.
그러니 이제 그들의 말을 들어 주어라.
그러나 엄히 경고하여 왕이
그들을 어떻게 다스릴 것인지를 일러 주어라."(삼상 8:7-9)

"너희는 너희를 모든 재난과 고통 중에서 친히 구원하여 내신
너희의 하나님을 오늘 버리고 이르기를
우리 위에 왕을 세우라 하는도다."(삼상 10:19)

이스라엘 백성의 요구로 사울을 왕으로 세웠으나 '왕'(melek)이라 부르지 않고 '지도자'(nagid)라고 부른 것도, 야웨가 왕이라는 정통적인 신앙을 버릴 수 없었기에 왕이라는 칭호를 사울에게 붙이는 것을 꺼려했기 때문일 것이다. 마침내 이스라엘이 왕정 도입으로 왕을 세웠지만 왕이 하나님이라는 관념을 이스라엘은 가져 본 적도 없었고 가질 수 있었던 적도 없었다.[70] 이스라엘의 신앙에 따르면, 왕이 비록 평범한 백성과 같

---

70) R. de Vaux(1983), 209.

은 사람은 아니지만, 그럼에도 불구하고 그는 결코 신이 아니다(왕하 5:7, 겔 28:2, 9).

그러나 이집트에서는 왕을 신으로 보았다. 바로는 그 기원과 본질이 신적이다. 즉 바로는 신이 재생한 것이다. 오시리스Osiris와 이시스Isis 신의 아들 호루스Horus가 이집트의 최초의 왕이었듯이 왕을 신의 상속자로 여겼다. 바로는 태양신 레Re의 아들이다. 바로의 통치는 '레'의 통치와 같은 것으로 보았다. 바로를 인간처럼 죽는 것이 아니라 신처럼 영생한다고 여겼다. 바로가 죽은 다음에 그는 다시 태양신의 일부가 되는 것이다.[71] 이집트 왕은 사실상 신으로 여겨졌기 때문에 수만 명의 일꾼을 동원하여 하나의 무게가 2.5톤이 넘는 돌덩어리 수백만 개를 쌓아 피라미드를 건설할 수 있었던 것이다.[72] 프랑크포트Frankfort는 이처럼 이집트의 백성들이 바로의 초자연적인 성격을 인정하였기 때문에 이집트 역사상 왕에 대한 백성의 봉기가 없었다는 사실을 지적한다.

메소포타미아의 경우 왕은 신이 아니라 신의 아들이라고 여겼다. 여기서 아들이란 왕이 신과 접촉하기가 가깝고 또 신에게 의존한다는 것을 의미하는 듯싶다. 그러므로 함무라비 법전에서 함무라비 자신을 '신의 아들'이라고 부르고 있는 것이다. 프랑크포트는 메소포타미아의 왕들이 신의 아들이라고 불려도 그들이 결코 신은 아니라는 점을 분명히 밝히고 있다.[73]

'수메르 임금 계보'라는 문헌 맨 첫 줄은 "왕권이 아누(=하늘)로부터" 내려왔다고 적혀 있다. 그 뒤에도 신들과 임금들은 궁극적 권위를 아누에 기댔다. 서기전 18세기경 『함무라비 법전』 '서언'은 첫 문장부터 바빌

---

71) 장일선(1990), 211.
72) K. C. Davis(2005), 『세계의 모든 신화』(서울: 푸른숲), 80.
73) 장일선(1990), 212.

론 통치의 정당성을 주장한다. '정통성의 계보'는 아누에서 시작된다.74) 헷족속에게서는 왕이 사후에 신이 되었으나, 반면에 그의 생존 시에는 신으로 여겨지지 않았다.75) 이처럼 고대 근동에서는 왕을 신으로 여기거나 신의 형상으로 여겼다. 왕이 신으로 자처하거나 왕이 죽어서 신이 된다는 신관이 널리 퍼져 있었다. 이러한 관념은 로마시대까지 이어져서 1년에 한 번은 황제의 신상에 분향을 하는 것을 로마 시민의 의무로 여겼다.

왕을 세우면서 이방인들의 왕정을 모방하지 말도록 경고하며(삼상 8:5; 17:14), 왕에게서 파생될 수 있는 온갖 악행들을 미리 경고한다(삼상 8:11-18 ; 신 17:16 이하).76) 왕정과 더불어 예언자들이 등장하여 왕들에게 온갖 것들을 다 비난함에도 불구하고 왕의 신적인 성격에 대하여 암시한 적은 한 번도 없다. 이는 왕들이 때론 우상숭배를 하는 등 온갖 불신앙적인 행동을 하긴 했어도 어느 왕도 자신을 신처럼 여기거나 신처럼 행동한 적이 전혀 없었다는 것을 반증한다.

이스라엘 주변의 고대 근동세계에서도 '신의 왕적 통치'라는 개념은 널리 알려져 있었다. 그러나 이스라엘의 경우 하나님께 적용된 '왕'이란 칭호는 하나님의 초월적 권능을 표현하는 하나의 은유였다. 하나님은 왕처럼 다스리신다. 이때 야웨의 왕국개념은 매우 다양한 통치영역과 관련되어 있다. 하나님은 왕으로서 자신이 사랑하여 택한 백성 이스라엘을 다스리시는 '이스라엘 왕'일 뿐 아니라 '온 땅의 왕'이시며 왕으로서 열방들을 다스리신다.

---

74) 주원준(2012), 『구약성경과 신들: 고대 근동 신화와 고대 이스라엘의 영성』(서울: 한님성서연구소), 39.
75) R. de Vaux(1983), 207.
76) R. de Vaux(1983), 182.

"시로 우리의 왕을 찬양하여라. 시로 찬양하여라.

하나님은 온 땅의 왕이시니…,

하나님은 뭇 나라를 다스리는 왕이시다.…

열강의 군왕들은 모두 주님께 속하였다."(시 47:6-9)

하나님은 "모든 신들보다 크신 왕"(시 95:3)이시며, "영원하신 왕"으로서 천상의 바다 위에 좌정하여 계신다(시 29:10).

이처럼 이스라엘의 경우 하나님이 그들을 다스리는 왕으로 고백하였기 때문에 불가피하여 왕정을 도입한 후에도 이스라엘 백성이 왕정은 주변 국가와는 달라야 하며, 왕의 역할과 성격도 다르다는 점을 명확히 하려고 하였다.

(1) 이스라엘에서는 지성소의 '아론의 지팡이'가 상징하듯(민 17:5) 왕은 야웨께서 선택한 자로서 기름부음 받는 의식을 거쳐야만 하였다. 사무엘이 야웨의 명을 받아 다윗에게 기름을 부어 이스라엘의 왕을 세운 후 그를 왕으로 부르는 대신 여러 차례 "야웨의 기름부음을 받은 자"(삼상 24:6, 10, 26:9, 11, 16, 23, 삼하 1:14, 16)로 불렀다.[77] 이스라엘의 왕을 야웨의 기름부음을 받은 자라 한 것은 "왕은 하나님의 대리인이며, 야웨 하나님이야말로 온 세상을 다스리는 진정한 왕이라는 개념으로부터 파생한 것"이다.[78] 따라서 이스라엘에서는 왕들을 선택하고 계승하고 폐위시키는 자는 야웨이시다(왕상 14:7 이하, 16:1 이하, 21:21 이하, 왕하 9:7 이하, 13:11).

무엇보다도 왕들을 긴장하게 만들었던 몇 가지 권한이 예언자에게 부여되었다. 즉 왕을 임명하고 폐위시킬 수 있는 권한, 전쟁을 선언하는 권

---

77) 강성렬(2011), "고대 이스라엘 신정공동체와 공정한 사회", 「신학논단」 63집, 18.
78) 강성렬(2011), 19.

한 왕들로 하여금 공동체의 법들이 보장하는 이 세상에 대해 책임을 질 수 있게 하는 권한 등이었다.[79]

왕정이 부패하였을 때 예언자들이 이상적인 왕에 대한 기대를 이상적인 메시아의 도래에 대한 희망으로 선포한 것도 이런 배경에서 이해되어야 한다. 그래서 호세아는 물론 하나님의 허락이 없이도 왕들을 세웠다는 비난도 그 백성에게 퍼부었다(호 8:4).[80]

(2) 고대 오리엔트에서는 모든 왕들이 대지주들이었다. 그들이 소유하였던 토지들은 직접 왕궁에서 관리하거나 소작을 주거나, 일정한 세금이나 인력의 제공을 조건으로 빌려주기도 하였다. 이 모든 것은 특별히 이집트에서 해당된 이야기이다. 거기서는 국토의 대부분이 왕이나 성전의 소유물이었다.[81] 그러나 이스라엘에서는 모든 땅은 야웨 하나님의 것이므로 야웨 하나님께서 이스라엘 백성에 약속하고 선물로 주신 것이므로 영원히 매매할 수 없게 하였던 것이다(레 25:23).

(3) 이집트에서는 왕이 곧 신이며 그의 명령이 곧 법이었기 때문에 이집트에서는 메소포타미아의 함무라비 법전이나 히브리의 시내산 계약법전(십계명)과 같은 성문법이 없었다고 한다.[82] 그러나 이스라엘에서 왕의 가장 중요한 과제는 야웨의 율법을 주야를 묵상하고 이 율법에 따라 백성들을 돌보는 것이었다(신 17:14-20, 삼상 8:11-18).

(4) 이집트에서는 사제는 신과 왕을 동시에 섬겼다. 람세스 3세 시대에 이루어졌던 국세 조사에 의하면 테베에 있던 2개의 거대한 신전은 일하는 노예가 9만 명이나 되었고, 소 50만 마리, 과수원 400군데, 배 80척을 소유하고 있었다.[83] 그러나 이스라엘에서는 왕을 섬기는 제의 자

---

79) P. Hanson(1986), 53.
80) R. de Vaux(1983), 178-179.
81) R. de Vaux(1983), 229.
82) J. A. Wilson(1994), "이집트", 『기독교대백과사전 제1권』, 61-71.

체가 생각할 수 없는 일이었으며 오히려 야웨 하나님의 대언자인 예언자들이 등장하여 왕을 통치를 감시하고 견제하고 규탄하였다.

하나님께서 왕으로 다스리신다는 신앙은 이상적인 왕으로서 야웨의 기름부음을 받은 메시아 사상으로 발전하였고, 신약성서에 와서는 메시아(희랍어로 그리스도)이신 예수가 선포한 '하나님의 나라'를 통해 이어졌다. '하나님의 나라'라는 표현은 신약성서에 162회 등장하며, 공관복음서에만 121차례 나타난다.

야웨 하나님이 이스라엘의 왕으로 자기 백성을 다스리신다는 것은 유대인의 뿌리 깊은 신앙이었다. 히브리어에서 왕이라는 뜻의 멜렉melek과 왕국(나라)이라는 뜻의 말쿠트malkut는 언어적으로 유사하였다. 하나님의 나라는 히브리 전통에서 등장하는 '야웨의 통치' 혹은 '하늘의 통치'(malkut shammaim)를 희랍어로 번역한 것에 지나지 않는다. 따라서 구약성서의 야웨 왕권사상이 예수의 하나님 나라 선포의 뿌리인 것이다.[84]

---

83) K. C. Davis(2005), 『세계의 모든 신화』(서울: 푸른숲), 89.
84) 허호익(2010), 『예수 그리스도 1』(서울: 동연), 294.

제13장

예언과 묵시로 선포된

심판과 구원의 하나님

"'내가 주님께 거역한 나의 죄를 고백합니다' 하였더니,

주님께서는 나의 죄악을 기꺼이 용서하셨습니다."

(시편 32:5)

01

예언자와 역사적 심판과
구원의 하나님

1) 하나님의 대언자와 이스라엘의 중재자

구약성서의 하나님은 특히 예언자들에 의해 선포된 하나님은 사랑의 하나님이며 동시의 진노의 하나님이다. 하나님의 사랑과 하나님의 진노가 상호 역설적인 모순처럼 보이지만 죄를 범해 하나님을 떠난 인간들을 구원하시기 위한 방법이라는 점에서 사랑과 진노는 동전의 양면과 같다. 그러기 때문에 하나님의 구원의 날은 다른 한편으로 하나님의 심판의 날인 것이다.

현 역사에 관해 그래도 하나님의 섭리가 시행된다고 낙관적이었던 예언자들과 현 역사는 악이 지배하고 있다고 비관적으로 본 묵시가들이 하나님의 구원과 심판을 어떻게 선포하였는지 그 역사적 배경에서 살펴보려고 한다.

(1) 예언자는 하나님의 대언자로 하나님의 구원과 심판을 예언하였다. 계약공동체의 군주제 도입으로 등장한 아주 독특한 종교적인 지도자는 예언자이다. 이집트와 바벨론의 신들에게서 유래되는 신탁들은 결국

직업적인 점술가들의 조작과 기술에 의지해 있다. 그러나 이스라엘에서는 하나님의 영에 사로잡혀 하나님의 말씀을 대언하는 예언자들이 하나님의 뜻을 대언하였다. 이스라엘에서도 점술가들이 대중적인 신앙과 영합하여 사라지지 않고 잔존하였으나, 그것은 예언자들의 강력한 비난의 대상이 되고 있다(신 18:14, 시 2:6, 미 5:12, 렘 27:9, 29:8) 그리고 신탁을 위한 점술가의 점술을 거부하고 하나님에 계시의 말씀에 전적으로 의존하려고 하였다는 사실이다.[1]

구약성서의 예언자를 뜻하는 '나비'(נביא)는 단순히 앞으로 일어날 일을 '미리 말하는 자foreteller'가 아니다. 예언자는 지파동맹체의 계약의 중재자이거나 율법선포자로서 하나님의 입이며, 그런 의미에서 하나님의 '대언자Messenger'이다.[2]

예언자들이 대언자代言者라는 것은 그들의 소명체험, 파송, 메신저 양식을 통해서 좀 더 분명히 드러난다.[3] 그들은 하나님의 소명을 받아 황홀경 가운데서 하나님의 말씀에 사로잡혀, 하나님의 명령에 따라 이스라엘의 왕이나 백성들에게 가서 "야웨께서 이렇게 말씀하였다Thus says Yahweh"에서 시작하여 "이는 야웨의 말씀이라"고 대언한 것이다.[4]

---

1) C. F. Whitley(1981),『고대 이스라엘 종교의 독창성』(서울: 분도출판사), 60-61.
2) G. von Rad(1977),『구약성서신학 II』(서울: 대한기독교서회), 57; J. F. Ross(1962), "'The Prophet as Yahweh's Messenger", *Israel's Prophetic Heritage, Essay in honor of James Muilenburg*, ed by B. W. Anderson and W. Harrelson(New York: Harper & Brothers); J. Muilenburg(1965), "The office of the Prophet in Ancient Israel", *The Bible in Modern Scholarship*, ed., P. Hyatt(Nashville: Abingdon Pr.), 97.
3) G. von Rad(1976),『구약성서신학 I』(왜관: 분도출판사), 98. "예언자들은 소명 사건을 통해 처음부터 자신의 전생애를 통해 야웨의 말씀에 예속되어 있다고 의식하였다." R. T. Wilson(1979), "Prophecy and Ecstasy: A Reexamination", *JBL* 98: 336. 윌슨은 야웨의 영에 사로잡힌 예언자의 황홀경은 야웨의 말씀에 사로잡힌 것이라고 했다.
4) J. F. Ross(1977), 99. L. Köhler가 제2이사야의 문체 분석을 통해 처음으로 기본적인 양식이 61번 발견된다고 하였다.

이스라엘의 예언자는 하나님의 말씀을 받은 자이다. 자신의 망상이나 꿈이나 생각을 떠들어대는 자가 아니라 야웨에게서 받은 말씀을 성실하게 전하여야 하는 자이다(렘 23:28). 예언자는 이스라엘 공동체가 처한 사회적, 정치적인 문제에 깊숙이 개입하지 않을 수 없었다. 심판자요 해방자요 구속자이신 하나님의 뜻에 따라 이스라엘의 현실적인 삶에 비추어 하나님께서 그의 왕 또는 백성들에게 요구하시는 말씀만을 선포하여야 했기 때문이다.5) 그러므로 이스라엘의 예언활동이 왕정의 출현과 함께 나타났고, 왕정의 붕괴와 더불어 사라졌다는 것은 결코 우연한 일이 아니다.

특히 서기전 9세기 이스라엘의 왕정 초기의 갓, 나단, 아히야 같은 궁정예언자들은 하나님을 대신하여 국가 일에 간섭하는 왕실의 고문들로서 정치적 현안에 대해 왕에게 충언하며 직접 정치에 가담하였다.6) 왕을 임명하고 폐위시키는 권한, 전쟁을 선언하는 권한, 왕들로 하여금 공동체의 법을 준수하도록 하는 권한이 예언자의 직무로 여겨졌다.7)

서기전 8세기에는 왕정이 점차 정착되면서 절대군주제로 변형되었고, 급진적인 경제성장으로 인해 '공납제 생산양식'에 기초한 대여자본주의rent capitalism가 등장하게 되어 심각한 사회적, 종교적 문제를 야기하였다.8) 사회적 갈등이 증폭되고 야웨의 계약법은 유명무실해졌다. 이러한 상황에서 소위 문서예언자라 일컫는 아모스, 호세아, 이사야, 예레미야 같은 예언자들은 '정치적 책임과 종교적 의무 사이에 생기는 여러 갈등'을 해결하기 위해 본격적인 예언운동에 나선 것이다.9)

---

5) 서인석(1983), 『성서의 가난한 사람들』(왜관: 분도출판사), 134-135.
6) 김찬국(1978), 『예언과 정치』(서울: 정우사), 52.
7) 김찬국(1978), 38.
8) P. Hanson(1982), 28.
9) 장일선(1983), 『구약전승의 맥락』(서울: 대한기독교서회), 126-128.

(2) 예언자는 이스라엘의 중재자로서 하나님께 이스라엘 백성의 구원과 심판을 중재하기도 하였다. 구약의 예언자들은 하나님의 대언자의 역할과 더불어 또 다른 중요한 역할을 하였다. 그것은 이스라엘 백성의 대변자로서 하나님과 이스라엘 사이의 중재자(intercessor)의 역할이었다. 모세도 예언자로서 하나님의 말씀을 백성들에게 전하는 대언자이며 동시에 백성들의 죄의 용서를 하나님께 간구하는 중재자로 활동한다.

구약성서에 아브라함이 하나님께 기도하여 아비멜렉과 그의 아내와 여종을 치료한 문맥에서 아브라함을 처음으로 예언자(nabi)라 칭했다(창 20:7 참조 20:17-18). 모세는 대언자요 동시에 중재자로 등장한다. 대언자로서 모세가 이스라엘 백성과 바로에게 가서 하나님의 말씀을 전한 것에서 대언자로서의 모세의 모습을 엿볼 수 있다.

"주께서는, 모세와 아론에게 이스라엘 자손을

이집트 땅에서 인도하여 내라고 명하셨는데,

이 사실을 이스라엘 자손에게도 알리고

이집트 왕 바로에게도 알리라고,

모세와 아론에게 명하셨다."(출 6:13, 표준새번역)

중재자로서의 모세의 모습이 가장 잘 드러나는 경우는 금송아지 우상 숭배 사건이다(출 32-34장). 이스라엘 백성들이 금송아지를 만들었으므로, 하나님께서 진노하였다. 이에 "제발, 진노를 거두시고, 뜻을 돌이키시어, 주의 백성에게서 이 재앙을 거두어 주십시오"(출 32:10)라고 모세가 간구하니, "주께서는 뜻을 돌이키시고, 주의 백성에게 내리시겠다던 재앙을 거두셨다"(32:14).

여기서 이스라엘의 범죄, 하나님의 진노, 모세의 중재, 하나님의 용서라는 4단계 구조가 잘 나타나 있다.[10] 이처럼 중재자로서 예언자들이 하나님에게 구원을 간구하는 경우는 다음과 같다.

첫째, 다른 사람이나 이스라엘을 위하여 하나님께 죄의 용서를 간구하는 일이다.

둘째, 그들이 위기에 처했을 때 하나님의 구원을 탄원하는 것이다.

셋째, 그들의 죄에 대한 하나님의 진노를 풀도록 기원하는 경우이다.[11]

구약의 문서예언자 중 중재자로서 가장 많이 활동한 예언자는 예레미야였다. 그는 자신이 백성들의 죄에 대한 주님의 진노를 풀기 위해 주님께 간구한 것을 기억해 달라고 호소한다.

"제가 주님 앞에 나서서 그들을 변호한 것,

주께서 그들을 보시고 진노하셨지만,

주님의 진노를 풀어드리려고 그들을 생각하면서,

주님의 은혜를 간구한 것을, 기억하여 주십시오."(렘 18:20, 표준새번역)

더 나아가서 예레미야는 예언자의 역할이 '하나님의 대언자'이며 동시에 '백성들을 위한 구원의 중재자'라는 사실을 강조하면서 이 두 가지 임무에서 참 예언자와 거짓 예언자가 구분된다고 하였다.[12]

"그러므로 그들이 예언자들이라고 한다면, 정말로 그들이 주의 말씀을 받은 사람들이라면, 차라리 그들은 주의 성전과 유다 왕궁과 예루살렘에 아직

---

10) 박준서(2001), 『구약세계의 이해』(서울: 한들출판사), 119.
11) 박준서(2001), 111.
12) 박준서(2001), 125.

남아 있는 기구들을 더 이상 바빌로니아에 빼앗기지 않게 해 달라고, 만군의 주께 호소해야 옳을 것이다."(렘 27:18)

(3) 예언자들은 역사적 상황에 따라 메시지의 내용에 차이가 있지만 야웨의 계약의 말씀에 근거한, 이스라엘 및 유다와 열국의 죄에 대해 '책망 및 심판의 선언'과 구원에 대한 '탄원 및 희망의 선언'이 기본적인 구조로 드러난다.13)

첫째, 예언자들의 예언의 기본적인 형태는 이스라엘이 야웨와의 계약을 위반하고 계약의 의무를 저버린 것을 계약소송의 양식을 빌려 규탄하고 하나님의 심판을 선언하는 것이다.14)

> "이스라엘은 내 계약을 깨뜨리고 내가 준 법을 어겼다.
> 이스라엘은 저희 하느님을 안다고 나에게 외치면서도,
> 나에게서 받은 좋은 것을 뿌리쳤으니 적에게 쫓기는 신세가 되리라.
> 내가 세우지도 않은 것을 왕이라고 모시고
> 내가 알지도 못하는 것을 대신이라고 받들며
> 은과 금으로 우상을 만들어 제 발로
> 죽을 땅에 걸어 들어가는구나."(호 8:1-4, 공동번역)

무엇보다도 야웨 하나님을 저버리고 이방인의 가증한 일(왕하 16:3, 17:8, 21:2, 대하 28:3, 36:14)을 추종하거나 우상을 숭배한 죄를 책망한다 (호 4:12-14, 합 2:19-20). 이방인의 가증한 우상숭배는 야웨에 대한 불신

---

13) C. Westermann(1969), *Basic Forms of Prophetic Speech*, tr. H. White(Philadelphia: Westminster).

14) D. McCarthy(1979), 『구약의 계약사상』(서울: 대한기독교서회), 68.

앙이며, 동시에 이방의 불의한 정치제도와 경제제도를 도입하는 것과 결부되어 있다.

> "하느님이여, 당신께서는
> 당신의 백성 야곱의 가문을 버리셨습니다.
> 그 집은 동방의 무당들로 가득 찼고,
> 블레셋처럼 점쟁이들이 득실거립니다.
> 그들은 이방인과 손을 잡았습니다.
> 그 땅은 은과 금, 그리고 셀 수 없는 보화로 가득 찼습니다.
> 그 땅은 군마와 무수한 병거로 차고 넘칩니다.
> 그 땅은 우상들로 차 있으며,
> 그들은 자기들의 손으로 만든 것을 예배하고
> 그 손가락으로 만든 것 앞에 꿇어 엎드립니다."(사 2:6-8, 공동번역)

왕을 비롯한 지도층이 야웨를 저버리고 우상숭배에 빠졌다는 예언자들의 규탄은 그들이 이방의 절대군주제를 도입하여 폭정을 일삼고, 이방의 공납제 생산양식을 차용하여 착취를 자행하였다는 것을 함축하고 있다. 그래서 예언자들은 지도계층의 온갖 불의와 불법을 죄를 폭로하고 책망한 것이다.[15] 아모스의 사회정의 요구나 호세아의 풍요의 제의 비판도 이런 맥락에서 이해될 수 있다.[16]

> "방백들은 부르짖는 사자요
> 그 재판장들은 이튿날까지 남겨 두는 것이 없는 저녁 이리요

---

15) 호 13:10-11, 미 2:1-3, 렘 21:12-14, 합 1:2-4, 겔 21:30-32.
16) N. W. Gottwald(1987), 『히브리성서 1』(서울: 한국신학연구소), 191.

그 선지자들은 위인이 경솔하고 간사한 자요
그 제사장들은 성소를 더럽히고 율법을 범하였도다."(습 3:3-4)

"법과 정의를 실천하고, 억울하게 착취당하는 사람들을 건져 주며,
더부살이와 고아와 과부를 괴롭히거나 학대하지 말고
이곳에서 죄 없는 사람을 죽여 피를 흘리지 말아라."(렘 22:3, 공동번역)

그리고 범죄한 자들이 회개하고 돌아와 하나님과 맺은 영원한 계약의
말씀을 철저히 실천할 것을 촉구한 것이다.[17]

"그러니 너희는 너희 하느님께 돌아와 사랑과 정의를 지키며
너희 하느님만 바라고 살아라."(호 12:7, 공동번역)

"불의한 자는 그 가던 길을 돌이켜라.
허영에 들뜬 자는 생각을 고쳐라.
야웨께 돌아오너라. 자비롭게 맞아 주시리라.
우리의 하느님께 돌아오너라,
너그럽게 용서해 주시리라."(사 55:7, 공동번역)

"이스라엘 백성은 돌아오리라.
유다 백성도 함께 돌아오리라.
이는 내 말이라, 어김이 없다.
울며 돌아와 저희의 하느님, 야웨를 찾으리라.

---

17) 박준서(1984), 『구약개론』(서울: 기독교방송), 157. 암 5:14-15, 렘 3:12-14, 7:5-6,
욜 2:12-13.

시온으로 가는 길을 물어 찾아오며

'영원한 계약을 다시는 저버리지 말자'고 서로 다짐하리라."

(렘 50:4-5, 공동번역)

예언자들의 메시지 중에는 주변의 모든 불의한 도시국가에 대한 심판의 선언이 포함되어 있다. 이스라엘을 위협하던 앗시리아, 이집트, 바벨론뿐 아니라 블레셋, 모압, 다메섹, 에티오피아, 에돔과 같은 가나안의 도시국가들이 전쟁과 약탈을 일삼기 때문에 '정의로 다스려지는 나라'가 아니므로 하나님의 심판을 피할 수 없다(사 10-23장, 암 1-2장, 겔 25-32장).

"피로 절은 이 저주받을 도시야,

협잡이나 해먹고 약탈을 일삼고 노략질을 그치지 않더니

들리느냐? 저 채찍질 소리, 병거 바퀴 돌아가는 저 요란한 소리,

말은 소리치고 병거는 치닫는다.

칼과 창을 번개처럼 번쩍이며 기마병이 말 타고 달려든다.

다치는 사람은 수도 없고 주검은 너저분하게 널려 있다.

산더미처럼 쌓인 시체는 가는 곳마다 발에 차인다.

창녀처럼 예쁘게 꾸미고 마술사처럼 남을 홀리던 것아,

창녀처럼 꾀어 뭇 민족을 팔아 먹던 것아,

마술을 부려 뭇 족속을 팔아먹던 것아,

나 이제 너를 치리라."(나훔 3:1-4, 공동번역)

그러나 하나님은 온 세상 모든 인간의 구원자로 이방의 빛으로 이방에 공의를 베푸는 자로 고백된다(사 42:1, 42:6, 45:21-22). 예언자들은 하나님은 이스라엘의 민족신이 아니라 세계의 역사를 섭리하시는 우주적

통치자로 선포한다. 약소국가인 이스라엘의 통치자들이 하나님의 능력
보다 강대국의 군대를 의지하는 외세 의존적인 불신앙에 대한 비판에 예
언자들이 앞장선 것이다.

> "아, 너희가 비참하게 되리라!
> 원군을 청하러 에집트로 내려가는 자들아!
> 너희가 군마에 희망을 걸고
> 많은 병거와 수많은 기병대를 믿는구나!
> 이스라엘의 거룩하신 이는 쳐다보지도 아니하고
> 야웨를 찾지도 않는구나."(사 31:1, 공동번역)

  둘째, 예언자들은 죄악 된 현실에 대한 심판과 더불어 새로운 미래에
대한 구원의 희망의 메시지를 선포하였는데, 이 희망의 메시지도 대부분
이스라엘의 위기가 극복되고 이스라엘의 새로운 회복이 머지않아 이루
어지리라는 구원의 기쁜 소식을 내용으로 하고 있다(사 49:8, 61:1-3, 습
3:16-17, 암 9:11-12).[18]

> "억눌린 자들에게 복음을 전하여라.
> 찢긴 마음을 싸매 주고, 포로들에게 해방을 알려라.
> 옥에 갇힌 자들에게 자유를 선포하여라.
> 야웨께서 우리를 반겨 주실 해,
> 우리 하나님께서 원수 갚으실 날이 이르렀다고 선포하여라.
> 슬퍼하는 모든 사람을 위로하여라.
> 시온에서 슬퍼하는 사람에게 희망을 주어라."(사 61:1-3, 공동번역)

---

18) 장일선(1990), 『구약신학의 주제』(서울: 대한기독교서회), 276-287.

"그 날이 오면 내가 무너진 다윗의 초막을 일으키리라.

틈이 벌어진 성벽을 수축하고 허물어진 터를 다시 세워

옛 모습을 되찾아 주리라."(암 9:11-12, 공동번역)

예언자들은 하나님의 대언자일 뿐만 아니라 시대를 앞서가는 전향적 의식의 대변인들이었다. 그들은 이스라엘 백성이 불의와 부패에 빠져 있으면서도 "만사가 잘되어 간다"고 교만할 때에는 "그렇게 범죄하다가는 하나님의 징계를 면키 어렵다"라고 심판을 선언하였다. 반면에 이스라엘이 범죄로 징계를 받아 "이제는 다 망하였다"며 좌절할 때에는 "그래도 회개하면 하나님의 구원의 손길을 기대할 수 있다"는 희망을 선언하였던 것이다. 따라서 예언자들의 메시지 중에 자주 등장하는 '야웨의 날'은 암울한 심판의 날(암 5:18, 6:3, 욜 1:15, 2:2-3, 겔 3:2-3)로 묘사되기도 하지만, 또한 희망찬 '구원의 날'(암 9:11-12, 습 3:16-17, 사 49:8, 61:1-3, 슥 8:7-8)로 선포되기도 한다.

"하느님, 이방인들이 당신의 땅을 침입하여 당신의 성전을 더럽히고 예루살렘을 폐허로 만들었습니다. 당신 종들의 시체를 공중의 새들에게 먹이로 주고 당신 백성의 살을 들짐승에게 주었습니다.

예루살렘 주변이 피바다가 되었지만 묻어 줄 사람 아무도 없었습니다. 우리는 이웃들에게서 모욕을 당하고 주변 사람들에게 조롱거리, 웃음감이 되었습니다. 야웨여, 언제까지이옵니까? 당신의 분노, 끝까지 아니 푸시렵니까? 그 노기를 영원히 불태우시렵니까? …

선조들의 죄를 우리에게 돌리지 마소서. 우리가 거의 넘어지게 되었사오니 당신 자비로 우리를 빨리 부축하소서. 우리의 구원이신 하느님, 당신의 영광스러운 이름을 위하여 우리를 도우소서. 우리의 죄를 없애시어 우리를 건져 주시

고 당신의 이름을 영화롭게 하소서."(시 79:1-9)

예언자들이 하나님의 진노와 심판를 대언하고 하나님의 구원과 사랑을 중재한 것은 바르트가 지적한 것 차람 "하나님의 진노는 그 분의 사랑 안에서 일어나고 그 반대로 하나님의 용서는 그분의 분노와 심판 안에서 일어"나기 때문이다(*Church Dogmatics*, II/1, 407, 408).[19]

셋째, 예언자들은 야웨의 말씀을 단지 언설言說로만 대언한 것이 아니라 그들의 행동과 그들의 삶 전체를 통하여 하나님의 말씀을 선포하였다. 그들의 충격적인 행동은 하나님의 말씀을 전달하는 '상징적인 행동'[20]이었다.

이사야가 3년 동안 벗은 몸으로 지낸 것은 전쟁에 패배해서 포로로 잡혀가는 것을 상징한 것이다(사 20장). 예레미야가 새 질그릇을 사가지고 예루살렘 밖으로 나아가서 많은 사람들이 보는 가운데서 그것을 산산조각 부수어 버리는 것도 예루살렘의 멸망을 상징한 것이다(렘 19장). 에스겔이 예리한 칼로 자신의 머리와 수염을 깎아 이를 셋으로 나눈 다음 불로 태우고, 칼로 치고, 바람에 날려 보낸 것은 이스라엘 민족이 불에 타 죽은 칼로 찔려 죽고 사방으로 흩어질 비참한 운명을 상징한 것이다(겔 5장). 이러한 행동은 비정상적인 행동이 아니라 행동을 통해 하나님의 뜻을 전하려는 시위적인 행동이었다. 이러한 상징적인 시위를 통해 예언자들은 야웨의 말씀을 행동으로 전하고, 앞으로 이스라엘 백성이 겪게 될 정치적인 파국을 보여 준 것이다.

예언자들은 왕정 초기부터 정치적인 상황에 비추어 야웨의 계약의 말

---

19) Otto Weber(1976),『칼 바르트의 교회교의학』(서울: 대한기독교출판사), 92.
20) G. Fohrer(1953), *Die symbolische Händlungen der Propheten*(Zürich: Zwingli Verlag); G. Fohrer(1952), "Die Gattung der Bericht über Symbolhandlung der Propheten", *ZAW* 92: 112.

쏨을 실천할 것을 촉구한 야웨의 대언자로서 야웨의 말씀이 이스라엘의 사회적, 정치적인 상황에서 철저히 사건으로 이루어져서 이스라엘 백성이 참된 해방을 누릴 수 있도록 야웨의 말씀을 때로는 상징적 행동으로 선포한 야웨의 대언자요 이스라엘 백성의 중재자였음이 분명하다.

02
묵시가와 종말론적 심판과
구원의 하나님

1) 묵시서의 역사적 배경

고레스의 칙령이 선포된 서기전 538년 이후로 페르시아의 지배를 받던 유대지역은 서기전 333년 이후로 페르시아를 멸망시킨 희랍의 알렉산더 대왕의 통치하에 편입되었다. 그의 사후(서기전 323) 희랍제국은 둘로 분할되었다. 톨레미Ptolemy 왕가가 유대 팔레스타인을 지배할 때(서기전 323-200)에는 유대교에 대하여 관용적이어서 히브리어 성서를 희랍어로 번역(70인역)하기도 하였다.

그러나 셀레우코스Seleucid 왕가가 지배하던 서기전 200년-167년 사이에는 유대교에 대한 탄압이 극심하였다. 특히 셀레우코스 4세의 뒤를 이어 왕위에 오른 안티오쿠스 에피파네스 4세는 자신을 '신의 현현'이라고 부르고 자신을 올림피아의 제우스로 숭배하도록 하였다. 그는 예루살렘 성전에 '멸망의 가증스러운' 제우스의 신상을 세우고, 서기전 174년 친헬라주의자인 야손을 대제사장으로 임명하였다. 야손은 예루살렘 성안에 원형경기장Gymnasion과 청년훈련소Ephebeion를 건축하여 예루살렘을 그리스식 도시국가로 만들려고 하였다. 서기전 167년 안티오쿠스 에피파네스 4세는 식민지 유대의 정치적, 문화적 통합을 위하여 다음과 같은 칙령을 내렸다.

"유다인들은 이교도들의 관습을 따를 것.

성소 안에서 본제를 드리거나 희생제물을 드리거나

술을 봉헌하는 따위의 예식을 하지 말 것.

안식일과 기타 축제일을 지키지 말 것.

성소와 성직자들을 모독할 것.

이교의 제단과 성전과 신당을 세울 것.

돼지와 부정한 동물들을 희생제물로 잡아 바칠 것.

사내아이들에게 할례를 주지 말 것. …

율법을 저버리고 모든 규칙을 바꿀 것.

이 명령을 따르지 않는 자는 사형에 처한다."

(마카메오 상 1:44-50, 공동번역)

이 칙령은 유대교를 말살하려는 것이었으므로 경건한 유대인들에게 엄청난 충격을 주었다. 제사장 가문의 마따디아스Mattathias는 어떤 유대인이 제우스 신상에 제사를 드리는 것에 격분하여 그를 죽인 뒤 다섯 아들을 데리고 광야로 도피한다.

그곳에서 의병을 조직하여 항전을 시작하였다. 헬라의 식민지 통치와 유대교 탄압에 못 이겨 광야로 은둔하였던 경건한 유대인들(Hasidim)도 가담하였다. 마따디아스의 유언에 따라 셋째 아들 유다 마카비Maccabee가 중심이 된 의병들은 '하나님을 배반한 자들'을 찾아서 진멸시켰다. 유다 마카비는 무력 독립항쟁을 전개하여 서기전 165년 희랍군대를 몰아내고, 예루살렘 전역을 탈환하여 대대적인 성전 정화와 수리를 마치고 수전절修殿節(Hanukkah)이라는 절기를 지켰다.

서기전 160년 마카비가 베레아 전투에서 전사하자 그의 막내 동생 요나단(서기전 160-142)은 후계자로서 비상한 외교술을 발휘하며 유대인들의 지도자로 등장하였다. 그는 152년에 대제사장을 추방하고 스스로 대제사장이 되어 사제복을 입었다. 정교분리의 원칙을 지켜 온 경건한 유대인들은 이를 제사장직의 찬탈로 여겨 크게 반발하였고, 추방당한 대제사장을 추종하던 세력들을 규합하여 사해 부근의 광야지역 쿰란에서 '의로운 제사장 공동체'라는 은둔파를 결성하였다. 이들 쿰란공동체가 에센파로 추정된다.

요나단은 서기전 150년, 왕의 자색 옷을 입고 왕으로 자처하였다. 요나단의 뒤를 이어 그의 형 시몬(서기전 142-135)도 대제사장, 군사령관, 지도자로 불리게 되었고, 141년에는 독립적인 화폐를 주조하여 사용하였다. 그리하여 독립항쟁 25년 만에, 그리고 586년 예루살렘이 멸망한 지 444년 만에 유대 왕국의 재건을 쟁취한 것이다.

시몬이 그의 아들 요한 히르카누스에게 왕위를 계승시킴으로 마카비 가문이 세운 헤스모니안 왕조(서기전 142-63)는 로마가 유대를 점령할 때까지 지속되었다. 그러나 마카비의 독립정신을 상실한 채 외세에 의존하여 권력을 유지하거나 탈취하려는 정쟁政爭이 계속되어 백성들의 열망을 저버렸다.

희랍의 시라아 주재 총독이었던 안티오쿠스 에피파네스 4세의 유대교 박해시대의 상황을 반영하는 책이 묵시서이다. 묵시Apocalypsis는 '감추인 것이 드러난다'(unveiling)는 뜻이지만, 묵시서는 구약의 다니엘서와 신약의 요한계시록과 같이 희랍의 안티오쿠스 에피파네스의 유대교 말살시대와 로마의 도미티안 황제의 기독교 박해시대라는 최악의 역사적 고난기에 등장한 독특한 문학양식을 지닌 비서秘書를 의미한다.

박해가 진행 중인 상황에서 기록된 것이므로 저자나 등장인물을 익명화하고, 사실적인 서술보다 상징과 비유의 수법으로 지배계층의 사악한 탄압을 규탄하고 그들의 멸망을 예언한다. 그리고 가상 역사소설처럼 역사의 은유화라는 독특한 표현양식을 사용한다. 묵시서는 역사를 사실적으로 서술한 역사서가 아니라 가상적인 역사소설에 가까우므로 묵시문학이라 한다.

2) 묵시가의 메시지의 골자

다니엘서와 이사야서 일부(24-27장, 56-66장)는 구약성서의 대표적인 묵시문학 작품이다.[21] 다니엘은 그 이름조차 '하나님이 심판하신다'는 상징적인 뜻을 지니고 있다. 다니엘서는 서기전 167년 전후의 안티오쿠스 에피파네스 4세의 유대교 금령 발표의 위기 속에서도 목숨을 걸고 신앙을 지킬 것을 독려하기 위한 목적으로 기록된 것이다.

그러나 역사적 무대를 서기전 587년 이후의 바벨론 포로시대로 설정하였다. 바벨론 포로로 잡혀간 경건한 다니엘과 그의 세 친구가 등장하지만 실제로는 안티오쿠스 에피파네스 4세 시대의 상황을 은유적으로 묘사한 것에 지나지 않는다.

다니엘은 바벨론의 역대 왕으로부터 엄청난 종교적 박해를 당하여 여러 번 죽을 처지에 놓이지만 하나님의 도움으로 살아난다. 바벨론의 느부갓네살 왕은 금신상에 절하라는 왕명을 어겼다고 다니엘을 세 친구와

---

21) 이사야서는 제1이사야(1-39장), 제2이사야(40-55), 제3이사야(56-66장)로 구분되며, 그중에서 소묵시록(사 24-27장)과 제3이사야(56-66장)가 묵시문학에 포함된다.

함께 활활 타는 화덕에 던지지만 하나님의 도움으로 "몸이 불에 데기는 커녕 머리카락 하나 그슬리지 않았다"(단 3:27, 공동번역). 바벨론의 다리우스 왕은 30일 동안 왕 외에 어떤 신에게도 기도하지 말라고 명한다. 다니엘은 왕명을 어기고 하루 세 번씩 여호와 하나님께 기도하였다. 결국 체포되어 사자굴에 던져지지만 하나님께서 천사를 보내어 사자들의 입을 틀어막고 그를 구해 주었다(단 6:23).

다니엘서는 이처럼 맹렬한 풀무와 무서운 사자굴 같은 위기 속에서 '생존을 위한 배교냐, 신앙을 위한 순교냐'는 갈림길에 처하지만 그럼에도 불구하고 신앙을 지켰고, 그 결과 하나님의 놀라운 능력으로 구원을 얻게 되었다는 메시지를 담고 있다.

(1) 구약의 대표적인 묵시서인 다니엘서는 대제사장을 살해하고 예루살렘 성전을 약탈하고 일체의 희생제사를 금지시키고 성전에다 '파괴자의 우상'(멸망의 가증한 것)을 세운 안티오쿠스 에피파네스 4세를 드러내놓고 비난할 수 없었기 때문에 은유와 상징의 수법을 사용한다.

> "이렇게 육십이 주간이 지난 다음,
> 기름부어 세운 이가 재판도 받지 아니하고 암살당하며,
> 도읍과 성소는 한 장군이 이끄는 침략군에게 헐릴 것이다.
> 전쟁으로 끝장이 나 폐허가 되고 말 것이다.
> 종말이 홍수처럼 닥쳐 올 것이다.
> 그 장군은 한 주간 동안 무리를 모아 날뛸 것이다.
> 반 주간이 지나면 희생제사와 곡식 예물 봉헌을 중지시키고
> 성소 한 쪽에 파괴자의 우상을 세울 것이다.
> 그러나 결국 그 파괴자도 예정된 벌을 받고 말리라."(단 9:26-27, 공동번역)

(2) 묵시가들은 암울한 현실 속에서 비관적인 역사관을 가질 수밖에 없었다. 역사적 고난의 절정기에 경건한 유대인들은 이 세상은 악이 지배하기 때문에 구원의 가능성은 점점 멀어진다는 비관적인 세계관에 빠지게 된 것이다. 이사야서의 묵시문학 부분은 이러한 점을 잘 명시하고 있다.

> "공평이 우리에게서 멀고 의가 우리에게 미치지 못한즉
> 우리가 빛을 바라나 어두움뿐이요…
> 구원을 바라나 우리에게 멀도다."(사 59:9-11)

(3) 따라서 묵시가들은 이 세상의 빛이 사라지고 점점 어두움이 깊어지고, 구원의 희망마저 사라질 정도로 악한 세상이라면 이 놈의 세상은 하루 빨리 망하여야 한다는 열망에 사로잡힌다. 이 악한 세상의 우주적 심판과 종말만이 그들의 유일한 희망이 되었다.

> "높은 하늘에서 수문이 열리고
> 땅은 바닥 째 흔들린다.
> 땅이 마구 무너진다.
> 땅이 마구 갈라진다.
> 땅이 마구 뒤흔들린다.
> 땅이 주정꾼처럼 비틀거린다.
> 원두막처럼 흔들린다.
> 제가 지은 죄에 눌려 쓰러진다.
> 쓰러져서는 다시 일어나지 못한다."(사 24:18-20, 공동번역)

"보아라, 야웨께서 불을 타고 오신다.

폭풍같이 병거를 타고 오신다.

노기충천, 보복하러 오시어

불길을 내뿜으며 책망하신다.

그렇다, 야웨께서는 몸소 온 세상을 불로,

모든 사람을 칼로 심판하신다.

이렇게 야웨께 벌받아 죽을 사람이 많으리라."(사 66:15-16, 공동번역)

다니엘서는 특히 바다에서 나온 네 짐승(날개 달린 사자, 곰, 표범, 끔찍하게 생긴 힘센 짐승)을 상징적으로 등장시켜 세계를 지배하여 온 네 강대국(바벨론, 메데, 페르시아, 로마)은 결국 멸망하고 하나님이 통치하는 영원한 왕국이 수립될 것을 말해 주고 있다(단 2장, 7장).

(4) 그리하여 이 악한 세계와 제국들은 하나님의 심판을 받아 멸망하여 사라지고, 새 하늘과 새 땅이 새롭게 창조되는 우주적인 대변혁이 하루속히 이루어질 것을 고대하였다.

"그리하여 지난날 암담하던 일은 기억에서 사라지고

내 눈앞에서 스러지리니…

보아라, 나 이제 새 하늘과 새 땅을 창조한다.

지난 일은 기억에서 사라져 생각나지도 아니하리라. …

예루살렘 안에서 다시는 울음소리가 나지 않겠고

부르짖는 소리도 들리지 아니하리라.

거기에는 며칠 살지 못하고 죽는 아기가 없을 것이며

명을 다하지 못하고 죽는 노인도 없으리라. …

늑대와 어린 양이 함께 풀을 뜯고

사자가 소처럼 여물을 먹으며

뱀이 흙을 먹고 살리라.

나의 거룩한 산 어디에서나

서로 해치고 죽이는 일이 없으리라.

야웨의 말씀이시다."(사 65:16-25, 공동번역)

다니엘은 새 하늘과 새 땅에 대한 새 희망에 넘쳐서 외친다. "언제쯤 마지막 때가 와서 이런 놀라운 일이 일어날 것입니까?"(단 12:6, 공동번역). 그 대답은 이렇다.

"정기제사가 폐지되고 파괴자의 우상(멸망케 할 미운 물건)이 선 다음 일천 이백구십 일이 지나야 끝이 온다. 일천삼백삼십오 일을 기다리며 버티는 사람 은 복된 사람이다. 그러니 그만 가서 쉬어라. 세상 끝 날에 너는 일어나 한몫을 차지하게 될 것이다."(단 12:11-13, 공동번역)

(5) 그리고 이 '임박한 종말'의 시기를 은밀히 간직하고 봉하여 비밀 에 붙여 두게 되면(단 12:4) 악한 자는 더욱 악해지고, 슬기로운 자는 단 련을 받아 더욱 정결해질 것이며, 끝까지 참고 견디며 버티어 마지막 구 원에 참여하게 될 것이라고 격려하고 있다.

"지혜 있는 사람은 하늘의 밝은 빛처럼 빛날 것이요,

많은 사람을 옳은 길로 인도한 사람은

별처럼 영원히 빛날 것이다.

그러나 너 다니엘아,

너는 마지막 때까지 이 말씀을 은밀히 간직하고,

이 책을 봉하여 두어라.

많은 사람이 이러한 지식을 얻으려고

왔다 갔다 할 것이다."(단 12:3-4)

이처럼 묵시문학은 역사의 심판과 우주적 대변혁이라는 독특한 종말
론적 역사이해를 가지고 있다.

03

예언서와 묵시서의
구원관 비교

1) 예언자들의 구원관

성서에는 이미 상이한 여러 시대의 도전에 대한 응답으로서 구원에 대한 다양한 가르침을 기록하고 있다. 성서의 종말론 전승은 대체로 두 가지 서로 상반된 역사이해에 기초하여 형성된 전통적 예언문학의 역사적 구원관과 묵시문학적 종말론적 구원관으로 크게 나눌 수 있다.[22]

창세기에서 시작된 오경Torah의 역사는 아브라함에게 주신 세 가지 약속이 오랜 시련에도 불구하고 마침내 성취Fulfillment되어 가는 과정을 보여 준다. 여호수아기로부터 사사기, 사무엘, 열왕기로 이어지는 신명기 역사는 이스라엘 백성이 하나님께 순종하면 복을 받고 불순종하면 징벌을 받는다(신 30:15-18)는 계약신학의 공식을 역사적 상황에 적용하였다. 아브라함에게 주신 세 가지 약속이 12부족의 가나안 정착과 사울과

---

22) H. Schwarz(1986), "Eschatology", *Christian Dogmatics*, vol. 2(Philadelphia: Fortress), 482-499; J. Moltmann(1975), 『희망의 신학』(서울: 현대사상사), 164-188; R. Bultmann(1968), 『역사와 종말론』(서울: 대한기독교서회), 33-49.

다윗에 의한 이스라엘 왕정의 실시로 성취되었다.

그러나 솔로몬 이후 남북왕조로 분열되고 왕정과 제의가 부패하고 주변 강대국의 외침이 계속되면서 이스라엘의 역사는 점차 위기 속으로 내몰리게 되었다. 마침내 북왕국이 앗시리아에 침략을 받아 3년 동안 포위를 견디며 필사적으로 항쟁했으나 서기전 722년 성이 함락되고 이스라엘 백성은 포로로 잡혀 가고 북이스라엘 왕국이 멸망하게 된다. 왜 이스라엘은 이러한 역사적 시련과 고통을 당하는가? 이는 이어 등장한 예언자들의 일상적인 질문이 되었다. 그러나 예언자들은 전통적인 계약신앙에 근거하여 이 문제의 답변을 찾으려 하였다.

(1) 예언자들은 이스라엘의 역사적 고난에도 불구하고 하나님은 역사 안에서 활동하신다는 신앙을 견지하였다. 하나님의 뜻이 역사의 현장에서 나타나고 이루어진다는 신학적 입장은 오경의 역사와 신명기 사가, 그리고 예언자들에 의해 정확히 기술되고 있다.[23] 신명기 역사는 이스라엘 백성이 하나님의 말씀에 순종하면 복을 받고, 불순종하면 징벌을 받는다(신 30:15-18)는 계약신학의 공식을 역사적 상황에 적용하였다.

따라서 몰트만이 잘 지적한 것처럼, 성서의 역사이해는 현실 역사에 대한 위기의식에서 비롯되었다. 현재의 시련과 고통은 이스라엘이 하나님께 행한 죄와 불복종의 대가요, 의로운 하나님의 심판이라고 믿었다. 따라서 이스라엘이 범죄하여 하나님의 심판 결과로 고난을 당하지만 이스라엘이 회개하고 돌아오면 하나님은 그들에게 자비를 베푸시고 용서를 하신다고 믿었다.

"이스라엘 자손이 여호와의 목전에 악을 행하여

자기들의 하나님 여호와를 잊어버리고…

---

23) 박준서(1982), "구약 묵시문학의 역사이해", 「신학논단」 15집, 4-5.

여호와께서 이스라엘에게 진노하사…

이스라엘 자손이 여호와께 부르짖으매

여호와께서 이스라엘 자손을 위하여

한 구원자를 세워 그들을 구원하게 하시니….”(삿 3:7-9)

(2) 따라서 예언자들은 이스라엘 백성의 집단적 회개를 촉구하였다. 심지어 포로기 예언자 에스겔조차도 이러한 구원관을 피력하였다.

“이스라엘 족속아 내가 너희 각 사람이 행한 대로 심판할지라

너희는 돌이켜 회개하고 모든 죄에서 떠날지어다.

그리한즉 그것이 너희에게 죄악의 걸림돌이 되지 아니하리라.

너희는 너희가 범한 모든 죄악을 버리고 마음과 영을 새롭게 할지어다.

이스라엘 족속아 너희가 어찌하여 죽고자 하느냐.

주 여호와의 말씀이니라 죽을 자가 죽는 것도 내가 기뻐하지 아니하노니

너희는 스스로 돌이키고 살지니라.”(겔 18:30-32)

(3) 그리하여 그들은 적극적으로 하나님의 역사적 심판을 선언하고, 회개를 촉구하는 동시에 역사 안에서 이루어질 새로운 미래와 구원을 약속으로 선포한 것이다. 역사 안에서의 역사의 심판과 역사의 회복을 통한 새로운 역사적 미래에 대한 대망은 임박한 야웨의 날의 도래, 메시아의 출현, 새 예루살렘과 새 이스라엘의 실현과 같은 역사적 구원의 전망으로 나타나게 된 것이다.

이사야는 북왕국 이스라엘이 멸망하여 앗시리아에 포로로 잡혀간 자들과 이집트로 피난간 자들이 예루살렘으로 모두 돌아올 구원의 날을 선포하였으며, 요엘은 남왕국 이스라엘이 멸망하여 바벨론으로 잡혀 간 포

로들이 돌아올 것이라고 구원의 날을 선포하였다.

"그 날에 큰 나팔을 불리니 앗수르 땅에서 멸망하는 자들과
애굽 땅으로 쫓겨난 자들이 돌아와서
예루살렘 성산에서 여호와께 예배하리라."(사 27:13)

"보라 그 날 곧 내가 유다와 예루살렘 가운데에서
사로잡힌 자를 돌아오게 할 그 때에…."(욜 3:1)

이사야는 이 의로운 소수의 무리를 '남은 자'라 불렀다. 왕의 백성은
죄와 불신앙 가운데로 빠졌다. 그러나 남은 자들만은 어디까지나 신실하
였다. 심판이 죄 있는 국민에게 임할 것임은 불가피한 일이지만, 하나님
은 의로운 남은 자들을 큰 환난으로부터 구원하실 것이다.

"그날에 이스라엘의 남은 자와 야곱 족속의 피난한 자들이 다시는 자기를
친 자를 의뢰치 아니하고 이스라엘의 거룩하신 자 여호와를 진실히 의뢰하리
니 남은 자 곧 야곱의 남은 자가 능하신 하나님께 돌아올 것이라 이스라엘이여
네 백성이 바다의 모래같을 지라도 남은 자만 돌아오리니 넘치는 공의로 훼멸
이 작정되었음이라 이미 작정되었은즉 주 만군의 여호와께서 온 세계 중에
끝까지 행하시리라."(사 10:20-23)

(4) 예언자들은 그리하여 역사 안에서 새로운 구원의 역사가 전적으
로 새롭게 전개될 것이라는 희망을 '새 계약'의 희망으로 선포하였다. 이
새 계약은 이스라엘 백성의 과거의 모든 죄를 하나님께서 용서하고 다시
는 기억하지 않을 것을 약속하는 것이었다.

"여호와의 말씀이니라. 보라 날이 이르리니

내가 이스라엘 집과 유다 집에 새 언약을 맺으리라. …

그 날 후에 내가 이스라엘 집과 맺을 언약은 이러하니

곧 내가 나의 법을 그들의 속에 두며 그들의 마음에 기록하여

나는 그들의 하나님이 되고 그들은 내 백성이 될 것이라.

여호와의 말씀이니라. …

내가 그들의 악행을 사하고 다시는

그 죄를 기억하지 아니하리라 여호와의 말씀이니라."(렘 31:31-34)

2) 묵시가들의 구원관

예언자들의 전통적인 역사이해와 구원관은 서기전 587년 유대 왕국
의 멸망과 더불어 흔들리기 시작했다.[24] 유대가 멸망하기 직전인 서기
전 621년 요시아 왕은 종교개혁을 일으켜 유대 왕국의 신앙을 깨끗이
정화하였음에도 불구하고, 그가 전사한 지 10년이 채 못 되어 예루살렘
이 바벨론의 군대에 의해 무자비하게 짓밟히고 시드기야 왕은 눈이 뽑힌
채 사슬에 묶여 바벨론으로 끌려가게 되었다.

이어서 70년의 포로생활을 끝으로 서기전 538년 페르샤의 고레스 황
제의 칙령으로 해방된 이스라엘 백성들이 귀향하여 에스라와 느헤미야
가 중심이 되어 파괴된 성전을 겨우 재건하였으나, 사독가문 제사장의
성전 주도권 쟁탈로 인해 왕조를 재건하는 일은 실패하고 말았다. 바벨
론 포로 생활 동안 그토록 그리던 고국에 귀환하였으나 이스라엘 백성은
다윗 왕조를 재건하고 공평과 정의를 이루고 보란 듯이 살 만한 희망을

---

24) 박준서(1982), 8.

발견하지 못하였다. 포로기 이후로 수난의 역사가 계속되면 될수록 그것에 역비례하여 역사의 의미는 더욱 모호해지고 역사 안에서의 희망은 점점 멀어지게 되었다.

서기전 333년부터는 유대 지역이 희랍의 지배하에 들어가게 되고 급기야 서기전 165년경의 시리아 주재 희랍 총독 안티오쿠스 에피파네스 4세가 예루살렘 성전을 약탈하고 야웨신앙 자체를 금지하는 극심한 박해로 역사의 위기는 절정에 달하고, 더 이상 현실의 역사 내에서 새로운 미래에 대한 희망의 가능성을 찾을 수 없게 되었다.

왜 하나님은 이토록 극심한 박해와 역사의 위기를 내버려두시는가? 왜 악한 자들이 흥하고 의로운 자들은 고통을 당하는가?[25] 가혹한 현실 역사에 대한 회의와 비관은 "하나님의 뜻이 역사 속에서 실현된다"는 전통적인 신앙에 대한 불신으로 이어졌다. 이스라엘 백성이 겪는 역사적 위기는 그들의 범죄 때문이 아니라 세상을 지배하는 악한 세력 때문이며, 이 악한 세력이 지배하는 세계는 하루빨리 멸망하여야 한다는 비관적인 역사관이 팽배하기 시작하였다. 하나님이 천군천사를 동원하여 이 악한 세력을 물리치고 온 우주의 대변혁을 통한 새 하늘과 새 땅을 이룰 새 창조를 희망하게 된 것이다.

현실 역사에 대한 회의와 비관은 "하나님의 뜻이 역사 속에서 실현된다"는 전통적인 신앙에 대한 불신으로 이어졌다. 왜 하나님은 의와 구원을 갈망하는 외침에 침묵하고 계시는가? 왜 악한 자들이 흥하고 의로운 자들은 고통을 당하는가?

바벨론 포로 이후부터 배태된 이러한 비관적인 역사관이 묵시문학의 형태로 등장하게 된 것이다.[26] 묵시가들은 역사의 의미가 모호해지고,

---

25) O. Plöger(1959), *Theokratie und Eschatologie*(Göttingen). 신정론이 묵시문학의 기원 중 하나라는 것이 널리 인정되고 있다.

역사 안에서 희망을 발견할 수 없는 근본적인 까닭은 역사의 현장이 더이상 하나님의 뜻이 실현되는 무대가 아니기 때문이라고 보았다. 그들의 현세적인 절망은 초월적인 희망으로 전환되었다.

이 세상은 더 이상 고칠 가망성도 없고 고쳐 봐야 쓸모도 없으므로 용도 폐기를 선언하고, 새 하늘과 새 땅이 새롭게 창조되는 우주적인 대변혁이 하나님의 초월적인 간섭을 통해 하루 속히 이루어질 것을 고대하였다. 현세와 내세를 이원론적으로 단절시키고 초역사적인 우주적 종말을 고대한 것이다. 역사와 종말 사이의 긴장이 사라지자, 일부의 묵시가들은 하나님이 정하신 때(단 7:25-27 등)가 언제인가를 따지기도 하였다. 이들이 바로 최초의 시한부 종말론자들이라고 할 수 있다.

이처럼 구약성서에는 상호배타적인 두 종류의 역사이해와 이와 관련된 종말론이 전승되어 왔다. 양자를 비교해 볼 때 전통적인 예언자적 종말론은 '하나님의 뜻이 역사 안에서 이루어진다.'는 믿음에 따라 지상 위에 새로운 이스라엘 왕조의 도래를 희망하며 역사와 종말의 긴장을 견지하고 있는 반면에, 묵시적 종말론은 '하나님의 뜻은 초자연적 종말과 더불어 실현된다'는 믿음에 따라 초월적인 인자의 도래를 고대하였고 역사와 종말의 긴장을 소멸시킨 것으로 설명된다.[27] 종말로 말미암아 세계의 역사는 단절되고 새로운 세상이 다른 차원에서 시작된다고 여겼기 때문이다.

전통적 예언문학의 역사적 구원관과 묵시문학의 종말론적 구원관을 비교해 보면 그 특징이 더욱 분명히 드러난다.

(1) 묵시가들은 역사적 고난의 절정기에서 처절한 고난을 겪고 있었

---

26) K. Koch(1981), "묵시문학과 종말론",「기독교사상」9월호, 25-9, 110-117; M. Noth(1982), "구약 묵시문학의 역사이해",「기독교사상」1월호, 26-11, 158-175.
27) J. Moltmann(1975), 176-177.

기 때문에 이 세상은 악이 지배하고 있다고 여겼고 구원의 가능성은 점점 멀어진다는 비관적인 세계관에 빠진다. 이사야서의 묵시문학 부분은 이러한 점을 잘 명시하고 있다.

> "공평이 우리에게서 멀고
> 의가 우리에게 미치지 못한즉
> 우리가 빛을 바라나 어두움뿐이요. …
> 구원을 바라나 우리에게 멀도다."(사 59:9-11)

반면에 예언자들은 비록 이 세상에 악이 흘러 넘쳐나도 하나님이 이 세상을 심판하고 새롭게 하신다는 신앙을 포기하지 않았다.

(2) 묵시가들은 "하나님의 뜻은 역사 자체의 종말과 더불어 실현된다"는 믿음에 따라 역사 그 자체의 종말로 말미암아 세계의 역사는 단절되고 새로운 세상이 다른 차원에서 시작된다고 보았다. 새 시대는 옛 시대 안에서의 변화가 아니라 옛 시대의 종말을 의미하는 것이다.[28] 그리하여 초월적인 인자의 도래를 고대하였고, 역사와 종말의 긴장을 소멸시킨 것으로 설명된다.[29]

불트만은 묵시가와 예언자의 차이에 대해 전자는 구원을 '역사와 전 세계 자체의 심판'에서 비롯되는 것으로 보았다면, 후자는 '역사 안에서의 심판'을 통해 구원이 이루어진다고 본 것이라고 구분하였다.[30] 이처럼 묵시가들은 현재의 악한 옛 시대와 미래의 구원의 새 시대라는 시간적 이원론을 견지하고 있었다.[31]

---

28) W. H. Schmidt(1988), 『역사로 본 구약성서』(서울: 나눔사), 384.
29) J. Moltmann(1975), 『희망의 신학』(서울: 현대사상사), 176-177.
30) R. Bultmann(1968), 37-50.
31) 박준서(2001), 155-156.

(3) 묵시가들은 하나님의 뜻이 실현될 수 없는 악이 지배하는 이 세상을 속한 멸망하여야 할 대상으로 여겼으며, 하나님께서 천군찬사를 동원하여 이 세상을 멸하시는 우주적 전쟁을 통한 대파국이 불가피하다고 선언한다(계 12:9 참조).

> "만군의 야웨께서 군대를 사열하신다.
> 그들은 먼 땅, 하늘 끝에서 온 땅을 잿더미로 만들려고
> 야웨의 징벌의 채찍이 되어 야웨와 함께 온다.
> 너희는 통곡하여라. 야웨의 날이 다가온다.
> 전능하신 이께서 너희를 파멸시키시러 오신다."(사 13:4-6)

(4) 묵시가들은 이 세상이 너무 부패하여 더 이상 고쳐서 쓸 수 없는 상태에 빠졌으므로 전적으로 이 세상은 멸하고 새로운 창조가 필요하다고 확신하였다. 예언자들은 이스라엘이 범죄하였으나 회개하고 돌아와서 '새 계약'을 맺으면 새로워질 수 있다고 믿었다. 그러나 묵시가들은 새 계약을 통해 이스라엘이 새로워질 구원의 가능성에 대해 비관적이었다. 그리하여 초월적인 구원의 역사로서 '새 하늘과 새 땅에 대한 희망'을 피력하였다.

> "너희는 이전 일을 기억하지 말며 옛날 일을 생각하지 말라
> 보라 내가 새 일을 행하리니 이제 나타낼 것이라."(사 43:17-18)

> "보라 내가 새 하늘과 새 땅을 창조하나니
> 이전 것은 기억되거나 마음에 생각나지 아니할 것이라."(사 65:17)

"내가 지을 새 하늘과 새 땅이 내 앞에 항상 있는 것 같이

너희 자손과 너희 이름이 항상 있으리라 여호와의 말이니라."(사 66:22)

새 하늘과 새 땅의 새 창조는 역사 안에서 역사의 종말로서 역사적 불연속성과 단절을 의미하는 것이다.

(5) 묵시가들은 그들이 겪는 현실적 고난의 무게나 너무나 엄청났기 때문에 하루빨리 이러한 고난이 종식되는 역사의 종말로 도래하기를 고대하였다. 그리하여 그때가 언제인지? 어느 때까지 참고 견뎌야 하는지에 대해 관심을 집중하였다. 특히 다니엘은 일흔 이레(70×7년=490)가 역사의 예정된 시간이라고 주장하고 임박한 종말이 예정된 시간에 올 것이라는 것을 주장하고 역사의 시간표를 제시한다. 따라서 '한 때 두 때 반 때'가 지나면 종말이 올 것이며, 구체적으로는 남은 시간이 1290일이나 1335일이라고 하였다.

"네 백성과 네 거룩한 성을 위하여 **일흔 이레**를 기한으로 정하였나니

허물이 그치며 죄가 끝나며 죄악이 용서되며…."(단 9:24)

"반드시 **한 때 두 때 반 때**를 지나서 성도의 권세가 다 깨지기까지이니

그렇게 되면 이 모든 일이 다 끝나리라 하더라."(단 12:7)

"매일 드리는 제사를 폐하며 멸망하게 할 가증한 것을 세울 때부터

천이백구십 일을 지낼 것이요. 기다려서 **천삼백삼십오** 일까지

이르는 그 사람은 복이 있으리라."(단 12:11-12)

구약의 대표적인 묵시서인 다니엘서 마지막 장 마지막 결론은 다음과

같다. 마지막 날에 대한 묵시의 말씀을 비밀리에 잘 간직하고 마지막 날을 기다리라고 선언한다.

> "그가 이르되 다니엘아 갈지어다.
> 이 말은 마지막 때까지 간수하고 봉함할 것임이니라. …
> 너는 가서 마지막을 기다리라.
> 이는 네가 평안히 쉬다가 끝 날에는 네 몫을 누릴 것임이라."(단 12:9-13)

이러한 묵시문학의 구원관을 계승한 신약성서의 요한계시록 마지막 구절은 "주 예수여 어서 오시옵소서"라는 그들의 종말론적 기대를 염원하는 것으로 끝난다.

3) 구원관의 두 전승과 예수가 선포한 하나님의 나라

앞에서 살펴본 예언문학의 역사적 구원관과 묵시문학의 종말론적 구원관을 요약하면 다음과 같다.

예언자의 역사적 구원관과 묵시가의 종말론적 구원관 비교

예언자의 역사적 구원관	묵시가의 종말론적 구원관
현 역사는 하나님이 다스림	현 역사는 악한 세력이 지배함
개인적 집단적 회개 촉구	우주적 대파국 불가피
새 이스라엘 새 예루살렘	새 하늘과 새 땅
새 계약	새 창조
역사 안에서 역사의 심판	역사 자체의 심판
회개와 구원을 선포하라(겔 18:30)	비밀에 붙여 두라(단 8:26, 12:4)

따라서 이 두 전통 중 어느 하나를 배제하지 않고 양자를 어떻게 조화롭게 이해하느냐 하는 것이 성서의 종말론적 구원이해의 관건이라 할 수 있다. 이런 관점에서 보면 하나님의 나라에 대한 예수의 선포는 이러한 두 전통을 통합한 것이라 할 수 있다.32) 예수 당시의 유대인들도 모두 그들이 기다리는 구원이 실현되는 하나님의 나라를 고대하였다. 그러나 하나님의 통치에 대한 극단적인 견해들이 팽배하여 있었다. 열심당원들은 하나님의 나라를 일종의 신정체제로 이해하고 그 나라를 무력으로 지상에 세우려고 사투를 벌였다. 그런가 하면 묵시문학적 사상을 따르던 에센파 사람들은 새로운 기원, 즉 종말론적 새 하늘과 새 땅의 도래를 희망하고 기대하였다.33) 이처럼 유대인들 사이에서 하나님의 나라를 두 가지 극단적인 의미로 왜곡하였다.

(1) 열심당들의 정치적 왜곡이다. 열심당은 하나님의 나라가 하늘에서 이루어지는 것과 무관하게 이 땅에서 이루어질 것으로 보았다.34) 열심당의 구호도 하나님 나라의 건설에 있었다. 그러나 그들이 지향한 하나님 나라의 통치는 이방인(로마)의 통치를 종식하고 유대인의 왕권(통치)을 재건하는 것이었다. 그들은 철저하게 현세적이고 정치적인 다윗왕조의 재건을 하나님 나라의 건설로 주장하였다. 예수가 부활하신 후에도 그의 추종자 중에는 "이스라엘의 회복하심이 이 때니이까?"(행 1:6)라고 질문하는 이들도 없지 않았다.

그리고 열심당은 로마 식민지 지배의 종식과 이스라엘의 회복이라는 정치적 목적을 수행하기 위하여 수단과 방법을 가리지 않았고 폭력적인 테러마저 정당화하였다.

---

32) 허호익(2003),『현대조직신학의 이해』(서울: 대한기독교서회). 자세한 내용은 제11장 "현대신학의 종말이해"를 참고할 것.
33) W. Kasper(1977),『예수 그리스도』(왜관: 분도), 117.
34) 허호익(2010),『예수 그리스도 2』(서울: 동연), 제13장 5절을 참고할 것.

(2) 에센파의 묵시적인 왜곡이다. 에센파는 하나님 나라가 하늘에서만 이루어지는 것이 하나님 뜻이라고 보았다.35) 로마의 통치와 예루살렘의 제의에 실망한 에센파는 세속적인 정치의 폭력과 세속적 종교생활의 부패에 절망하여 소수의 무리가 모여 철저하게 금욕적인 은둔생활을 하면서 묵시적인 새 하늘과 새 땅이 이루어지기를 고대하였다. 그들은 현세적인 삶을 철저히 부정하였다. 하나님 나라가 이 죄 많은 속세의 거리에서 이루어질 수 없다고 믿었다.

이러한 배경에서 볼 때 예수께서 하나님의 통치는 "하늘에서뿐만 아니라 땅에서도 이루어지는 것"(마 6:9)이라고 선포한 것은 심오한 의미를 함축하고 있음을 알 수 있다. 예수가 선포한 하나님 나라는 열심당이나 에센파의 극단적인 견해와 달리 시간적으로 하늘로부터 초월적으로 임할 임박한 미래의 도래이면서 동시에 지금 여기에서 실현되는 것을 의미한다. 또한 하나님 나라는 공간적으로 내적이고 영적이며 동시에 이미 현세적이고 정치적인 것이라고 선포한 것이다.

몰트만은 성서의 구원론의 전승은 복합적인 개념이므로 예언자적·역사적 구원론과 묵시문학적·종말론적 구원론의 도식을 완전히 구분하는 것이 불가능하다고 주장한다.36) 이 양자의 공통적인 것은 미래적 전망이라고 보았다. 예언문학은 역사의 미래에 대한 약속으로 본 반면에, 묵시문학은 우주론을 역사의 과정 속으로 끌어들여 종말론적 미래를 우주론적 지평으로 넓힌 것이다. 따라서 묵시문학이 없는 신학적 종말론은 모든 민족들의 역사와 개인의 실존의 역사 속에 고정되어 버린다고 하였

---

35) 허호익(2010), 『예수 그리스도 2』, 제13장 2절을 참고할 것.
36) J. Moltmann(1975), 164-165. "역사의 종말론과 우주론적 종말론 사이에, 또 역사 안에서의 종말론과 초월적인 종말론 사이에 구별을 지을 수 있는가? 예언자의 약속이 끝나고, 거기에 종말론이 시작한다고 말할 수 있는 점들을 확정한다는 것은 거의 불가능한 일이다."

다.37)

　성서의 종말론적 구원은 미래에 대한 인간의 기대가 아니라 미래에 대한 하나님의 약속의 형태로 주어진 것이다. 하나님의 이 약속은 이성과 합리성으로 파악할 수 없는 계시의 방식이다. 이런 의미에서 미래는 "초월의 새로운 패러다임"이라 할 수 있다.38) 그러므로 하나님의 약속과 희망은 더 이상 신화일 수도 없으며 비신화화의 대상이 될 수도 없다.

　하나님의 약속은 현재와 무관한 미래나, 미래와 무관한 현재가 아니다. 궁극적으로 새로운 미래가 약속의 형태로 현재 속에 앞당겨 이루어진다. 몰트만은 이를 선취先取(Anticipation)의 개념으로 설명한다. "선취는 성취가 아니다. 그러나 역사의 조건 안에 미래가 이미 현존하는 것이다. 그것은 올 것의 단편이다."39) 선취의 종말론은 종말이 역사를 삼켜 버린 초월적·묵시적 종말론도 아니며, 역사가 종말을 삼켜 버린 현재적 종말론도 아니다.

　현재 속으로 다가오는 희망은 현재를 아직 아닌 것으로, 위기로 규정한다. 그리고 궁극적으로 새로운 미래의 빛에서 현재의 위기를 변혁해야 할 새로운 사명을 일깨운다. 이러한 희망의 빛에서 볼 때 역사의식은 사명의식이며, 그리고 역사에 관한 지식은 변혁의 지식이 된다.40)

　예수 그리스도가 선포한 '하나님의 나라'는 미래에 일어날 궁극적으

---

37) J. Moltmann(1975), 180-181.

38) J. Moltmann(1969), *Religion, Revolution, and the Future*(New York: Charles Scribner's Sons), 177.

39) J. Moltmann(1977), *Church in the Power of Spirit I*(New York: Harper & Row), 193.

40) J. Moltmann(1977), 107 이하. 이러한 종말론의 빛에서 역사의 의미는 다음과 같이 이해된다. ① 종말론적 역사의식은 궁극적으로 새로운 미래에 대한 희망이다. ② 이 미래는 현재를 낡은 것으로 규정함으로 종말론적 역사의식은 위기의식이다. ③ 역사의 새로운 미래는 약속의 형태로 현재로 다가오는 선취를 통해 현재의 낡은 것의 변화를 촉구하므로 종말론적 역사의식은 역사 변혁의 사명의식이다.

로 새로운 희망의 계시이지만 그 새로운 미래가 현재의 위기의식을 일깨우고 그 위기를 극복할 수 있는 원동력을 제공함으로써 현재 속에서 새로운 미래의 희망을 앞당겨 이루는 선취가 가능해진다. 따라서 예수 그리스도야 말로 '하나님의 나라 그 자체'이며 '하나님의 나라의 선취'라고 하였다. 예수 그리스도를 통해 하나님의 뜻이 하늘에서처럼 땅에서도 앞당겨 이루어진 '하나님의 나라의 선취'는 묵시적 종말론과 관련된 다음과 같은 쟁점에 대한 대안을 제시한다.

첫째, 하나님의 나라의 선취는 그 통치의 시기에 있어서 현재와 미래를 중재한다.[41] "하나님의 나라가 현재하고 있으며 우리는 부활했다"는 광신적인 열광주의와, "세계는 구원되지 않았고 모든 만물은 아직도 서로 적대하고 있다"는 비관적인 체념을 모두 극복할 수 있다. 우리가 하나님의 주권을 완성된 나라 속에서만 보려고 한다면 그것은 일방적인 것이된다. 마찬가지로 하나님의 나라를 그의 통치의 현실성과 같이 놓는다면 그것은 오해에 빠지게 된다. 하나님의 나라는 그리스도의 부활을 통해지금 여기에서 앞당겨 이루어지고 있기 때문이다.

둘째, 하나님의 나라의 선취는 통치의 영역에 있어서 세계 안과 세계밖을 중재한다.[42] 희랍어 바실레이아basileia는 세계 속에서 전개되는 현실적인 하나님의 통치와 하나님의 통치의 우주적 목표를 모두 의미한다. 하나님의 나라는 명백히 우주적인 것이며 논쟁의 여지없이 역사 속에서 하나님의 약속의 말씀과 자유의 영을 통치하신다. 그러므로 하나님의 나라는 순전히 영적인 것도 순전히 세상적인 것도 아니다. 양자를 포함하는 것이다.

셋째, 하나님의 나라의 선취는 정치신학적으로 체제의 초월과 체제

---

41) J. Moltmann(1977), 189-190.
42) J. Moltmann(1977), 194.

내의 변혁을 중재한다. "그 나라의 미래라는 체제 초월적인 대안이 없다면 체제 내재적 변혁의 힘은 방향을 상실할 것이다. 체제 내적인 변혁이 없다면 체제 초월적인 미래는 무력한 몽상이 되고 말 것이다."[43] 하나님의 뜻에 대한 복종과 왕국의 도래에 대한 기도 그리고 왕국의 아름다움에 대한 기대와 현실적인 고난에 대한 저항이 서로 얽혀 있으며 상대편을 강화한다.

넷째, 부활을 통해 이루어진 하나님의 나라의 선취는 심미적인 차원을 지닌다. 부활은 단순히 고난에의 저항과 항거만을 의미하지 않는다.[44] 부활로 인해 환희와 축제의 새로운 삶이 드러나기 때문이다. 하나님 나라는 결혼 잔치에 유비된다. 부활을 통해 해방과 자유와 기쁨으로 충만한 하나님 나라의 종말론적 잔치에 참여하게 되는 것이다. 하나님의 나라의 영광을 미리 앞당겨 누리는 것이다. 이런 의미에서 아타나시우스는 다시 사신 그리스도는 인간의 삶을 세속적인 축제로 만든다고 하였다.[45] 몰트만에 의해 묵시문학적 종말론의 우주적인 지평이 세계변혁의 희망으로 새롭게 조명된 것이다.

43) J. Moltmann(1977), 190.
44) J. Moltmann(1977), 108-112.
45) J. Moltmann(1977), 109.

04

무종말론과
시한부 종말론을 넘어서

오늘날의 기독교는 종말론 이해의 갈림길에서 심각한 도전을 받고 있다. 일반적으로 성서를 문자적으로 읽으려는 기독교인들은 세상의 최후의 심판과 개개인의 영생에 관한 전통적인 교의의 입장에서 종말론을 취급하려고 한다. 이들은 예수 그리스도의 부활과 그의 미래의 의미보다 구약의 묵시문학이나 요한묵시록 그리고 복음서의 묵시적인 단편에 집착한다. 그리하여 휴거, 칠년 대환란, 전천년설, 후천년설, 무천년설 등에 관한 교의적 논쟁에 여념이 없다. 이들은 종말론을 단순히 내세적이고 사적私的인 관심사로 축소시킨다. 이들 중에 극단적인 사람들에 의해 시한부 종말론이 2세기의 몬타누스파 이후로 여러 형태로 전개되어 온 것이다.[46]

한국교회에서도 성경의 일부 구절을 자의적으로 해석하여 1992년 휴거설과 1999년 재림설을 주장하는 시한부 종말론의 열풍이 사회적으로도 큰 물의를 일으킨 적이 있다. 시한부 종말론자들이 주장한 1992년 10

---

46) 이종성(1991), 『종말론 I』(서울: 대한기독교서회), 324-408. 교회사를 통해 나타난 여러 형태의 시한부 종말론을 참고할 것.

월 28일의 휴거가 불발함으로써 교회 내적으로는 기독교 신앙의 주요한 항목으로 주장되어 온 종말에 관한 신앙에 큰 혼란을 일으켰고, 교회 외적으로는 기독교 신앙이 맹목적이며, 비이성적이라는 심각한 도전에 직면하게 되었다. 따라서 종말에 대한 신앙을 새롭게 정립하고 변증해야 할 과제가 시급하다고 여겨진다.

시한부 종말론은 구약성서의 묵시적 구원론의 전통을 물려받았다. 이러한 종말론자들은 내적으로는 불법이 판을 쳐서 사랑이 식어지고, 외적으로는 전쟁과 기근이 끊이지 않는(마 24:12) 역사적 위기가 최고조에 달한 시대마다 재현하였다. 시한부 종말론은 이 위기의 시대의 소외된 계층에서 열화같이 번져 나갔다는 사실이다.

냉혹한 경쟁사회의 뒷전에 밀려 심한 좌절감과 무력감에 빠진 이들은 이 세상에서 더 이상 희망을 발견하지 못하게 된다. 아무리 열심히 공부해도 대학에 들어갈 희망이 없는 학생들, 아무리 열심히 돈을 벌어도 집 한 칸 장만할 가망이 없는 근로자들, 그리고 아무리 열심히 믿고 눈물로 간구해도 자립 기반을 마련하지 못하는 가난한 개척교회의 목회자들, 그렇다고 죽을 수 없는, 죽지 못해 살아가는 거덜 난 사람들은 더 이상 이 세상에 희망을 둘 수가 없는 것이다. 그들의 소원은 하루속히 주님이 오시기를 손꼽아 기다리는 것뿐이다.

저 혼자 잘 먹고 잘살자는 이기주의가 판치고, 빈익빈 부익부의 악순환이 가속될수록 소외계층이 늘어나기 마련이며 시한부 종말론의 극성을 부릴 온상이 마련되는 것이다. 시한부 종말론은 사회에 만연되어 있는 부정과 불의를 규탄하고 이러한 현실에 안주하는 기성교회의 타성을 경고하며, 경각심을 가지고 세계의 변혁에 참여하고 소외된 이웃을 돌볼 것을 촉구하는 시대의 징표인 것으로 깨달아야 할 것이다.

다른 한편으로 시한부 종말론이 묵시적 종말론의 전통을 이어받은 것이 사실이지만 적지 않은 오류를 지니고 있다.

(1) 성서를 문자적으로 해석한다는 점이다. 이들은 성서를 전체의 흐름에서 비추어 전후문맥에 견주어 해석하지 않는다. 지극히 단편적인 몇몇 구절을 취사선택하고 이를 다시 문자적으로 해석하여 절대적인 의미를 부여함으로써 성서를 절대적인 진리의 말씀으로 의심 없이 받아들인다. 그러나 실제로는 성서의 본래의 뜻을 왜곡하거나 극단화하는 오류에 빠지게 된다. 이들은 휴거, 7년 대환란, 재림 그리고 천년왕국에 대한 성서기록이 지극히 단편적이기 때문에 성서의 기록만 가지고는 문자적으로 일관된 사실과 정확한 의미를 밝혀 낼 수 없음에도 불구하고 이에 대한 교리논쟁에 빠져 '구체화의 오류'를 범하게 되는 것이다.

(2) 개인적인 체험이나 환상을 절대적 계시로 주장한다는 점이다. 개인적인 체험이나 환상은 매우 특수하고 비일상적이긴 하지만 실제로는 매우 상이하고 상대적인 것이다. 무엇보다도 성서의 가르침과 일치하지 않는 점이 너무 많다는 것이다. 그 일례로 환상 중에 천국을 방문한 이들의 증언이 세부적인 묘사에서 전혀 일치하지 않음이 드러났다. 이들은 개인의 특수 체험은 결코 비성서적이며 절대 보편적일 수 없다는 '경험주의의 오류'를 범하고 있는 것이다.

(3) 일상생활을 등한히 한다는 점이다. 임박한 휴거나 종말을 주장하기 때문에 이 세상의 일상적인 삶이란 더 이상 의미가 없게 된다. 이들은 종말을 초역사적이고 개인적인 것으로 믿기 때문에 일상생활을 포기하여 학교나 직장을 그만두게 되고, 심한 경우 가족까지 버리게 된다. 그리하여 경쟁사회에 적응하지 못하는 사람들에게 도피처를 마련해 주는 사회병리 현상을 확산시켜 사회적인 물의를 일으켜 왔던 것이다. 이들은 기독교 종말론의 이 세상적 요소와 역사적 차원을 제거해 버림으로써 '사

회병리학적 염세주의의 오류'를 범하게 되는 것이다. 그래서 바울은 역사의 종말을 기다리며 일상생활을 포기한 데살로니가의 교인들에게 "일하기 싫어하거든 먹지도 말게 하라"(살후 3:10)고 한 것이다.

그럼에도 불구하고 '세상 끝 날에 이뤄질 종말론적 구원'에 대한 무관심한 '무종말론' 역시 성서의 가르침과 거리가 먼 것이다. 성서가 말하는 종말론eschatology은 '마지막 일들'(ta eschata)에 관한 가르침을 의미한다. 전통적으로 이 종말론은 교의학의 마지막 장에서 죽음과 부활, 마지막 심판과 세상의 끝, 영벌과 영생과 같은 아직도 미래에 속한 사건들을 주제로 하여 다루어졌다.

그러나 현대에 와서 종말론이 기독교 신앙의 마지막 주제가 아니라, 그리스도의 하나님 나라 선포와 그의 부활과 관련된 핵심적인 주제로 등장하였다. 종말론의 재발견은 현대신학의 특징 중에 하나이며 이러한 기류를 코흐Klaus Koch는 "종말론의 르네상스"라 칭하였다.[47] 일찍이 바르트는 "전적으로 그리고 완전하게 종말론이 아닌 기독교는 전적으로 그리고 완전하게 그리스도와 상관이 없다"[48]라고 하였다. 반세기 후에 몰트만도 이러한 주장을 되풀이하여 역설하였다. "종말론은 단순히 기독교 교리의 일부분이 될 수 없다. 오히려 모든 기독교 선교와 모든 기독교의 실존과 모든 교회의 성격이 종말론적으로 지배되어 있다."[49]

오늘날 신학에서 종말론이 부흥한 이유를 브라텐은 크게 두 가지로 설명하였다.[50]

---

47) C. Mores(1979), *The Logic of Promise in Moltmann's Theology*(Philadelphia: Fortress), 8.
48) K. Barth(1972), *Epistle to the Romans*, tr. E. C. Hoskins(Oxford Univ. Pr), 314
49) J. Moltmann(1975), 『희망의 신학』(서울: 현대사상), 15.
50) Carl E. Braaten(1985), "The Kingdom of God and Life Everlasting", *Christian Theology*, ed. P. C. Hodgson & R. H. King(Philadelphia: Fortress), 329-330.

첫째, 종말론의 주제인 미래와 희망에 관한 현상이 실존론적으로 그리고 철학적으로 발견되었다. 양차대전 이후 역사의 진보에 대한 전망이 좌절됨으로써 현대의 대표적인 철학자와 사회심리학자들(Bloch, Marcel, Marcuse, Fromm, Ricoeur)은 인간은 '아직 아닌 존재Noch Nicht Sein'이기 때문에 현재 속에서 늘 부족한 것을 발견하고 부족한 것이 충족되기를 바라고 희망한다는 사실을 직시하게 되었다.51) 만일 우리가 구속되어 있으면 해방을 바라고 어둠 속에 있으면 빛을 바란다. 부족한 것은 억압과 착취, 전쟁과 노예상태, 소외와 상실, 허무와 무의미, 질병과 죽음과 같은 것으로 표상된다. 이러한 인간의 삶 속에 내재한 '아직 아닌 것'들을 극복하려는 희망의 현상은 구조적으로 기독교의 종말론과 일치한다. 희망의 현상은 부족하고 아직 아닌 무엇인가를 전제하지만, 종말론은 부족한 것, 아직 아닌 것의 완전한 충족과 궁극적 성취를 약속하기 때문이다.52)

둘째, 성서의 종말론적 전승이 여러 신학자들에 의해 새롭게 제기된 것이다. 무엇보다도 성서의 역사비평적 연구의 결과로 19세기의 합리적인 역사이해와 다른 묵시문학적 종말론의 주제가 예수의 가르침과 초대교회의 선포의 핵심이라는 결론이 바이스와 슈바이처에 의해 전격적으로 주장된 것이다.53) 이와 더불어 구약성서학자들도 구약의 묵시문학에 대한 새로운 연구결과들을 제시하였다.54) 분명히 이러한 묵시문학적 종말론의 역사와 종말에 대한 이해는 현대인의 세계관이나 역사이해와는

---

51) E. Bloch(1959), *Das Prinzip Höffnung*(Frankfurt: Suhrkamp). 블로흐는 프로이트가 말하는 인간의 무의식에 상응하는 아직 아닌 의식(Noch Nicht Bewusstsein)을 새롭게 제시하고, 이에 근거하여 희망의 인간학을 전개하였다.

52) C. E. Braatten(1985), 330.

53) C. E. Braatten(1985), 329-330. 329.

54) 박준서(1982), "구약 묵시문학의 역사이해", 「신학논단」 15(1982. 12), 1-4.

일정한 거리가 있는 것으로 드러났다. 뿐만 아니라 성서 내에서도 묵시문학적 종말론이 기대하였던 종말이 실현되지 않고 재림이 지연되었음에도 불구하고 여전히 종말론은 기독교 신앙의 주요한 내용으로 견지되었음을 발견하였다.

몰트만은 이런 관점에서 종말론의 기본개념을 새롭게 설정한다. 종말론Eschato-logie은 역사의 끝에 관한 지식을 의미하는데, 엄격하게 말하면 사물의 최후는 우리가 아직 경험하지 못한 역사의 미래이다. "미래가 현재의 계속이거나 규칙적인 순환이 아니라고 하면 미래에 관한 로고스는 불가능하다."55) 미래는 우리의 인식의 대상이 될 수 없는 것이다. 따라서 종말론은 미래에 대한 지식이 아니다. 성서의 종말론은 미래에 대한 인간의 기대가 아니라 미래에 대한 하나님의 약속의 형태로 주어진 것이다. 하나님의 이 약속은 이성과 합리성으로 파악할 수 없는 계시의 방식이다. 이런 의미에서 미래는 "초월의 새로운 패러다임"이라 할 수 있다.56) 그러므로 하나님의 약속과 희망은 더 이상 신화일 수도 없으며 비신화화의 대상이 될 수도 없다. 기독교의 종말론은 미래학이 아니라 기독교의 희망론이기 때문이다.

기독교의 희망론은 역사의 궁극적으로 새로운 미래에 대한 희망이다. 여기서 역사에 대한 새로운 이해가 제시된다.57) 역사란 무엇인가? 몰트만에 의하면 역사는 과거 사실을 재구성하고 탐구하는 역사과학, 역사탐구학, 역사방법론도 아니며, 현재의 역사적 정황에서 인간의 주체성과 자발성을 강조하는 현존의 역사성도 아니다. 역사가 그같이 이해될 때 그것은 역사가 되는 것을 그친다. 역사는 연속적인 과정이고, 움직임이

---

55) J. Moltmann(1975), 16.
56) J. Moltmann(1969), 177. 바르트가 공간적인 초월을 주장했다면 몰트만은 시간적인 초월을 주장한 것으로 볼 수 있다.
57) J. Moltmann(1969), 312-410.

며, 변화이다. 무엇보다도 역사에 대한 관심은 역사의 현실적인 위기의
식에서 비롯되었다. 역사의 위기를 의식하고 그것을 극복할 수 있는 그
무엇이 역사의 과거를 재구성하거나 현존의 가능성을 계발하는 것으로
불가능하다. 역사를 움직이고 변화시키는 '역사의 추진력'은 역사의 새
로운 미래에 대한 희망으로 주어진다. 이 궁극적인 새로운 미래를 몰트
만은 '역사의 본래적 범주'로 이해한다. 따라서 역사와 종말론의 상호관
련성은 더욱 분명해지는 것이다.

기독교 종말론에서 말하는 역사의 본래적 범주로서의 미래는 성서의
파루시아Parusia, 즉 예수의 오심에 기초한 도래到來의 개념에 해당하는
것이다. 몰트만에 의하면 어원적으로 미래는 장래將來(Futurum)와 도래
到來(Adventus)로 구분된다.[58] 전자는 현재의 가능성을 미래로 투사한
상대적인 미래이며, 현재에서 미래에로 나아가는(Becoming) 것을 지칭
하며 외삽법으로 사고한다. 후자는 과거나 현재의 가능성으로 예측할 수
없는 무로부터의 새로운 미래Novum ex nihilo가 현재 속으로 다가오는
것(Coming)을 약속과 희망으로 계시된다.

도래로서의 미래는 현재와 무관한 미래나, 미래와 무관한 현재가 아
니다. 궁극적으로 새로운 미래가 약속의 형태로 현재 속에 앞당겨 이루
어진다. 몰트만은 이를 '선취의 개념'으로 설명한다. "선취先取는 성취成
就가 아니다. 그러나 역사의 조건 안에 미래가 이미 현존하는 것이다. 그
것은 올 것의 단편이다."[59] 쿨만의 약속과 성취의 종말론과 달리 몰트만
은 약속과 선취의 종말론을 제시한 것이다. 선취의 종말론은 종말이 역
사를 삼켜버린 초월적 종말론도 아니며, 역사가 종말을 삼켜버린 현재적

---

58) J. Moltmann(1974), 『희망의 실험과 정치』(서울: 현대사상사), 19-21.
59) J. Moltmann(1977), *Church in the Power of Spirit*(New York: Harper & Row), 193.

종말론도 아니다.

현재 속으로 다가오는 희망은 현재를 아직 아닌 것으로, 위기로 규정한다. 그리고 궁극적으로 새로운 미래의 빛에서 현재의 위기를 변혁해야 할 새로운 사명을 일깨운다. 이러한 희망의 빛에서 볼 때 역사의식은 사명의식이며, 그리고 역사에 관한 지식은 변혁의 지식이 된다.

기독교의 종말론은 개인의 미래일반을 말하지 않고 '예수 그리스도의 부활과 그의 미래'를 말한다.[60] 예수는 메시아, 인자, 오실 자로서 종말론적인 인격이며, 희망의 장본인이다. 예수는 그의 역사적 삶과 선교를 통해 하나님을 앞당겨 온다. 예수는 하나님의 미래를 그의 역사적 삶 속에 앞당겨 미리 보여 주었다. 예수는 하나님의 선취이다(Jesus, Anticipator Dei). 종말론적인 미래의 현재적 선취는 예수의 부활을 통해 분명해진다. 부활은 역사적인 검증이 불가능한 종말론적인 사건이다. 부활을 통해 하나님의 궁극적인 새로움과 절대적 미래에 대한 약속이 앞당겨 이루어진 것이다. 죽은 자들로부터의 예수의 부활은 선취되어야 할 것이 선취된 사건이다. 부활은 말씀으로 약속된 미래가 실재의 사건으로 선취된 것의 증거이다. 이 부활을 통해 내용적으로 불의와 죽음과 세상 주관자들이 통치하는 현 세계의 역사 속에 궁극적으로 새로운 "하나님의 의와 생명의 약속과 하나님의 나라"가 희망으로 약속의 형태로 앞당겨 이뤄진 것이다. 이러한 희망은 부활신앙 안에서 십자가에 달려 죽으신 분의 장래를 보고, 또한 미래의 약속과 현재의 현실과의 괴리를 의식하여, 믿는 사람들로 하여금 약속된 장래를 지향하며 현세를 변혁시키려는 운동에 참여하게 하는 것이다.

야웨께서는 역사에 개입하실 뿐 아니라, 그러한 개입의 방식을 통해

---

60) J. Moltmann(1975), 『희망의 신학』, 189-311.

이스라엘에 구원을 가져다주신다. 그러므로 역사 안에서 활동하는 주체
는 인간이기보다는 야웨이시다. 야웨는 이스라엘 백성들의 고난에 역사
에 동행하시면서 '구원의 위대한 행위'를 하시는 분으로 고백된다.[61]

---

61) C. F. Whitley(1981), 『고대 이스라엘 종교의 독창성』(서울: 분도출판사), 108-109.

부록

『용비어천가』에 함축된

한국인의 하느님 신관

1. 머리말

훈민정음이 창제된 후 최초로 한글로 저술된 책이『龍飛御天歌』이다.[1] 용비어천가는 훈민정음이 창제(세종 25년, 1443년 12월) 반포(세종 28년, 1446년 9월)되기 이전부터 세종의 명(세종 24년, 1442년 3월1일)[2])에 따라 준비하여 6년 만인 세종 29년(1447) 2월에 완성되어 10월에 출간된 한글로 쓰인 최초의 책(가사 용비어천가)[3])이고 최초의 한문번역서(한문 용비어천가)이며, 동시에 최초의 악보(악보 용비어천가)[4])이기도 하다. 세종

---

1)『세종실록』27년 4월 5일. 용비어천가는 모두 125장에 달하는 서사시로서, 정인지(鄭麟趾) 안지(安止) 권제(權方) 등이 짓고, 성삼문(成三問) 박팽년(朴彭年) 이개(李塏) 등이 주석(註釋)하였으며, 정인지가 서문(序文)을 쓰고 최항(崔恒)이 발문(跋文)을 썼다. 현전하는『용비어천가』는 시가(詩歌)와 주해(註解)로 되어 있다.

2) 최연식 · 이승규, "용비어천가(龍飛御天歌)와 조선 건국의 정당화: 신화와 역사의 긴장",「동양정치사상사」7-1(2007. 3), 253. "오히려 훈민정음의 창제는 용비어천가의 편찬을 염두에 두고 조선 건국의 정당성을 대중적으로 확산시킬 문자적 도구를 확보하려는 의도에서 기획된 것이다."

3) Peter H. Lee/김성언 역,『용비어천가의 비평적 해석』(서울: 태학사, 1998), 62. "제나라의 글을 시가에 적용한 최초의 시도"라고 하였다.

4)『세종실록』29년 5월 5일, 용비어천가의 1 · 2 · 3 · 4 · 125장 등 5장에는 곡을 지어서「치화평(致和平)」「취풍형(醉豊亨)」「봉래의(鳳來儀)」「여민락(與民樂)」등의 악보를 만들고 조정의 연례악(宴體樂)으로 사용하였다.『세종실록』권14「악보(樂譜)」에 한글 가사 전문과 그 악보가 실려 전한다.

대왕의 명에 따라 국문으로 짓고 한시로 번역하였으며(歌用國言 仍繫之詩) 이를 다시 『세종악보』를 편집하였기 때문이다.5) 세종 29년(1447) 5월 5일에는 임금이 강녕전康寧殿에 나와 창기倡妓와 재인才人으로 하여금 용비어천가를 연주하게 하였다. 6월 4일에는 용비어천가를 여민락, 치화평, 취풍형 등과 더불어 모든 향연에 사용하게 하였으며, 10월 16일에는 『용비어천가』 5백 50본을 제작하여 신하들에게 내려 주었다.6) 또한 가사 용비어천가는 최초의 한글 서적이므로 15세기의 언어와 문학 연구에 중요한 사료史料이며 『세종악보』는 세계 최초의 인쇄악보이므로 음악사적으로 아주 중요한 문헌이 아닐 수 없다.7)

그동안 용비어천가 연구는 언어학적 연구, 문학적 연구, 악학적 연구 그리고 사상적 배경과 정치적 동기에 관한 연구로 대별된다. 그러나 일종의 건국서사시인 용비어천가에는 '하늘'이라는 용어가 무수히 등장함에도 불구하고 조선조 초기의 '하늘'이라는 용어가 함축하고 있는 한국 고유의 '하느님 신관'에 대한 연구는 이제까지 간과되어 왔다. 따라서 용비어천가에 함축된 '하느님 신관의 특징'을 구체적인 내용을 살펴보려고 한다.

---

5) 『세종실록』 27년 4월 5일. 歌用國言, 仍繫之詩, 以解基語.
6) 조흥욱, "용비어천가의 창작 경위에 대한 연구 – 국문가사와 한문가사 창작의 선후관계를 중심으로", 「語文學論叢」 20(2001), 143-162.
7) 최종민, "훈민정음과 용비어천가의 관계"(http://cafe.daum.net/gukeum, 2006. 9. 25). 『세종악보』의 간행(1447)은 오타비아노 데 페트루치(1466-1539)가 베니스에서 출판한 서양 최초의 악보 '오데카톤'(1501)보다 54년이나 앞선 것이다. 특히, 서양 악보 첫 인쇄본 '오데카톤'은 단순한 노래 모음집인 데 비하여, 세종악보는 악기의 선율과 장고, 가사, 가사의 선율 등이 적힌 총보 형식을 갖추고 있다는 점에서 보더라도 서양 악보의 인쇄본보다 높은 수준으로 평가된다.

2. 용비어천가의 사상적 배경

용비어천가의 사상적 배경은 크게 세 가지로 주장되어 왔다.

첫째, 태조 이성계가 역성易姓혁명을 통해 조선을 건국한 것을 정당화하기 위해 유교의 천명사상을 빌려 육조의 창업 과정을 천명天命에 의한 것으로 정당화하고, 이를 한글로 서술하여 일반 백성들을 교화하려는 정치적 동기에서 비롯되었다는 것이다.[8] 물론 용비어천가는 육조六朝의 창업 과정에 있었던 하늘의 뜻을 제시하고, 중국 사적과의 일치되는 점을 강조하면서 천명天命에 의해 역성혁명이 일어났음을 서술한 것이 사실이지만, 이 과정에서 조선왕조의 창업 선조들이 아주 수동적이었다는 것을 강조한다. 계속적인 하늘의 계시에도 불구하고 겸손하게 그 자리와 역할을 고사하였지만 결국 하늘의 뜻에 따라 주체로서의 역할을 다하기 위해 역성혁명을 수행한 것으로 묘사한다(11장, 117장).[9] 이러한 사정은 조선왕조를 건국한 후 태조가 발표한 즉위교서(1392. 7. 28)에 잘 드러나 있다. "왕은 이르노라. 하늘이 많은 백성을 낳아서 군장君長을 세워, 이를 길러 서로 살게 하고, 이를 다스려 서로 편안하게 한다. 그러므로 군도君道가 득실得失이 있게 되어, 인심人心이 복종과 배반함이 있게 되고, 천명天命의 떠나가고 머물러 있음이 매였으니, 이것은 이치의 떳떳함이다"[10]라고 하였다. 그리고 "나는 덕이 적은 사람이므로 이 책임을 능히 짊어질 수 없을까 두려워하여 사양하기를 두세 번에 이르렀으나, 여러 사람이 말하기를, '백성의 마음이 이와 같으니 하늘의 뜻도 알 수 있습니

---

8) 전재강, "'용비어천가'에 나타난 유교 이념과 표현 현상", 「어문학」 62(1998. 1), 199-220.

9) 김용찬, "용비어천가의 정당성 구조 분석", 「언론 사회 문화」 1(1991), 271.

10) 『太祖實錄』 1卷, 1年(1392) 7月 28日. 王若曰, 天生蒸民, 立之君長, 養之以相生, 治之以相安. 故君道有得失, 而人心有向背, 天命之去就係焉, 此理之常也.

다. 여러 사람의 요청도 거절할 수가 없으며, 하늘의 뜻도 거스를 수가 없습니다'"고 하였다.[11]

개국공신開國功臣들이 즉위교서를 발표한 그해 9월 28일 왕세자와 여러 왕자들과 회동會同하여 천지신명께 맹약한 기록에는 조선의 건국은 하늘의 뜻에 응하고, 사람의 마음에 따른 일이며, 모두가 힘을 합치고 서로 도와 대명大命을 자손 대대에 지켜 행하지 않으면 '神'(하느님)이 반드시 죄를 줄 것'이라고 한 기록이 등장한다.

황천후토皇天后土와 송악松嶽·성황城隍 등 모든 신령에게 고합니다. 삼가 생각하옵건대, 우리 주상 전하主上殿下께서는 하늘의 뜻에 응하고 사람의 마음에 따라서 대명大命을 받자왔으므로, 신 등이 힘을 합하고 마음을 같이하여 함께 큰 왕업을 이루었습니다. … 무릇 우리들 일을 같이한 사람들은 각기 마땅히 임금을 성심으로 섬기고, 친구를 신의로 사귀고, 부귀를 다투어 서로 해치지 말며, 이익을 다투어 서로 꺼리지 말며, 다른 사람의 이간하는 말로 생각을 움직이지 말며, 말과 얼굴빛의 조그만 실수로 마음에 의심을 품지 말며, 등을 돌려서는 미워하면서도 얼굴을 맞대해서는 기뻐하지 말며, 겉으로는 서로 화합하면서도 마음으로는 멀리 하지 말며, 과실이 있으면 바로잡아 주고, 의심이 있으면 물어 보고, 질병이 있으면 서로 부조扶助하고, 환란이 있으면 서로 구원해 줄 것입니다. 우리의 자손에게 이르기까지 대대로 이 맹약을 지킬 것이니, 혹시 변함이 있으면 신神이 반드시 죄를 줄 것입니다.[12]

이러한 '하느님 신앙'에 근거하여 용비어천가 서사(제1-16장)에서는

---

11)『太祖實錄』1卷, 1年(1392) 7月 28日 予以涼德, 惟不克負荷是懼, 讓至再三, 僉曰: "人心如此, 天意可知. 衆不可拒, 天不可違."

12)『태조실록』1년(1392년 9월 28일) 等敢明告于皇天'后土"松嶽'城隍等一切神祇. 恭惟我主上殿下應天順人, … 至于我子孫, 世守此盟, 如或有渝, 神必殛之.

조선왕조 창업의 당위성을 포괄적으로 제시했고,13) 본사(제17-109장)에서는 조선왕조 창업의 당위성을 구체적 이야기로써 실증했으며,14) 결사(제110-125장)에서는 이룩된 왕업의 영원한 지속을 기리기 위해 후대왕에게 규계規戒 사항을 열거했다.15)

그러므로『용비어천가』는 유교의 천명사상에 따라 역성혁명의 정당성을 합리화하려는 왕조 서사시로뿐만 아니라 "天爲建國"(32장)이라는 의미에서 우리 민족의 건국신화의 전통이 내포되어 있어 중요한 가치를 지닌다는 점도 강조되어야 한다.16) 용비어천가는 한글로 기록된 최초의 건국신화로서 천명에 따라 이성계가 조선을 건국하였음을 만천하에 공포한 서사시이다. 고려왕조를 이어서 새로운 왕조를 세운 조선이 정권의 정당성을 내외에 주지시키기 위해 저술한 건국신화이다.17) 이런 배경에서 볼 때 무엇보다도 국명을 '조선'이라 칭한 것은 '고조선'의 적통嫡統을 계승한다는 의미가 자못 크다 할 것이다. 따라서 의도적으로 표현한 중

---

13) 제1, 2장은 전체의 프롤로그에 해당하고, 제3-8장은 토대 마련의 필연성을, 제9-16 장은 건국의 필연성을 표현했다. 이를 통해 작품의 창작 의도와 목적, 주제를 직접적으로 밝혔다.

14) 주인공 태조의 영웅적 일생은 순차적 진행의 원리와 '역사+일화'식 구조화 방법에 따라, ① 고귀한 혈통(제17-26장), ② 비범한 성장(제27-32장), ③ 탁월한 능력(제33-66장), ④ 투쟁에서의 승리(제67-89장), 태종의 영웅상(제90-109장)으로 전개되는 4단 구조를 이루고 있다.

15) 제110장-125장에 이르는 결사에서는 후대 왕에의 규계를 통해 왕업의 영원함을 기리기 위한 4단 구조의 논리적 짜임을 보이고 있다. 제110-114장은 4조와 태조가 겪은 왕조 창업의 고난을 통해, 제115-119장은 태조·태종이 보인 군왕으로서의 덕성을 통해, 제120-124장은 태조·태종이 힘쓴 경국제세(經國濟世)의 모범을 통해, 그리고 에필로그에 해당하는 마지막 제125장은 왕업의 영속을 염원하는 소망을 통해 후대왕들을 규계하고 있다.

16) 임치균, "건국신화의 전통에서 본 용비어천가",「문헌과 해석」18(2002. 봄), 125-134; 최연식·이승규, "용비어천가(龍飛御天歌)와 조선 건국의 정당화: 신화와 역사의 긴장",「동양정치사상사」7-1(2007. 3), 249-268.

17) 김용찬, "용비어천가의 정당성 구조 분석", 272.

국의 역사적 사례와 더불어 고조선 이후의 여러 건국설화의 사례들도 암시적으로 반영한 것임을 새롭게 살펴보아야 할 것이다.

따라서 용비어천가에는 단지 유교의 천명사상이 아니라 한국 전래의 건국신화에 빠짐없이 등장하는 하느님 신앙이 반영되어 있음을 인식하여야 한다. 문헌적으로 한국인의 하느님 신관[18])을 살펴볼 수 있는 한문으로 기록된 출전들이 많지 않다. 최초의 기록이라 할 수 있는「廣開土王陵碑」(414)에서는 하느님을 뜻하는 '천제天帝', '황천皇天', 천天, 호천昊天이란 표기가 등장한다.[19]) 특히 고구려의 시조 추모왕은 북부여에서 출생하였는데, 그의 아버지는 하느님(鄒牟王天帝之子)이고 어머니는 하백(水神)의 딸이었다. 추모왕은 스스로 하느님의 아들(我是皇天之子)이라 칭하고 있다. 보다 후대에 기록된『삼국유사』(1281)에는 환인의 아들 환웅이 인간 세계를 다스리기 위해 신단수에 내려와 고조선을 도읍하였다는 건국신화가 등장한다. 여기에 표현된 '환인桓因'[20])에 관한 여러 설이 있지만, '桓'은 환 또는 한으로도 읽히기 때문에, 환인桓因은 '한+인'이며, 이는 '하늘+님'이라는 한글을 한자로 빌려 표기한 것이라는 견해는 최남선이 "계고차존稽古箚存"(1918)이라는 글에서 최초로 주장한 이래 '환인'은 하느님으로서 천신天神을 이두식으로 표현한 것이라고 주장되어 왔다.[21]) 환인이 하느님을 뜻한다면 환웅은 '하느님 아들'을 의미한다. '아

---

18) 『우리말 큰 사전』(한글학회)에는 하느님을 "하늘의 높임말로 불가사의하고 초자연적인 신앙의 대상을 가르킨다"고 설명한다.

19) 이형구 · 박노희, 『廣開土王陵碑文 新研究』(서울: 동화출판공사, 1986), 54-64. 비문 1면에는 하느님과 관련한 여섯 구절이 등장한다. ① "추모왕은 천제의 아들"(鄒牟王…天帝之子), ② "나는 천제의 아들"(我是皇天之子), ③ "[하늘에서] 황룡을 보내와"(因遣黃龍), ④ "용의 머리를 타고 하늘로 올라갔다"(龍昇天), ⑤ "[대왕의] 은택이 하늘에 까지"(恩澤于皇天), ⑥ "하늘이 돌보지 않아"(昊天不弔).

20) 『三國遺事』의 檀君記에는 기록된 '桓因'을『帝王韻紀』(1287)와『應濟詩註』(1462), 『世宗實錄』地理誌에는 '上帝桓因'으로『東國與地勝覽』(1540)과『海東異蹟』(1666)에는 '天神桓因'으로 표기하였다.

버지가 아들의 뜻을 알고'(父知子意)에 근거하여 이은봉은 "환인은 창조자이고 아버지이고 수장首長이며, 이러한 성격을 가진 신이 바로 천부신天父神"이라고 주장한다.22) 이런 배경에서 4~5세기경에 기록된『산해경』에는 "동해 안쪽 북해 모퉁이에 조선이라는 나라가 있는데, 하늘이 그 나라 사람을 길렀다"는 구절이 나온다.23) 중국인조차도 하늘의 뜻에 따른 조선의 건국을 중요하게 취급한 것이다.

물론 용비어천가를 광개토대왕릉비 및 단군신화와 비교해 보면 후자의 통치자는 '하늘과의 직접적 혈연적 관계'를 지닌 것으로 선언함으로써 건국의 정당성을 강조한다. 그러나 용비어천가의 경우 여전히 하늘을 개국의 정당성의 원천으로 삼지만 하늘과의 직접적인 혈연성은 탈각되고 하늘의 적극적인 개입과 도움으로 조선이 건국되었다는 사실을 강조한다.24) 이런 의미에서 전자는 신격을 지닌 통치자의 '건국신화'라고 할 수 있으나, 후자는 하늘의 도움을 받은 특출한 인물이 나라를 건국했다는 '건국서사시'라고 할 수 있다. 따라서 용비어천가는 고조선 이후에 단군과 주몽 같은 신격적 존재가 특출한 능력과 신적 존재인 하늘의 도움을 통해 시련을 극복하고 나라의 건국과 계승의 과업을 수행한 것처럼, 태조와 태종 같은 영웅적 존재 역시 특출한 능력과 신적 도움으로 시련을 극복하고 새로운 조선을 건국하고 계승하였다는 서사구조를 반복하고 있는 것이다.25)

---

21) 허호익,『단군신화와 기독교』(서울: 대한기독교서회, 2003), 74-81. 환인의 고의에 대한 여러 학설을 참고할 것.
22) 이은봉, "단군신화를 통해 본 天神의 구조",『단군신화연구』(서울: 온누리, 1985), 174.
23)『山海經』「海內經」, 東海之內, 北海之隅, 有國名曰朝鮮 天毒其人. '天毒'에 대한 해석상의 논란이 있으나『강희자전』에 의하면 毒은 育이라고 한다.
24) 최희식, "단군신화와 용비어천가에서 나타난 통치자의 모습",「역사와 사회」24(1999), 141.

둘째, 용비어천가의 사상적 배경으로『주역』의 세계관이 반영되었다고 주장되어 왔다.26) 제1장의 '海東 六龍'은『주역』상경上經 건乾의 상象에 나오는 "시작과 끝을 크게 밝히면 육위六位가 때에 이루어지니 여섯 용을 타고 하늘을 다스리느니라"는 구절에서 인용한 것이라고 한다.27) 그리고 제1장의 '龍飛'와 제55장의 '潛龍' 역시『주역』에 등장하는 용어라는 것이다.28) 그리고 "탕무가 혁명하여 하늘에 순종하고 사람에 응하였다"는 천명에 따른 역성혁명에 대한 언급도『주역』에 등장한다.29) 특히 전재강은 용비어천가는 "유교 이념의 바탕 위에서 창작되었고, 특히 체계적인 유교이념을 대변하는『역경』과의 연관성을 알리는 주요한 단서를 가지고 있다"30)라고 하였다.

천신하강과 용의 현현顯現 그리고 왕조 건국의 상관관계는『주역』에만 등장하는 것이 아니라 광개토대왕릉비에도 기록되어 있다. 비문에는 대왕이 비류곡 홀본 서쪽 산 위에 산성을 쌓고 도읍을 세웠다고 한다. 그리고 하늘에서 용을 보내어 왕을 맞이하고, 용이 하늘로 올라가며 왕의 후계자를 삼았다는 기록이 등장한다.

그런데 [聖王은] 世位를 다하지 못하고, [하늘에서] 황룡을 보내어 내려와서 왕을 맞이하였다. 이 때 王은 忽本城 동쪽 언덕에서 용의 머리를 타고 하늘로 올라갔다. 고명을 받은 儒留王은 훌륭한 道로서 나라를 크게 일으켰고, 아들인 大朱留王은 國業을 이어 발전시켰다.31)

25) 김보현, "조선 건국담론의 신화화 방식연구:『용비어천가』와『태조실록총서』를 중심으로", 「시학광 언어학」제11호(2006), 223-224.
26) 전재강, '용비어천가'의『易經』적 이해", 「동양대학교 논문집」3-1(1997), 253-271.
27) 김성언, "龍飛御天歌에 나타난 朝鮮初期 政治思想研究", 265.
28) 앞의 글, 266
29) 전재강, "용비어천가의 易經的 이해", 4.
30) 전재강, "'용비어천가'에 나타난 유교 이념과 표현 현상", 「어문학」62(1998. 1), 201.

고구려와 신라의 건국설화에도 용이 등장한다. 『삼국유사』「북부여」에는 하느님을 지칭하는 '天帝'라는 용어가 등장하고 「동부여기」에는 天帝와 上帝라는 표현이 교차로 기록되어 있으며 고구려의 시조 동명제가 북부여를 건국하고 동부여로 천도한 기록에는 왕이 오룡거를 타고 내려왔다고 한다.

> 천제天帝가 다섯 마리 용이 끄는 수레(五龍車)를 타고 흘승골성訖升骨城[譯註: 대요大遼 의주醫州 지역에 있다]에 내려와서 도읍을 정하고 왕으로 일컬어 나라 이름을 북부여北扶餘라 하고 자칭 이름을 해모수解慕漱라 하였다. 아들을 낳아 이름을 부루扶婁라 하고 해解로써 씨를 삼았다. 그 후 왕은 상제의 명령에 따라 동부여 로 도읍을 옮기게 되고….(「북부여」)32)

그리고 『삼국유사』「신라시조 혁거세왕」에는 나정의 한 알에서 한 아이가 깨어나기 전후에 말이 나타났다가 승천한 이야기와 함께 "계룡鷄龍이 상서祥瑞를 나타내어 알영闕英을 낳았으니"(雞龍現瑞産 闕英)라는 설명이 등장한다.33)

용비어천가는 그 제목에서 밝힌 것처럼 '용'을 아주 중요한 '신화소神話素' 또는 상징으로 사용한다. 용이 날아서 하늘을 제어, 즉 통제하여 바른 길로 나아가게 하였다는 것은 왕들이 태어나 나라를 세웠다는 뜻이다. 이 '용'들은 구체적으로 세종의 六祖(穆祖, 翼祖, 度祖, 桓祖, 太祖, 太宗)를

---

31) 이형구·박노희, 『廣開土王陵碑文 新研究』, 54-55. 不樂世位 因遣黃龍來下迎王 王於忽本東河 龍昇天 顧命世子儒留 王以道興治.
32) 『삼국유사』「北扶餘」, 天帝降于訖升骨城 在 大遼 醫州界 乘五龍車立都稱王國號 北扶餘 … 王後因上帝之命移都于 東扶餘(http://db.history.go.kr).
33) 『삼국유사』「新羅 始祖 赫居世王」, 一白馬跪拜之狀尋撿之有一紫卵 一云青大卵 馬見人長嘶上天.

지칭한다. 용비어천가는 '용이 하늘을 나는 노래'[34]로서 '왕들이 태어나 나라를 세운 이야기'를 담았고, 여러 역사적 사건들과 더불어 무수한 기이한 일(奇異)과 상서로운 일(瑞祥)을 동시에 나열한 신화와 역사가 혼융된 서사敍事이다.[35] 용비어천가의 작자들은 한국의 건국신화인 단군신화나 주몽신화와 알지신화를 "정통 유가처럼 괴도愧道 난신亂神으로 몰지 않고 긍정적으로 수용하고 있다"[36]고 평가된다. 따라서 이러한 '하늘'이나 '용'과 같은 신화소는 유교적 천명天命사상보다도 한국적인 '기이奇異와 서상瑞祥'의 전통과 더 맥이 닿아 있는 것으로 보인다.[37] 이러한 점에서 용비어천가의 천명사상은 유교적 합리주의의 지상의 논리라기보다는 신화적 천상의 논리에 충실하였다. 조선 건국의 주체들은 유학자가 아니라 일반 백성들에게 조선 건국의 정당성을 훈육하기 위해서 "역사를 신화화하고 신화를 역사화하는 방법"[38]을 채택한 것이다.

셋째, 용비어천가는 천명에 의한 역성혁명론과 더불어 유교의 덕화정치의 이상을 밝힌 것이라고 주장되어 왔다. 김성언은 "龍飛御天歌의 전반부는 天命의 소재를 밝히는 易姓革命論으로, 후반부에서는 德化政治를 강조하는 유교 정치론"[39]으로 구성된 것으로 평가한다. 그러나 용비어천가의 내용을 따져 보면 유교적 천명天命과 덕화德化보다도 '하늘을

---

34) James Hoyt, *Songs of the Dragons Flying to Heaven: Korean Epic*(Seoul: Korean National Commission for Unesco, 1971); 서영대 · 송회섭 편, 『용, 그 신화와 문화』(서울: 민속원, 2002); 이동철, 『한국 용설화의 역사적 전개』(서울: 민속원, 2005).

35) 김보현, "조선 건국담론의 신화화 방식연구: 『용비어천가』와 『태조실록총서』를 중심으로", 「시학광 언어학」 제11호(2006), 207. 일반적으로 건국신화는 역사와 신화라는 두 장르를 모두 포괄한다.

36) 김성언, "龍飛御天歌에 나타난 朝鮮初期 政治思想研究", 264.

37) 이희덕, "龍飛御天歌와 瑞祥說", 「동방학지」 54-56(1987), 599-621.

38) 최연식 · 이승규, "용비어천가(龍飛御天歌)와 조선 건국의 정당화: 신화와 역사의 긴장", 「동양정치사상사」 7-1(2007. 3), 266.

39) 김성언, "龍飛御天歌에 나타난 朝鮮初期 政治思想研究", 270.

공경하고 백성을 부지런히 보살피는' 경천근민敬天勤民이 더 강조되어 있다. '경천근민'이라는 표현은 용비어천가 본문뿐 아니라 양성지의「龍飛御天歌 序」에도 반복하여 나온다.[40]

무엇보다도 개국공신과 왕실 가족의 맹약에서 살펴본 것처럼 용비어천가를 저술한 주체들이 묘사한 하늘은 단지 유교의 천명사상에서처럼 만유의 이법理法으로서 "독립적으로 존재하는 하나의 도덕률"[41]이 아니라 지고한 정신적·인격적 실재로서 죄를 벌하는 하느님이라는 것을 명시하고 있다. 따라서 천명을 따르는 통치 행위가 실제로는 이법에 해당하는 도道에 따르는 실천으로서 덕德을 행하는 유교의 덕화정치와 달리 백성을 하늘로 여기고 백성을 위해 힘을 다 쓰지 않으면 "神(하느님)이 반듯이 죄를 줄 것"이라는 투철한 하느님 신앙을 견지해야 한다는 사실을 맹약한 것이다. 김용찬은 "용비어천가에서는 모든 문제와 해결을 결정짓는 존재로서 '하늘'을 들고 있다. 하늘은 모든 권력의 제공자이며 모든 민족적 사업의 주제자이다. 이러한 하늘에 의하여 수신자인 백성의 결핍요소가 무엇이며 그러한 결핍요소를 어떻게 채울 것인지가 결정된다"고 하였다. 그리고 "하늘은 이러한 수신자인 백성의 결핍을 채우는 존재로 이씨 가문을 선택"한 것을 서술한다고 하였다.[42] 하늘은 한민족을 있게 한 시원이며 모든 정치적 정권에 정통성을 부여하는 존재이기 때문이다. 하늘은 수신자에게 새로운 정권, 정의, 평화, 국가의 중흥, 외적 침입으로부터의 안전, 더욱 구체적으로는 실제적인 전제田制 개혁을 가져다 줄 필요를 규정한다.[43] 그러나 더욱 중요한 것은 자손 대대로 이 맹약을 소홀히 하면 "神(하느님)이 반듯이 죄를 줄 것"이라는 경천敬天 신앙이

---

40) 양성지,「龍飛御天歌 序」, 敬天勤民 無敢怠忽.
41) Peter H. Lee/김성언 역,『용비어천가의 비평적 해석』, 202.
42) 김용찬, "용비어천가(龍飛御天歌)의 정당성 구조 분석", 272.
43) 같은 글, 270.

명시적으로 천명되었다는 사실이다. 따라서 이러한 '경천근민敬天勤民 신앙'은 유교의 '천명덕화 사상'과 일정한 거리가 있음이 분명하다.

3. 용비어천가에 묘사된 '하늘'에 함축된 하느님 개념

용비어천가 제1장 '하늘이 복을 내리신다'에서 시작하여 마지막 125 장에는 '하늘을 공경하라'고 노래한다. 용비어천가는 하늘을 한글원문에 는 하늘, 天, 帝[44]로 표기하고 한문으로는 '天', 또는 '維皇上帝'(102장 2회)로 번역 표기한다. 물론 용비어천가에는 '하느님'이라는 한글 용어는 나오지 않는다.

훈민정음 창제 이후 천신으로서의 '하늘'에 대한 표기는 최초의 한글 저작인 용비어천가에 여러 번 등장하지만, '하느님'이라는 표기의 최초 의 기록은 율곡 이이(1536-1584)의 작품으로 알려진 「자경별곡自警別 曲」[45]으로 알려져 있다. 그리고 그 이후에 시인 노계 박인로(1561-1642) 가 지은 가사 「태평사」(1598),[46] 「소유정가」(1617),[47] 「노계가」[48]에 '하느님'이라는 단어가 등장한다.

한국인의 종교심성의 기층을 이루는 샤머니즘은 범신론적 특징을 지

---

44) 帝祜(7장), 帝命(8장, 71장)
45) 최강현 편, 『한국고전문학전집 3』(서울: 고려대민족문화연구소, 1993), 276. "늬몸 일도 못살피고 남의 是非 誠實ᄒᆞ좋 / 虛靈不昧 一心性은 **하날님이 쥬신 비라** / 놓치 말고 구지 자바 百年을 修養홀제.
46) 앞의 책, 358. "天運 순환을 아옵게다 **하ᄂᆞ님아** 佑我 邦國ᄒᆞ샤 萬壽無疆 눌리쇼셔"
47) 앞의 책, 442. **平生애 품은 뜻을 비노이다 하ᄂᆞ님쯰** / 北海水 여위도록 우리 聖主 萬歲 쇼셔 / 堯天 舞日을 每每 보게 삼기쇼셔 / 億億 生靈을 擊壤歌를 블리쇼셔 / 이 몸은 이 江亭風月의 늘을 뉘룰 모ᄅᆞ리라.
48) 앞의 책, 486. 시시로 머리드러 北辰을 ᄇᆞ라보고 / 눕모ᄅᆞᄂ 눈물을 天一方의 디이ᄂ 다 / 一生애 품은 뜻을 비웁ᄂ다 **하ᄂᆞ님아!**

니지만, 종교학자 프레이저J. G. Frazer나 옴Thomas Ohm도 인정했듯이 '전체의 영계를 지배하는 최고신'의 존재를 인정하고 있으며 '하느님'이 바로 원시유일신으로 최고신이라는 신앙이 면면히 내려온다.[49] 1900년 러시아에서 간행한 『한국지Opisanie Korei』에서도 하늘에 대한 숭배 사상이 한국 샤머니즘의 기초를 이루고 있으며, "한국인들은 하늘에 가시적인 세계의 창조자이며 수호자인 상제라는 높은 관념을 결부시키고 있다"라고 하였다.[50]

달레는 조선에 입국한 가톨릭 선교사를 통해 전해들은 한국인의 상제上帝관에 대해 "어떤 사람은 그 말로 우주의 창조자이며 관리자인 하느님을 가리키고, 또 어떤 사람은 그것을, 곡식을 생산하고 보존하고 익게 하며, 병을 물리치는 섭리적 힘을 가졌다는 단순한 天이라 주장한다"라고 하면서 수령들은 비를 빌거나 재앙을 쫓기 위해 나라에서 제사를 지낼 때 그 기원을 "하느님에게 혹은 하늘에 바쳐진다"라고 하였다.[51] 하나님과 하늘이 거의 동일한 신적 대상으로 여겨진 것으로 보고 있다.

최초로 성경을 한글로 번역하면서 신명 번역에 고심한 로스John Ross는 "한국인들은 지고신the Supreme Being을 일컫는 고유한 이름과 한문에서 빌려온 이름을 갖고 있다. 전자는 '하늘'에서 나온 '하느님Hannonim'이고 후자는 '샹데Shangde'이다"[52]라고 하였다. 개신교 선교사 헐버트

---

49) 정대위, "龍飛御天歌의 天命思想의 종교적 의의", 170. 주 22 참고. J. G. Frazer, *The worship of Nature*, vol. I, New York, 1926.; Thomas Ohm, "Die Himmelsverehrung der Koreaner", *Antheopos*, XXXV-XXXVI, 19040-1941, SS. 830-840.

50) 러시아대장성 편/최선 · 김병린 역, 『韓國誌』(성남: 정신문화연구원, 1984), 338; 조광, "한국전통신관의 이해에 관한 연구사적 검토", 「司牧」 176(1993년 9월호), 78. 재인용,

51) Claude Charles Dalle/안응렬 · 최석우 역, 『한국천주교회사 상』(서울: 한국교회사연구소, 1979), 210.

52) John Ross, *History of Corea: Ancient and Modern, with Description of Manners and Customs, Language and Geography*(London: Elliot Stock, 1879), 355.

Homer B. Hulbert(1863-1949) 역시 "하느님이란 어휘는 '하늘'과 '주인'이라는 단언의 합성어로서 한자의 천주天主에 해당하는 것"으로 모든 한국인은 이 하느님을 우주의 '최고지배자'라고 믿고 있다고 하였다. 이러한 하느님 신앙은 외래종교의 영향이나 원시적 자연숭배와 거리가 먼 한국인의 고유한 신앙이며, 이 "하느님에게 부여된 속성이나 권능은 기독교에서 보편적으로 말하는 '여호와'의 그것과 일치"한다고 하였다.53) 대부분의 한국 초기 개신교 선교사들도 이와 비슷한 견해를 다양하게 피력하였다.54)

양주동은 '하느님'의 어원은 '하늘'이며, 그 원의原義는 '한붉'(大光名)인데, "한붉→한볼→한볼→한올→하늘" 순으로 전음된 것이라 한다.55) 최남선은 태양을 추상한 한 것이 '하늘'이고 이를 인격화한 것이 '하느님'이라고 하였다.56) 그래서 한울님, 한얼님, 하날님, 하느님, 하나님 등으로 표기된다. 그리고 최남선은 이 하느님은 '눈으로 보고 몸으로 겪는바 천지의 주재자'라고 하였다.

"시방 우리들이 하느님이라고 하는 말은 우주적 종교사상의 지보 변천과

53) Homer B. Hulbert/신복룡 역, 『대한제국멸망사』(서울: 평민사, 1995), 469.
54) 정진홍, "하늘님 고",「기독교사상」(1972. 2), 122-129; 박일영, "한국 무속의 신관",「司牧」149호(1991), 86. C. A 클라크는 한국의 민간신앙이나 무속은 일종의 원시 유일신교(Urmonotheimus)라고 하였고, H. G. 언더우드는 한국의 무속신앙을 다신 가운데 주신을 두고 있는 交替一神敎라고 하였다.; 오지섭, "創世神話를 통한 한국인의 하느님 신앙 이해: 한국인의 하느님 신앙, 그 가능성과 문제점",「종교신학연구」7(1994. 12), 257-295; 조흥윤, "천신(天神)에 관하여",「동방학지」77-79(1993), 13-40; 조광, "한국전통신관의 이해애 관한 연구사적 검토",「司牧」176(1993년 9월호), 69-96; 황패강, "韓國神話와 天神",「단국어문논집」2(1998), 1-23; 최광식, "한국 고대의 천신관",「史學硏究」58·59(1999), 49-73;「한국전통사상과 천주교」1(1995), 365-430.
55) 양주동(1965), 『古歌硏究』(증보판)(일조각), 3.
56) 최남선/정재승·이주현 역주, 『불함문화론』(서울: 우리역사연구재단, 2008), 114.

더불어 아주 관념적 추상적인 존재를 이루었지만 우리의 조상들이 '하늘님'이라고 하던 어른은 실상 그런 것이 아니라 눈으로 보는 바 몸으로 겪는바 무한 광명한 영광과 은열을 주시는 구체적 존재요, 경험상 사실존재로서 천지의 주재자이었습니다."[57]

용비어천가에 나타나는 '하늘'은 바로 이러한 '하느님'을 함축하는 용어이다. 용비어천가는 16세기 한국인들의 이러한 '하늘'이 곧 '하느님'이라는 신관의 특징을 가장 잘 묘사해 놓은 최초의 한글 저서라는 점에서 한국인의 신관 연구에 결정적인 자료라고 생각된다.

4. 용비어천가에 나타난 하느님 신관의 특징

용비어천가 125장에 등장하는 하늘과 관련된 내용을 '하느님 신관'이라는 관점에서 분석하고 종합하여 분류해 보면 16세기 한국인들이 지녔던 '하느님 신관의 특징들'을 구체적으로 살펴볼 수 있을 것이다.

1) 하늘이 복을 내리고(天福) 도우신다(天佑)

용비어천가 제1장은 조선을 건국한 태조 이성계의 6대조를 해동海東 육룡六龍으로 상징화하고 선대의 위업을 가리켜 일마다 모두 하늘이 내리신 복이라고 노래한다. '일마다 천복天福[58]'을 '하늘이 돕지 않은 바가

---

57) 최남선, 『조선의 신화』(서울: 설문당, 1982), 31-32; 김용찬, "용비어천가(龍飛御天 歌)의 정당성 구조 분석", 270 재인용.
58) 『조선왕조실록』을 검색해 보면 '천복'은 3번밖에 나오지 않는다. 민간인들 사이에는 기복신앙이 성행하였으나 왕실문서에는 그러한 표현이 드물게 나오는 것으로 보인다.

없다'(莫非天所扶)라고 번역하였다. 천복이라는 용어와 더불어 7장에는 '주나라의 무왕에게 하늘이 복을 내리셨다'고 하면서 천복이라는 표현 대신 '신이 주신 복' 호祜 자를 사용하여 '제호帝祜'라고 하였다. 그리고 성은 높고 사닥다리는 없건마는 하늘이 도우시매(天之佑矣) 태조는 말을 탄 채로 그 높은 성에서 내리셨다고 한다(34장).

海東 六龍이 ᄂᆞᄅᆞ샤 일마다 天福이시니(제1장)

블근 새 그를 므러 寢室 이페 안ᄌᆞ니 聖子革命에 帝祜ᄅᆞᆯ 뵈ᅀᆞᆸ니(제7장)

城(성) 높고 ᄃᆞ리 업건마ᄅᆞᆫ 하늘히 도ᄫᅟᅵ실ᄊᆡ ᄆᆞᆯ론자히 ᄂᆞ리시니이다(제34장)

이러한 천우신조天佑神助 신앙은 조선왕조의 말기에 형성된 애국가와 독립가에 빠짐없이 등장하며,[59] 이를 계승한 현재의 애국가에도 '하느님이 보우하사 우리나라 만세'라는 뿌리 깊은 '하느님 保佑 신앙'이 반영되어 있다.

2) 하늘이 명하시고(天命) 이루신다(天成)

용비어천가에서 하늘과 관련하여 가장 많이 등장하는 용어가 천명이다. 천명에 따라 조선왕조가 건국하였음을 강조하기 위함이다. 천명과 병행하여 제명帝命과 대명大命이라는 용어도 등장한다. 중국의 무왕武王

---

59) 이명화, "애국가 형성에 관한 연구", 「실학사상연구」 10-11(1999)(서울: 무악실학회), 639. 1896년 4월부터 1899년 6월까지 「독립신문」에는 총 32편 애국가 독립가가 소개되어 있는데 최초로 게재된 최돈성의 애국가의 "우리나라 흥하기를 비ᄂᆞ이다 하ᄂᆞ님셔"(「獨立新聞」 1896년 9월 22일자)로 되어 있다.

이 천명을 의심하시므로 하늘이 꿈으로써 재촉했듯이 이성계에게 하늘은 꿈으로 그 천명을 알리시고(13장), 하늘이 송나라를 세우기 위하시어 고종에게 천명을 내리셨고(32장), 강물은 깊고 배는 없건마는 하늘이 명하시매 금나라 태조는 말 탄 채로 그 깊은 강을 건넜고(34장), 천명을 받으매 물에 빠진 말을 하늘이 꺼내시고(37장), 거짓 성을 굳혀 보겠다고 천자 뵙기를 청하니 명나라 임금은 성주聖主이시매 하늘의 명(帝命)을 아셨고(71장), 하늘은 고려 태조에게 큰 명(大命)을 알리려고 하여 바다 위에 금탑이 솟았으며(83장), 나라가 오래되어 하늘의 명이 다하여 가매 나무에 새 잎이 난 것이라고(84장) 한다. 또한 주나라 무왕은 하늘의 명을 받들고(奉天) 상나라 주紂의 죄를 쳤다고 한다(9장).

말싹물 슬븟리 하디 天命을 疑心ᄒ실씩 ᄭᅮ므로 뵈아시니 / 놀애를 브르리 하디 天命을 모ᄅ실씩 ᄭᅮ므로 알외시니(제13장)

天爲建國ᄒ샤 天命을 ᄂᆞ리오시니 亭上牌額을 세사룰 마치시니(제32장)

믈 깊고 빈 업건마른 **하늘히 命ᄒ실씩** 믈론자히 건너시니이다(제34장)

셔볼 賊臣이 잇고 ᄒᆞᆫ부니 天命이실씩 ᄶᅥ딘 ᄆᆞ를 하늘히 내시니(제37장)

僞姓을 구류리라 親朝를 請ᄒᆞᆸ니 聖主 실씩 帝命을 아ᄅ시니(제71장)

君位를 보비라 ᄒᆞᆯ씩 **큰 命**을 알외요리라 바ᄅᆞᆳ 우희 金塔이 소ᄉᆞ니(제83장)

나라히 오라건마른 天命이 다아갈씩 이본 남기 새 닢 나니이다(제84장)

奉天討罪실씩 四方諸侯ㅣ 몯더니 聖化ㅣ 오라샤 西夷 쏘 모ᄃ니(제9장)

뿐만 아니라 하늘을 사람을 보내고 부리고 그리고 일을 이루신다. 광무제가 갈 길을 모르자 머리 센 할아비를 하늘이 부리시어(天令) 위기를 면하게 하였듯이 익조翼祖에게 머리 센 할미를 하늘이 보내시니(天使) 위기를 면하였다(19장). 따라서 하늘이 이미 다 이루어 놓으신 바(天成)이니, 하늘이 천하의 백성을 잊지 않으신 것이다.

구든 城을 모ㅏ ᄅ샤 갏 길히 입더시니 셴 하나비를 **하ᄂᆞ히 브리시니** / 쇠한 도ᄌᆞ글 모ᄅ샤 보리라 기드리시니 셴 할미를 **하ᄂᆞ히 보내시니**(제19장)

하ᄂᆞ히 일워시니 赤脚仙人 아닌들 天下蒼生ᄋᆞᆯ 니ᄌᆞ시리잇가(제21장)

3) 하늘이 택하시고(天擇) 버리신다(天棄)

하늘이 나라와 백성을 택하고 왕과 왕손을 택하신다. 하늘이 이미 택하여 놓으신 바이니 하늘이 우리 나라와 백성(海東黎民)을 잊지 않으실 것이다(21장). 태자(계력)를 하늘이 택하여 그 형의 뜻이 이루어져 하늘이 성손(무왕)을 내신 것처럼, 세자(환조)를 하늘이 택하여 원나라 임금의 명을 내려 하늘이 성자(태조)를 내신 것이라고 한다(8장).

또한 하늘은 택한 것들을 잊으시고 버리신다. 하늘이 독부獨夫를 잊어버리고(天絶) 버렸듯이(72장), 백성의 병폐를 모르시면 하늘이 버리신다(天棄)는 것이다(116장). 하늘이 만사를 택하고 버리시는 주권자임을 강조한다.

하늘히 굴히어시니 누비즁 아닌들 海東黎民을 니즈시리잇가(제21장)

太子를 **하늘히 굴히샤** 兄ㄱ뜨디 일어시늘 聖孫을 내시니이다 / 世子를 하늘히 굴히샤 帝命이 느리어시늘 聖子를 내시니이다(제8장)

獨夫를 **하늘히 니즈샤** 功德(공덕)을 國人(국인)도 숣거니 漢人(한인) ᄆᅀᆞ미 엇더ᄒᆞ리잇고 / **하늘히 獨夫를 ᄇ리샤** 功德(공덕)을 漢人(한인)도 숣거니 國人(국인) ᄆᅀᆞ미 엇더ᄒᆞ리잇고(제72장)

民瘼을 모ᄅᆞ시면 **하늘히 ᄇ리시ᄂᆞ니** 이 ᄠᅳ들 닛디 마ᄅᆞ쇼셔(제116장)

광개토대왕릉비에도 "그러나 불행하게도 하늘이 돌보지 아니하여 [대왕이] 39세(412)에 세상을 버리고 나라를 떠났다"[60]는 기록이 남아 있다. 하늘이 생사화복을 주관한다는 하느님 신관이 명시된 가장 오래된 출처라고 여겨진다.

4) 하늘이 달래시고(天誘) 잊지 않으신다.

하늘이 어진 임금을 내겠다고 부마의 마음을 달래시기도(天誘) 하고, 하늘이 임금(공민왕)을 달래시어 열 은경銀鏡을 놓으셨다고 한다. 그리고 하늘은 백성들을 잊지 않으신다. 하늘이 백성들을 잊지 않고 사람의 마음을 달래다는 신앙은 하늘의 인격신적인 면모를 돋보이게 한다.

賢君을 내요리라 **하늘히 駙馬 달애샤** 두 孔雀일 그리시니이다 / 聖武를

---

60) 이형구·박노희, 『廣開土王陵碑文 新硏究』, 63-64. 昊天不弔 卅有九宴駕棄國

뵈요리라 하늘히 님금 달애샤 열 銀鏡을 노ᄒᆞ시니이다(제46장)

하늘히 일워시니 赤脚仙人(적각선인) 아닌들 天下蒼生(천하창생)올 니ᄌᆞ시리잇가 / 늘히 골히어시니 누비즁 아닌들 海東黎民(해동여민)을 니ᄌᆞ시리잇가(21장)

5) 하늘의 뜻(天心)을 이기지 못한다(不勝天)

'천명'과 더불어 천의와 천심 및 민천지심民天之心이라는 용어도 등장한다. 내용을 살펴보면 사람이 하늘의 뜻과 하늘의 마음을 거스를 수 없다는 신앙이다. 적인狄人들이 침범하거늘 기산으로 옮긴 것도 야인들이 침범하거늘 덕원으로 옮긴 것도 하늘의 뜻이며(4장), 태조의 화살에 여섯 노루와 다섯 까마귀가 떨어지고, 태조가 비스듬한 나무를 날아 넘은 것은 모두 하늘 뜻이니 하늘의 뜻을 누가 무르겠으며(86장), 하늘이 고조高祖의 마음을 움직이게 하시니(102장) 하늘의 마음(天心)은 소인이 거스를 수 없고(74장), 누구도 고칠 수 없다(85장). 여러 방식으로 하늘 뜻이 이루어지므로(108장), 약藥이 하늘의 뜻을 이길 수는 없었던 고사와 태종의 두 벗이 배가 엎어지건마는 바람이 하늘을 이기지 못한 고사를 들어 약이나 바람이 하늘을 이기지 못한다는 사실을 밝힌다(90장).

狄人ㅅ 서리예 가샤 狄人이 ᄀᆞᆯ외어늘 岐山 올ᄆᆞ샴도 하ᄂᆞᆳ뜨디시니 / 野人ㅅ 서리예 가샤 野人이 ᄀᆞᆯ외어늘 德源 올ᄆᆞ샴도 하ᄂᆞᆳ뜨디시니(제4장)

天意를 小人이 거스러 親王兵을 請ᄒᆞᆫ들 忠臣을 매 모ᄅᆞ시리(제74장)
여슷 놀이 디며 다숫 가마괴 디고 빗근 남ᄀᆞᆯ ᄂᆞ라 나마시니 / 石壁에 수멧던

네넷글 아니라도 **하넗 뜨들 뉘 모르ᅀᆞᄫᆞ리**(제86장)

面(면)을 몰라 보시고 벼스를 도도시니 **하넗 ᄆᆞᅀᆞᄆᆞᆯ 뉘 고티ᅀᆞᄫᆞ리**(제85장)

시름 ᄆᆞᅀᆞᆷ 업스샤ᄃᆡ 이 지븨 자려ᄒᆞ시니 **하ᄂᆞᆯ히 ᄆᆞᅀᆞᄆᆞᆯ 뮈우시니**(제102장)

病으로 請ᄒᆞ시고 **天心을 일우오리라** 兵仗ᄋᆞ로 도ᄫᆞ시니이다(제108장)

道上애 僵尸를 보샤 寢食을 그쳐시니 **旻天之心**애 긔 아니 쁜디시리(제116장)

두 兄弟(형제) 쇠 하건마른 藥(약)이 **하ᄂᆞᆯ 계우니** 아바님 지ᄒᆞ신 일훔 엇더 ᄒᆞ시니 / 두 버디 빅 배안마른 ᄇᆞ르미 하ᄂᆞᆯ 계우니 어마님 드르신 말 엇더ᄒᆞ시 니(제90장)

6) 하늘이 재능을 내리시고(天才) 용기와 지혜를 주신다(天錫)

하늘이 백성을 위해 남다른 재능(32장)을 하늘이 내리시고 남다른 재 주(43장)와 영특함과 용기 및 지혜(70장)를 내시고 허락하신 것이다. 그 리고 자로써 제도가 나므로 하늘은 이 태조에 인정을 맡기려고 하늘 위에 있는 금자(金尺)를 내리신 것이다(83장).

天爲拯民ᄒᆞ샤 **天才를 ᄂᆞ리오시니** 藪中 담뵈를 스믈살 마치시니(제32장)

졸애산 두 놀이 ᄒᆞᆫ 사래 ᄢᆡ니 **天縱之才**를 그려ᅀᅡ 아ᅀᅡ볼까(제43장)
天挺英奇ᄒᆞ샤 安民을 爲ᄒᆞ실씬 六駿이 應期ᄒᆞ야 나니 / **天錫勇智**ᄒᆞ샤 靖

國을 爲ᄒ실ᄊᆡ 八駿이 應時ᄒ야 나니(제70장)

자ᄒ로 制度ㅣ 날ᄊᆡ 仁政을 맛됴리라 하늘 우흿 金尺이 ᄂ리시니(제83장)

7) 하늘이 자연의 조화(造化)를 주재(主宰)하신다

어두운 길인데 없던 번개를 하늘이 밝히시기도 하고, 깊은 못에 엷은
얼음을 하늘이 굳히시기도 한다(30장). 물에 빠진 말을 하늘이 끌어내시
기도 하고 여린 흙을 하늘이 굳히시기도 한다(37장). 밀물을 막으시고 큰
비를 그치지 않게 하시는 것을 하늘이 일부러 우리에게 보이시기도 한다
(68장). 하늘이 없던 병을 내리게 하신다(102장). 이처럼 하늘은 자연의
조화造化를 주관하는 주재자로서 갖가지 자연의 조화를 통해 생사화복
을 주관하신다는 신앙을 함축하고 있다.

뒤헤는 모딘 도죽 알ᄑᆡᄂ 어드본 길헤 **업던 번게를 하ᄂᆞᆯ히 ᄇᆞᆯ기시니** / 뒤헤
ᄂ 도딘 즁ᄉᆡᆼ 알ᄑᆡᄂ 기픈 모새 **열븐 어르믈 하ᄂᆞᆯ히 구티시니**(제30장)

셔볼 賊臣(적신)이 잇고 ᄒᆞ분니 **天命이실ᄊᆡ ᄢᅥ딘 ᄆᆞᄅᆞᆯ 하ᄂᆞᆯ히 내시니** / 나라
해 忠臣(충신)이 업고 ᄒᆞᄫᅡᅀᅡ **至誠(지성)이실ᄊᆡ 여린 흘글 하ᄂᆞᆯ히 구티시니**
(제37장)

가ᄅᆞᆷ ᄀᆞ 아니 말이샤 밀므를 마ᄀᆞ시니 **하ᄂᆞᆯ히 부러 ᄂᆞ믈 뵈시니** / 한비를
아니 그치샤 날므를 외오시니 **하ᄂᆞᆯ히 부러 우릴 뵈시니**(제68장)

모맷 病(병) 업스샤ᄃᆡ 뎌 지븨 가려ᄒᆞ시니 하ᄂᆞᆯ히 病(병)을 ᄂᆞ리오시니

(제102장)

8) 백성이 하늘이니(天爲拯民) 하늘을 공경하듯 백성을 위한다(敬天勤民)

하늘이 뭇 백성을 잊지 않으시고(21장), 하늘이 백성을 위하시므로(天爲拯民, 32장), 백성의 병폐를 모르시면 하늘이 버리신다(116장). 왜냐하면 백성이 하늘이기 때문이다(120장). 민심이 천심이라는 속담도 이런 배경에서 이해되어야 한다. '하늘을 공경하고 백성을 위하여 힘을 써야 나라가 더욱 굳으실 것이다.'(125장).

天爲拯民ᄒᆞ샤 天才를 ᄂᆞ리오시니 藪中 담뵈를 스믈살 마치시니(제32장)

百姓이 하늘히어늘 時政이 不恤ᄒᆞᆯᄊᆡ 力排群議ᄒᆞ샤 私田을 고티시니(제120장)

民瘼올 모르시면 하늘히 ᄇᆞ리시ᄂᆞ니 이 ᄠᅳᆮ들 닛디 마ᄅᆞ쇼셔(제116장)

聖神이 니ᅀᅳ샤도 敬天勤民ᄒᆞ샤ᅀᅡ 더욱 구드시리이다(제125장)

용비어천가에는 하늘은 왕보다 백성을 더 위하는 것으로 묘사한다. 백성이 곧 하늘이기 때문에 단지 천명을 따르는 수동적인 자세가 아니라 하늘을 받들고 공경하는 자세로 백성을 위해 힘써 섬기고 위하는 적극적인 경천근민敬天勤民, 즉 경천애인을 강조한 것이라고 볼 수 있다. '경천근민'이라는 용비어천가 마지막 장에 결론처럼 강조되어 있고 양성지의 「龍飛御天歌 序」에도 반복하여 나온다.61)

결론적으로 용비어천가의 기본 주제는 하늘이 뜻으로 왕과 그의 가족이 택함을 받았고 천명에 따라 나라를 세웠으니 일마다 복이나 화를 내리시는(1장), 하늘을 받들고 공경하는 마음으로 백성을 섬기고 돌보라(125장)는 구조로 되어 있다고 볼 수 있다.

5. 결론

고조선을 비롯한 고구려, 백제, 신라의 건국신화에는 천손하강天孫下降의 주제가 일관되게 전승되어 있다. 왜냐하면 "한민족에게 있어서 하늘은 각별한 것이기 때문이다. 하늘은 한반도에 한민족이 있게 한 시원이며, 모든 정치적 정권의 정통성을 부여하는 존재"이기 때문이다.[62] 최광식에 의하면 한국은 고조선 시대의 초기 국가부터 천신제사가 광범위하게 시행되어 왔고, "천신이 항상 보호해 주고 안락장수를 보장해 준다"고 믿어 왔으며, "정치 지배자에게 권위와 정통성을 부여하지만, 지배자들이 천신의 뜻을 거역하였을 때에는 화를 내리고 벌을 주는 것"으로 나타나 있다고 하였다.[63] 그러므로 『용비어천가』는 단지 유교의 천명사상이나 『주역』의 용龍사상의 반영이라기보다는, 고조선 이후로 면면히 전승되어 온 한국 고유의 하느님 신앙이 함축되어 있는 '천신하강의 건국신화'의 맥을 드러낸 것이라고 할 수 있다. 국호를 조선이라 한 까닭도 여기에 있다고 본다.

따라서 용비어천가는 중국에서 진시황제 이후 황제를 천자天子로 여

---

61) 양성지, 「龍飛御天歌 序」, 敬天勤民 無敢惑忽.
62) 김용찬, "용비어천가의 정당성 구조 분석", 270.
63) 최광식, "한국 고대의 천신관", 「史學硏究」 58 · 59(1999), 71-72.

겨 신격화하거나, 일본의 황실 신도神道 신앙처럼 왕을 천황으로 신격화
하여 인격적이고 초월적인 천신 또는 '하느님'을 정치 이데올로기화하지
않는다.[64] 그러므로 조선을 건국한 태조는 도적이 감히 들어오지 못할
하늘의 위임이 있으며(제62장), 다리에 떨어지는 말을 넌지시 잡아당긴
성인의 신력神力이 있고(제87장), 엎드려 있는 꿩을 날리어 쏘아 잡는 성
인의 신공神功이 있지만(제88장), 중국의 천자天子나 일본의 천황天皇으
로 칭하지 않고 단순히 임금으로 용龍으로 묘사되어 있다(제31장).

　용비어천가에 등장하는 '하늘'은 하느님의 의미를 함축하고 있으므로
용비어천가에는 16세기 우리 민족의 하느님 신앙의 특징이 고스란히 드
러난다. 정대위는 용비어천가에는 하늘(하느님)이 역사의 주재자이며,
불의를 심판할 뿐 아니라, 하늘 뜻을 사람에게 계시하며, 택하신 자를 뽑
으며, 그들에게 힘과 능력을 주어 그 의도를 땅 위에 성취하는 신앙이 뚜
렷이 표현되어 있다고 하였다.[65] 그 신앙의 특징을 좀 더 자세히 살펴보
면 하늘은 복을 내리고(天福) 도우시며(天佑), 명하시고(天命) 이루시며
(天成), 하늘이 택하시고(天擇) 버리시며(天棄), 달래시고(天誘) 잊지 않
으신다. 따라서 하늘의 뜻(天心)을 이기지 못한다(不勝天). 그리고 하늘
이 재능을 내리시고(天才) 용기와 지혜를 주시며(天使), 자연의 조화造化
를 주재主宰하신다. 백성이 또한 하늘이니(天爲拯民) 하늘을 공경하듯 백
성을 위하여 힘써야 하며(敬天勤民), 이 맹약을 어기면 '하느님이 죄를 줄
것'이라는 신앙이다. 이러한 하느님 신관은 기독교의 여호와 엘로힘 신
관을 수용하는 유리한 통로가 되었음은 주지의 사실이다.

　그러나 용비어천가에 나타난 한국인의 신관과 기독교의 신관을 간략

---

64) 허호익, "한중일 신관 비교를 통해 본 환인 하느님 신관과 한국기독교", 「단군학연구」
　　제13집(2005. 12), 515-560.
65) 정대위, "龍飛御天歌에 보이는 天命思想의 종교사적 의의", 『그리스도교와 동양인의
　　세계』(서울: 한국신학연구소, 1986), 140.

하게 비교해 보면 기독교의 하나님은 첫째로 지고신일 뿐 아니라 유일신으로서 그 외를 다신의 존재를 부정하며, 둘째로 생사화복의 운명과 자연의 조화의 주재자일 뿐 아니라 천지만물과 억조창생의 창조자이며, 셋째로 성서의 하나님은 그의 뜻을 명하고 이루실 뿐만 아니라 정의로운 심판자이며 동시에 구원자이라는 차별성이 있다.66)

---

66) 김승혜, "한국인의 하느님 개념 - 개념 정의와 삼교 교섭의 관점에서", 「한국전통사상과 천주교」 1(1995), 367.

참 고 문 헌

Abba, R.(1961), "The Divine Name of Yahweh", *JBL* 80.

Albertz, Rainer(2006), 『포로시대의 이스라엘』, 서울: 크리스챤다이제스트.

Albright, W. F.(1940), *From the Stone Age to Christianity*, Baltimore: Johns Hopkins.

Anderson, Bernhard W.(1983), 『구약성서의 이해 I』, 왜관: 분도출판사.,

_____(2001), 『구약신학』, 서울: 한들출판사.

Anderson, G. A.(1988), *Sacrifice and Offering in Ancient Israel: Studies in their Social And Political Importance*, Atlanta, Georgia : Scholar Pr.

Aristoteles(1995), 『정치학·시학』, 서울: 삼성출판사.

Armstrong, Karen(1999), 『신의 역사 II』, 서울: 동연.

Baab, Ott(1964), 『구약성서신학』, 서울: 대한기독교서회.

Barth, K.(1972), *Epistle to the Romans*, tr. E. C. Hoskins, Oxford Univ. Pr.

Bartlett, J. R.(1965), "Gideon and Kingship", *JThS*, 16.

Bavink, H.(1990), 『신론』, 서울: 양문출판사.

Beckwith, Roger T.(2001), 『성경에 나타난 제사법 연구』, 서울: 그리심.

Bomann, T.(1975), 『히브리적 사유와 그리스적 사유의 비교』, 왜관: 분도출판사.

Bonhöffer, D.(1967), 『옥중서간』, 서울: 대한기독교서회.

_____(1981), 『창조 타락 유혹』, 서울: 대한기독교서회.

Bornkamm, G.(1973), 『나사렛 예수』, 서울: 기독교서회.

Bright, John(1993), 『이스라엘 역사』, 서울: 크리스챤다이제스트.

Brown, F. & Dive, S. R. & Briggs, C. A. ed.(1951), *Hebrew and English Lexicon of the Old Testament*, Oxford: Clarendon Pr.

Bruce, F. F.(1981) 『舊約史 – 이스라엘의 역사』, 서울: 기독교문서선교회.

Brueggemann, W. and H. W. Wloff(1979), 『구약성서의 중심사상』, 서울: 대한기독교출판사.

Brueggemann, Walter(1992), 『성서로 본 땅』, 서울: 나눔사.

_____(2003), 『구약신학』, 서울: 기독교문서선교회.

_____(2007), 『구약개론정경과 기독교적 상상력』, 서울: 기독교문서선교회.

_____(2007), 『구약신학과의 만남신학으로 본 구약입문』 서울: 프리칭아카데미.

_____(1978),『예언자적 상상력』, 서울: 대한기독교서회.

Buber, M.(1968), *Moses*, London: East & West Library.

Bultmann, R.(1968),『역사와 종말론』, 서울: 대한기독교서회.

Ceresko, Anthony R.(1994),『구약은 끝났는가 - 해방적 전망에서 본 구약성서』, 서울: 바오로딸.

Childs, Brevard S.(1992),『성경신학의 위기』, 서울: 크리스찬다이제스트.

_____(1994),『구약신학』, 서울: 크리스찬다이제스트.

Clements, Ronald E.(1988),『구약성서 해석사 - 벨하우젠 이후 100년』, 서울: 나눔사.

Cobb, J.(1980),『존재구조의 비교연구』, 서울: 전망사.

Cone, James. H.(1979),『눌린 자의 하나님』, 서울: 이화여대출판부.

Cox, H.(1971),『세속도시』, 서울: 대한기독교서회.

Crossan, J. D.(2000),『역사적 예수』, 서울: 한국기독교연구소.

Cruesemann, Frank(1995),『토라 - 구약성서 법전의 신학과 사회사』, 서울: 한국신학연구소.

Davis, K. C.(2005),『세계의 모든 신화』, 서울: 푸른숲.

Dever, William. G.(1984), "'Asherah, Consort of Yahweh? New Evidence from Kuntillet 'Ajrud", *Bulletin of the American Schools of Oriental Research*, no. 255, 21-37.

Dumbrell, W. J.(1991),『언약과 창조』, 서울: 크리스찬서적.

Eichrodt, Walther(1994),『구약성서신학 I, II』, 서울: 크리스찬다이제스트.

Eissfeldt, Otto(1963), "Jahwe, der Gott der Vaeter", *Theologische Literaturzeitung*, 88.

_____(2000),『(20세기) 구약신학의 주요 인물들』, 고양: 크리스찬다이제스트.

Eliade, M.(1996),『종교형태론』, 서울: 한길사.

Faricy, L. R.(1983),『떼이야르 드 샤르뎅의 신학사상』, 왜관: 분도출판사.

Fixley, G.(1987),『하느님 나라』, 서울: 한국신학연구소.

Fohrer, George(1986),『이스라엘 역사: 초기부터 현대까지』, 서울: 성광문화사.

Fraze, J.(1996),『구약시대의 인류민속학』, 서울: 강천.

Freud, S.(1996), "인간 모세와 유일신교",『종교의 기원』, 서울: 열린책들.

Fromm, Erich(1987),『사랑에 관하여』, 서울: 백조출판사.

Geisler, N.(1982),『종교철학개론』, 서울: 기독교문사.

George, H.(1979), *Progress and Poverty*, Robert Schalkenbach Foundation.

Goldingay, John(1993),『구약의 권위와 신학적 다양성』, 서울: 크리스찬다이제스트.

Gottwald, N. K.(1979), *The Tribes of Yahweh*, New York: Orbis.

_____(1987),『히브리성서 1』, 서울: 한국신학연구소.

_____(1991),『히브리성서 2』, 서울: 한국신학연구소.

_____(1983), "Early Israel and the Cannanite Socioeconomic System", *Palestine in Tradition*, ed. D. N. Freedman and D. F. Graf(Sheffield: The Almond Press.

Gray, J.(1979), *The Biblical Doctrine of the Reign of God*, Edinburgh: T. & E. Clark.

Gutierrez, G.(1990), 『해방신학』, 왜관: 분도출판사.

Hanson, P. D.(1986), 『성서의 갈등구조』, 서울: 한국신학연구소.

Harris, R. Laird(1986), 『구약원어신학사전』, 서울: 요단출판사.

Harrison, R. K.(1984), 『구약 성경고고학』, 서울: 한국기독교교육연구원.

Hasel, Gerhard F.(1984), 『현대 구약신학의 동향』, 서울: 대한기독교서회.

Hayes, John H. & Prussner, Frederick C.(1991), 『구약성서신학사』, 서울: 나눔사.

Hemleben, M.(1983), 『떼이야르 드 샤르뎅』, 서울: 한국신학연구소.

Herrmann, Siegfried(1989), 『구약시대의 이스라엘 역사』, 서울: 나단출판사.

Hirschberger, J.(1981), 『서양철학사 하』, 서울: 이문출판사

Hoerth, Alfred J.(2003), 『구약과 고고학』, 서울: 미스바.

Hübner, K.(1985), 『신화의 진실』, 서울: 믿음사.

Jüngel, E.(1983), *God as the Mystery of the World*, ed. D. L. Guder. Grand Rapids: W. B. Eerdmans Pub.

Kähler, M.(1964), *The so-called Historical Jesus and Historic Biblical Christ*, tr. O. E. Braaten, Fortress.

Kaiser, Otto(2012), 『구약성서신학 I』, 서울: 한우리.

_____(2012), 『구약성서신학 II』, 서울: 한우리.

Kaizer, Walter(1982), 『구약 성경신학』, 서울: 생명의말씀사.

Kant, I.(1981), 『실천이성비판』, 서울: 박영사.

Kasper, W.(1977), 『예수 그리스도』, 왜관: 분도.

Ken Wilber(1981), *Up From Eden: A Transpersonal View of Human Evolution*, New York: Anchor Press.

Knierim, Rolf P.(2001), 『구약신학의 과제 1』, 고양: 크리스챤다이제스트.

Knierim, Walter(2000), 『구약신학의 과제 2』, 서울: 크리스챤다이제스트.

Knight, Douglas A.(1996), 『히브리 성서와 현대의 해석자들』, 서울: 크리스챤다이제스트.

Koch, Clauss(1999), 『예언자들 I』, 고양: 크리스챤다이제스트.

_____(1999), 『예언자들 II』, 고양: 크리스챤다이제스트.

_____(1981), "묵시문학과 종말론", 「기독교사상」 9월호.

Laato, Antti(1990), *Who is Immanuel*, ABO Akademis Foerlag: ABO Academy Pr.

Levin, Christoph(2006), 『구약성서』, 서울: 한우리.

Lindars, B.(1973), "Jotham's Fable : A New Form-Critical Analysis", *JThs* 24.

Linggren, H.(1990), 『이스라엘 종교사』, 서울: 성바오로출판사.

Livingston, G. H.(1990), 『모세 오경의 문화적 배경』, 서울: 기독교문서선교회.

MaCarthy, D. J.(1978), "Exod. 3:14: History, Philosophy and Theology", *CBQ* 40: 313.

Martens, E. A.(1990), 『구약에 나타난 하나님의 계획과 목적』, 서울: 생명의말씀사.

McCarthy, Dennis(1979), 『구약의 계약사상』, 서울: 대한기독교출판사.

Meshel, Ze'eV(1979), "Did Yalhweh Have a consort?" *Biblical Archaeology Review* 5.2(1979): 24-34.

Meshel, Ze'eV(1979), "Kuntillet 'Ajrud", in *The Oxford Encyclopedia of Archaeology in the Near East*, Oxford Univ. Press.

Miller, J. Maxwell & Hayes, John H.(1996), 『고대 이스라엘 역사』, 서울: 크리스찬다이제스트.

Moltmann, J.(1967), *The Theology of Hope*, New York: Happer & Row Press.

_____(1969), *Religion, Revolution, and the Future*, New York: Charles Scribner's Sons.

_____(1975), 『희망의 신학』, 서울: 현대사상사, 1975.

_____(1977), *Church in the Power of Spirit*, New York: Harper & Row.

_____(1986), 『창조 안에 계시는 하느님』, 서울: 한국신학연구소.

_____(2012), 『희망의 윤리』, 서울: 대한기독교서회.

Mores, C.(1979), *The Logic of Promise in Moltmann's Theology*, Philadelphia: Fortress.

Morris, H. M.(1987), 『진화냐 창조냐』, 서울: 선구자.

Mowinckel, S.(1961), "The Name of the God of Moses", *HUCA* 32.

Muilenburg, J.(1965), "The office of the Prophet in Acient Israel", *The Bible in Mordern Scholarship*, ed. P. Hyatt, Nashville: Abingdon Pr.

Noll, K. L.(2009), 『고대 가나안과 이스라엘의 역사』, 서울: 프리칭아카데미.

Noth, Martin(1982), "구약 묵시문학의 역사이해", 「기독교사상」 1월호.

_____(1996), 『이스라엘 역사』, 서울: 크리스찬다이제스트.

Ollenberg, Ben C.(2000), 『20세기 구약신학의 주요 인물들』, 서울: 크리스찬다이제스트.

Packer, James(1993), 『구약성서 시대의 세계』, 서울: 성광문화사.

Pannenberg, W.(1979), 『역사로서 나타난 계시』, 서울: 한국신학대학출판부.

Pascal(1996), 『팡세』, 서울: 서울대학교출판부.

Placher, W. E.(1994), 『기독교 신학사 입문』, 서울: 크리스찬다이제스트.

Pöhlmann, H. G.(1989), 『교의학』, 서울: 한국신학연구소.

Rad, Gerhard von(1976), 『구약성서신학 I, II』, 서울: 분도출판사.

_____(1981), 『창세기』, 서울: 한국신학연구소.

_____(1989), 『국제성서주석 신명기』, 서울: 한국신학연구소.

Rainer, Albertz(2003), 『이스라엘종교사 1』, 서울: 크리스찬다이제스트.

Ralph, N. B. & Smith, L.(1993), 『구약신학』, 서울: 크리스찬다이제스트.

Rendtorff, Rolf(2009), 『구약정경신학』, 서울: 새물결플러스.

Reventlow, Henning Graf(1999), 『20세기 구약신학의 문제들』, 고양: 크리스찬다이제스트.

Ritschl, A.(1966), *The Christian Doctrine of Justification and Reconciliation*, tr. H. R. Mackintosh and A. B. Macaulay, Clifton: Reference Book Publishers.

Ross, J. F.(1962), "The Prophet as Yahweh's Messenger", *Israel's Prophetic Heritage, Essay in honor of James Muilenburg*, ed by B. W. Anderson and W. Harrelson, New York : Harper & Brothers.

Routledge, Robin(2011), 『구약성서신학』, 서울: 기독교문서선교회.

S. Kierkegaard, S.(1991), 『두려움과 떨림』, 서울: 믿음사.

Schilling, S. P.(1982), 『무신론시대의 하나님』, 서울: 대한기독교서회.

Schmidt, Werner H.(2007), 『구약성서입문』, 서울: 대한기독교서회.

Schwarz, H.(1986), "Eschatology", *Christian Dogmatics*, vol. 2, Philadelphia: Fortress.

Smith, R.(2005), 『구약신학』, 서울: 크리스챤다이제스트.

Smith, S.(1988), "The Chaldean Account of the Deluge", *The Myth Flood*, ed. A. Dundes, California: California Univ. Press.

Sollberger, E.(1971), *The Babylonian Legend of The Flood*, London: The British Museum.

Sölle, D.(1987), 『사랑과 노동』, 서울: 한국신학연구소.

Steck, John H.(2000), 『구약신학』, 서울: 솔로몬.

Stendahl, Krister(1962), "Biblical Theology, Contemporary", *Interpreters Dictionary of the Bible*. Vol. 1., New York and Nashville: Abingdon,

Strobel, Lee(2001), 『특종! 믿음 사건』, 서울: 두란노.

Takenaka, Masao(1991), 『하느님은 밥이시다』, 서울: 다산글방.

Thompson, J. A.(1994), "가나안", 『기독교대백과사전』 제 1권, 서울: 기독교교문사.

Thomson, M. E. W.(1982), "Isaiah's Ideal King", *JSOT* 24:70-88.

Towns, E. L.(1994), 『구약성서에 나타난 하나님의 이름들』, 서울: 생명의 말씀사.

Tregelles, Samuel P. ed.(1949), *Gesenius's Hebrew and Chaldee Lexicon to the Old Testament Scriptures*, Grand Rapids,: W. M. B. Eerdmans Pub.

Vaux, Roland de(1978), *The Early History of Israel*, Philadephia: Westminster Pr.

_____(1964), *Studies in Old Testament Sacrifice*, Cardiff: Univ. of Wales Pr.

_____(1983), 『구약시대의 생활풍속』, 서울: 대한기독교출판사.

Vriezen, Th. C.(1995), 『구약신학 개요』, 서울: 크리스챤다이제스트.

Weber, Otto(1976), 『칼 바르트의 교회교의학』, 서울: 대한기독교출판사.

Weinfeld, M.(1972), *Deuteronomy and Deuteronomistic School*, Oxford: Clarendon Press.

Wellhausen, Julius(2007), 『이스라엘 역사 서설』, 서울: 한우리.

Wenham, G. J.(1987), *Genesis 1-15*, WBC Vol. 1, Waco, Texas: Word Books.

Westermann, Claus(1969), *Basic Forms of Prophetic Speech*, tr. H. White, Philadelphia: Westminster.

_____(1983), 『구약성서의 맥』, 서울: 한국신학연구소.

_____(1985), *Genesis 1-11*, Minneapolis: Augsburg Pub.

_____(1985), 『성서입문』, 서울: 한국신학연구소.

_____(1991), 『창세기』, 왜관: 분도출판사.

_____(1998), 『창세기 주석』, 서울: 한들출판사.

_____(1999), 『구약신학의 요소』, 고양: 크리스챤다이제스트.

Whitley, C. F.(1981), 『고대 이스라엘 종교의 독창성』, 서울: 분도출판사.

Wilson, J. A.(1994), "이집트", 『기독교대백과사전』 제1권, 서울: 기독교교문사.

Wilson, T.(1979), "Prophecy and Ecstasy: A Reexamination", *JBL* 98:

Wolff, H. Walter(1983), 『구약성서이해』, 서울: 대한기독교출판사.

Young, Edward(1994), 『현대 구약신학 연구』, 서울: 크리스챤다이제스트.

Young, H. J.(1994), 『구약 신학 입문』, 서울: 바울.

Zillmer, Hans-Joachim(2002), 『진화, 치명적인 거짓말』, 서울: 푸른나무.

Zimmerli, Walter(1976), 『구약신학』, 서울: 한국신학연구소.

가톨릭대학교출판부(2001), 『신학대전요약』, 서울: 바오로딸.

감지은(2001), "에스라-느헤미야 개혁의 성격", 『구약과 신학의 세계』, 박준서 교수 헌정 논문집, 서울: 한들출판사.

강사문(1999), 『구약의 하나님』, 서울: 한국성서학연구소.

_____(2005), 『구약의 자연 이해』, 서울: 대한기독교서회.

강성렬(2003), 『고대 근동세계와 이스라엘 종교』, 서울: 한들출판사.

_____(2011), "고대 이스라엘 신정공동체와 공정한 사회", 「신학논단」 63집.

_____(2001), 『구약성서의 신앙과 세계』, 서울: 한들.

_____(2004), 『지혜 예언 묵시』, 서울: 한들출판사.

_____(2005), 『구약성서와 생태신앙』, 광주: 땅위에쓴글.

_____(2006), 『고대 근동의 신화와 종교』, 살림지식총서 218, 서울: 살림.

곽노순(1971), "한국교회의 하나님 칭호 I-II", 「기독교사상」 2-3월호.

_____(1971), "한국교회의 하나님 칭호 I-II", 「기독교사상」 2-3월호.

구덕관(1989), "하나님의 이름", 「신학과 세계」 18집.

김 성(1992), "아텐교(Atenism)의 이해 - 고대 이집트의 아텐(태양판) 숭배와 아케나텐 의 유일신론적 종교개혁", 「종교와 문화」 2집.

_____(1995), "고고학과 이스라엘 종교: 야웨(Yahwism)교의 기원의 고고학적 배경", 『종교신학연구』 제8집

_____(2001), "여리고 발굴과 출애굽 연대 논쟁", 『박준서 회갑기념 논문집』, 서울: 한들.

김광식(1999), "하느님과 하나님", 「신학논단」 27집.

김균진(1991), 『생태학의 위기와 신학』, 서울: 대한기독교서회.

김명실(2011), "고대 이스라엘의 관점에서 본 아세라의 정체성과 그 예배학적 의의", 「한 국기독교신학논총」 77집.

김상일(1988), 『인류문명의 기원과 한』, 서울: 가나출판사.

김선종(2011), "레위기 25장의 형성- 안식년과 희년의 연속성과 불연속성", 「장신논단」

제40집.

김영길 외 26인(1990), 『자연과 과학』, 서울: 생능출판사.

김영길 · 조덕영(1994), 『창조의 비밀』, 서울: 국민일보사.

김영미(2002), "이스라엘의 아세라 여신숭배에 관한 연구", 이화여대 대학원석사학위논문.

김은규(2009), 『하느님 새로보기』, 서울: 동연.

_____(2013), 『구약 속의 종교 권력』, 서울: 동연.

김이곤(1986), "고난신학의 맥락에서 본 야훼 신명 연구", 「신학연구」 제27집.

_____(1989), "성막에 관한 지시와 그 시행에 나타나는 사제신학", 「기독교사상」 2월호.

_____(1995), "야웨와 엘", 「한신논문집」 제12권.

_____(1996), 야훼 · 후 · 하엘로힘", 「신학연구」 제37집.

_____(1997), "창세기 1-3장에 나타난 창조신앙", 「한신논문집」 14집.

_____(1999), 『구약성서의 신앙과 신학』, 서울: 한신대학교출판부.

_____(2004), "구약성서에 나타난 중심 사상의 특성", 「신학연구」 제24집.

김재진(2003), "'함께(עם) 있음(삶)'으로서의 하나님의 형상(Imago dei)", 「신학논단」 제31집, 73-97.

김정준(1991), 『폰 라드의 구약신학』, 서울: 대한기독교서회.

김정철(2005), "구약성서의 창조신앙으로서 다산과 풍요에 관한 연구", 「신학연구」 제47집.

김종구(2012), "창조론의 진화", 「한겨레」, 2012. 6. 19.

김종수(1997), "교회와 진화론", 『기독교사상』 2월호(458).

김지찬(2010), "창 6장의 '하나님의 아들들'", 「신학지남」 제304호.

김지하(1984), 『밥』, 왜관: 분도출판사.

김찬국(1978), 『예언과 정치』, 서울: 정우사.

_____(1991), "창조설화에 나타난 히브리 사상구조", 「신학논단」 19집.

김태동 · 이근식(1991), 『땅-투기의 대상인가 삶의 터전인가』, 서울: 비봉출판사.

김혜도(2009), "성경적 관점에서 고찰한 성(性)", 「종교문화학보」 6집.

김환철(2002), 『성경으로 본 메소포타미아 고대제국』, 서울: 솔로몬.

김회권(2008), "구약성경의 율법들", 「법학논총」 제19집.

노세영 외(2000), 『고대 근동의 역사와 종교』, 서울: 대한기독교서회.

노세영 · 박종수(2000), 『고대 근동의 역사와 종교』, 서울: 대한기독교서회.

니하우스, 제프리(2009), 『시내산의 하나님』, 서울: 이레서원.

대천덕 엮음(1992), 『토지와 자유』, 서울: 무실.

문희석(1984), 『사회학적 구약성서해석』, 서울: 양서각.

_____(1984), 『성서고고학』, 서울: 보이스사.

민영진(1992), "여호와를 주로 번역함", 「신학논단」 제20집.

_____(2008), "히브리인들에게 여신이 있었는가?" 「기독교사상」 제52권 제8호.

박송훈(2012), "창조론 논쟁, 무엇이 문제인가", 「디지털 의사신문」, 2012. 7. 2.

박요한(2000), "첫째 계명: 나는 야훼, 너의 하느님", 「가톨릭신학과사상」 제31호.

박정세(1996), 『성서와 한국민담의 비교연구』, 서울: 연세대학교출판부.

박준서(1982), "구약 묵시문학의 역사이해", 「신학논단」 15집.

_____(1982), "구약성서의 하나님", 『민중과 한국신학』, 서울: 한국신학연구소.

_____(1987), "성서고고학과 성서연구 실제", 「오늘의 성서연구와 복음선포 - 제7회 연신원 목회자 신학세미나 자료집」.

_____(1989), "하나님의 형상에 관한 성서적 이해", 「기독교사상」 제33권 제9호.

_____(2004), "이스라엘 예언자와 규범적 야훼신앙", 『교회·민족·역사』, 솔내 민경배 박사 고희기념논문집.

박해령(2009), "구약성서의 죄 개념과 사유(赦宥)의 하나님", 「신학논단」 제57집.

배철현(2002), "하나님이냐 하느님이냐?" 「기독교사상」 제46권 제4호.

베르나데트 므뉘(1999), 『람세스 2세』, 서울: 시공사.

서남동(1970), "생태학적 신학 서설", 「기독교사상」 11월호.

서인석(1979), 『성서의 가난한 사람들』, 서울: 분도출판사.

선한용(1979), "창조냐? 진화냐? - 창조과학회의 배경과 그 비판을 중심으로", 「기독교사상」 2월호.

성서와함께(1988), 『보시니 참 좋았더라: 창세기 해설서』, 왜관: 분도출판사.

성서와함께(1993), 『어서 가거라: 출애굽기 해설서』, 왜관: 분도출판사.

세계개혁교회연맹(1989), 『정의 평화 창조질서의 보존』, 서울: 대한기독교서회.

신규섭(2004), 『페르시아 문화』 살림지식총서 144, 서울: 살림.

신재식(2013), 『예수와 다윈의 동행』, 서울: 사이언스북스.

심종혁(2006), "떼이야르 드 샤르댕의 창조론과 생태주의적 전망", 「신학과 철학」 9집.

안성림·조철수(1995), 『사람도 없었다 신도 없었다』, 서울: 서운관.

_____(1996), 『수메르 신화 I』, 서울: 서문해집.

알베르토 실리오티(2004), 『고대 이집트: 신전 인간과 신들』, 서울: 생각의나무.

엄원식(1992), 『구약성서배경학』, 대전: 침례신학대학교 출판부.

_____(2000), 『히브리 성서와 고대 근동문학의 비교연구』, 서울: 한들.

_____(2002), 『구약신학』, 대전: 침례신학대학교 출판부.

옥성득(1993), "개신교 전래기의 '신' 명칭 용어 논쟁 - 구역성경(1893-1911)을 중심으로", 「기독교사상」 10월호.

왕대일(1990), "땅의 통곡과 야훼의 탄식", 「세계의신학」 제9호.

_____(1993), "창조, 창조주, 창조 세계; 구약신학적 접근", 「신학과세계」 제27호.

_____(1993), "창조, 창조주, 창조 세계", 「신학과세계」 제27호.

_____(1999), "하나님의 정의와 먹거리 - 만나 이야기에 대한 구약신학적 성찰", 「신학과세계」 39집.

_____(2003), 『구약성서 이해 열 마당』, 서울: 새길.

_____(2003),『구약신학』, 서울: 감신대성서학연구소.

원용국(1992),『성서고고학』, 서울: 세신문화사.

원진희(2005),『구약성서의 출애굽 전통』, 서울: 한우리.

유시민(1992),『부자의 경제학 빈자의 경제학』, 서울: 푸른나무.

이길용(2008),『고대 팔레스타인의 종교 세계』기독지식총서 030, 서울: 프리칭아카데미.

이대근(1990),「북한의 토지개혁에 관한 연구」, 고려대학교박사학위논문.

이양구(1989), "하나님의 성호 네 글자 1",「기독교사상」, 제32권 제10호.

_____(1989), "하나님의 성호 네 글자 2",「기독교사상」, 제32권 제9호.

이양호(1992), "칼빈의 경제사상",「신학논단」제20집.

이장식(1980), "'하나님' 칭호의 신학적 근거",「기독교사상」24(8).

이종근(2008),『메소포타미아 법의 도덕성과 종교』, 서울: 삼육대학교출판부.

이종성(1991),『종말론 I』, 서울: 대한기독교서회.

이현덕(2007),『점성술: 고대부터 현재까지』, 서울: 아스트롤로지아.

이희철(2004),『히타이트, 점토판 속으로 사라졌던 인류의 역사』, 서울: 리수.

임승필(1996), "하느님의 이름 어떻게 옮길 것인가",「사목」1월호.

임태수(1989), "민중의 편에 선 신명기 사가의 통치 이데올로기 II",「신학사상」제66집.

장 피에르 베르데(1997),『하늘의 신화와 별자리의 전설』시공디스커버리총서 56, 서울: 시
공사.

장국원(1996),『고대 근동 문자와 성경』서울: 기독교문서선교회.

장도곤(2002),『예수 중심의 생태신학』, 서울: 대한기독교서회.

장상환(1985), "농지개혁에 관한 실증적 연구",『해방전후사의 인식 2』, 서울: 한길사.

장영일(1997), "야웨(Yahweh) 이름의 기원과 의미",「장신논단」12집.

_____(2001),『구약신학의 역사적 기초』, 서울: 장로회신학대학교출판부.

장일선(1983),『구약전승의 맥락』, 서울: 대한기독교서회.

_____(1990),『구약신학의 주제』, 서울: 대한기독교출판사.

_____(1992),『구약성서의 하나님』, 서울: 나눔사.

정규남(2003), "하나님의 이름 יהוה의 발음과 의미",「광신논단」12집.

정성민(2004), "하나님의 창조와 무성에 대한 바르트의 이해",「기독교신학논총」31집.

정재서(2005), "동서양 창조신화의 문화적 변용 비교연구 – 거인시체화생 신화를 중심으
로",「중국어문학지」17집.

조성노(1993), "진화론적 신학",『최근신학개관』, 서울: 현대신학연구소.

조정헌(19880,『창조론』, 서울: 분도출판사.

조철수(2000),『메소포타미아와 히브리 신화』, 서울: 길.

_____(2003),『고대 메소포타미아에 새겨진 한국 신화의 비밀』, 서울: 김영사.

주원준(2012),『구약성경과 신들: 고대 근동 신화와 고대 이스라엘의 영성』, 서울: 한님성
서연구소.

차정식(1998), "알려진, 알려질, 미지의 신을 위하여",「기독교사상」471집.

차준희(2007), 『구약입문』, 서울: 프리칭아카데미.
채홍식(2009), 『고대 근동 법전과 구약성경의 법』, 서울: 한님성서연구소.
천사무엘(2004), "창조 과학과 성서 해석", 「대학과 선교」제7집.
_____(2008), 『성경과 과학의 대화』, 대전: 한남대학교출판부.
_____(2010), 『창세기』, 서울: 대한기독교서회.
체레스코, A. R.(1994), 『구약은 끝났는가: 해방적 전망에서 본 구약성서』, 서울: 바오로딸.
최동훈(2011), 『구약의 하나님은 신약의 하나님이 아니다』, 서울: 삼인.
최창모(1995), 『이스라엘사』, 서울: 대한교과서주식회사.
최창모(2001), "히브리 성경의 성(Sex)과 성(Gender)", 「통일인문학논총」 제36집.
하스, 폴케르트(2003), 『바빌론 성 풍속사』, 서울: 사람과책.
한국신학연구소(1991), 『함께 읽는 구약성서』, 서울: 한국신학연구소.
한국신학연구소(1992), 『함께 읽는 구약성서』, 서울: 한국신학연구소.
한상인(1996), 『족장시대의 고고학』, 서울: 학연문화사.
한태동(2003), 『성서로 본 신학』, 서울: 연세대출판부.
허호익(1998), 『성서의 앞선 생각 1』, 서울: 한국장로교출판사.
_____(2003), 『현대조직신학의 이해』, 서울: 대한기독교서회.
_____(2009), 『신앙, 성서 교회를 위한 기독교 신학』, 서울: 동연.
_____(2010), 『통일을 위한 기독교신학』, 서울: 동연.
_____(2010), 『예수 그리스도 1』, 서울: 동연.
_____(2010), 『예수 그리스도 2』, 서울: 동연.
홍영남(1972), "진화는 과학적 사실이다", 「기독교사상」 2월호.
황성일(2006), "구약의 신들", 「광신논단」 15집, 27-39.
_____(2008), "길가메시 서사시와 성경", 「광신논단」 제17집.
황한식(1985), "미군정하 농업과 토지개혁정책", 『해방전후사의 인식 2』, 서울: 한길사.